FYI FOR YOUR IMPROVEMENT™ 4e ÉDITION

UN GUIDE DE DÉVELOPPEMENT ET D'ENCADREMENT DESTINÉ

AUX :

APPRENANTS,

DIRIGEANTS,

MENTORS ET

DONNEURS DE FEED-BACK

MICHAEL M. LOMBARDO
ROBERT W. EICHINGER

LOMINGER LIMITED, INC.
5150 Highway 7, Suite 100
Minneapolis, MN 55416–2291
États-Unis Tél. +1 952-345-3600 • Fax. +1 952-345-3601 • www.lominger.com

ISBN 0-9745892-7-6

Numéro de réapprovisionnement Lominger 11026

TABLE DES MATIÈRES

COMPÉTENCES

Les compétences 68-80 ne sont pas définies. Ces numéros sont réservés pour de futures entrées.

MESURES DE PERFORMANCE

Les compétences 91-100 ne sont pas définies. Ces numéros sont réservés pour de futures entrées.

FREINS ET OBSTACLES À LA CARRIÈRE

Table des matières par facteur et par groupe

STRUCTURE DE LA BIBLIOTHÈQUE DE L'ARCHITECTE DE LEADERSHIP®

FACTEUR VI : COMPÉTENCES PERSONNELLES ET INTERPERSONNELLES

FACTEUR VII (S1) – AVOIR DU MAL À S'ENTENDRE AVEC LES AUTRES

FACTEUR VIII (S2) – AVOIR DU MAL À OBTENIR DES RÉSULTATS

INTRODUCTION

À QUI S'ADRESSE CET OUVRAGE ?

Cet ouvrage de formation a été conçu pour fournir des conseils à toute personne motivée qui en ressent le besoin. Il est destiné aux personnes de tous les niveaux des organisations, pour résoudre les problèmes dans leur vie professionnelle ou leur vie privée.

Nous savons que cet ouvrage ne pourra pas aider une personne n'ayant pas encore pris conscience de ses besoins, de ses limites, de ses points faibles ou de ses possibilités de développement. Si vous refusez de reconnaître la réalité de ces besoins, si vous êtes confus, si vous essayez de vous justifier ou encore si vous vous défendez, faites-vous conseiller avant d'utiliser ce livre.

Nous avons remarqué également que certaines personnes, bien que conscientes de leurs besoins, n'ont pas pour autant la motivation, la volonté, l'énergie ou le sens de l'urgence nécessaires pour agir en conséquence. Ces personnes ne pourront pas tirer parti de cet ouvrage. Si vous pensez que vos besoins en développement ne sont pas pris en considération, discutez-en avec votre mentor ou avec quelqu'un de haut placé dans l'organisation et demandez-lui pourquoi ce besoin pourrait constituer un obstacle. Vous devez être en mesure d'évaluer le rôle joué par ce besoin et les conséquences qui seraient inacceptables pour vous.

Cet ouvrage contient des milliers conseils qui aideront les personnes conscientes de l'existence de besoins spécifiques et désireuses d'agir. Si vous vous reconnaissez, lisez la suite.

D'OÙ SONT TIRÉS CES 67 COMPÉTENCES, CES 10 MESURES DE PERFORMANCE, CES 19 FREINS ET OBSTACLES À LA CARRIÈRE ET CES 7 DOMAINES INTERNATIONAUX D'INTÉRÊT SPÉCIFIQUE ?

Les compétences citées dans L'ARCHITECTE DE LEADERSHIP® proviennent de l'analyse de plusieurs sources : les études majeures en cours du Center for Creative Leadership, les études à long terme effectuées chez AT&T et Sears, les études réalisées par Harry et Daniel Levinson, John Kotter, John Gabarro, Eliot Jaques, James Kouzes ainsi que Barry Posner et Warren Bennis, et l'étude de Noel Tichy et Bernard Bass publiée dans *The Handbook of Leadership – a Compendium of Empirical Studies.*

L'évaluation des performances communes est à l'origine des dix mesures de *L'ARCHITECTE DE GESTION DE PERFORMANCE®*. Ces dernières s'appliquent dans la plupart des cas, sinon dans tous, du débutant au membre du conseil d'administration d'une entreprise. Elles sont numérotées de 81 à 90 et placées entre les Compétences de base 1 à 67 (un espace est réservé aux futures entrées) et les Freins et obstacles à la carrière 101 à 119.

Les freins et obstacles à la carrière proviennent principalement de trois sources : le travail en cours du Center for Creative Leadership, le travail de Jon Bentz à Sears, l'expérience des auteurs et leur travail sur la formation des cadres supérieurs.

Les recherches effectuées avec VOICES® de Lominger, instrument de feed-back à 360° utilisant les compétences et les freins et obstacles à la carrière, indiquent que les performances peuvent se mesurer de manière fiable et qu'elles sont étroitement liées aux performances du travail en cours et à long terme. En outre, nombre de compétences et obstacles ont été liés au profit, à la réduction du renouvellement des effectifs, aux bonus, aux options d'achat d'actions, au potentiel de promotion et à la réelle promotion.

SEPT DOMAINES INTERNATIONAUX D'INTÉRÊT SPÉCIFIQUE

Beaucoup de clients et d'utilisateurs de ce manuel en matière de formation travaillent dans un environnement international. Certains gèrent des ressources humaines et des activités en dehors de leur pays d'origine, tout en résidant dans leur propre pays. Certains habitent et opèrent en dehors de leur pays d'origine. D'autres voyagent beaucoup à l'étranger. Plusieurs d'entre eux nous ont demandé s'il existe des compétences particulières liées au commerce international. Après avoir étudié les ouvrages internationaux, il apparaît qu'en ce qui concerne les entreprises ayant des activités internationales, les compétences sont fondamentalement les mêmes que pour les activités commerciales intérieures. Cela s'applique toutefois différemment pour les sociétés qui ont une activité commerciale locale, dans un pays différent de leur pays d'origine. Par ailleurs, certaines catégories d'aptitudes méritent d'être plus particulièrement soulignées. Ces sept domaines internationaux d'intérêt spécifique sont fondés à la fois sur la recherche connexe et les expériences des auteurs (reportez-vous à la fin de la section sur l'international. Il leur est proposé ici d'aider ceux qui ont besoin d'une aide orientée sur l'activité internationale. Au fil du temps, au fur et à mesure que la recherche est disponible, il est très probable que cette liste changera.

D'OÙ PROVIENNENT LES SOLUTIONS POUR AMÉLIORER LES PERFORMANCES DANS *FYI FOR YOUR IMPROVEMENT™* ?

FYI comprend 1,000 sujets (10 concernant chacune des 67 compétences, 10 sur les Mesures de performance, 7 domaines internationaux d'intérêt spécifique et 19 sur les Freins et obstacles) et des milliers de conseils de développement individuels.

À titre d'exemple, nous avons utilisé les résultats de recherche sur la créativité ou sur la maîtrise de soi - quand ils existent. Une gamme assez étendue de recherches a été effectuée sur la compétence : sa nature, ses éléments et ce qu'elle tire de l'expérience. Vous trouverez dans les pages qui suivent les références des meilleurs ouvrages sur ces divers sujets.

En outre, les auteurs ont accumulé 60 années d'expérience dans le secteur du développement au niveau théorique et pratique. Nous avons écouté des milliers de cadres supérieurs et de dirigeants décrivant leurs difficultés durant les sessions de feed-back, réfléchi avec eux sur les obstacles rencontrés et testé avec eux nos idées sur les solutions à leurs problèmes. L'expérience et la recherche nous ont fait découvrir les méthodes les plus efficaces.

PRINCIPES DIRECTEURS ET SOLUTIONS

- **1. Sommaire.** La plupart des lecteurs sont motivés et souhaitent commencer tout de suite. Ils veulent des résultats immédiats. Ils veulent de l'aide rapidement. Les conseils sont adaptés aux personnes qui souhaitent commencer rapidement et voir les résultats dès le début de la mise en œuvre des recommandations.
- **2. Ce qu'il faut savoir et faire.** Il existe des méthodes de résolution de problèmes beaucoup plus complexes mais elles ne figurent pas dans cet ouvrage. Par conséquent dans *FYI* nous avons supposé que vous n'étiez pas très versé dans les sujets traités et que vous aimeriez recevoir des conseils n'étant pas réservés aux experts. Vous souhaitez simplement vous lancer dans l'action.
- **3. Les 10 conseils clés.** Aussi difficile soit-il de nous en tenir aux 10 thèmes de Compétence, Mesure, Domaines internationaux d'intérêt spécifique ou Frein et obstacle, nous estimons que ce sont là les thèmes traités les plus courants. Comme les sujets sont souvent complexes, nous vous recommanderons aussi un certain nombre de livres.
- **4. Résultats rapides.** Alors que certains de nos conseils nécessitent un effort à long terme, dans la plupart des cas vous pourrez commencer aussitôt et constater des améliorations rapides.

OUVRAGES RECOMMANDÉS

Nous avons inclus dans les éditions précédentes quelques ouvrages de référence et répondu aux désirs des utilisateurs qui souhaitaient des références pour chaque compétence, mesure de performance ou obstacle. Nous avons donc ajouté des centaines d'ouvrages et de cassettes audios pour vous aider à approfondir vos connaissances. Chacun des 103 chapitres de *FYI* comporte de 4 à 20 sources complémentaires.

Nous avons utilisé les critères de sélection suivants :

- **1. La rentabilité de l'intervention (RI) :** la lecture de cet ouvrage procure-t-elle un avantage substantiel et immédiat ? Les suggestions peuvent-elles être adoptées par des personnes très occupées ?
- **2. Organisation :** l'ouvrage est-il bien présenté ? Trouve-t-on facilement ce qu'on cherche ?
- **3. Facilité :** est-il bien écrit ?
- **4. Sérieux :** le conseil est-il plus qu'une simple opinion ?
- **5. Abondance :** y trouve-t-on une multitude de conseils et d'exemples ?
- **6. Disponibilité :** peut-on trouver le livre (ou la cassette audio) sans avoir à trop chercher ?

Pour assurer la qualité des ouvrages proposés, nous nous sommes appuyés sur les recommandations et les critiques du Library Journal qui passe en revue chaque année les livres d'affaires. Ces ouvrages sont donc cohérents et généralement disponibles dans les bibliothèques locales.

Deuxièmement, plusieurs ouvrages sont proposés avec un sommaire de huit pages grâce à Soundview. (Soundview Executive Book Summaries, 10 LaCrue Avenue, Concordville PA États-Unis 19331. 1 800 521-1227. Appels internationaux à l'extérieur des États-Unis et Canada : +1 610-558-9495. Nous utilisons également 24 x 7 (www.books24x7.com), un service d'abonnement pour lire les livres en ligne. www.summary.com). Outre le sommaire fourni, des liens sont proposés, qui donnent accès au contenu de l'ouvrage.

Troisièmement, nous avons cherché dans les grandes librairies (Amazon, Barnes&Noble, B.Dalton, Borders) les ouvrages qu'ils stockaient. En général, ils possèdent les mêmes exemplaires que Soundview.

Enfin, nous avons consulté les plans de cours de maîtrises de gestion pour découvrir les livres que les universités recommandaient aux hommes d'affaires.

La liste est également éclectique et certaines des sources citées sont anciennes (nous avons inclus *le Prince* de Machiavel, ouvrage encore d'actualité 500 ans après sa publication). Certaines sources, en particulier celles concernant les compétences telles que Perspective (46) ou Sens politique (48) sont historiques, biographiques ou traitent des affaires étrangères. Il y a même un roman ou deux. Vous avez donc une multitude de choix.

COMMENT SE SERVIR DE CET OUVRAGE

Un besoin de développement peut être nécessaire sous quatre conditions :

- 1. Une capacité moyenne doit être développée.
- 2. Vous avez un point faible (compétence non maîtrisée) dans un domaine important.
- 3. Vous n'avez pas été testé (compétence non maîtrisée peut-être) dans un domaine important.
- 4. Vous avez tendance à exagérer ou à utiliser excessivement un atout jusqu'à vous causer des ennuis.

CONCENTREZ-VOUS SUR LE BESOIN PERTINENT

Tous les besoins pour lesquels nous avons des solutions et des conseils sont mentionnés dans la table des matières. Passez-la en revue pour discerner un besoin sur lequel vous aimeriez travailler. Quand vous estimez avoir découvert votre besoin, rendez-vous à cette page et vérifiez que dans la liste deux définitions au moins (compétence non maîtrisée) s'appliquent à vous et que pas plus de deux définitions (compétence maîtrisée) correspondent à votre cas. Dans le cas d'un besoin non testé (numéro 3 ci-dessus), les affirmations de compétence non maîtrisée ne vous décrivent pas réellement parce que vous n'avez jamais eu l'occasion de mettre en pratique ces compétences. Une manière de réfléchir à cette question serait d'imaginer que vous ayez la possibilité de mettre en œuvre cette compétence : les descriptions indiqueraient probablement comment vous y parviendriez. Vous pouvez considérer les deux définitions moins comme « qui suis-je aujourd'hui ? » ou « qui serais-je si je devais faire ceci ? » (définition de compétence non maîtrisée) mais plutôt « voici ce que je voudrais devenir ? » (définition de compétence maîtrisée). C'est une prise de vue avant et après.

MÉFIEZ-VOUS DES BESOINS DÉGUISÉS

Parfois, même un excellent feed-back peut identifier un faux besoin. Même si chacun s'accorde à penser que vous avez des difficultés à obtenir des résultats (53), posez-vous la question de savoir pourquoi. Le problème réel est peut-être la Maîtrise de soi (11) l'Autonomie (57) ou Savoir déléguer (18). Il est possible que vous ayez du mal à obtenir des résultats lorsque l'une de ces compétences est indispensable. Par conséquent, si des besoins identifiés par ces conseils ne vous semblent pas justifiés, vérifiez tous les renvois pour voir si votre besoin est représenté. Retournez ensuite à vos sources et essayez de dévoiler le vrai besoin déguisé.

UN ATOUT UTILISÉ À L'EXCÈS MASQUE PARFOIS UNE FAIBLESSE

Parfois un atout utilisé à l'extrême peut devenir une faiblesse. Si vous êtes trop Orienté vers les résultats (53), vous n'êtes peut-être pas assez Attentif (7) et vous cessez d'Écouter (33) les avis et conseils des autres. Chacune des 67 compétences et des 10 mesures de performance donne également une définition de ce qui distingue une compétence utilisée à l'excès. Une manière de découvrir réellement vos faiblesses consiste à lire les définitions de vos cinq atouts principaux. Parfois vous pourrez ainsi découvrir vos besoins réels. S'il s'avère que votre problème est l'abus de vos atouts, trouvez sous chaque définition les compétences sur lesquelles vous devrez travailler pour compenser les excès. Nous avons prévu en outre un chapitre spécial sur l'utilisation à l'excès des points forts, en page XII.

IL EXISTE QUATRE SORTES DE BESOINS DANS *FYI* – COMPÉTENCES, MESURES DE PERFORMANCE, DOMAINES INTERNATIONAUX D'INTÉRÊT SPÉCIFIQUE ET OBSTACLES À LA CARRIÈRE

Les Compétences, les Mesures de performance et les Domaines internationaux d'intérêt spécifique sont simples à comprendre – vous êtes médiocre (compétence non maîtrisée) dans un domaine et vous souhaitez vous améliorer (compétence maîtrisée). Ou vous êtes dans la moyenne, mais vous voulez vous améliorer, parce que la compétence ou la mesure est essentielle à votre succès. Ou bien, vous êtes un néophyte (vous n'avez jamais participé à une activité de négociation dans le cadre du travail). Dans tous les cas, vous pouvez affronter le besoin directement ou au moins le gérer en le contournant (reportez-vous à l'explication en page XI).

En revanche, il n'en est pas de même pour les Freins et obstacles à la carrière. Si votre feed-back indique que vous êtes Insensible aux autres (112) – ce problème est sérieux et votre objectif sera de neutraliser les critiques. Se consacrer à cette tâche n'a rien à voir avec le développement d'une compétence. Un frein à la carrière est un sujet beaucoup plus sérieux dont les origines sont vraisemblablement multiples – ce que vous négligez de faire comme la Communication interpersonnelle (31) et ce dont vous abusez comme la course aux Résultats (53) ou Savoir commander (9). C'est la raison pour laquelle les chapitres sur les Freins et obstacles à la carrière ont été écrits séparément. Ces derniers abondent en conseils que vous ne trouverez pas si vous vous reportez à la Communication interpersonnelle (31) par exemple.

STRATÉGIES DE DÉVELOPPEMENT

COMMENT DÉTERMINER LE BESOIN

- 1. Essayez de déterminer un besoin réel. Vous devrez souvent combiner plusieurs besoins pour déterminer un besoin réel.
- 2. Lisez la définition **correspondant à la compétence non maîtrisée.** Quels sont les points qui vous décrivent le mieux ? Consultez la définition d'une **compétence maîtrisée.** Que souhaiteriez-vous être capable de faire une fois que vous aurez travaillé sur ce besoin ? C'est un portrait de vous avant et après.
- 3. Cherchez **les causes** qui s'appliquent à vous. De nombreux efforts de développement ont été vains parce que le plan s'attaquait à un faux problème. Consignez votre besoin particulier – ses spécificités, ses causes, ses manifestations et les situations où il se révèle. Si les causes ne sont pas dans la liste, ajoutez-les à la liste.
- 4. Lisez **la carte.** La carte vous donne une idée du plan du terrain. Elle passe en revue le cas général de compétence, son fonctionnement et son importance. Il est particulièrement important de se rappeler les éléments concernant la compétence que vous n'aviez pas compris avant d'avoir lu la carte. Ces explications supplémentaires feront la différence dans votre plan de développement.
- 5. Reportez-vous au **Plan général** à la page XV qui énumère les 10 manières de se développer dans chaque domaine et choisissez celles qui semblent vous convenir. Ce plan universel constitue la base de chaque plan.

PASSER À L'ACTION

Quatre stratégies s'offrent à vous une fois votre besoin identifié. Vous pouvez :

1. Tirer parti du besoin, pour acquérir les compétences voulues.
2. Trouver un palliatif au manque de compétences. À titre d'exemple, utiliser une autre aptitude qui se substituera ou neutralisera les effets négatifs de vos lacunes dans le domaine concerné.
3. Utiliser une stratégie de contournement de la difficulté pour neutraliser vos faiblesses. Cela peut être l'une des 10 stratégies de remplacement pour compenser votre manque de compétences.
4. Vivre avec. Au moins, vous savez ce qu'il en est et vous êtes prêt à admettre votre incompétence dans ce domaine. Reconnaissez vos forces et utilisez-les. Dans ce cas particulier, identifiez vos meilleures compétences ou mesures de performance et valorisez-les. Si vous excellez dans la résolution de problèmes et la stratégie, impliquez-vous plus dans des situations qui vous permettront d'utiliser et de perfectionner vos points forts. Choisissez des rôles, des

emplois, des organisations et des carrières qui vous permettront de valoriser vos forces spécifiques actuelles.

I. ACQUÉRIR DES COMPÉTENCES

Si vous décidez de vous améliorer dans un ou plusieurs domaines où vous manquez de compétences :

- 1. Passez en revue les sujets particuliers et choisissez ceux qui s'appliquent. Chaque sujet décrit une manifestation particulière d'une compétence non maîtrisée. Il est peu probable que tous les sujets ou conseils s'appliquent à chaque personne. Prenez du recul et réfléchissez aux causes que vous avez marquées et au « pourquoi c'est important » que vous avez noté dans la carte. La majorité des 103 chapitres renvoient à d'autres compétences ; consultez celles qui renvoient aux sujets particuliers que vous avez choisis. *Un formulaire dans l'Appendice A a été conçu pour développer votre plan.*
- 2. Élaborez un plan et un calendrier. Votre plan doit inclure au moins trois thèmes sur lesquels vous travaillerez aussitôt. Comptez le nombre de fois où vous avez ou non fait certaines choses et consignez ces efforts afin d'observer les améliorations. Établissez un calendrier sur un mois tout au plus pour mettre à l'épreuve ces thèmes à plusieurs reprises ; on a moins tendance à agir si le calendrier se prolonge indéfiniment. Commencez dès aujourd'hui.
- 3. Autres choses que vous pouvez faire :
    - Neutralisez vos points faibles. Si vous n'êtes pas spécialement communicatif ou n'aimez pas prendre les problèmes de front, votre premier objectif est de neutraliser ces aspects négatifs. Commencez modestement, en suivant les conseils de ce guide de développement.
    - Provoquez les commentaires. Sans feed-back, on n'arrive pas à grand-chose. Cherchez-vous un partenaire pour vous aider, obtenez une évaluation 360°, interrogez les gens avec qui vous travaillez pour savoir ce que vous devez continuer à faire, modifier ou arrêter de faire et commencer à faire.
    - Explorez de nouveaux domaines. Les lacunes que vous avez dans certaines compétences ou mesures de performance, sont en fait le reflet d'un manque d'expérience et c'est ce que nous appelons les domaines inexplorés. Vous ne savez peut-être pas former une équipe, mais en fait vous n'en avez jamais constitué ni dirigé une. Choisissez quelque chose de simple qui doit être fait et essayez d'y arriver en vous appuyant sur la fiche n° 60 *Savoir constituer des équipes performantes.*

- Allez à l'encontre de votre nature. Si vous êtes ambitieux ou si vous recherchez un travail de type différent, il vous faudra consacrer plus d'efforts à améliorer vos points faibles. Peu de gens réussissent dans un emploi différent en se contentant de reproduire les comportements performants antérieurs. C'est la grande leçon à tirer de l'étude des carrières. Vous devrez vous efforcer sans cesse dans des domaines dans lesquels vous n'êtes pas à l'aise. Que vous ayez ou non à monter des équipes, vous pouvez apprendre comment agissent ceux qui y excellent. Il se peut même que vous y preniez goût. Il est important de ne pas confondre ce que vous voudriez faire avec ce que vous devez faire.
- Chaque emploi représente une occasion de progresser.

  a) Un emploi stimulant et exigeant est sans aucun doute le meilleur moyen de développer des compétences - pas le feed-back, ni les cours de formation, ni les modèles - un emploi implique des progrès, la mise en œuvre des compétences aussi importantes que variées. Si vous souhaitez vraiment développer vos compétences, c'est ce type d'emploi qu'il vous faut.

  b) Si vous avez de l'ambition, ce type d'emploi garantit le mieux votre succès à long terme. Les études du CCL démontrent que les cadres supérieurs ayant une brillante carrière ont fait leurs classes dans un grand nombre d'emploi mentionnés dans cette section.

  c) Vous disposez d'une occasion en or pour apprendre et acquérir de l'expérience à partir de votre emploi. Quels sont les aspects de votre travail qui requièrent que vous satisfassiez à cette exigence ? Prenez note de ces défis et ciblez votre plan de développement sur eux.

  d) Tâches à temps partiel - Faute d'être confronté à des tâches ardues pour y manifester votre maîtrise des compétences nécessaires ou qui vous dépassent, vous ne ferez guère de progrès. C'est là l'essence de l'apprentissage sur le tas – non pas la pratique, l'expérimentation mais l'approfondissement de ses compétences afin d'améliorer sa performance. Prenez l'exemple des talents d'écoute, un besoin répandu. On a mille occasions d'écouter les autres mais on s'en abstient, parce qu'on refuse de prêter attention à certaines personnes ou situations, en toute impunité. Faudrait-il donc plonger les mêmes récalcitrants dans une négociation difficile ou les placer à la tête d'un groupe d'experts même s'ils ne sont pas eux-mêmes experts en la matière ? Est-il besoin d'en rajouter ? Soit vous écoutez, soit vous coulez à pic. Tout plan que vous élaborez doit comprendre des tâches dont les enjeux soient aussi clairs et nets que la réussite ou l'échec. Sinon le « naturel » (les mauvaises habitudes) reviendra au galop. Ajoutons qu'il conviendra d'adapter ces tâches à votre emploi et votre organisation. Quels genres de tâches doit-on considérer ? Si votre besoin est profond (si votre compétence est réellement médiocre ou non testée en la matière), commencez par des défis mineurs puis relevez progressivement la barre.

e) Souvenez-vous que vous n'avez pas à exceller dans tous les domaines pour réussir. Les leaders qui ont le mieux réussi ont en général quatre à six points forts et peu de faiblesses flagrantes. Il est peu probable de progresser dans chacune des 67 compétences. Utilisez les stratégies précitées pour faire le meilleur choix. S'il vous est difficile d'améliorer vos compétences, appliquez les stratégies indirectes ci-après.

2. Solutions de remplacement

Cette tactique consiste à utiliser une force pour compenser une faiblesse. Voici quelques exemples illustrant cette compensation d'une force par une faiblesse (reportez-vous à la fiche n° 49 Maîtriser la communication orale).

- Faites preuve d'humour (une aptitude importante) dans vos présentations. L'utilisation de dessins et de dialogues humoristiques vous permettra d'intéresser votre auditoire et de mieux réussir votre présentation, sans nécessairement exiger une amélioration de vos talents de présentateur.
- Ne vous contentez pas d'être présent, participez, ce qui est déjà une aptitude appréciable. Raccourcissez la durée de la présentation au profit de l'instauration de la discussion et du dialogue avec l'auditoire.
- Enregistrez certaines parties de la présentation si vous pouvez répéter, faites plusieurs enregistrements et insérez ces enregistrements dans la présentation en temps réel.
- Faites une liste (une aptitude importante) des points que vous allez développer et distribuez-la avant la réunion, puis au lieu de faire votre présentation engagez une discussion.
- Encore une fois, l'objectif est d'escamoter le fait que vous êtes un présentateur sans grand talent, en substituant des éléments que vous dominez pour aboutir au même résultat. Cette approche est relativement simple à mettre en œuvre, si vous avez les capacités de combler ce besoin.

3. TROUVEZ MOYEN DE COMPENSER VOS FAIBLESSES

Cherchez d'autres moyens pour parvenir au même résultat. Une solution de rechange consiste à réduire l'importance du besoin. Que la solution de remplacement vous apprenne quelque chose ou pas, ce qui compte est qu'elle vous permette de faire ce qui est à faire, sans avoir à faire face à votre problème personnel.

La connaissance de soi est essentielle dans cette approche. Vous devez savoir que vous avez un besoin et le reconnaître. Voici quelques solutions de rechange.

Trouver des remplaçants...

- Trouvez quelqu'un à l'interne qui peut prendre votre place dans les domaines où vous avez des difficultés. Un collègue. Un consultant à l'interne. Un ami. Un de vos collaborateurs. Si vous êtes un piètre orateur, trouvez quelqu'un qui excelle dans ce domaine pour présenter ce que vous avez préparé.
- Trouvez quelqu'un à l'externe pour vous remplacer dans les domaines où vous êtes faible. En général un consultant spécialisé dans les domaines où vous éprouvez des difficultés. Si l'élaboration de stratégies n'est pas votre fort, engagez un consultant ou une société spécialisée dans les plans stratégiques, pour choisir celui qui vous intéresse.
- Pour former votre équipe recrutez des gens qui excellent dans les domaines où vous ne brillez pas. Déléguez les tâches qui font ressortir vos faiblesses.

Substitution de tâches...

- Échangez des tâches avec certains de vos collègues. Conservez celles qui vous conviennent et déléguez celles qui vous posent problème. À titre d'exemple, vous aidez l'un de vos collègues dans sa planification stratégique et il vous aide dans vos présentations à la haute direction.
- Partagez les tâches. Trouvez un partenaire pour vous répartir les tâches, de façon à ce que chacun fasse ce qu'il sait le mieux faire.
- Excluez de votre responsabilité les domaines difficiles. Redéfinissez votre travail (avec votre patron), pour exclure les domaines dans lesquels vous avez des faiblesses. Changez d'activité, afin de ne plus avoir à faire des tas de présentations aux personnes de l'extérieur. Confiez cette tâche à un autre département.

Changement d'activité...

- Changez d'activité (société, département, secteur). Si vous renoncez à améliorer vos points faibles, faites une évaluation objective de vos points forts et trouvez une organisation, un travail ou un département qui correspond mieux à vos possibilités. Vous travaillez dans la vente et vous êtes compétent sauf pour appeler les clients ou dépister des affaires potentielles. Trouvez un emploi dans le domaine commercial où les clients déjà prospectés viennent à vous.
- Changez de carrière. Si vous renoncez à améliorer vos points faibles, faites une évaluation objective de vos points forts et trouvez une carrière qui ne fait pas appel à vos points faibles, mais au contraire à vos compétences. Si vous êtes dans la promotion des ventes et que les présentations ou le démarchage ne sont pas votre fort, tournez-vous vers l'analyse de marché qui n'exige pas de telles aptitudes.

La solution par soi-même...

- Annoncez votre point faible. Selon les études, le fait d'admettre certaines faiblesses (dans des limites raisonnables), améliore en fait votre image auprès des gens. Si vous annoncez en commençant : « Vous savez sans doute que parler en public n'est pas mon fort », les gens ne seront pas si critiques.
- Essayez de vous redéfinir. Faites avec. Si vous renoncez à améliorer vos points faibles, concentrez-vous davantage sur ce que vous savez bien faire.

TRAITER UN POINT FORT UTILISÉ À L'EXCÈS

Beaucoup de gens arrivent à des postes de responsabilité grâce à quelques points forts importants. Le plus souvent il s'agit de personnes intelligentes, acharnées, orientées vers l'action, capables de résoudre les problèmes, de gérer des projets ou de prendre des risques, de bons orateurs ou doués d'un sens politique. Ce sont des gens autonomes, indépendants et le plus souvent solitaires qui obtiennent ce qu'ils veulent. Ils ont en général plus de facilité à gérer les projets et manier les idées qu'à diriger les gens. Ce sont de véritables locomotives qui entraînent les autres. Ils obtiennent promotion sur promotion jusqu'à ce qu'ils arrivent à une position qui dépasse leurs compétences.

D'autres obtiennent peu de feed-back, mais de bonnes évaluations de performances. Promus ou non, ils sont encouragés à continuer dans la même voie, à utiliser les points forts qui leur ont permis d'arriver à ce niveau. Tout va pour le mieux, jusqu'à ce que quelque chose change : la stratégie, les responsabilités ou la direction. C'est alors que de nouvelles compétences sont requises et qu'il faut totalement revoir les aptitudes actuelles.

Dans les deux cas, ils arrivent à la croisée des chemins. Quelle voie devront-ils choisir pour modifier le cours des choses ?

Les perfectionnistes, les gens ouverts, curieux et qui apprennent facilement choisissent la route de gauche. Ils savent reconnaître le nouveau poste qui requiert quelque chose de différent. Une rupture avec le passé. Une nouvelle direction. Une transition. Ils envisagent tout de suite une nouvelle façon de penser ou des nouvelles aptitudes pour adopter les stratégies adaptées. Ils les mettent en œuvre ou trouvent des solutions de rechange. Il se peut qu'ils cherchent des mesures de compensation pour réaliser les mêmes choses, sans avoir besoin d'acquérir de nouvelles capacités.

La majorité des gens adoptent la voie de droite. Quand ils n'arrivent pas à leurs objectifs, quand les choses ne se déroulent pas comme d'habitude, quand ils atteignent leurs limites, ils exploitent au maximum leurs quelques points forts. Leur théorie opérationnelle c'est qu'il vaut mieux en rajouter et que si quelqu'un ne vous comprend pas, répétez en parlant plus fort.

Si quelques-uns dans ce groupe ont les aptitudes énumérées ci-dessus, ils se montrent opiniâtres et poussent les autres jusqu'à l'épuisement. Ne faisant pas confiance aux autres, ils font tout eux-mêmes. Ils sont frustrés quand l'intellect ne suffit pas à résoudre les problèmes. Ils commencent à considérer les autres comme la cause de tous les problèmes.

Il se peut que les autres ignorent comment faire les choses différemment. En l'absence de feed-back et d'objectifs clairs, ils ignorent ce qu'est la réussite et se contentent de réutiliser les recettes du passé.

Dans tous les cas, si on vous a dit que vous en faites trop, voilà quelques stratégies générales pour résoudre ce problème.

1. Hum ! Levez le pied. Vous ne vous rendez pas compte ? Arrêtez d'en rajouter. Doucement. Ralentissez le rythme. Même si cela semble simple, peu de gens y parviennent. Pourquoi ? Parce que. Le mentor dit :
    a. Soyez moins astucieux.
    b. Soyez moins centré sur les résultats.
    c. Arrêtez de tout faire vous-même, commencez à déléguer.
    d. Ralentissez, écoutez, réfléchissez.
    e. Cessez de foncer.
    f. Faites-en moins.
    g. Prenez moins de risques.

Bien des gens n'apprécient guère ces conseils. Pourquoi ? Parce que ce sont les clés de leur réussite. Ce sont les choses qui ont réussi. C'est assez inquiétant de penser qu'il faut FAIRE MOINS de ce qu'on sait si bien faire. Aussi, même si cela paraît facile, dans la vie, c'est toujours difficile d'arrêter de capitaliser sur ses points forts. Toutefois, cela peut réussir.

2. Une autre stratégie consiste à enrober l'aspirine pour éviter les douleurs d'estomac. Faites appel à vos autres compétences pour neutraliser les effets d'un recours excessif à votre point fort. Continuez de foncer, mais augmentez la communication et le feed-back. Continuez de prendre des risques mais améliorez l'information des gens Chacune des 67 compétences et des 10 mesures de performance fournit une définition d'une utilisation à l'excès et le moyen de la compenser. Les compensateurs atténuent l'effet négatif des points forts utilisés à l'excès. Ils réduisent le brouhaha et permettent aux autres de mieux accepter vos points forts. Combien de compensateurs devez-vous utiliser ? Autant que nécessaire pour ramener la tension à un niveau raisonnable.

3. Les compensateurs dont vous avez besoin risquent de vous faire défaut. Dans ce cas, deux options viennent s'ajouter à l'option numéro un ci-dessus. Vous pouvez adopter une stratégie de rechange (voir ci-dessus). Cette stratégie consiste à atteindre les mêmes objectifs avec d'autres moyens (trouver un remplaçant). L'autre option est de mettre en place les compensateurs nécessaires. Pour ce faire, utilisez les conseils donnés dans les chapitres relatifs aux compensateurs.

La formation peut aussi couvrir tout ce que nous avons abordé ci-dessus. Dès que vous savez exactement ce dont vous avez besoin, vous pouvez mettre en œuvre un plan de rechange à effet immédiat. Plus tard, à mi-parcours, vous utiliserez une ou plusieurs des stratégies de remplacement pour continuer à compenser vos lacunes. Pendant que tout ce temps, vous pouvez utiliser les conseils de formation de cet ouvrage pour améliorer vos compétences, en même temps que vous observez les gens en train d'utiliser votre plan de rechange, pour apprendre comment ils font. Ensuite, au besoin, complétez votre formation par des tâches, des projets spéciaux, des missions à mi-temps ou des activités différentes.

PLAN DE DÉVELOPPEMENT UNIVERSEL POUR TOUTE COMPÉTENCE OU DIMENSION

- **1. Soyez précis.** Obtenez davantage de feed-back comportemental sur vos lacunes. Il est rare que les gens aient des faiblesses dans tous les aspects d'une compétence. Ces faiblesses concernent rarement l'ensemble des compétences interpersonnelles. Il s'agit habituellement de quelque chose de bien précis, à titre d'exemple vos compétences interpersonnelles avec la haute direction lorsque deux des sept membres du comité de gestion vous posent des questions ardues sur des sujets qui vous tiennent à cœur. Pour en apprendre davantage sur la nature précise de votre lacune, consultez un petit nombre de gens compétents en la matière et qui répondront à vos questions. Pour commencer, reconnaissez votre lacune. Ne soyez pas sur la défensive et ne tentez pas de nier votre besoin. Faites part de votre préoccupation et sollicitez davantage de renseignements afin d'élaborer un plan efficace de développement et de perfectionnement. N'hésitez pas à leur demander des exemples précis : quand, où, avec qui, dans quelles circonstances, sous quelles conditions, à combien de reprises, connaissent-ils quelqu'un susceptible de vous aider ? Obtenez le maximum de précision. Écoutez, ne réfutez pas, prenez des notes, et remerciez-les de leurs remarques.
- **2. Élaboration du plan.** Si vous reconnaissez l'existence de cette lacune et si vous êtes prêt à y remédier, vous avez besoin d'un plan d'action en trois volets : Il vous faut discerner les comportements à éviter, ceux à adopter et ceux à maintenir. S'il est patent que vous souffrez de certaines lacunes dans ce domaine, vous devez mettre un terme à tout comportement non constructif. Et au lieu de cela, commencez à faire certaines choses qui vous déplaisent, ou que vous n'avez jamais faites ou n'avez même jamais songé à faire. Même si vous êtes médiocre dans un domaine donné, il y a sans doute certaines choses que vous parvenez à faire correctement. Envoyez un formulaire ou un courriel à plusieurs personnes susceptibles de vous aider à développer cette compétence, en disant que vous avez pris conscience de vos lacunes et que vous voulez y remédier. Mentionnez la lacune découverte à l'étape 1 et demandez-leur quels sont les comportements à bannir, à adopter et à maintenir.
- **3. Apprendre des autres.** Selon les recherches, on tire un meilleur parti de l'expérience d'autrui en : (a) prenant exemple sur plusieurs personnes, chacune d'elles excellant dans un domaine particulier, plutôt que de rechercher la vérité incarnée chez un seul individu. Il faut donc élargir son horizon au-delà des responsabilités du moment et choisir également des modèles hors du travail. (b) en assumant un double rôle d'enseignant et d'apprenant. En tant qu'apprenant, étudiez le comportement d'autrui en ne vous limitant pas à les admirer ou les

décrier. L'un des secrets pour ce faire est de tirer une série de principes ou de règles pragmatiques de leurs actions et de les intégrer ensuite à votre comportement. Le rôle d'enseignant constitue l'une des meilleures façons d'apprendre en ce qu'il impose réflexion et concision. (c) en adoptant plusieurs méthodes d'apprentissage : entretiens, observation passive de modèles en action, étude de modèles par procuration (livres, films), engagement d'un tuteur, ou encore recours à la stratégie des contrastes. Il est parfois difficile de se rendre compte des effets de son propre comportement sans disposer du recul nécessaire par rapport au problème en question. Prenez deux individus, l'un notoirement meilleur que vous pour la compétence considérée et l'autre bien pire. Reproduisez les actions du bon modèle qui débouchent sur des succès et débarrassez-vous des comportements du mauvais.

- **4. Lisez la « bible » concernant cette lacune.** Chaque aptitude ou compétence a déjà fait l'objet d'un ou plusieurs ouvrages : comment négocier pour gagner ; comment s'entendre avec des patrons exécrables ; comment se faire des amis ; comment renforcer sa créativité... Procurez-vous au moins deux livres traitant de votre lacune dans une grande librairie. Consacrez une heure à parcourir chaque livre. Lisez simplement la première phrase de chaque paragraphe ; ne lisez pas pour assimiler ; lisez plutôt pour appréhender la structure du livre. Choisissez ensuite celui qui vous correspond le mieux et lisez-le attentivement. Ce livre mentionnera éventuellement d'autres ouvrages ou articles sur l'aptitude ou compétence considérée. Mettez votre lecture à profit pour répondre aux questions suivantes : Quel est l'état de la recherche sur cette aptitude ou compétence ? Quelles sont les 10 leçons que tous les experts s'accordent à tirer ? Quelle est la meilleure façon d'acquérir cette compétence ?

- **5. Inspirez-vous d'autobiographies et de biographies.** Recherchez deux ouvrages portant sur des gens célèbres disposant de la compétence que vous essayez d'acquérir. Mère Teresa ou la compassion ; Harry Truman ou la solitude dans l'action ; Norman Schwarzkopf ou le leadership ; Helen Keller ou la persévérance. Essayez d'appréhender la façon dont ils ont su intégrer la compétence que vous cherchez à développer. Ont-ils toujours maîtrisé cette compétence ? Dans le cas contraire, quel fut le tournant décisif ?

- **6. Apprenez d'une formation.** Cherchez le meilleur cours accessible. Il peut être offert par votre entreprise ou, plus vraisemblablement, à l'extérieur. Essayez d'en trouver un qui soit donné par l'auteur d'un livre ou d'une série d'articles portant sur la lacune à combler. Consacrez-y le temps nécessaire. L'apprentissage de toute nouvelle aptitude ou compétence prend d'ordinaire de trois à cinq jours. Un cours d'un à deux jours n'est généralement pas suffisant. Trouvez-en un au cours duquel vous abordez cette compétence au niveau théorique et pratique. Choisissez un cours qui, le cas échéant, puisse être filmé. Munissez-vous de votre plan détaillé et prenez des notes concernant votre lacune (et ne vous bornez pas aux grandes lignes du cours). Si vous assistez à un cours de formation sur l'écoute et que l'une de vos lacunes consiste à de ne pas écouter quelqu'un qui commence à pérorer, prenez des notes précises sur cette lacune. Ou encore, si votre lacune concerne une tâche ou un projet, prenez note des mesures à adopter d'emblée. Consacrez-vous totalement à ce cours. Ni appels, ni paperasse, ni détachement, le cours uniquement. Soyez celui ou celle qui participe le plus au cours et qui en profite le plus. Il est rare qu'un seul cours suffise à combler à une lacune. Il faut toujours combiner un cours avec les autres remèdes de ce plan de développement universel en particulier, afin de pouvoir surmonter votre lacune lors de situations difficiles.

- **7. Demandez l'aide d'un partenaire.** Il est parfois plus facile de développer une aptitude en travaillant avec quelqu'un. Si cette personne cherche elle aussi à combler la même lacune, vous pourrez collaborer et vous entraider. L'un des meilleurs moyens de consolider les connaissances consiste à s'expliquer mutuellement ce qu'on vient d'apprendre. Échangez sur vos lectures, sur les cours auxquels vous avez assisté, sur les cours auxquels vous avez assisté, sur les modèles que vous avez observés. Vous pouvez faire un suivi mutuel des progrès réalisés. Ou encore, faites appel à quelqu'un qui vous aidera à progresser. Demandez-lui de vous observer en vous fournissant un feed-back sur les objectifs d'apprentissage.
- **8. Lancez-vous dans des tâches nouvelles ou différentes, en commençant par des objectifs modestes.** Soixante-dix pour cent des nouvelles aptitudes s'acquièrent dans le cadre professionnel. En parlant avec vos collèges lors de votre apprentissage, demandez-leur de vous suggérer des tâches et des activités à réaliser. Faites une liste de cinq tâches à exécuter, à titre d'exemple : engager trois conversations, vous réconcilier avec un opposant, élaborer un plan d'affaires pour votre unité, négocier une acquisition, faire un discours ou résoudre un problème. Vous pouvez également faire des tentatives hors du bureau : enseignez à lire à quelqu'un, faites du bénévolat, participez à un groupe de travail, adoptez un nouveau passe-temps... tout ce qui peut vous aider à mettre en œuvre cette nouvelle aptitude sans risques. Une fois cette tâche accomplie, consignez par écrit les points forts et faibles de votre prestation et essayez de faire mieux ou différemment la prochaine fois.
- **9. Effectuez un suivi de vos progrès.** Vous aurez besoin d'un surcroît de motivation pour atteindre votre objectif. Songez à la façon de vous récompenser des progrès accomplis. Les autres ne remarquent pas forcément d'emblée les améliorations subtiles. Définissez des objectifs et des points de repère pour vous-même. Si vous tentez de devenir plus facile d'approche, donnez-vous pour but d'amorcer une conversation avec cinq nouveaux interlocuteurs chaque semaine. Tenez un carnet de bord de vos progrès. Dressez-en un graphique ; réjouissez-vous de l'atteinte des objectifs intermédiaires. Pour vous encourager, faites le

compte du nombre de fois où vous n'avez pas interrompu votre interlocuteur, où vous avez fait des suggestions stratégiques reprises et débattues par vos collègues.

- **10. Sollicitez des feed-backs régulièrement.** Réunissez un groupe de personnes qui ne vous connaissent que depuis peu et, par conséquent, ne sont pas les habituels témoins de la médiocrité de vos prestations dans ce domaine. Sollicitez leur feed-back une fois au tiers de votre plan de développement personnel. Reprenez également contact avec le groupe qui vous a aidé au départ à prendre conscience de cette lacune. Connaissant vos antécédents en la matière, leur évaluation reflétera la réalité de vos progrès avec un certain décalage par rapport à celle du premier groupe. Recourez donc aux deux groupes pour suivre vos progrès.

ORGANISATION DE *FYI*

Chacun des chapitres respecte la structure suivante :

1. Citations – (en anglais)

   « Il est bon qu'un homme inculte lise des livres de citations. L'ouvrage *Bartlett's Familiar Quotations* est un livre admirable que j'ai longuement étudié. Une fois gravées en mémoire, les citations enrichissent l'esprit. Elles vous encouragent également à lire leurs auteurs et à en découvrir d'autres. »

   – Winston Churchill

   Nous admirons Sir Winston et avons sélectionné deux citations par chapitre. Dans l'espoir qu'elles soient une source d'inspiration.

2. Définition : ce que signifient des compétences maîtrisées, non maîtrisées et utilisées à l'excès ; comment ces trois types de compétences se comparent selon les mesures de performance ; et ce qui constitue un problème ou non en termes de freins et d'obstacles à la carrière.

3. Dans le domaine des compétences non maîtrisées, il existe d'autres aptitudes permettant de compenser les lacunes existantes. Si vous avez un score élevé dans une ou plusieurs de ces aptitudes de substitution cela permet de neutraliser les effets négatifs d'une lacune dans le domaine concerné.

4. Au chapitre des compétences utilisées à l'excès, vous trouverez un certain nombre d'aptitudes de compensation. Si votre score est élevé pour l'une ou plusieurs de ces aptitudes, vous pouvez les utiliser pour neutraliser les effets négatifs de l'utilisation à l'excès de l'un de vos points forts.

5. Quelques causes : nous répertorions les nombreuses raisons susceptibles de justifier votre lacune. Servez-vous des raisons ainsi évoquées pour définir plus avant vos lacunes.

6. Facteurs et groupes : chaque compétence et frein de carrière répond à l'un des 8 facteurs statistiques et des 26 groupes logiques. Cela signifie que cette compétence ou ce frein présente en quelque sorte des similitudes avec les autres. Des conseils supplémentaires figurent dans le groupe (et dans le facteur) pour chaque compétence.
7. La Carte : elle décrit l'importance générale de cette dimension et appelle, nous l'espérons, à prendre au sérieux la lacune en question.
8. Quelques remèdes : dix conseils ou plus sont inclus pour vous aider à combler concrètement cette lacune. Si certains participent du long terme, la plupart de ces conseils peuvent être mis en œuvre immédiatement.
9. Lectures conseillées – (en anglais)

Pour cette nouvelle édition, nous avons ajouté une section spéciale traitant des compétences internationales. Si un grand nombre des compétences figurant dans notre bibliothèque de *l'ARCHITECTE DE LEADERSHIP®* couvre les facettes du succès du cadre supérieur à l'étranger, il n'en existe pas moins des compétences particulières méritant certains éclaircissements. Pour ces compétences particulières, nous nous sommes largement inspirés des recherches de Morgan McCall et George Hollenbeck effectuées au Center for Creative Leadership et des travaux de John Fulkerson qui nous a assistés dans la rédaction des chapitres internationaux.

Ces compétences particulières comprennent :

Facteur I : Compétences stratégiques... (connaissance du monde des affaires international)

Facteur II : Compétences d'exploitation... **(ingéniosité interculturelle*)**

Facteur III : Courage... (agilité interculturelle)

Facteur IV : Énergie et détermination... (tolérance aux changements d'affectation)

Facteur V : Compétences de positionnement organisationnel... (à partir d'implantations éloignées)

Facteur VI : Compétences personnelles et interpersonnelles... (sensibilité interculturelle)

Facteur VII : Avoir du mal à s'entendre avec les autres... (humilité)

Facteur VIII : Avoir du mal à obtenir des résultats... **(ingéniosité interculturelle*)**

**** Énuméré deux fois – une fois positivement et une fois négativement.***

À PROPOS DES AUTEURS

Mike Lombardo (à droite) a plus de 20 années d'expérience dans la recherche sur la gestion et la formation des cadres. Il est l'un des fondateurs de Lominger Limited, Inc., éditeur de la suite ARCHITECTE DE LEADERSHIP®. En collaboration avec Bob Eichinger, Mike a écrit plus de 20 documents pour cette suite, notamment : The Leadership Machine, FYI For Your Improvement™, *the CAREER ARCHITECT®, CHOICES ARCHITECT®, et VOICES®. Durant les 15 années passées au Center for Creative Leadership, Mike a été coauteur de The lessons of experience. Cet ouvrage, fondé sur les enseignements de l'expérience, expose les compétences nécessaires pour réussir. Il a également été le coauteur de recherches sur le déraillement de carrière chez les cadres supérieurs en révélant comment leurs lacunes personnelles et leurs atouts utilisés à l'excès leur ont occasionné des problèmes professionnels : BENCHMARKS®, un instrument de feed-back à 360°, et LOOKING GLASS®, une simulation. Quatre prix nationaux ont été décernés à Mike pour ses recherches sur le perfectionnement des gestionnaires et des cadres supérieurs.*

Bob Eichinger (à gauche) a plus de 40 ans d'expérience dans le domaine de la formation des gestionnaires et des cadres supérieurs. Il a exercé des responsabilités de haut niveau dans la formation des cadres supérieurs chez PepsiCo et Pillsbury et conseillé des centaines d'organisations sur la planification de la relève et le perfectionnement des cadres. Bob a donné de nombreuses conférences sur la formation des cadres supérieurs et de la gestion et il a collaboré avec le Board of the Human Resource Planning Society, une organisation professionnelle de responsables de la gestion et du perfectionnement des cadres supérieurs au sein de leurs organisations. Avec Mike Lombardo et d'autres collaborateurs, Bob a écrit plusieurs ouvrages et articles et publié plus de 20 documents et logiciels consacrés à la formation et à l'épanouissement des individus au sein de l'entreprise.

1 ÊTRE ORIENTÉ VERS L'ACTION

Do not wait; the time will never be "just right." Start where you stand, and work with whatever tools you may have at your command, and better tools will be found as you go along.
– Napoleon Hill

COMPÉTENCE NON MAÎTRISÉE

- ☐ Manque de réactivité quand une opportunité se présente
- ☐ Peut se montrer trop méthodique, trop perfectionniste ou hésiter à prendre des risques
- ☐ Peut remettre à plus tard
- ☐ A tendance à fixer des objectifs qui manquent d'envergure et d'ambition
- ☐ Peut manquer de confiance en lui au moment d'agir
- ☐ Semble savoir ce qu'il faut faire mais hésiter à le faire
- ☐ Semble manquer de motivation ; peut s'ennuyer dans son travail ou en arriver à « craquer » professionnellement

Sélectionnez dans la liste ci-dessous une à trois compétences comme compétence de remplacement si vous décidez de ne pas travailler directement sur cette dernière.

SUBSTITUTS : 9,12,16,18,32,34,36,43,50,52,53,57,62

COMPÉTENCE MAÎTRISÉE

- ☐ Aime travailler dur
- ☐ Est tourné vers l'action et déborde d'énergie lorsqu'il est face à un défi
- ☐ Ne craint pas d'agir avec une planification minimale
- ☐ Saisit plus d'opportunités que les autres

COMPÉTENCE UTILISÉE À L'EXCÈS

- ☐ Est un bourreau de travail
- ☐ Semble sauter aux conclusions avant l'analyse adéquate
- ☐ Ne semble pas avoir de stratégie
- ☐ Peut être trop directif pour finir le travail rapidement
- ☐ Le fait qu'il se désintéresse et néglige sa famille lui cause des problèmes personnels et familiaux
- ☐ A tendance à ne pas accorder assez d'attention à des activités et tâches importantes si elles ne comportent pas de défi
- ☐ Semble négliger sa vie privée, « craque »

Sélectionnez dans la liste ci-dessous une à trois compétences sur laquelle vous devrez travailler pour compenser son utilisation excessive.

COMPENSATEURS : 11,27,33,39,41,43,47,50,51,52,60,66

1

QUELQUES CAUSES

- ☐ Épuisé
- ☐ S'accroche trop
- ☐ Manque de motivation ; « s'ennuie »
- ☐ Manque d'enthousiasme pour le travail
- ☐ Manque de confiance en soi
- ☐ Perfectionniste
- ☐ Fait traîner les choses
- ☐ Ne saisit pas les occasions rapidement
- ☐ Ne prend pas de risques

FACTEURS ET GROUPES DU LEADERSHIP ARCHITECT®

Cette compétence se retrouve dans Énergie et détermination, facteur (IV). Cette compétence se retrouve dans Se concentrer sur le résultat final, groupe (J) aux numéros : 43, 53. Vous pouvez également consulter d'autres compétences dans le même facteur ou groupe pour trouver des conseils connexes.

LA CARTE

L'un des atouts essentiels de nos jours et dans l'avenir consiste à être orienté vers l'action. Le besoin impérieux de réagir rapidement et avec habilité dans les marchés signifie que les individus et les organisations qui hésitent seront dépassés par ceux qui foncent. La plupart des hauts dirigeants qui réussissent comptent parmi leurs atouts l'orientation vers l'action. Ceux qui hésitent le font généralement par perfectionnisme, procrastination ou crainte du risque. Cela a pour effet de retarder d'entreprendre les actions nécessaires rapidement et au bon moment.

QUELQUES SOLUTIONS

☐ **1. Vous temporisez ?** Vous remettez toujours au lendemain ? Est-ce dans l'urgence ou en situation de crise que vous êtes le plus performant ? Attendez-vous la dernière minute pour agir ? Si c'est le cas, vous risquez de ne pas respecter les délais ou de ne pas atteindre les objectifs fixés. Peut-être attendez-vous trop longtemps avant d'agir ? Commencez donc plus tôt. Accomplissez le premier dixième de la tâche dès qu'elle vous est confiée, afin de pouvoir évaluer le temps nécessaire pour la terminer. Engagez-vous à en réaliser une partie chaque jour. Ne vous souciez pas de l'objectif global. Attachez-vous seulement à réaliser les objectifs partiels que vous vous fixez au quotidien. C'est un petit pas pour celui qui remet toujours tout au lendemain et un grand pas en avant pour être davantage orienté vers l'action. *Besoin d'aide supplémentaire ? Reportez-vous aux fiches n° 16 : Prendre des décisions au bon moment, et n° 47 : Savoir planifier.*

☐ **2. Êtes-vous perfectionniste ?** Avez-vous besoin d'être sûr à 100 % ? Il est difficile de lutter contre le perfectionnisme, parce que c'est un trait de caractère généralement perçu comme positif. Vous souciez-vous de ce que l'on peut dire si vous n'avez pas réalisé un travail parfait ou si vous n'avez pas mis toutes les barres aux « t » ? Soyez lucide quant à ce qui motive votre perfectionnisme : peut-être votre besoin excessif d'information cache-t-il votre nécessité d'acquérir une plus grande confiance en vous-même et d'éviter les critiques éventuelles ; ou bien passez-vous tellement de temps à vous pencher sur les occasions offertes que vous finissez par passer à côté ; ou encore attendez vous la solution parfaite. Essayez progressivement, semaine après semaine, de réduire ce besoin de détenir toute l'information et d'avoir systématiquement raison, jusqu'à ce que vous parveniez à trouver un meilleur équilibre entre une analyse trop poussée et le passage à l'acte. Peut-être également, que vous attribuez-vous une trop grande part de travail et ne déléguez pas assez, devenant ainsi un goulot d'étranglement qui empêche les autres d'avancer. L'une des façons de surmonter ce problème est d'apprendre à faire confiance aux autres et de les laisser accomplir une partie du travail à votre place. *Besoin d'aide supplémentaire ? Reportez-vous aux fiches n° 18 : Savoir déléguer et n° 19 : Développer les compétences de ses collaborateurs directs et des autres.*

☐ **3. En étant plus opportuniste, vous ferez plus d'erreurs, mais vous travaillerez plus rapidement.** Efforcez-vous de passer à l'action au lieu de couper les cheveux en quatre. Il vous arrive de différer le passage à l'acte parce que vous ne possédez pas toute l'information ? Certains ne se décident à agir que lorsqu'ils ont des certitudes pratiquement absolues. N'importe qui d'intelligent et qui dispose de toutes les informations nécessaires est capable de prendre de bonnes décisions. En revanche, il est bien plus difficile d'agir quand on ne dispose que d'un minimum d'information. Des recherches ont démontré que les directeurs généraux performants prennent de bonnes décisions dans 65 % des cas. Si vous apprenez à prendre plus rapidement de petites décisions, vous pourrez faire, en cours de route, des réajustements vers la bonne décision. Peut-être examinez-vous les choses à n'en plus finir car vous êtes un éternel inquiet qui se préoccupe des aspects négatifs d'une situation. Faites la liste de vos problèmes et, pour chacun d'entre eux, notez les aspects positifs (un « pour » pour chaque « contre »). Quand vous aurez examiné les deux facettes du problème, vous serez davantage motivé pour agir. En réalité, toute action potentielle a ses côtés négatifs, mais dispose également d'aspects positifs. Agissez, recueillez le feed-back des résultats, peaufinez, et agissez encore.

☐ **4. Prenez confiance en vous-même.** Peut-être hésitez-vous à passer à l'action parce que vous craignez de ne pas être à la hauteur. Ou vous vous imaginez que si vous faites preuve d'audace, les autres vous en voudront et vous feront du tort. Renforcez votre confiance en suivant une formation ou en travaillant avec un tuteur sur un domaine ou une compétence à la fois. Concentrez-vous sur vos principaux points forts et réfléchissez à la manière dont vous pourriez les mettre à profit dans des situations mettant les nerfs à rude épreuve. Par exemple, si vous êtes adroit dans les relations interpersonnelles, imaginez-vous en train de répondre avec aisance aux questions et objections lors d'une présentation importante. De toute façon, le seul moyen dont vous disposez pour savoir ce dont vous êtes capable, c'est d'abord d'agir et ensuite d'analyser votre action.

☐ **5. Vous n'aimez pas le risque ?** Parfois, passer à l'action implique de savoir oser et suppose de prendre des initiatives audacieuses. Cette façon d'agir provoque, bien entendu, des erreurs et des échecs. Les recherches indiquent que les décideurs qui réussissent ont fait plus d'erreurs dans leur carrière que ceux qui ont su les éviter. Traitez-les comme autant d'occasions d'apprendre. Qui ne risque rien, n'a rien. Élevez votre niveau de témérité. Commencez par prendre des risques limités pour pouvoir vous rattraper plus facilement. Visez les petites réussites. Ne vous lancez pas dans un défi majeur sous prétexte de prouver votre audace. Fragmentez-le en petites tâches modestes. Débutez par les plus faciles. Passez ensuite aux plus difficiles. Après chaque tâche, analysez ce que vous avez fait de bien et de moins bien et fixez-vous des objectifs, pour faire mieux et différemment à chaque fois. Terminez en accomplissant le but ultime et en engageant les actions les plus risquées. Relevez le défi. Mettez-vous au défi d'y arriver. Découvrez votre créativité en agissant chaque fois différemment. *Besoin d'aide supplémentaire ? Reportez-vous aux fiches n° 2 : Faire face à l'ambiguïté, n° 14 : Faire preuve de créativité et n° 28 : Gérer l'innovation.*

☐ **6. Sans passion ?** Vous manquez d'énergie ? Le cœur n'y est plus ? Vous ne vous sentez plus impliqué à 100 % ? Vous exercez le même type d'activité depuis longtemps et vous la trouvez fastidieuse ? Vous êtes blasé : vous faites le même travail, vous avez toujours les mêmes décisions à prendre, vous voyez les mêmes personnes ? Pour sortir de cette situation, faites une liste de ce que vous aimez faire et de ce que vous n'aimez pas faire. Efforcez-vous de réaliser, chaque jour, au moins deux activités qui vous plaisent. Déléguez ou échangez les tâches qui ne vous motivent plus. Faites ce que vous aimez le moins en premier ; ne vous attardez pas sur le contenu, pensez plutôt au sentiment de gratification que l'on éprouve une fois le travail accompli. Faites en sorte que vos activités correspondent autant que faire se peut à vos intérêts. Portez-vous volontaire pour participer à des groupes de travail ou à des projets davantage susceptibles de vous motiver.

☐ **7. Définissez mieux vos priorités.** Peut-être n'avez-vous pas bien défini l'ordre de vos priorités. Il peut arriver que l'on soit très actif, mais pas forcément là où il faudrait l'être. Les managers efficaces concentrent la moitié de leur temps sur deux ou trois priorités. Sur quels sujets devriez-vous passer la moitié de votre temps ? Parmi vos différentes activités, pouvez-vous en citer cinq qui sont moins importantes que d'autres ? Si vous ne pouvez répondre à ces questions, vous avez un problème de discernement. Ceux qui ne se fixent pas de priorités voient leur travail comme une série d'actions à exécuter simultanément, ce qui les ralentit puisqu'ils ne savent pas par où commencer. Choisissez quelques missions qui vous paraissent cruciales et menez-les à bien. Ne vous laissez pas distraire par des activités de moindre importance. *Besoin d'aide supplémentaire ? Reportez-vous à la fiche n° 50 : Savoir définir les priorités.*

☐ **8. Organisez-vous.** Certains ne savent pas comment s'y prendre pour être efficace et performant. Il existe pourtant un ensemble de méthodes reconnues pour accomplir un travail de façon rapide et efficace – Gestion de la qualité totale (TQM), ISO ou Six Sigma. Si vous n'êtes pas assez méthodique dans l'organisation de votre travail et du travail des autres et que cela ralentit votre capacité d'action, il serait de votre intérêt de consulter les ouvrages qui traitent de ces sujets. Assistez à un atelier portant sur la planification efficace du travail. *Besoin d'aide supplémentaire ? Reportez-vous aux fiches n° 52 : Maîtriser la gestion des processus et n° 63 : Systèmes de gestion intégrale de la qualité (ex. TQM/ISO/Six Sigma).*

☐ **9. Vous craignez de mettre les autres à contribution ?** Entreprendre exige d'aller chercher d'autres capacités. Travaillez votre talent à convaincre et à influencer. Énumérez les raisons qui justifient de passer à l'action. Réfléchissez aux façons d'aider chacun à gagner en contribuant à cette action. N'attendez pas le moment de passer à l'action pour demander aux autres de participer, impliquez-les avant. Il est plus facile de convaincre quelqu'un quand il se sent concerné. Améliorez vos compétences en négociation. Apprenez à faire des transactions donnant-donnant. *Besoin d'aide supplémentaire ? Reportez-vous aux fiches n° 31 : Être doué pour la communication interpersonnelle, n° 37 : Savoir négocier et n° 39 : Savoir organiser.*

☐ **10. On juge que vous n'avez pas un engagement suffisant dans votre travail ?** Peut-être ne souhaitez-vous pas en faire davantage? Peut-être avez-vous trouvé un équilibre vie personnelle/vie professionnelle qui vous fait considérer qu'il faut travailler pour un salaire? Mais ni plus ni moins. C'est une décision certainement respectable, une de celles que chacun a le droit de prendre – et devrait prendre – dans un sens ou dans l'autre. Votre problème est peut-être que vous que vous exercez un emploi qui requiert un engagement plus important. Sinon vos évaluateurs ne vous auraient pas noté comme ils l'ont fait. Vous pourriez demander à votre patron un poste moins exigeant, qui ne demande pas autant d'implication et d'initiatives de votre part. Vous pourriez même envisager de revenir à un poste d'un niveau moins élevé, où vous trouveriez un meilleur équilibre entre la qualité de vie que vous recherchez et l'effort de travail à fournir ou le nombre d'heures de travail à réaliser.

If the primary aim of a captain were to preserve
his ship, he would keep it in port forever.
– Thomas Aquinas

1

LECTURES CONSEILLÉES

Bandrowski, James F. *Corporate Imagination Plus—Five Steps to Translating Innovative Strategies Into Action.* New York: The Free Press, 2000.

Belasco, James A. and Jerre Stead. *Soaring With the Phoenix—Renewing the Vision, Reviving the Spirit, and Re-Creating the Success of Your Company.* New York: Warner Books, 1999.

Block, Peter. *The Answer to How Is Yes: Acting On What Matters.* San Francisco: Berrett-Koehler Publishers, Inc., 2001.

Bossidy, Larry, Ram Charan and Charles Burck (Contributor). *Execution: The Discipline of Getting Things Done.* New York: Crown Business Publishing, 2002.

Collins, James C. *Good to Great: Why Some Companies Make the Leap...And Others Don't.* New York: HarperCollins, 2001.

Collins, James C. *Turning Goals Into Results: The Power of Catalytic Mechanisms.* Boston: Harvard Business School Press, 2002.

Conger, Jay A., Gretchen M. Spreitzer and Edward E. Lawler, III (Eds.). *The Leader's Change Handbook: An Essential Guide to Setting Direction and Taking Action.* San Francisco, CA: Jossey-Bass, Inc., 1999.

Kaplan, Robert S. and David P. Norton. *The Balanced Scorecard: Translating Strategy Into Action.* Boston: Harvard Business School Press, 1996.

Kotter, John P. and Dan S. Cohen. *The Heart of Change: Real-Life Stories of How People Change Their Organizations.* Boston: Harvard Business School Press, 2002.

Niven, P.R. *Balanced Scorecard Step-by-Step: Maximizing Performance and Maintaining Results.* New York: John Wiley & Sons, Inc., 2002.

Pfeffer, Jeffrey and Robert I. Sutton. *The Knowing-Doing Gap: How Smart Companies Turn Knowledge Into Action.* Boston: Harvard Business School Press, 2000.

Powell, Colin L. with Joseph E. Persico. *My American Journey.* New York: Random House, 1995.

Powell, Colin L. with Joseph E. Persico. *My American Journey* [sound recording]. New York: Random House Audiobooks, 1995.

2 FAIRE FACE À L'AMBIGUÏTÉ

Facteur I : Compétences stratégiques Groupe C : Créer du nouveau et du différent **I – C**

Being on the tightrope is living; everything else is waiting.
– Karl Wallenda, American aerialist and circus performer

COMPÉTENCE NON MAÎTRISÉE

- ☐ Ne se sent pas à l'aise dans les situations de changement et d'incertitude
- ☐ Ne semble pas très performant face à des problèmes flous, dont la solution ou l'issue n'est pas claire
- ☐ Semble préférer ce qui est concret, la structure par rapport à l'incertitude
- ☐ Préfère que les choses soient sûres et bien ficelées
- ☐ Devient moins efficace et productif dans des situations ambiguës
- ☐ Veut trop vite conclure
- ☐ Ressent le besoin de toujours tout terminer
- ☐ A tendance à aimer ce qui est répétitif

Sélectionnez dans la liste ci-dessous une à trois compétences comme compétence de remplacement si vous décidez de ne pas travailler directement sur cette dernière.

SUBSTITUTS : 1,5,12,14,16,28,30,32,36,39,40,46,47,50,51,52,53,58

COMPÉTENCE MAÎTRISÉE

- ☐ Sait s'adapter au changement
- ☐ Est capable de changer facilement de cap
- ☐ Peut décider et agir sans connaître toutes les données
- ☐ N'est pas irrité quand les choses restent incertaines
- ☐ N'a pas besoin qu'une tâche soit terminée avant d'en entreprendre une autre
- ☐ Peut gérer aisément le risque et l'incertitude

COMPÉTENCE UTILISÉE À L'EXCÈS

- ☐ Peut tirer des conclusions trop rapidement
- ☐ Semble combler les zones d'ombre en ajoutant des choses qui manquent
- ☐ Contrarie les autres en ne donnant pas assez de détails
- ☐ Semble sous-évaluer la rigueur dans les méthodes de résolution des problèmes
- ☐ Semble rejeter les précédents et les antécédents
- ☐ Semble s'aventurer à faire des choses nouvelles et risquées au détriment des solutions prouvées
- ☐ Semble compliquer les choses à l'excès

Sélectionnez dans la liste ci-dessous une à trois compétences sur laquelle vous devrez travailler pour compenser son utilisation excessive.

COMPENSATEURS : 5,17,24,30,35,39,40,47,50,51,52,59,61,63

QUELQUES CAUSES

- ☐ Évite les critiques
- ☐ Évite les risques
- ☐ Désorganisé
- ☐ Devient débordé
- ☐ Aime le sens de la structure et le contrôle
- ☐ Perfectionniste

FACTEURS ET GROUPES DU LEADERSHIP ARCHITECT®

Cette compétence se retrouve dans Compétences stratégiques, facteur (I). Cette compétence se retrouve dans Créer du nouveau et du différent, groupe (C) aux numéros : 14, 28, 46, 58. Vous pouvez également consulter d'autres compétences dans le même facteur ou groupe pour trouver des conseils connexes.

LA CARTE

Selon des études, 90 % des problèmes des cadres moyens et supérieurs sont ambigus : ni la nature du problème, ni la solution ne sont clairement définies. Plus on gravit les échelons, plus les choses deviennent ambiguës. La plupart des gens seraient capables de prendre des décisions précises et appropriées s'ils disposaient de temps illimité et de 100 % des informations requises. De même, s'ils connaissaient la solution spécifique ayant été appliquée systématiquement dans le passé à un problème particulier, ils seraient capables de la dupliquer. Mais le vrai succès attend ceux qui sont capables de prendre plus de bonnes décisions que de mauvaises décisions sur la base d'informations insuffisantes, en moins de temps et avec peu ou pas de solutions antécédentes sur lesquelles s'appuyer.

QUELQUES SOLUTIONS

☐ **1. Avancer par étapes successives.** La capacité à s'adapter aisément à l'incertitude et à l'ambiguïté passe d'abord par la capacité à tolérer les erreurs et les fautes que l'on commet, ainsi que la capacité à supporter les critiques et la pression qui en résultent. Intervenir sur un problème mal défini, sans pouvoir se référer à une démarche connue pour se guider, équivaut à foncer dans l'obscurité totale et à devoir prendre des décisions avec le peu d'information dont on dispose. Ceux qui procèdent par étapes y excellent. Ils prennent une série de petites décisions, obtiennent des avis très vite, corrigent la trajectoire, recueillent quelques données de plus, avancent un peu plus, jusqu'à ce que l'intégralité du problème initial soit sous contrôle. Ils n'essaient pas de tout régler en une fois. Les nombreuses études menées sur la résolution de problèmes démontrent que ce n'est qu'au second, voire au troisième essai que l'on comprend réellement les dynamiques sous-jacentes aux problèmes. Les « incrémentalistes » savent également que, plus les situations sont incertaines, plus les probabilités de commettre des erreurs sont élevées, surtout au début. Vous devez donc travailler à deux niveaux : commencez par prendre des risques limités pour pouvoir vous rattraper plus facilement. Ensuite, dès que vous le pouvez, accélérez mais toujours par petites actions successives, au fur et à mesure que vous vous habituez à la pression.

☐ **2. Êtes-vous perfectionniste ?** Vous préférez être sûr à 100 % ? C'est le cas pour beaucoup d'entre nous. Il est difficile d'abandonner le perfectionnisme car c'est un trait de caractère considéré généralement comme positif. Soyez lucide quant à ce qui motive votre perfectionnisme : peut-être votre besoin excessif d'information cache-t-il votre nécessité d'acquérir une plus grande confiance en vous-même en évitant de vous tromper, cela afin de déjouer les risques et de parer les critiques éventuelles. Si vous désirez être plus prompt, vous devez réduire votre besoin d'information peu à peu, chaque semaine, jusqu'à ce que vous atteigniez l'équilibre entre l'analyse trop poussée et le passage à l'acte. Exercez-vous à prendre des décisions dont les conséquences ne sont pas graves, avec peu ou pas d'information. N'importe qui d'intelligent et qui dispose de toutes les informations nécessaires est capable de prendre de bonnes décisions. En revanche, il est plus difficile d'agir rapidement en ne disposant que d'un minimum d'information ou de données incomplètes. Des recherches ont démontré que les directeurs généraux performants prennent de bonnes décisions dans 65 % des cas. Fiez-vous davantage à votre intuition. Laissez faire votre cerveau.

☐ **3. N'êtes-vous à l'aise que lorsque vous savez tout ?** Vous sentez-vous mieux lorsque vous avez le sentiment que vous connaissez et contrôlez tout ce qui vous entoure ? C'est le cas pour beaucoup d'entre nous. Peu de gens sont motivés par l'incertitude et le chaos, mais cela en stimule certains. Ils prennent plaisir à résoudre des problèmes que personne n'a réglés avant eux. Ils aiment tracer la voie. Il vous faut acquérir plus d'aisance quand vous agissez en pionnier. Explorez de nouveaux domaines. Apprenez de nouveaux savoir-faire. Entraînez-vous dans votre vie personnelle. Allez dans des restaurants exotiques qui vous sont inconnus. Partez en vacances pour des destinations inédites. Allez à des festivals interculturels et entrez en contact avec des groupes que vous ne connaissez pas.

☐ **4. Vous manquez d'organisation ?** Quand vous êtes en proie à l'incertitude, vous devez tracer vous-même votre ligne de conduite. Vous devez concentrer vos priorités. Concentrez-vous sur les points critiques. Ne vous laissez pas distraire par des activités de moindre importance. Soyez plus organisé et discipliné. Il existe un ensemble de méthodes reconnues pour accomplir un travail de façon rapide et efficace. Si vous n'êtes pas assez méthodique dans l'organisation de votre travail et du travail des autres et que cela ralentit votre capacité d'action, vous devriez consulter les ouvrages qui traitent de ces sujets (TQM, ISO et Six Sigma). Assistez à un atelier portant sur la planification efficace du travail. *Besoin d'aide* *supplémentaire ? Reportez-vous aux fiches n° 50 : Savoir définir les priorités, n° 52 : Maîtriser la gestion des processus et n° 63 : Systèmes de gestion intégrale de la qualité (ex. TQM/ISO/Six Sigma).*

☐ **5. Entraînez-vous aux démarches de résolution de problèmes.** Lorsque l'on est dans l'incertitude, la meilleure méthode est de tenter de mieux comprendre le fond du problème. Trouvez les causes du problème. Demandez-vous sans cesse « pourquoi ». Trouvez toutes les causes possibles et voyez en combien de catégories vous pouvez les regrouper. Cela augmente la probabilité d'arriver à une solution efficace, car il est possible de mieux discerner les interrelations. Les recherches sur les processus de prise de décision ont démontré de façon évidente que c'était l'analyse de la définition du problème, ainsi que la capacité à répondre aux questions appropriées, qui permettaient de prendre les meilleures décisions. Se concentrer dès le départ sur les solutions ou sur les informations disponibles génère souvent un ralentissement du processus, car cela ne nous permet pas d'identifier les modèles conceptuels qui permettent de mieux structurer la pensée. Apprenez à poser plus de questions. Lors d'une étude de cas sur la résolution de problèmes, 50 % des commentaires faits portaient sur des propositions de solutions alors que les questions posées ne représentaient que 7 %.

☐ **6. Visualisez le problème.** Les processus complexes et les problèmes comportant un grand nombre de facteurs d'incertitude sont difficiles à comprendre. Ils s'apparentent à un labyrinthe sans fin, à moins de les transposer sous forme graphique. Une de ces techniques consiste en une suite d'images (« story-board ») qui illustrent le processus, la vision ou la stratégie. Une variante consiste à utiliser les traditionnels « pour » et « contre » ou les (+) et (-) du problème et du processus, puis de les représenter sous forme de diagrammes illustrant ce qui fonctionne et ce qui ne fonctionne pas. On peut aussi employer le type de diagramme en arêtes de poisson utilisé pour la Gestion de la qualité totale. Cette méthode consiste à classer les causes d'un problème en grandes catégories. Des logiciels de préparation de diagrammes ou de planification de projets pourraient vous aider à visualiser les problèmes rapidement.

☐ **7. Développez une attitude philosophique envers les échecs et les critiques.** Après tout, la plupart des tentatives d'innovation échouent, de même que la plupart des efforts de changement. Tout ce qui en vaut vraiment la peine demande des efforts répétés. Pour mieux tirer les leçons de vos erreurs, mettez en place un système de feed-back en boucle pour que la rétroaction soit la plus immédiate possible. Plus les cycles de feed-back seront courts et fréquents, plus les occasions d'apprendre se multiplieront. Si vous accomplissez une action modeste quotidiennement pendant trois jours au lieu d'une action d'envergure étalée sur trois jours, vous triplez les occasions d'apprendre. Il y aura, bien sûr, des erreurs et des échecs, mais après tout, si vous n'êtes pas totalement sûr de votre action, il y a de fortes chances pour que les autres soient dans la même situation.

Ils ne pourront faire que des commentaires sur les erreurs commises. La meilleure attitude, dans ces cas-là, est de demander : Que pouvons-nous en apprendre ? Quelles sont les leçons que nous pouvons en tirer ? *Besoin d'aide supplémentaire ? Reportez-vous à la fiche n° 45 : Savoir apprendre.*

☐ **8. Le stress.** Certains deviennent stressés quand l'ambiguïté et l'incertitude augmentent. Nous perdons nos repères et nous n'avons pas toutes nos capacités lorsque nous sommes anxieux, frustrés, en colère ou que nous perdons notre sang-froid. Qu'est-ce qui déclenche votre réaction émotionnelle ? Notez ce qui vous rend anxieux, les situations où vous ne savez comment réagir, celles où vous avez peur de commettre une erreur, les cas où vous craignez des conséquences imprévues, ceux où vous manquez de confiance pour agir. Quand vous êtes dans cet état émotionnel, mettez momentanément le problème de côté. Faites volontairement autre chose. Ne revenez à votre problème que lorsque vous aurez récupéré votre contrôle. Laissez votre cerveau travailler sur le sujet pendant que vous faites quelque chose de moins risqué. *Besoin d'aide supplémentaire ? Reportez-vous aux fiches n° 11 : Avoir la maîtrise de soi et n° 107 : Manquer de sang-froid.*

☐ **9. On pourrait comparer le changement à un trapèze qu'on lâche en plein vol pour en attraper un autre.** Pendant un court laps de temps, vous êtes suspendu en l'air, sans rien à quoi vous raccrocher. Le second trapèze vous permettra d'atteindre une nouvelle plate-forme et une nouvelle place. Si vous restez accroché au premier trapèze par peur de tomber, vous resterez toujours sur la première plate-forme ; vous vous sentirez en sécurité, mais il n'y aura rien de nouveau ou de différent pour vous. Changer, c'est passer d'un trapèze à l'autre. Tenez-vous informé des changements professionnels et technologiques et demandez-vous quel peut en être l'impact dans votre activité. Visualisez mentalement des résultats différents et supérieurs. Parlez-en autour de vous. Faites surgir des idées nouvelles. Questionnez ceux qui ont réussi à imposer des changements. Expérimentez. Plus vous le ferez, plus vous vous sentirez à l'aise. Pour mieux comprendre comment se comporter vis-à-vis du changement, il est recommandé de lire *The Future of Leadership* par White, Hodgson et Crainer.

☐ **10. Il faut bien finir.** Êtes-vous du style à toujours finir ce que vous avez commencé ? Ressentez-vous la nécessité d'aller jusqu'au bout des tâches engagées ? D'en soigner le fini, la présentation ? Travailler efficacement dans des conditions mouvantes et incertaines implique de passer d'un travail non fini à un autre. Vous abandonnerez certaines tâches et d'autres ne seront jamais achevées. Elles ne seront, la plupart du temps, pas réalisées à plus de 80 % et vous devrez constamment réajuster vos actions et vos décisions. Modifiez vos critères personnels d'autosatisfaction. Apprenez à vous accorder du mérite pour avoir rectifié une erreur ou pour avoir su faire avancer les choses d'un cran, plutôt que pour avoir finalisé un projet donné.

2

He that leaveth nothing to chance will do few things ill, but he will do very few things.
– George Savile

LECTURES CONSEILLÉES

Anderson, Dean and Linda S. Ackerman Anderson. *Beyond Change Management: Advanced Strategies for Today's Transformational Leaders.* San Francisco: Jossey-Bass, Inc., 2001.

Black, J. Stewart and Hal B. Gregersen. *Leading Strategic Change: Breaking Through the Brain Barrier.* Upper Saddle River, NJ: Financial Times/Prentice Hall, 2002.

Burke, W. Warner and William Trahant with Richard Koonce. *Business Climate Shifts: Profiles of Change Makers.* Boston: Butterworth-Heinemann, 2000.

Chowdhury, Subir. *Management 21C: Someday We'll All Manage This Way.* Upper Saddle River, NJ: Financial Times/Prentice Hall, 2000.

Gutzman, Alexis D. *Unforeseen Circumstances.* New York: AMACOM, 2002.

Kotter, John P. and Dan S. Cohen. *The Heart of Change: Real-Life Stories of How People Change Their Organizations.* Boston: Harvard Business School Press, 2002.

Luecke, Richard. *Managing Change and Transition.* Boston: Harvard Business School Publishing, 2003.

Macdonald, John. *Calling a Halt to Mindless Change.* New York: AMACOM, 1998.

Millemann, Mark, Linda Gioja and Richard Tanner Pascale. *Surfing the Edge of Chaos: The Laws of Nature and the New Laws of Business.* New York: Three Rivers Press, 2001.

Newman, Paul and A.E. Hotchner. *Shameless Exploitation in Pursuit of the Common Good.* New York: Doubleday, 2003.

O'Toole, James. *Leading Change.* Boston: Harvard Business School Press, 1996.

3 ÊTRE D'UN ABORD FACILE

Facteur VI : Compétences personnelles et interpersonnelles Groupe N : Compétences relationnelles VI – N

Small cheer and great welcome makes a merry feast.
– William Shakespeare

COMPÉTENCE NON MAÎTRISÉE

- ☐ Se montre distant et d'un abord peu facile
- ☐ N'est pas à l'aise avec les personnes qu'il rencontre pour la première fois
- ☐ Peut être quelqu'un de timide, froid ou taciturne
- ☐ Se livre peu, est difficile à percer
- ☐ Ne cherche pas à développer de relations, préfère agir
- ☐ N'écoute pas assez, donne l'impression de ne pas être intéressé
- ☐ Ne sait pas interpréter les signes que d'autres voient
- ☐ Peut se montrer tendu
- ☐ Les discussions avec lui ne se font pas sans heurt

Sélectionnez dans la liste ci-dessous une à trois compétences comme compétence de remplacement si vous décidez de ne pas travailler directement sur cette dernière.

SUBSTITUTS : 4,7,10,11,15,21,23,27,31,33,36,41,42,60

COMPÉTENCE MAÎTRISÉE

- ☐ Est d'un abord facile, on n'hésite pas à aller lui parler
- ☐ Se donne la peine de mettre les autres à l'aise
- ☐ Peut être cordial, agréable et affable
- ☐ Est capable d'empathie et de patience devant l'inquiétude des autres
- ☐ Établit de bons rapports avec les autres
- ☐ Sait écouter
- ☐ Sait obtenir à temps des renseignements officieux ou des informations incomplètes pour pouvoir agir

COMPÉTENCE UTILISÉE À L'EXCÈS

- ☐ Semble consacrer trop de temps à établir des relations pendant les réunions
- ☐ Peut être perçu à tort comme quelqu'un de facilement influençable et accommodant
- ☐ Semble trop vouloir être aimé
- ☐ Semble éviter les expériences négatives ou désagréables nécessaires
- ☐ Semble minimiser les questions et les problèmes véritables

Sélectionnez dans la liste ci-dessous une à trois compétences sur laquelle vous devrez travailler pour compenser son utilisation excessive.

COMPENSATEURS : 1,5,9,12,13,16,17,20,30,34,35,37,43,50,53,57,65

QUELQUES CAUSES

- ☐ Faire preuve de suffisance
- ☐ Insensible
- ☐ Porte des jugements catégoriques
- ☐ N'est pas doué pour la communication interpersonnelle
- ☐ Manque de confiance en soi
- ☐ Timide
- ☐ Trop occupé
- ☐ Trop intense ; ne sait pas se détendre

FACTEURS ET GROUPES DU LEADERSHIP ARCHITECT®

Cette compétence se retrouve dans Compétences personnelles et interpersonnelles, facteur (VI). Cette compétence se retrouve dans Compétences relationnelles, groupe (N) au numéro : 31. Vous pouvez également consulter d'autres compétences dans le même facteur ou groupe pour trouver des conseils connexes.

LA CARTE

Très facile d'approche signifie mettre les gens à l'aise afin qu'ils puissent offrir ce qu'ils ont de meilleur. Cela suppose aussi d'initier l'échange, d'écouter, de partager, de comprendre et de réconforter. Ceux qui sont d'une approche facile reçoivent plus d'informations, ils apprennent les choses plus tôt et peuvent obtenir plus des autres. C'est le genre de personne avec qui on aime être.

QUELQUES SOLUTIONS

☐ **1. Entraînez-vous à faire les premiers pas.** Pour faciliter les contacts, prenez l'initiative d'aller vers l'autre. N'hésitez pas à tendre la main le premier et à regarder votre interlocuteur bien en face. Prenez note de la couleur de ses yeux afin d'établir un bon contact visuel. Engagez la conversation en posant une question ou en donnant une information le premier. Faites en sorte de rendre agréables les trois premières minutes d'une rencontre, que ce soit avec une personne ou un groupe, de façon à ce que tous se sentent à l'aise pour vous dire ce pourquoi ils sont venus vous voir.

☐ **2. Écoutez.** Ceux qui sont d'une approche facile savent faire preuve d'une bonne capacité d'écoute. Ils écoutent sans interrompre. Ils posent des questions pour clarifier le propos. Ils ne portent pas de jugements hâtifs. Ils écoutent attentivement pour bien saisir ce qui vient d'être dit. Le jugement viendra éventuellement plus tard. Ils reformulent les propos de l'autre pour montrer leur compréhension. Ils acquiescent de la tête. Ils prennent parfois des notes. Ceux qui pratiquent une écoute attentive ne donnent pas constamment leurs avis ou leurs solutions, sauf lorsqu'il devient évident que c'est ce qu'attendent leurs interlocuteurs. *Besoin d'aide supplémentaire ? Reportez-vous à la fiche n° 33 : Savoir écouter.*

☐ **3. Le partage.** Les personnes qui sont d'un abord facile partagent volontiers l'information et en obtiennent aussi beaucoup en retour. Exposez vos opinions sur une question d'ordre professionnel et incitez les autres à réagir. N'hésitez pas à transmettre des informations qui, selon vous, aideraient les gens à mieux faire leur travail et à le voir sous un angle plus large. N'hésitez pas à livrer des informations qui vous concernent personnellement. Il est toujours plus difficile de communiquer avec quelqu'un de trop secret. N'hésitez pas à communiquer des renseignements qui, même s'ils ne leur sont pas utiles dans le cadre professionnel, les intéresseront et leur donneront le sentiment d'être appréciés. *Besoin d'aide supplémentaire ? Reportez-vous à la fiche n° 44 : Être transparent.*

3

☐ **4. Personnalisez.** Ceux qui sont d'une approche facile s'efforcent de connaître et de se souvenir des détails personnels de ceux avec qui et pour qui ils travaillent. Retenez trois éléments qui caractérisent chacun d'entre eux : leurs intérêts, leurs enfants et des sujets non professionnels dont vous pouvez discuter. Considérez la vie comme un petit monde que vous partagez. Si vous posez des questions, vous découvrirez que vous avez quelque chose en commun avec pratiquement tout le monde : avec chaque collègue de travail, abordez des sujets qui ne sont pas strictement professionnels. Il peut s'agir de stratégie, d'événements internationaux, de mouvements du marché. L'important est de tisser des liens et de trouver un terrain d'entente.

☐ **5. Surveillez votre langage non verbal.** Les personnes qui sont d'un abord facile paraissent ouvertes et décontractées. Elles sourient volontiers sont d'apparence calme et gardent le contact avec les yeux. Elles approuvent de la tête quand l'autre parle. Leur corps exprime une attitude positive. Elles parlent d'un ton régulier et agréable. Il faut éviter les travers tels que parler trop fort ou trop vite, dramatiser, utiliser un langage outrancier ou se perdre dans les détails. Il faut aussi prendre garde aux signes qui peuvent être interprétés comme un manque d'intérêt : jeter un coup d'œil à sa montre, ranger des papiers ou avoir l'air débordé.

☐ **6. Jouez de la magie des questions.** Lorsqu'on est dans un contexte de travail, on oublie trop souvent de poser des questions et de faire preuve de curiosité. Il y a beaucoup trop de rapports d'information, de conclusions, de suggestions et de solutions et pas assez de questions ouvertes telles que : « Qu'arriverait-il si.. ? », « Qu'en pensez-vous ? », « Comment voyez-vous cela ? ». Des études réalisées sur le sujet ont montré qu'en général, les affirmations outrepassent les questions dans une proportion de huit à un. Devenez le champion des questions. Au début d'une discussion, évitez de proposer des solutions, commencez plutôt par explorer le terrain et par chercher à bien comprendre ce que vos interlocuteurs veulent vous communiquer.

☐ **7. Avez-vous une approche sélective ?** Il peut arriver que l'on communique bien avec certains et pas avec d'autres. Vous pouvez être d'une approche facile avec vos collaborateurs directs et être plus tendu avec vos supérieurs ou inversement. Dressez la liste de ceux pour qui vous êtes facile d'approche et ceux pour qui vous ne l'êtes pas. D'après vous, que peuvent avoir en commun les personnes avec lesquelles vous vous sentez à l'aise ? Et celles avec qui vous ne l'êtes pas ? Le niveau social ? Le style ? Le sexe ? Les origines raciales ? Leur statut professionnel ? Il faut garder à l'esprit que la capacité à être d'un abord facile est déterminée par les mêmes principes, quels que soient les interlocuteurs que l'on a en face de soi. Attachez-vous donc à utiliser ces mêmes principes envers ceux avec qui vous n'êtes pas à l'aise. Ainsi, vous obtiendrez le même résultat avec les deux groupes.

☐ **8. Timide ?** Avoir l'air vulnérable vous pose des problèmes ? Vous craignez les réactions d'autrui ? Vous n'êtes pas certain de votre capacité à être à l'aise en société ? Vous ne voulez pas laisser transparaître votre timidité ? Surveillez vos mains. Gardez un contact visuel. Posez la première question. Pour vous entraîner sans risque, parlez à des inconnus, hors du travail. Fixez-vous comme but de faire la connaissance avec dix personnes lors d'une soirée mondaine ; efforcez vous de trouver des points communs avec elles. Initiez vous-même des contacts lors des réunions de parents d'élèves, avec les voisins, au supermarché, dans l'avion, dans l'autobus. Vérifiez si, en initiant le contact avec des gens, ces choses effrayantes et inévitables que vous craignez vous arrivent vraiment. *Besoin d'aide supplémentaire ? Reportez-vous à la fiche n° 31 : Être doué pour la communication interpersonnelle.*

☐ **9. Faites-vous preuve de trop de suffisance ?** Les personnes arrogantes sont perçues comme des individualistes distants qui préfèrent leurs idées à celles des autres. De façon délibérée ou non, elles dévalorisent les autres et ce qu'ils peuvent apporter ; ce qui amène ces derniers à se sentir diminués, rejetés et frustrés. Pourquoi ? Réponses, solutions, conclusions, affirmations, ordres : autant de caractéristiques d'un comportement arrogant. Pas d'écoute. Opinions instantanées. Réactions vives. Vous ne voulez pas vous comporter ainsi ? Prêtez attention à votre auditoire. Savez-vous reconnaître les signes qui montrent que vos interlocuteurs se sentent mal à l'aise avec vous ? Vos interlocuteurs peuvent-ils reculer, bégayer, se renfermer, rester sur le pas de la porte en espérant ne pas être invités à entrer ? Vous devez travailler doublement à observer les autres. Particulièrement durant les trois premières minutes d'une importante transaction : efforcez-vous de mettre à l'aise vos vis-à-vis avant d'entrer dans le vif du sujet. Posez des questions sans rapport avec l'ordre du jour. Offrez-leur un café. Parlez-leur de votre dernier week-end. *Besoin d'aide supplémentaire ? Reportez-vous à la fiche n° 104 : Faire preuve de suffisance.*

☐ **10. Plus vous serez facile d'approche, plus on viendra vous voir pour régler des conflits.** Si une personne est en colère, laissez-la s'exprimer et dites seulement que vous constatez qu'elle est contrariée. Cela écourtera la séance, car il est difficile pour la plupart des gens de persister sans encouragement ou critique. Si quelqu'un vient se plaindre à vous de façon systématique, demandez-lui de décrire le problème et les solutions possibles par écrit, avant d'en discuter. Cela réduira l'ampleur de ses plaintes et, espérons-le, mettra un terme à ses doléances. Si une personne vient se plaindre d'une autre personne, demandez-lui si elle a parlé à la personne en question. Encouragez-la à le faire. Si la tentative échoue, demandez-lui de résumer tout ce qu'elle vient de dire, sans signifier votre accord ou votre désaccord car cela allongerait encore plus la discussion. *Besoin d'aide supplémentaire ? Reportez-vous à la fiche n° 12 : Savoir gérer les conflits.* En devenant plus facile d'approche, vous risquez de voir votre entourage vous envahir avec leurs problèmes et conflits. Vous ne souhaitez certainement pas que votre bureau devienne le « dernier salon où l'on cause ». Gardez le contrôle de votre emploi du temps, en interrompant gentiment vos interlocuteurs, en résumant leurs propos et en leur demandant d'y repenser. Faites savoir des choses qui peuvent être dites rapidement. Remettez à plus tard les conversations qui n'en finissent pas. Être accessible ne signifie pas abandonner la maîtrise de votre temps.

We should never stand upon ceremony with sincerity. We should never cheat and insult and banish one another by our meanness, if there were present the kernel of worth and friendliness. We should not meet thus in haste.
– Henry David Thoreau

LECTURES CONSEILLÉES

Alessandra, Tony. *The 10 Qualities of Charismatic People: Secrets of Personal Magnetism.* Chicago: Nightingale-Conant Corp., 2002.

Bardwick, Judith M. *Seeking the Calm in the Storm: Managing Chaos in Your Business Life.* Upper Saddle River, NJ: Financial Times/Prentice Hall, 2002.

Benton, D.A. *Executive Charisma: Six Steps to Mastering the Art of Leadership.* New York: McGraw-Hill Trade, 2003.

Brooks, Michael. *Instant Rapport.* New York: Warner Books, 1989.

DuBrin, Andrew. *Human Relations Interpersonal, Job-Oriented Skills.* Upper Saddle River, NJ: Financial Times/Prentice Hall, 2000.

Elsdon, Ron. *Affiliation in the Workplace: Value Creation in the New Organization.* Westport, CT: Quorum Books, 2002.

Gilbert, Matthew. *Communication Miracles at Work: Effective Tools and Tips for Getting the Most From Your Work Relationships.* Berkeley, CA: Conari Press, 2002.

Hayes, John. *Interpersonal Skills at Work.* New York: Routledge, 2002.

Lieberman, David J. *Make Peace With Anyone: Breakthrough Strategies to Quickly End Any Conflict, Feud, or Estrangement.* New York: St. Martin's Press, 2002.

Maslow, Abraham H. *Maslow on Management.* New York: John Wiley & Sons, Inc., 1998.

Oatey, Helen Spencer. *Culturally Speaking: Managing Rapport in Talk Across Cultures.* New York: Continuum, 2000.

4 AVOIR DE BONNES RELATIONS AVEC SES SUPÉRIEURS

The person who knows "how" will always have a job.
The person who knows "why" will always be his boss.
– Diane Ravitch

COMPÉTENCE NON MAÎTRISÉE

- ☐ N'est pas à son aise dans les relations avec ses supérieurs hiérarchiques
- ☐ Semble tendu en présence de son patron
- ☐ Peut faire preuve de réticence quand ses supérieurs veulent le guider ou le conseiller
- ☐ Supporte mal l'autorité
- ☐ Ses relations difficiles avec la hiérarchie nuisent à sa productivité

Sélectionnez dans la liste ci-dessous une à trois compétences comme compétence de remplacement si vous décidez de ne pas travailler directement sur cette dernière.

SUBSTITUTS : 3,11,12,15,21,27,29,33,37,41,48

COMPÉTENCE MAÎTRISÉE

- ☐ Entretient des relations harmonieuses avec ses supérieurs
- ☐ Est capable de se surpasser pour un supérieur qu'il respecte
- ☐ Se montre ouvert à ce que lui apprennent ses supérieurs qui sont de bons guides et lui donnent de l'autonomie
- ☐ Aime être conseillé par plus expérimenté que lui
- ☐ Facile à motiver et à faire progresser
- ☐ Se laisse guider facilement

COMPÉTENCE UTILISÉE À L'EXCÈS

- ☐ Peut être trop dépendant des conseils et des avis de ses supérieurs ou d'autres représentants de la direction
- ☐ A tendance à ignorer les autres personnes susceptibles de l'aider, de le conseiller et de lui donner du feed-back
- ☐ Semble choisir un mauvais modèle de patron

Sélectionnez dans la liste ci-dessous une à trois compétences sur laquelle vous devrez travailler pour compenser son utilisation excessive.

COMPENSATEURS : 1,17,34,38,45,51,53,54,57

QUELQUES CAUSES

- ☐ Le patron ne pense pas que vous êtes aussi bon que vous le pensez
- ☐ Vous êtes jaloux au sujet d'un poste que votre patron a obtenu et que vous pensiez vous revenir de droit
- ☐ Le grand écart en terme de compétences entre vous deux fait que chacun de vous peut sous-estimer l'autre ou lui manquer de respect
- ☐ Différences en terme d'éthique, de valeurs et d'intégrité
- ☐ Différences en terme de méthodes de gestion
- ☐ Différences en terme de style, philosophie, rythme de travail et motivation

FACTEURS ET GROUPES DU LEADERSHIP ARCHITECT®

Cette compétence se retrouve dans Compétences personnelles et interpersonnelles, facteur (VI). Cette compétence se retrouve dans Gérer des relations diverses, groupe (P) aux numéros : 15, 21, 23, 42, 64. Vous pouvez également consulter d'autres compétences dans le même facteur ou groupe pour trouver des conseils connexes.

4

LA CARTE

La plupart des gens éprouvent des difficultés avec 50 % des patrons, vous n'êtes donc pas seul. N'oubliez pas que vous n'aurez pas toujours le même patron ; l'un de vous finira par aller ailleurs. Par conséquent, il vaut peut-être mieux faire preuve de patience jusqu'à la prochaine réorganisation. Entre-temps, essayez de tirer les leçons de cette expérience.

QUELQUES SOLUTIONS

☐ **1. Sachez faire face à la situation.** La clé consiste à améliorer les relations de façon à éliminer tous les problèmes qui existent entre l'organisation et vous. Concentrez votre attention sur les trois principaux points de désaccord avec votre supérieur et travaillez à les résoudre. Ne vous laissez pas distraire de cet objectif. Efforcez-vous de garder et de maintenir ces sujets au cœur des discussions que vous avez avec votre supérieur. Concentrez-vous sur les objectifs ; demandez quels résultats sont synonymes de succès. Identifiez le travail dont votre patron a la responsabilité, ainsi que les types de pressions auxquels il a à faire face.

☐ **2. Faites attention à ce que vous dites.** À moins qu'il ne s'agisse d'une question qui touche à votre sens de l'éthique ou à votre intégrité, évitez d'aborder certains sujets avec vos collègues de travail. Votre supérieur est en droit de compter sur votre loyauté et votre aide pour tout ce qui concerne le travail et les résultats à atteindre. S'il vous demande un travail qui vous semble de peu d'intérêt, comment savoir si ce n'est pas quelque chose qui ne lui a pas été imposé de la même façon ? Ce n'est peut-être pas le cas, mais c'est devenu chose courante dans les organisations. Gardez donc en tête vos priorités et remettez-vous à la tâche. Si vous avez la charge d'une mission désagréable, dites-vous que ce ne sera probablement pas la dernière. Restez centré sur l'objectif à atteindre. Faites attention aux commentaires que vous faites. Il est tout à fait normal de discuter des difficultés de travail avec certaines personnes ; il n'est, en revanche, pas recommandé de poser la question de savoir s'il est utile de le faire. Gardez en tête que tout ce que vous dites a tendance à refaire surface. Si c'est votre intégrité qui est en cause, parlez-en aux autorités concernées. Rappelez-vous que dans une étude sur ceux qui dénoncent les irrégularités, 100 % de ceux qui agissaient pour une cause noble ou générale ont échoué. Et rappelez-vous que ceux qui partent en croisade au nom de l'intégrité, de différences philosophiques ou de l'incompétence notoire d'une personne, échouent habituellement car ils manquent de faits pour étayer leur cause. Si vous risquez de vous trouver dans ce type de situation, retenez plutôt les éléments précis et factuels, et s'ils paraissent avoir une signification, laissez à d'autres le soin d'en tirer des conclusions.

☐ **3. Apprenez à ne pas personnaliser et à rester neutre.** Essayez de ne pas faire l'amalgame entre le rôle de votre supérieur et l'homme ou la femme qu'il est ; gardez un point de vue objectif de la situation. Si votre supérieur est au poste où il est, c'est qu'il y a des raisons pour cela et de votre côté, dites-vous que vous ne pouvez pas plaire à tout le monde. Il vous faut donc composer avec lui davantage dans une relation de hiérarchie que dans une relation personnelle. De toute façon, vous ne serez probablement jamais obligé de l'inviter chez vous. Posez-vous des questions : pourquoi n'aimez-vous pas travailler avec votre supérieur ? Notez sur la partie gauche d'une page tout ce que vous n'aimez pas. Sur le côté droit, définissez une stratégie pour régler ces problèmes. Étudiez ces stratégies : établissez les points forts auxquels vous pouvez faire appel ; demandez-vous quelle contribution vous pouvez apporter à votre patron ; déterminez ce que votre patron attend de vous quant à l'amélioration de votre efficacité ; définissez un projet que vous pouvez mener à bien ensemble afin d'aboutir conjointement à une réussite ; enfin, consultez les autres pour recueillir leur avis. Que disent ceux qui ont une bonne opinion de lui ? Avez-vous des intérêts communs ? Notez tout ce que vous avez entendu de positif ou de favorable venant de sa part. Jouez votre jeu positivement. Quoi que vous fassiez, ne leur dévoilez pas ce que vous pensez. Oubliez votre jugement, acquiescez de la tête, posez des questions, résumez comme vous le feriez pour n'importe qui d'autre. Un observateur impartial devrait être incapable de deviner si vous parlez à un ennemi ou à un ami. Parlez au minimum mais posez un maximum de questions.

☐ **4. Essayez d'analyser la situation.** Objectivement, quelle part avez-vous pris dans la dégradation de cette relation avec votre supérieur ? Comment auriez-vous pu rendre cette situation plus facile à vivre ? Que ferez-vous la prochaine fois quand vous verrez les premiers signes d'une situation semblable ? Même si votre supérieur est également critiqué par d'autres, vous gardez la responsabilité de vos réactions. Se mettre en colère ou rejeter la faute sur lui ne vous apprend rien. Méfiez-vous, qui vous dit que vous finirez peut-être par ressembler à votre supérieur !

☐ **5. Et si c'était vous ?** Pourquoi n'iriez-vous pas chercher du feed-back sur vous-même auprès de gens en qui vous avez confiance ? Quelles sont vos véritables forces et faiblesses ? Il vous faut avoir une vision claire de la situation. Allez voir un mentor, un conseiller en ressources humaines ou un collègue en qui vous avez confiance et demandez conseil. Après tout, vous pourriez aussi bien être la cause de cette mauvaise relation. Quelles sont vos aptitudes à bien comprendre les motivations des gens ? Savez-vous ce qui motive votre supérieur ? Vous attachez-vous aux détails alors que sa vision est globale ? Vous opposez-vous à son style qui est plus orienté vers l'action que le vôtre ? Vous perdez-vous en débats stériles sur vos valeurs respectives ? Avez-vous un style de langage différent ? *Besoin d'aide supplémentaire ? Reportez-vous à la fiche n° 31 : Être doué pour la communication interpersonnelle.*

4

☐ **6. Trouvez vos « déclencheurs ».** Dressez une liste de tout ce qui vous irrite ou vous contrarie chez votre supérieur afin de ne pas agir de la même façon lorsque vous serez promu. Une fois que vous aurez identifié ces facteurs, apprenez à mieux gérer ces situations de tension. Par exemple, si votre supérieur explose, écoutez-le et gardez-vous de réagir sur le champ. Souvenez-vous que les problèmes commencent à partir du moment où l'on riposte. Manifestez votre écoute en hochant la tête. Demandez : « Que puis-je faire pour vous aider ? » ou « Donc, vous pensez que je devrais.... » Reformulez son argument de temps à autre pour lui signaler que vous avez compris. Même s'il vous attaque, souvenez-vous de séparer la personne du problème. Comptez jusqu'à dix et ensuite revenez au problème, en prenant garde de ne rien personnaliser. *Besoin d'aide supplémentaire ? Reportez-vous aux fiches n° 11 : Avoir la maîtrise de soi et n° 12 : Savoir gérer les conflits.*

☐ **7. Apprenez à connaître votre supérieur.** Tentez de le décrire objectivement en termes de forces et de faiblesses. Même les personnes détestables ont leurs points forts. Si vous n'êtes pas certain de pouvoir le faire, demandez à quelqu'un de vous aider. Essayez de déterminer pourquoi votre supérieur agit comme il le fait et ce, même si vous n'êtes pas d'accord avec son comportement et posez-vous la question de savoir comment vous agiriez vous-même dans les mêmes circonstances.

☐ **8. Les carrières se font et se défont dans l'adversité.** Même si votre supérieur est détestable, les recherches en la matière indiquent clairement qu'une confrontation directe ne mène généralement à rien dans ce type de situation. La meilleure stratégie consiste à considérer la situation comme un conflit *(Besoin d'aide supplémentaire ? Reportez-vous à la fiche n° 12 : Savoir gérer les conflits).* Voyez donc ce que vous pouvez apprendre de la situation et tentez de trouver un terrain d'entente. Si c'est impossible, faites preuve de patience. Des gestes précipités seraient probablement plus néfastes pour vous que pour votre supérieur. Après tout, Rome ne s'est pas faite en un jour... Pour une aide supplémentaire, lire *Coping with Difficult Bosses* de Robert Bramson ou *How to Manage Your Boss* de Christopher Hegarty. Cherchez à créer le dialogue.

☐ **9. Apprenez à connaître votre supérieur.** Si cela est possible et opportun et avec la perspicacité acquise aux étapes précédentes, essayez d'aborder de manière décontractée les éventuels problèmes entre votre supérieur et vous. Vous pouvez amorcer le dialogue en disant comment vous pensez avoir contribué au problème. Amenez-le ensuite à exposer son point de vue. Facilitez-lui la tâche en lui disant, « vous me rendez service, j'ai besoin de votre aide ». En contrepartie de son aide, proposez-lui votre collaboration. Quels sont les points faibles de votre patron, ou que pouvez-vous faire pour lui faciliter la tâche ? Détectez-les et proposez votre collaboration. Ceci est une bonne méthode, car les relations qui ne reposent pas sur un intérêt mutuel ont tendance à ne pas prospérer. Donnez pour obtenir de lui en retour, ou votre patron risque très vite d'être rebuté par des efforts à sens unique. Quelques règles sont à respecter. Dans votre rappel des faits, dites « je » au lieu de « vous », concentrez-vous sur la façon d'obtenir de meilleurs résultats. Si vous pensez que votre supérieur n'est pas coopératif, évitez de le mentionner, dites « J'ai besoin d'aide pour accomplir cette tâche. J'ai essayé les choses suivantes, mais.. ». S'il hésite à vous critiquer, aidez-le en fournissant votre propre interprétation plutôt qu'en posant des questions. Si vous dites : « j'ai l'impression que je me suis trop concentré sur l'aspect opérationnel en négligeant certaines relations stratégiques importantes », la majorité des gens seront davantage en mesure de répondre que si vous leur posez une question à ce sujet. Si votre supérieur ne se sent pas concerné, c'est à vous de vous en sortir en revenant à vos objectifs. Si vous travaillez pour un supérieur qui veut tout contrôler dans les moindres détails, demandez-lui quels sont les résultats à atteindre pour réussir (et même en faire plus). Si votre supérieur est bien intentionné, mais qu'il s'agit d'un casse-pieds, dites-lui que vous ne le consulterez qu'en cas de besoin pour ne pas l'ennuyer. Si vous pensez qu'il oppose un blocage, recherchez des moyens pour améliorer votre approche en faisant appel à votre réseau de connaissances ; imaginez cinq façons différentes d'arriver à vos fins et essayez-les toutes. *Besoin d'aide supplémentaire ? Reportez-vous à la fiche n° 43 : Faire preuve de persévérance.*

☐ **10. Passez un pacte avec vous-même.** Donnez-vous comme objectif d'accéder à toutes les demandes légitimes de votre supérieur. Demandez-vous « Quelles sont les performances attendues pour cet emploi ? » et faites de votre mieux sans prendre en compte les désagréments liés à votre relation. Tirez le meilleur parti d'une situation délicate. Et au-delà, pensez que votre carrière a bien des chances de durer plus longtemps que celle de votre supérieur.

I'm the boss, you're an idiot. You're the boss, I'm an idiot.
– Russian Army saying

LECTURES CONSEILLÉES

Adair, John. *Not Bosses But Leaders: How to Lead the Way to Success*. London: Kogan Page, 2003.

Bing, Stanley. *Throwing the Elephant: Zen and the Art of Managing Up*. New York: HarperBusiness, 2002.

Carson, Kerry, Ph.D. and Paula Phillips Carson, Ph.D. *Defective Bosses—Working for the Dysfunctional Dozen*. New York: The Haworth Press, 1998.

Culbert, Samuel A. and John B. Ullmen. *Don't Kill the Bosses: Escaping the Hierarchy Trap*. San Francisco: Berrett-Koehler Publishers, Inc., 2001.

Dobson, Michael Singer. *Managing Up! 59 Ways to Build a Career-Advancing Relationship With Your Boss*. New York: AMACOM, 2000.

Dominguez, Linda R. *How to Shine at Work*. New York: McGraw-Hill Trade, 2003.

Fox, Jeffrey J. *How to Become a Great Boss: The Rules for Getting and Keeping the Best Employees* [Unabridged Audio]. New York: Time Warner Audio Books, 2002.

Fritz, Roger and Kristie Kennard. *How to Manage Your Boss*. Hawthorne, NJ: Career Press, 1994.

Gittines, Roger and Rosanne Badowski. *Managing Up: How to Forge an Effective Relationship With Those Above You*. New York: Currency, 2003.

Hoover, John. *How to Work for an Idiot: Survive & Thrive—Without Killing Your Boss*. Hawthorne, NJ: Career Press, 2003.

Hughes, Marylou. *Keeping Your Job While Your Bosses Are Losing Theirs*. Binghamton, New York: William Neil Publishing, 1998.

Jay, Ros. *How to Manage Your Boss: Developing the Perfect Working Relationship*. London: Financial Times Management, 2002.

Sharpe, David A. and Elinor Johnson. *Managing Conflict With Your Boss*. Greensboro, NC: Center for Creative Leadership, 2002.

Useem, Michael. *Leading Up: How to Lead Your Boss So You Both Win*. New York: Crown Business Publishing, 2001.

Weiner, David L. and Robert E. Lefton. *Power Freaks: Dealing With Them in the Workplace or Anyplace*. Amherst, NY: Prometheus Books, 2002.

5 AVOIR LE SENS DES AFFAIRES

Facteur I : Compétences stratégiques Groupe A : Comprendre le domaine des affaires **I – A**

Management means, in the last analysis, the substitution of thought for brawn and muscle, of knowledge for folklore and superstition, and of cooperation for force.
– Peter Drucker

COMPÉTENCE NON MAÎTRISÉE

- ☐ Ne comprend pas comment fonctionnent les entreprises
- ☐ N'a pas de connaissance des politiques actuelles et prévisibles, des tendances, de la technologie et des données qui concernent son secteur d'activités et son entreprise
- ☐ Est mal informé sur la concurrence
- ☐ Ne comprend pas comment fonctionnent les stratégies et les actions mises en œuvre sur le marché
- ☐ Semble être un expert extrêmement dévoué
- ☐ Semble être un tacticien aux compétences limitées
- ☐ Manque d'expérience ou d'intérêt pour les questions économiques

Sélectionnez dans la liste ci-dessous une à trois compétences comme compétence de remplacement si vous décidez de ne pas travailler directement sur cette dernière.

SUBSTITUTS : 8,15,24,30,32,38,46,52,58,61,65

5

COMPÉTENCE MAÎTRISÉE

- ☐ Sait comment fonctionnent les entreprises
- ☐ Possède une bonne connaissance des politiques actuelles et prévisibles, des pratiques, des tendances, de la technologie et des données qui concernent son secteur d'activité et son entreprise
- ☐ Est bien informé sur la concurrence
- ☐ Comprend comment fonctionnent les stratégies et les actions mises en œuvre sur le marché

COMPÉTENCE UTILISÉE À L'EXCÈS

- ☐ Semble développer à outrance ou être dépendant de ses connaissances et de ses compétences sur l'entreprise, au détriment de ses compétences de leadership, de manager ou interpersonnelles

Sélectionnez dans la liste ci-dessous une à trois compétences sur laquelle vous devrez travailler pour compenser son utilisation excessive.

COMPENSATEURS : 14,24,30,32,45,46,54,57,58,61

QUELQUES CAUSES

- ☐ Manque d'expérience ; débute dans l'entreprise
- ☐ Manque d'intérêt dans les affaires de l'entreprise
- ☐ Vision étroite
- ☐ Aucune visibilité en dehors du poste lui-même
- ☐ Excessivement dévoué à sa profession, pas assez envers l'organisation
- ☐ Est tourné vers les tactiques d'action ici et maintenant

FACTEURS ET GROUPES DU LEADERSHIP ARCHITECT®

Cette compétence se retrouve dans Compétences stratégiques, facteur (I). Cette compétence se retrouve dans Comprendre le domaine des affaires, groupe (A) aux numéros : 24, 61. Vous pouvez également consulter d'autres compétences dans le même facteur ou groupe pour trouver des conseils connexes.

LA CARTE

5

Vous devez absolument maîtriser votre domaine ! Rien de tel que d'être au courant de ce qui se passe. Lorsque des personnes indiquent le sens des affaires comme un de leurs besoins, cela a généralement deux sens. Le premier est que la personne manque de connaissances générales. Cela veut dire que ce qu'elle dit ou suggère n'est pas pratique dans le domaine des affaires. Cela peut aussi signifier que ses suggestions ne donnent pas de résultats et qu'elle ne le sait pas. Le second est que la personne manque de connaissances spécifiques concernant son domaine et son industrie. Cela veut généralement dire que la personne ne comprend pas les désirs, problèmes, ni préoccupations des individus qu'elle sert au sein de l'organisme et qu'elle émet des commentaires ou suggestions qui ne correspondent pas à leurs priorités. Par conséquent, toutes les contributions de cette personne sont limitées car elle ne perçoit pas les priorités des autres. Une vision plus large des choses lui fait défaut. Tant qu'elle ne se mettra pas à la place des autres, personne ne l'écoutera.

QUELQUES SOLUTIONS

- ☐ **1. La presse.** Il existe au moins cinq périodiques qui peuvent probablement vous apprendre l'essentiel de ce que vous devez connaître sur le monde des affaires et ce, de façon constante. Si vous résidez en Amérique du Nord, ces périodiques sont : *Wall Street Journal, Business Week, Fortune, Barron's* et *Harvard et Business Review.* Abonnez-vous et consultez-les régulièrement. Essayez de repérer dans ces publications les articles qui se rapportent à trois domaines généraux en relation avec votre domaine d'activité. Ces domaines sont : les tendances qui affectent le monde des affaires actuellement, celles qui sont émergentes et auront des incidences dans le futur et les sujets plus généraux ayant trait à l'économie.

☐ **2. Les émissions de télévision.** Plusieurs chaînes de télévision ont des programmes qui portent sur le monde des affaires. Elles proposent des débats avec des leaders du monde économique, des analystes du secteur industriel, des spécialistes de la finance. Il peut être opportun de regarder une ou deux de ces émissions chaque semaine jusqu'à ce que vous n'y appreniez plus rien de ce que vous devez spécifiquement savoir.

☐ **3. Adhérez aux organisations professionnelles nationales.** Le Conference Board se consacre à la préparation et à la diffusion d'informations économiques et professionnelles aupres de ses membres. Ils organisent des conférences très intéressantes où les plus hauts dirigeants partagent des idées sur les affaires en général et sur leur propre organisation. Il est utile de participer au moins à l'une des rencontres planifiées par ces organismes. Association professionnelle. Il existe certainement une association professionnelle pour votre secteur d'activité. Chaque domaine dispose d'une organisation au niveau national. Postulez pour en devenir membre et consultez leur publication, sur ce qui se passe dans votre secteur d'activités. Participez au congrès national.

☐ **4. Les ouvrages sur l'économie.** Allez dans une librairie spécialisée et choisissez quelques livres traitant des principes généraux en affaires, l'un axé sur la finance, un autre sur le marketing et un dernier sur le service à la clientèle. Lorsque vous les aurez parcourus, reprenez-en trois autres jusqu'à ce que vous ayez vu ou revu les domaines qui peuvent vous être utiles dans le domaine des affaires. Inscrivez-vous à un programme de perfectionnement dans votre secteur ou faites une maîtrise en management (MBA) dans une université locale. Abonnez-vous à Soundview Executive Book Summaries (800-521-1227), un service spécialisé dans la publication de sommaires des livres à succès du monde des affaires.

☐ **5. Les règles du jeu.** Faites la synthèse de votre compréhension du fonctionnement des affaires. Rédigez-en succinctement les règles et les principes, par exemple en répondant à la question : « Quelles sont les règles qui régissent le lancement d'un nouveau produit sur le marché ? » Certains cadres se sont exercés à mettre constamment à jour jusqu'à vingt-cinq de ces principes. Utilisez ces règles pour analyser un domaine que vous connaissez bien, par exemple un passe-temps ou un sport. Choisissez-en un que vous connaissez. Puis sélectionnez deux exemples de sociétés qui ont mis en œuvre des stratégies astucieuses, l'une dans votre domaine et l'autre dans un secteur différent. Étudiez ce qu'elles ont fait, parlez aux personnes qui savent ce qui s'est passé et tirez-en ce qui vous est utile. Ensuite, étudiez le cas de deux sociétés qui n'ont pas réussi et essayez de déterminer les raisons de leur échec.

☐ **6. En savez-vous assez sur votre secteur d'activité ?** Étudiez le rapport annuel de votre société, ainsi que plusieurs rapports financiers. Si vous ne savez pas comment analyser ces documents, procurez-vous des brochures explicatives auprès des principales sociétés d'investissement. Après vous être procuré ces brochures, consultez un professionnel et demandez-lui ce qu'il regarde en priorité et pourquoi. Planifiez une rencontre ou un repas d'affaires avec la personne responsable de la planification stratégique de votre organisation. Faites-vous expliquer son processus de planification stratégique. Demandez-lui en particulier de vous désigner les fonctions critiques au niveau de la mission de l'organisation et les activités où elle doit exceller afin d'atteindre ses objectifs.

☐ **7. Essayez de diversifier vos tâches.** Portez-vous volontaire pour intégrer des équipes de résolution de problèmes qui soient extérieures à votre domaine de compétences. Travaillez sur la gestion de la qualité totale, le recentrage des processus, les Six Sigma, ou les projets ISO, qui chevauchent différentes fonctions de l'entreprise, pour en apprendre davantage sur votre organisation. Parlez aux clients, efforcez-vous de livrer les produits et services, et notez cinq choses que vous avez apprises sur le fonctionnement des affaires. Créez une société fictive, dans un domaine que vous connaissez parfaitement. Écrivez un plan d'affaires, remplissez les formulaires nécessaires, chiffrez le coût de l'équipement et renseignez-vous sur les problèmes que rencontrent les personnes qui sont dans ce type d'activités.

☐ **8. Service à la clientèle.** Le service à la clientèle est le meilleur sujet pour en apprendre plus sur votre organisation. Organisez une rencontre avec un de vos homologues du service à la clientèle et demandez-lui de vous expliquer sa fonction. Si cela est possible, écoutez des appels reçus par ce service ou mieux, prenez-en quelques-uns vous-même.

☐ **9. Avez-vous pensé à la façon dont votre entreprise fonctionne ?** Pour qu'une entreprise soit bien gérée, il faut que tous les rouages soient bien huilés. Une entreprise, c'est un système qui fonctionne en vase clos. Cela signifie que ce qui se passe dans un secteur a une incidence sur tous les autres. Sunbeam avait décidé d'une politique de remise lors de la saison creuse, afin de pouvoir afficher de meilleurs résultats pour le quatrième trimestre. Cela fut facile. Les clients se sont précipités sur les produits meilleur marché. Puis, la production s'est effondrée au cours des deux trimestres suivants, avec la chute des commandes. Les prix de revient et, partant, les prix de ventes de Sunbeam ont augmenté, provoquant le mécontentement des clients. Pour tenter de régler le problème, Sunbeam a dû réduire ses marges. Ce qui se passe dans un secteur de l'entreprise a toujours une incidence sur le reste. Quand vous prenez des décisions dans votre domaine, pensez toujours aux éventuelles conséquences négatives sur les autres secteurs de l'entreprise. Résumez les principes moteurs de votre activité à quelques principes clés en les appliquant au marketing, aux ventes, à l'opérationnel, etc. Partagez vos conclusions avec vos collègues d'autres départements afin d'évaluer l'incidence de ces principes sur leur activité. *Besoin d'aide supplémentaire ? Reportez-vous à la fiche n° 38 : Faire preuve d'agilité organisationnelle.*

☐ **10. Apprenez à penser comme le ferait un expert dans votre domaine.** Présentez des problèmes aux spécialistes internes ou à des consultants externes et demandez-leur quels sont les points-clés qui retiennent leur attention ; observez bien ce qu'ils considèrent comme significatif ou pas. Classez les données en catégories afin de les mémoriser plus facilement. Déterminez cinq catégories de sujets-clés ou de problèmes types auxquels il est possible de vous référer chaque fois qu'une question importante se présente. Ne perdez pas votre temps sur le détail des faits, ils ne peuvent vous être utiles que si vous pouvez les classer en familles conceptuelles. Présentez vos réflexions aux experts ou écrivez un plan stratégique pour votre unité et invitez-les à le réviser. Il n'y a aucune raison de restreindre votre choix aux personnes internes à l'organisation ; tout homme ou femme d'affaires avisé(e) devrait avoir également d'intéressants points de vue.

At twenty years of age, the will reigns; at thirty,
the wit; and at forty, the judgment.
– Benjamin Franklin

LECTURES CONSEILLÉES

Alvesson, Mats. *Understanding Organizational Culture.* Thousand Oaks, CA: Sage Publications, 2002.

Barron's. http://www.barrons.com

Brinkley, Douglas. *Wheels for the World: Henry Ford, His Company, and a Century of Progress.* New York: Viking Press, 2003.

BusinessWeek. http://www.businessweek.com

Capon, Claire. *Understanding Organizational Context.* Upper Saddle River, NJ: Prentice Hall, 2002.

Charan, Ram. *What the CEO Wants You to Know: How Your Company Really Works.* New York: Crown Business Publishing, 2001.

Deans, Graeme K. *Winning the Merger Endgame.* New York: McGraw-Hill Trade, 2002.

Fletcher, Douglas Scott. *Understanding Organizational Evolution: Its Impact on Management and Performance.* Westport, CT: Quorum Books, 2001.

Fortune. http://cgi.pathfinder.com/fortune

Gundling, Ernest. *Working GlobeSmart.* Palo Alto, CA: Davies-Black Publishing, 2003.

Harvard Business Review. Phone: 800-988-0886 (US and Canada). Fax: 617-496-1029. Mail: Harvard Business Review. Subscriber Services, P.O. Box 52623. Boulder, CO 80322-2623 USA. http://www.hbsp.harvard.edu/products/hbr

Kanter, Rosabeth Moss. *On the Frontiers of Management*. Boston: Harvard Business School Press, 1992.

Nickels, William G. *Understanding Business*. New York: McGraw-Hill College Division, 2001.

Orbanes, P.E. *The GameMakers*. Boston: Harvard Business School Press, 2004.

Prahalad, C.K. and Venkat Ramaswamy. *The Future of Competition: Co-Creating Unique Value With Customers.* Boston: Harvard Business School Press, 2004.

Soundview Executive Book Summaries. 10 LaCrue Avenue, Concordville, PA 19331. 1-800-521-1227. 1-610-558-9495 (outside US and Canada). http://www.summary.com. Soundview Executive Book Summaries are 5,000-word, eight-page distillations of specially selected business books. Soundview subscribers receive two or three eight-page summaries of the best business books each month (30 per year); access to well over 200 summaries on Soundview's backlist; and access to editors in Soundview's research department for help in finding specific business book references.

Trout, Jack and Steve Rivkin. *Differentiate or Die*. New York: John Wiley & Sons, Inc., 2000.

Wall Street Journal. http://www.wsj.com

6 AVOIR DE L'AMBITION

Facteur V : Compétences de positionnement organisationnel Groupe M : Rapport avec les supérieurs **V – M**

Every morning I get up and look through the Forbes list of the richest people in America. If I'm not there, I go to work.
– Robert Orben

COMPÉTENCE NON MAÎTRISÉE

- ☐ Ne sait pas trop ce qu'il attend de son avenir professionnel
- ☐ Peut y être indifférent ou avoir fait un mauvais choix de carrière ou d'entreprise
- ☐ Refuse peut-être de faire des sacrifices pour avancer
- ☐ Ne comprend pas bien ce qu'il faut faire pour progresser et faire avancer sa carrière
- ☐ Ne sait pas se mettre en valeur ou attirer l'attention sur soi
- ☐ Montre de la réticence à exprimer ses souhaits et ses besoins professionnels
- ☐ A tendance à se contenter d'emplois faciles ; se refuse à faire des choix professionnels risqués

Sélectionnez dans la liste ci-dessous une à trois compétences comme compétence de remplacement si vous décidez de ne pas travailler directement sur cette dernière.

SUBSTITUTS : 1,4,8,9,15,24,28,43,46,48,49,53,57

COMPÉTENCE MAÎTRISÉE

- ☐ Travaille activement et de sa propre initiative à la construction et au développement d'une carrière satisfaisante
- ☐ A une bonne connaissance de l'évolution des carrières
- ☐ Parvient à faire avancer les choses dans le sens qui lui convient
- ☐ Sait se vendre
- ☐ N'attend pas que les autres lui ouvrent des portes

6

COMPÉTENCE UTILISÉE À L'EXCÈS

- ☐ Peut faire de mauvais choix de carrière
- ☐ Ne semble sélectionner que des postes adaptés à sa zone de confort
- ☐ Peut être perçu comme excessivement ambitieux
- ☐ Semble ne pas porter une attention suffisante au travail en cours
- ☐ Semble ne pas être à l'aise pour recevoir des conseils de carrière
- ☐ Semble ne pas faire confiance aux décisions de carrière que les autres prennent pour lui

Sélectionnez dans la liste ci-dessous une à trois compétences sur laquelle vous devrez travailler pour compenser son utilisation excessive.

COMPENSATEURS : 16,17,30,32,33,42,46,48,50,51,53,55,58,63,66

QUELQUES CAUSES

- ☐ S'ennuie
- ☐ Ne fait pas confiance à l'organisation
- ☐ Refuse tout sacrifice
- ☐ Ne sait pas se vendre
- ☐ N'aime pas faire son propre éloge
- ☐ Examine les choses à n'en plus finir
- ☐ Manque de connaissances au sujet de sa carrière
- ☐ Trop attaché à sa zone de confort
- ☐ Attend que les choses se produisent
- ☐ Accepte les promotions uniquement
- ☐ Ne prend pas de risques

FACTEURS ET GROUPES DU LEADERSHIP ARCHITECT®

Cette compétence se retrouve dans Compétences de positionnement organisationnel, facteur (V). Cette compétence se retrouve dans Rapport avec les supérieurs, groupe (M) au numéro : 8. Vous pouvez également consulter d'autres compétences dans le même facteur ou groupe pour trouver des conseils connexes.

LA CARTE

Le fait que vous soyez sur cette page indique qu'une ou plusieurs personnes vous ont dit que vous n'étiez pas assez ambitieux. Cela signifie qu'elles considèrent que vous disposez de plus d'atouts que vous ne le pensez ou que vous n'êtes pas prêt à faire les sacrifices voulus pour atteindre vos objectifs. Elles pensent que vous gérez mal votre carrière. Une carrière bien gérée exige de comprendre les principes sous-jacents d'une carrière réussie, d'être conscient de jusqu'où vous êtes prêt à aller, d'analyser la nature des obstacles entravant votre chemin, de rechercher des tâches qui vous permettront de développer vos talents et savoir vous faire remarquer par vos supérieurs.

QUELQUES SOLUTIONS

☐ **1. Comment vous estimez-vous ?** Comment estimez-vous que vous pourriez être ? Vous sous-estimez-vous ? Il est possible que vous soyez trop critique vis-à-vis de vous-même. Faites analyser votre champ de compétences dans une évaluation confidentielle à 360°. Votre évaluation personnelle est-elle inférieure à celle que les autres vous reconnaissent ? Écoutez un facilitateur expérimenté. Le processus consiste à voir ce qui vous permet de valoriser vos aptitudes. Quelles forces les autres perçoivent-ils chez moi que je ne connais pas ? Quelle est la prochaine étape à franchir pour progresser ? Prenez confiance en vous-même. Suivez une formation ou travaillez avec un tuteur pour renforcer cette confiance. Comportez-vous comme quelqu'un qui a confiance en lui et qui réussit. Si vous appartenez à la catégorie des sceptiques, récompensez-vous. Devenez un expert dans un domaine. Préparez les réunions mieux que les autres. Et apprenez à accepter vos erreurs. Reconnaissez-les, informez-en toutes les personnes concernées, tirez les enseignements de ces erreurs et continuez à aller de l'avant. Rappelez-vous que vous n'avez pas à être expert en tout, pas plus que de ne jamais commettre d'erreur pour réussir. *Besoin d'aide supplémentaire ? Reportez-vous à la fiche n° 55 : Bien se connaître.*

☐ **2. Organisez un conseil de plan de carrière.** Compte tenu de votre inexperience, allez consulter quelques personnes avisées pour valider votre plan : un mentor, un de vos supérieurs que vous estimez, un voisin mais néanmoins ami, votre conjoint(e), un parent, un consultant ou un collègue de travail. Rencontrez-les périodiquement pour obtenir des opinions objectives sur vos aspirations, vos réflexions, vos inquiétudes et ce que vous considérez comme des opportunités Tenez compte de leurs conseils.

☐ **3. Dans la plupart des cas, on ne sait pas bien comment construire sa carrière.** Certains sont aveuglés par le mythe du « toujours en avant ! ». Nous avons tous vu ces slogans du style « Comment réussir sans vraiment essayer ». Il est tentant de cultiver le cynisme et de croire que les gens qui réussissent sont des maîtres en magouilles politiques ou des experts-vendeurs ou ceux qui « lèchent les bottes » de leurs supérieurs ou ceux qui trahissent les autres ou ceux qui ont eu la chance d'être là au bon moment et ainsi de suite. La vérité est tout autre. Ces comportements desservent même parfois ceux qui les affichent. En revanche, le fait d'obtenir de bons résultats et d'être capable de résoudre les problèmes liés aux affaires courantes, d'avoir quelques atouts qui vous démarquent, de chercher toujours à entreprendre de nouvelles tâches non encore maîtrisées, toutes ces dynamiques sont des comportements qui vous permettent de durer dans l'organisation. Tout ceci se résume à résoudre efficacement les problèmes en gardant en tête ce que vous n'avez pas encore accompli et en vous donnant les chances d'y arriver. Afin d'apprendre comment se construit une carrière réussie, les ouvrages *The Lesson of Experience,* de McCall, Lombardo et Morrison (si vous êtes un homme) et *Breaking the Glass Ceiling,* de Morrison, White et Van Velsor (si vous êtes une femme) sont d'excellentes lectures.

☐ **4. Sortez de votre « zone de confort ».** Peut-être vous êtes-vous enfermé dans votre vécu professionnel. Choisissez quelques activités que vous n'avez jamais pratiquées, mais qui vous motivent. Prenez des cours dans un nouveau domaine. Échangez des tâches avec un collègue. Portez-vous volontaire pour participer à des équipes de résolution de problèmes qui sont par définition multidisciplinaires et issues de différents milieux d'affaires. Diversifiez vos lectures. *Besoin d'aide supplémentaire ? Reportez-vous à la fiche n° 46 : Faire preuve de perspective.*

☐ **5. Vous ne savez pas comment vous y prendre ?** Pensez à cinq personnes que vous connaissez, dont la réussite est exemplaire dans votre organisation ou votre domaine et demandez-leur ce qui les motive. Quels types d'emplois ils ont occupé. Ce que sont leurs compétences techniques. Leurs compétences comportementales. Utilisez les Fiches de compétences de *l'ARCHITECTE DE LEADERSHIP®* afin de déterminer les dix compétences clés de chacune de ces personnes. Comparez ces compétences aux résultats obtenus lors de votre auto-évaluation. Demandez au service des ressources humaines de votre entreprise s'il possède le profil des compétences requises pour réussir aux postes qui vous intéressent. Dressez ensuite une liste des éléments sur lesquels il vous faudra travailler. Si vous avez envie de jouer les vedettes, pensez à ce que vos supérieurs considèrent comme important dans votre travail. Si vous êtes comptable, aidez vos supérieurs à identifier les coûts élevés ; si vous êtes dans le domaine de la chimie, trouvez un moyen moins coûteux de fabriquer les produits dont vous avez la responsabilité. Apprenez à dominer tous les détails importants de votre secteur d'activité. Si vos points forts ne sont pas au niveau technique, aidez vos collègues dans leur tâche, ou décelez un problème de gestion ou d'organisation dans votre environnement de travail que vous pouvez résoudre.

☐ **6. Vous ne savez pas vous « vendre » ?** Vous ne savez pas vous « vendre » ? Vous détestez les gens qui ne cessent de se vanter, mais vous ne savez pas comment obtenir une promotion. Comment procéder ? Notez ce que vous avez initié, les situations que vous avez redressées, vos innovations, les plans que vous avez conçus, les économies budgétaires que vous avez réalisées. Ce sont ces éléments sur lesquels on s'appuie pour décider des promotions. Bien des organisations sont prêtes à ouvrir leurs services à ceux qui savent voir plus loin et plus grand. Exercez-vous à élargir votre vision.

☐ **7. Tentez de vous faire remarquer par les décisionnaires.** Les responsables d'entreprises savent généralement distinguer le « faux brillant » de certaines personnalités. Ils apprécient ceux qui résolvent les problèmes, identifient les opportunités, préviennent les catastrophes et ont un large répertoire de compétences. Ils recherchent ceux qui ont le sens de la réussite. Encore faut-il savoir le faire savoir et le faire apprécier. Portez-vous volontaire pour des projets qui vous font connaître, qui impliquent des interactions ou des présentations avec le top management. Concentrez-vous sur des activités qui sont au cœur de l'organisation. Trouvez des opportunités dans lesquelles vous vous impliquerez raisonnablement ou choisissez un problème important et travaillez avec méthode pour le régler. Vous devez donner une image de vous basée sur votre valeur réelle et non sur votre apparence.

☐ **8. Êtes-vous prêt à faire des sacrifices ?** Certains renoncent à des opportunités de carrière pour ne pas quitter le confort du quotidien, quitte à le regretter ultérieurement. Des études démontrent que la plupart des changements dans la carrière des directeurs généraux performants étaient considérés à l'origine comme inadéquats. Ils ont essayé de les convaincre du contraire. Nous avons tous des problèmes similaires. Des enfants à l'école. Une maison que nous aimons. Un parent dont nous devons prendre soin. Un conjoint qui travaille. Un problème médical dont il faut s'occuper. Un quartier convenable. La plupart des réussites professionnelles exigent des mouvements décisifs dans les moments les plus inopportuns au plan personnel : lorsque les enfants vont à l'école, lorsque le budget est serré, lorsqu'il faut s'occuper de parents âgés. Pour apprendre comment se constitue une carrière vraiment réussie, les ouvrages *The Lesson of Experience,* de McCall, Lombardo et Morrison (si vous êtes un homme) et *Breaking the Glass Ceiling* de Morrison, White et Van Velsor (si vous êtes une femme) sont d'excellentes lectures. N'oubliez pas : il faut savoir bouger pour progresser.

☐ **9. Vous attendez que votre patron parte à la retraite pour le remplacer ?** Cela peut sembler paradoxal, mais l'espérance d'être promu au poste de votre patron est ce qui vous aide le moins à la promotion de votre développement. Mêmes problèmes, mêmes personnes, mêmes clients, mêmes produits et services, alors que le changement est la clé pour la réussite de votre carrière. Prenez des tangentes. Enterrez votre ego. Travaillez dans une optique à long terme. Renoncez à une promotion verticale et demandez à occuper un poste de niveau semblable au vôtre, mais dans un autre secteur.

☐ **10. Suivre vos aspirations ?** La plupart d'entre nous faisons une erreur très humaine dans la gestion de notre carrière. Nous cherchons à réaliser nos aspirations profondes. Nos parents et les conseillers en orientation professionnelle nous ont dit de nous trouver une activité qui nous plaise et nous rende heureux, d'exceller dans ce domaine, de travailler pour une grande entreprise qui nous prendra en charge et nous donnera une généreuse retraite. Quoique cela puisse avoir été un bon conseil dans le passé, il ne s'applique plus très bien aujourd'hui. L'emploi à vie a vécu. Nous vivons dans un monde de mises à pied, d'entreprises virtuelles, de chaos. La nouvelle réalité s'appelle dorénavant « employabilité ». Vous allez devoir être performant dans plusieurs domaines. Vous allez devoir changer d'organisations à maintes reprises. Vous allez devoir aller là où se trouvent les opportunités.

Champions aren't made in gyms. Champions are made from something they have deep inside them: A desire, a dream, a vision. They have to have last-minute stamina, they have to be a little faster, they have to have the skill and the will. But the will must be stronger than the skill.

– Muhammad Ali

LECTURES CONSEILLÉES

Barner, Robert. *Lifeboat Strategies: How to Keep Your Career Above Water During Tough Times—Or Any Time*. New York: American Management Association, 1994.

Bolles, Richard N. *What Color Is Your Parachute? 2004: A Practical Manual for Job-Hunters & Career-Changers*. Berkeley, CA: Ten Speed Press, 2004.

Brim, Gilbert. *Ambition: How We Manage Success and Failure Throughout Our Lives*. New York: Backinprint.com, 2000.

Champy, James and Nitin Nohria. *The Arc of Ambition*. Cambridge, MA: Perseus Publishing, 2000.

Christian, Ken. *Your Own Worst Enemy: Breaking the Habit of Adult Underachievement*. New York: Regan Books, 2004.

Dominguez, Linda R. *How to Shine at Work*. New York: McGraw-Hill Trade, 2003.

Evans, Gail. *She Wins, You Win*. New York: Gotham Books, 2003.

Fels, Anna. *Necessary Dreams: Ambition in Women's Changing Lives*. New York: Pantheon Books, 2004.

Hunt, Christopher W. and Scott A. Scanlon. *Navigating Your Career*. New York: John Wiley & Sons, Inc., 1999.

Ibarra, Herminia. *Working Identity: Unconventional Strategies for Reinventing Your Career*. Boston: Harvard Business School Publishing, 2003.

Johnson, Mike. *Getting a Grip on Tomorrow—Your Guide to Survival and Success in the Changed World of Work*. Newton, MA: Butterworth-Heinemann, 1997.

Kelley, Robert E. *How to Be a Star at Work*. New York: Times Business, 1998.

Kummerow, Jean M. *New Directions in Career Planning and the Workplace: Practical Strategies for Career Management Professionals*. Palo Alto, CA: Davies-Black Publishing, 2000.

Mahan, Brian J. and Robert Coles. *Forgetting Ourselves on Purpose: Vocation and the Ethics of Ambition*. San Francisco: Jossey-Bass, Inc., 2002.

McCall, Morgan W., Michael M. Lombardo and Ann M. Morrison. *The Lessons of Experience*. Lexington, MA: Lexington Books, 1988.

Morrison, Ann M., Randall P. White, Ellen Van Velsor and the Center for Creative Leadership. *Breaking the Glass Ceiling: Can Women Reach the Top of America's Largest Corporations?* Reading, MA: Addison-Wesley Publishing Company, 1992.

Schweich, Thomas A. *Staying Power: 30 Secrets Invincible Executives Use for Getting to the Top—And Staying There*. New York: McGraw-Hill, Inc., 2003.

7 ÊTRE ATTENTIF À SES COLLABORATEURS DIRECTS

Facteur VI : Compétences personnelles et interpersonnelles Groupe O : Être attentif aux autres **VI – O**

Never believe that a few caring people can't change the world.
For, indeed, that's all who ever have.
– Margaret Mead

COMPÉTENCE NON MAÎTRISÉE

- ☐ Ne se soucie guère des besoins personnels de ses collaborateurs directs
- ☐ Peut être trop occupé pour s'en informer
- ☐ Peut considérer que la vie personnelle et le travail ne doivent pas être mélangés
- ☐ Peut être trop axé sur le travail
- ☐ Peut se montrer distant et peu décontracté avec ses collaborateurs directs
- ☐ N'écoute pas assez ou accorde peu d'intérêt aux problèmes et aspirations d'autrui

Sélectionnez dans la liste ci-dessous une à trois compétences comme compétence de remplacement si vous décidez de ne pas travailler directement sur cette dernière.

SUBSTITUTS : 3,10,11,18,19,23,27,31,33,36,39,41,60,64

COMPÉTENCE MAÎTRISÉE

- ☐ Porte de l'intérêt aux besoins professionnels et personnels de ses collaborateurs directs
- ☐ Se renseigne sur leurs plans, problèmes et désirs
- ☐ Est au courant de leurs préoccupations et questions
- ☐ Sait être disponible pour écouter les problèmes de chacun
- ☐ Est sensible à leur charge de travail ; reconnaît leurs efforts

COMPÉTENCE UTILISÉE À L'EXCÈS

- ☐ Peut avoir des difficultés à être ferme avec ses collaborateurs directs
- ☐ Accepte trop facilement qu'ils se trouvent des excuses
- ☐ N'ose pas les pousser à dépasser leurs limites
- ☐ Porte trop d'attention à leurs problèmes personnels
- ☐ Ne semble pas capable de prendre des décisions objectives sur la performance et le potentiel de ses collaborateurs
- ☐ Semble ne pas savoir quand arrêter de témoigner de l'intérêt lorsque ses efforts sont rejetés

Sélectionnez dans la liste ci-dessous une à trois compétences sur laquelle vous devrez travailler pour compenser son utilisation excessive.

COMPENSATEURS : 9,12,13,17,18,20,23,27,34,35,56,57,64

QUELQUES CAUSES

☐ Croit que le travail et la vie privée doivent demeurer séparés
☐ Les choses ont plus d'importance que les individus
☐ Craint que l'on profite de lui
☐ Craint de se retrouver dans un rôle de conseiller
☐ Activité de faible priorité
☐ Ne sait pas écouter les autres
☐ Trop occupé

FACTEURS ET GROUPES DU LEADERSHIP ARCHITECT®

Cette compétence se retrouve dans Compétences personnelles et interpersonnelles, facteur (VI). Cette compétence se retrouve dans Être attentif aux autres, groupe (O) au numéro : 10. Vous pouvez également consulter d'autres compétences dans le même facteur ou groupe pour trouver des conseils connexes.

LA CARTE

Il est important de prendre soin des autres pour plusieurs raisons. Tout d'abord, les gens dont on prend soin ont tendance à faire de même pour les autres. Les individus recevant de l'attention travaillent de manière plus efficace avec et pour ceux qui leur prêtent attention. Ils se sentent mieux et ont une attitude plus positive que les personnes que l'on ignore. Prendre soin des autres n'exige aucune indulgence particulière ni de jouer au conseiller. Cela signifie tout simplement démontrer de l'intérêt envers vos collaborateurs de toutes les façons possibles pour les aider à bien faire leur travail tout en s'épanouissant. Les gens qui prennent soin des autres ne se contentent pas de sourire ni d'agir de manière amicale. Par principe, les bons gestionnaires connaissent leurs collègues au-delà du travail. Ils sont un peu au courant de leur passé, de leur situation actuelle, de leurs rêves, préférences et désirs. Ils favorisent une communication mutuelle. Ils détectent les signes de problèmes avant que ceux-ci ne deviennent sérieux et les aident rapidement à surmonter les obstacles et mieux réussir. À long terme, ils aident leurs collaborateurs à s'améliorer et leur font des critiques constructives pour contribuer à leur épanouissement. À un niveau plus profond, les bons gestionnaires sont attentionnés parce que c'est leur nature. Quoiqu'il en soit, gérer les individus dans leur totalité donne toujours de meilleurs résultats et davantage de satisfaction au gestionnaire.

QUELQUES SOLUTIONS

☐ **1. Être attentionné, c'est d'abord savoir écouter.** Bien des managers ont une faible capacité d'écoute. Ils ont plus tendance à couper la parole qu'à écouter. Ce sont des impatients qui ont tendance à terminer les phrases des autres lorsqu'ils hésitent. Tous ces comportements d'impatience sont perçus comme un manque d'attention, voire de l'indifférence envers les besoins et les sentiments d'autrui. Pour être plus attentionné, la première règle est donc de savoir écouter. *Besoin d'aide supplémentaire ? Reportez-vous à la fiche n° 33 : Savoir écouter.*

☐ **2. Être attentionné, c'est savoir partager et se faire connaître.** Partager votre opinion sur une question d'ordre professionnel et solliciter l'avis de vos collaborateurs directs. N'hésitez pas à transmettre des informations qui, selon vous, aideraient les gens à mieux faire leur travail et à le voir sous un angle plus large. N'hésitez pas à communiquer les renseignements que vous croyez être utiles dans un cadre professionnel ou simplement pour aider vos collaborateurs à voir les choses sous un angle plus large. Parlez de sujets hors travail, qui sauront intéresser vos interlocuteurs et qui les valoriseront. Parlez de vous-même car il est difficile de travailler pour une personne dont on ne sait pratiquement rien. Dites comment vous êtes amené à prendre une décision et lorsque vous annoncez celle-ci, expliquez votre sentiment, vos raisons et vos objectifs. Si vous présentez d'emblée vos solutions, vous vous exposez à des résistances et vous serez peut-être perçu comme une personne qui n'est pas à l'écoute des autres et qui impose ses décisions sans consultation.

☐ **3. Être attentionné, c'est connaître les autres.** Apprenez à connaître trois aspects de la vie personnelle des gens qui vous entourent – leurs intérêts, leurs passe-temps, leurs enfants ou tout autre sujet qui les concerne directement. Le monde est petit. Il suffit de poser quelques questions pour se découvrir des points en commun avec pratiquement tout le monde et c'est la meilleure façon de renforcer les liens.

☐ **4. Être attentionné, c'est savoir être réceptif.** Essayez d'écouter sans juger. Mettez de côté des affirmations du genre « Je suis d'accord ; je ne suis pas d'accord ». Vous vous devez surtout d'écouter et de comprendre. Présumez que lorsque vos interlocuteurs vous disent quelque chose, ils cherchent de la compréhension ; montrez-vous compréhensif en résumant ce qu'ils disent. Oubliez les mises en garde ou les solutions, à moins qu'il ne soit évident que la personne veuille savoir ce que vous feriez dans un cas semblable. En dépit du fait qu'il peut être bon parfois d'offrir des solutions, cela peut être inopportun lorsque le but est d'amener vos interlocuteurs à vous parler plus librement.

☐ **5. Être attentionné, c'est savoir comprendre.** Étudiez les personnes avec qui vous travaillez. Mettez de côté votre jugement et attachez-vous uniquement aux faits pour comprendre comment les gens pensent et pour apprendre ce qu'ils font. Qu'est-ce qui les pousse à agir de la sorte ? Essayez de prévoir ce qu'ils pourraient faire dans une situation donnée. Utilisez ces informations pour savoir comment entrer en relation avec eux. Quels sont leurs points sensibles ? Quelles attentions attendent-ils de vous ?

☐ **6. Être attentionné, c'est savoir questionner.** Démontrez que vous vous préoccupez de ce que pensent les autres. Dans leur activité professionnelle, bien des gens procèdent par affirmations et oublient de poser les questions pertinentes. Il y a aussi trop de questions orientées dans le but d'obtenir des informations précises et techniques et pas suffisamment de questions du genre : « Qu'arriverait-il si... ?, » « Qu'est-ce que vous changeriez... ? » Des études démontrent que les affirmations sont plus présentes que les questions dans une proportion de huit à un. Et parmi les questions, peu d'entre elles invitent l'interlocuteur à réfléchir réellement.

☐ **7. Être attentionné c'est traiter les gens différemment.** Être attentionné c'est savoir traiter chaque personne équitablement, ce qui ne signifie pas qu'il faut traiter les gens de façon uniforme. Les gens sont tous différents. Ils ont des besoins différents. Ils réagissent différemment face à vous. Ils ont des rêves et des soucis qui leur sont propres. Chaque personne est unique et se sent beaucoup mieux lorsqu'elle est traitée en conséquence. *Besoin d'aide supplémentaire ? Reportez-vous à la fiche n° 21 : Gérer la diversité.*

☐ **8. Se soucier du bien-être de quelqu'un consiste à se sentir concerné, non à devenir thérapeute :**

- Si une personne vous expose régulièrement tous ses problèmes, choisissez-en un pour lequel vous croyez pouvoir lui apporter de l'aide et demandez-lui de se faire aider pour les autres problèmes par un professionnel compétent ou un collègue.
- Si quelqu'un passe régulièrement vous voir et vous répète systématiquement les mêmes choses, interrompez-le gentiment et résumez ses propos. Cela signale que vous l'avez compris et prévient les pertes de temps.
- Si une personne est en colère, laissez-la s'exprimer et bornez-vous à dire que vous constatez sa contrariété. Il est difficile pour la plupart des gens de continuer sans opposition ou encouragement. Si elle fait mine d'insister, invitez-la à revenir aborder à nouveau le sujet après le travail.
- Si quelqu'un vient se plaindre à vous de façon systématique, demandez-lui de décrire le problème et les solutions envisageables par écrit avant d'en discuter. Cela réduira l'ampleur de ses plaintes et, espérons-le, mettra un terme à ses doléances.
- Si une personne vient se plaindre d'une autre, demandez-lui si elle a parlé à la personne en question. Encouragez-la à le faire. Si la tentative échoue, demandez-lui de résumer tout ce qu'elle vient de dire, sans faire connaître votre position car cela allongerait encore plus la discussion.

- Vous devez la soutenir, l'objectif étant d'aider la personne à mieux réussir dans son travail. Choisissez le moment le plus favorable, cherchez la meilleure façon d'aider la personne à s'améliorer sans nécessairement l'enjoindre d'appliquer vos recommandations à la lettre. Faites une description des avantages pour cette personne.
- Si quelqu'un est démotivé, faites ressortir les défis et la diversité de sa tâche. Demandez-lui ce qui, selon elle, rend un travail excitant. *Besoin d'aide supplémentaire ? Reportez-vous aux fiches n° 19 : Développer les compétences de ses collaborateurs directs et des autres et n° 36 : Savoir motiver.*

☐ **9. Pour être perçu comme une personne attentionnée, vous avez à le démontrer.** Méfiez-vous des signaux non intentionnels qui pourraient démontrer aux autres que vous ne leur accordez pas de valeur. Méfiez-vous des phrases du genre A : « Je laisse le soin des détails aux autres », B : « Je ne suis pas très bien organisé » ou C : « J'ai toujours cru qu'il fallait d'abord passer à l'action, pour ensuite y mettre de l'ordre » qui peuvent être interprétées par vos collaborateurs comme A : « Ce que vous faites importe peu » ou B : « Vous êtes là pour recoller les morceaux » ou C : « Vous vous chargez des sales besognes ». Pensez à l'impact de ce que vous dites quand vous communiquez avec vos collaborateurs.

☐ **10. Faites une liste de vos dix derniers employeurs sur une feuille de papier.** Mettez-en cinq dans la catégorie « Il ne se souciait ni de moi ni du reste de l'équipe » et les cinq autres dans la catégorie « Il se montrait attentionné autant pour moi que pour le reste de l'équipe ». Quels étaient les comportements de ceux qui ne se montraient pas attentionnés ? Quelles paroles, quels gestes ou quels faits vous l'ont fait croire ? Ou à l'inverse, que n'ont-ils pas fait ou dit que vous avez interprété comme un manque d'attention de leur part ? Faites le même exercice pour le deuxième groupe. Pourquoi pensiez-vous pouvoir compter sur eux ? Comparez les résultats de votre analyse avec vos propres comportements, en tant que supérieur hiérarchique.

7

Without a sense of caring, there can be no sense of community.
– Anthony J. D'Angelo

LECTURES CONSEILLÉES

Arthur, Diane. *The Employee Recruitment and Retention Handbook.* New York: AMACOM, 2001.

Autry, James A. *The Art of Caring Leadership*. New York: William Morrow and Company, Inc., 1991.

Birx, Ellen. *Healing Zen: Awakening to Life of Wholeness and Compassion While Caring for Yourself and Others.* New York: Viking Press, 2002.

Daniels, Aubrey C. *Bringing Out the Best in People*. New York: McGraw-Hill, Inc., 1994.

De Waal, André. *Quest for Balance: The Human Element in Performance Management Systems.* New York: John Wiley & Sons, Inc., 2002.

Handy, Charles. *The Hungry Spirit*. New York: Doubleday, 1998.

Keneally, Thomas. *Schindler's List*. New York: Simon & Schuster, 1982.

Keneally, Thomas. *Schindler's List* [sound recording]. New York: Simon & Schuster Audio, 1993.

Kouzes, James M. and Barry Z. Posner. *Encouraging the Heart: A Leader's Guide to Rewarding and Recognizing Others.* San Francisco: Jossey-Bass, Inc., 2003.

Lewin, Roger and Birute Regine. *Weaving Complexity and Business: Engaging the Soul at Work.* New York: Texere, 2001.

Lloyd, Kenneth L. *Be the Boss Your Employees Deserve.* Franklin Lakes, NJ: Career Press, 2002.

Maslach, Christina and Michael P. Leiter. *The Truth About Burnout*. San Francisco: Jossey-Bass, Inc., 1997.

Mason, Marilyn, Ph.D. *Seven Mountains—The Inner Climb to Commitment and Caring*. New York: Penguin Books, 1997.

Mayo, Andrew. *The Human Value of the Enterprise: Valuing People As Assets—Monitoring, Measuring, Managing*. Yarmouth, ME: Nicholas Brealey Publishing, 2001.

Moxley, Russ S. *Leadership and Spirit: Breathing New Vitality and Energy Into Individuals and Organizations.* San Francisco: Jossey-Bass, Inc., 2000.

Pfeffer, Jeffrey. *The Human Equation.* Boston: Harvard Business School Press, 1998.

8 SE SENTIR À L'AISE DANS LES RAPPORTS AVEC LA HAUTE DIRECTION

Leadership is a two-way street, loyalty up and loyalty down. Respect for one's superiors; care for one's crew.
– Grace Murray Hopper, U.S. military leader, mathematician, educator

COMPÉTENCE NON MAÎTRISÉE

- ☐ Manque de confiance en soi face à des individus hauts placés
- ☐ Peut paraître nerveux, tendu et ne pas se montrer sous son meilleur jour
- ☐ Peut perdre ses moyens ou se sentir décontenancé si des cadres supérieurs lui posent des questions
- ☐ Ne sait pas comment influencer la haute direction ou faire bonne impression
- ☐ Ne comprend pas bien ce qui est attendu à haut niveau
- ☐ Peut avoir des réactions déplacées

Sélectionnez dans la liste ci-dessous une à trois compétences comme compétence de remplacement si vous décidez de ne pas travailler directement sur cette dernière.

SUBSTITUTS : 3,4,5,9,12,27,33,34,37,38,48,49,57

COMPÉTENCE MAÎTRISÉE

- ☐ Sait établir le dialogue avec les hauts dirigeants
- ☐ Est capable de faire des présentations devant eux sans se montrer tendu ni nerveux
- ☐ Cerne bien la façon dont ils réfléchissent et agissent
- ☐ Sait les convaincre en leur parlant dans un langage adapté et en répondant à leurs besoins et attentes
- ☐ Sait trouver les approches qui seront perçues de façon positive et appropriée

COMPÉTENCE UTILISÉE À L'EXCÈS

- ☐ Peut accorder trop d'importance à ce que peuvent penser les hauts dirigeants
- ☐ Semble être perçu comme trop ambitieux et politicien
- ☐ Semble passer trop de temps avec des cadres supérieurs, à les imiter et à surestimer la valeur et l'utilité de ces relations
- ☐ Carrière trop tributaire des supérieurs qui l'ont pris sous leur aile
- ☐ Ne semble pas suffisamment respectueux des informations confidentielles

Sélectionnez dans la liste ci-dessous une à trois compétences sur laquelle vous devrez travailler pour compenser son utilisation excessive.

COMPENSATEURS : 5,9,12,17,22,24,29,30,45,51,53,57

QUELQUES CAUSES

- ☐ Manque de confiance en soi face à des personnes plus haut placées
- ☐ Peur de commettre une erreur, dire une bourde ou faire quelque chose de stupide
- ☐ Perfectionnisme : crainte de ne pas sembler parfait aux yeux des dirigeants
- ☐ Manque de préparation due à des lacunes ou un manque de compétences ou encore une façon de travailler inefficace
- ☐ Tendance à devenir émotif sous le stress et la pression

FACTEURS ET GROUPES DU LEADERSHIP ARCHITECT®

Cette compétence se retrouve dans Compétences de positionnement organisationnel, facteur (V). Cette compétence se retrouve dans Rapport avec les supérieurs, groupe (M) au numéro : 6. Vous pouvez également consulter d'autres compétences dans le même facteur ou groupe pour trouver des conseils connexes.

LA CARTE

Il est généralement difficile de s'acquitter de ses tâches devant un ou plusieurs cadres supérieurs : ce sont des individus qui doivent leur poste à leur expertise dans un domaine particulier, sont toujours pressés, posent des questions difficiles pour lesquelles ils exigent des réponses et parfois ne se préoccupent pas de ce que vous pouvez ressentir. Beaucoup à votre place n'en sortiraient pas indemnes. De nombreux cadres supérieurs sont prêts à vous tester pour voir si vous avez quelque chose dans le ventre ; certains vous poseront des questions difficiles juste pour voir si vous pouvez les encaisser ; d'autres vous mettront sous pression volontairement pour voir vos limites. En d'autres mots, ils ne vous feront pas de cadeaux. On dirait que plus ils sont hauts placés, moins ils consacrent de temps aux autres et moins ils se préoccupent de les mettre à l'aise. Ils ont tous commis leur lot d'erreurs lorsqu'ils étaient à votre place. Ils ont appris dans les moments difficiles. Ils ont tous trébuché à un moment ou un autre. En fait, les recherches montrent que les cadres supérieurs ayant réussi font plus d'erreurs en gravissant les échelons que ceux qui n'y arrivent pas.

8

QUELQUES SOLUTIONS

- ☐ **1. Gardez votre calme.** Il est normal de se sentir nerveux, anxieux ou mal à l'aise lors de contacts avec un ou plusieurs hauts dirigeants ; l'important c'est de ne pas perdre vos moyens. Le fait d'être mal à l'aise peut provoquer chez vous des réactions physiologiques telles qu'une transpiration excessive, l'hésitation ou le bégaiement lorsque vous parlez, un bafouillage, une rougeur du visage, des gargouillements d'estomac, un souffle court lorsque vous parlez, etc. Si vous êtes en proie à ces manifestations, arrêtez-vous quelques secondes, prenez une profonde respiration pour retrouver votre calme et reprenez votre présentation.

Dites-vous que l'essentiel est de faire pour le mieux, que vous en savez probablement plus que quiconque sur le sujet à aborder et que vous êtes parfaitement préparé – le fait d'être anxieux risque de vous empêcher de démontrer votre savoir-faire. *Besoin d'aide supplémentaire ? Reportez-vous à la fiche n° 11 : Avoir la maîtrise de soi.*

☐ **2. Envisagez le pire.** Faites la liste de vos plus grandes craintes ; imaginez-vous dans la pire des situations ; faites l'exercice mental de découvrir comment vous pourriez vous en sortir. Vous ne trouvez pas les bons mots ? Ne remplissez pas le silence avec des « Euh... ». Consultez vos notes. Vous êtes sur la défensive ? Posez une question, Vous dépassez le temps prévu ? Allez directement aux conclusions. Pratiquez les scénarios les plus réalistes de toutes ces situations, face à un miroir ou avec un ami qui agit en tant qu'auditoire.

☐ **3. Pratiquez, pratiquez, pratiquez.** Répétez plusieurs fois ce que vous aurez à présenter pour arriver à le faire le plus naturellement possible ; cela vous permettra d'être disponible pour faire face aux questions et aux réactions inattendues. Enregistrez-vous à l'aide d'une caméra vidéo. Avez-vous parlé plus de dix minutes pour chacun de vos thèmes principaux ? Avez-vous atteint un niveau de détail tel que l'on croirait avoir affaire à un catalogue ? Avez-vous varié le ton et le volume de votre voix ou était-ce monotone ? Vos interlocuteurs vont-ils se souvenir de vos thèmes principaux quinze minutes après la fin de la rencontre ? *Besoin d'aide supplémentaire ? Reportez-vous à la fiche n° 49 : Maîtriser la communication orale.*

☐ **4. Visitez les lieux.** Particulièrement s'il s'agit d'une présentation à plusieurs hauts dirigeants, visitez l'endroit où se tiendra la réunion afin de vous familiariser avec les installations et, si vous le pouvez, commencez à vous entraîner sur place. Considérez l'emplacement des sièges. Pourra-t-on vous entendre facilement ou aurez-vous à hausser le ton ? Y a-t-il des endroits d'où l'on peut difficilement vous apercevoir ? Veillez à ne pas vous y trouver. Les différents médias que vous prévoyez d'utiliser sont-ils faciles à voir ou à entendre pour les gens situés à l'arrière ? C'est le moment de voir et d'adapter tous ces éléments à la situation.

☐ **5. Utilisez avec efficience le temps qui vous est alloué.** Planifiez soigneusement ce que vous voulez dire et faire. Soyez aussi bref que possible. Puisqu'il vaut mieux avoir trop que pas assez, peut-être serait-il sage de prévoir des alternatives. Préparez 60 transparents, montrez-en 40, mais soyez prêt à n'en passer que 30. Pensez également à des transparents qui résument l'ensemble de votre présentation. Les hauts dirigeants sont très occupés et tous apprécient ceux qui prennent moins de temps que prévu. Ne les submergez pas, mais donnez-leur la possibilité de demander à expliciter certains points.

☐ **6. Soyez prêt à répondre aux questions.** Pour bien des présentateurs, la période de questions est cruciale. N'inventez pas de réponses ; la plupart des hauts dirigeants sont à même d'accepter un « Je ne sais pas mais je vous reviendrai sur ce sujet ». Essayez d'anticiper toutes les questions qui pourraient être posées et préparez vos réponses à l'avance. En revanche, une préparation qui aboutirait, pour se sécuriser, à réciter littéralement des faits peut être mal perçue. Les dirigeants recherchent beaucoup plus un point de vue logique, une analyse du problème et non une simple reformulation des faits. La pire des situations qui puisse se présenter est quand l'un des auditeurs rejette un point de votre présentation. Auquel cas, demandez à cette personne de clarifier ce point pour vérifier son interprétation, exposez votre argumentation et, s'il y a désaccord et qu'il persiste, contentez-vous de le constater. Rares sont les dirigeants qui accordent leur estime à celui qui abandonne son point de vue dès qu'il rencontre une opposition. Vous devriez pouvoir écouter attentivement et répondre de façon logique à tous les points en moins de trente secondes. Évitez le piège des redites, les longues réponses donnent souvent un sentiment de malaise par la répétition de ce qui a déjà été entendu. De plus, il est possible que tout le monde ne soit pas d'accord avec la personne qui interfère. À trop vouloir argumenter, vous risquez de paraître avoir une attitude défensive.

☐ **7. Cherchez un allié.** Demandez conseil à l'un des membres de la haute direction que vous connaissez bien et en qui vous avez confiance sur la meilleure façon d'agir dans vos interrelations avec lui et les autres dirigeants. Partagez vos appréhensions éventuelles avec un collègue en qui vous avez confiance et obtenez ses commentaires et ses suggestions. Trouvez quelqu'un qui semble à l'aise dans les situations où vous ne l'êtes pas et demandez-lui comment faire pour vous adapter.

☐ **8. Découvrez ceux qui vous indisposent.** Si seuls quelques-uns des dirigeants vous incommodent et pas les autres, dressez un portrait des deux groupes (ou individus) sur une feuille de papier. Quelles sont les similitudes ? Pourquoi le style des uns vous déplaît-il et non celui des autres ? Comment pourriez-vous vous positionner plus confortablement et efficacement avec ceux qui vous gênent ? Peut-être devriez vous faire en sorte d'utiliser des approches identiques ? Dans les discussions, il faut vous conditionner pour que vous ne vous sentiez pas mis en cause à titre personnel. *Besoin d'aide supplémentaire ? Reportez-vous à la fiche n° 12 : Savoir gérer les conflits.*

☐ **9. Apprenez à mieux connaître les hauts dirigeants.** Essayez de les rencontrer et d'interagir avec eux à l'extérieur de l'organisation : dans des réceptions, des activités sportives, des œuvres de charité, etc. Vous allez probablement découvrir que vos dirigeants sont des gens comme vous, mais plus âgés et expérimentés et donc mieux placés dans la hiérarchie. Vous pourriez peut-être alors vous sentir plus à l'aise avec eux quand vous serez à nouveau dans votre cadre professionnel.

☐ **10. Découvrez les critères de perception des hauts dirigeants.** Lisez la biographie de cinq personnalités importantes ; voyez ce qui est dit à leur sujet et la manière dont est décrite leur perception de personnes comme vous ; lisez cinq autobiographies et voyez ce que les auteurs disent d'eux-mêmes et comment ils voient ceux qui sont dans votre position. Notez par écrit cinq types d'actions que vous pourriez accomplir autrement ou mieux.

The greatest weakness of all is the great fear of appearing weak.
– Jacques Bénigne Bousset

LECTURES CONSEILLÉES

Alvesson, Mats. *Understanding Organizational Culture*. Thousand Oaks, CA: Sage Publications, 2002.

Arredondo, Lani. *Communicating Effectively.* New York: McGraw-Hill Trade, 2000.

Bing, Stanley. *Throwing the Elephant: Zen and the Art of Managing Up.* New York: HarperBusiness, 2002.

Bolton, Robert and Dorothy Grover Bolton. *People Styles at Work—Making Bad Relationships Good and Good Relationships Better.* New York: AMACOM, 1996.

Capon, Claire. *Understanding Organizational Context.* Upper Saddle River, NJ: Prentice Hall, 2002.

Chaleff, Ira. *The Courageous Follower: Standing Up to and for Our Leaders*. San Francisco: Berrett-Koehler Publishers, Inc., 2003.

Charan, Ram. *What the CEO Wants You to Know: How Your Company Really Works.* New York: Crown Business Publishing, 2001.

Dobson, Michael Singer. *Managing Up! 59 Ways to Build a Career-Advancing Relationship With Your Boss.* New York: AMACOM, 2000.

Gittines, Roger and Rosanne Badowski. *Managing Up: How to Forge an Effective Relationship With Those Above You.* New York: Currency, 2003.

Hayes, John. *Interpersonal Skills at Work.* New York: Routledge, 2002.

Jay, Ros. *How to Manage Your Boss: Developing the Perfect Working Relationship.* London: Financial Times Management, 2002.

Kummerow, Jean M., Nancy J. Barger and Linda K. Kirby. *Work Types.* New York: Warner Books, 1997.

Weiner, David L. and Robert E. Lefton. *Power Freaks: Dealing With Them in the Workplace or Anyplace.* Amherst, NY: Prometheus Books, 2002.

9 SAVOIR COMMANDER

The very essence of leadership is [that] you have a vision. It's got to be a vision you articulate clearly and forcefully on every occasion. You can't blow an uncertain trumpet.
– Theodore Hesburgh

COMPÉTENCE NON MAÎTRISÉE

- ☐ Préfère suivre le mouvement que l'initier
- ☐ Cherche à éviter les tensions et les crises, évite les affrontements directs et n'aime pas prendre des positions tranchées
- ☐ Semble tranquille et décontracté
- ☐ Trop préoccupé par le qu'en dira-t-on
- ☐ Peut trop tenir à être aimé, à agir selon les règles et à éviter toute critique
- ☐ Peut craindre les conflits et manquer de persévérance
- ☐ Peut mal réagir en cas de forte pression
- ☐ N'a pas le sens de l'urgence

Sélectionnez dans la liste ci-dessous une à trois compétences comme compétence de remplacement si vous décidez de ne pas travailler directement sur cette dernière.

SUBSTITUTS : 1,5,12,13,16,20,30,34,35,36,37,39,49,57,65

COMPÉTENCE MAÎTRISÉE

- ☐ Aime diriger
- ☐ Adopte, si nécessaire, des positions impopulaires
- ☐ Encourage le débat direct et difficile mais ne craint pas d'y mettre fin pour pouvoir avancer
- ☐ Pendant les crises, on compte sur lui pour montrer la voie
- ☐ Fait face à l'adversité
- ☐ Est stimulé par les défis

COMPÉTENCE UTILISÉE À L'EXCÈS

- ☐ Peut avoir du mal à travailler en équipe
- ☐ Semble ne pas être tolérant vis-à-vis de la façon de faire des autres
- ☐ Semble choisir une forme de commandement autoritaire alors que des tactiques basées davantage sur le travail d'équipe pourraient être tout aussi efficaces voire plus
- ☐ Semble ne pas développer d'autres leaders
- ☐ Ses opinions semblent devenir controversées et rejetées par les autres

Sélectionnez dans la liste ci-dessous une à trois compétences sur laquelle vous devrez travailler pour compenser son utilisation excessive.

COMPENSATEURS : 3,7,10,19,31,33,36,38,41,47,52,59,60

QUELQUES CAUSES

- ☐ Évite toute crise
- ☐ Ne sait pas définir une cause commune
- ☐ Incapable de prendre des décisions fermes
- ☐ Incapable d'assumer les pressions auxquelles doit faire face un leader
- ☐ Craint les critiques/l'échec
- ☐ Capable de convaincre les autres
- ☐ Devient nerveux sous pression
- ☐ Leader non crédible
- ☐ Timide

FACTEURS ET GROUPES DU LEADERSHIP ARCHITECT®

Cette compétence se retrouve dans Courage, facteur (III). Cette compétence se retrouve dans Faire face aux problèmes, groupe (H) aux numéros : 12, 13, 34, 57. Vous pouvez également consulter d'autres compétences dans le même facteur ou groupe pour trouver des conseils connexes.

LA CARTE

En tant que leader, vous êtes plus visible et plus susceptible d'être critiqué. Il fait toujours plus chaud au sommet d'une fusée. Être leader est stimulant et permet de contrôler. Cela nécessite de maintenir le cap et de continuer à avancer dans des situations difficiles ou des crises. Cela demande de garder l'œil sur le but à atteindre, de définir des causes communes, de faire front aux obstacles, de gérer ses émotions, d'être un modèle pour les autres, de prendre position fermement et de gagner la confiance de ceux que vous dirigez quant à la direction que vous leur avez donnée.

QUELQUES SOLUTIONS

☐ **1. Il est plus risqué de mener que de suivre.** Il y a de nombreux avantages personnels à diriger mais cela vous met aussi sous les feux de la rampe. Pensez aux élus politiques face au jugement de leurs électeurs. Les leaders doivent posséder une confiance intérieure. Est-ce que vous vous sentez en accord avec vous-même ? Il faut d'abord avoir la conviction d'avoir fait le bon choix. Pouvez-vous défendre le bien-fondé de ce que vous faites devant un auditoire critique et partial ? Les leaders doivent savoir accepter les foudres de leurs détracteurs. Pouvez-vous supporter la pression ? Bien des gens vous affirmeront qu'il aurait été possible de faire les choses différemment. Écoutez-les, mais restez ferme. Même les grands leaders ont parfois tort, mais ils assument leur responsabilité personnelle pour les erreurs commises et continuent leur chemin. Ne laissez pas les critiques vous empêcher d'assumer votre leadership. Blindez-vous pour résister à la pression. Faites le point sur les événements dès que vous terminez une étape importante. Cela montrera à tous que vous êtes ouvert à l'amélioration, que les résultats aient été exceptionnels ou non.

☐ **2. Les positions difficiles.** Défendre une position exige à la fois une confiance absolue en ce que vous affirmez et l'humilité nécessaire pour admettre que vous pouvez avoir tort, ce qui constitue l'un des paradoxes de la vie. Pour vous préparer à mener un débat sur une question difficile, interrogez-vous mentalement jusqu'à ce que vous puissiez exprimer en quelques phrases ce qu'est votre position et pourquoi vous la défendez. Suivez une démarche rationnelle. Comment les autres gagnent-ils ? Personne n'aime les instructions interminables ni les objectifs ambigus. Demandez conseil, analysez le problème, considérez les différentes options, choisissez-en une, justifiez-la, puis suivez votre ligne de pensée jusqu'à ce qu'il soit prouvé que vous avez tort. Considérez le point de vue opposé. Si cela ne vous aide pas, essayez de trouver la difficulté que vous n'arrivez pas à surmonter. Qu'est-ce qui vous a échappé ? Faites un retour en arrière afin de déterminer quand votre comportement autoritaire vous a mis semble-t-il en difficulté. Distinguez les éléments problématiques : le fait d'oublier des choses sous pression, les difficultés rencontrées lors d'un débat acharné, la défense de positions impopulaires, ou le déroulement trop rapide des événements. Élaborez des stratégies de riposte.

☐ **3. Vendez votre leadership.** Bien que certains puissent bien accueillir vos paroles et vos actions, d'autres vous attaqueront ou même tenteront de vous dévaluer et de saboter votre travail. Pour vendre votre leadership, gardez à l'esprit l'objectif final à atteindre mais ne précisez pas le chemin pour y parvenir. Présentez les gains, les cibles et les objectifs, mais pas les processus. Toute réponse est positive pour vous si vous en apprenez quelque chose. Laissez certains s'exprimer, poser des questions et être en désaccord, sans montrer votre impatience. Laissez à d'autres la possibilité de sauver la face en leur accordant quelques concessions, laissez-les, invitez-les même, à vous critiquer. Aidez-les à découvrir comment vous obtenez finalement gain de cause. Devant un groupe, tenez-vous-en aux faits et au problème et tenez-vous à l'écart des conflits personnels. *Besoin d'aide supplémentaire ? Reportez-vous à la fiche n° 12 : Savoir gérer les conflits.*

☐ **4. Gardez votre calme.** Gardez votre sang-froid. Vos réactions peuvent amener les autres à penser que vous avez des problèmes pour défendre des positions difficiles. Si cela vous arrive, quel type de réactions émotives avez-vous ? Montrez-vous de l'impatience ou avez-vous des réactions gestuelles telles que tambouriner avec vos doigts ? Apprenez à reconnaître ces signes dès qu'ils apparaissent et remplacez-les par autre chose de plus neutre. Si vous avez tendance à montrer votre désaccord quand vous vous trouvez dans une situation inconfortable, ou qu'un point de vue vous surprend, posez une question pour gagner du temps. Demandez à votre interlocuteur de préciser son point de vue. Ne vous empressez pas de donner une réponse évidente. Ce serait vous laisser dominer par le stress.

Posez-vous des questions. Un groupe de militants agressifs demandait un jour le micro au doyen de l'université lors de la cérémonie de remise des diplômes. Il le leur donna en précisant qu'ils disposaient de cinq minutes. Interrogé sur sa réaction, il répondit : « Je me suis demandé qu'est-ce qui pouvait arriver de pire ? C'est difficile de rester agressif quand personne ne résiste. Ils ont donc parlé pendant cinq minutes. Ce n'était pas cher payé. Et ils étaient très heureux que leur temps de parole prenne fin ». *Besoin d'aide supplémentaire ? Reportez-vous aux fiches n° 11 : Avoir la maîtrise de soi et n° 107 : Manquer de sang-froid.*

☐ **5. Développez une attitude philosophique envers les échecs et les critiques.** Après tout, la plupart des innovations et la plupart des efforts de changements échouent. « Vingt fois sur le métier, remettez votre ouvrage » dit Boileau. Et cela n'empêche pas de faire des erreurs. Les études démontrent que beaucoup de managers performants ont commis plus d'erreurs dans leur carrière que ceux qu'ils ont dépassés. Ils ont été promus parce qu'ils ont le courage de diriger et non pas parce qu'ils ont toujours raison. D'autres études affirment que les très bons dirigeants ont raison dans seulement 65 % des cas. Acceptez donc l'idée que vous risquez de commettre des erreurs, des fautes et de connaître des échecs.

☐ **6. Le combat face à face.** Diriger implique souvent des confrontations face à face. Vous voulez une chose, votre vis-à-vis en veut une autre. Lorsque cela arrive, tenez-vous-en aux faits. Vous ne pouvez pas toujours gagner. Demeurez objectif. Tant que votre contradicteur parle, vous devez écouter, afin de comprendre et non de juger. Posez beaucoup de questions. Parfois, il se rapprochera de votre point de vue si vous le laissez parler assez longtemps. Écoutez toujours pour comprendre avant de juger. Reformulez le point de vue de votre interlocuteur jusqu'à ce qu'il vous confirme que vous avez bien saisi ce qu'il exprime. Trouvez un point, peu importe qu'il soit mineur, sur lequel vous êtes tous deux en accord. Commencez ensuite à réfuter l'argumentation point par point, en débutant par les parties sur lesquelles vous avez le plus d'informations objectives. Ensuite, poursuivez avec les autres points de l'argumentation. Il restera toujours, à la fin, des questions non résolues. Écrivez-les et donnez-en une copie à votre opposant. Votre objectif est de réduire autant qu'il est possible la liste de vos différends. Décidez ensuite si vous allez user de votre autorité et entrer directement dans le vif du sujet. Temporisez et prenez le temps de réunir plus d'information. Cherchez l'arbitrage à un niveau supérieur. *Besoin d'aide supplémentaire ? Reportez-vous à la fiche n° 12 : Savoir gérer les conflits.*

☐ **7. Trancher.** Lorsque toutes les autres tentatives ont échoué, vous pouvez être obligé de prendre quelqu'un à part et de lui dire : « J'ai écouté toutes vos objections et j'ai tenté de les comprendre, mais le train est en marche. Montez-vous à bord ou non ? » Suivez toujours les mêmes règles pour la gestion des conflits : dépersonnalisez ; concentrez-vous sur le problème et non sur la personne ; essayez une dernière fois de faire accepter votre point de vue ; notez les objections mais ne concédez rien ; soyez clair ; si vous le pensez nécessaire, donnez une journée de délai de grâce pour y penser. Dans le pire des cas, s'il s'agit de l'un de vos collaborateurs, vous risquez de devoir lui demander de quitter le service. *Besoin d'aide supplémentaire ? Reportez-vous à la fiche n° 13 : Faire face aux problèmes de performance de ses collaborateurs directs.* Si la personne est un pair ou un collègue, informez votre supérieur de l'impasse dans laquelle vous vous trouvez et de votre intention de continuer votre activité, avec ou sans le soutien de ce collègue.

☐ **8. Leadership en temps de crise.** Les études démontrent que les collaborateurs d'une entreprise apprécient réellement un style de leadership ferme en temps de crise. Ils veulent que quelqu'un soit aux commandes. Durant une crise, le temps joue en votre défaveur : préparez-vous. Dans un livre récent, Mitroff et Anagnos disent que vous devez être préparé à sept types de crises : économique, perte d'information confidentielle ou d'enregistrements informatiques, destruction d'équipement, personnel (accusation publique, délits, sabotage), atteinte à la réputation, actes de psychopathes et catastrophes naturelles. Leur conseil : Prévoyez ce qui n'est pas encore arrivé. Instaurez des signaux d'alarme, tels que les dérapages de coûts ou indices de crises potentielles. Recueillez toute l'information disponible. Pensez aux conséquences du pire des scénarios et chargez une personne ou une équipe de se préparer à y faire face. En cas de crise, utilisez les données que vous avez, demandez à vos collaborateurs ce qu'ils en pensent et leurs suggestions. Puis prenez votre décision et exécutez-la, en obtenant un feed-back immédiat. Ajustez-vous au fur et à mesure que vous avancez. Communiquez, communiquez, communiquez...

☐ **9. Vous ne savez pas encore si vous avez la passion de diriger ?** Essayez de petites choses. Portez-vous volontaire pour diriger une équipe de résolution de problèmes. Portez-vous volontaire dans un rôle de leader à l'intérieur de votre communauté religieuse, pour un établissement scolaire ou dans le cadre de responsabilités locales. Portez-vous volontaire pour un projet spécial. Tentez de vous impliquer dans la direction d'une coopérative financière. Portez-vous volontaire pour une œuvre caritative Tentez de vous impliquer dans la direction d'une équipe sportive.

☐ **10. Ayez la stature d'un leader.** Commander requiert de la présence. Vous devez ressembler et communiquer comme un leader. Voix ferme. Contact visuel. Intensité. Confiance. Dans le domaine du leadership, la présence d'un leader se révèle souvent par son aisance à se présenter et à faire des présentations réussies. Il existe des techniques bien connues pour faire de bonnes présentations. Il existe plusieurs livres et ateliers de formation auxquels vous pouvez avoir recours. Recherchez des ateliers de formation qui utilisent des enregistrements vidéo. Devenez membre d'une association locale de formation des animateurs, pour vous exercer dans les meilleures conditions. Portez attention à des détails significatifs tels que : votre allure, les couleurs que vous portez, vos vêtements, vos lunettes. Votre bureau est-il bien aménagé ? Avez-vous l'air confiant ? Râlez-vous, vous plaignez-vous ou savez-vous résoudre des problèmes ? Si l'on vous rencontrait pour la première fois dans un groupe de dix personnes, est-ce que vous seriez choisi comme leader ?

In really good companies, you have to lead. You have to come up with big ideas and express them forcefully. I have always been encouraged—or sometimes forced—to confront the very natural fear of being wrong. I was constantly pushed to find out what I really thought and then to speak up. Over time, I came to see that waiting to discover which way the wind was blowing is an excellent way to learn how to be a follower.
– Roger Enrico, former CEO, PepsiCo

LECTURES CONSEILLÉES

Beck, John D.W. *The Leader's Window: Mastering the Four Styles of Leadership to Build High Performing Teams.* Palo Alto, CA: Davies-Black Publishing, 2001.

Cannon, Jeff and Jon Cannon. *The Leadership Secrets of the U.S. Navy Seals: Battle-Tested Strategies for Creating Successful Organizations and Inspiring Extraordinary Results.* New York: McGraw-Hill, Inc., 2003.

Citrin, James M. and Richard Smith. *The 5 Patterns of Extraordinary Careers: The Guide for Achieving Success and Satisfaction.* New York: Crown Business Publishing, 2003.

Coponigro, Jeffrey R. *The Crisis Counselor: A Step-by-Step Guide to Managing a Business Crisis.* New York: McGraw-Hill/Contemporary Books, 2000.

Finkelstein, Sydney. *Why Smart Executives Fail: And What You Can Learn From Their Mistakes.* New York: Portfolio, 2003.

Gaines-Ross, Leslie. *CEO Capital: A Guide to Building CEO Reputation and Company Success.* New York: John Wiley & Sons, Inc., 2003.

Gerstner, Louis V. *Who Says Elephants Can't Dance? Leading a Great Enterprise Through Dramatic Change.* New York: HarperBusiness, 2003.

Giuliani, Rudolph W. and Ken Kurson. *Leadership.* New York: Miramax, 2002.

Green, Peter. *Alexander of Macedon, 356–323 B.C. A Historical Biography.* Los Angeles: University of California Press, 1991.

Harari, Oren. *The Leadership Secrets of Colin Powell.* New York: McGraw-Hill Trade, 2003.

Hurst, David K. *Crisis & Renewal: Meeting the Challenge of Organizational Change.* Boston, MA: Harvard Business School Press, February 28, 2002.

Kouzes, James M. and Barry Z. Posner. *The Leadership Challenge.* San Francisco: Jossey-Bass, Inc., 2003.

Kraus, Peter (Ed.). *The Book of Leadership Wisdom.* New York: John Wiley & Sons, Inc., 1998.

Marconi, Joe. *Crisis Marketing: When Bad Things Happen to Good Companies.* Chicago: NTC Business Books, 1997.

Mitroff, Ian I. and Gus Anagnos. *Managing Crises Before They Happen.* New York: AMACOM, 2001.

Ross, Alan M. and Cecil B. Murphey. *Beyond World Class: Building Character, Relationships, and Profits.* Chicago: Dearborn Trade Publishing, 2001.

Sandys, Celia and Jonathan Littman. *We Shall Not Fail: The Inspiring Leadership of Winston Churchill.* New York: Portfolio, 2003.

Schwarzkopf, H. Norman with Peter Petre. *It Doesn't Take a Hero: General H. Norman Schwarzkopf, The Autobiography.* New York: Bantam Books, 1992.

10 FAIRE PREUVE DE COMPASSION

Make no judgments where you have no compassion.
– Anne McCaffrey

COMPÉTENCE NON MAÎTRISÉE

- ☐ Montre moins de sollicitude et d'empathie que la majorité
- ☐ Ne pose pas de questions d'ordre personnel ; reste peu loquace même si l'on sollicite son avis
- ☐ Se soucie uniquement des résultats, tout le reste est une entrave
- ☐ Considère qu'il ne faut pas mélanger le travail et la vie privée
- ☐ Estime qu'on ne doit pas discuter au travail de ce qui arrive aux autres
- ☐ Se sent mal à l'aise face à ceux qui sont dans la peine ou la souffrance
- ☐ Ne sait que faire ou que dire pour exprimer sa compassion à des personnes en difficulté
- ☐ Peut être moins tolérant que d'autres face aux défauts et aux problèmes d'autrui

Sélectionnez dans la liste ci-dessous une à trois compétences comme compétence de remplacement si vous décidez de ne pas travailler directement sur cette dernière.

SUBSTITUTS : 3,7,12,21,22,27,29,33,36,41,64

COMPÉTENCE MAÎTRISÉE

- ☐ Porte un intérêt sincère aux autres
- ☐ Se sent concerné par leurs problèmes, qu'ils soient personnels ou professionnels
- ☐ Sait être disponible et prêt à aider
- ☐ Compatit aux difficultés des moins privilégiés
- ☐ Démontre une réelle empathie à l'égard des joies et des peines d'autrui

COMPÉTENCE UTILISÉE À L'EXCÈS

- ☐ A tendance à aplanir les conflits pour préserver l'harmonie
- ☐ Ne paraît pas assez dur envers les simulateurs et semble faire trop de concessions
- ☐ Semble se rapprocher des gens au point d'en perdre son objectivité et de les excuser trop facilement
- ☐ Semble avoir des problèmes à prendre des décisions difficiles concernant les personnes

Sélectionnez dans la liste ci-dessous une à trois compétences sur laquelle vous devrez travailler pour compenser son utilisation excessive.

COMPENSATEURS : 12,13,16,18,20,34,35,37,50,53,57,59,62

QUELQUES CAUSES

- ☐ Craint d'être accaparé par des questions non professionnelles
- ☐ Craint de ne pouvoir supporter les désaccords
- ☐ A de la difficulté à voir la valeur de son travail
- ☐ Éprouve de la difficulté à faire face à des problèmes faisant intervenir les sentiments ou la politique
- ☐ Considère la compassion comme une faiblesse
- ☐ Éprouve de la difficulté à interagir avec des personnes ou des groupes différents de lui
- ☐ Mal à l'aise avec les sentiments

FACTEURS ET GROUPES DU LEADERSHIP ARCHITECT®

Cette compétence se retrouve dans Compétences personnelles et interpersonnelles, facteur (VI). Cette compétence se retrouve dans Être attentif aux autres, groupe (O) au numéro : 7. Vous pouvez également consulter d'autres compétences dans le même facteur ou groupe pour trouver des conseils connexes.

LA CARTE

Se préoccupe sincèrement des autres. Fait preuve d'empathie et de sympathie. Ressent les douleurs des autres. Prête une oreille attentive. Harmonie entre vie privée et vie professionnelle. Semble éloigné, cruel et déplacé à de nombreux gestionnaires. Pour la plupart des cadres, compassion et travail ne font pas bon ménage. Le lieu de travail est froid et aride. La vie est pleine d'embûches et de désagréments. Il y a toujours des tempêtes devant soi. Il faut s'attendre à plus de douleur et de déception que de plaisir et de satisfaction. Les gens ont besoin de soutien et d'assistance pour y arriver. Ils recherchent un soutien auprès de leur famille, religion, amis et conseillers, mais ils s'attendent aussi à de la compassion de la part de leurs supérieurs et collègues. Si vous n'exprimez pas de compassion, vous serez probablement perçu comme une personne froide et distante. Ceux qui ne se préoccupent pas des autres finissent par se retrouver seuls au travail. Même si cela n'est pas votre cas et que vous fassiez preuve de compassion, vous pourriez éprouver des difficultés si vous ne savez pas gérer correctement des situations impliquant de la compassion.

QUELQUES SOLUTIONS

- ☐ **1. Compatir, c'est comprendre.** Une des principales sources de problèmes avec la compassion, c'est que lorsqu'on ne sait pas comment faire face à des sentiments forts, on a l'air distant et indifférent. Vous n'êtes pas à l'aise avec les grandes démonstrations émotives et les appels à l'aide sur un plan personnel. La meilleure attitude est de suivre votre inspiration. Dites combien vous êtes désolé, qu'il faut bien composer avec la situation. Offrez toute l'aide qu'il est raisonnable d'offrir. Une journée de congé. Un prêt d'argent. Tout autre service. Si vous le pouvez, montrez un peu d'optimisme. C'est le meilleur argument à votre portée.

☐ **2. Faire preuve de compassion, c'est souvent se limiter à écouter.** Les gens ont parfois juste besoin de parler. La compassion exige une écoute calme. Hochez la tête et gardez un contact visuel pour montrer que vous écoutez. Lors d'une pause, profitez-en pour exprimer votre compréhension de la situation de votre interlocuteur et suggérez des moyens de l'aider (si la personne doit s'absenter quelques jours, offrez-lui de vous charger de ses tâches pendant ce temps).

☐ **3. Faire preuve de compassion n'implique pas toujours de conseiller.** N'offrez vos conseils que s'ils sont sollicités. Communiquez votre soutien à travers l'écoute et des gestes d'aide. Les conseils seront éventuellement à propos lorsque la situation sera moins chargée d'émotion. Souvent et à tort, les managers donnent leur avis avant d'avoir réellement compris la situation. *Besoin d'aide supplémentaire ? Reportez-vous à la fiche n° 7 : Être attentif à ses collaborateurs directs.*

☐ **4. Étudiez les trois personnes qui font le plus preuve de compassion parmi celles que vous connaissez ou dont vous avez entendu parler :** choisissez-en une au travail, une à l'extérieur du travail et une personnalité connue (ex. : Mère Teresa). Que font-elles que vous ne faites pas ? Comment manifestent-elles leur compassion ? Quels mots utilisent-elles ? Quels sont leurs gestes ? Certaines d'entre elles doivent-elles, comme les membres du clergé, manifester rapidement leur compassion ? Que font ces personnes dans une telle situation ? Pouvez-vous transposer sur vous-même ce que ces personnes vous apprennent ?

☐ **5. La compassion n'est pas une thérapie ou une consultation.** Une des raisons qui fait que l'on est peu enclin à la compassion est quand on pense que, dans ce rôle, il faut intervenir en tant que conseiller, alors que c'est difficilement compatible avec ses fonctions. Vous pouvez rester bref tout en manifestant de la compassion en respectant trois règles :

- Laissez votre interlocuteur exprimer ses états d'âme sans rien dire, sinon que vous comprenez sa situation. Ne jugez pas. Ne donnez pas votre avis.
- S'il se répète, résumez sa pensée. Ce faisant, vous indiquez que vous l'avez compris, vous évitez de perdre du temps et n'endossez pas le rôle de conseiller.
- Si quelqu'un abuse de votre compassion, invitez-le à vous parler en dehors du travail ou orientez-le vers une autre ressource, telle qu'un service d'assistance au personnel.

Cela montre à cette personne que vous vous êtes soucié d'elle, que vous l'avez écoutée et que vous avez la volonté de l'aider dans la mesure de vos possibilités, mais sans pour autant prendre le rôle de conseiller avec tout ce que cela implique.

☐ **6. La compassion n'est ni un jugement ni une approbation.** Soyez sincère envers vous-même. Y a-t-il un ou des groupes que vous n'aimez pas ou qui vous gênent ? Portez-vous un jugement sur les membres de ces groupes sans vraiment savoir si vos a priori sont vérifiés ? C'est ce qui se passe le plus souvent. Ressentez-vous de la compassion pour les problèmes rencontrés par un groupe et non pour d'autres ? Pour composer avec cette situation :

- Mettez-vous à leur place. Que pensez-vous qu'ils essaient d'obtenir ? Prenez pour acquis que, peu importe ce qu'ils font, leur action est rationnelle à leurs yeux, elle a dû leur être bénéfique sinon ils s'y prendraient autrement. N'utilisez pas vos critères personnels.
- Évitez de catégoriser les gens. Nous avons tendance à classer les gens : amis ou ennemis ; bons ou mauvais ; comme moi ou pas comme moi. Quand ces classifications sont faites, on a moins tendance à éprouver de la compassion pour eux. Cette compassion peut même se transformer en interrogations sur leurs motivations. Dans cette logique, essayez de savoir ce qui vous a conduit en premier lieu à les catégoriser. Essayez également, à travers votre propre perception, de prédire comment les gens d'une catégorie donnée risquent de se comporter. Ne trichez pas, écoutez. Même si ce conseil peut sembler évident, plusieurs d'entre nous n'écoutent plus lorsqu'on leur expose une difficulté ou qu'ils font face à un groupe qu'ils comprennent mal. Ou encore, ils rejettent d'emblée ce que les autres disent.
- Écoutez seulement. Résumez mentalement leurs opinions et voyez si vous pouvez comprendre ce qu'ils souhaitent à partir de ce qu'ils disent. Le véritable test consiste à comprendre réellement, même si vous ne pensez pas comme eux.
- Ce ne sont pas toujours les personnes les plus agréables qui ont besoin de votre compassion.
- Dans le cas des cyniques, confiez-leur des responsabilités dans les domaines où leur cynisme s'exerce le plus.
- Dans le cas de ceux qui manquent totalement d'autonomie, cherchez ce qui pourrait leur donner l'impression d'être influents.
- Quant à ceux qui sont rancuniers, voire hostiles, ne les encouragez pas à étaler leurs ressentiments. Cela ne ferait que renforcer leur vision des choses. Au contraire, trouvez ce qui les ennuie le plus dans leur travail et confiez-leur des tâches nouvelles pour leur donner la possibilité de se réaliser pleinement.

- ☐ **7. Être sensible.** Vous devez apprendre à connaître les points sensibles des gens et savoir reconnaître quand ils s'attendent à ce que vous leur manifestiez de la compassion, car une erreur de votre part peut vous faire cataloguer d'insensible par certaines personnes. La seule méthode consiste à savoir ce qui les fait réagir ou ce qui les préoccupe vraiment. Faites attention à ne pas minimiser les causes que défendent les gens (par exemple, les autochtones d'Amérique du Nord qui tentent de se défaire du surnom d'Indien dans les équipes sportives).
- ☐ **8. Observez les règles d'or de l'écoute.** Si vous avez affaire à une personne frustrée par un manque de compassion envers son origine sociale, son niveau ou son statut dans l'organisation :
    - Comprendre et écouter ne signifie pas approuver.
    - N'argumentez pas si la personne fait preuve d'émotivité par rapport au sujet. Vous aurez la mauvaise part, quoi que vous disiez. Dites lui simplement que vous l'avez entendue, assurez-vous qu'elle le comprend et indiquez ensuite que vous voulez adopter un point de vue objectif sur le problème, ce qui l'a causé, comment on le perçoit et comment on peut éventuellement intervenir.
- ☐ **9. Si vous manifestez de la compassion et que votre interlocuteur adopte une attitude rigide, ne le rejetez pas.** Demandez quels principes justifient cette position, comment vous pouvez faire pour savoir si c'est équitable, quelle est la théorie à appliquer. Développez ce qui pourrait se passer si cette position était acceptée. Demandez-leur ce que vous feriez à leur place. Posez beaucoup de questions, mais engagez-vous le moins possible.
- ☐ **10. Si l'on vous attaque sous prétexte que vous manquez de compassion,** dissociez l'attaque des éléments objectifs reliés au problème ou à la situation et reformulez ces éléments objectifs. Une autre attitude est de ne rien dire, sinon que vous avez entendu. Habituellement, cela a pour effet de faire parler l'adversaire, de lui faire modifier son attitude et de lui faire préciser davantage ses intérêts. *Besoin d'aide supplémentaire ? Reportez-vous à la fiche n° 12 : Savoir gérer les conflits.*

Some people think only intellect counts: knowing how to solve problems, knowing how to get by, knowing how to identify an advantage and seize it. But the functions of intellect are insufficient without courage, love, friendship, compassion and empathy.
– Dean Koontz

10

LECTURES CONSEILLÉES

Autry, James A. *The Art of Caring Leadership.* New York: William Morrow and Company, Inc., 1991.

Birx, Ellen. *Healing Zen: Awakening to Life of Wholeness and Compassion While Caring for Yourself and Others.* New York: Viking Press, 2002.

Brantley, Jeffrey and Jon Kabat-Zinn. *Calming Your Anxious Mind: How Mindfulness and Compassion Can Free You From Anxiety, Fear, and Panic.* Oakland, CA: New Harbinger Publications, 2003.

Brehony, Kathleen A. *Ordinary Grace—An Examination of the Roots of Compassion, Altruism, and Empathy*. New York: Riverhead Books, 1999.

Dalai Lama. *An Open Heart: Practicing Compassion in Everyday Life.* New York: Back Bay Books, 2002.

Hagen, Susan and Mary Carouba. *Women at Ground Zero: Stories of Courage and Compassion.* New York: Alpha Books, 2002.

Hopkins, Jeffrey, Ph.D. and Dalai Lama. *Cultivating Compassion: A Buddhist Perspective.* New York: Broadway Books, 2002.

Lewin, Roger and Birute Regine. *Weaving Complexity and Business: Engaging the Soul at Work.* New York: Texere, 2001.

Maxwell, John C. *The 21 Indispensable Qualities of a Leader: Becoming the Person Others Will Want to Follow.* London: Thomas Nelson, 1999.

Noer, David M. *Healing the Wounds.* San Francisco: Jossey-Bass, Inc., 1993.

Oliner, Samuel P. *Do Unto Others: Extraordinary Acts of Ordinary People*. Boulder, CO: Westview Press, 2003.

Patterson, Kerry, Joseph Grenny, Ron McMillan, Al Switzler and Stephen R. Covey. *Crucial Conversations: Tools for Talking When Stakes Are High*. New York: McGraw-Hill/Contemporary Books, 2002.

Roosevelt, Franklin D., Russell D. Buhite and David W. Levy (Eds.). *FDR's Fireside Chats.* Norman, OK: University of Oklahoma Press, 1992.

Sebba, Anne. *Mother Teresa, 1910–1997, Beyond the Image.* New York: Doubleday, 1997.

Stone, Douglas. *Difficult Conversations: How to Discuss What Matters Most.* New York: Penguin Books, 2000.

Wuthnow, Robert. *Acts of Compassion—Caring for Others and Helping Ourselves.* Princeton, NJ: Princeton University Press, 1991.

Avoir la maîtrise de soi

The beauty of the soul shines out when a man bears with composure one heavy mischance after another, not because he does not feel them, but because he is a man of high and heroic temper.
– Aristotle

Compétence non maîtrisée

- ☐ Devient nerveux et irritable quand il est stressé et sous tension
- ☐ Peut perdre patience et tenir des propos déplacés
- ☐ Est facilement dépassé, réagit de façon affective, devient défensif ou se renferme
- ☐ Peut avoir une attitude défensive et être sensible aux critiques
- ☐ Peut être cynique ou lunatique
- ☐ Peut être déstabilisé par l'imprévu et facilement ébranlé
- ☐ Peut contribuer à perturber son entourage et à lui faire perdre son calme
- ☐ Peut laisser paraître sa colère, son inquiétude ou ses frustrations

Sélectionnez dans la liste ci-dessous une à trois compétences comme compétence de remplacement si vous décidez de ne pas travailler directement sur cette dernière.

SUBSTITUTS : 2,3,8,12,26,33,37,41,43,44,48,57

Compétence maîtrisée

- ☐ Demeure calme dans les situations de pression
- ☐ Ne se montre pas irritable ni sur la défensive dans les périodes difficiles
- ☐ Est considéré comme une personne mature
- ☐ On peut compter sur lui, même dans les périodes difficiles
- ☐ Est capable de gérer son stress
- ☐ N'est pas désemparé face à l'imprévu
- ☐ Ne manifeste aucune frustration devant les résistances ou les blocages
- ☐ A un effet régulateur en cas de crise

Compétence utilisée à l'excès

- ☐ Ne fait pas montre des émotions appropriées
- ☐ Peut être perçu comme froid et insensible
- ☐ Paraît terne dans des situations où les autres affichent des émotions
- ☐ Ses idées semblent être facilement mal interprétées
- ☐ Semble ne pas être capable de s'identifier à des personnes dont les actions ou décisions sont davantage basées sur les émotions que sur la réflexion

Sélectionnez dans la liste ci-dessous une à trois compétences sur laquelle vous devrez travailler pour compenser son utilisation excessive.

COMPENSATEURS : 3,10,14,26,27,31,44,60,66

11

QUELQUES CAUSES

- ☐ Est sur la défensive
- ☐ Facilement dépassé ; très émotif
- ☐ Manque de confiance en soi
- ☐ Perfectionniste
- ☐ Sensible
- ☐ Dépassé par les événements
- ☐ Contrôle de manière excessive
- ☐ A du mal à contrôler ses impulsions

FACTEURS ET GROUPES DU LEADERSHIP ARCHITECT®

Cette compétence se retrouve dans Compétences personnelles et interpersonnelles, facteur (VI). Cette compétence se retrouve dans Être ouvert et réceptif, groupe (S) aux numéros : 26, 33, 41, 44. Vous pouvez également consulter d'autres compétences dans le même facteur ou groupe pour trouver des conseils connexes.

LA CARTE

Voyons d'abord les émotions. Les émotions sont de l'électricité et de la chimie. Elles sont destinées à vous aider à faire face aux urgences et aux menaces. Elles déclenchent des changements connus dans le corps. Le cœur bat plus vite et la pression augmente. Le sang s'écoule plus vite. Le glucose relâché dans le sang accroît l'énergie et la force. Les pupilles se dilatent pour recueillir plus de lumière. La respiration s'accélère pour absorber plus d'oxygène. Pourquoi ? Pour combattre ou fuir les tigres du Bengale, bien sûr. Les émotions nous préparent à cette réaction : combattre ou s'enfuir. Cela rend le corps plus rapide et fort temporairement. Le prix à payer pour fournir plus d'énergie aux muscles est une réduction des ressources disponibles à l'estomac (d'où les maux d'estomac sous l'effet du stress) et au cerveau (d'où les stupidités que l'on peut dire ou faire dans des situations stressantes). Même si nous sommes capables de soulever un objet lourd pour libérer une personne, nous ne trouvons pas les bons mots à employer lors d'une réunion tendue. Une fois la réaction émotionnelle déclenchée, il faut la laisser passer. Si aucune menace ne survient après son déclenchement initial, elle dure de 45 à 60 secondes chez la plupart des gens. D'où le bon conseil de nos grands-mères : tourner sa langue sept fois dans la bouche avant de parler. Le problème c'est que nous gardons souvent le tigre du Bengale en tête. Ce sont nos pensées qui déclenchent des réactions émotionnelles. Des événements peu dangereux sur le plan physique, comme subir des critiques, déclenchent cette réaction. Pire encore, de nos jours les gens peuvent avoir une troisième réaction : la paralysie. Sous l'effet de l'émotion, une personne peut en effet se sentir démunie de moyens et incapable de parler. Dans un tel cas, impossible de lutter (réagir, répondre) ou de fuir (se maîtriser calmement et se retirer). Vous devrez donc combattre ces réactions pour apprendre à garder votre sang-froid face aux pressions.

QUELQUES SOLUTIONS

- ☐ **1. Diminuer les déclencheurs.** Essayez de noter par écrit les quinze dernières fois où vous avez perdu votre sang-froid. On recense chez la plupart d'entre nous de trois à cinq facteurs déclencheurs parmi les suivants : la critique, la perte de contrôle, un certain type de personne, un ennemi. Le fait d'être pris de court. Le/la conjointe. Les enfants. L'argent. L'autorité. Vous en voulez-vous de ne pas savoir dire non ? Essayez de répartir 90 % de ces éléments déclencheurs en trois à cinq catégories. Une fois ces éléments regroupés, demandez-vous pourquoi ce sont des problèmes. Est-ce la vanité ? La peur de perdre la face ? Le fait d'être pris en défaut ? D'être découvert ? D'avoir un surcroît de travail ? Dans chacun des cas cités, quelle serait une réaction plus responsable ? Entraînez-vous mentalement et physiquement à réagir correctement. Visez à diminuer de 10 % par mois le nombre de fois où vous perdez votre sang-froid.

- ☐ **2. Contrôler les impulsions.** On a tendance à faire et dire un peu n'importe quoi lorsqu'on perd son sang-froid. En fait, c'est la première chose qui vient à l'esprit qui est exprimée. Or, les recherches démontrent que c'est généralement la deuxième ou troisième option à laquelle on peut penser qui offre la meilleure solution. Entraînez-vous à retenir votre première réaction assez longtemps pour que la seconde intervienne. Quand vous y parviendrez, attendez encore pour la troisième. Ce délai est suffisant pour éliminer la moitié de vos problèmes de sang-froid.

- ☐ **3. Comptez jusqu'à dix.** Notre pensée et notre jugement sont affaiblis durant les réactions émotives. Alors, inventez et mettez en œuvre des tactiques pour gagner du temps. Par exemple : allez chercher un stylo dans votre attaché-case. Servez-vous une tasse de café. Posez une question et écoutez la réponse. Marchez jusqu'au tableau et inscrivez quelques mots. Prenez des notes. Imaginez-vous dans un environnement apaisant. Allez aux toilettes. Vous n'avez besoin que d'une minute pour regagner votre calme à la suite du déclenchement de la réaction émotionnelle. Ne faites rien ni ne dites rien pendant au moins une minute.

- ☐ **4. Le plaisir de l'attente.** Êtes-vous impatient ? Un vol retardé vous énerve ? Le repas est servi tard ? La voiture n'est pas prête ? Votre conjoint est en retard ? Pour la plupart d'entre nous, la vie est une longue attente. Nous semblons toujours attendre que quelqu'un d'autre fasse quelque chose avant de pouvoir agir nous-mêmes. Ceux qui ont de la difficulté à garder leur calme ne peuvent accepter que ce qu'ils croient mériter soit en retard. Un retard les rend belliqueux et exigeants. Notez par écrit les 25 types de retards qui vous hérissent et regroupez-les en trois à cinq catégories. Imaginez une réaction plus responsable pour chaque situation. Relaxez-vous. Offrez-vous une récompense. Adoptez une attitude philosophique puisque vous ne pouvez rien y faire et pensez à autre chose, de plus positif, pendant votre attente. Efforcez-vous de sourire, ou pensez à quelque chose de drôle. *Besoin d'aide supplémentaire ? Reportez-vous à la fiche n° 41 : Être patient.*

☐ **5. Sur la défensive ?** La perte de la maîtrise de soi est souvent générée par une critique, délibérée ou non. Il y a quantité de personnes parfaites en ce monde qui ne peuvent tolérer la moindre critique négative à leur sujet ou sur leur travail. Les autres possèdent des défauts que leur entourage connaît bien et dont il leur fait part de temps à autre. Celles-là savent même que certaines critiques à leur sujet sont parfois inexactes. Apprendre à gérer la critique de façon constructive est un savoir-faire qui s'apprend. Apprenez à reconnaître les attitudes défensives ou coléreuses autour de vous. Bien des gens aux prises avec ces problèmes se disent toujours que les autres auraient dû ou doivent, et ont des a priori sur leurs comportements. *Besoin d'aide supplémentaire ? Reportez-vous à la fiche n° 108 : Être sur la défensive.*

☐ **6. Vouloir tout contrôler.** Seriez-vous un perfectionniste ? Tout doit être exactement tel que vous le voulez. Vous élaborez un plan et vous vous attendez à ce qu'il soit respecté à la virgule près. Vous êtes jaloux de votre temps. Les événements qui ne se déroulent pas comme vous l'aviez planifié sont une autre cause de votre perte de maîtrise. Laissez un peu de jeu dans vos plans. Prévoyez l'imprévisible. Ménagez-vous plus de temps. Prévoyez des retards. Dressez la liste des pires scénarios. Parfois, vous aurez une bonne surprise et, le reste du temps, vous serez moins énervé.

☐ **7. Blâme et vengeance ?** Éprouvez-vous le besoin de « punir » ceux qui vous causent des ennuis ? Devenez-vous hostile, irrité, sarcastique ou rancunier ? Bien que cela puisse être satisfaisant pour vous sur le moment, il y a de fortes chances que les autres répliquent et vous serez perdant à long terme. Si quelqu'un vous attaque, reformulez son argument pour le recentrer sur le problème. Demandez-lui ce qu'il ferait à votre place. Si votre interlocuteur adoptent une attitude inflexible, ne vous y opposez pas. Demandez quels principes justifient cette position, comment vous pouvez faire pour savoir si c'est équitable, quelle est la théorie à appliquer. Développez ce qui pourrait se passer si cette position était acceptée. Laissez-les se plaindre, tempêter, mais vous, ne réagissez pas.

☐ **8. Quand vous répliquez à une attaque, tenez-vous en aux faits et à leur impact à votre niveau.** Il est de votre intérêt d'expliquer l'impact du problème sur vous-même « J'ai senti que je ne pouvais pas... » plutôt que de mettre l'autre en cause « Vous m'avez fait sentir que je ne pouvais pas... », parce que cela signifie que vous l'accusez, que son geste était probablement volontaire et que vous le jugez. Gardez ce jugement pour vous ; demandez plutôt à vos interlocuteurs de vous expliquer le sens de leur action.

☐ **9. Vous êtes anxieux et vous sautez aux conclusions ?** Réagissez-vous très vite ? Comme vous détestez toute forme d'ambiguïté ou d'incertitude, balayez-vous tout dans l'action ? Faire d'abord, comprendre après. Prenez le temps de bien cerner la problématique. Laissez les gens parler. N'interrompez pas. Ne terminez pas les phrases pour eux. Posez des questions. Reformulez le problème en utilisant vos propres mots et en vous assurant que vous avez bien compris. Et demandez-leur ce qu'ils en pensent. Proposez des solutions à débattre. Après vous déciderez.

☐ **10. Trop investi dans le travail ?** Essayez d'éliminer les tensions que vous gardez à l'intérieur. Faites de l'exercice. Courez, marchez. Coupez du bois. Parfois, ceux qui ont un tempérament énergique refoulent leurs émotions, la pression monte et il devient nécessaire de « se défouler ». Le corps accumule de l'énergie qui doit sortir d'une façon ou d'une autre. Apprenez à relâcher les tensions dues au travail... à l'extérieur du travail.

☐ **11. Peut-être accumulez-vous pendant trop longtemps.** Vous patientez, patientez encore, laissez la tension s'accumuler sans exprimer vos problèmes, puis quand la pression atteint son paroxysme vous explosez. Notez sur une feuille ce qui vous préoccupe puis, avant d'exploser, parlez-en avec des personnes de confiance, des collaborateurs. Si la pression vous empêche de vous concentrer sur votre travail (vous êtes supposé écouter, mais ne le faites pas, vous êtes tracassé), remettez vos soucis à plus tard. Dites-vous, « je vais écrire ce qui me tracasse et j'y penserai en rentrant à la maison ». Entraînez-vous à vous concentrer sur le présent.

Always keep your composure.
You can't score from the penalty box;
and to win, you have to score.
– Bobby Hull

LECTURES CONSEILLÉES

Carter, Les. *The Anger Trap: Free Yourself From the Frustrations That Sabotage Your Life.* New York: John Wiley & Sons, Inc., 2003.

Confer, Charles E. *Managing Anger Successfully.* Lincoln, NE: iUniverse.com, 2000.

Davies, William. *Overcoming Anger and Irritability.* New York: New York University Press, 2001.

Dinnocenzo, Debra A. and Richard B. Swegan. *Dot Calm: The Search for Sanity in a Wired World.* San Francisco: Berrett-Koehler Publishers, Inc., 2001.

Ellis, Albert, Ph.D. *How to Control Your Anxiety Before It Controls You.* New York: Citadel Press, 2000.

Forni, P.M. *Choosing Civility: The Twenty-Five Rules of Considerate Conduct.* New York: St. Martin's Press, 2002.

Gibson, Donald and Bruce Tulgan. *Managing Anger in the Workplace*. Amherst, MA: HRD Press, 2002.

Gonthier, Giovinella and Kevin Morrissey. *Rude Awakenings: Overcoming the Civility Crisis in the Workplace.* Chicago: Dearborn Trade Publishing, 2002.

Harbin, Thomas J. *Beyond Anger: A Guide for Men: How to Free Yourself From the Grip of Anger and Get More Out of Life.* New York: Marlowe & Co., 2000.

Lee, John H. with Bill Stott. *Facing the Fire: Experiencing and Expressing Anger Appropriately.* New York: Bantam Books, 1993.

Lerner, Harriet. *The Dance of Connection: How to Talk to Someone When You're Mad, Hurt, Scared, Frustrated, Insulted, Betrayed, or Desperate.* New York: Quill/HarperCollins, 2002.

Loehr, James E. *Stress for Success.* New York: Times Business, 1997.

Lord, Robert G., Richard J. Klimoski and Ruth Kanfer (Eds.). *Emotions in the Workplace: Understanding the Structure and Role of Emotions in Organizational Behavior.* San Francisco: Jossey-Bass, Inc., 2002.

Peck, M. Scott, M.D. *A World Waiting to Be Born: Civility Rediscovered.* New York: Bantam Books, 1993.

Peck, M. Scott, M.D. *A World Waiting to Be Born: Civility Rediscovered* [sound recording]. New York: Bantam Doubleday Dell Audio Pub., 1993.

Potter-Efron, Ronald T. *Working Anger: Preventing and Resolving Conflict on the Job.* Oakland, CA: New Harbinger Publications, 1998.

Rogers, Peter, Ph.D. and Matthew McKay, Ph.D. *The Anger Control Workbook.* Oakland, CA: New Harbinger Publications, 2000.

Semmelroth, Carl and Donald E.P. Smith. *The Anger Habit.* Lincoln, NE: Writer's Showcase Press, 2000.

Tavris, Carol. *Anger: The Misunderstood Emotion.* New York: Simon & Schuster, 1989.

12 SAVOIR GÉRER LES CONFLITS

If you're the boss and your people fight you openly when they think you're wrong, that's healthy. If your people fight each other openly in your presence for what they believe in, that's healthy. But keep all conflict eyeball to eyeball.
– Robert Townsend, American business writer

COMPÉTENCE NON MAÎTRISÉE

- ☐ Évite les conflits
- ☐ Peut être trop accommodant et vouloir que tout le monde s'entende
- ☐ Peut réagir de façon affective au conflit et en faire une affaire personnelle
- ☐ Ne peut pas supporter le conflit assez longtemps pour obtenir une issue satisfaisante
- ☐ A tendance à céder trop rapidement
- ☐ Peut se trouver mêlé à des conflits par accident, ne les voit pas venir
- ☐ Laissera la situation s'envenimer plutôt que de l'affronter
- ☐ Tentera d'attendre suffisamment pour que le conflit se dissipe
- ☐ Peut avoir un esprit de compétition excessif et vouloir tout le temps être le gagnant

Sélectionnez dans la liste ci-dessous une à trois compétences comme compétence de remplacement si vous décidez de ne pas travailler directement sur cette dernière.

SUBSTITUTS : 2,3,4,8,9,11,13,16,31,33,34,36,37,41,50,51,52,57

COMPÉTENCE MAÎTRISÉE

- ☐ Fait face aux conflits et les considère comme autant d'expériences formatrices
- ☐ Comprend rapidement les situations
- ☐ Est capable d'écouter activement
- ☐ Peut travailler inlassablement sur des accords difficiles et régler des disputes équitablement
- ☐ Est capable de trouver un terrain d'entente et d'obtenir la coopération de tous sans trop de remous

COMPÉTENCE UTILISÉE À L'EXCÈS

- ☐ Peut paraître trop agressif et autoritaire
- ☐ Semble se retrouver impliqué dans les problèmes des autres
- ☐ Semble pousser une solution avant que les autres ne soient prêts
- ☐ Semble jeter un froid lors de débats ouverts
- ☐ Semble consacrer trop de temps aux personnes obstinées et aux problèmes insolubles

Sélectionnez dans la liste ci-dessous une à trois compétences sur laquelle vous devrez travailler pour compenser son utilisation excessive.

COMPENSATEURS : 2,3,31,33,34,36,37,40,41,51,52,56,60,64

QUELQUES CAUSES

- ☐ Évite les conflits
- ☐ Ne sait pas négocier
- ☐ Devient trop émotif
- ☐ Lent à comprendre
- ☐ Prend les choses à cœur
- ☐ Trop sensible

FACTEURS ET GROUPES DU LEADERSHIP ARCHITECT®

Cette compétence se retrouve dans Courage, facteur (III). Cette compétence se retrouve dans Faire face aux problèmes, groupe (H) aux numéros : 9, 13, 34, 57. Vous pouvez également consulter d'autres compétences dans le même facteur ou groupe pour trouver des conseils connexes.

LA CARTE

Selon une étude, les cadres passent 18 % de leur temps à faire face à des situations de conflit. La plupart des organisations sont décentralisées et cloisonnées, ce qui contribue à créer des conflits naturels entre groupes. Dès que l'on forme deux groupes, des conflits s'ensuivent. Les progrès en terme d'ouverture sexuelle et raciale ont sans doute produit leur lot de conflits. La concurrence s'est accrue et exige rapidité et dextérité, mais cela a aussi créé plus de conflits en laissant moins de temps à la réflexion paisible. Il y a des conflits portant sur les données : mes statistiques sont meilleures que les tiennes. Il y a des conflits d'opinions : mon opinion vaut mieux que la tienne. Il y a des conflits de pouvoir : c'est ma chasse gardée. Il existe des conflits inutiles dus aux attitudes des gens et à leur désir de protéger leur territoire. La gestion et la résolution de ces différentes formes de conflit sont de plus en plus importantes et fréquentes qu'autrefois.

QUELQUES SOLUTIONS

☐ **1. Les relations de coopération.** La coopération se situe, en quelque sorte, à l'opposé du conflit. Le développement d'une collaboration implique de respecter à la lettre la notion d'équité, la compréhension des émotions de l'autre, comme de se concentrer sur le problème. Pour être performant dans cet exercice, vous devez intensifier votre perception de l'intégrité : n'essayez pas de gagner toutes les batailles (ni de vous emparer des trophées) ; concentrez-vous sur les buts ou les intérêts communs des deux parties (afin qu'elles sortent toutes deux gagnantes) ; faites des concessions sur des points de détail ; évitez de camper sur vos positions; respectez l'autre partie et ses positions ; réduisez l'effet négatif des vieux conflits en les minimisant le plus possible.

☐ **2. Provoquer des conflits inutiles.** Le langage, les mots utilisés et le moment où l'on intervient donnent le ton et peuvent causer des conflits inutiles qui doivent être gérés avant toute autre chose. Vous montrez-vous distant ? Haussez-vous la voix régulièrement ? Utilisez-vous des termes et des phrases qui ont des allures de défi ? Utilisez-vous des termes condescendants ? Utilisez-vous l'humour à des fins négatives ? Dans vos échanges, donnez-vous d'emblée : vos conclusions, solutions, fondements, ordres ou réponses ? La logique veut que l'on expose d'abord les raisons avant les solutions ? Si vous donnez vos solutions d'abord, vos interlocuteurs vont négocier les solutions plutôt que les critères. Utilisez des mots neutres ou qui ne sont pas perçus à votre avantage. Parlez sous forme d'hypothèses et de probabilités afin d'offrir la possibilité de laisser une marge de manœuvre et de sauver les apparences. Choisissez des mots associés au problème et non aux personnes. Évitez de blâmer directement ; décrivez les problèmes et leurs répercussions.

☐ **3. Pratiquez l'aïkido,** l'art ancien d'absorber l'énergie de votre adversaire et de l'utiliser pour le contrôler. Laissez vos interlocuteurs exprimer leurs frustrations mais ne soyez pas réactif. Écoutez. Hochez la tête. Posez des questions de clarification. Posez des questions ouvertes telles que : « Quels changements pourriez-vous faire qui nous donneraient des chances d'atteindre notre objectif ? Mais ne réagissez pas. Reformulez périodiquement afin de les informer que vous avez compris. Si vos interlocuteurs adoptent une attitude inflexible, ne vous y opposez pas. Demandez quels principes justifient cette position, comment vous pouvez faire pour savoir si c'est équitable, quelle est la théorie à appliquer. Développez ce qui pourrait se passer si cette position était acceptée. Déterminez les enjeux au-delà des réponses. Séparez les questions de personnes et les problèmes. Si l'on vous attaque, reprenez ce qui vient d'être dit, mais reformulez-le en vous recentrant sur le problème. Répliquez aux menaces en soulignant que vous négociez en toute intégrité. Si les différentes personnes de la partie adverse se répartissent les rôles du « bon » et du « méchant » pour vous influencer, montrez que vous n'êtes pas dupe : « Il me semble que vous jouez au bon et au méchant. Réglez vos problèmes entre vous et présentez-moi un seul point de vue ». Face à des propositions déraisonnables, à des attaques ou à une question laissée en suspens, vous pouvez simplement ne rien répondre. Vos interlocuteurs réagiront probablement en parlant davantage, en s'éloignant un peu de leur position ou en révélant partiellement leurs véritables intérêts. Souvent, en laissant se défouler l'adversaire et avec un effort de compréhension de votre part, le conflit en question diminuera d'envergure.

☐ **4. Réduire le conflit.** Presque tous les conflits ont des points communs que l'on perd de vue dans le feu de l'action. Lorsque le conflit est constaté et paraît sans issue, suggérez qu'il pourrait être utile de voir s'il existe des points d'accord. Écrivez-les sur un tableau à feuilles mobiles. Inscrivez ensuite les possibilités d'ouverture. Mettez l'emphase sur les buts communs, les priorités et les problèmes. Essayez de minimiser autant que possible les sujets non réglés. Soyez concret. Plus c'est abstrait, plus le conflit est difficile à gérer et peut même amener des problèmes de crédibilité, du style « on n'a pas confiance en vous ». À ceci vous pouvez répondre : « Dites-moi ce qui vous préoccupe, pourquoi exactement ne nous faites-vous pas confiance, citez-moi un exemple ? » Habituellement, si la discussion reste calme, vous connaîtrez ainsi les points précis qui ont suscité leur méfiance. Il est plus facile de négocier sur des points bien délimités. Permettez aux autres de « sauver la face » en leur concédant des éléments secondaires qui ne sont pas au cœur du problème, mais n'essayez pas de « toucher le gros lot » à chaque fois. Si vous ne vous entendez pas sur une solution, entendez-vous quant à une façon de procéder pour poursuivre malgré tout. Recueillez plus d'information. Obtenez l'arbitrage d'un tiers. Faites bouger les choses. Cela peut créer un mouvement positif et dénouer les impasses.

☐ **5. Trop émotif ?** Parfois nos réactions émotives amènent les autres à penser que nous éprouvons des difficultés avec les conflits. Dans des situations conflictuelles, avez-vous des réactions émotives comme, par exemple : l'impatience, les rougeurs du visage ou le tambourinage de votre crayon ? Apprenez à les reconnaître dès leur apparition et remplacez ces manifestations par une attitude plus neutre. La plupart des réactions émotives, lors d'un conflit, émergent lorsque le problème devient personnel. Séparez les questions d'ordre personnel du problème à régler. Si ces questions persistent, traitez-les séparément et ultérieurement. Revenez systématiquement sur les faits et les problèmes et évitez les conflits de personnalité. Attaquez les problèmes en vous préoccupant des intérêts communs et des inquiétudes sous-jacentes plutôt que des personnes et de leurs positions. Tentez de vous mettre à leur place afin d'évaluer les émotions autant que le contenu. Demandez-vous si vous comprenez leurs sentiments. Demandez-leur ce que vous feriez à leur place. Voyez si vous pouvez reformuler l'opinion de chacun et la défendre pendant une minute dans le but de vous mettre à la place de chacun. Si vous devenez émotif, arrêtez-vous et reprenez votre calme. Vous ne vous montrez pas sous votre meilleur jour lorsque vous êtes émotif. Retournez ensuite au problème. *Besoin d'aide supplémentaire ? Reportez-vous aux fiches n° 11 : Avoir la maîtrise de soi et n° 107 : Manquer de sang-froid.*

☐ **6. Marchandage et négociation.** Comme vous ne pouvez pas gagner sur tous les tableaux, à moins d'être obligé d'abuser de votre autorité, vous devez apprendre à négocier. Que pourraient désirer mes interlocuteurs dans ce que je possède ? Que puis-je faire pour eux, en dehors du conflit et qui les amènerait à me concéder quelque chose en retour ? Comment pouvons-nous transformer ce conflit en une victoire pour les deux parties ? *Besoin d'aide supplémentaire ? Reportez-vous à la fiche n° 37 : Savoir négocier.*

☐ **7. Des communications claires, centrées sur le problème.** Suivez les règles de l'équité : expliquez votre pensée et demandez à vos interlocuteurs d'en faire autant. Que vous soyez d'accord ou non, tentez de reformuler leur position aussi clairement qu'ils pourraient le faire. Dissociez ce qui constitue les faits, de ce qui n'est qu'opinions et suppositions. Évoquez des alternatives possibles plutôt que de forcer des accords. Limitez la durée de vos interventions à une fourchette de 30 à 60 secondes. Essayez d'amener la partie adverse à en faire autant. Ne donnez pas l'impression de faire la leçon à l'autre ou de lui faire la morale. Expliquez objectivement pourquoi vous soutenez un point ; demandez à l'autre partie de faire la même chose. Posez beaucoup de questions et limitez les affirmations. Pour identifier les intérêts éventuels qui se cachent souvent derrière des positions tranchées, demandez à vos interlocuteurs pourquoi ils refusent de faire des compromis. Reformulez toujours fidèlement leur propre position avant d'avancer une réponse. *Besoin d'aide supplémentaire ? Reportez-vous à la fiche n° 27 : Savoir informer.*

☐ **8. Arbitrage.** Lorsque c'est l'impasse, suggérez qu'un tiers intervienne et se charge de déterminer les intérêts de chacun pour apporter des solutions, jusqu'à ce que vous puissiez arriver à une entente. Dans le cas où le temps devient une contrainte, référez-vous à une autorité supérieure. Présentez-lui objectivement les deux aspects du conflit et laissez les choses suivre leur cours.

☐ **9. La sélectivité des conflits.** Y a-t-il des personnes, des problèmes, des styles ou des groupes spécifiques qui vous perturbent et vous amènent à gérer le conflit de façon inefficace ? Écrivez les vingt dernières fois où vous avez été inefficace dans la gestion d'un conflit. Qu'est-ce qui est commun à ces situations ? Y a-t-il trois à cinq thèmes qui se dégagent ? Est-ce que ce sont toujours les mêmes personnes qui sont impliquées ? Est-ce que ce sont des personnes différentes mais qui ont un style commun ? Pouvez-vous regrouper certains types de problèmes dans des catégories ? Une fois que vous en avez identifié les causes, préparez-vous mentalement à dominer ces types de problèmes lorsqu'ils se représenteront la prochaine fois.

☐ **10. Conflit organisationnel à plus grande échelle.** Les organisations sont des labyrinthes complexes de groupes d'influence, de problèmes, de rivalités, de susceptibilités et de chasses gardées. Les erreurs politiques sont nombreuses et variées. La plus fréquente consiste à dire des choses qui ne doivent pas être dites. Ensuite, viennent les actions qui ne respectent pas les politiques établies et donc qui sont inappropriées au contexte. Pires encore sont les manœuvres, initiatives, tactiques et stratégies considérées comme inacceptables. Il y a enfin les conflits, tensions, malentendus et rivalités inutiles dus au fait que vous vous en êtes pris à une personne ou groupe particulier. Travaillez afin de comprendre les politiques de l'organisation. Qui sont les piliers et les forces de cette organisation ? Qui contrôle le flux de ressources, d'information et de décisions ? Qui sont les guides et les bons samaritains ? Efforcez-vous de mieux les connaître. Allez déjeuner avec eux. Quels sont les principaux opposants et les obstacles ? Évitez-les, contournez-les ou faites la paix avec eux. Dans les cas particuliers où il faut traiter avec la haute direction, les sensibilités sont vives, les ego très forts, les pièges nombreux et les tensions parfois très élevées. C'est le moment où les occasions de vous prononcer ou d'agir risquent d'être perçues comme la démonstration de votre piètre jugement politique et d'être source de conflits. *Besoin d'aide supplémentaire ? Reportez-vous aux fiches n° 38 : Faire preuve d'agilité organisationnelle, n° 48 : Avoir le sens politique et n° 119 : Manquer de sens politique.*

Faced with apathy, I will take action. Faced with conflict, I will seek common ground.
– Bill Clinton

LECTURES CONSEILLÉES

Blackard, Kirk and James W. Gibson. *Capitalizing on Conflict: Strategies and Practices for Turning Conflict Into Synergy in Organizations.* Palo Alto, CA: Davies-Black Publishing, 2002.

Cartwright, Tatula. *Managing Conflict With Peers.* Greensboro, NC: Center for Creative Leadership, 2003.

Cloke, Ken and Joan Goldsmith. *Resolving Conflicts at Work: A Complete Guide for Everyone on the Job.* San Francisco: Jossey-Bass, Inc., 2000.

Crawley, John and Katherine Graham. *Mediation for Managers: Resolving Conflict and Rebuilding Relationships at Work.* Yarmouth, ME: Nicholas Brealey Publishing, 2002.

Dana, Daniel. *Conflict Resolution.* New York: McGraw-Hill Trade, 2000.

Deutsch, Morton and Peter T. Coleman (Eds.). *The Handbook of Conflict Resolution: Theory and Practice.* San Francisco: Jossey-Bass, Inc., 2000.

Eadie, William F. and Paul E. Nelson (Eds.). *The Language of Conflict and Resolution.* Thousand Oaks, CA: Sage Publications, 2001.

Guttman, Howard M. *When Goliaths Clash: Managing Executive Conflict to Build a More Dynamic Organization.* New York: AMACOM, 2003.

Kheel, Theodore W. *The Keys to Conflict Resolution—Proven Methods of Resolving Disputes Voluntarily.* New York: Four Walls Eight Windows, 1999.

Levine, Stewart. *Getting to Resolution.* San Francisco: Berrett-Koehler Publishers, Inc., 1998.

Masters, Marick Francis and Robert R. Albright. *The Complete Guide to Conflict Resolution in the Workplace.* New York: AMACOM, 2002.

McDowell, Douglas S. *Conflict Resolution.* San Francisco: Jossey-Bass, Inc., 2000.

Neuhauser, Peg. *Tribal Warfare in Organizations.* New York: Harper & Row, 1988.

Perlow, Leslie. *When You Say Yes but Mean No: How Silencing Conflict Wrecks Relationships and Companies...And What You Can Do About It.* New York: Crown Business Publishing, 2003.

Popejoy, Barbara and Brenda J. McManigle. *Managing Conflict With Direct Reports.* Greensboro, NC: Center for Creative Leadership, 2002.

Van Slyke, Erik J. *Listening to Conflict.* New York: AMACOM, 1999.

12

13 FAIRE FACE AUX PROBLÈMES DE PERFORMANCE DE SES COLLABORATEURS DIRECTS

It isn't the people you fire who will make your life miserable; it's the people you don't fire.
– Harvey MacKay

COMPÉTENCE NON MAÎTRISÉE

- ☐ N'aime pas donner des avis négatifs à ses collaborateurs directs
- ☐ Remet les problèmes à plus tard et les évite jusqu'à ne plus pouvoir faire autrement que de les régler
- ☐ Ne sait pas communiquer clairement ses attentes ni donner un feed-back suffisant
- ☐ Laisse les problèmes s'envenimer et espère qu'ils vont disparaître
- ☐ Peut accepter trop facilement des excuses
- ☐ Peut se montrer trop tolérant avec ses collaborateurs
- ☐ A du mal à trancher et à passer à l'acte, même lorsque tout le reste a échoué
- ☐ A un niveau d'exigence peu élevé ou fait du favoritisme

Sélectionnez dans la liste ci-dessous une à trois compétences comme compétence de remplacement si vous décidez de ne pas travailler directement sur cette dernière.

SUBSTITUTS : 1,9,12,16,20,27,34,35,36,37,53,56,57

COMPÉTENCE MAÎTRISÉE

- ☐ Sait traiter les collaborateurs directs à problèmes avec fermeté et au moment opportun
- ☐ Ne laisse pas les problèmes s'envenimer
- ☐ Effectue régulièrement des évaluations de la performance et sait choisir le bon moment pour avoir un entretien avec ses collaborateurs
- ☐ Est capable de mettre fin à une collaboration lorsque tous ses efforts ont été vains
- ☐ Sait s'y prendre avec les « fauteurs de troubles »

COMPÉTENCE UTILISÉE À L'EXCÈS

- ☐ Peut agir trop rapidement auprès des collaborateurs directs à problèmes
- ☐ Semble ne pas fournir suffisamment d'efforts de développement personnel pour résoudre le problème
- ☐ A tendance à demander des changements en trop peu de temps
- ☐ Semble s'attendre à des miracles

Sélectionnez dans la liste ci-dessous une à trois compétences sur laquelle vous devrez travailler pour compenser son utilisation excessive.

COMPENSATEURS : 3,7,12,19,20,21,23,31,33,36,41,56,60,64

QUELQUES CAUSES

- ☐ A du mal à faire face aux conflits
- ☐ Ne sait pas manier les personnes résistantes
- ☐ N'offre pas assez de feed-back
- ☐ Ne sait pas faire de distinction
- ☐ N'aime pas s'occuper de la paperasse accompagnant une intervention
- ☐ Ne fait pas de suivi correctement
- ☐ A des attentes manquant de réalisme
- ☐ Laisse les problèmes s'envenimer
- ☐ Fait traîner les choses ou fait du favoritisme
- ☐ Incapable de faire le dernier appel
- ☐ Incapable de prendre des mesures négatives

FACTEURS ET GROUPES DU LEADERSHIP ARCHITECT®

Cette compétence se retrouve dans Courage, facteur (III). Cette compétence se retrouve dans Faire face aux problèmes, groupe (H) aux numéros : 9, 12, 34, 57. Vous pouvez également consulter d'autres compétences dans le même facteur ou groupe pour trouver des conseils connexes.

LA CARTE

La plupart des organisations sont allégées de nos jours. Avec la rapidité des changements et l'accroissement du travail en groupe, les travailleurs à problèmes ne peuvent plus se cacher aussi facilement que par le passé. Dans la mesure où vous serez déterminé à y faire face, vous pourrez améliorer les performances de votre unité et sans doute stimuler votre carrière par la même occasion. Les gestionnaires qui savent comment confronter leurs collaborateurs sont opportuns, se concentrent sur les lacunes en termes de performance, mettent la main à la pâte pour aider les autres à réussir et sont sensibles à leurs réactions. Mais si leurs efforts échouent, ils prennent des décisions opportunes tout en faisant preuve de compassion afin de séparer les individus concernés de l'organisation : c'est là le véritable test d'un management courageux.

QUELQUES SOLUTIONS

☐ **1. La plupart du temps, ceux qui sont non performants n'en sont pas conscients !** Lors d'une enquête sur ce que les responsables n'aiment pas faire, la communication de mauvaises nouvelles en tête-à-tête arrive au premier rang. Sondage après sondage, il ressort que les collaborateurs n'obtiennent pas le feed-back dont ils ont besoin pour corriger leurs problèmes de performance. Les femmes, les minorités ainsi que les personnes plus âgées sont les groupes qui en obtiennent le moins. La plupart des gens licenciés ou démissionnaires ont eu une évaluation de leur performance satisfaisante... jusqu'au moment où ils ont dû partir. Il est difficile d'être celui qui vous dit ce qui ne va pas. Les émotions et le fait d'être sur la défensive peuvent créer des situations explosives. Le risque de conséquences graves est réel. Vous pouvez avoir à justifier ce que vous dites à l'intérieur tout comme à l'extérieur de l'organisation. À long terme, ne pas donner de feed-back objectif à une personne qui travaille de façon acharnée ou qui échoue, revient à la punir cruellement. Elle ne peut même pas travailler à résoudre ses problèmes et à planifier sa carrière de façon cohérente. La clé pour aller au-delà de votre aversion à annoncer des mauvaises nouvelles est de vous appliquer à communiquer les critères de performance, à les interpréter équitablement et à démontrer l'écart entre la performance attendue et celle réalisée. Lisez le volume *Becoming a manager* de Linda A. Hill pour des études de cas de gestionnaires appliquant des critères de performance à d'autres pour la première fois. Assurez-vous que tous vos collaborateurs savent ce que vous attendez d'eux et connaissent leur niveau actuel de performance.

☐ **2. Définir et communiquer vos attentes et les critères de performance.** Vos collaborateurs non performants sont-ils mal informés ? Savent-ils ce que l'on attend d'eux ? Peut-être n'établissez-vous pas des critères de performance, des buts et des objectifs suffisamment clairs. Vous êtes peut-être un dirigeant qui improvise et certaines personnes risquent d'éprouver des difficultés puisqu'elles ne savent pas ce que l'on attend d'elles ni ce qu'elles doivent changer. Vous pouvez avoir des difficultés à communiquer clairement. Il se peut que vous soyez trop occupé pour communiquer. Il est également possible que vous communiquiez davantage avec certains et moins avec d'autres. Vous pouvez vous être désintéressé de certaines personnes et ainsi avoir cessé la communication avec elles. Ou encore, vous pouvez penser que vos collaborateurs devraient savoir ce qu'ils ont à faire s'ils ont un tant soit peu de bon sens. En fait, cela ne leur est pas possible parce que vous n'avez pas bien communiqué ce que vous vouliez. La première tâche est d'établir les cinq à dix objectifs-clés et les indicateurs de performance qui en découlent. Impliquez vos collaborateurs directs non performants dans la définition des critères et des indicateurs. Fournissez-leur une méthodologie afin de mesurer leurs progrès. Les collaborateurs qui connaissent les buts à atteindre et les critères d'appréciation sont habituellement plus exigeants envers eux-mêmes que vous ne le serez jamais. Souvent, ils vont établir des critères plus élevés que vous ne l'auriez fait. Il s'agit parfois d'un problème de comportement, comme de quelqu'un qui ne parvient pas à contrôler ses impulsions, les conséquences se faisant uniquement sentir sur les performances à la toute fin, par manque de coopération ou sabotage. Dans ce cas, la meilleure approche consiste à constater l'écart entre le comportement et les résultats espérés et de faire remarquer quelques-unes des conséquences observables. Si la personne est d'accord, il suffit alors de la guider. Si la personne est réticente, un feed-back à 360° avec suivi peut alors s'avérer nécessaire pour reconnaître l'importance du problème avant de pouvoir apporter le moindre soutien. *Besoin d'aide supplémentaire ? Reportez-vous à la fiche n° 35 : Savoir gérer et établir des indicateurs de performance.*

☐ **3. Soyez réaliste.** Vos collaborateurs n'arrivent pas à satisfaire les attentes ? Il est courant de voir des plans d'une durée de quatre-vingt-dix jours que personne ne parvient à réaliser. Soyez plus stratégique, améliorez vos compétences interpersonnelles, apprenez à motiver dans le travail, soyez plus tolérant. Demandez-vous combien de temps cela vous a pris pour devenir aussi compétent sur le sujet pour lequel vous critiquez la personne. Comme les managers hésitent à dire ce qui ne va pas à leurs collaborateurs, bien souvent ils le font le plus tard possible. Il peut arriver que les cinq derniers supérieurs hiérarchiques d'une personne aient vu la même difficulté chez elle, mais que pas un seul ne l'ait confrontée à ce problème. Donnez du feed-back aussitôt qu'une personne ne satisfait pas les critères de performance sur lesquels vous vous êtes entendus. N'attendez pas. Plus tôt vous le ferez, plus le retour sur investissement sera important pour vous, pour la personne et pour l'organisation. Pour la plupart de ceux qui ont atteint un stade de non-performance, cela prend, dans le meilleur des cas, entre un à deux ans pour faire des progrès sensibles. Le fait d'exiger la réussite d'un plan d'amélioration dans des délais impartis constitue une sanction cruelle et rare. Si votre organisation exige un miracle en quatre-vingt-dix jours, opposez-vous à cette décision. Expliquez que, même si l'on peut obtenir des améliorations notables sur cette période de temps, les changements substantiels et durablement acquis ne sont pas aussi simples à obtenir qu'un rapport d'états financiers.

☐ **4. Commencer un processus d'amélioration.** La première rencontre : après avoir appris qu'un de vos collaborateurs ne satisfait pas aux attentes, comparez vos observations aux critères d'appréciation, puis organisez la première rencontre. L'expérience montre que ces premières réunions ardues devraient toujours avoir lieu en début de semaine et le matin. Le vendredi et les journées précédant les vacances sont contre-indiqués même si ce sont souvent les moments choisis par la plupart des managers. De plus, il faut éviter de tenir ces réunions dans les périodes où des activités importantes se préparent. Débutez la rencontre en disant « Nous » avons un problème de performance à discuter et à régler. Soyez bref. Dans certaines situations, notamment si le contexte est négatif, vous ne disposerez que d'un temps d'écoute limité. Ne perdez pas votre temps avec un long préambule, allez au cœur du sujet. Vous bénéficiez d'une courte période d'attention lorsque vous devez transmettre du feed-back négatif. Votre interlocuteur s'attend à du feed-back négatif, alors faites-le dès le départ. Ne noyez pas votre interlocuteur sous un flot de paroles, même si vous avez beaucoup à dire. Choisissez les sujets-clés et limitez-vous à ces derniers. Centrez-vous sur les faits et leurs conséquences sur vous, votre collaborateur et le service.

Citez des événements et des situations précises et concrètes. Prévoyez suffisamment de temps, car il ne faut en aucun cas bousculer le processus pour une contrainte de temps.

☐ **5. Proposez un plan d'amélioration.** La critique ne vaut rien si elle n'est pas suivie de solutions et d'un plan d'amélioration. Dites à votre interlocuteur ce que vous souhaitez obtenir ; esquissez un scénario différent. Ne perdez pas de temps à ressasser le passé. Suggérez des actions qui pourraient être prises ensemble pour remédier au problème. Soyez positif, mais ferme. Soyez constructif. Soyez optimiste. Aidez votre interlocuteur à voir les conséquences négatives et l'importance d'agir au bon moment. Demandez-lui ce qu'il en pense et décrivez-lui les résultats à atteindre pour lui et pour vous. Le changement a des chances de se réaliser lorsque l'on visualise à la fois les conséquences négatives et le moyen de s'en sortir. Les menaces du genre « Tu t'améliores ou sinon... » ne donnent pas les résultats escomptés. *Besoin d'aide supplémentaire ? Reportez-vous à la fiche n° 19 : Développer les compétences de ses collaborateurs directs et des autres.*

☐ **6. Utilisez les mécanismes de réaction.** Gardez le contrôle de la discussion. Ne faites pas semblant d'écouter – l'inévitable : « maintenant je serais intéressé à connaître votre point de vue » si vous ne pensez pas sincèrement qu'il en existe un autre. Ce genre d'attitude déclenche généralement des mécanismes de défense. N'en soyez pas surpris. Ce n'est pas nécessairement le signe d'un véritable désaccord, ce n'est qu'une réaction naturelle qui s'exprime. Dites quelque chose du genre : « Je comprends que vous ayez une vision différente, mais la performance n'est pas du tout à la hauteur espérée. Nous devons composer avec cela ». La personne peut alors vous présenter dix raisons pour expliquer en quoi votre évaluation n'est pas honnête ou juste. Écoutez. Démontrez que vous comprenez ce qu'elle dit. Si la personne insiste, dites-lui : « Nous reparlerons de votre point de vue demain, lorsque nous aurons eu le temps de réfléchir à cette discussion ». Retournez alors à votre ordre du jour. Dites : « Je vais vous aider à améliorer vos performances dans ce domaine » Le mieux est d'assigner immédiatement de nouveaux travaux en ayant confiance que la personne réussira cette fois. Vous devez discuter de ce travail à réaliser comme vous le faites habituellement pour d'autres tâches et ne pas refaire allusion à la discussion précédente. Avec une personne qui, selon vous, a un problème de motivation et non de compétence, élevez le niveau de difficulté. Parfois une personne qui obtient de mauvais résultats dans l'exécution d'un niveau de difficulté C obtiendra de meilleures performances pour un niveau de difficulté A et ce, pour la même tâche.

☐ **7. Situation émotionnelle.** L'émotion peut être forte. Cette discussion peut se révéler une véritable surprise pour la personne. Même si le problème perdure depuis des années, c'est peut-être la première fois qu'un manager y fait face directement. N'accordez donc pas une importance démesurée à ce que vos

13

collaborateurs vous diront lors de la première rencontre. Ils peuvent être sous l'influence des émotions. Préparez-vous mentalement pour les pires des scénarios. Anticipez ce qu'ils peuvent dire et préparez des réponses pour ne pas vous laisser surprendre. Travaillez votre exposé en vous interrogeant mentalement jusqu'à ce que vous puissiez énoncer clairement, en quelques phrases, ce qu'est votre position et ce qui la légitime. Gardez votre calme et n'utilisez pas de mots que vous pourriez regretter, qui brisent le dialogue tels que « toujours » et « jamais ». Si vos interlocuteurs perdent leur sang-froid, ne réagissez pas. Si la personne réagit, contentez-vous de la laisser s'exprimer et même pleurer, ensuite retournez au problème. N'oubliez pas l'aspect psychologique du problème, même si vous avez totalement raison, l'ambiance risque d'être très chargée. Même si vous devez faire des critiques, cela n'empêche pas de vous montrer compréhensif et de l'encourager plus tard, lorsque la discussion prend un tour plus positif. Permettez-lui de sauver les apparences ; faites des concessions sur des points mineurs ; ne précipitez pas le processus de deuil inhérent à tout changement. *Besoin d'aide supplémentaire ? Reportez-vous à la fiche n° 12 : Savoir gérer les conflits.*

☐ **8. Le jour suivant.** Allez, de vous-même, rencontrer la personne le lendemain afin de ne pas l'obliger à se présenter à votre bureau. Ne revenez pas sur les points dont vous avez parlé la veille, permettez-lui seulement de parler. Indiquez-lui que vous allez vous impliquer et l'aider, que vous vous engagez à éliminer les obstacles qui l'empêchent d'être performante. Donnez de l'information et du soutien, mettez en place les structures, puis donnez des conseils sur la façon de procéder, mais ne dites pas à la personne comment faire et soyez disponible pour la résolution des problèmes. Essayez de conserver une qualité de relation égale ou meilleure encore qu'avant l'événement. Si la personne se sent perdue, la situation peut devenir plus délicate. Planifiez des rencontres régulièrement pour assurer le suivi. Utilisez une échelle de performance à laquelle vous pouvez tous deux vous référer. Mesurez les progrès. Si, un peu plus tard, le contexte le permet, demandez à la personne de vous donner du feed-back sur sa perception quant à la façon dont vous vous êtes comporté dans les circonstances. *Besoin d'aide supplémentaire ? Reportez-vous à la fiche n° 7 : Être attentif à ses collaborateurs directs.*

☐ **9. Deux minutes d'avertissement.** La dernière chance pour une personne qui n'a pas vraiment joué le jeu. Vous pouvez avoir à rencontrer une personne en privé et être obligé de lui dire : « Je comprends tous vos problèmes et j'ai essayé de vous aider mais vous ne respectez pas notre entente. Êtes-vous sérieux ou non ? » Si vous avez à faire ce type d'intervention, suivez les règles de la gestion de conflits : Dépersonnalisez, concentrez-vous sur le problème et non sur la personne. Offrez votre aide pour une dernière fois. Notez les inquiétudes, les objections et les conditions qui entravent les progrès, mais ne concédez rien. Soyez clair ; le temps n'est pas à la négociation. Donnez une journée pour la réflexion et pour vous soumettre un dernier plan réaliste d'amélioration. À ce stade, cela devient son problème. Soyez prêt à réagir immédiatement si le plan soumis est insuffisant. Évidemment, vous aurez obtenu à l'avance toutes les autorisations et aides éventuellement nécessaires.

☐ **10. Dites au revoir.** Ce n'est pas parce que certains de vos collaborateurs ne peuvent pas faire tel type de travail qu'ils sont personnellement incompétents ou qu'ils ne peuvent faire cinquante autres choses, mieux que vous ne pourriez les faire vous-même. Ne faites pas l'amalgame entre un échec ou une mauvaise performance et d'autres activités où pourrait exceller la personne et encouragez-la autant que vous le pouvez. Suggérez ce que vous croyez être un emploi plus adapté. Précisez ce que vous pouvez faire pour l'aider ; si vous consentez à donner des références. Faites en sorte que la rencontre soit brève. Retournez voir la personne plus tard et discutez de ses sentiments si elle le veut bien. Vous n'avez pas à réagir, contentez-vous d'écouter. Manifestez-lui que vous ne la rejetez pas personnellement, qu'il s'agit plutôt d'un travail qui ne lui convenait pas. Faites tout ce que vous pouvez en restant sincère, même si elle vous rejette : un petit mot pour garder le contact, un appel téléphonique.

13

The employer generally gets the employees he deserves.
– Walter Gilbey

LECTURES CONSEILLÉES

Bernstein, Albert J. *Emotional Vampires: Dealing With People Who Drain You Dry.* New York: McGraw-Hill, Inc., 2001.

Chambers, Harry E. *The Bad Attitude Survival Guide.* Reading, MA: Addison-Wesley Publishing Company, 1998.

Crawley, John and Katherine Graham. *Mediation for Managers: Resolving Conflict and Rebuilding Relationships at Work.* Yarmouth, ME: Nicholas Brealey Publishing, 2002.

Graham, Gini. *A Survival Guide for Working With Humans: Dealing With Whiners, Back-Stabbers, Know-It-Alls, and Other Difficult People.* New York: AMACOM, 2004.

Grote, Dick. *Discipline Without Punishment.* New York: AMACOM, 1995.

Lang, Michael D. and Alison Taylor. *The Making of a Mediator: Developing Artistry in Practice.* San Francisco: Jossey-Bass, Inc., 2000.

Levin, Robert A. and Joseph G. Rosse. *Talent Flow: A Strategic Approach to Keeping Good Employees, Helping Them Grow, and Letting Them Go.* New York: John Wiley & Sons, Inc., 2001.

McClure, Lynne Falkin. *Anger and Conflict in the Workplace: Spot the Signs, Avoid the Trauma*. Manassas Park, VA: Impact, 2000.

McKenna, Patrick J. and David H. Maister. *First Among Equals: A Guidebook for How Group Managers Can Manage the Unmanageable.* New York: The Free Press, 2002.

Patterson, Kerry, Joseph Grenny, Ron McMillan, Al Switzler and Stephen R. Covey. *Crucial Conversations: Tools for Talking When Stakes Are High*. New York: McGraw-Hill/Contemporary Books, 2002.

Scott, Susan. *Fierce Conversations: Achieving Success at Work & in Life, One Conversation at a Time*. New York: Viking Press, 2002.

Solomon, Muriel. *Working With Difficult People.* New York: Prentice Hall, 2002.

Stone, Florence M. *Coaching, Counseling and Mentoring.* New York: AMACOM, 1999.

Ursiny, Tim. *Coward's Guide to Conflict: Empowering Solutions for Those Who Would Rather Run Than Fight.* Naperville, IL: Sourcebook Trade, 2003.

Weisinger, Hendrie. *The Power of Positive Criticism.* New York: AMACOM, 2000.

14 FAIRE PREUVE DE CRÉATIVITÉ

Facteur I : Compétences stratégiques Groupe C : Créer du nouveau et du différent I – C

All truths are easy to understand once they are discovered; the point is to discover them.
– Galileo Galilei

COMPÉTENCE NON MAÎTRISÉE

- ☐ N'a pas une grande ouverture d'esprit, se montre prudent et conservateur, calcule les risques
- ☐ N'aime pas la nouveauté, préfère ce qui a fait ses preuves
- ☐ Son étroitesse d'esprit peut être due à des expériences antérieures peu enrichissantes
- ☐ Évite le risque, ne recherche pas les solutions audacieuses ni originales
- ☐ Se montre peu réceptif aux idées extérieures à son domaine propre
- ☐ Ne sait pas comment susciter la créativité
- ☐ Applique des solutions dépassées à des problèmes nouveaux
- ☐ Peut refroidir les élans de créativité autour de lui

Sélectionnez dans la liste ci-dessous une à trois compétences comme compétence de remplacement si vous décidez de ne pas travailler directement sur cette dernière.

SUBSTITUTS : 1,2,5,15,16,28,30,32,33,43,46,51,57,58,61

COMPÉTENCE MAÎTRISÉE

- ☐ Génère beaucoup d'idées nouvelles et originales
- ☐ Arrive facilement à établir des liens entre des notions qui, au départ, ne semblaient pas en avoir
- ☐ Est perçu comme quelqu'un d'original qui apporte une contribution utile lors de séances de remue-méninges (brainstorming)

COMPÉTENCE UTILISÉE À L'EXCÈS

- ☐ Peut s'enflammer pour des idées peu productives qui lui font perdre beaucoup de temps
- ☐ Semble courir trop de lièvres à la fois
- ☐ Semble ne pas donner suite à ses idées
- ☐ Semble désorganisé ou néglige les détails
- ☐ Semble être un solitaire, ne fait pas preuve d'esprit d'équipe
- ☐ N'est pas très communicatif avec les personnes moins créatives

Sélectionnez dans la liste ci-dessous une à trois compétences sur laquelle vous devrez travailler pour compenser son utilisation excessive.

COMPENSATEURS : 1,5,16,17,24,28,30,38,39,45,46,47,48,50,51,52,53,58,59,61,64

QUELQUES CAUSES

- ☐ Vit dans le passé
- ☐ Prudent
- ☐ Ne sait pas de quoi il s'agit
- ☐ Pensée restreinte
- ☐ Esprit étroit
- ☐ Pratique
- ☐ Rejette tout ce qui est créatif comme étant fantaisiste
- ☐ Restreint
- ☐ Trop focalisé
- ☐ Croit savoir résoudre les problèmes mieux que personne

FACTEURS ET GROUPES DU LEADERSHIP ARCHITECT®

Cette compétence se retrouve dans Compétences stratégiques, facteur (I). Cette compétence se retrouve dans Créer du nouveau et du différent, groupe (C) aux numéros : 2, 28, 46, 58. Vous pouvez également consulter d'autres compétences dans le même facteur ou groupe pour trouver des conseils connexes.

LA CARTE

Être créatif, exige les capacités suivantes : (1) Se plonger dans le problème ; (2) Chercher tous les liens possibles : le passé, les méthodes des autres organisations, les séances de remue-méninges ; (3) Laisser mûrir vos idées ; (4) L'idée force jaillit souvent lorsque l'on est distrait ou décontracté ; (5) Choisir une ou plusieurs personnes pour diriger les choses. Nous sommes en général capables de plus de créativité que nous le pensons. L'instruction et l'éducation reçues ainsi que la rigidité de certains emplois peuvent avoir un effet dévastateur sur la créativité. Beaucoup d'entre nous avons appris à nous restreindre, à adopter une vision étroite, à rester concentré, hésitant, prudent, conservateur, à craindre de faire des erreurs, à éviter tout embarras. Tout cela contribue à limiter notre créativité. Une façon d'en sortir consiste à se libérer de ces contraintes. L'autre implique l'ajout de compétences créatives. Il existe des techniques qui ont été étudiées et qui ont fait leurs preuves qui permettent à une personne ou à un groupe d'être plus créatifs. La créativité est un atout essentiel car la plupart des organisations ont besoin d'innover dans leurs produits et services pour réussir.

QUELQUES SOLUTIONS

☐ **1. Faites sauter les verrous qui bloquent.** Qu'est-ce qui vous empêche d'être plus créatif ? Êtes-vous perfectionniste ? Être créatif implique d'agir sans que tout soit parfaitement réglé. Vous êtes prudent et hésitant quand il s'agit de laisser libre cours à votre imagination ? Être créatif implique l'inverse. Vous vous souciez de ce que les autres peuvent penser ? Vous craignez ne pas pouvoir défendre votre idée ? Par définition, être créatif signifie soumettre des idées ou des projets incertains à la discussion et à la critique. Voyez-vous les choses sous un angle trop étroit ? Êtes-vous plus à l'aise en restant dans le cadre de vos technologies actuelles et de votre travail existant ? Être créatif signifie regarder tous azimuts. Vous sentez-vous plus confortable avec ce qui est très pratique ? Être créatif suppose de ne pas se soucier de l'aspect pratique des choses. Vous êtes trop occupé pour prendre le temps de réfléchir ? La créativité requiert du temps. Sortez de votre « zone de confort ». Trop de personnes se reposent sur des solutions provenant de leur propre histoire. Ils se fient à leur expérience passée. Ils perçoivent entre les problèmes des similitudes, là où il n'y en a pas. Méfiez-vous des « j'ai toujours fait... », ou « habituellement, je....». Essayez de faire une pause, regardez un peu plus en profondeur, puis demandez-vous si ce qui vous arrive est réellement identique au problème que vous avez déjà résolu. Vous n'avez pas à vous changer ou à changer les éléments de votre confort, sauf si vous voulez devenir plus créatif. Pour y arriver, il vous faut penser et agir différemment, essayer de nouvelles choses, vous libérer des croyances qui vous limitent.

☐ **2. Des approches à valeur ajoutée.** Afin d'être plus créatif, imprégnez-vous du problème. Obtenir des idées nouvelles n'est pas un processus rapide ; cela demande de regarder en profondeur.

- Réservez des périodes de temps pour étudier les problèmes plus en profondeur, échanger avec d'autres, tenter d'établir des comparaisons avec d'autres organisations et dans des domaines complètement différents de votre secteur d'activité. Si vous réagissez en disant que vous n'avez pas le temps, cela peut expliquer pourquoi vous n'avez pas de nouvelles idées.
- Pensez à voix haute. Bien des gens ne peuvent vraiment mémoriser les choses qu'en les formulant. Trouvez-vous quelqu'un qui sera bon public et parlez-lui pour affiner votre compréhension d'un problème ou d'une technique. Parlez à un expert dans un domaine différent du vôtre. Parlez à la personne la plus irrévérencieuse que vous connaissiez. Votre but n'est pas d'obtenir leur opinion, mais plutôt de vous confronter à eux, pour découvrir les principes, les savoir-faire, les recettes qui fonctionnent.
- Habituez-vous à détecter les anomalies, les faits inhabituels et anormaux, comme des ventes qui diminuent alors qu'elles devraient augmenter. Quelles sont les implications stratégiques de ces faits singuliers ? Les personnes naturellement créatives ont plus tendance à raisonner par l'absurde Elles prennent le problème à l'envers : demandez-vous quelle serait la cause la moins probable de ce problème, ce que le problème n'est pas, ce que l'on ne comprend pas du problème ou ce qui serait la cause d'une situation équivalente mais opposée (effet miroir).

14

- Recherchez des parallèles. Ne tombez pas dans le piège de chercher des organisations semblables à la vôtre, sous prétexte de pouvoir trouver des solutions comparables. Prenez du recul et élargissez votre champ de recherche. Lorsque les responsables de Motorola ont voulu découvrir comment traiter plus rapidement une commande, ils ne sont pas allés chercher des solutions chez d'autres compagnies d'électronique, mais chez Domino's Pizza et Federal Express. Pour obtenir plus d'idées sur la question, vous pouvez consulter un livre amusant et intéressant : *Take the Road to Creativity* and *Get Off Your Dead End,* de David Campbell.

☐ **3. Déterrez les idées créatives.** Le processus de la pensée créative ne suit pas les règles formelles de la logique où il est possible d'utiliser les relations de cause à effet pour résoudre un problème ou pour apporter des preuves. Voici certaines règles de la pensée créative :

- Ne pas utiliser les concepts établis mais les modifier ; les imaginer différemment.
- Passer d'un concept à un autre, dans des registres différents, tel que passer du point de vue politique au point de vue économique.
- Générer des idées sans les juger a priori.
- Réaménager l'information afin d'obtenir de nouveaux schémas de pensée.
- Sauter d'un sujet ou d'une idée à un autre sujet ou une autre idée, sans chercher de logique.
- Rechercher l'improbable et l'invraisemblable.
- Rechercher des correspondances très éloignées du sujet, telles que la ressemblance entre l'organisation et un arbre.
- Se demander ce qui manque ou ce qui n'est pas présent.
- Être fasciné par les erreurs et les échecs, en tant qu'outils d'apprentissage.

☐ **4. Appliquez des méthodes de résolution de problèmes reconnues.** Il y a différentes façons d'analyser et de résoudre un problème avec plus de créativité. En voici quelques-unes :

- Posez plus de questions. Dans une étude sur la résolution de problèmes, 7 % des commentaires étaient des questions et près de la moitié étaient des réponses. Nous allons trop vite vers les solutions qui se sont avérées efficaces dans le passé.
- Les problèmes complexes sont difficiles à envisager. Ils ont tendance à être trop simplifiés ou trop complexes à résoudre, à moins d'être mis sous forme visuelle. Disséquez le problème, repérez ses composantes, examinez-les une par une, regroupez-les selon différents critères pour mieux comprendre ou voyez si vous pouvez en réduire trois à une seule.

- Une autre technique consiste à concevoir un tableau illustré où l'on représente les composantes du problème sous forme de scénarimages
- Une variante consiste à raconter des histoires vécues illustrant les côtés positifs ou négatifs d'un problème, puis à les représenter sous forme de diagramme en fonction de ce qui fonctionne ou ne fonctionne pas. On peut aussi employer le type de diagramme utilisé pour la gestion de la Qualité Totale.
- Parfois, il est bon de pousser une problématique à l'extrême. Le fait de faire une hypothèse extrême à laquelle on peut penser peut suggérer une solution différente. Projeter les dispositions actuelles dans l'avenir peut indiquer où et comment le système échouera.
- La nuit porte conseil. Prenez des congés périodiques, que vous soyez bloqué ou non. Cela permet à votre cerveau de travailler, de lui-même, sur le problème. La plupart des innovations arrivent lorsque l'on n'y pense pas. Mettez le problème de côté ; donnez-le à quelqu'un d'autre ; dormez dessus. Une fois que vous avez répertorié toutes les idées, mettez-les de côté et attendez que d'autres vous viennent à l'esprit. Efforcez-vous d'oublier le problème. Pour connaître d'autres techniques, lisez *The Art of Problem Solving,* par Russell Ackoff et *Lateral Thinking* or *Serious Creativity,* de Edward de Bono.

14

☐ **5. Définir le problème.** Les solutions hâtives et instantanées et les recettes du passé sont des ennemis de la créativité. Des études montrent que la définition du problème et le passage à l'acte se font presque simultanément chez beaucoup de gens. Prenez le temps de faire une pause et commencez par définir le problème dans ce qu'il est et ce qu'il n'est pas. Trouvez les causes du problème. Continuez à vous interroger sur les causes, rassemblez le maximum de possibilités et classez-les en catégories. Vos chances de trouver une meilleure solution augmenteront à mesure que vous trouverez des liens entre ces causes. Soyez comme un maître au jeu d'échecs. Les experts aux échecs reconnaissent des milliers de combinaisons entre les divers éléments qui composent le jeu. Ne vous contentez pas de recueillir l'information, cherchez des similarités dans les données. Classez-les dans des catégories qui vous conviennent. Posez beaucoup de questions. Allouez au moins 50 % du temps à la définition du problème. Une fois que l'on a défini le problème, des études démontrent qu'en moyenne, la solution la plus créative est quelque part entre la deuxième et la troisième qui a été générée. Donc, si vous avez tendance à prendre la première solution, freinez votre élan. Prenez l'habitude de vous arrêter assez longtemps pour définir le problème et pensez à trois solutions différentes avant d'en choisir une.

☐ **6. Augmenter la créativité d'un groupe, en le diversifiant.** Durant la Seconde Guerre mondiale, on a découvert que les équipes ayant la plus grande diversité d'expériences personnelles produisaient davantage de solutions créatives aux problèmes. Les équipes comprenaient des personnes qui ne connaissaient absolument rien au domaine (par exemple, un militaire travaillant sur un problème de réduction des coûts). Lorsque vous attaquez un problème difficile à résoudre, rassemblez le groupe le plus diversifié possible. Faites appel à des personnes ayant des responsabilités, des niveaux et des disciplines différents. Impliquez différentes fonctions, niveaux et disciplines. Souvenez-vous que vous recherchez des approches nouvelles ; vous ne devez donc pas organiser un groupe de travail pour juger de la faisabilité des notions ni pour les mettre en œuvre. Rappelez-vous que vous êtes à la recherche de nouvelles approches ; vous ne rassemblez pas une équipe afin d'implanter ou de juger de la faisabilité des concepts. Croyez-le ou non, cela a peu d'importance qu'ils ne connaissent rien au problème ou à la technologie dont il est question.

☐ **7. Augmenter la créativité d'un groupe, en travaillant d'abord sur la définition du problème.** Le brainstorming (remue-méninges) est une technique simple qui favorise la créativité. Toute idée est acceptée pour une période de temps déterminée. On prend toutes ces idées en note, aucune critique n'est permise. Certaines personnes ont une mauvaise opinion du brainstorming : des idées stupides ; rien de pratique ; une perte de temps. La cause du problème provient généralement d'une carence dans sa définition. La méthode est donc de définir le problème en premier (voir paragraphe 5), de prendre des heures s'il le faut (et non pas deux minutes) pour décrire le problème, de remettre en question vos idées. Êtes-vous en train de généraliser à partir d'un ou deux cas ? Comment savons-nous si nous avons défini les causes réelles ? Quels sont les faits et quelles sont les hypothèses ?

☐ **8. Augmenter la créativité d'un groupe, en facilitant le processus.** Voici trois méthodes couramment utilisées :

- Remue-méninges. Présenter le problème au groupe, lui communiquer le nombre d'essais déjà réalisés et l'information qui a été obtenue. Inviter le groupe à échanger librement, en acceptant toutes les idées sans aucune critique. Inscrire les idées sur un tableau à feuilles mobiles. Lorsque le groupe a épuisé ses idées, sélectionner les plus intéressantes et demander au groupe de donner les pour et les contre, et pour finir, mentionner ce qui rend ces idées originales. Suivre cette procédure jusqu'à ce que toutes les idées intéressantes soient couvertes. Demandez ensuite aux membres du groupe ce qu'ils choisiraient comme autre idée intéressante concernant un argument pour, contre ou une analyse intéressante. Le brainstorming peut durer entre une à deux heures.

- La technique du groupe nominal. Après avoir défini le problème selon la méthode précédente, demander au groupe d'écrire toutes les idées leur venant à l'esprit. Les inscrire sur un tableau à feuilles mobiles afin d'alimenter la discussion. Les participants peuvent ajouter, combiner ou clarifier, « à quoi pensiez vous lorsque vous disiez... », mais doivent s'abstenir de critiquer. Une fois terminé, utiliser la méthode des pour et des contre décrite précédemment.
- Les analogies. Une foule d'idées créatives viennent d'analogies faites avec la nature ou d'autres domaines. On peut partir d'une liste (génie électrique, chats, arbres, la mer, biologie, construction navale), en fait, tous les sujets peuvent faire l'affaire. Ces suggestions peuvent être faites après la description du problème. Souvent cela déclenche des idées nouvelles qu'aucune autre méthode n'aurait pu inspirer.

☐ **9. Expérimentez et apprenez.** Que les idées viennent de vous ou d'une session de brainstorming, faites en sorte que les essais ou les expériences ne durent pas trop longtemps. Des études démontrent que 80 % des innovations se produisent de façon imprévue (des fabricants d'encres développent des détersifs, les notes Post-it® sont issues d'un essai d'adhésif raté, le Teflon® a été créé par erreur) alors que 30 à 50 % des innovations techniques échouent pendant les essais que font les compagnies. Parmi celles qui parviennent sur le marché, 70 à 90 % échouent. Finalement, le taux d'échec global est de 95 %. Par contre, les créateurs qui ont le plus de succès sont ceux qui font de nombreux petits essais peu coûteux, afin d'augmenter leurs chances de succès.

☐ **10. La finalité.** La créativité repose sur le principe « La liberté d'abord, la structure ensuite ». Une fois que vous avez trouvé le meilleur concept pour réaliser le projet, soumettez-le à tous les tests et critiques auxquels toute option est normalement soumise. Tester des idées créatives n'est en rien différent de n'importe quel autre procédé d'évaluation de solution. La différence est dans l'origine de l'idée.

The public values the invention more than the inventor does. The inventor knows there is much more and better where this came from.
– Ralph Waldo Emerson

LECTURES CONSEILLÉES

Birch, Paul and Brian Clegg. *Imagination Engineering—The Toolkit for Business Creativity.* London: Pitman Publishing, 1996.

Butler, Ava S. *Team Think.* New York: McGraw-Hill, Inc., 1996.

Ceserani, Jonne. *Big Ideas: Putting the Zest Into Creativity & Innovation at Work.* London: Kogan Page, 2003.

DeGraff, Jeff and Katherine A. Lawrence. *Creativity at Work: Developing the Right Practices to Make Innovation Happen.* San Francisco: Jossey-Bass, Inc., 2002.

Firestine, Roger L., Ph.D. *Leading on the Creative Edge—Gaining Competitive Advantage Through the Power of Creative Problem Solving.* Colorado Springs, CO: Piñon Press, 1996.

Foster, Jack. *Ideaship: How to Get Ideas Flowing in Your Workplace.* San Francisco: Berrett-Koehler Publishers, Inc., 2001.

Hesselbein, Frances and Rob Johnston (Eds.). *On Creativity, Innovation, and Renewal: A Leader to Leader Guide.* Jossey-Bass, Inc., 2002.

Lucas, Bill. *Power Up Your Mind: Learn Faster, Work Smarter.* Yarmouth, ME: Nicholas Brealey Publishing, 2001.

Lucas, Robert W. *The Creative Training Idea Book: Inspired Tips and Techniques for Engaging and Effective Learning.* New York: AMACOM, 2003.

Miller, William C. *Flash of Brilliance.* Cambridge, MA: Perseus Publishing, 1999.

Rich, Jason R. *Brain Storm: Tap Into Your Creativity to Generate Awesome Ideas and Remarkable Results.* Franklin Lakes, NJ: Career Press, 2003.

Saint-Exupéry, Antoine de [Translated from the French by Katherine Woods]. *The Little Prince.* New York: Harcourt Brace, 1943.

Saint-Exupéry, Antoine de [Translated from the French by Katherine Woods]. *The Little Prince* [sound recording]. Redway, CA: Music for Little People, 1993.

Von Oech, Roger. *Expect the Unexpected or You Won't Find It: A Creativity Tool Based on the Ancient Wisdom of Heraclitus.* San Francisco: Berrett-Koehler Publishers, Inc., 2002.

White, Shira P. and G. Patton Wright. *New Ideas About New Ideas: Insights on Creativity With The World's Leading Innovators.* Cambridge, MA: Perseus Publishing, 2002.

15 ÊTRE ORIENTÉ VERS LE CLIENT

A customer is anyone who can tell you no.
– Peter Drucker

COMPÉTENCE NON MAÎTRISÉE

- ☐ Ne met pas le client au premier rang de ses priorités
- ☐ Peut s'imaginer qu'il connaît déjà ce dont ses clients ont besoin
- ☐ Peut se centrer sur le fonctionnement interne au détriment des problèmes des clients
- ☐ Ne prend pas l'initiative de rencontrer les clients pour les connaître
- ☐ Ne se sent pas à l'aise avec des contacts nouveaux
- ☐ A du mal à accepter les critiques, les réclamations ou les demandes particulières
- ☐ N'est pas suffisamment à l'écoute des clients, a tendance à être sur la défensive
- ☐ Ne prend pas le temps de communiquer avec les clients

Sélectionnez dans la liste ci-dessous une à trois compétences comme compétence de remplacement si vous décidez de ne pas travailler directement sur cette dernière.

SUBSTITUTS : 1,3,9,16,24,27,31,32,33,36,38,43,48,51,53,63,64

COMPÉTENCE MAÎTRISÉE

- ☐ S'emploie à répondre aux attentes des clients internes et externes et à satisfaire leurs exigences
- ☐ Obtient des informations de qualité du client et les utilise à bon escient pour améliorer les produits et services
- ☐ Sait agir en gardant la notion de client à l'esprit
- ☐ Sait créer un bon contact avec ses clients et maintenir de bonnes relations avec eux ; sait gagner leur confiance et leur respect

COMPÉTENCE UTILISÉE À L'EXCÈS

- ☐ A tendance à être trop réceptif aux demandes du client
- ☐ Semble vouloir accepter de changer les processus établis et les délais d'exécution pour satisfaire des requêtes excessives des clients
- ☐ Est enclin à faire trop d'exceptions, n'établit pas de politiques d'action, de pratiques ni de méthodes rigoureuses que les membres de l'équipe puissent apprendre à mettre en œuvre.
- ☐ Se distancie si peu des besoins présents du client qu'il manque les dernières découvertes

Sélectionnez dans la liste ci-dessous une à trois compétences sur laquelle vous devrez travailler pour compenser son utilisation excessive.

COMPENSATEURS : 5,9,12,34,35,38,50,51,52,53,57,58,59,63,65

QUELQUES CAUSES

- ☐ Arrogant ; sait tout faire ; veut tout faire par soi-même
- ☐ Sur la défensive face aux critiques
- ☐ Individualiste
- ☐ Ne sait pas se mettre à l'écoute des autres
- ☐ Mauvaise gestion du temps ; trop occupé
- ☐ Égocentrique
- ☐ Timide ; craint d'interagir avec de nouvelles têtes ; manque de confiance en soi

FACTEURS ET GROUPES DU LEADERSHIP ARCHITECT®

Cette compétence se retrouve dans Compétences personnelles et interpersonnelles, facteur (VI). Cette compétence se retrouve dans Gérer des relations diverses, groupe (P) aux numéros : 4, 21, 23, 42, 64. Vous pouvez également consulter d'autres compétences dans le même facteur ou groupe pour trouver des conseils connexes.

LA CARTE

Dans un système de libre entreprise, le client est roi. Ceux qui satisfont leurs clients l'emportent. Il en va de même pour les clients internes. Ceux qui les satisfont le mieux y gagnent. Les gagnants sont toujours orientés vers le client et réagissent vite.

QUELQUES SOLUTIONS

☐ **1. Restez en prise directe avec la réalité.** Satisfaire les besoins raisonnables des clients est assez simple. Premièrement, vous avez besoin de connaître leurs désirs et leurs attentes. Et la meilleure façon de le savoir est de leur demander. Ensuite, livrez-leur en temps voulu ce qu'ils ont commandé, avec un rapport qualité/prix raisonnable. Trouvez des façons de rester en contact avec un large éventail de vos clients, de façon à obtenir un point de vue équilibré. Cela peut se faire par l'intermédiaire d'une rencontre, d'un appel téléphonique, d'un questionnaire ou encore d'une carte-réponse à retourner lors d'un achat de produits ou de services fournis, etc. Quand le client vous contacte, souvenez-vous qu'une trop grande spécialisation risque de l'irriter. Nous avons tous connu l'expérience frustrante de transferts d'appels répétés de service en service ; plus encore de nos jours, où les transferts automatisés par un ordinateur n'aboutissent nulle part ou à la mauvaise personne. Déterminez le nombre de transferts d'appel avec soin. Le client doit rejoindre la bonne personne dans le minimum de temps et d'étapes.

☐ **2. Les clients se plaignent, c'est leur rôle.** Soyez prêt à recevoir les bonnes nouvelles comme les mauvaises ; ne soyez pas sur la défensive ; contentez-vous d'écouter, de répondre aux critiques légitimes et de noter les autres. Les clients qui veulent se faire entendre le font surtout pour se plaindre et non pour complimenter ; ne vous laissez pas accabler par les commentaires négatifs ; les clients qui ont des opinions favorables sont toujours plus discrets.

☐ **3. Anticipez les besoins des clients.** Prenez l'habitude de rencontrer vos clients internes et externes sur une base régulière afin d'établir un dialogue ; ils ont besoin de se sentir libres de vous appeler lorsqu'ils ont des problèmes et vous devez pouvoir les contacter pour en obtenir les informations essentielles. Utilisez cette complémentarité des besoins pour aller au-devant de votre clientèle ; essayez d'anticiper leurs attentes pour vos produits et vos services, avant même qu'ils n'en prennent conscience ; faites-leur d'agréables surprises – des services qu'ils n'attendaient pas, des délais de livraison plus courts ; essayez d'aller au-delà de leurs attentes. Montrez à votre client que vous souhaitez établir une relation durable avec lui. Un vendeur qui réussit est un vendeur qui se concentre sur les intérêts de son client. Un point c'est tout. Tout le reste en découle.

☐ **4. Mettez-vous à la place de vos clients.** Si vous étiez vous-même un client, à quoi vous attendriez-vous ; quels délais de livraison toléreriez-vous ; quel prix seriez-vous prêt à payer pour la qualité du produit ou du service que vous fournissez ; quels seraient les trois domaines principaux sur lesquels porteraient vos plaintes ? Retournez sans délai tous les appels des clients ; si vous promettez quelque chose, tenez-y vous ; si les délais de livraison risquent de s'allonger, informez-les immédiatement ; s'il a fallu régler un problème particulier, rappelez-les ensuite pour savoir si tout est à leur convenance.

☐ **5. Pensez client.** Organisez toujours votre travail et gérez votre temps en pensant au client et non à vous. Ce n'est pas votre « mieux » qui compte, c'est le « mieux » aux yeux du client ; essayez de ne pas organiser votre travail seulement selon votre point de vue ; essayez de toujours connaître et de considérer le point de vue du client en premier ; la règle d'or est de suivre ces principes. Savez-vous vendre une expérience et non pas seulement un produit ou un service ? Une petite société en a défié de plus grandes en donnant gratuitement à ses clients des conseils d'experts. Les clients peuvent obtenir des conseils gratuits de la part de la société, allant d'une minute à une heure.

☐ **6. Créez un environnement propice à l'expérimentation et à l'étude.** Le principe dominant est de toujours rechercher des améliorations. Ne soyez jamais satisfait. Améliorez sans cesse les processus de fabrication afin de pouvoir livrer les produits et les services parfaits que le client désire. N'ayez pas peur des échecs, continuez à essayer. *Besoin d'aide supplémentaire ? Reportez-vous aux fiches n° 28 : Gérer l'innovation et n° 63 : Systèmes de gestion intégrale de la qualité (ex. TQM/ISO/Six Sigma).*

☐ **7. Observez vos propres habitudes de travail.** Sont-elles conçues en fonction d'une efficacité maximale au service du client ou pour votre propre confort ? Y a-t-il de la place pour une amélioration continue ? Vous appliquez-vous à vous-même les principes que vous avez appris ? Souvenez-vous : le non-respect de ces principes est à la source de bien des échecs en la matière.

☐ **8. Mettez-vous à la place d'un client insatisfait.** Un client qui a pu vivre des expériences comme : des retards injustifiés, des commandes erronées, des dépassements de coûts, des appels téléphoniques non retournés, des aliments froids, un mauvais service, des employés peu zélés, des articles en rupture de stock, etc. Vos clients vivent-ils des situations semblables ? Faites une étude sur les clients que vous avez perdus. Tentez de comprendre quels ont été les trois problèmes majeurs et trouvez comment vous pouvez éliminer rapidement 50 % des raisons qui ont causé leur départ. Étudiez les maladresses de vos concurrents et cherchez comment vous pourriez à la fois éviter leurs erreurs et améliorer vos services.

☐ **9. Mettez-vous à la place d'un client satisfait.** Inscrivez tous les facteurs de satisfaction que vous avez rencontrés durant le dernier mois. Qu'est-ce qui vous a le plus satisfait ? Un bon rapport qualité/prix ? Un service ponctuel ? La courtoisie ? Des retours d'appels ? Ces situations satisfaisantes arrivent-elles à vos clients lorsqu'ils sont en relation avec vous et votre organisation ? Étudiez vos transactions les mieux réussies avec vos clients, de façon à les systématiser. Étudiez ensuite ce que vos concurrents font de bien et voyez comment vous pourriez intégrer ces points pour améliorer votre service à la clientèle.

☐ **10. Jouez au détective.** Étudiez les processus de travail autour de vous dans les aéroports, restaurants, hôtels, supermarchés, services gouvernementaux, etc. Si vous étiez client, comment pourriez-vous concevoir différemment ces prestations afin qu'elles soient plus efficaces ? Sur quels principes vous basez-vous ? Appliquez ces mêmes principes dans votre activité.

☐ **11. Construisez un modèle basé sur la stratégie « service=profit ».** Il a été clairement démontré qu'il existe une relation de cause à effet entre des employés contents, la fidélisation et la satisfaction de la clientèle, et les profits. La façon dont une chaîne de restauration rapide s'est réinventée illustre bien cette stratégie. Une enquête auprès des clients a démontré qu'ils n'accordaient pas d'importance aux gens qui préparaient la nourriture ni à l'élégance du décor. Tout ce qu'ils voulaient, c'était quelque chose de chaud, de savoureux et bon marché. Aussi, la chaîne a supprimé les cuisines dans ses restaurants, elle a sous-traité les plats cuisinés ou centralisé leur préparation, et diminué de façon importante ses coûts. Pour ce qui est des employés, elle a mis en place un système d'équipes sans gestionnaire. Le travail en équipe s'est révélé plus stimulant et motivant. Ils ont appris qu'ils pouvaient obtenir de meilleurs résultats pour leurs clients. Des employés heureux – des clients heureux. Besoin d'aide supplémentaire ? Lisez « *Command Performance* » (1994) par *The Harvard Business Review.*

☐ **12. Cela n'en est pas moins une entreprise.** Certains clients risquent d'être peu rentables, car ils exigent trop d'attention. Vous pouvez instaurer un système de niveau de commande minimum, supprimez certains services ou les transformer en prestations payantes. Mettez en place une comptabilité par activité. Cette méthode permet de faire la relation entre les données relatives aux achats et les données sur les coûts. Il coûte entre 5 à 20 fois plus cher de gagner un nouveau client que de garder un client existant. Les clients de longue date coûtent moins cher à long terme et génèrent plus de revenus. Que devez vous faire pour combler 50 % des besoins du client au lieu de 20 %?

There is only one boss. The customer. And he can fire everybody in the company from the chairman on down, simply by spending his money somewhere else.
– Sam Walton

LECTURES CONSEILLÉES

Bell, Chip R. and Bilijack R. Bell. *Magnetic Service.* San Francisco: Berrett-Koehler Publishers, Inc., 2003.

Blackwell, Roger and Kristina Stephan. *Customers Rule! Why the E-Commerce Honeymoon is Over and Where Winning Businesses Go From Here.* New York: Crown Business Publishing, 2001.

Branham, L. *Keeping the People Who Keep You in Business.* New York: AMACOM, 2001.

Brock, Richard. *Inside the Minds: Profitable Customer Relationships: The Keys to Maximizing Acquisition, Retention, and Loyalty.* Boston: Aspatore Books, 2003.

Buckingham, Richard A. *Customer Once, Client Forever: 12 Tools for Building Lifetime Business Relationships.* New York: Kiplinger Books, 2001.

Griffin, Jill and Michael W. Lowenstein. *Customer Winback.* San Francisco: Jossey-Bass, Inc., 2001.

Gutek, Barbara A. and Theresa Welsh. *The Brave New Service Strategy.* New York: AMACOM, 2000.

Hall, Stacey and Jan Brogniez. *Attracting Perfect Customers: The Power of Strategic Synchronicity.* San Francisco: Berrett-Koehler Publishers, Inc., 2001.

Heskett, James L., W. Earl Sasser, Jr. and Leonard A. Schlesinger. *The Service Profit Chain: How Leading Companies Link Profit and Growth to Loyalty, Satisfaction, and Value.* New York: The Free Press, 1997.

Johnson, Michael D. and Anders Gustafsson. *Improving Customer Satisfaction, Loyalty and Profit.* New York: Jossey-Bass, Inc., 2000.

Keller, Ed and Jon Berry. *The Influentials*. New York: The Free Press, 2003.

Nykamp, Melinda. *The Customer Differential.* New York: AMACOM, 2001.

Prahalad, C.K. and Venkat Ramaswamy. *The Future of Competition: Co-Creating Unique Value With Customers.* Boston: Harvard Business School Press, 2004.

Reichheld, Frederick. *Loyalty Rules.* Boston: Harvard Business School Press, 2001.

Reichheld, Frederick F. with Thomas Teal. *The Loyalty Effect: The Hidden Force Behind Growth, Profits and Lasting Value.* Boston: Harvard Business School Press, 2001.

Seybold, Patricia B., Ronni T. Marshak and Jeffrey M. Lewis. *The Customer Revolution.* New York: Crown Business Publishing, 2001.

Sobel, Andrew. *Making Rain: The Secrets of Building Lifelong Client Loyalty.* New York: John Wiley & Sons, Inc., 2003.

Solomon, Michael R. *Conquering Consumerspace.* New York: AMACOM, 2003.

Solomon, Robert. *The Art of Client Service.* Chicago, IL: Dearborn Financial Publishing, 2003.

Tate, Rick and Josh Stroup. *The Service Pro: Creating Better, Faster, and Different Customer Experiences.* Amherst, MA: HRD Press, 2003.

Thompson, Harvey. *The Customer-Centered Enterprise.* New York: McGraw-Hill, Inc., 2000.

Zaltman, Gerald. *How Customers Think.* Boston: Harvard Business School Press, 2003.

Zemke, Ron and Chip R. Bell. *Service Magic: The Art of Amazing Your Customers.* Chicago, IL: Dearborn Financial Publishing, 2003.

16 PRENDRE DES DÉCISIONS AU BON MOMENT

One day, Alice came to a fork in the road and saw a Cheshire cat in a tree.
"Which road do I take?" she asked. Its response was a question.
"Where do you want to go?" "I don't know," Alice answered.
"Then," said the cat, "it doesn't matter.
– Lewis Carroll

COMPÉTENCE NON MAÎTRISÉE

- ☐ Met du temps avant de prendre une décision
- ☐ Se montre prudent et conservateur
- ☐ Peut constamment remettre à plus tard. Cherche à accumuler des informations pour se rassurer et minimiser les risques
- ☐ Peut se montrer perfectionniste pour être sûr d'avoir raison et se protéger contre toute critique
- ☐ A tendance à être mal organisé et à se battre contre la montre pour respecter les délais
- ☐ Met beaucoup de temps pour trancher dans des situations complexes

Sélectionnez dans la liste ci-dessous une à trois compétences comme compétence de remplacement si vous décidez de ne pas travailler directement sur cette dernière.

SUBSTITUTS : 1,2,12,27,32,37,39,40,43,47,50,51,52,53,62

COMPÉTENCE MAÎTRISÉE

- ☐ Sait prendre des décisions au bon moment, même lorsqu'il est sous pression, que les informations disponibles sont incomplètes et que les délais sont serrés
- ☐ Est capable de prendre une décision rapidement

COMPÉTENCE UTILISÉE À L'EXCÈS

- ☐ Saute trop vite aux conclusions et agit sans prendre suffisamment en considération l'information disponible
- ☐ Peut décider pour le plaisir de décider
- ☐ Semble intimider les gens et les empêcher d'exprimer leur avis avant une prise de décision
- ☐ Pourrait être considéré comme impulsif et impatient
- ☐ Pourrait avoir des difficultés ou être paralysé lors de situations ou problèmes qui pourraient mal tourner
- ☐ Prend des décisions rapides pour éviter le débat et de se retrouver en position délicate

Sélectionnez dans la liste ci-dessous une à trois compétences sur laquelle vous devrez travailler pour compenser son utilisation excessive.

COMPENSATEURS : 3,11,17,33,39,41,46,47,51,52,58,59,63,65

QUELQUES CAUSES

- ☐ Évite les conflits
- ☐ Évite les risques
- ☐ Désorganisé
- ☐ Facilement intimidé
- ☐ Demande trop d'information
- ☐ Manque de concentration
- ☐ Perfectionniste
- ☐ Fait traîner les choses
- ☐ Lent à prendre des décisions
- ☐ Trop occupé
- ☐ A du mal à respecter les délais

FACTEURS ET GROUPES DU LEADERSHIP ARCHITECT®

Cette compétence se retrouve dans Compétences d'exploitation, facteur (II). Cette compétence se retrouve dans Rester fixé sur l'objectif, groupe (D) au numéro : 50. Vous pouvez également consulter d'autres compétences dans le même facteur ou groupe pour trouver des conseils connexes.

LA CARTE

Êtes-vous lent à prendre des décisions ? Êtes-vous souvent en retard dans vos prises de décision ? Êtes-vous obligé de vous précipiter pour accomplir les choses à temps ? Êtes-vous encore en train de soupeser le pour et le contre ? Avez-vous de la difficulté à vous mouiller ? À moins d'être chanceux et d'opérer dans un créneau stable, ce genre d'attitude vous laissera loin derrière. Vous ne réagirez pas assez vite pour changer, vous n'apprendrez rien de nouveau et, à mesure que vous les faites attendre, vous irriterez les gens de plus en plus. Le succès appartient à ceux qui font preuve d'agilité. David Ulrich, un expert-conseil renommé en gestion stratégique dit que par le passé ce qui comptait c'était d'avoir raison. À présent, c'est d'être premier qui prévaut. Auparavant, les organisations ne sortaient pas de nouveau produit avant le temps, et s'assuraient d'abord que le produit était parfait ; par conséquent, il y avait un marché. De nos jours, les organisations fabriquent des produits au plus vite et les améliorent ensuite selon les réactions des clients. Il se peut que vous confondiez décisions opportunes et décisions irréfléchies, mais cela n'est pas le cas. Une décision opportune implique une décision rapide, prise dès que possible ou selon une échéance précise, mais pas irréfléchie. Des décisions opportunes et réfléchies peuvent se révéler excellentes. C'est atteindre la qualité par gradualisme.

QUELQUES SOLUTIONS

☐ **1. Êtes-vous perfectionniste ?** Vous préférez être sûr à 100 % ? Vous voulez, comme beaucoup de gens, être certain que la plupart de vos décisions sont justes ? C'est le cas pour beaucoup d'entre nous. Il est difficile pour beaucoup d'abandonner le perfectionnisme car c'est un trait de caractère généralement perçu comme positif. On s'enorgueillit de n'avoir jamais tort. Soyez lucide quant à ce qui motive votre perfectionnisme : peut-être votre besoin excessif d'information cache-t-il votre nécessité d'acquérir une plus grande confiance en vous-même en évitant de vous tromper, cela afin de déjouer les risques et de parer les critiques éventuelles. Toute personne intelligente, n'ayant aucune contrainte de temps, en plus de détenir 100 % de l'information, peut prendre une bonne décision. L'important est de savoir qui peut agir le plus rapidement et avoir le plus de succès, avec une information incomplète. Certaines études affirment que, parmi les directeurs généraux performants, les bonnes décisions n'interviennent que dans 65 % des cas. Si vous désirez être plus prompt, vous devez réduire votre besoin d'information et votre besoin de perfection. Si vous désirez être plus prompt, vous devez réduire votre besoin d'information peu à peu, chaque semaine, jusqu'à ce que vous atteigniez l'équilibre entre l'analyse trop poussée et le passage à l'acte. Exercez-vous à prendre des décisions dont les conséquences ne sont pas graves, avec peu ou pas d'information. Fiez-vous davantage à votre intuition. Votre expérience vous permet de contrôler les risques. Laissez faire votre cerveau.

☐ **2. Faites-vous traîner les choses ?** Travaillez-vous souvent dans l'urgence ? Faites-vous toujours tout à la dernière minute ? Votre capacité à tenir les délais, mais aussi la qualité et la précision de vos décisions, risquent d'en souffrir. Retards d'échéances, objectifs ratés. Si vous êtes dans ce cas, entraînez-vous à vous y prendre plus tôt. Commencez donc plus tôt. Commencez votre réflexion immédiatement après que l'on vous ait assigné une décision à prendre, vous serez ainsi plus apte à évaluer le temps total de réflexion nécessaire. Fragmentez la décision à prendre en trois ou quatre phases et prévoyez du temps afin de travailler chacune de ces phases jusqu'à l'échéance. Rappelez-vous une des lois de Murphy : Il faut 90 % du temps pour réaliser 90 % du projet et 90 % pour terminer les 10 % qui restent. Ménagez-vous toujours plus de temps que ce que vous croyez nécessaire. Mettez des repères pour évaluer la progression tout au long du parcours. Recueillez et analysez l'information disponible le plus tôt possible. N'attendez pas le dernier moment. Fixez-vous une date d'échéance qui précède d'une semaine la date réelle. *Besoin d'aide supplémentaire ? Reportez-vous à la fiche n° 47 : Savoir planifier.*

☐ **3. Vous manquez d'organisation ?** Vous n'arrivez pas à tout faire à temps ? Vous oubliez les échéances ? Vous oubliez les décisions que l'on vous a demandé de prendre ? Vous devez vous organiser lorsque vous êtes soumis à la pression et à l'incertitude. Vous ne pouvez pas prendre en temps opportun les bonnes décisions lorsqu'autour de vous c'est la débâcle. Vous devez concentrer vos priorités. Attachez-vous à ne prendre que les décisions reliées directement à votre mission. Ne vous laissez pas distraire par des décisions secondaires et des travaux de moindre importance. Soyez plus organisé et discipliné. Gardez un registre de vos décisions. Lorsque vous identifiez une décision à prendre, enregistrez-la immédiatement en spécifiant la date où elle doit être prise. Planifiez en commençant par la fin, c'est à dire par le travail nécessaire qui vous fera prendre la décision au bon moment. Si vous n'êtes pas assez méthodique dans l'organisation de votre travail et que cela diminue votre aptitude à prendre des décisions et ralentit votre capacité d'action, consultez sans tarder des ouvrages sur la gestion de la qualité totale (TQM), ISO et Six Sigma. Assistez à un atelier portant sur la planification efficace du travail. *Besoin d'aide supplémentaire ? Reportez-vous aux fiches n° 50 : Savoir définir les priorités, n° 52 : Maîtriser la gestion des processus, n° 62 : Savoir gérer son temps et n° 63 : Systèmes de gestion intégrale de la qualité (ex. TQM/ISO/Six Sigma).*

☐ **4. Trop prudent et conservateur ?** En étant plus opportuniste, vous ferez plus d'erreurs, mais vous travaillerez plus rapidement. Sortez de votre propension à tout analyser et à prendre la décision la moins risquée et passez à l'action. Qui dit opportunité dit risque d'erreur, mais aussi résultats rapides. Développez une attitude plus philosophique vis-à-vis de la critique et de l'échec. Après tout, la plupart des tentatives d'innovation échouent, de même que la plupart des efforts de changement. Tout ce qui en vaut vraiment la peine demande des efforts répétés. La meilleure attitude, dans ces cas-là, est de demander : « Que pouvons-nous apprendre de ces erreurs ? ». Questionnez-vous pour savoir si votre besoin d'être consciencieux vous permet de répondre vraiment aux exigences de rapidité et d'opportunisme reliées à votre poste. *Besoin d'aide supplémentaire ? Reportez-vous à la fiche n° 45 : Savoir apprendre.*

☐ **5. Opportunisme sélectif.** Il est courant de savoir saisir les occasions dans certains domaines (décisions budgétaires) et non dans d'autres (donner du feed-back négatif à un collaborateur). Il nous arrive parfois d'éviter systématiquement certains sujets. Créez deux colonnes. La gauche contient les sujets sur lesquels vous vous sentez aptes à prendre des décisions rapides et opportunes. Qu'est-ce que ces sujets ont en commun ? La colonne de droite est celle de nos hésitations, de nos attentes, de nos décisions toujours remises. Qu'est-ce que ces listes on en commun ? Est-ce l'argent, les personnes, les risques, la présence de la haute direction ? Essayez-vous d'éviter les détails, les stratégies ou les domaines techniques que vous détestez ou que vous connaissez mal ? Il vous reste à tenter d'appliquer vos savoir-faire de la colonne gauche dans celle de droite. Vous possédez déjà les compétences, il ne s'agit que d'aller au-delà des barrières. Si votre aptitude à faire l'exercice s'avère insuffisante, allez chercher de l'aide dans votre réseau. Allez vers les personnes qui vous semblent les plus expérimentées sur le sujet, engagez un consultant, organisez un comité ad hoc pour travailler à la résolution du problème. Pour réussir à prendre des décisions au moment qui convient, vous n'avez pas besoin d'être un expert sur le sujet, mais vous avez plutôt besoin de savoir comment accéder à cette expertise.

☐ **6. La sélectivité.** Parfois nous agissons avec à propos envers certaines personnes et nous en manquons avec d'autres. Cela dépend généralement de la qualité de la relation. Certaines personnes sont faciles d'approche, d'autres sont désagréables à côtoyer. Il y a ceux qui cherchent à aider et ceux qui profitent de la situation. Il est bien possible que vous ajustiez votre style décisionnel en fonction des personnes concernées par la décision. Parfois, on tente d'éviter ceux avec qui il est difficile de traiter en repoussant la décision jusqu'à la dernière minute, afin de ne pas se tromper ou de ne pas s'abaisser. Préparez-vous à l'avance à affronter les pires scénarios et les personnes les plus difficiles. Anticipez ce qu'elles peuvent dire et préparez des réponses pour ne pas vous laisser surprendre. En situation de conflit, limitez votre argumentation à deux ou trois points critiques que vous défendrez clairement tout en restant poli. Il s'agit de s'en tenir à l'essentiel. Il peut être avisé de lancer quelques ballons d'essai avant de prendre une décision concernant les personnes difficiles. Vous aurez parfois des retours de bâton, mais vous obtiendrez aussi plus d'information et cela pourrait vous aider au moment opportun. *Besoin d'aide supplémentaire ? Reportez-vous à la fiche n° 12 : Savoir gérer les conflits.*

☐ **7. La décision par étapes.** Considérez qu'une grande décision est constituée de plusieurs petites décisions. L'essentiel dans les décisions rapides, est de tolérer l'erreur au même titre que la pression et la critique. Prendre une décision rapidement lorsque le problème est mal défini et qu'il n'y a pas de précédents auxquels se référer, équivaut à essayer de viser une cible tout en ayant les yeux bandés. Procédez par étapes : prenez des décisions de portée limitée, obtenez du feed-back instantané, ajustez-vous, amassez un peu plus d'information, refaites un autre pas en avant en suivant la même procédure, jusqu'à ce que la grande décision soit prise. N'essayez pas de tout régler en une fois. Tentez simplement de prendre la meilleure décision sur le champ et ensuite de l'ajuster en fonction du feed-back reçu. Des études sur la résolution de problèmes démontrent que la compréhension des dynamiques sous-jacentes au problème ne peut intervenir qu'après le deuxième ou troisième essai. Vous devez donc travailler à deux niveaux : d'abord, vous commencez par de petites décisions de façon à pouvoir vous reprendre plus facilement en cas de besoin et ensuite, vous agissez le plus tôt possible au fur et à mesure que vous vous habituez à la pression.

☐ **8. Le stress et les conflits sous la pression du temps.** Certains sont revigorés sous la pression du temps, alors que chez d'autres, cela crée du stress. Dans les situations de stress, nous agissons au ralenti. Nous perdons nos repères et nous n'avons pas toutes nos capacités. Nous devenons anxieux, frustrés et colériques. Qu'est-ce qui déclenche votre réaction émotionnelle ? Essayez de noter pourquoi vous devenez anxieux lorsque vous êtes pressé par le temps. Quelles peurs refont surface ? Vous ne voulez pas faire d'erreurs. Vous craignez les conséquences imprévues. Il vous est difficile de décider à cause d'un manque de confiance. Vous craignez les conséquences imprévues. Faites volontairement autre chose. Ne revenez à votre problème que lorsque vous aurez récupéré votre contrôle. Laissez votre cerveau travailler sur le sujet pendant que vous faites quelque chose de moins risqué. *Besoin d'aide supplémentaire ? Reportez-vous aux fiches n° 11 : Avoir la maîtrise de soi et n° 107 : Manquer de sang-froid.*

☐ **9. L'annonce retardée.** Une autre tendance courante consiste à prendre une décision rapidement et à en retarder tellement l'annonce que cela devient inopportun de le faire. Dans ce cas, le problème n'est pas l'incapacité à prendre la décision, mais bien plutôt la marque d'un manque de courage et de confiance. Depuis combien de temps la décision que vous annoncez est-elle prise ? Depuis deux semaines ? Pourquoi avez-vous attendu ? Peur de la réaction ? Vous vous prépariez émotionnellement à la tempête ? Vous étiez dans l'attente du meilleur moment pour le faire ? Les gens ne changent habituellement pas leur décision, mais bien le moment où ils vont annoncer ce qu'ils ont décidé. Si vous désirez faire une vérification pour votre propre cas, écrivez les décisions que vous pourriez prendre immédiatement, d'une part, et celles que vous prévoyez de prendre et d'annoncer dans l'avenir, d'autre part. Les deux groupes de décisions se ressemblent-ils ? Si c'est le cas, vous avez peut-être ce problème. En prenant pour acquis que la pression et les critiques seront les mêmes, peu importe le moment, annoncez votre décision dès que vous la prenez. Pourquoi attendre ? S'il n'y a aucune donnée significative dans les critiques qui vous sont éventuellement faites, vous pouvez donc annoncer vos décisions au fur et à mesure.

☐ **10. Vous hésitez devant les réactions des autres et leur résistance ?** Les conflits ont tendance à ralentir le rythme de votre travail ? Les conflits ébranlent votre confiance en vos décisions ? Vous en arrivez à douter de vos décisions ? Abandonnez-vous trop rapidement ? Vous tentez de satisfaire tout le monde ? Préparez-vous. Cernez le problème, considérez les options, choisissez-en une et bâtissez une argumentation autour. Refaites le même exercice pour chacune des options. Soyez prêt à défendre votre choix ; anticipez les questions, les oppositions, l'impact de la décision sur les gens. Écoutez attentivement, encouragez la critique de vos idées et réévaluez-les en fonction des informations recueillies. Autrement, maintenez votre position. Êtes-vous un inquiet permanent ? Que peut-il arriver ? Qu'est-ce qui peut poser problème ? Cela tourne-t-il à l'obsession ? Essayez ces deux techniques. Écrivez tout ce qui vous préoccupe. C'est en général difficile de remplir une page. Répartissez vos inquiétudes en autant de catégories concernées. Maintenant, notez le pour et le contre de chaque inquiétude. Les soucis sont légitimes, à condition que vous preniez en compte l'autre aspect des choses. Toute décision a ses avantages et ses inconvénients.

You'll never have all the information you need to make a decision.
If you did, it would be a foregone conclusion, not a decision.
– David J. Mahoney, Jr., American corporate executive

LECTURES CONSEILLÉES

Badaracco, Joseph L., Jr. *Leading Quietly.* Boston: Harvard Business School Press, 2002.

Carrison, Dan. *Deadline! How Premier Organizations Win the Race Against Time.* New York: AMACOM, 2003.

Gartner, Scott Sigmund. *Strategic Assessment in War.* New Haven, CT: Yale University Press, 1999.

Hammer, Michael. *The Agenda: What Every Business Must Do to Dominate the Decade.* New York: Crown Business Publishing, 2001.

Holland, Winford E. Dutch. *Change Is the Rule: Practical Actions for Change: On Target, on Time, on Budget.* Chicago: Dearborn Trade Publishing, 2000.

Jennings, Jason and Laurence Haughton. *It's Not the Big That Eat the Small...It's the Fast That Eat the Slow.* New York: HarperCollins, 2001.

Klein, Gary. *Sources of Power: How People Make Decisions.* Boston: MIT Press, 1999.

Maihafer, Harry J. *Brave Decisions: Moral Courage From the Revolutionary War to Desert Storm.* Washington, DC: Batsford Brassey, Inc., 1999.

McGee, Kenneth. *Heads Up: How to Anticipate Business Surprises and Seize Opportunities First.* Boston: Harvard Business School Press, 2004.

Muirhead, Brian K. and William L. Simon. *High Velocity Leadership—The Mars Pathfinder Approach to Faster, Better, Cheaper.* New York: HarperBusiness, 1999.

Murnighan, John Keith and John C. Mowen. *The Art of High-Stakes Decision-Making: Tough Calls in a Speed-Driven World.* New York: John Wiley & Sons, Inc., 2002.

Russo, J. Edward and Paul J.H. Schoemaker with Margo Hittleman. *Winning Decisions: Getting It Right the First Time.* New York: Currency, 2002.

Wall, Stephen J. *On the Fly: Executing Strategy in a Changing World.* New York: John Wiley & Sons, Inc., 2004.

Watkins, Michael. *The First 90 Days: Critical Success Strategies for New Leaders at All Levels.* Boston: Harvard Business School Press, 2003.

17 PRENDRE DES DÉCISIONS DE QUALITÉ

No amount of sophistication is going to allay
the fact that all your knowledge is about the past and
all your decisions are about the future.
– Ian E. Wilson, Chairman, General Electric Corp.

COMPÉTENCE NON MAÎTRISÉE

- ☐ Émet des jugements trop rapides et saute trop vite aux conclusions ou aux solutions, avant toute analyse
- ☐ Ne se fie souvent qu'à soi-même, sans demander d'aide
- ☐ Peut s'emballer et se montrer affectif au moment de prendre une décision
- ☐ N'applique pas un processus rationnel, logique ni méthodique dans sa prise de décision
- ☐ Peut tirer hâtivement des conclusions par étroitesse de vue ou sous l'influence de préjugés ou de solutions déjà essayées dans le passé
- ☐ Ne prend pas le temps de définir le problème avant de décider
- ☐ Peut avoir du mal face à la complexité
- ☐ Peut trop attendre et fignoler à l'excès pour éviter tout risque d'erreur
- ☐ Peut opter pour une décision spectaculaire quand plusieurs décisions plus modestes auraient été appropriées

Sélectionnez dans la liste ci-dessous une à trois compétences comme compétence de remplacement si vous décidez de ne pas travailler directement sur cette dernière.

SUBSTITUTS : 5,12,24,30,32,46,47,50,51,53,58

COMPÉTENCE MAÎTRISÉE

- ☐ Prend des décisions adaptées (sans considération du temps qu'il faut pour y arriver) en se basant sur l'analyse, l'expérience et le jugement
- ☐ La plupart de ses solutions et de ses suggestions s'avèrent bonnes et pertinentes dans la durée
- ☐ Ses collègues recherchent ses conseils et ses solutions

COMPÉTENCE UTILISÉE À L'EXCÈS

- ☐ Peut se percevoir comme quelqu'un de supérieurement avisé ou presque parfait, qui ne peut pas faire ou ne fait pas d'erreurs
- ☐ Semble têtu et peu disposé à négocier ou faire des compromis
- ☐ Semble contrarié quand son avis n'est pas retenu
- ☐ N'est pas très communicatif avec les personnes qui ont moins besoin de données

Sélectionnez dans la liste ci-dessous une à trois compétences sur laquelle vous devrez travailler pour compenser son utilisation excessive.

COMPENSATEURS : 2,5,12,16,30,32,33,37,45,51,52,58,61,63

QUELQUES CAUSES

- ☐ Faire preuve de suffisance
- ☐ Excessivement émotif ; évite de prendre des risques et de se mettre au premier plan
- ☐ Raisonnement erroné
- ☐ Impatient ; n'attend pas de disposer des données
- ☐ Vision étroite
- ☐ Perfectionniste ; attend trop longtemps de disposer de toutes les données
- ☐ Fait preuve de préjugés ; solutions préconçues ; rigide
- ☐ Veut tout faire par soi-même ; ne demande pas d'aide

FACTEURS ET GROUPES DU LEADERSHIP ARCHITECT®

Cette compétence se retrouve dans Compétences stratégiques, facteur (I). Cette compétence se retrouve dans Prendre des décisions complexes, groupe (B) aux numéros : 30, 32, 51. Vous pouvez également consulter d'autres compétences dans le même facteur ou groupe pour trouver des conseils connexes.

LA CARTE

La vie et le travail ne sont qu'une série de grandes et petites décisions suivies d'actions correspondantes. Les bonnes décisions sont fondées sur un mélange de données, d'analyse, d'intuition, de sagesse, d'expérience et de jugement. Prendre de bonnes décisions exige que l'on soit assez patient pour recueillir les données disponibles, assez humble pour demander les opinions et les conseils des autres et capable ensuite de prendre froidement une décision. Personne n'a raison tout le temps. Ce qui compte, c'est le pourcentage de bonnes décisions prises sur une période donnée.

17

QUELQUES SOLUTIONS

- ☐ **1. Découvrez vos a priori.** Vous voyez-vous tel que vous êtes, avec vos valeurs, vos attitudes, vos opinions, vos préjugés et vos solutions préférées ? Nous en avons tous. La finalité est d'empêcher qu'ils interfèrent dans les prises de décision qui doivent rester rationnelles. Avant de prendre une décision importante, demandez-vous si ces a priori vous influencent. Faites-vous preuve de favoritisme, prenez-vous rapidement des décisions dans certains domaines, alors que vous hésitez longuement dans certains autres ? Évitez-vous certains secteurs, groupes de gens ou situations parce que vous n'êtes pas à l'aise ou que vous ne les connaissez pas ? Réutilisez-vous souvent les mêmes solutions ? Trop souvent ?
- ☐ **2. Méfiez-vous de ces erreurs courantes de jugement :** Considérez-vous vos opinions ou vos présomptions comme des faits ? Êtes-vous certain que cette affirmation corresponde à une réalité ? Émettez-vous vos opinions ou présomptions pour ce qu'elles sont et non comme des faits ? Établissez-vous des

liens de cause à effet, sans être sûr que l'un est vraiment la cause de l'autre ? Par exemple, si les ventes sont en baisse, que l'on augmente les budgets de publicité et que les ventes augmentent par la suite, cela ne prouve pas forcément que l'augmentation du budget de publicité ait provoqué la hausse des ventes. On peut seulement en conclure qu'ils sont reliés. Autre exemple : si l'on sait que la relation entre les ventes et les budgets de publicité est semblable à celle entre les ventes et le nombre de collaborateurs dans l'entreprise, s'il survenait une baisse des ventes, on n'engagerait probablement pas de nouveaux collaborateurs avant d'avoir tenté de faire mieux avec le personnel en place. Avez-vous tendance à généraliser à partir d'un cas unique, sans savoir si ce cas s'applique de façon générale ?

☐ **3. Analysez-vous suffisamment la situation ?** Définissez le problème en profondeur. Trouvez les causes du problème. Demandez-vous sans cesse « pourquoi ». Trouvez toutes les causes possibles et voyez en combien de catégories vous pouvez les regrouper. Cela augmente la probabilité d'arriver à une solution efficace, car il est possible de mieux discerner les interrelations. Ne vous contentez pas de recueillir l'information, cherchez des similarités dans les données. Classez-les dans des catégories qui vous conviennent. Une règle de bon sens est d'analyser les tendances et les causes pour obtenir différentes solutions possibles. Le piège à éviter, en revanche, est de se contenter d'amasser de l'information pour augmenter notre confiance mais pas nécessairement la justesse de nos décisions. Discutez de la situation avec d'autres et voyez comment ils la perçoivent. Des études démontrent que la définition du problème et le passage à l'action se font souvent de façon simultanée. Ainsi, si une alternative valable se présente, vous serez en mesure de la reconnaître immédiatement.

☐ **4. Faites une analyse historique.** Analysez objectivement vos décisions antérieures afin d'établir votre pourcentage de succès. Séparez vos décisions par sujet. La plupart d'entre nous prennent de meilleures décisions dans certains domaines précis. Votre capacité à prendre de bonnes décisions doit peut-être s'améliorer dans un ou deux secteurs tels que les décisions concernant vos collaborateurs, votre carrière, des décisions politiques, etc.

☐ **5. Sachez ne pas agir trop vite.** La vie est une continuelle alternance d'attente et d'action. Bien des responsables de service privilégient l'action par rapport à l'attente. La plupart des gens sont capables de prendre de bonnes décisions dans 100 % des cas, en ayant toute l'information et sans contrainte de temps. Malheureusement, la vie ne nous accorde souvent ni le temps, ni toutes les données. Vous aurez donc parfois à vous conditionner pour savoir attendre l'information. Attendez chaque fois d'avoir un peu plus d'information jusqu'à ce que votre taux de réussite soit acceptable. Au lieu de vous contenter d'agir, cherchez à quelles questions il serait bon de répondre avant de prendre la décision. Lors d'une étude sur la résolution de problèmes, les affirmations et les solutions ont été huit fois plus nombreuses que les questions. Il arrive souvent aussi que nous trouvions des solutions à travers notre expérience. Donc rassemblez de l'information pour répondre à ces questions, puis lancez-vous et répondez. *Besoin d'aide supplémentaire ? Reportez-vous à la fiche n° 51 : Maîtriser la résolution de problèmes.*

☐ **6. Vous avez peut-être parfois raison d'hésiter avant de prendre une décision.** Imaginez auparavant ce que pourraient être les conséquences de votre décision dans la réalité. Testez un certain nombre de vos décisions. Certaines recherches démontrent que la bonne décision n'est pas toujours la première qui émerge ; elle se situerait plutôt entre la deuxième et la troisième à laquelle vous penserez. Il peut arriver aussi que vous hésitiez parfois parce qu'une petite voix, quelque part, vous dit que quelque chose ne va pas.

☐ **7. La nuit porte conseil.** Votre cerveau travaille sur le sujet même dans les moments où vous n'y pensez pas. Prenez du recul, adonnez-vous à des activités totalement différentes et remettez la décision à plus tard. Laissez les choses s'organiser durant votre sommeil et le matin, revenez sur le sujet.

☐ **8. Faites-vous aider.** Sachez déléguer éventuellement la décision. Parfois un collègue, un supérieur ou un collaborateur peut être dans une meilleure position que vous pour prendre la décision. Créez un comité ou un groupe de travail, présentez-leur la décision à prendre ainsi que toute l'information dont vous disposez et laissez le groupe prendre la décision. Vous pouvez aussi faire travailler deux groupes distincts sur la même décision, trouver à l'intérieur d'autres organisations des personnes qui font face à la même situation, ou encore vous référer aux décisions prises dans le passé, car ce n'est sûrement pas la première fois qu'une telle situation se produit. De toute façon, l'union fait la force.

☐ **9. Inspirez-vous de ceux qui ont fait la preuve qu'ils savaient prendre des décisions.** Qui admirez-vous : Bill Gates ? Winston Churchill ? Lisez la biographie et l'autobiographie de quelques personnages que vous respectez en portant attention à la façon dont ils prenaient leurs décisions. Écrivez cinq choses qu'ils ont faites que vous pouvez faire vous aussi. Par exemple Churchill dormait toujours avant de prendre n'importe quelle décision. Au départ, il posait seulement des questions et essayait de comprendre le problème et les arguments qu'il avait recueillis. Il gardait ses opinions pour plus tard.

☐ **10. Trouvez un décideur modèle.** Trouvez quelqu'un dans votre entourage qui sache prendre les décisions comme vous aimeriez le faire et demandez-lui comment il procède. Étudiez ensemble plusieurs processus de prise de décision. Tentez de dégager les questions posées, les principes suivis, dans quelle mesure il dépend de l'avis des autres, comment il consulte les données historiques pour trouver des parallèles, en un mot, comment il chemine dans des domaines qui lui sont inconnus.

Good judgment comes from experience. And where does experience come from? Experience comes from bad judgment.
– Mark Twain

LECTURES CONSEILLÉES

Bazerman, Max H. *Judgment in Managerial Decision Making.* New York: John Wiley & Sons, Inc., 2002.

Bernstein, Peter L. *Against the Gods: The Remarkable Story of Risk.* New York: John Wiley, 1996.

Driver, Michael J., Philip Hunsaker and Kenneth R. Brousseau. *The Dynamic Decision Maker.* New York: Harper & Row, 1998.

Drucker, Peter F. et al. *Harvard Business Review on Decision Making.* Boston: Harvard Business School Press, 2001.

Drummond, Helga. *The Art of Decision Making.* New York: John Wiley & Sons, Inc., 2001.

Guy, Alexander K. *Balanced Scorecard Diagnostics: Maximizing Performance Through the Dynamic Decision Framework.* New York: John Wiley & Sons, Inc., 2004.

Hammond, John S., Ralph L. Keeney and Howard Raiffer. *Smart Choices.* Boston: Harvard University Press, 1999.

Hoch, Stephen J., Howard C. Kunreuther and Robert E. Gunther (Eds.). *Wharton on Making Decisions.* New York: John Wiley & Sons, Inc., 2001.

Klein, Gary. *The Power of Intuition: How to Use Your Gut Feelings to Make Better Decisions at Work.* New York: Currency, 2004.

Nagle, Thomas T. and Reed K. Holden. *The Strategy and Tactics of Pricing: A Guide to Profitable Decision Making.* Upper Saddle River, NJ: Prentice Hall, 2002.

Nutt, Paul C. *Why Decisions Fail: Avoiding the Blunders and Traps That Lead to Decision Debacles.* San Francisco: Berrett-Koehler Publishers, Inc., 2002.

Patton, Bobby R. and Timothy M. Downs. *Decision-Making Group Interaction: Achieving Quality.* Boston: Allyn & Bacon, 2002.

Roth, Byron M. and John D. Mullen. *Decision Making: Its Logic and Practice.* Lanham, MD: Rowman & Littlefield, 2002.

Seglin, Jeffrey L. *The Right Thing: Conscience, Profit and Personal Responsibility in Today's Business.* Rollinsford, NH: Spiro Press, 2003.

Wackerle, Frederick W. *The Right CEO: Straight Talk About Making Tough CEO Selection Decisions.* San Francisco: Jossey-Bass, Inc., 2001.

Welch, David A. *Decisions, Decisions: The Art of Effective Decision Making.* Amherst, NY: Prometheus Books, 2001.

Williams, Steve W. *Making Better Business Decisions.* Thousand Oaks, CA: Sage Publications, 2001.

Yates, J. Frank. *Decision Management: How to Assure Better Decisions in Your Company.* San Francisco: Jossey-Bass, Inc., 2003.

18 SAVOIR DÉLÉGUER

I not only use all the brains I have, but all I can borrow.
– Woodrow Wilson

COMPÉTENCE NON MAÎTRISÉE

- ☐ Ne croit pas à la délégation ou ne s'y fie pas
- ☐ Ne fait pas assez confiance à ses collaborateurs directs et aux autres
- ☐ Préfère faire le travail lui-même ou se réserve le plus intéressant
- ☐ Ne veut pas ou ne sait pas comment confier des pouvoirs
- ☐ Peut accepter de déléguer mais partiellement et en contrôlant de près
- ☐ Peut déléguer des tâches mais pas ses pouvoirs
- ☐ Peut attribuer les tâches comme elles se présentent, sans véritable logique de répartition du travail entre lui et les autres
- ☐ Semble simplement attribuer des tâches à ses collaborateurs ; n'explique pas dans quel cadre global elles s'inscrivent

Sélectionnez dans la liste ci-dessous une à trois compétences comme compétence de remplacement si vous décidez de ne pas travailler directement sur cette dernière.

SUBSTITUTS : 7,19,20,21,23,27,33,35,36,39,47,56,60,64

COMPÉTENCE MAÎTRISÉE

- ☐ Délègue clairement et facilement des tâches et des décisions de routine ou d'importance
- ☐ En partage largement à la fois la responsabilité et le crédit
- ☐ Fait confiance à ses collaborateurs
- ☐ Laisse ses collaborateurs directs et les autres aller jusqu'au bout du travail dont ils sont responsables

COMPÉTENCE UTILISÉE À L'EXCÈS

- ☐ Peut avoir tendance à trop déléguer sans donner les directives nécessaires ni apporter une aide suffisante
- ☐ Peut avoir des attentes irréalistes par rapport aux capacités de ses collaborateurs directs et des autres, ou bien trop structurer les tâches et les décisions avant de les déléguer, au point de limiter la part des contributions personnelles
- ☐ Semble ne pas en faire suffisamment lui-même

Sélectionnez dans la liste ci-dessous une à trois compétences sur laquelle vous devrez travailler pour compenser son utilisation excessive.

COMPENSATEURS : 7,19,20,21,23,33,35,36,57,60,63,64

QUELQUES CAUSES

- ☐ Délègue mais ne fait aucun suivi
- ☐ Délègue en imposant les tâches aux autres
- ☐ Délègue par petits bouts
- ☐ Ne sait pas développer le potentiel de ses collaborateurs
- ☐ Garde presque tout pour lui-même
- ☐ Pas de plan de travail
- ☐ Pas de confiance en autrui
- ☐ Style de management trop autoritaire
- ☐ Trop occupé
- ☐ Contrôle de manière excessive

FACTEURS ET GROUPES DU LEADERSHIP ARCHITECT®

Cette compétence se retrouve dans Compétences d'exploitation, facteur (II). Cette compétence se retrouve dans Accomplir le travail en déléguant, groupe (F) aux numéros : 19, 20, 27, 35. Vous pouvez également consulter d'autres compétences dans le même facteur ou groupe pour trouver des conseils connexes.

LA CARTE

Accumulez-vous les tâches pour ne garder que les meilleures pour vous ? Jetez-vous les tâches aux gens sans plan général ni suivi ? Pratiquez-vous la microgestion parce que vous n'avez pas confiance dans les performances des autres ? À moins que vous ne puissiez faire tout le travail de votre unité à vous seul, les performances et le moral de celle-ci risquent d'en souffrir tant que vous n'aurez pas appris à déléguer les tâches.

QUELQUES SOLUTIONS

☐ **1. Pourquoi déléguer ?** Jusqu'à quel point êtes-vous occupé ? Vous ne pouvez accomplir tout ce que vous aimeriez ? Votre supérieur vous en demande encore plus ? Vous n'avez pas de temps de réfléchir, de planifier à long terme ni d'élaborer des stratégies ? Votre semaine de travail s'allonge ? Vous travaillez le samedi ? Vous transportez le bureau à la maison ? Votre famille se demande si vous vivez encore avec elle ? Vous remettez vos vacances à plus tard ? Si cela vous semble familier, bienvenue au sein de la majorité des managers. Le temps est la ressource la plus précieuse. En fait, nous n'en avons jamais assez. Une des raisons principales ? Les managers en font trop eux-mêmes. Les principaux remèdes sont décrits comme : la gestion efficace de son propre temps, l'établissement de meilleures priorités, l'organisation efficace du travail et la délégation. La délégation libère du temps. La délégation motive et développe les collaborateurs. La délégation permet d'accomplir davantage de travail. Apprendre à déléguer fait partie des principaux éléments à maîtriser lors du passage du rôle d'exécutant à celui de cadre de premier niveau. Lisez le livre *Becoming a manager* de Linda A. Hill, afin de comprendre comment cela devrait se passer. Remarquez l'utilisation du terme « devrait » car plusieurs cadres de haut niveau n'ont pas encore appris à déléguer. Ils procèdent généralement en faisant ce qui relève du niveau tactique et gardent tout ce qui relève du niveau stratégique pour la fin. De plus, ils n'ont pas le temps de développer leurs collaborateurs, d'où leur hésitation à déléguer, car leurs collaborateurs ne sont pas assez efficaces... Vous ne pouvez atteindre votre plein potentiel tant que vous n'apprenez pas à déléguer davantage et mieux.

☐ **2. Comment déléguer ?** Communiquez, fixez les délais et les objectifs et ensuite retirez-vous. Vos collaborateurs ont besoin de savoir ce que vous attendez d'eux, à quoi ressemble le résultat final à atteindre, quelle est la date limite, quel est le budget, quelles ressources sont allouées, quel est le niveau d'autonomie dont ils disposent, quels sont les points de contrôle que vous placez sur la route et de quelle façon, ensemble, vous pouvez évaluer si le résultat est suffisamment bon. L'un des problèmes les plus courants avec la délégation est la mauvaise communication dès le départ. Elle cause des frustrations, du travail mal fait lors du premier essai, l'obligation de devoir recommencer et une réticence à déléguer dans le futur. Les piètres communications consomment toujours plus de temps à cause de ces reprises incessantes qu'elles entraînent. Faites une analyse des projets récents qui se sont bien déroulés, comme de ceux qui ont échoué. Comment aviez-vous délégué ? Trop ? Pas assez ? Ce qui ne vous intéressait pas ? En attribuant des responsabilités énormes ? En distribuant correctement la charge de travail ? Avez-vous établi des points de contrôles ? Avez-vous été autoritaire ou laxiste ? Essayez de déterminer quelles sont vos meilleures méthodes. Établissez une liste de méthodes de délégation qui peuvent être utilisées comme si vous n'étiez pas là. De quoi devez-vous être informé ? Quels circuits de feed-back les personnes peuvent utiliser pour corriger le tir à mi-parcours ? Quelles questions doivent trouver une réponse au fur et à mesure que le projet avance ? Quelles sont les étapes à suivre ? Quels critères doivent être mis en œuvre ? Quand serez-vous en mesure d'apporter votre soutien ? *Besoin d'aide supplémentaire ? Reportez-vous aux fiches n° 27 : Savoir informer et n° 35 : Savoir gérer et établir des indicateurs de performance.*

☐ **3. Allez-y avec davantage de « quoi », de « pourquoi » et moins de « comment ».** La meilleure façon de déléguer est d'être très clair sur ce qui est à faire, la date de réalisation et d'être plus ouvert quant à la manière de faire. On est plus motivé lorsqu'on peut choisir la façon de procéder. Ceux qui n'ont pas l'expérience de la délégation indiquent comment faire, ce qui fait que leur personnel se comporte davantage en automates qu'en collaborateurs enthousiastes. Dites-leur quoi et quand et laissez-leur découvrir comment par eux-mêmes. Donnez-leur la liberté d'action. Encouragez-les à essayer. En plus d'être plus motivant, cela devient aussi formateur pour eux. Expliquez-leur le contexte ou la situation globale où s'insère le travail à accomplir. Les gens sont motivés s'ils sont conscients du contexte. Prenez quelques minutes supplémentaires pour expliquer pourquoi ce travail doit être fait et son importance pour l'atteinte des buts et des objectifs de l'unité.

☐ **4. Déléguer quoi ?** Déléguez autant que vous le pouvez. Déléguez aussi l'autorité que requiert l'exécution de la tâche. Déléguez la tâche au complet plutôt que certaines de ses parties car les gens sont davantage motivés par la réalisation d'une tâche complète. Déléguez toutes les tâches que les autres peuvent faire. Déléguez ce que vous ne faites pas bien. Déléguez ce qui est du niveau tactique et conservez ce qui est du niveau stratégique. Déléguez le court terme et conservez le long terme. Une façon efficace de procéder consiste à demander à vos collaborateurs : « Parmi les tâches que j'exécute, quelles sont celles pour lesquelles je peux obtenir votre aide, quelles sont celles que vous pouvez faire avec un peu d'aide de ma part et celles que vous pouvez exécuter de façon autonome ? Parmi les tâches que vous faites, quelles sont celles que je peux exécuter plus rapidement ou plus efficacement que vous » ? Vous ne serez sûrement pas d'accord avec toutes les propositions, mais si vous ne possédez pas une capacité naturelle à déléguer, ces questions vous permettront de vous améliorer à 50 %. À chaque fois que vous ferez l'exercice, prenez une ou deux de ces suggestions et suivez-les.

☐ **5. À qui déléguer ?** À ceux qui sont capables d'exécuter ce que vous désirez, ainsi qu'à ceux qui en sont presque capables. La plupart des managers déclarent qu'ils ne peuvent déléguer car leurs subalternes ne sont pas assez compétents, qu'ils sont incapables d'accomplir le travail. Et si nous leur demandons à quoi est due cette situation, ils répondent avoir hérité d'un personnel déficient de leur prédécesseur. Nous leur demandons : pourquoi ne pas vous débarrasser des pires éléments et en embaucher de meilleurs ? Ils disent ne pas pouvoir le faire parce que les dirigeants et les services des ressources humaines les en empêcheraient. (Et quand nous demandons aux services concernés si tel est le cas, ils nous disent qu'ils ne s'y opposent généralement pas, dans la mesure où il y a respect des règles). Où encore les managers disent ne pas pouvoir se permettre d'avoir un poste vacant avec tout le travail à faire en ce moment. Nous leur répondons que s'ils ont de si mauvais collaborateurs, qu'est-ce que cela changerait de les perdre ? Vous ne pouvez, et ne devriez pas, déléguer à de mauvais collaborateurs, à moins que vous ne le fassiez pour leur développement ou pour les motiver. D'un autre côté, vous ne réglerez jamais votre problème tant que vous ne remplacerez pas vos collaborateurs incompétents par de bons éléments. Lisez le chapitre où Covey traite de l'affûtage de sa scie dans son livre *Les sept habitudes de ceux qui réalisent tout ce qu'ils entreprennent*. Une personne s'approche d'un bûcheron qui scie un gros arbre à l'aide d'une scie à main. Il transpire et est à bout de souffle. Son travail avance lentement, très lentement. La personne demande au bûcheron pourquoi son travail est si ardu, et le bûcheron lui répond que sa scie est émoussée. La personne lui demande alors pourquoi il ne s'arrête pas pour l'affûter et le bûcheron réplique en lui disant qu'il ne peut se permettre d'arrêter faute de temps. Si votre scie (vos collaborateurs directs) n'est pas assez aiguisée, imaginez-vous dans le rôle d'un professeur. Quelle est la première chose vous venant à l'esprit pour les amener à penser de façon plus productive à leur travail, pour qu'ils pensent de la même façon que vous ? Expliquez votre raisonnement. Le rôle d'entraîneur ou de professeur consiste à montrer aux autres comment penser comme vous pensez. Si vous leur donnez des solutions, vous réussirez au mieux à les rendre plus dépendants. Vous aurez d'abord à expliquer le déroulement de votre pensée. Pour cela vous exécuterez une tâche avec eux, en réfléchissant à voix haute. Qu'est-ce qui vous semble important ? Comment faites-vous pour savoir ? Quelles questions vous posez-vous mentalement ? Quelles étapes suivez-vous ? Pourquoi cette solution est-elle meilleure que les autres ? *Besoin d'aide supplémentaire ? Reportez-vous aux fiches n° 13 : Faire face aux problèmes de performance de ses collaborateurs directs et n° 25 : Savoir recruter et bien s'entourer.*

☐ **6. Déléguer pour combien de temps ?** Donnez plus de temps qu'il ne vous en faudrait à vous-même. C'est un autre problème courant. Les managers donnent des délais de réalisation basés sur leurs propres capacités et sur leur expérience. Pour bien des raisons, il est vraisemblable que le manager peut mieux accomplir la tâche et en moins de temps. Mais rappelez-vous lorsque vous avez commencé à apprendre ce travail, combien de temps cela vous a-t-il pris pour être à l'aise ? Avez-vous apprécié qu'une autre personne regarde par-dessus votre épaule ? Établissez une date limite réaliste en accord avec la personne à qui vous déléguez la tâche. Dans le cadre d'un projet, déléguez la tâche bien avant le moment où vous l'auriez normalement débutée vous-même. *Besoin d'aide supplémentaire ? Reportez-vous à la fiche n° 47 : Savoir planifier.*

☐ **7. Adapter.** Tous vos collaborateurs ont des compétences et des aptitudes différentes. Ceux qui savent déléguer adaptent l'étendue et la complexité des tâches aux capacités de chaque personne. La délégation doit se faire de façon équitable, mais elle doit aussi s'adapter à ceux à qui l'on délègue. Bien des managers ne délèguent qu'à la toute dernière minute, avec le risque de déléguer une tâche qui dépasse les capacités de la personne. Impliquez chaque personne dans la définition de l'importance des tâches. Parlez à vos collaborateurs. Posez-leur la question. La plupart choisiront judicieusement. *Besoin d'aide supplémentaire ? Reportez-vous à la fiche n° 56 : Savoir juger les autres.*

☐ **8. Suivez l'évolution des tâches déléguées.** Faites-vous du « micro-management ? ». Si vous regardez constamment par-dessus l'épaule de votre collaborateur, vous ne déléguez pas. Une tâche correctement expliquée et déléguée ne requiert pas un suivi constant. Si vous devez assurer un suivi, établissez des points de contrôle à des moments précis, comme le lundi à 15 h 00, lorsqu'une tranche précise du travail est accomplie, par exemple 10 %, ou qu'une étape est franchie, comme lorsque la première ébauche est faite. Soyez disponible au cas où l'on aurait besoin de votre aide, mais ne vous immiscez pas. N'intervenez que si les conditions de l'entente ne sont pas suivies ou que les résultats ne sont pas à la hauteur. Il est bon de mettre l'accent sur le travail et non sur la personne. Laissez vos collaborateurs finir leurs tâches.

☐ **9. La délégation comme outil de développement.** Vos collaborateurs n'évoluent réellement que lorsque leur sont assignées des tâches connexes complètes, avec une partie à faire qu'ils ne connaissent pas. 70 % du développement des managers performants est dû à la réalisation (dans leur intégralité) de tâches et travaux connexes. Celui qui ne sait pas déléguer parce que ses collaborateurs ne sont pas assez compétents ne trouvera pas de solution tant qu'il aura cette perception. Faire la majorité du travail vous-même est une mauvaise stratégie à long terme et ne résoudra jamais le problème.

☐ **10. Pourquoi ne pas déléguer ?** Vous êtes du genre perfectionniste ? Vous voulez que tout soit conforme à vos plans ? Avez-vous des attentes irréalistes vis-à-vis des autres ? On a fait de vous un leader parce que vous êtes probablement plus apte à faire le travail que la plupart des autres membres de votre équipe. Vous sentez-vous coupable en déléguant un travail difficile ? Vous gardez-vous des tâches parce que vous craignez de donner trop de travail à vos collaborateurs ? Ils auraient dû travailler tard ou venir au bureau le week-end pour terminer ? La plupart des gens aiment être occupés et actifs. Si vous pensez que leur charge est trop lourde, posez-leur d'abord la question. *Besoin d'aide supplémentaire ? Reportez-vous à la fiche n° 36 Savoir motiver.* Voulez-vous prendre le risque ? S'ils n'atteignent pas les objectifs, vous en subirez les conséquences. La mauvaise délégation peut aussi avoir des répercussions sur vous. Êtes-vous un exécutant avec des habits de superviseur ? En réalité, vous préférez peut-être faire les choses vous-même et le fait d'avoir des collaborateurs ne fait que vous en empêcher. Si tel est le cas, vous devriez réévaluer vos orientations professionnelles ? *Besoin d'aide supplémentaire ? Reportez-vous à la fiche n° 6 : Avoir de l'ambition.*

Next to doing a good job yourself, the greatest joy is in having someone else do a first-class job under your direction.
– William Feather, American author and publisher

LECTURES CONSEILLÉES

Allen, David. *Getting Things Done: The Art of Stress-Free Productivity.* New York: Penguin Books, 2003.

Bossidy, Larry, Ram Charan and Charles Burck (Contributor). *Execution: The Discipline of Getting Things Done.* New York: Crown Business Publishing, 2002.

Covey, Stephen R. *The Seven Habits of Highly Effective People* [sound recording]. New York: Covey, 2001.

Genett, Donna M. *If You Want It Done Right, You Don't Have to Do It Yourself! The Power of Effective Delegation.* Sanger, CA: Quill/HarperCollins, 2003.

Ginnodo, Bill. *The Power of Empowerment.* Arlington Heights, IL: Pride Publications, Inc., 1997.

Loehr, Jim and Tony Schwartz. *The Power of Full Engagement: Managing Energy, Not Time, Is the Key to High Performance and Personal Renewal.* New York: The Free Press, 2003.

Nelson, Robert B. *Empowering Employees Through Delegation.* Burr Ridge, IL: Irwin Professional Publishing, 1994.

19 DÉVELOPPER LES COMPÉTENCES DE SES COLLABORATEURS DIRECTS ET DES AUTRES

Facteur II : Compétences d'exploitation Groupe F : Accomplir le travail en déléguant II – F

Treat people as if they were what they ought to be and
you help them to become what they are capable of being.
– Goethe

COMPÉTENCE NON MAÎTRISÉE

- ☐ N'aide pas ses collaborateurs à se former et ne les fait pas progresser
- ☐ Très axé sur l'action et les résultats immédiats, ne prend pas le temps de penser au long terme
- ☐ N'a pas de temps à consacrer au développement des compétences pour préparer l'avenir et considère que ce n'est pas son travail
- ☐ Ne peut se résoudre à déléguer un travail exigeant et risqué
- ☐ Considère que le développement personnel consiste à prendre des cours ; saisit mal ce qui sous-tend son processus
- ☐ Ne sait pas comment on fait pour former et développer ses collaborateurs, ne les pousse pas à se perfectionner et n'a pas avec eux d'entretiens sur leurs aspirations
- ☐ Choisit des collaborateurs opérationnels tout de suite, plutôt que d'avoir à les former
- ☐ Ne soutient pas ni ne coopère avec les structures de formation de son organisation

Sélectionnez dans la liste ci-dessous une à trois compétences comme compétence de remplacement si vous décidez de ne pas travailler directement sur cette dernière.

SUBSTITUTS : 7,10,13,18,20,27,33,35,36,56,60,64

COMPÉTENCE MAÎTRISÉE

- ☐ Sait attribuer à ses collaborateurs des tâches et des activités stimulantes
- ☐ A régulièrement des entretiens avec eux sur leur progression
- ☐ Connaît les objectifs de carrière que chacun d'eux poursuit
- ☐ Construit des plans de développement motivants et les réalise
- ☐ Sait convaincre ses collaborateurs d'accepter les changements qui vont les faire progresser
- ☐ Est prêt à guider ceux de ses collaborateurs qui ont besoin d'aide
- ☐ Sait coopérer avec les structures de formation de son entreprise
- ☐ Sait tirer le meilleur de chacun ; sait aider les gens à « se construire »

19

COMPÉTENCE UTILISÉE À L'EXCÈS

☐ A tendance à se concentrer sur le développement des capacités de certains de ses collaborateurs au détriment du reste de l'équipe
☐ Semble créer des injustices dans le travail dans la mesure où les tâches difficiles sont morcelées
☐ Peut être trop optimiste quant au potentiel de développement de ses collaborateurs
☐ A tendance à embrasser la dernière méthode de développement personnel à la mode dans son organisation même si cette méthode est inadaptée au collaborateur visé

Sélectionnez dans la liste ci-dessous une à trois compétences sur laquelle vous devrez travailler pour compenser son utilisation excessive.

COMPENSATEURS : 7,12,18,20,21,23,25,35,36,47,54,56

QUELQUES CAUSES

☐ Ne croit pas vraiment que les gens puissent se développer
☐ N'est pas payé pour développer les autres
☐ N'a pas de temps pour ça
☐ Ne sait pas comment développer d'autres personnes
☐ Pense que c'est la responsabilité de quelqu'un d'autre

FACTEURS ET GROUPES DU LEADERSHIP ARCHITECT®

Cette compétence se retrouve dans Compétences d'exploitation, facteur (II). Cette compétence se retrouve dans Accomplir le travail en déléguant, groupe (F) aux numéros : 18, 20, 27, 35. Vous pouvez également consulter d'autres compétences dans le même facteur ou groupe pour trouver des conseils connexes.

LA CARTE

La plupart des gens veulent s'épanouir et s'améliorer. Ils désirent mieux performer et être récompensés par un meilleur salaire et un poste plus élevé. Ils ont des rêves et des objectifs qu'ils veulent concrétiser. Le perfectionnement et la préparation à des postes de plus grande responsabilité est un processus comportant trois aspects. L'individu doit être ambitieux et prêt à faire le nécessaire pour s'épanouir et progresser. L'organisation doit posséder un processus en place qui permette à ceux qui le désirent d'avancer. On trouve généralement ces deux éléments dans toutes les organisations. Le troisième aspect est celui qui pose problème habituellement : le chef ou patron doit être un joueur actif dans ce processus, à défaut de quoi il ne peut y avoir de développement. Sans la contribution en temps, intérêt et effort du chef, les employés ne peuvent pas vraiment s'épanouir. Les gens ne peuvent se perfectionner tout seuls, sans aide. Ils ne s'améliorent pas s'ils ne le veulent pas. Ils n'évoluent pas si l'organisation ne démontre aucun intérêt et n'offre aucun soutien. Les gens ne s'améliorent pas si vous n'en faites pas une priorité.

QUELQUES SOLUTIONS

☐ **1. Investissement temps.** Pour les managers, le temps est ce qu'il y a de plus précieux. Malgré tout, pour développer les capacités professionnelles de vos collaborateurs directs, vous devez leur consacrer environ huit heures par an et par personne. Si vous avez un nombre moyen de sept collaborateurs directs, cela totalise 7 jours ouvrables sur 220 soit 3 % de votre temps annuel. Deux de ces huit heures seront consacrées à une évaluation en profondeur de leurs forces, de leurs faiblesses et des compétences dont ils auront besoin pour progresser. Deux autres heures seront consacrées à une discussion en profondeur sur leurs possibilités d'évolution professionnelle. Quels sont leurs objectifs ? Que sont-ils prêts à sacrifier pour les atteindre ? Comment évaluent-ils leurs compétences ? Deux heures encore pour la réalisation d'un programme de perfectionnement de trois à cinq ans (en collaboration avec les intéressés). Les deux dernières heures vous serviront, d'une part, à présenter vos résultats et recommandations à l'organisation et, d'autre part, à organiser des actions et des événements favorisant le développement de chacune des personnes dont vous avez la charge. Mettez-vous dans la peau d'un manager ou d'un mentor. Il vous appartient de savoir aider vos collaborateurs à progresser.

☐ **2. Évaluation.** Vous ne pouvez aider quiconque à s'améliorer si vous n'êtes pas prêt à évaluer chaque personne de façon équitable et précise. Une bonne estimation commence par la réalisation d'un tableau précis des forces et des faiblesses courantes. Puis vous devez découvrir les compétences nécessaires pour progresser. Vous les trouverez en observant le profil des compétences requises pour les deux ou trois emplois potentiels que pourrait viser cette personne. Si ce profil de réussite n'existe pas, demandez l'assistance du service des ressources humaines, ou trouvez une personne de confiance occupant le type d'emploi visé et demandez-lui ce qui a favorisé son succès. *Besoin d'aide supplémentaire ? Reportez-vous aux fiches n° 25 : Savoir recruter et bien s'entourer et n° 56 : Savoir juger les autres.*

☐ **3. Donner un retour d'information.** Vos collaborateurs ont régulièrement besoin de votre feed-back et de celui des autres pour progresser. Voici quelques règles à ce sujet :

- Faites en sorte qu'ils aient le feed-back de plusieurs personnes, y compris le vôtre, sur les exigences de leur prochain poste. Arrangez-vous pour que tous vos collaborateurs directs aient un feed-back à 360° tous les deux ans.

19

- Donnez-leur progressivement des tâches nouvelles ou différentes pour eux, afin qu'ils puissent s'auto-évaluer en cours de route.
- S'ils disposent eux-mêmes de pairs ou de collaborateurs directs, recommandez-leur de les consulter pour obtenir leur avis sur ce qu'ils devraient arrêter, entreprendre ou continuer pour être plus performants.
- Vous devez être honnête avec eux et leur donner des évaluations précises et complètes. Impliquez-vous autant que votre temps vous le permet dans un processus de feed-back. La plupart des gens sont motivés par l'information concernant l'avancement du projet et les buts définis en commun et ce, pour trois raisons : En premier lieu, cela leur donne le temps de s'ajuster en cours de route afin d'atteindre l'objectif ; ils pourront faire des corrections à mi-parcours. En second lieu, cela leur montre qu'ils font quelque chose d'important et que vous êtes désireux de les aider. En troisième lieu, cela évite les récriminations et les remontrances par la suite. Ils doivent être informés de leurs points négatifs le plus vite possible. *Besoin d'aide supplémentaire ? Reportez-vous à la fiche n° 13 : Faire face aux problèmes de performance de ses collaborateurs directs.*
- Organisez des équipes mentor-stagiaire pour que le feed-back soit constant.

Si votre organisation a un programme de mentorat, renseignez-vous pour savoir comment il fonctionne. Les meilleures méthodes consistent à ce que les candidats au mentorat fassent une liste de leurs buts, de leurs objectifs et de leurs besoins de formation. Cela permettra de les confier à des mentors qui ont le profil requis pour répondre à leurs besoins et de définir avec précision le type de relation qu'ils devront entretenir avec eux. Quelle sera la fréquence de leurs rencontres ? Quels sont les sujets sur lesquels le mentor pourra les aider ? Quelles sont les responsabilités incombant à la personne suivie par un mentor ? Si ce type de programmes n'existe pas dans votre organisation, envisagez d'en créer une au sein de votre unité ou de votre service.

☐ **4. Construisez des plans de développement.** Vous devez mettre en place un plan de développement qui, s'il est bien suivi, doit fonctionner. Au moins 70 % des aptitudes développées proviennent de tâches qui comportent un défi et une part d'inconfort. Se développer signifie acquérir une nouvelle compétence ou échouer dans quelque chose d'important à vos yeux. Les tâches qui développent particulièrement sont celles que l'on ne peut se permettre de ne pas faire. 20 % des aptitudes développées proviennent de l'étude et du travail réalisés avec d'autres, en observant les comportements utiles et en obtenant du feed-back. Cela peut consister à observer quelqu'un que vous considérez comme un « modèle » sous certains aspects, à travailler avec un partenaire qui vous aide dans votre développement, à noter par écrit ce qui fonctionne ou ne fonctionne pas et à se soumettre à une évaluation formelle (par exemple, une évaluation à 360°). En effet, sans ce retour d'information régulier, même les meilleurs plans de développement échouent. Enfin, 10 % des aptitudes développées proviennent de la capacité de penser différemment ou d'une nouvelle vision des choses qui s'acquièrent à partir de formations ou de la lecture d'ouvrages spécialisés. Comme on peut le voir, l'essentiel de ce que nous apprenons vient de la réalisation de tâches difficiles et du feed-back que nous donnent d'autres personnes. Un bon plan de développement devrait donc se retrouver à 70 % dans le contenu du travail, à 20 % dans l'étude et l'écoute de personnes avec qui l'on travaille et à 10 % dans des formations et des lectures.

☐ **5. Donner des chances égales.** Si certains de vos collaborateurs sont désavantagés par leur environnement ou un parcours professionnel peu enrichissant, il est irréaliste de s'attendre à ce que les mesures de développement aient le même effet sur eux. Selon une recherche menée par le « Center for Creative Leadership » (lisez *The New Leaders,* par Ann Morrison), des gens d'expériences diverses requièrent un appui supplémentaire sous forme de conseils, d'information sur la façon dont les choses se passent, d'un accès facilité à l'information formelle de l'organisation, d'un appui décisif de la haute direction et des actions de renforcement/responsabilisation, pour faire en sorte que l'effort de se diversifier devienne une réalité plutôt qu'une statistique. Vous devez intégrer ces gens défavorisés (stagiaires) pour leur donner des expériences de travail appropriées ou leur procurer l'entraînement nécessaire. *Besoin d'aide supplémentaire ? Reportez-vous à la fiche n° 21 : Gérer la diversité.*

☐ **6. Déléguez pour favoriser le développement.** Organisez une réunion avec vos collaborateurs directs pour évoquer toutes les tâches importantes qu'il reste à effectuer. Demandez-leur de vous donner une liste des tâches qu'ils sont en mesure de réaliser désormais sans problème. (Utilisez certains aspects de votre travail pour le bénéfice des autres. Choisissez trois tâches qui ne vous apprennent plus rien et déléguez-les à certains de vos collaborateurs pour leur permettre de développer de nouvelles compétences). Intervertissez des tâches ou des missions entre deux collaborateurs directs, de façon à ce que chacun apprenne à faire le travail de l'autre. Donnez à chacun de vos collaborateurs directs une tâche qui sort de la routine, correspondant au critère suivant : La tâche doit être effectuée, la personne ne se l'est jamais vue attribuer ou n'y excelle pas et la tâche implique de posséder une aptitude particulière que la personne doit acquérir. Pensez à vous concentrer sur des missions variées : toujours faire la même chose ne stimule pas l'imagination. *Besoin d'aide supplémentaire ? Reportez-vous à la fiche n° 18 : Savoir déléguer.*

☐ **7. Rappelez-vous qu'un développement significatif n'incite pas à une réduction du stress.** C'est prendre en charge des travaux différents de ce que l'on a l'habitude de faire, des travaux stressants et même contraignants qui exigent, sous peine d'échec, d'apprendre à faire quelque chose de neuf ou de différent. Pour être effectives, des activités de développement impliquent un travail réel que la personne n'a jamais expérimenté. Se développer réellement est gratifiant mais peut être générateur d'anxiété. Soyez clairs avec vos collaborateurs à ce sujet. Tout le monde n'est pas désireux d'explorer d'autres domaines. Certains sont satisfaits de ce qu'ils font, même si cela limite leurs possibilités de carrière. Même si vous devez les informer des conséquences de leur décision, n'oubliez pas que toutes les organisations ont besoin de personnes extrêmement efficaces, qui se consacrent à se perfectionner dans leur domaine actuel. Ne laissez pas entendre qu'un pur tacticien doit devenir un stratège pour réussir. Au contraire, créez plusieurs possibilités pour que les gens réussissent dans leur fonction et que leurs aptitudes soient reconnues. Pour la majorité d'entre nous, il s'agit d'un stimulant puissant. Des études montrent que les gens qui ont un travail prestigieux tombent moins gravement malades et ce, indépendamment de leurs habitudes de vie. Si une personne aspire à être un représentant du service à la clientèle à vie, tenez-en compte et aidez-la à parfaire ses compétences au maximum dans ce domaine, par des conseils, une formation et des échanges avec d'autres experts du secteur.

☐ **8. Contribuez-vous à la formation de vos collaborateurs en attirant leur attention sur les aspects répétitifs de leur activité ?** Aidez-les à trouver les différents aspects des situations ou problèmes auxquels ils ont à faire face. Qu'est-ce qui marche et qu'est-ce qui ne marche pas ? Qu'est-ce qui était commun dans chaque succès ou qu'est-ce qui était présent dans chaque faillite mais jamais dans les réussites ? Ciblez les succès ; les faillites sont plus faciles à analyser mais, par elles-mêmes, vous apprennent peu de chose sur ce qui peut fonctionner. Comparer des succès donne plus d'information sur les principes sous-jacents. En fin de compte, recherchez les principes ou les recettes empiriques qui peuvent être repris. Demandez-leur ce qu'ils ont appris pour développer leurs compétences et leur compréhension, de façon à devenir meilleurs managers ou professionnels. Demandez-leur de vous dire ce qu'ils peuvent faire maintenant qu'ils ne pouvaient réaliser un an auparavant. Renforcez et encouragez cet effort pour apprendre des choses nouvelles. Se développer, c'est apprendre de toutes les manières possibles. *Besoin d'aide supplémentaire ? Reportez-vous à la fiche n° 32 : Démontrer une grande capacité à apprendre sur le terrain.*

☐ **9. Attachez-vous à convaincre du bien-fondé du développement.** Une bonne partie de l'intervention destinée à développer les autres consiste à les convaincre que des tâches nouvelles, difficiles, pleines de défis et totalement différentes leur sont, en fait, bénéfiques. Les études concernant les managers performants mentionnent que 90 % d'entre eux avaient été contraints par leurs supérieurs à s'acquitter d'un travail qu'ils appréhendaient et qu'ils auraient souhaité refuser. Mais ces missions se sont avérées une source majeure de développement pour eux. Ceci est un autre aspect qui caractérise le développement à long terme ; nombre de personnes, pourtant parfois ambitieuses, montrent de la réticence devant des missions qui les feraient progresser, car elles n'ont pas le recul ni la capacité de mise en perspective nécessaires pour en saisir l'opportunité. Votre travail est donc de convaincre ceux qui veulent progresser de s'aventurer hors de leur zone de confort et d'accepter des tâches qu'ils ne perçoivent pas de prime abord comme utiles ou ayant un but précis.

☐ **10. Élargissez les perspectives.** À ceux qui montrent du potentiel et de l'ambition, confiez des missions ou des travaux qui les obligeront à sortir de votre service, de votre secteur, de votre fonction. Aidez-les à élargir leurs horizons. Encouragez-les à se porter volontaires pour des projets spéciaux qui les amèneront hors de leur domaine habituel. Faites-les participer à des réunions auxquelles assistent des personnes issues d'autres secteurs. Ouvrez-leur de nouvelles perspectives afin qu'ils puissent mieux découvrir par eux-mêmes ce qu'il y a derrière et ce qui peut les attirer.

To be good is noble, but to teach others to be
good is nobler—and much less trouble.
– Mark Twain

LECTURES CONSEILLÉES

Ahlrichs, Nancy S. *Manager of Choice.* Palo Alto, CA: Davies-Black Publishing, 2003.

Bell, Chip R. *Managers As Mentors—Building Partnerships for Learning.* San Francisco: Berrett-Koehler Publishers, Inc., 2002.

Bishop, Charles H. *Making Change Happen One Person at a Time: Assessing Change Capacity Within Your Organization.* New York: AMACOM, 2000.

Charan, Ram, James L. Noel and Steve Drotter. *The Leadership Pipeline: How to Build the Leadership Powered Company.* New York: John Wiley & Sons, Inc., 2000.

Fulmer, Robert M. and Jay A. Conger. *Growing Your Company's Leaders.* New York: AMACOM, 2004.

Holliday, Micki. *Coaching, Mentoring, and Managing: Breakthrough Strategies to Solve Performance Problems and Build Winning Teams.* Franklin Lakes, NJ: Career Press, 2001.

Honold, Linda. *Developing Employees Who Love to Learn.* Palo Alto, CA: Davies-Black Publishing, 2001.

Johnson, Harold. *Mentoring Greatness: How to Build a Great Business.* Irvine, CA: Griffin Trade Paperback, 2002.

Levin, Robert A. and Joseph G. Rosse. *Talent Flow: A Strategic Approach to Keeping Good Employees, Helping Them Grow, and Letting Them Go.* New York: John Wiley & Sons, Inc., 2001.

Lombardo, Michael M. and Robert W. Eichinger. *The Leadership Machine.* Minneapolis, MN: Lominger Limited, Inc., 2004.

Manzoni, Jean-Francois and Jean-Louis Barsoux. *The Set-Up-To-Fail Syndrome.* Boston: Harvard Business School Press, 2002.

Matejka, Ken. *Why This Horse Won't Drink.* New York: AMACOM, 1991.

Raelin, Joseph A. *Creating Leaderful Organizations: How to Bring Out Leadership in Everyone.* San Francisco: Berrett-Koehler Publishers, Inc., 2003.

Reck, Ross R. *The X-Factor: Getting Extraordinary Results From Ordinary People.* New York: John Wiley & Sons, Inc., 2001.

Stone, Florence M. *Coaching, Counseling and Mentoring.* New York: AMACOM, 1999.

Zachary, Lois J. *The Mentor's Guide: Facilitating Effective Learning Relationships.* San Francisco: Jossey-Bass, Inc., 2000.

Zenger, John H. and Joseph Folkman. *The Extraordinary Leader: Turning Good Managers Into Great Leaders.* New York: McGraw-Hill, Inc., 2002.

20 SAVOIR DIRIGER

Managing is like holding a dove in your hand. Squeeze too hard and you kill it; not hard enough and it flies away.
– Tommy Lasorda, American baseball manager

COMPÉTENCE NON MAÎTRISÉE

- ☐ Manque de clarté et de précision quand il communique avec ses collaborateurs directs
- ☐ Ne fixe pas d'objectifs ni de buts et ne donne pas de repères
- ☐ Répartit les tâches comme elles se présentent, sans planification
- ☐ Beau parleur et bon vendeur, écoute peu
- ☐ A des favoris et se montre sévère avec les autres
- ☐ N'a pas assez de patience pour structurer le travail de ses collaborateurs
- ☐ Ne délègue pas bien
- ☐ Ne prend pas le temps de gérer son équipe
- ☐ Manque d'intérêt à diriger les autres, préfère plutôt faire son propre travail

Sélectionnez dans la liste ci-dessous une à trois compétences comme compétence de remplacement si vous décidez de ne pas travailler directement sur cette dernière.

SUBSTITUTS : 9,12,13,18,19,21,23,27,33,35,36,39,47,60

COMPÉTENCE MAÎTRISÉE

- ☐ Sait donner des directives claires
- ☐ Établit des objectifs stimulants
- ☐ Répartit la charge de travail de manière adéquate
- ☐ Sait planifier et organiser le travail à effectuer
- ☐ Sait entretenir le dialogue à propos du travail et des résultats à atteindre
- ☐ Sait tirer le meilleur de chacun
- ☐ Communique clairement

COMPÉTENCE UTILISÉE À L'EXCÈS

- ☐ Peut exercer trop de contrôle sur ses collaborateurs
- ☐ Semble jeter un froid sur les autres, décourager les idées et les suggestions, ne pas tolérer les désaccords
- ☐ Semble déléguer des tâches partielles sans expliquer le contexte global
- ☐ Semble être trop autoritaire, inhiber la créativité et l'initiative

Sélectionnez dans la liste ci-dessous une à trois compétences sur laquelle vous devrez travailler pour compenser son utilisation excessive.

COMPENSATEURS : 3,7,14,18,19,21,23,28,31,33,35,36,60,64

QUELQUES CAUSES

- ☐ Impatient
- ☐ Style ou tempérament non approprié
- ☐ Manque d'expérience ; manque de compétences en management
- ☐ Manque d'intérêt dans le management
- ☐ Changement radical en terme de direction et de mission
- ☐ Nouveaux membres dans l'équipe
- ☐ Gestion du temps ; trop occupé pour faire du management

FACTEURS ET GROUPES DU LEADERSHIP ARCHITECT®

Cette compétence se retrouve dans Compétences d'exploitation, facteur (II). Cette compétence se retrouve dans Accomplir le travail en déléguant, groupe (F) aux numéros : 18, 19, 27, 35. Vous pouvez également consulter d'autres compétences dans le même facteur ou groupe pour trouver des conseils connexes.

LA CARTE

Gérer les autres de manière efficace est une technologie bien connue. Il existe nombre de techniques et de pratiques validées par des recherches et des expériences qui permettent aux groupes de mieux performer sous la direction d'un bon gestionnaire. Il existe également des styles et des tempéraments personnels qui donnent de meilleurs résultats que d'autres.

QUELQUES SOLUTIONS

☐ **1. Faites un inventaire de vos forces et faiblesses.** Allez chercher du feed-back autour de vous. Demandez à vos collaborateurs ce qu'ils apprécient chez vous en tant que personne et en tant que manager et ce qu'ils aimeraient que vous changiez. Que faites-vous de bien et de moins bien à titre personnel et en tant que manager ? Votre service des ressources humaines pourrait vous aider à établir une liste des compétences les plus souvent associées à un management efficace. Terminez en dressant une liste de vos points forts et de vos points faibles et imaginez un plan de développement pour les éléments qui vous paraissent les plus importants parmi les points de faiblesse. *Besoin d'aide supplémentaire ? Reportez-vous à la fiche n° 55 : Bien se connaître.*

☐ **2. Faites un inventaire des pratiques ou techniques de management dont vous vous acquittez bien et de celles que vous ne faites pas aussi bien ou aussi souvent.** Vous trouverez une liste de ces techniques dans des ouvrages d'introduction à la gestion. Vous pourrez également mieux les connaître à l'occasion d'une formation au management ou en vous adressant au service des ressources humaines. Demandez l'avis de vos collaborateurs sur les techniques que vous mettez bien en pratique et sur celles que vous devriez améliorer.

Élaborez un plan pour le développement à votre usage personnel pour les compétences que vous devez améliorer.

☐ **3. Vérifiez votre capacité à bien communiquer.** Souvent, l'échec dans la mise en pratique des méthodes de management est dû à une communication insuffisante, inadéquate ou irrégulière. Savez-vous informer correctement ? Savez-vous écouter ? Savez-vous expliquer ? Faites-vous des suivis ? Donnez-vous du feed-back ? *Besoin d'aide supplémentaire ? Reportez-vous aux fiches n° 27 : Savoir informer, n° 33 : Savoir écouter, n° 49 : Maîtriser la communication orale et n° 67 : Maîtriser la communication écrite.*

☐ **4. Déléguez-vous suffisamment ?** Une autre cause d'échec courante provient du manque de délégation et de responsabilisation. Donnez-vous à vos collaborateurs les pouvoirs de décision nécessaires pour accomplir certaines tâches ? Contrôlez-vous trop ou trop peu ? Demandez périodiquement à vos collaborateurs d'établir chacun une liste des tâches que vous effectuez et dont ils se sentent capables de vous décharger ; déléguez ensuite quelques-unes des tâches figurant sur chaque liste. *Besoin d'aide supplémentaire ? Reportez-vous à la fiche n° 18 : Savoir déléguer.*

☐ **5. Avez-vous un style de management peu stimulant ?** Les styles qui sont les plus impopulaires se manifestent par des attitudes telles que : montrer de l'impatience, dévaloriser les autres, critiquer publiquement, avoir des favoris, nourrir des préjugés, être désorganisé, émotif etc. Gérez-vous mal votre temps ? Vous en reste-t-il assez à consacrer à vos collaborateurs ? Si vous manifestez un ou plusieurs de ces comportements, essayez d'en diminuer les manifestations. *Besoin d'aide supplémentaire ? Reportez-vous aux fiches n° 11 : Avoir la maîtrise de soi, n° 21 : Gérer la diversité, n° 23 : Être équitable envers ses collaborateurs directs et n° 41 : Être patient.*

☐ **6. Savez-vous organiser et planifier ?** Vos collaborateurs comprennent-ils ce que vous voulez obtenir d'eux ? Expliquez-vous clairement les travaux et les missions à réaliser ? Établissez-vous des buts et des objectifs clairs pour guider leur travail ? *Besoin d'aide supplémentaire ? Reportez-vous aux fiches n° 35 : Savoir gérer et établir des indicateurs de performance et n° 47 : Savoir planifier.*

☐ **7. Partagez-vous les mérites ?** Employez-vous davantage le « nous » que le « je ? » Fêtez-vous vos succès avec les autres ? Les gens veulent-ils « re » travailler pour vous ? *Besoin d'aide supplémentaire ? Reportez-vous à la fiche n° 36 Savoir motiver.*

20

☐ **8. Affrontez-vous directement et rapidement les problèmes ou laissez-vous les choses empirer ?** Le reste de l'équipe souffre si le manager ne réagit pas assez rapidement aux problèmes posés par l'un de ses membres. *Besoin d'aide supplémentaire ? Reportez-vous aux fiches n° 13 : Faire face aux problèmes de performance de ses collaborateurs directs, n° 34 : Faire preuve de « courage directorial » et n° 57 : Faire preuve d'autonomie.*

☐ **9. Vous préférez travailler seul ?** Êtes-vous prêt à faire faire du travail par les autres ou préférez-vous le faire vous-même ? Le management n'est peut-être pas votre fort. Peut-être seriez-vous plus heureux si vous n'aviez pas de collaborateurs à encadrer. Peut-être ne vous souciez-vous pas d'établir des relations plus étroites avec les autres. *Besoin d'aide supplémentaire ? Reportez-vous aux fiches n° 7 : Être attentif à ses collaborateurs directs, n° 10 : Faire preuve de compassion et n° 23 : Être équitable envers ses collaborateurs directs.*

☐ **10. Recherchez des « modèles » et observez-les.** Recherchez autour de vous une ou deux personnes que les autres considèrent comme de bons managers. Étudiez-les. Que font-ils que vous ne faites pas ? Que faites-vous qu'elles ne font pas ? Ou bien, dressez une liste de vos dix derniers managers. Divisez-la en deux : les cinq meilleurs et les cinq plus mauvais. Quelles caractéristiques ont en commun les meilleurs ? Et les mauvais ? Dans quoi vous reconnaissez-vous ?

The best executive is the one who has sense enough to pick good men
to do what he wants done, and self-restraint enough
to keep from meddling with them while they do it.
– Theodore Roosevelt

LECTURES CONSEILLÉES

Daniels, Aubrey C. *Bringing Out the Best in People*. New York: McGraw-Hill, Inc., 1994.

Ginnodo, Bill. *The Power of Empowerment.* Arlington Heights, IL: Pride Publications, Inc., 1997.

Hawkins, David R. *Power vs. Force: The Hidden Determinants of Human Behavior.* Carson, CA: Hay House, 2002.

Lumsden, Gay and Donald L. Lumsden. *Communicating in Groups and Teams: Sharing Leadership.* New York: Wadsworth Publishing Company, 1999.

Raelin, Joseph A. *Creating Leaderful Organizations: How to Bring Out Leadership in Everyone.* San Francisco: Berrett-Koehler Publishers, Inc., 2003.

Reck, Ross R. *The X-Factor: Getting Extraordinary Results From Ordinary People.* New York: John Wiley & Sons, Inc., 2001.

Zenger, John H. and Joseph Folkman. *The Extraordinary Leader: Turning Good Managers Into Great Leaders.* New York: McGraw-Hill, Inc., 2002.

GÉRER LA DIVERSITÉ

Commandment number one of any truly civilized society is this: Let people be different.
– David Grayson

COMPÉTENCE NON MAÎTRISÉE

- ☐ N'est pas très efficace avec des groupes qui sont différents de lui
- ☐ Semble être mal à l'aise en présence de gens différents de lui
- ☐ Semble agir de façon inadéquate avec ceux qui sont différents de lui
- ☐ Protège son territoire contre les intrus
- ☐ Évite les conflits et n'aime pas discuter avec ceux qui n'ont pas le même point de vue ni la même façon de faire que lui
- ☐ Ne voit pas ce que peut apporter la diversité dans le travail
- ☐ Traite tout le monde de la même manière, sans accorder d'importance aux différences
- ☐ Se montre très étroit d'esprit et ethnocentrique ; croit que son groupe culturel est supérieur aux autres
- ☐ Peut avoir des a priori négatifs envers certains, sans chercher à s'en défaire

Sélectionnez dans la liste ci-dessous une à trois compétences comme compétence de remplacement si vous décidez de ne pas travailler directement sur cette dernière.

SUBSTITUTS : 7,10,18,22,23,29,33,35,40,41,46,53,56,60,64

COMPÉTENCE MAÎTRISÉE

- ☐ Sait diriger équitablement des personnes très différentes
- ☐ Gère avec efficacité tout type de personnes, femmes ou hommes, jeunes et moins jeunes, quelle que soit leur origine culturelle, leur catégorie sociale, leur handicap ou leur nationalité
- ☐ Recrute des candidats d'horizons variés quelle que soit leur origine sociale
- ☐ Traite tout le monde sur un pied d'égalité en donnant sa chance à chacun

COMPÉTENCE UTILISÉE À L'EXCÈS

- ☐ Peut montrer trop d'indulgence envers certaines catégories de personnes
- ☐ Semble ne pas faire appliquer équitablement les standards et les critères à toutes les classes socioculturelles
- ☐ Semble afficher du favoritisme envers une classe particulière de personnes
- ☐ Semble compromettre les standards au profit de la diversité

Sélectionnez dans la liste ci-dessous une à trois compétences sur laquelle vous devrez travailler pour compenser son utilisation excessive.

COMPENSATEURS : 9,12,13,18,19,20,25,34,35,36,37,56,57,60,64

QUELQUES CAUSES

- ☐ Se sent inconfortable avec différents groupes
- ☐ Croit dans le principe de diversité mais ne sait pas comment s'y prendre
- ☐ Ne sait pas comment promouvoir le principe de diversité au sein de l'entreprise
- ☐ Ne voit pas en quoi la diversité peut aider
- ☐ Esprit étroit et rigide
- ☐ Pense que la diversité équivaut à instituer deux poids deux mesures
- ☐ Mal à l'aise avec ce qui est nouveau et différent

FACTEURS ET GROUPES DU LEADERSHIP ARCHITECT®

Cette compétence se retrouve dans Compétences personnelles et interpersonnelles, facteur (VI). Cette compétence se retrouve dans Gérer des relations diverses, groupe (P) aux numéros : 4, 15, 23, 42, 64. Vous pouvez également consulter d'autres compétences dans le même facteur ou groupe pour trouver des conseils connexes.

LA CARTE

Dans la nouvelle économie mondiale, le nouveau mot d'ordre est diversité. Les marchés sont plus diversifiés. La main d'œuvre est plus diverse. Pour les sociétés mondiales, pratiquement toutes les grandes opportunités qui s'offrent à elles sont situées dans des cultures différentes et plus diverses que celle de leur pays d'origine. Les organisations qui sauront le mieux gérer cette diversité remporteront la bataille. La gestion de la diversité à l'échelle mondiale commence par la gestion de la diversité à l'échelle nationale. Cela revient à décider quelles sont les différences qui sont importantes et enrichissantes et quelles sont celles qui ne le sont pas. Une fois cela établi, il suffit de gérer comme d'habitude. Toutefois, tant que vous ne reconnaîtrez pas les avantages de la diversité, à petite ou grande échelle, vous ne verrez pas de grands changements. Pour ce faire, vous devez apprendre à comprendre d'autres groupes sans les juger, à considérer les gens comme des individus plutôt que des membres d'un groupe, comprendre vos propres préjugés, aussi subtils soient-ils, saisir l'importance de la diversité du point de vue de l'entreprise et d'un point de vue personnel en l'appliquant, et à traiter certaines personnes différemment si elles ont souffert de manque d'opportunités dans le passé.

QUELQUES SOLUTIONS

☐ **1. Placez-vous sur un plan professionnel.** Peu de choses évolueront tant que vous n'aurez pas pris conscience de la nécessité de favoriser la diversité dans l'organisation et la dimension interculturelle. Vos marchés et vos clients sont-ils plus diversifiés que vos collaborateurs ? Où se trouvent vos meilleures opportunités concernant le volume de ventes et les parts de marché ? Est-ce dans votre marché local ? Avec des personnes qui sont exactement comme vous ? Très probablement pas. Que savez-vous exactement des clients et des cultures à l'intérieur et à l'extérieur de votre pays, de ceux qui vont acheter vos produits et faire votre succès ? À mesure que la population se diversifie, les vendeurs les plus performants sont ceux qui partagent la même culture que leurs clients (des hispaniques avec les hispaniques, par exemple). L'innovation passe aussi par la diversité. Les études démontrent que les groupes hétérogènes sont plus innovants que les groupes homogènes. Ils voient mieux les opportunités à travers des perspectives différentes. Le marché du travail américain sera d'ici peu composé majoritairement d'anciennes minorités. Les femmes et les minorités prises collectivement seront la majorité. Les entreprises qui sauront le mieux gérer la diversité auront l'opportunité d'aller chercher les éléments les plus brillants là où ils se trouvent. Un plus grand bassin de talents signifie plus de choix et les meilleurs dirigeants ne s'y trompent pas, ils aiment s'entourer de collaborateurs issus d'horizons diversifiés. Et ils choisissent les meilleurs ; tant pis pour ceux qui ratent le coche. Êtes-vous reconnu pour votre capacité à bien gérer la diversité ? Vous souhaitez accroître la motivation et la productivité ? Il existe une relation directe entre le sentiment d'être traité de façon équitable, le sentiment d'être valorisé et la performance des organisations. La logique, du point de vue professionnel, revient donc à offrir plus de perspectives, plus de chances d'apprendre, plus de façon de gagner d'autres parts du marché et avec une force de travail composée de personnes convaincues que, dans votre organisation, c'est le mérite qui fait la différence. Lisez « *Making Difference Matter : A New Paradigm for Managing Diversity,* » par Thomas et Ely dans la revue *Harvard Business Review, HBR On Point Enhanced Edition November 1, 2002.* Lisez aussi *Diversity Making the Business Case,* par Michail L. Wheeler dans *Business Week,* 9 Déc. 1996.

☐ **2. Donnez des chances égales.** Si vous n'acceptez pas ce principe, vous n'apprendrez pas à mieux gérer la diversité. Des chances égales ne signifient pas des traitements identiques, mais au contraire des traitements différenciés. Au golf, remettez-vous en cause la règle des handicaps ? C'est un système conçu pour donner une chance égale aux golfeurs ayant différents niveaux d'expérience ou d'expertise. Et la priorité accordée aux anciens combattants ? C'est un système qui accorde aux anciens combattants un avantage de dix points aux concours pour des emplois dans le secteur public afin de compenser l'interruption de leurs études alors qu'ils servaient sous les drapeaux. Et les privilèges accordés aux handicapés ? Les toilettes spéciales pour compenser leurs handicaps vous ennuient-elles ? Et les stationnements réservés ? Les rampes pour donner accès à certains lieux ? Les autobus spéciaux ? Tous sont des traitements inégaux pour égaliser les chances. Le même principe s'applique pour ceux qui proviennent de milieux désavantagés. Pour certains, il n'y a jamais eu la présence du père à la maison. Un autre n'a jamais voyagé hors de sa ville. Ou n'a jamais été étudiant. Ou n'a jamais pu faire du scoutisme par marque d'argent. Ou n'a jamais été dans une colonie de vacances. Ou n'a jamais eu l'occasion de faire des études à l'étranger. Aucune personne de leur entourage familial n'a jamais eu un emploi régulier dans les

20 dernières années. Ils se sont vu refuser des opportunités à cause de leur appartenance à un groupe particulier. Mais ils sont en revanche intelligents, ambitieux et avides d'apprendre. Quelles modalités allez-vous introduire pour égaliser les chances ? Une orientation différente ? Plus d'occasions de formation ? Un peu plus de patience, de compréhension ? Des tâches spéciales ? Allez-vous former des groupes composés de personnes partageant les mêmes problèmes ? Il est important d'admettre que tous ces désavantages ne sont pas de la faute de la personne assise devant vous. Elle ne veut que se libérer de ces handicaps et avoir une chance équitable d'apprendre et d'obtenir des résultats. Vous êtes en mesure d'agir de façon plus juste si vous admettez que des traitements non identiques sont parfois nécessaires pour atteindre l'égalité des chances. Lisez *The New Leaders,* par Ann Morrison.

☐ **3. Des normes différentes ?** Voilà une question difficile. Faut-il les appliquer à l'embauche ? Peut-être bien. Quel que soit le handicap (culturel, économique, physique, de langage) rencontré au travail, il y a peut-être, à l'origine, une difficulté à faire valoir ses compétences et ses expériences. Faut-il alors des normes de traitement différentes ? Certainement oui. Faut-il conserver cette disparité de normes sur le long terme ? Sûrement non. Lorsqu'une personne a bénéficié d'un traitement préférentiel pour compenser un désavantage (l'apprentissage d'une langue ou l'amélioration de la capacité à résoudre les problèmes), les chances sont devenues égales et, en conséquence, les mêmes normes s'appliquent désormais à tous. L'idée principale qui sous-tend ce principe est qu'à chances égales, performances égales. Si la performance n'atteint pas le niveau standard après un certain temps, alors la personne devra en supporter les conséquences comme quiconque dans la même situation.

☐ **4. Les différences.** Quelles sont les différences qui font la différence ? Le fait d'être un homme ou une femme peut-il être la cause de différences de performance ? Les recherches répondent par la négative. Des études accordent même un avantage aux femmes. De même, les équipes mixtes font preuve de plus de création et d'innovation. L'âge ? Généralement non. Bien des compétences résistent longtemps, d'autres (comme la mémoire) décroissent lentement chez certains. Les origines raciales ? Peu de recherches ont été effectuées à ce jour. À chances égales, les origines raciales ne semblent pas amener de différences. Le handicap ? Certaines études montrent une meilleure performance quand elle est liée à une motivation forte. La culture ? Trop de variables entrent en compte pour que les recherches les aient départagées. Le fond culturel influence certainement votre vision des choses, mais toutes les cultures partagent sensiblement la même éthique de travail et d'ambition face à des exigences raisonnables. Des études menées aux États-Unis montrent que les asiatiques surpassent les autres dans les notes et les réussites académiques et scientifiques, stimulés sans doute par un esprit de pionnier.

☐ **5. Luttez contre les stéréotypes.** Apprenez à reconnaître vos propres stéréotypes. Les recherches menées par Helen Astin démontrent qu'hommes et femmes ont tendance à évaluer les femmes qui occupent des postes de managers dans les extrêmes (très bonnes ou très mauvaises) tandis que leur évaluation des hommes suit une courbe normale. Croyez-vous que les rousses ont mauvais caractère ? Croyez-vous que les blondes aiment avoir du bon temps ? Croyez-vous que les obèses sont paresseux ? Que les femmes sont plus émotives au travail ? Que les hommes ne doivent pas montrer leurs émotions ? Trouvez vos propres idées préconçues. Suivez une formation portant sur la perception des autres. La plupart des stéréotypes se révèlent être faux. Établissez des rapports équitables avec tous. Si les apparences diffèrent, elles n'affectent en rien la performance. Efforcez-vous de voir vos collègues et collaborateurs comme des individus plutôt que comme les membres d'un groupe particulier.

☐ **6. Évitez de les classer en catégories.** Beaucoup d'entre nous ont tendance à mettre « des étiquettes ». Nous répartissons les gens dans de bonnes et de mauvaises catégories. Les catégories de ceux avec lesquels nous sommes à l'aise et ceux avec qui nous le sommes moins. Une fois la classification faite, nous avons tendance à ne pas entretenir de bons rapports avec ceux qui se retrouvent dans la mauvaise catégorie. La plupart du temps, cette classification repose sur des modèles : ceux qui sont comme moi (les gens bien) et ceux qui sont différents (les moins bien). Avec le temps, les « comme moi » monopolisent plus d'attention, plus de conseils, plus de tâches stimulantes et logiquement se développent et accomplissent mieux leur travail, confirmant ainsi votre stéréotype. Pour briser ce cycle, essayez de comprendre sans juger. Soyez sincère envers vous-même. Y a-t-il un ou des groupes que vous n'aimez pas ou qui vous gênent ? Portez-vous un jugement sur les membres de ces groupes sans vraiment savoir si vos a priori sont vérifiés ? Nous le faisons malheureusement la plupart du temps. Efforcez-vous de regarder les gens pour ce qu'ils sont, c'est-à-dire des personnes.

☐ **7. Établissez des rapports équilibrés.** Les femmes et les personnes de couleur reçoivent en général moins de feed-back sur leur développement personnel. Les cadres féminins n'ont pas toujours eu dans leur évolution professionnelle des missions comparables à leurs homologues masculins. Les femmes et les minorités raciales reçoivent moins d'informations informelles. Certaines catégories de personnes sont moins souvent invitées à participer à des manifestations hors travail, lesquelles sont pourtant importantes car on y échange des informations concernant le travail et les décisions s'y prennent parfois dans une atmosphère détendue et informelle. Examinez chacune des relations que vous entretenez avec vos collaborateurs. Remarquez-vous des inégalités, même non intentionnelles ? Prenez les mesures qui conviennent pour les réduire. Un accès égal à l'information, aux tâches stimulantes, aux interrelations, au développement des compétences et des contacts, tout cela produit des chances égales.

☐ **8. Sachez gérer les situations difficiles.** Si l'on traite un groupe de façon inéquitable, il va donner naissance à un sous-groupe qui va se sentir solidaire et se défendre. C'est une réaction naturelle : l'adversité unit. Ceux qui n'ont pas accès au pouvoir ont tendance à se regrouper entre eux. Ils vont se réunir pour discuter de leurs problèmes. Ils déjeuneront ensemble, auront des activités sociales communes et formeront un groupe uni pour mieux se défendre. Tout ceci irritera bien sûr leurs adversaires (qui affirmeront résolument n'avoir jamais fait de discrimination envers qui que ce soit et penseront que cela confirme bien leur opinion négative). Ils classeront alors tous les membres de ce groupe dans la mauvaise catégorie. Prenez du champ. C'est une réaction humaine qui se produit partout dans le monde et à tous les niveaux, quand un groupe identifié commence à empiéter sur le territoire de l'autre. Aidez-les donc à se constituer en groupe, assistez à leurs réunions, écoutez-les, accédez à leurs demandes et à leurs plaintes légitimes. Offrez votre aide. Montrez-leur comment présenter leur position dans une optique professionnelle et dans l'intérêt de l'organisation et conseillez-leur aussi d'être plus circonspects et réservés que d'habitude, afin de laisser à leurs adversaires les ouvertures nécessaires pour négocier et être plus à l'aise. Découvrez ce qu'ils veulent et si vous pouvez les aider, faites-le. *Besoin d'aide supplémentaire ? Reportez-vous à la fiche n° 64 : Comprendre les autres.*

☐ **9. La diversité utile.** La diversité des points de vue, des origines, de l'éducation, des cultures, des expériences, des croyances et des attitudes est importante en ceci qu'elle aide à élaborer des produits supérieurs pour des marchés très différents. Mettez en pratique cette diversité ; attaquez les problèmes avec des équipes diversifiées, rassemblez le plus grand nombre possible de visions différentes et voyez si vous obtenez des solutions plus universelles, plus innovantes. Assemblez des équipes qualifiées, mais choisissez-les aussi diverses et différentes que possible. Passez un maximum de temps avec des personnes différentes dans votre entourage, sollicitez le point de vue de chacun. Comment ces différences amènent-elles à voir les problèmes différemment ?

☐ **10. L'expérience de la diversité.** Vous n'avez pas beaucoup expérimenté la diversité dans le passé, mais peut-être voulez-vous améliorer les choses ?

- Étape un : parlez à ceux qui sont différents de vous, sous un aspect ou un autre, dans votre organisation ou votre entourage. Allez déjeuner avec eux. Invitez-les en dehors du travail. Échangez des idées. Hébergez un étudiant étranger venant d'un pays dont votre entreprise envisage de pénétrer le marché. Faites du bénévolat auprès de groupes différents du vôtre.
- Étape deux : allez aux festivals ou aux manifestations étrangères dans votre localité. Goûtez la nourriture. Admirez les costumes et l'artisanat. Intéressez-vous à l'histoire de ceux qui organisent ces rencontres. Parlez avec eux.

- Étape trois : allez en vacances dans des pays étrangers et intéressez-vous aux coutumes et caractéristiques locales.
- Étape quatre : séjournez dans un pays n'importe où dans le monde où très peu de gens parlent votre langue. Évitez les zones touristiques. Voyez quelle impression cela vous fait.

It is not best that we should all think alike; it is difference of opinion that makes horseraces.
– Mark Twain

LECTURES CONSEILLÉES

Bucher, Richard D. and Patricia L. Bucher. *Diversity Consciousness: Opening Our Minds to People, Cultures, and Opportunities.* New York: Prentice Hall, 2003.

Deresky, Helen. *International Management: Strategic and Interpersonal.* Upper Saddle River, NJ: Prentice Hall, 2002.

Greer, Charles R. and W. Richard Plunkett. *Supervision: Diversity and Teams in the Workplace.* Upper Saddle River, NJ: Prentice Hall, 2002.

Harvard Business Review On Managing Diversity. Boston: Harvard Business School Press, 2002.

Harvard Business Review. Phone: 800-988-0886 (US and Canada). Fax: 617-496-1029. Mail: Harvard Business Review. Subscriber Services, P.O. Box 52623. Boulder, CO 80322-2623 USA. http://www.hbsp.harvard.edu/products/hbr

Harvey, Carol P. and M. June Allard. *Understanding and Managing Diversity: Readings, Cases, and Exercises.* Upper Saddle River, NJ: Prentice Hall, 2002.

Hubbard, Edward. *The Diversity Scorecard: Evaluating the Impact of Diversity on Organizational Performance.* Boston: Butterworth-Heinemann, 2003.

Jacob, Nina. *Intercultural Management.* London: Kogan Page, 2003.

Lancaster, Lynne C., David Stillman and Harvey MacKay. *When Generations Collide: Who They Are. Why They Clash. How to Solve the Generational Puzzle at Work.* New York: HarperCollins, 2002.

Livers, Ancella B. and Keith A. Caver. *Leading in Black and White: Working Across the Racial Divide in Corporate America.* San Francisco: Jossey-Bass, Inc., 2003.

Lustig, Myron W. and Jolene Koester. *Intercultural Competence: Interpersonal Communication Across Cultures.* Boston: Allyn & Bacon, 2002.

Middleton, Dewight R. *The Challenge of Human Diversity: Mirrors, Bridges, and Chasms.* Prospect Heights, IL: Waveland Press, 2002.

Miller, Frederick A. and Judith H. Katz. *The Inclusion Breakthrough.* San Francisco: Berrett-Koehler Publishers, Inc., 2002.

Sonnenschein, William. *The Practical Executive and Workforce Diversity.* New York: NTC Business Books, 1997.

Wilson, Trevor and Julie Carswell. *Global Diversity at Work: Winning the War for Talent.* New York: John Wiley & Sons, Inc., 2002.

22 RESPECTER L'ÉTHIQUE ET LES VALEURS

Facteur VI : Compétences personnelles et interpersonnelles Groupe R : Agir avec honneur et caractère **VI – R**

Live in such a way that you would not be
ashamed to sell your parrot to the town gossip.
– Will Rogers

22

COMPÉTENCE NON MAÎTRISÉE

- ☐ Ses valeurs ne sont pas en harmonie avec celles de l'organisation
- ☐ Est très individualiste et se soucie peu des valeurs d'autrui ; suit ses propres règles, met les autres mal à l'aise
- ☐ Peut agir de « façon limite » ou aller trop loin au goût de l'organisation
- ☐ Réfléchit peu à ses propres valeurs et n'est pas conscient de l'image qu'il donne
- ☐ Peut se montrer trop versatile d'une situation à l'autre
- ☐ Risque d'être perçu comme trop intéressé
- ☐ Dit une chose et en fait une autre, n'est pas très cohérent

Sélectionnez dans la liste ci-dessous une à trois compétences comme compétence de remplacement si vous décidez de ne pas travailler directement sur cette dernière.

SUBSTITUTS : 5,7,10,21,24,29,40,46,47,50,52,53,58,63

COMPÉTENCE MAÎTRISÉE

- ☐ Adhère à des valeurs et à des convictions et leur reste fidèle quelles que soient les circonstances
- ☐ Agit de façon cohérente par rapport à ces valeurs
- ☐ Sait montrer son approbation aux personnes en harmonie avec ces valeurs et exprimer son désaccord aux autres
- ☐ Met en pratique les idées qu'il prône

COMPÉTENCE UTILISÉE À L'EXCÈS

- ☐ Peut s'insurger pour défendre ses valeurs et ses convictions alors que ce n'est pas approprié
- ☐ Peut se montrer trop susceptible dans les situations où ses valeurs, principes et croyances lui semblent être en jeu
- ☐ Semble têtu et insensible aux besoins de changement ou de faire des compromis
- ☐ Semble trop critique envers ceux qui ne partagent pas ses valeurs
- ☐ Semble invoquer des principes d'éthique pour couper court à une discussion

Sélectionnez dans la liste ci-dessous une à trois compétences sur laquelle vous devrez travailler pour compenser son utilisation excessive.

COMPENSATEURS : 10,11,12,17,21,32,33,37,41,45,46,48,55,56,58,64,65

QUELQUES CAUSES

- ☐ Valeurs/code d'éthique inconstants
- ☐ Valeurs et code d'éthique marginaux ; a tendance à agir à la limite de ce qui doit se faire
- ☐ Anciennes valeurs/ancien code d'éthique
- ☐ Trop indépendant ; ses propres règles
- ☐ Code d'éthique en fonction des situations
- ☐ Vague au sujet de ses valeurs et de son code d'éthique

FACTEURS ET GROUPES DU LEADERSHIP ARCHITECT®

Cette compétence se retrouve dans Compétences personnelles et interpersonnelles, facteur (VI). Cette compétence se retrouve dans Agir avec honneur et caractère, groupe (R) au numéro : 29. Vous pouvez également consulter d'autres compétences dans le même facteur ou groupe pour trouver des conseils connexes.

LA CARTE

Les valeurs et l'éthique résument les principes fondamentaux qui guident vos paroles et vos actions. Traitez les autres comme vous aimeriez qu'ils vous traitent. Bien qu'il s'agisse d'énoncés concis et simples – « La qualité est notre priorité première » (Ford), « Nos clients ont toujours raison » (Nordstrom), « Nos employés sont notre meilleur atout » – les valeurs et l'éthique guident nos actions tout comme nos choix. Déclarer simplement : « Nous sommes un employeur souscrivant au principe de l'égalité d'accès à l'emploi », implique une modification des comportements en termes d'embauche, de renvoi, promotion, formation, développement, placement et programme d'aide aux employés. Nous avons tous des valeurs et une éthique personnelles, mais il est rare que nous les ayons développées de manière rationnelle. Nous les respectons plutôt par automatisme en les basant sur notre éducation familiale et nos expériences accumulées. Toutes les organisations possèdent un ensemble de valeurs et un code d'éthique régissant leur fonctionnement. Elles exigent que chacun respecte raisonnablement ces normes collectives. Les gens qui sont un modèle en termes d'éthique et de valeurs sont des personnes qui ont réfléchi à leurs valeurs, les comprennent clairement, sont capables de faire face à des situations difficiles en s'appuyant sur ces principes, comprennent les valeurs des autres, n'hésitent pas aborder le sujet en public et maintiennent à cet égard un comportement cohérent vis-à-vis de ceux qui les entourent.

QUELQUES SOLUTIONS

☐ **1. La cohérence entre ce que vous dites et ce que vous faites.** C'est par l'observation de vos actes que passe la plus grande part de l'évaluation que l'on fait de votre éthique et de vos valeurs. Si l'on ne vous a pas vu en action, on vous jugera sur ce que vous dites. Quand on vous connaîtra un peu mieux, on vous jugera sur vos actions plutôt que sur vos paroles. Si vous dites une chose et en faites une autre, on vous trouvera inconséquent et on dira que vos actions ne reflètent pas vos paroles. Avant tout, faites concorder vos actions et vos paroles, sinon des contradictions en naîtront. Elles sont illustrées ci-après, aux points 2, 3 et 4.

☐ **2. Des beaux discours.** Vos actions contredisent vos beaux discours. Il y a parfois un gouffre entre les valeurs que vous prônez et la façon dont vous vous comportez. Certaines personnes prononcent des allocutions sur l'éthique et les valeurs de façon convaincue, passionnée, charismatique, à vous donner « la chair de poule ». Elles sont très convaincantes... jusqu'à ce que l'on remarque que leur comportement est tout à fait à l'opposé de leur discours. Révisez tout ce que vous dites dans vos allocutions, vos réunions ou vos conversations et qui ont rapport avec l'éthique. Pour chaque point, essayez de décrire trois ou cinq occasions au cours desquelles vous avez agi en conformité avec ces valeurs. Pouvez-vous en noter qui ne sont pas conformes ? Si oui, l'écart constitue un problème. Cessez de défendre une morale que vous ne pouvez ou ne voulez pas respecter ou alors, ajustez vos valeurs en fonction de vos déclarations.

☐ **3. Des paroles malheureuses.** Il arrive aussi, plus rarement, que les mots, utilisés et la façon dont on les dit, puissent induire en erreur par rapport aux convictions et aux actions réelles. Vous usez d'un discours fort pour faire impression. « Mettez-les tous à la porte! » Vous exagérez. « On ne trouve plus de bons fournisseurs ! ». Vous déformez vos opinions à l'extrême pour convaincre. Vous faites de la surenchère sur les points négatifs. Vous utilisez un langage familier pour vous faire accepter. Employez-vous des mots dévalorisants ? « Les consultants ne sont que des mercenaires ! ». Imaginez ce que je pourrais penser de vos valeurs si je vous écoutais parler sans savoir comment vous agissez réellement. Examinez les mots et le langage que vous avez tendance à utiliser lors de vos allocutions, vos réunions ou vos conversations informelles ayant un rapport avec l'éthique et les valeurs. Notez-en les points principaux sur le côté gauche d'une feuille. Pour chaque point, essayez de décrire trois ou cinq occasions au cours desquelles vous avez agi en conformité avec ces paroles. Vous comportez-vous réellement de cette manière ? Pensez-vous réellement de cette manière ? Si ce n'est pas le cas, tout conflit constitue problème. Cessez d'employer des mots et un langage qui ne concordent pas avec vos pensées véritables et vos valeurs.

☐ **4. Opportuniste ?** Il n'est pas donné à chacun de savoir comment éviter les écueils éthiques et résoudre les conflits de valeurs. Y a-t-il des contradictions entre vos paroles et vos attitudes selon les situations ? Changez-vous d'avis selon vos humeurs, selon vos interlocuteurs ou selon votre plus récente expérience ? Vous pouvez avoir une vision humaniste lorsqu'il s'agit de vos collaborateurs et un point de vue très différent lorsqu'il s'agit des employés d'un autre service. Vous adhérez à un code moral rigide lors d'une transaction (avec vos clients) tout en frôlant les limites de l'acceptable dans une autre (avec des vendeurs). Vous ajustez vos valeurs en fonction de vos interlocuteurs : tant vers le haut (dans vos rapports avec les supérieurs), que vers le bas (avec les collaborateurs). Pourtant, nous sommes généralement tous plus à l'aise avec des comportements cohérents et prévisibles. Agissez-vous d'une manière avec les gens que vous appréciez et d'une autre avec ceux que vous n'aimez pas ? Recherchez trois à cinq situations où vous pensez que ces incohérences ont joué un rôle. Notez ce que vous avez fait avec différentes personnes de façon à comparer les situations. Avez-vous agi de façon différente dans des situations similaires ? Jugez-vous les autres suivant des normes différentes ? Avez-vous une telle gamme de valeurs qu'elles doivent éventuellement se chevaucher ? Efforcez-vous d'équilibrer vos comportements afin d'être plus cohérent dans les diverses situations où vous vous trouverez.

☐ **5. Désaccord ?** Dans la pire des hypothèses, si l'on ne vous note pas très bien au plan de votre éthique, cela peut signifier que vos valeurs ne sont pas conformes à celles qui sont communément acceptées autour de vous. C'est un problème courant : vous intégrez une organisation en espérant y retrouver les valeurs et l'éthique auxquelles vous croyez mais après un certain temps, vous vous apercevez qu'elles sont différentes. Ou bien il peut arriver que l'organisation subisse un changement majeur, qu'elle soit vendue ou qu'elle fusionne avec une autre ; et la modification des valeurs qui s'ensuit vous met mal à l'aise. Cela fait partie de la vie. Il est difficile de trouver un accord parfait. Si la différence est sérieuse, il vaut mieux que vous partiez. Si la différence dans les valeurs est simplement inconfortable, efforcez-vous de la modifier en influençant l'organisation. Mais ne lassez pas les autres avec votre inconfort. Vous êtes peut-être trop indépendant ? Vous avez vos propres règles, vous foncez à travers les obstacles, vous êtes essentiellement dynamique, centré sur l'action et les résultats. Et vous les obtenez. Le problème, c'est que vous ne vous préoccupez pas de savoir si les autres pensent comme vous. Vous fonctionnez à partir de votre intérieur vers l'extérieur. Seul compte pour vous ce que vous jugez juste et bon. Admirable dans un sens, mais pas très habile. L'organisation au sein de laquelle vous agissez possède, de façon formelle ou informelle, son propre ensemble de normes, croyances, code d'éthique et valeurs. Vous ne sauriez survivre longtemps sans les connaître ou sans y ajuster les vôtres. Essayez simplement de promouvoir vos convictions autant que vous le pouvez et restez silencieux quant au reste.

☐ **6. Des normes différentes ?** Un autre problème courant est d'avoir des critères qui sont applicables pour vous et des critères différents pour les autres. Ou bien un ensemble de règles pour vous et ceux que vous appréciez et un différent pour les autres. Vous comportez-vous comme vous espérez que les autres devraient agir avec vous ? Ne demandez à personne de faire une chose que vous ne feriez pas. Une pratique courante chez les managers de haut niveau est de charger certains de leurs collaborateurs d'assumer les contacts difficiles et de mettre à la porte ceux qui ne sont pas en accord avec leurs normes. Puis, ils attribuent à ceux qui dépendent d'eux de meilleures évaluations et des bonus, bien que tous sachent qu'au moins une ou deux de ces personnes ne sont pas à la hauteur. Agissez-vous de la sorte ? Pratiquez-vous des interventions contestables en faveur de ceux que vous appréciez ou avez-vous des favoris ?

☐ **7. Des valeurs claires.** Vous ne pensez guère en termes d'éthique et vos déclarations ne définissent pas clairement vos vraies valeurs. Comme vous éprouvez des difficultés dans ce domaine, il serait bon pour vous de noter votre système de valeurs pour vous entraîner à les formuler clairement. Révisez vos actions passées. Comment traitez-vous les gens ? Essayez de vous rappeler les 25 dernières occasions ou événements notoires que vous avez vécus. Comment avez-vous agi ? Était-ce cohérent ? Si oui, de quelles valeurs et de quel sens de l'éthique avez-vous fait preuve face aux autres ? 25 occasions d'être honnête et direct, 25 occasions de vous confier, 25 occasions d'aider les autres, 25 décisions sur l'allocations de ressources, 25 occasions de dépenses, 25 décisions d'engager ou de licencier quelqu'un, 25 décisions de déléguer, etc. Quelles valeurs sous-tendaient vos actions ? Celles pour lesquelles vous voulez être connu et reconnu ? S'accordent-elles avec les valeurs et l'éthique auxquelles souscrit cette organisation ?

☐ **8. Les valeurs du passé ?** C'est une belle question. Les temps changent. Les valeurs changent-elles aussi ? Tout le monde n'est pas de cet avis. Est-ce aussi votre conviction ? Pourtant, qu'en est-il de l'humour ? Pouvez-vous encore raconter des plaisanteries vieilles de dix ans ? Les façons de faire la cour et l'âge des personnes concernées ont-elles changé au cours des temps ? En partant de l'exemple du harcèlement sexuel, que faites-vous donc ? Quelle est la différence entre le mauvais goût, dire des blagues, flirter et le harcèlement sexuel ? La définition a-t-elle changé au cours de votre carrière ? Croyez-vous que les valeurs du passé sont plus honorables que celles d'aujourd'hui ? Quand vos valeurs se sont-elles forgées ? Il y a plus de 20 ans ? Peut-être est-il temps de réexaminer vos critères à la lumière de notre époque afin de les réajuster. Les autres considèrent peut-être vos convictions comme simplistes ou rigides. Dressez une liste de cinq domaines où les valeurs sont incompatibles avec le travail : rapport qualité/prix, travailler avec quelqu'un ou le licencier, traiter les gens à la tête du client ou de la même façon. Pouvez-vous décrire comment vous faites face à ces situations ?

Comment faites-vous vos choix ? Quelles sont vos limites ? Pourquoi ? Si vous semblez garder la même position chaque fois, vous avez besoin de vous ajuster. Parlez à des personnes qui font d'autres choix et essayez de comprendre la complexité du problème. Renoncez à juger, écoutez plutôt pour comprendre.

☐ **9. Le pire scénario.** Dans l'hypothèse la plus négative, il se peut que votre sens de l'éthique et vos valeurs soient inacceptables, autrement dit que la plupart des gens les rejetteraient. Vous opérez trop près ou trop au-delà de certaines limites pour que les gens soient à l'aise avec vous ? Vous utilisez des faux-fuyants, vous sabotez le travail des autres, vous tirez des ficelles, vous piégez les autres et les faites paraître à leur désavantage. Vous êtes sournois, « magouilleur » et très politique. Vous vous justifiez parce que vous obtenez des résultats ? Vous croyez vraiment que la fin justifie les moyens. Vous dites aux gens ce qu'ils veulent entendre, puis faites une chose différente ? Si vous vous reconnaissez dans l'un de ces comportements, on vous l'aura certainement déjà dit. Cette attitude ne se développe pas en un jour. Il est temps de vous demander si votre carrière au sein de cette organisation est récupérable. La meilleure façon de procéder est d'admettre que vous ne partagez pas les mêmes valeurs que ceux avec lesquels vous travaillez et d'en discuter avec votre patron ou votre mentor pour savoir si vous pouvez vous racheter. Si oui, rencontrez les personnes à qui vous pensez avoir porté tort et voyez leur réaction. Assurez-les que vous allez vous corriger. Demandez-leur si la situation est rattrapable. À long terme, il se peut que vous ayez à rechercher un avis professionnel au sujet de vos valeurs ou trouver un lieu de travail où l'on partage vos convictions.

☐ **10. Changer d'éthique.** Rappelez-vous que le comportement est dix fois plus important que les mots. À quelles valeurs adhérez-vous ? Que devrait être votre éthique ? Écrivez-le sur la colonne de gauche d'une feuille : « Je veux être reconnu comme un bon manager ». Puis sur le côté droit, mentionnez ce que ferait ou dirait une personne ayant ces valeurs. Elle n'aurait pas de favoris. Elle offrirait à tous des chances égales de croissance et de développement. Elle écouterait les idées d'où qu'elles viennent. Elle proposerait à chacun d'exprimer son opinion dans une réunion. Elle partagerait son temps équitablement entre chaque collaborateur. Elle utiliserait les mêmes normes pour tous. Demandez à une personne de confiance de réviser vos objectifs pour voir si vous êtes dans la bonne direction. Puis commencez à agir en conformité avec toutes ces résolutions.

There is a tendency to mistake data for wisdom, just as there has always been a tendency to confuse logic with values, intelligence with insight. Unobstructed access to facts can produce unlimited good only if it is matched by the desire and ability to find out what they mean and where they lead.

– Norman Cousins

LECTURES CONSEILLÉES

Badaracco, Joseph L., Jr. *Leading Quietly.* Boston: Harvard Business School Press, 2002.

Badaracco, Joseph L., Jr. *The Discipline of Building Character.* Boston: Harvard Business School Press, 2002.

Bellingham, Richard. *Ethical Leadership: Rebuilding Trust in Corporations.* Amherst, MA: HRD Press, 2003.

Bennis, Warren G. and Robert J. Thomas. *Geeks and Geezers.* Boston: Harvard Business School Press, 2002.

Boatright, John Raymond. *Ethics and the Conduct of Business.* Upper Saddle River, NJ: Prentice Hall, 2000.

Cloke, Kenneth and Joan Goldsmith. *End of Management and the Rise of Organizational Democracy.* San Francisco: Jossey-Bass, Inc., 2002.

Dobrin, Arthur. *Ethics for Everyone: How to Increase Your Moral Intelligence.* New York: John Wiley & Sons, Inc., 2002.

Drucker, Peter F. *The Essential Drucker: The Best of Sixty Years of Peter Drucker's Essential Writings on Management.* New York: HarperBusiness, 2003.

Ferrell, O.C., John Fraedrich and Linda Ferrell. *Business Ethics: Ethical Decision Making and Cases.* New York: Houghton Mifflin College, 2001.

Gallagher, Richard S. *The Soul of an Organization: Understanding the Values That Drive Successful Corporate Cultures.* Chicago, IL: Dearborn Financial Publishing, 2003.

Gardner, Howard. *Good Work: When Excellence and Ethics Meet.* New York: Basic Books, 2001.

Jennings, Marianne and Laura Schlessinger. *A Business Tale: A Story of Ethics, Choices, Success and a Very Large Rabbit.* New York: AMACOM, 2003.

Johnson, Craig E. *Meeting the Ethical Challenges of Leadership: Casting Light or Shadow.* Thousand Oaks, CA: Sage Publications, 2001.

Klein, Alec. *Stealing Time: Steve Case, Jerry Levine, and the Collapse of AOL Time Warner.* New York: Simon & Schuster, 2003.

McLean, Bethany and Peter Elkind. *The Smartest Guys in the Room: The Amazing Rise and Scandalous Fall of Enron.* New York: Portfolio, 2003.

Paine, Lynn Sharp. *Value Shift.* New York: McGraw-Hill Trade, 2003.

Ruggiero, Vincent Ryan. *Thinking Critically About Ethical Issues.* New York: McGraw-Hill, Inc., 2003.

Seglin, Jeffrey L. *The Good, the Bad, and Your Business: Choosing Right When Ethical Dilemmas Pull You Apart.* New York: John Wiley & Sons, Inc., 2000.

Sonnenberg, Frank K. *Managing With a Conscience—How to Improve Performance Through Integrity, Trust and Commitment.* New York: McGraw-Hill Trade, 1996.

Spinello, Richard and Herman T. Tavani (Eds.). *Readings in CyberEthics.* Sudbury, MA: Jones & Bartlett Publishing, 2001.

23 ÊTRE ÉQUITABLE ENVERS SES COLLABORATEURS DIRECTS

Facteur VI : Compétences personnelles et interpersonnelles Groupe P : Gérer des relations diverses **VI – P**

The way to get things done is not to mind
who gets the credit for doing them.
– Benjamin Jowett

COMPÉTENCE NON MAÎTRISÉE

- ☐ Ne traite pas ses collaborateurs directs de façon juste et loyale
- ☐ Se soucie peu d'écouter leurs problèmes ou leurs demandes
- ☐ Ne sait pas bien discerner leurs besoins ni interpréter leurs réactions
- ☐ Dissimule ou tait des choses que ses collaborateurs sont en droit de connaître
- ☐ Peut être versatile et avoir des favoris
- ☐ Ne réfléchit pas beaucoup à la notion d'équité dans le travail ou est trop occupé pour s'en soucier
- ☐ Peut classer les gens dans des catégories, les « bons » et les « mauvais », et les traiter en conséquence

Sélectionnez dans la liste ci-dessous une à trois compétences comme compétence de remplacement si vous décidez de ne pas travailler directement sur cette dernière.

SUBSTITUTS : 7,10,18,20,21,22,29,35,56,60,64

COMPÉTENCE MAÎTRISÉE

- ☐ Traite équitablement ses collaborateurs directs
- ☐ Agit de façon juste
- ☐ Suscite des dialogues ouverts et des discussions franches
- ☐ Agit sans arrière-pensées
- ☐ Ne fait pas de favoritisme

COMPÉTENCE UTILISÉE À L'EXCÈS

- ☐ Dépense trop de temps et d'énergie à vouloir faire plaisir à tout le monde
- ☐ Semble plus soucieux de répartir uniformément le travail plutôt que d'utiliser, mettre au défi ou aider les meilleurs à se développer
- ☐ Son besoin d'être honnête semble masquer des problèmes réels et des différences

Sélectionnez dans la liste ci-dessous une à trois compétences sur laquelle vous devrez travailler pour compenser son utilisation excessive.

COMPENSATEURS : 9,12,13,18,19,20,21,25,34,35,36,37,51,52,56,57,64

QUELQUES CAUSES

- ☐ Croit dans le principe de la méritocratie ; seuls les gagnants ont droit aux récompenses
- ☐ Évalue mal les gens
- ☐ Ne porte pas vraiment d'intérêt aux autres
- ☐ Comportement inconstant envers les autres
- ☐ Fait du favoritisme
- ☐ Trop occupé pour pouvoir traiter tout le monde de manière équitable

FACTEURS ET GROUPES DU LEADERSHIP ARCHITECT®

Cette compétence se retrouve dans Compétences personnelles et interpersonnelles, facteur (VI). Cette compétence se retrouve dans Gérer des relations diverses, groupe (P) aux numéros : 4, 15, 21, 42, 64. Vous pouvez également consulter d'autres compétences dans le même facteur ou groupe pour trouver des conseils connexes.

LA CARTE

L'équité est un principe simple ; traitez tout le monde de la même façon. Le manque d'équité peut se refléter de différentes manières : traitez-vous les individus ayant des performances élevées différemment des autres ? Avez-vous des groupes favoris et d'autres moins favoris ? Aidez-vous certains à s'épanouir et d'autres non ? Votre éthique varie-t-elle selon vos collaborateurs ? Votre franchise varie-t-elle selon la personne ? Mieux vaut concevoir l'équité comme une attitude égalitaire et non comme un jugement se reflétant dans des comportements à l'égard des autres. Une façon plus subtile de concevoir l'équité c'est de la considérer comme une façon de traiter chaque personne de manière équitable, c'est-à-dire selon ses besoins. Cela veut dire que le traitement accordé à chacun varierait d'une personne à l'autre mais que toutes sentiraient qu'elles ont été traitées équitablement. La motivation des gens est déterminée en grande partie par le fait qu'ils se sentent traités équitablement ou pas. Le manque d'équité peut produire toutes sortes de problèmes dans la relation entre un chef et son collaborateur direct et au sein du groupe. Cela affaiblit également la productivité, l'efficacité et fait gaspiller du temps pour redresser les torts.

QUELQUES SOLUTIONS

☐ **1. L'équité dans l'information.** Respectez des règles d'information équitables pour tous : expliquez votre pensée et demandez à vos interlocuteurs d'en faire autant. En discutant de problèmes, donnez vos raisons d'abord et les solutions en dernier. Si vous donnez les solutions en premier, on n'écoutera pas vos raisons. Certains patrons deviennent trop autoritaires envers leurs collaborateurs et ceux-ci à leur tour sentent qu'on ne s'intéresse pas à ce qu'ils pensent. Invitez-les à exprimer leurs pensées et leurs raisons avant de présenter des solutions. Ne soyez pas sélectif dans l'information que vous dispensez. N'utilisez pas l'information comme une récompense ou pour renforcer une relation avec une ou quelques personnes, à l'exclusion des autres.

☐ **2. L'équité envers les groupes.** Traitez-vous certains groupes différemment ? La tendance malheureusement répandue est de traiter avec moins de respect ceux qui sont moins performants, les employés de statut inférieur et ceux qui sont hors de votre service. Soyez sincère envers vous-même. Y a-t-il un groupe ou des individus avec lesquels vous êtes mal à l'aise ? Les avez-vous classés dans votre catégorie étiquetée « moins respectable » ? C'est un travers assez courant. Pour vous libérer de cette attitude, demandez-vous pourquoi ils se comportent ainsi et comment vous aimeriez être traité si vous étiez à leur place. Interdisez-vous tout jugement.

☐ **3. L'équité et les normes.** Assurez-vous que vous n'excusez pas un comportement chez un collaborateur performant alors que vous ne le toléreriez pas de quelqu'un d'autre. Tous et chacun suivent-ils les mêmes règles et sont-ils évalués en fonction des mêmes normes ?

☐ **4. L'équité et les autres critères.** Assurez-vous de ne pas appliquer différentes normes en fonction des différences d'âge, d'origine, etc. Traitez-vous mieux les groupes avec lesquels vous êtes plus familier ou plus à l'aise ? Est-ce qu'un groupe récolte plus de louanges ou de critiques qu'un autre ? La meilleure façon de le vérifier est d'obtenir l'avis d'un ou plusieurs membres de chaque groupe avec lesquels vous travaillez. *Besoin d'aide supplémentaire ? Reportez-vous à la fiche n° 21 : Gérer la diversité.*

☐ **5. Dans les réunions, assurez-vous que vous n'oubliez personne** et ne dirigez pas une trop grande part de vos remarques vers une personne ou un sous-groupe à l'exclusion des autres. Assurez-vous que votre attitude n'émet aucun signal négatif. Un observateur neutre ne devrait pas être à même de pouvoir déduire qui vous aimez ou n'aimez pas. Encouragez les plus timides ou réservés à intervenir. Calmez les plus péremptoires, les plus bruyants ou passionnés. Donnez à chacun la chance de se faire entendre.

☐ **6. Réduisez les conflits dus à des injustices afin qu'ils demeurent limités et concrets.** Plus ces conflits seront abstraits, plus ils seront difficiles à contrôler. Séparez les questions de personnes et les problèmes. Abordez les problèmes dus à une injustice en examinant la nature du problème et non en considérant les positions prises par certains. Essayez de vous représenter leur vision de « ce qui aurait été juste » tant au niveau des émotions que du contenu. N'essayez pas de deviner leurs motifs ou leurs intentions. Évitez de blâmer directement ; décrivez les problèmes et leurs répercussions. Si vous ne pouvez trouver un accord sur une solution, accordez-vous au moins sur une procédure de discussion. Ou bien, entendez-vous sur quelques points et sur le fait qu'il reste des questions en litige. Ceci permet la poursuite du processus et évite l'impasse dans les conflits.

☐ **7. Les normes pour un traitement juste.** Établissez des normes objectives pour établir un traitement équitable (paie, choix de bureau, jours de congé) : le choix de critères, de modèles statistiques, de normes professionnelles, de valeur marchande, de modèles de coûts. Établissez les normes de façon à ce que tous puissent les appliquer et en arriver à des conclusions comparables.

☐ **8. Il peut vous arriver de perdre votre sang-froid avec certaines personnes,** mais pas avec d'autres lorsque l'on met en doute votre sens de l'éthique. Une pratique à conseiller est alors de compter mentalement jusqu'à cinq, pour ensuite demander une clarification. Cela sert à trois choses : cela donne à la personne une seconde chance de s'exprimer, cela vous permet de reprendre votre calme et cela peut enfin vous empêcher d'en arriver à une mauvaise conclusion et d'agir de façon trop précipitée.

☐ **9. Les critères d'équité.** Il y a autant d'interprétations de la justice que de personnes dans votre univers de travail. Efforcez-vous donc d'impliquer tout votre groupe dans le débat sur ce qui peut être considéré comme juste. Demandez l'opinion de tous sur l'équité d'un programme ou d'un traitement. Laissez-les vous dire ce qui est juste avant d'en juger pour eux et sans eux. Chacun se sentira mieux traité s'il a participé à l'élaboration des règles.

☐ **10. Si un problème surgit qui est en conflit avec vos valeurs personnelles, prenez le temps de :**

- Penser avant d'agir. Avant de parler ou de vous impliquer dans une situation, demandez-vous si vous feriez de même dans un autre contexte. Votre système de valeurs est-il vraiment en cause dans ce cas ?
- Choisissez vos batailles. Assurez-vous que c'est seulement si la situation est critique pour le travail que vous pouvez user de votre autorité et imposer vos décisions.

These men ask for just the same thing—fairness, and fairness only.
This, so far as in my power, they, and all others, shall have.
– Abraham Lincoln

LECTURES CONSEILLÉES

Ahlrichs, Nancy S. *Manager of Choice.* Palo Alto, CA: Davies-Black Publishing, 2003.

Bardwick, Judith M. *In Praise of Good Business—How Optimizing Risk Rewards Both Your Bottom Line and Your People.* New York: John Wiley & Sons, Inc., 1998.

Daniels, Aubrey C. *Bringing Out the Best in People.* New York: McGraw-Hill, Inc., 1994.

Faust, Gerald W., Richard I. Lyles and Will Phillips. *Responsible Managers Get Results.* New York: AMACOM, 1998.

Genett, Donna M. *If You Want It Done Right, You Don't Have to Do It Yourself! The Power of Effective Delegation.* Quill/HarperCollins, 2003.

Holliday, Micki. *Coaching, Mentoring, and Managing: Breakthrough Strategies to Solve Performance Problems and Build Winning Teams.* Franklin Lakes, NJ: Career Press, 2001.

Manzoni, Jean-Francois and Jean-Louis Barsoux. *The Set-Up-To-Fail Syndrome.* Boston: Harvard Business School Press, 2002.

Maslow, Abraham H. *Maslow on Management.* New York: John Wiley & Sons, Inc., 1998.

Mayo, Andrew. *The Human Value of the Enterprise: Valuing People As Assets—Monitoring, Measuring, Managing.* Yarmouth, ME: Nicholas Brealey Publishing, 2001.

Nelson, Robert B. *Empowering Employees Through Delegation.* Burr Ridge, IL: Irwin Professional Publishing, 1994.

Raelin, Joseph A. *Creating Leaderful Organizations: How to Bring Out Leadership in Everyone.* San Francisco: Berrett-Koehler Publishers, Inc., 2003.

Reck, Ross R. *The X-Factor: Getting Extraordinary Results From Ordinary People.* New York: John Wiley & Sons, Inc., 2001.

Weisinger, Hendrie. *Emotional Intelligence at Work.* San Francisco: Jossey-Bass, Inc., 2000.

24 POSSÉDER DES APTITUDES TECHNIQUES ET FONCTIONNELLES

Facteur I : Compétences stratégiques   Groupe A : Comprendre le domaine des affaires   I – A

There are three principal means of acquiring knowledge...observation of nature, reflection, and experimentation. Observation collects facts; reflection combines them; experimentation verifies the result of that combination.
– Denis Diderot

COMPÉTENCE NON MAÎTRISÉE

- ☐ N'a pas les compétences techniques ni fonctionnelles voulues
- ☐ Commet des erreurs dans le domaine technique/fonctionnel
- ☐ Son jugement et sa prise de décision sont marginaux à cause de son manque de savoir
- ☐ Semble ne pas savoir sortir des technologies et des compétences dépassées
- ☐ Peut manquer d'expérience, être nouveau dans le domaine ou y porter peu d'intérêt
- ☐ Manque de minutie dans le travail pour approfondir
- ☐ Semble ne pas prendre le temps d'apprendre

Sélectionnez dans la liste ci-dessous une à trois compétences comme compétence de remplacement si vous décidez de ne pas travailler directement sur cette dernière.

SUBSTITUTS : 5,18,20,30,32,33,46,50,61

COMPÉTENCE MAÎTRISÉE

- ☐ Possède les connaissances et les compétences techniques et fonctionnelles requises pour accomplir un travail qui demande un haut niveau d'exigences

COMPÉTENCE UTILISÉE À L'EXCÈS

- ☐ Peut être perçu comme quelqu'un aux vues étroites
- ☐ Semble développer à outrance ou être dépendant de ses connaissances et de ses compétences techniques ou fonctionnelles au détriment de ses compétences personnelles, interpersonnelles et directoriales
- ☐ Semble se servir de ses connaissances et compétences techniques approfondies pour éviter l'ambiguïté et le risque

Sélectionnez dans la liste ci-dessous une à trois compétences sur laquelle vous devrez travailler pour compenser son utilisation excessive.

COMPENSATEURS : 14,28,30,32,45,46,51,57,58

24

QUELQUES CAUSES

- ☐ Manque d'expérience ; nouveau venu
- ☐ N'a pas le souci du détail
- ☐ Manque d'intérêt envers son poste
- ☐ Gestion du temps ; trop occupé pour s'en préoccuper
- ☐ S'attache aux technologies passées

FACTEURS ET GROUPES DU LEADERSHIP ARCHITECT®

Cette compétence se retrouve dans Compétences stratégiques, facteur (I). Cette compétence se retrouve dans Comprendre le domaine des affaires, groupe (A) aux numéros : 5, 61. Vous pouvez également consulter d'autres compétences dans le même facteur ou groupe pour trouver des conseils connexes.

LA CARTE

Tous les lieux de travail disposent d'une ou de plusieurs technologies pour les aider dans leur travail. Effectuer le travail même d'un poste exige un niveau de connaissances techniques et fonctionnelles plus élevé que pour le gérer. Dans la plupart des services fonctionnels ou techniques, on trouve un certain nombre de professionnels qui maîtrisent la technologie à fond. Ce sont les experts. La majorité des autres employés possède des connaissances suffisantes pour faire son travail. Certains ont des capacités ou connaissances marginales dans le domaine et nuisent au reste du groupe.

QUELQUES SOLUTIONS

☐ **1. Trouver un « pro ».** Trouvez un professionnel expérimenté dans le domaine technique qui vous intéresse et demandez-lui s'il voudrait vous montrer les « trucs » du métier et vous servir de tuteur. La plupart ne détesteront pas avoir quelques « apprentis » autour d'eux. Aidez-le à vous aider. Demandez : « Comment savez-vous ce qui est important ? Que regardez-vous en premier ? En second ? Quels sont les cinq points que vous recherchez d'abord ? Quelles sont vos lectures ? À qui demandez-vous des avis ? »

☐ **2. Faites partie d'associations professionnelles.** Toutes les disciplines possèdent leur association nationale et parfois locale, constituée de centaines de personnes expertes dans ce que vous essayez péniblement d'apprendre chaque jour. Devenez membre. Devenez membre de l'association concernant le domaine qui vous intéresse. Procurez-vous des articles de vulgarisation. Assistez à un de leurs ateliers. Allez à l'assemblée annuelle.

☐ **3. Trouvez l'ouvrage de référence de la technologie ou de la fonction que vous exercez.** Presque toutes les disciplines ont un ouvrage auquel on se réfère comme à une bible. C'est en général la norme, la référence que chacun consulte.

La technologie ou la fonction qui vous intéresse possède également probablement son journal. Abonnez-vous pour une année ou plus. Demandez s'ils ont des numéros déjà parus et disponibles.

- ☐ **4. Rencontrez des personnes ressources.** Identifiez quelques sommités reconnues de cette technologie et achetez leurs livres, lisez leurs articles, assistez à leurs conférences et à leurs ateliers.

- ☐ **5. Essayez d'apprendre par les personnes qui vous entourent.** Demandez à vos confrères ou consœurs dans cette fonction/technologie quelles sont les compétences ou les connaissances qui sont essentielles à la mission et comment ils les ont apprises. Suivez leur exemple ou un exemple similaire.

- ☐ **6. Retournez en classe.** Votre collège, université ou école technique peut offrir des cours du soir ou de week-end sur cette technologie. Votre organisation peut aussi proposer des formations dans ce domaine.

- ☐ **7. Inspirez-vous de votre passé.** Vous pouvez avoir déjà excellé dans une autre fonction ou technologie. Inspirez-vous en. Si ce n'est pas le cas, revoyez des choses que vous connaissez bien, tel un hobby. Comment l'avez-vous appris ? *Besoin d'aide supplémentaire ? Reportez-vous à la fiche n° 32 : Démontrer une grande capacité à apprendre sur le terrain.*

- ☐ **8. Trouvez un expert.** Contactez un consultant dans cette technologie ou fonction et demandez-lui de vous servir de tuteur pour accélérer votre apprentissage.

- ☐ **9. Apprenez à penser comme les experts.** Exposez-leur vos problèmes et consultez-les sur les clés qu'ils utilisent ; voyez ce qu'ils considèrent comme important ou non. Classez les données en catégories afin de les mémoriser plus facilement. Pensez à cinq aspects ou problèmes auxquels vous devez réfléchir chaque fois qu'une question technique surgit. Ne perdez pas votre temps à tenter d'apprendre tous les détails techniques, à moins que vous ne disposiez de catégories conceptuelles pour les classer.

- ☐ **10. Enseignez.** Formez un groupe d'études et présentez à tour de rôle des aspects nouveaux, différents ou inconnus de cette technologie. Le fait d'avoir à enseigner une nouvelle technique vous obligera à la conceptualiser et à la comprendre plus en profondeur. Les relations que vous établissez avec ces groupes ont aussi leurs avantages par ailleurs. Une société s'est aperçue que ses employés apprenaient plus pendant les pauses café qu'à partir des manuels.

The fact of the matter is that most of the problems...that we now face are technical problems, are administrative problems. They are very sophisticated judgments, which do not lend themselves to the great sort of passionate movements which have stirred this country so often in the past.
– John F. Kennedy

LECTURES CONSEILLÉES

Il n'y a pas de lecture recommandée pour cette capacité particulière, puisqu'elle requiert des milliers de compétences fonctionnelles et techniques.

25 SAVOIR RECRUTER ET BIEN S'ENTOURER

What we need is more people who specialize in the impossible.
– Theodore Roethke

COMPÉTENCE NON MAÎTRISÉE

- ☐ N'a pas bien réussi dans le passé dans ses recrutements et choix de personnel
- ☐ Peut trop choisir des candidats à son image ou privilégier un ou deux critères
- ☐ Peut limiter ses choix à des personnes qui ont le même profil que lui
- ☐ Peut éviter de prendre des risques dans ses sélections
- ☐ Ne recherche pas la diversité
- ☐ Peut ne pas savoir reconnaître la compétence, manquer de critères d'appréciation ou être sûr, à tort, qu'il sait s'y prendre
- ☐ N'a pas toujours la patience d'attendre de trouver un meilleur candidat

Sélectionnez dans la liste ci-dessous une à trois compétences comme compétence de remplacement si vous décidez de ne pas travailler directement sur cette dernière.

SUBSTITUTS : 5,17,19,20,21,23,35,39,53,56,60,64

COMPÉTENCE MAÎTRISÉE

- ☐ Sait reconnaître le talent
- ☐ Sait choisir les meilleurs candidats possibles, que ce soit en interne ou en externe
- ☐ Ne craint pas de sélectionner de fortes personnalités
- ☐ Sait constituer des équipes talentueuses

COMPÉTENCE UTILISÉE À L'EXCÈS

- ☐ Peut négliger d'assister ceux qui sont lents à démarrer
- ☐ Semble sélectionner sur des critères superficiels
- ☐ Semble assembler une équipe de personnes performantes sur le plan individuel mais qui n'ont pas d'esprit d'équipe
- ☐ Semble préférer des personnes talentueuses à cet instant mais qui ne sont pas assez douées pour poursuivre leur développement personnel
- ☐ Semble préférer remplacer une personne plutôt que de mieux travailler avec elle

Sélectionnez dans la liste ci-dessous une à trois compétences sur laquelle vous devrez travailler pour compenser son utilisation excessive.

COMPENSATEURS : 21,30,33,41,52,56,60,64

QUELQUES CAUSES

- ☐ Craint de se faire dépasser par quelqu'un meilleur que lui
- ☐ Manque d'expérience dans le recrutement de personnel
- ☐ Manque de courage pour faire autre chose
- ☐ Manque de confiance en soi
- ☐ Vision étroite de ce qu'est un talent
- ☐ Trop impatient pour attendre d'avoir un meilleur candidat

FACTEURS ET GROUPES DU LEADERSHIP ARCHITECT®

Cette compétence se retrouve dans Courage, facteur (III). Cette compétence se retrouve dans Prendre de difficiles décisions sur les gens, groupe (I) au numéro : 56. Vous pouvez également consulter d'autres compétences dans le même facteur ou groupe pour trouver des conseils connexes.

LA CARTE

Le talent fait marcher le monde. Plus vous et votre équipe avez de talent, mieux cela vaudra. Les gens talentueux produisent de grandes choses. Travailler avec eux est motivant et stimulant. Les gens talentueux sont compétitifs, généralement agréables, parfois pas. Gérer des gens talentueux est un défi qui risque d'être plutôt agréable. Beaucoup de bonnes choses peuvent se produire avec des personnes de talent.

QUELQUES SOLUTIONS

☐ **1. Pouvez-vous dire qui a du talent et qui n'en a pas ?** Voyez dans votre entourage qui l'on considère comme très talentueux ou comme peu talentueux. Ceux qui ont du talent ont-ils des caractéristiques communes ? Attention aux pièges, il est rare que l'intelligence ou la personnalité distinguent le talent. La plupart des gens sont suffisamment intelligents et beaucoup de traits de personnalité n'ont que peu de rapports avec la performance. Seconde étape. Essayez de distinguer ce qui se cache sous l'aspect superficiel de personnes intelligentes, aimables et techniquement douées.

☐ **2. Savez-vous découvrir le talent durant un entretien ?** Il existe certaines méthodes efficaces dans ce sens. Deux exemples de méthodes : Essayez d'identifier l'aptitude à apprendre rapidement, un intérêt marqué pour les tâches essentielles et une tendance à apprécier les situations nouvelles. Voir *« L'ARCHITECTE D'ENTRETIEN® » (The INTERVIEW ARCHITECT®)* ou demandez au responsable du recrutement de votre organisation de vous guider sur les modalités d'un bon entretien. Des études montrent que les entretiens structurés et un inventaire des données biographiques sont les meilleures méthodes de sélection.

☐ **3. Réfléchissez à votre carrière passée.** Faites deux listes : l'une pour les personnes les plus talentueuses avec lesquelles vous avez travaillé, l'autre pour celles qui étaient dans la moyenne et qui, malgré leurs qualités, n'ont pas réellement fait des merveilles. Est-ce que les personnes figurant sur ces deux listes avaient des traits communs ? Pourquoi pouvez-vous affirmer que telle personne avait beaucoup de talent et l'autre moins ? Quelles étaient les différences majeures entre les deux listes ?

☐ **4. Énumérez tous les patrons avec qui vous avez travaillé.** Inscrivez-les sur deux listes comprenant, d'une part, les 33 % les plus talentueux et, d'autre part, les 33 % les moins talentueux. Les patrons qui ont du talent ont-ils des caractéristiques communes ? Pourquoi pensez-vous que les représentants d'une liste représentaient des personnes talentueuses et pas les autres ? Quelles étaient les différences majeures entre les deux listes ? Avec laquelle des personnes figurant sur ces deux listes aimeriez-vous travailler à nouveau ?

☐ **5. Demandez à quelqu'un du service des ressources humaines de votre** entreprise de vous montrer les profils types de personnes talentueuses et ayant une carrière réussie.

☐ **6. Quand vous avez à engager quelqu'un** ou à décider avec qui travailler sur un problème ou un projet, pensez-vous que vous avez tendance à choisir un autre vous-même ? Avez-vous une préférence pour ceux qui pensent et agissent comme vous ? Quelles caractéristiques valorisez-vous exagérément ? Quels travers ignorez-vous ou excusez-vous facilement ? Face à ces tendances, la clé est de rechercher l'équilibre, la variété et la diversité. N'oubliez pas vos faiblesses quand vous faites du recrutement. Les gens qui savent recruter savent aussi s'entourer de personnes qui ne leur ressemblent pas et être à l'aise avec eux.

☐ **7. Vos critères de sélection sont-ils trop sévères ou au contraire, pas assez ?** Recrutez-vous le premier candidat qui se rapproche de ce que vous recherchez ou attendez-vous la personne idéale, quitte à laisser le poste vacant trop longtemps ? Chacune de ces tendances vous causera des problèmes, ainsi qu'à votre organisation. Il faut savoir attendre assez longtemps pour avoir le choix, mais pas attendre trop longtemps au risque de perdre un bon candidat dans l'attente de l'oiseau rare. Apprenez comment établir des normes raisonnables avec *L'ARCHITECTE D'ENTRETIEN® (The INTERVIEW ARCHITECT®).*

☐ **8. Avez-vous une vision précise des compétences dont vous aurez besoin afin de produire des résultats maintenant et à long terme ?** Avez-vous un plan pour votre propre succession ? Utilisez-vous un profil de réussite avec les compétences spécifiques dont vous avez besoin ? Avez-vous recruté quelqu'un qui a maintenant, ou aura dans quelque temps, les compétences requises pour occuper votre poste ? Avez-vous choisi quelqu'un que vous pourriez proposer pour un poste à votre niveau et qui pourrait, peut-être, vous dépasser ? Les

25

meilleurs managers s'entourent de personnes talentueuses et parfois ces talents peuvent surpasser ceux de la personne qui les a recrutées. C'est une bonne chose et une raison de se réjouir.

☐ **9. Lisez deux ou trois ouvrages sur les différents types de personnalités** ou sur les disparités entre les gens (voir *Gifts Differing,* par Isabel Myers) ou suivez une formation sur le sujet. Vérifiez vos évaluations de candidats avec des personnes qui vous donneront une opinion juste.

☐ **10. Certaines personnes sont mal à l'aise avec des candidats talentueux par crainte de comparaisons qui ne leur soient pas toujours favorables.** Difficile d'y échapper. On vous comparera automatiquement parce que personne n'a tous les talents. Il y a de fortes chances que, dans votre groupe, certains soient meilleurs que vous dans un domaine précis. La solution est d'utiliser cette crainte naturelle positivement : recrutez des candidats qui ont des talents différents des vôtres, étudiez leur façon de penser, observez la manière dont ils exercent leur talent et profitez-en pour vous améliorer.

☐ **11. N'oubliez pas la vérification des antécédents par une société extérieure.** Vous pouvez avoir besoin de personnes expertes en enquêtes criminelles et sur la façon dont les employeurs sont protégés contre les responsabilités. Ils arrivent souvent à convaincre un employeur antérieur de donner des informations légales intéressantes. Par exemple, ils peuvent expliquer que la majorité des États protègent les employeurs de toute responsabilité quand ceux-ci donnent des références en toute bonne foi. Et la vérité, évidemment, est toujours la meilleure défense. Quand vous faites vous-même la sélection, avec tous les services de placement en ligne, vous devez écrémer : sélectionnez au téléphone, demandez aux candidats de faire un test spécifique, utilisez le site Web pour les évaluer.

☐ **12. Au moins la moitié des nouveaux employés démissionne au cours des sept premiers mois.** Il importe de les accueillir, de leur faire comprendre l'importance de leur travail et de penser à toutes ces choses que les anciens accomplissent machinalement et qui déconcertent les nouveaux venus. Comment vont-ils découvrir tout cela ? Quelles sont les attentes qui ne sont décrites nulle part ? Les principales raisons qui poussent les gens à partir : la sensation d'être socialement isolés, d'être tenus à l'écart du circuit d'information, ou d'être confinés dans des conditions de travail déprimantes.

☐ **13. Travaillez avec les collaborateurs dont vous disposez.** Avant de licencier ou de recruter, êtes-vous certain que le problème ne peut pas être résolu avec l'équipe actuelle ? Peut-être que la personne est démotivée, ou a besoin d'une formation de mise à niveau des connaissances. Le recyclage revient souvent moins cher et s'avère moins perturbateur, surtout pour les emplois de niveau inférieur. *Besoin d'aide supplémentaire ? Reportez-vous à la fiche n° 19 : Développer les compétences de ses collaborateurs directs et des autres.*

The quality of an organization can never exceed
the quality of the minds that make it up.
– Harold R. McAlindon

LECTURES CONSEILLÉES

Ashby, Franklin C. and Arthur R. Pell. *Embracing Excellence.* New York: Prentice Hall, 2001.

Calvin, Robert J. *Entrepreneurial Management.* New York: McGraw-Hill, Inc., 2001.

Falcone, Paul. *The Hiring and Firing Question and Answer Book.* New York: AMACOM, 2002.

Fields, Martha R.A. *Indispensable Employees: How to Hire Them, How to Keep Them.* Franklin Lakes, NJ: Career Press, 2001.

Levin, Robert A. and Joseph G. Rosse. *Talent Flow: A Strategic Approach to Keeping Good Employees, Helping Them Grow, and Letting Them Go.* New York: John Wiley & Sons, Inc., 2001.

Michaels, Ed, Helen Handfield-Jones and Beth Axelrod. *The War for Talent.* Boston: Harvard Business School Press, 2001.

Poundstone, William. *How Would You Move Mount Fiji? Microsoft's Cult of the Puzzle—How the World's Smartest Company Selects the Most Creative Thinkers.* Boston: Little, Brown, 2003.

Sears, David. *Successful Talent Strategies: Achieving Superior Business Results Through Market-Focused Staffing.* New York: AMACOM, 2003.

Smart, Bradford D., Ph.D. *Topgrading—How Leading Companies Win: Hiring, Coaching and Keeping the Best People.* New York: Prentice Hall, 1999.

Still, Del J. *High Impact Hiring: How to Interview and Select Outstanding Employees.* Dana Point, CA: Management Development Systems LLC, 2001.

26 AVOIR LE SENS DE L'HUMOUR

Laughter is the shortest distance between two people.
– Victor Borge

COMPÉTENCE NON MAÎTRISÉE

- ☐ N'a pas le sens de l'humour
- ☐ Ne sait pas ou ne veut pas faire de l'humour au travail
- ☐ Ne sait pas raconter une bonne blague
- ☐ Peut refroidir l'envie de faire de l'humour chez les autres
- ☐ Considère que l'humour est déplacé au travail
- ☐ Se prend peut-être trop au sérieux et craint de se dévaloriser
- ☐ Semble manquer de doigté
- ☐ Peut se montrer caustique ou faire de « l'humour noir »
- ☐ Peut faire un usage intempestif ou déplacé de l'humour

Sélectionnez dans la liste ci-dessous une à trois compétences comme compétence de remplacement si vous décidez de ne pas travailler directement sur cette dernière.

SUBSTITUTS : 3,14,31,44,49

COMPÉTENCE MAÎTRISÉE

- ☐ Possède un humour positif et constructif
- ☐ Est capable de rire aussi bien de lui-même qu'avec les autres
- ☐ Sait se montrer drôle au moment opportun et utiliser l'humour pour réduire les tensions

COMPÉTENCE UTILISÉE À L'EXCÈS

- ☐ Peut perturber un groupe en faisant preuve d'humour déplacé ou inopportun
- ☐ Semble utiliser l'humour pour se détourner des questions et des problèmes véritables
- ☐ Semble utiliser l'humour pour critiquer les autres et déguiser une attaque
- ☐ Semble utiliser l'humour avec sarcasme et cynisme
- ☐ Semble être perçu comme une personne immature ou manquant de sérieux
- ☐ Son humour peut être mal interprété

Sélectionnez dans la liste ci-dessous une à trois compétences sur laquelle vous devrez travailler pour compenser son utilisation excessive.

COMPENSATEURS : 7,10,11,22,31,33,41,43,48,52,55

QUELQUES CAUSES

- ☐ Ne sait pas raconter de blagues
- ☐ Ne pense pas que les autres sont drôles
- ☐ Pense que l'humour n'a pas de place dans une entreprise
- ☐ Évite d'avoir l'air idiot ou de dire quelque chose d'idiot
- ☐ Trop sérieux
- ☐ Évite les risques

FACTEURS ET GROUPES DU LEADERSHIP ARCHITECT®

Cette compétence se retrouve dans Compétences personnelles et interpersonnelles, facteur (VI). Cette compétence se retrouve dans Être ouvert et réceptif, groupe (S) aux numéros : 11, 33, 41, 44. Vous pouvez également consulter d'autres compétences dans le même facteur ou groupe pour trouver des conseils connexes.

LA CARTE

Il y a le bon humour et l'humour négatif. Il y a un humour constructif et un humour destructif. Il y a des gens qui ont de l'humour. Il y a des histoires drôles, peut importe qui les raconte. Il y a des situations drôles, peut importe qui en parle. Il y a des images et des bandes dessinées drôles, peut importe qui les montre. L'humour est un aspect essentiel de la vie et du travail. Si vous en faites bon usage, cela peut avoir une influence constructive sur les gens qui vous entourent. L'humour accroît le sentiment de bien-être et d'appartenance, il apaise les tensions, et il allége une situation négative à l'égard d'une personne ou de toute une équipe.

26

QUELQUES SOLUTIONS

- ☐ **1. Où trouver de l'humour ?** Il existe des sujets qui sont drôles pratiquement partout. Certains travers n'ont pas de frontières. Les avares, les mauvais conducteurs, les distraits, n'importe quels aspects perçus dans le monde comme caractéristiques de la condition humaine. Il y a des choses drôles aussi dans votre vie. Vous avez des enfants, des animaux, des passe-temps amusants ? Quelle est la dernière situation absurde dans laquelle vous vous êtes trouvé récemment ? Il y a même des choses amusantes sur les lieux du travail. Le jargon, des mémos, des règles dérisoires. Des histoires arrivées lors de déplacements hors du bureau. Elles nous soulagent de nos problèmes. Le mauvais temps, les impôts, tous les embarras et les péripéties de la vie. Et il y a parfois aussi les informations, avec des nouvelles qui sont drôles en elles-mêmes. Il y a des bandes dessinées qui caricaturent le milieu du travail (par exemple *Far Side* et *Dilbert*). Il y a des farces qui font rire presque tout le monde. Un type d'humour toujours acceptable est celui qui unit les gens plutôt que de démolir certains personnages ou des institutions. Commencez à rechercher et à vous souvenir de situations humoristiques autour de vous. Confiez vos observations à quelques personnes de confiance pour tester votre jugement en matière d'humour.

☐ **2. Le « mauvais » humour.** Nous vivons aujourd'hui dans un monde très sensible politiquement. Beaucoup d'entre nous n'apprécient pas l'humour politique, sexiste ou ethnique. Les blagues à tendance vulgaire sont à déconseiller. Presque toutes les plaisanteries sur le sexe ou les différences de nationalité sont inacceptables. L'humour qui ridiculise des groupes entiers ou des cultures ou qui porte sur un handicap est hors de propos. En fait, est inacceptable tout humour qui dévalorise les autres et se fait à leurs dépens.

☐ **3. Rire de soi.** Cet humour est habituellement acceptable et perçu positivement par les autres et, la plupart du temps, on vous respectera d'autant plus. Songez à des anecdotes amusantes qui vous sont arrivées (comme lorsque la compagnie aérienne a perdu vos bagages, que vous avez dû laver vos sous-vêtements dans les toilettes de l'aéroport et les sécher sous le séchoir à main). Vos faiblesses et défauts (quand vous étiez si préoccupé par vos impôts que vous avez verrouillé vos portes en oubliant les clefs dans l'auto, moteur en marche, bien entendu). Des erreurs que vous avez commises. Des gaffes. En plus d'ajouter de l'humour à la situation, les raconter vous humanise et vous rend plus sympathique. Évidemment, tout doit être dosé, veillez à équilibrer vos propos avec des sujets sérieux.

☐ **4. L'humour négatif.** Certains utilisent l'humour pour livrer des messages négatifs. Ils pratiquent un humour caustique. Il est inacceptable de dire, lors d'une confrontation tendue avec l'un de vos collaborateurs : « J'espère que votre CV est à jour », au lieu de dire « Votre performance n'est pas ce que j'attendais. Il faut qu'elle s'améliore ou je vais devoir reconsidérer votre emploi ». La règle est simple. N'employez pas l'humour pour transmettre une remarque critique à un groupe ou à une personne. L'humour négatif blesse plus qu'une remarque directe et c'est un peu une lâcheté. Dites directement ce que vous avez à dire.

☐ **5. L'humour d'évitement.** Certains vont rire de choses qui les embarrassent. C'est une technique de défense très pratiquée. Il y a une différence entre recourir à une plaisanterie sans rapport avec la situation, juste pour détendre l'atmosphère, qui part donc d'une bonne attitude, et utiliser l'humour pour ridiculiser une personne ou tourner un problème en dérision. Il vaut mieux dire : « Je ne suis pas à l'aise avec ceci » plutôt que d'exprimer par votre humour que ceci est moins important que vous ne le pensiez en réalité. Cela peut aussi être perçu comme une volonté de changer le sujet, pour éviter ou pour évacuer le problème.

☐ **6. Le moment opportun.** Il y a un temps pour chaque chose et parfois l'humour n'est pas approprié. Si vous lisez cette rubrique parce que vous ou d'autres pensez que vous ne maniez pas bien l'humour, la meilleure technique est de vous conformer au comportement des autres. Acceptez d'être le second ou le troisième à faire de l'humour dans des circonstances données jusqu'à ce que vous en ayez repéré le niveau acceptable. *Besoin d'aide supplémentaire ? Reportez-vous à la fiche n° 48 : Avoir le sens politique.*

☐ **7. Étudier l'humour.** Lisez *How to Be Funny,* par Steve Allen, et *Laughing Matters,* par Joel Goodman, The HUMOR Project, de l'institut Sagamore, 1982. Assistez à trois spectacles d'une troupe de théâtre comique pour étudier comment s'y prennent les professionnels. Observez les gens au tempérament comique dans votre organisation. Que font-ils que vous ne faites pas ? Achetez tous les albums de *Dilbert* et de *Far Side.* Sélectionnez dix histoires que vous trouvez drôles. Intégrez-les dans vos présentations et accrochez-les dans votre bureau pour voir comment les gens y réagiront.

☐ **8. Être plus drôle.** L'humour comporte quelques règles de base. Vous pouvez utiliser l'exagération. Comme lorsque Bill Cosby est sorti de chez l'optométriste muni de ses nouvelles lentilles trifocales et qu'il a entamé une véritable odyssée à travers un ascenseur long d'un kilomètre et une rue tout à coup devenue terrifiante. Utilisez aussi l'inversion, retournez la situation : le paranoïaque qui pense que le monde lui veut du bien ou le conférencier qui transforme huit façons de réussir votre carrière en huit façons de ruiner celle de votre ennemi. L'humour physique ou la gaffe peuvent aussi fonctionner. Soyez bref. Coupez les mots inutiles. L'humour condense les éléments essentiels d'une situation, tout comme la bonne littérature. Si le temps qu'il faisait, la couleur du ciel, la ville où c'est arrivé n'ont rien à voir, laissez-les de côté. Intégrez des éléments, cependant, pour mieux situer la scène. Si l'élément chaleur est important, faites remarquer aux auditeurs la sueur qui coule, les fleurs qui se fanent, etc., tout ce qui concourt à visualiser. Soyez aux aguets pour remarquer les détails risibles autour de vous. Notez les anecdotes drôles que vous entendez pour vous en souvenir.

☐ **9. L'humour et l'humilité.** Jouez à des jeux utilisant l'humour (dessinez avec les yeux fermés, jouez à divers jeux de table, tels que Pictionary®). Jouez avec des petits enfants et laissez-les diriger. Faites le fou aux soirées, aux réunions hors du bureau. Soyez volontaire pour vous habiller en clown pour que les employés vous lancent des ballons remplis d'eau. Apprenez la dernière danse à la mode et faites-en une démonstration lors d'une soirée !

☐ **10. Laisser les autres se montrer drôles.** Quelquefois des gens qui ne sont pas très drôles (ou qui sont très sérieux) refroidissent et annihilent l'humour chez les autres. Même si vous ne devenez pas plus drôle, laissez quand même les autres l'être. Ceci vous fera paraître plus tolérant envers l'humour que par le passé. Peut-être que cela vous incitera à faire vous-même preuve d'humour.

Humanity has unquestionably one really effective weapon—laughter. Power, money, persuasion, supplication, persecution—these can lift at a colossal humbug—push it a little—weaken it a little, century by century; but only laughter can blow it to rags and atoms at a blast. Against the assault of laughter nothing can stand.
– Mark Twain

LECTURES CONSEILLÉES

Adams, Scott. *Dilbert and the Way of the Weasel.* New York: HarperBusiness, 2002.

Antion, Tom. *Wake 'Em Up: How to Use Humor and Other Professional Techniques to Create Alarmingly Good Business Presentations.* Landover Hills, MD: Anchor Publishing, 1997.

Barry, Dave. *Claw Your Way to the Top* [sound recording]. Beverly Hills, CA: Dove Audio, 1993.

Bing, Stanley. *What Would Machiavelli Do? The Ends Justify the Meanness.* New York: HarperBusiness, 2002.

DeGeneres, Ellen. *The Funny Thing Is...* New York: Simon & Schuster, 2003.

Drennan, Miriam and Joel Anderson. *Soar Above the Madness: Surviving Office Politics Without Losing Your Mind, Your Job, or Your Lunch.* New York: Rutledge Hill Press, 2002.

Fahlman, Clyde. *Laughing Nine to Five—The Quest for Humor in the Workplace.* Portland, OR: Steelhead Press, 1997.

Hemsath, Dave and Leslie Yerkes. *301 Ways to Have Fun at Work.* San Francisco: Berrett-Koehler Publishers, Inc., 1997.

Kerr, Cherie and Sim Middleton. *What's So Funny? How to Get Humor and Good Storytelling Into Your Speeches and Presentations.* Anaheim, CA: Execuprov Press, 2000.

Kerr, Michael. *You Can't Be Serious! Putting Humor to Work.* Alberta: Speaking of Ideas, 2001.

Macks, Jon. *How to Be Funny.* New York: Simon & Schuster, 2003.

Marlatt, Andrew. *Economy of Errors: SatireWire Gives Business the Business.* New York: Broadway Books, 2002.

O'Rourke, P.J. *The CEO of the Sofa.* New York: Grove Press, 2002.

Ross, Bob and Jack Moore. *Funny Business Solutions: The Art of Using Humor Constructively.* Durham, UK: Arrowhead Press, 2000.

Tamblyn, Doni. *Laugh and Learn: 95 Ways to Use Humor for More Effective Teaching and Training.* New York: AMACOM, 2002.

27 SAVOIR INFORMER

The smarter the journalists are, the better off society is.
[For] to a degree, people read the press to inform themselves—and
the better the teacher, the better the student body.
– Warren Buffett

COMPÉTENCE NON MAÎTRISÉE

- ☐ N'est pas constant dans sa manière de communiquer
- ☐ En dit trop ou trop peu
- ☐ Parle trop tard ; ne sait pas choisir le bon moment
- ☐ N'informe pas clairement, informe certains mieux que d'autres
- ☐ Ne réfléchit pas assez à qui a besoin de savoir quoi et quand
- ☐ Ne cherche pas ou n'est pas à l'écoute des besoins d'information des autres
- ☐ Peut informer ponctuellement sans faire de suivi
- ☐ Peut soit garder l'information pour lui, soit ne pas accorder d'importance à sa diffusion
- ☐ Recourt toujours au même mode de communication : écrite, orale ou courriel

Sélectionnez dans la liste ci-dessous une à trois compétences comme compétence de remplacement si vous décidez de ne pas travailler directement sur cette dernière.

SUBSTITUTS : 1,3,13,18,20,31,33,34,35,44,60

COMPÉTENCE MAÎTRISÉE

- ☐ Donne à chacun l'information qui lui est nécessaire pour mener à bien son travail et se sentir intégré à l'équipe, au service et/ou à l'entreprise
- ☐ Fournit des informations précises aux personnes pour qu'elles puissent prendre de bonnes décisions
- ☐ Fournit les informations en temps opportun

COMPÉTENCE UTILISÉE À L'EXCÈS

- ☐ Peut donner trop d'informations à la fois
- ☐ Semble irriter les autres en leur donnant des informations dont ils n'ont pas besoin ou des informations préliminaires qui s'avèrent fausses

Sélectionnez dans la liste ci-dessous une à trois compétences sur laquelle vous devrez travailler pour compenser son utilisation excessive.

COMPENSATEURS : 2,8,11,12,22,29,33,38,41,47,48,50,52,64

QUELQUES CAUSES

- ☐ Ne pense pas que cela soit nécessaire
- ☐ Informe certaines personnes plus que d'autres
- ☐ Informe très peu
- ☐ Informe de manière sporadique
- ☐ Trop occupé
- ☐ Informe trop tard
- ☐ Informe de façon obscure
- ☐ Informe en usant de la mauvaise méthode

FACTEURS ET GROUPES DU LEADERSHIP ARCHITECT®

Cette compétence se retrouve dans Compétences d'exploitation, facteur (II). Cette compétence se retrouve dans Accomplir le travail en déléguant, groupe (F) aux numéros : 18, 19, 20, 35. Vous pouvez également consulter d'autres compétences dans le même facteur ou groupe pour trouver des conseils connexes.

LA CARTE

Bien que cela semble être un atout simple, « *Savoir informer* » a été classé 52ème sur 67 (c'est faible) en termes de compétence dans le cadre de notre recherche sur *l'ARCHITECTE DE LEADERSHIP®*. L'art de savoir informer produit des effets très bénéfiques sur les gens. Les choses vont mieux. Les individus sont plus motivés. Êtes-vous trop occupé ? Vous communiquez très peu ? Vous n'informez les autres que selon vos propres besoins ? Vous ne préparez pas les données pour les autres ou ne réfléchissez pas assez à qui a besoin de savoir quoi et quand ? Ceci peut avoir de mauvaises conséquences pour les autres et pour vous également. C'est peut-être pour cela que les employés donnent à cet atout la 21ème place sur 67 (c'est élevé) en termes d'importance ! C'est un atout simple et important que beaucoup ne maîtrisent pas ou peu.

QUELQUES SOLUTIONS

- ☐ **1. Partagez votre raisonnement** Vous êtes convaincu que si les gens étaient intelligents, ils devraient saisir d'eux-mêmes ? N'aviez-vous pas besoin, vous aussi, d'autant d'information quand vous occupiez leur emploi ? Pour aider ceux qui vous entourent à progresser et leur transférer votre savoir, vous devez parfois penser à voix haute. Vous devez exposer votre raisonnement dès le début de la présentation et jusqu'à sa conclusion. La plupart d'entre nous sommes sur le pilotage automatique. Nous pensons sans y penser. Quand quelqu'un doit ou souhaite savoir quel cheminement nous avons suivi pour aboutir à telle décision, il nous est parfois difficile d'établir avec précision les raisons qui nous ont amenés à cette conclusion. Vous devez reprendre votre raisonnement étape par étape pour reconstruire le cheminement. Parfois, il est bon que des personnes posent des questions. Elles peuvent vous aider à retrouver le fil de votre pensée jusqu'à la réponse ou à la décision, mieux que vous ne le feriez vous-même. De temps à autre, vous devez expliquer une ou deux décisions. Où se situait le problème ? Quel pour et quel contre avez-vous considéré ? Comment avez-vous fait la part des choses ? Vous pouvez ensuite utiliser ces exemples pour montrer aux autres comment vous prenez des décisions. *Besoin d'aide supplémentaire ? Reportez-vous à la fiche n° 17 : Prendre des décisions de qualité.*

☐ **2. Vous n'informez pas assez.** Êtes-vous un minimaliste ? N'accordez-vous aux gens que le minimum de ce qu'ils ont besoin de savoir pour produire leur part du travail ? Pourtant les gens sont motivés s'ils sont conscients du contexte. Ils aiment en savoir plus que le strict nécessaire pour faire face à leurs obligations. Comment leur travail s'insère-t-il dans le plan général ? Sur quoi travaillent les autres et pourquoi ? Beaucoup pensent que cette information est superficielle et entraînera trop de perte de temps à transmettre. Ils se trompent. L'impression de faire quelque chose qui en vaut la peine est l'élément de motivation numéro deux au travail ! Elle donne en retour une meilleure productivité. Efforcez-vous d'accroître la part d'information que vous dispensez et qui dépasse le strict travail immédiat. Concentrez-vous sur l'impact de cette action. Consacrez cinq minutes de votre prochaine réunion à ce sujet. Demandez à vos collaborateurs ce qu'ils veulent savoir et s'il ne s'agit pas d'informations confidentielles, répondez-leur. Chaque mois, choisissez un sujet en particulier à exposer à vos collaborateurs.

☐ **3. Le solitaire.** Vous demeurez discret et renfermé ? Vous travaillez seul ou tentez de le faire ? Vous gardez de l'information par-devers vous ? Vous distribuez des bribes d'information selon votre bon vouloir ? Ne partagez-vous l'information que pour obtenir un avantage ou gagner une faveur ? Les gens autour de vous savent-ils ce que vous faites et pourquoi ? Êtes-vous conscient de détenir des renseignements qui aideraient les autres mais que vous ne prenez pas le temps de communiquer ? Dans beaucoup d'organisations, ce genre d'attitude vous vaudra des ennuis. Les organisations fonctionnent par flux d'information. Rester autonome et préférer votre aire privée et votre paix ne sont acceptables que tant que vous communiquez à vos patrons, collègues et coéquipiers ce qu'ils ont besoin ou qu'ils apprécieraient de savoir. Ne soyez pas à l'origine de surprises.

☐ **4. L'énigmatique.** Certaines personnes ne savent tout simplement pas dispenser de l'information. Leurs styles de communication ne sont pas efficaces. Les meilleurs communicateurs, selon des recherches en comportement, sont ceux qui : parlent souvent, mais brièvement (15-30 secondes) ; posent plus de questions que d'autres ; proposent moins de solutions en début de discussion ; soulignent leurs arguments en une ou deux phrases ; résument souvent leur pensée et font des déclarations du genre « Voici où nous en sommes » ; invitent chacun à partager ses points de vue ; interviennent après que les autres aient eu le temps de parler, à moins qu'ils n'aient à prendre une décision rapide. Comparez ces pratiques aux vôtres. Améliorez celles qui ne vont pas dans le bon sens.

☐ **5. Trier l'information.** Dressez une « check-list » détaillant les types d'information à donner et à qui elle doit être adressée ; faites suivre les résumés ou les copies des communications importantes. Classez les informations de cette liste : en gardant une note sur les surprises désagréables que les autres vous rapportent, en demandant à vos collaborateurs ce qu'ils aimeraient savoir pour mieux faire leur travail et en vérifiant auprès de vos supérieurs, collègues et clients si vous leur livrez trop, trop peu ou suffisamment d'information. Il importe de bien savoir quoi dire, à qui le dire et quand le dire pour apprendre à bien informer.

☐ **6. Maîtriser les règles de la communication.** Éliminez les habitudes qui dérangent. Par exemple, utiliser trop souvent les mêmes mots, hésiter, abuser de mots de remplissage comme « vous savez » et « euh, » parler trop vite ou trop fort, utiliser des mots trop catégoriques ou vous répandre en détail qui ennuient les gens ou leur font oublier le sujet. Compliquez-vous les choses ? Simplifiez, variez le volume et la longueur de vos phrases afin de mettre l'emphase sur les points-clés et de soutenir l'intérêt. Mettez en évidence sur papier ou sur transparents les arguments/processus complexes pour les rendre plus faciles à suivre. Recourez à une aide visuelle. Utilisez des verbes d'action, des exemples simples ou des phrases-clés pour renforcer le transfert d'information. *Besoin d'aide supplémentaire ? Reportez-vous aux fiches n° 49 : Maîtriser la communication orale et n° 67 : Maîtriser la communication écrite.*

☐ **7. L'information sélective.** Le principal travers de l'information sélective est de la faire circuler vers le haut et l'extérieur, mais non pas vers le bas ou les côtés. Quand on prend connaissance des résultats d'un feed-back à 360°, on constate parfois des écarts concernant la capacité à bien informer de la personne qui fait l'objet de l'évaluation. Pour certains, elle est excellente et pour d'autres un peu moins bonne. Cela signifie qu'il ne s'agit pas d'une compétence défaillante. Vous avez la capacité de communiquer, mais il y a une attitude filtrante. J'informe certains et non d'autres. Pourquoi ? Que gagnez-vous avec un groupe que vous risquez de perdre avec un autre ? Est-ce personnel ? Que gagnez-vous à partager ? Aux dépens des autres ? Pourquoi évitez-vous certains groupes ? Craignez-vous des débats que vous voulez éviter ?

☐ **8. Révélations.** C'est parfois difficile. Savez-vous quelque chose que les autres devraient savoir mais qui fera grand bruit quand ils l'apprendront ? Dire ce qui doit être dit à la bonne personne et au bon moment exige du courage. Tout le monde voit, observe, sait ou apprend des choses que les autres seraient censés savoir. La plupart du temps, ce ne sont pas de bonnes nouvelles. Quelque chose est sur le point de mal tourner. On couvre une erreur. Quelqu'un cache une information importante. Une personne ou un projet part dans la mauvaise direction. Ce sont des bonnes et des mauvaises nouvelles. Si vous révélez l'information, l'organisation peut y gagner. Mais une personne ou un groupe y perdra. Ce que vous avez de mieux à faire est de découvrir la bonne personne et de lui faire part de votre information. *Besoin d'aide supplémentaire ? Reportez-vous à la fiche n° 34 : Faire preuve de « courage directorial ».*

☐ **9. Gérer les mauvaises nouvelles.** L'information n'est pas toujours bienveillante ou amicale. Elle génère souvent des réactions vives. Une attitude défensive. Des blâmes. Des attaques. Des menaces. On en veut souvent au messager qui apporte de mauvaises nouvelles. Faites la distinction entre le contenu du message et les émotions qu'il peut susciter. Évitez de faire des reproches qui touchent aux personnes. Affrontez les problèmes personnels directement, mais séparément et dans un autre contexte. Si on vous attaque pour avoir livré de mauvaises nouvelles, vous pouvez toujours rester silencieux ou demander un éclaircissement. Habituellement, cela a pour effet de faire parler l'adversaire, de lui faire modifier son attitude et de lui faire préciser davantage ses intérêts. *Besoin d'aide supplémentaire ? Reportez-vous à la fiche n° 12 : Savoir gérer les conflits.*

☐ **10. Sensibilité à l'auditoire.** Malheureusement, une méthode ou un type d'information ne seront pas acceptés de la même façon par différents auditoires. Vous aurez souvent à modifier le ton, la vitesse, le style et même le message et la façon de l'exprimer. Si vous devez livrer le même message à différents groupes, demandez-vous toujours en quoi ces auditoires diffèrent. Les différences peuvent inclure le niveau de sophistication des gens, leur attitude amicale ou non, leur temps disponible, s'ils préfèrent l'information écrite orale et s'il est préférable d'utiliser des arguments rationnels ou qui font appel à l'affectivité. Écrire ou dire ? L'écriture convient en général mieux aux extrêmes : une description complexe accompagnée d'un historique et de cinq ou six arguments en progression, ou encore des renseignements directs et non ambigus, à titre informatif pour vos interlocuteurs. En règle générale, vous devriez généralement préciser à vos interlocuteurs si un échange est nécessaire ou si vous ne faites que les alerter au sujet d'un problème. Sachez reconnaître les besoins de chaque personne ou de chaque auditoire et ajustez-vous en conséquence. *Besoin d'aide supplémentaire ? Reportez-vous aux fiches n° 15 : Être orienté vers le client et n° 45 : Savoir apprendre.*

☐ **11. Trop d'information peut parfois être pire que pas assez.** Une étude a permis de démontrer qu'un employé absorbe en moyenne 2,3 millions de mots en 3 mois. Le mieux est l'ennemi du bien en termes de connaissances. Réfléchissez à deux fois avant de taper cc : Si le cerveau est trop sollicité par une accumulation de données, il arrête de les traiter pour éviter une épuisement nerveux. Sous cet angle, il vaut mieux trop peu que trop.

I have found that being honest is the best technique I can use.
Right up front, tell people what you're trying to accomplish
and what you're willing to sacrifice to accomplish it.
– Lee Iacocca, Chairman, Chrysler Corporation

LECTURES CONSEILLÉES

Allee, Verna. *The Future of Knowledge: Increasing Prosperity Through Value Networks.* Boston: Butterworth-Heinemann, 2002.

Arredondo, Lani. *Communicating Effectively.* New York: McGraw-Hill Trade, 2000.

Bruck, Bill. *Taming the Information Tsunami.* Redmond, WA: Microsoft Press, 2003.

Cushman, Donald P. and Sarah Sanderson King (Eds.). *Excellence in Communicating Organizational Strategy.* New York: State University of New York Press, 2001.

Davenport, Thomas H. and John C. Beck. *The Attention Economy.* Boston: Harvard Business School Press, 2001.

Keyton, Joann. *Communicating in Groups: Building Relationships for Effective Decision Making.* New York: WCB/McGraw-Hill, 2002.

McCormack, Mark H. *On Communicating.* Los Angeles: Dove Books, 1998.

Patriotta, Gerardo. *Organizational Knowledge in the Making: How Firms Create, Use, and Institutionalize Knowledge.* Oxford, UK: Oxford University Press, 2003.

Perlow, Leslie. *When You Say Yes but Mean No: How Silencing Conflict Wrecks Relationships and Companies...And What You Can Do About It.* New York: Crown Business Publishing, 2003.

Probst, Gilbert J.B., Steffan Raub and Kai Romhardt. *Managing Knowledge: Building Blocks for Success.* New York: John Wiley & Sons, Inc., 2000.

Zeuschner, Raymond F. *Communicating Today: The Essentials.* Boston: Allyn & Bacon, 2002.

28 GÉRER L'INNOVATION

Facteur I : Compétences stratégiques   Groupe C : Créer du nouveau et du différent   I – C

There is nothing more difficult to carry out, nor more doubtful of success, nor more dangerous to manage, than to initiate a new order of things. For the initiator has the enmity of all who would profit by the preservation of the old system, and merely lukewarm defenders in those who would gain by the new one.
– Niccolo Machiavelli

COMPÉTENCE NON MAÎTRISÉE

- ☐ N'a pas un bon jugement en matière de créativité
- ☐ Ne sait pas évaluer le potentiel des formules nouvelles sur le marché
- ☐ Ne sait pas choisir, parmi plusieurs idées créatives, laquelle réussirait le mieux
- ☐ N'innove pas
- ☐ Ne se montre pas très réceptif aux idées créatives exprimées par les autres
- ☐ Peut avoir du mal à faire autrement que comme il a toujours fait
- ☐ Ne sait pas comment susciter la créativité et le processus d'innovation
- ☐ Peut tirer des conclusions trop vite ou proposer trop hâtivement des solutions
- ☐ Peut faire preuve de perfectionnisme, par crainte de prendre des risques, d'échouer ou de commettre des erreurs
- ☐ Ne cherche pas à expérimenter pour apprendre et progresser, peut faire obstacle aux innovations des autres

Sélectionnez dans la liste ci-dessous une à trois compétences comme compétence de remplacement si vous décidez de ne pas travailler directement sur cette dernière.

SUBSTITUTS : 2,5,12,14,16,24,30,32,34,37,38,46,48,51,53,57,58,61,63,65

COMPÉTENCE MAÎTRISÉE

- ☐ Possède un talent certain pour lancer sur le marché les idées créatives des autres
- ☐ Sait repérer les idées nouvelles et les suggestions créatives qui sont susceptibles de donner de bons résultats
- ☐ Sait stimuler la créativité des autres
- ☐ Contribue efficacement aux séances de remue-méninges (brainstorming)
- ☐ Est capable de faire des projections et d'évaluer le potentiel des formules nouvelles sur le marché

COMPÉTENCE UTILISÉE À L'EXCÈS

- ☐ Peut privilégier ce qui est nouveau au détriment de l'existant
- ☐ Semble préférer les personnes créatives et sous-estimer celles qui le sont moins
- ☐ Devant les autres, semble aller trop loin dans la réflexion et la planification

Sélectionnez dans la liste ci-dessous une à trois compétences sur laquelle vous devrez travailler pour compenser son utilisation excessive.

COMPENSATEURS : 16,17,24,27,33,47,50,52,53,59,61,64

QUELQUES CAUSES

- ☐ Ne comprend pas le marché
- ☐ Ne comprend pas la créativité
- ☐ Craint de commettre des erreurs
- ☐ On doit réussir dès la première fois
- ☐ Perfectionniste
- ☐ En prend trop à son aise

FACTEURS ET GROUPES DU LEADERSHIP ARCHITECT®

Cette compétence se retrouve dans Compétences stratégiques, facteur (I). Cette compétence se retrouve dans Créer du nouveau et du différent, groupe (C) aux numéros : 2, 14, 46, 58. Vous pouvez également consulter d'autres compétences dans le même facteur ou groupe pour trouver des conseils connexes.

LA CARTE

L'innovation comporte trois aspects. Il faut d'abord très bien connaître le marché de vos produits et services. En d'autres termes savoir ce qui se vend et pourquoi, ce que désirent vos clients et pourquoi ? Quelles sont les caractéristiques qui les attirent le plus, Quels sont les éléments que recherchent ceux qui n'achètent pas vos produits ? Il faut ensuite être capable de choisir parmi de nombreuses idées créatives possibles de nouveaux produits et services celles qui ont le plus de chance de connaître le succès sur le marché. Il faut enfin pouvoir transformer une idée brute en un produit à succès sur le marché.

QUELQUES SOLUTIONS

☐ **1. Dans une bonne gestion de l'innovation,** la première étape consiste à comprendre l'évolution de votre marché traditionnel, dans le passé, au présent et essayez d'anticiper les tendances futures. Que faisaient vos clients dans le passé ? Quels nouveaux produits ont bien fonctionné et lesquels ont échoué ? Qu'achètent-ils aujourd'hui ? Que souhaitent-ils de plus et combien sont-ils prêts à payer ? Quels sont les besoins de ceux qui n'achètent pas vos produits et services ? Que font vos concurrents que vous ne faites pas ? Quelles sont les tendances futures susceptibles de vous affecter ? Le vieillissement de la population ? Les repas pris à l'extérieur ? Les véhicules électriques ? Les écologistes ? Sans compter des possibilités plus audacieuses. Fusion ? Des interurbains gratuits par Internet ? Des voyages dans l'espace ? Lisez le journal de la « World Future Society », *THE FUTURIST* (publié en France). Consultez les spécialistes en planification stratégique de votre entreprise quant à leurs prévisions à long terme. Parlez à des clients importants. Que pensent-ils de l'évolution de leurs besoins ? *Besoin d'aide supplémentaire ? Reportez-vous aux fiches n° 15 : Être orienté vers le client et n° 46 : Faire preuve de perspective.*

☐ **2. Gérer un processus créatif.** Il vous faut des idées originales pour être en mesure de gérer l'innovation. Même si vous n'avez pas besoin d'être à la source de ces idées créatives, vous devez comprendre comment fonctionne le processus. La pensée créative ne suit pas les règles de la logique où l'on utilise les rapports de cause à effet pour établir des preuves ou résoudre des problèmes. Les règles de la créativité ne reposent pas sur les concepts existants, mais sur leur interversion, comme passer d'un concept à l'autre ou considérer les choses d'une autre façon. Cela implique de remettre en cause le statu quo et de générer des idées sans les juger au départ, de pouvoir sauter d'une idée à l'autre sans qu'il y ait de lien entre elles, de chercher le moins probable et l'étrange. Le processus de création requiert de la liberté, de l'ouverture d'esprit et un environnement sans jugement catégorique. Ce processus ne peut être enfermé dans des délais précis. Imposer un but et un horaire pour être créatif risque fort de geler la créativité. *Besoin d'aide supplémentaire ? Reportez-vous la fiche n° 14 : Faire preuve de créativité.*

☐ **3. Gérer les personnes créatives.** Les personnes créatives ont des talents spéciaux mais aussi des problèmes particuliers qui les accompagnent là où elles sont. Vous aurez souvent à protéger ces personnes des procédures et processus en vigueur dans l'organisation. Les créatifs ont besoin de temps pour réfléchir sans être dérangés par les attentes des autres. Ils ont besoin de se réserver du temps pour étudier les problèmes en profondeur, parler aux autres, rechercher des analogies avec d'autres organisations et dans des domaines complètement différents. Les personnes naturellement créatives ont plus tendance à raisonner par l'absurde lorsqu'elles sont confrontées à un problème. Elles pensent différemment. Elles se demandent quelle est la solution la moins probable, qu'est-ce que le problème n'est pas, qu'est-ce qui lui manque, comment on peut le voir sous un autre angle. Les créatifs sont joueurs. La capacité à jouer est presque toujours associée à la découverte de nouvelles idées. Les créatifs ne s'encombrent pas de détails administratifs, présentent leurs comptes de dépenses en retard et ignorent les échéances qu'ils considèrent sans importance par rapport à ce qu'ils font. Si vous managez des personnes créatives, vous devez leur laisser de l'espace pour qu'elles puissent donner libre cours à leur créativité.

☐ **4. Obtenir la créativité dans un groupe.** Les idées créatives proviennent souvent de groupes et non d'individus. Quand vous travaillez sur une idée nouvelle pour un produit ou un service, demandez aux membres du groupe de trouver autant de questions qu'il est possible sur le sujet. Souvent nous sautons trop vite aux solutions. Les études menées sur les cas de résolution de problèmes ont montré que les solutions proposées sont huit fois plus fréquentes que les questions. Poser davantage de questions aide à redéfinir le problème et à aboutir à des solutions plus nombreuses et différentes. Confiez à ce groupe un produit actuel dont vous n'êtes pas satisfait et demandez-lui de le représenter visuellement, sous la forme d'un diagramme ou d'une série d'images. Prenez les composantes obtenues, mélangez-les, examinez-les une par une, regroupez-les selon différents critères pour mieux comprendre ou voyez si vous pouvez en réduire trois à une seule. Faites autant de tests ou d'essais qu'il est nécessaire pour trouver quelque chose qui fonctionne. Encouragez le groupe à penser en éliminant les raisonnements courants. Quelles sont les règles ou pratiques les plus anciennes ou les plus consacrées de votre organisation ? De votre secteur ? Imaginez de les modifier radicalement. Que ferait alors votre groupe si vous changiez ces règles ? Parlez-en à la personne la plus iconoclaste que vous connaissiez. Protégez le groupe. Il lui est difficile de travailler s'il est assiégé par toutes les obligations dont vous devez vous occuper quotidiennement et si l'on est constamment « sur leur dos » pour essayer de savoir ce qui se passe et demander pourquoi il ne se passe rien.

☐ **5. Agencer différemment les idées existantes.** Très peu d'innovations sont de véritables inventions. Elles ne sont, la plupart du temps, que des variations sur un même thème, des idées empruntées à un autre domaine ou de vieilles idées que l'on a modifiées. C'est la connaissance et la libre circulation des idées qui accroissent les chances d'établir un lien novateur. Beaucoup d'innovations proviennent d'une erreur. Les Notes Post-it® proviennent d'une expérience sur un adhésif qui s'était avérée un échec. Les idées créatives peuvent être plus accessibles que l'on pense. Avant de tenter de trouver des idées grandioses, essayez simplement de modifier des éléments de ce que vous faites actuellement pour voir ce que vous pourrez obtenir.

☐ **6. Sélectionner l'idée.** La créativité repose sur le principe « La liberté d'abord, la structure ensuite ». Quand le groupe en est arrivé à sélectionner sa meilleure idée, soumettez cette solution à tous les tests de logique et à toutes les critiques. Tester des idées créatives n'est en rien différent de n'importe quel autre procédé d'évaluation de solution. La différence est dans l'origine de l'idée.

☐ **7. Développez une attitude philosophique envers les échecs et les critiques.** Après tout, beaucoup d'innovations, de nouveaux produits, d'efforts de changements échouent. Toute grande réalisation exige des efforts répétés et pour toutes choses, on peut toujours faire mieux. Pour mieux apprendre, organisez des boucles de retour d'information immédiat. Recherchez un point qui soit commun à plusieurs échecs et qui ne soit jamais présent dans les succès. Il y aura toujours beaucoup d'erreurs et d'échecs dans l'innovation ; après tout, par définition, personne ne l'avait encore fait. La meilleure tactique est de se demander : que peut-on apprendre de ceci ? Quelles en sont les causes ? Que devons-nous faire différemment ? Ne vous attendez pas à réussir au premier essai. Nous aboutissons souvent à des solutions qui sont plus prudentes qu'innovantes. Beaucoup d'études de résolution de problèmes démontrent que c'est la deuxième ou troisième solution qui s'avère la meilleure.

☐ **8. Propulser une idée à travers l'organisation.** Une fois l'idée sélectionnée, il faut la lancer sur le marché. Les différents procédés pour opérer avec efficacité et rapidité constituent une science connue. Voyez les principes de la gestion de la qualité totale (TQM), ISO et Six Sigma. *Besoin d'aide supplémentaire ? - Reportez-vous à la fiche n° 63 : Systèmes de gestion intégrale de la qualité (ex. TQM/ISO/Six Sigma).* Prenez connaissance des ouvrages traitant de ces thèmes. Suivez une formation. Demandez l'aide du service technique spécialisé dans ce domaine dans votre entreprise, s'il en existe un, ou engagez un consultant. Faites-vous aider par votre équipe pour trouver la meilleure façon d'opérer. Les équipes fonctionnent mieux quand elles peuvent donner leur avis sur les modalités possibles de réalisation.

☐ **9. S'adapter aux politiques.** Parfois les idées créatives ne sont pas réalisées jusqu'à ce que tout le monde soit convaincu qu'elles vont fonctionner. Au début du processus de transformation de l'idée en produit, les ressources peuvent être restreintes. Vous devrez traiter avec plusieurs services en dehors de votre groupe pour faire admettre vos idées. Les organisations peuvent être représentées comme des labyrinthes complexes, avec de nombreux méandres, tournants, culs-de-sac, raccourcis, qui constituent autant de choix difficiles. Pour la plupart d'entre elles, le plus court chemin n'est pas la ligne droite. Il existe une organisation formelle, celle que l'on retrouve sur un organigramme avec des trajectoires bien droites. Et puis il existe une organisation informelle où toutes les trajectoires s'entrecroisent. Le fait que les entreprises emploient des êtres humains rend les choses encore plus complexes. On y trouve, entre autres, des cerbères (ceux qui détiennent l'information), des « expéditeurs » (ceux qui la diffusent), des résistants, des guides, des bons samaritains et des mandarins. Tous vivent dans le labyrinthe organisationnel. Pour voir vos efforts couronnés de succès, il faut trouver votre chemin dans le labyrinthe le plus vite possible et en faisant le moins de vagues possible. *Besoin d'aide supplémentaire ? Reportez-vous à la fiche n° 38 : Faire preuve d'agilité organisationnelle.*

☐ **10. Observez les innovations extérieures à votre champ d'activité.** Recherchez et étudiez les produits nouveaux que vous achetez et utilisez. Retracez les procédés qui ont permis de les créer. Lisez *The Soul of the Machine* par Tracy Kidder pour voir comment l'innovation se fait de l'intérieur. Notez cinq points de votre recherche que vous pouvez appliquer à votre domaine.

☐ **11. Modifiez votre modèle commercial.** Gary Harmel explique que les objectifs d'une telle démarche visent à instaurer une attitude positive face au changement et aux occasions qui se présentent, à insuffler aux autres des principes motivants, à créer une coalition, à saisir les opportunités, à attirer et à neutraliser les irréductibles, à trouver un avocat auprès de la haute direction, à rechercher des petites victoires (projets pilotes) ainsi qu'à introduire vos changements au sein des projets en cours.

There is no shortage of creativity or creative people in American business. The shortage is of innovators. All too often, people believe that creativity leads to innovation. It doesn't.
– Ted Levitt, Harvard

LECTURES CONSEILLÉES

Chakravorti, Bhaskar. *The Slow Pace of Fast Change: Bringing Innovations to Market in a Connected World.* Boston: Harvard Business School Press, 2003.

Christensen, Clayton M. and Michael E. Raynor. *The Innovator's Solution.* Harvard Business School Press, 2003.

Dundon, Elaine. *The Seeds of Innovation: Cultivating the Synergy That Fosters New Ideas.* New York: AMACOM, 2002.

The Futurist Magazine. http://www.wfs.org

Gaynor, Gerard H. *Innovation by Design.* New York: AMACOM, 2002.

Goldenberg, Jacob and David Mazursky. *Creativity in Product Innovation.* New York: Cambridge University Press, 2002.

Hamel, Gary. *Leading the Revolution.* Boston: Harvard Business School Press, 2000.

Hamel, Gary and C.K. Prahalad. *Competing for the Future.* Boston: Harvard Business School Press, 1994.

Hargadon, Andrew and Kathleen M. Eisenhardt. *How Breakthroughs Happen: The Surprising Truth About How Companies Innovate.* Boston: Harvard Business School Press, 2003.

Kanter, Rosabeth Moss, John Kao and Fred Wiersema (Eds.). *Innovation: Breakthrough Thinking at 3M, DuPont, GE, Pfizer and Rubbermaid.* New York: HarperBusiness, 1997.

Kemper, Steve. *Code Name Ginger: The Story Behind Segway and Dean Kamen's Quest to Invent a New World.* Boston: Harvard Business School Press, 2003.

Kidder, Tracy. *The Soul of a New Machine.* New York: Back Bay Books, 2000.

Kotler, Philip and Fernando Trias des Bes. *Lateral Marketing.* New York: John Wiley & Sons, Inc., 2003.

Peters, Tom. *The Circle of Innovation—You Can't Shrink Your Way to Greatness.* New York: Alfred A. Knopf, Inc., 1997.

Sutton, Robert I. *Weird Ideas That Work:* New York: The Free Press, 2001.

Tucker, Robert B. *Driving Growth Through Innovation: How Leading Firms Are Transforming Their Futures.* San Francisco: Berrett-Koehler Publishers, Inc., 2002.

Tushman, Michael L. and Charles A. O'Reilly, III. *Winning Through Innovation: A Practical Guide to Leading Organizational Change and Renewal.* Boston: Harvard Business School Press, 2002.

29 ÊTRE INTÈGRE ET DIGNE DE CONFIANCE

There is no such thing as a minor lapse in integrity.
– Tom Peters

COMPÉTENCE NON MAÎTRISÉE

- ☐ N'inspire pas une grande confiance
- ☐ Semble éviter de se compromettre ou refuser de prendre position
- ☐ Semble traiter les autres différemment ou indifféremment parfois
- ☐ Ne fait pas ce qu'il prêche et peut être perçu comme incohérent
- ☐ Peut parler indûment et avoir du mal à garder pour lui des confidences
- ☐ Fait des promesses qu'il ne tient pas ou qu'il ne peut pas tenir
- ☐ Peut faire du tort aux autres par son inconstance
- ☐ Rejette ses fautes sur les autres
- ☐ Paraît se soucier exclusivement de lui-même

Sélectionnez dans la liste ci-dessous une à trois compétences comme compétence de remplacement si vous décidez de ne pas travailler directement sur cette dernière.

SUBSTITUTS : 3,22,23,27,33,34,44,57

COMPÉTENCE MAÎTRISÉE

- ☐ Beaucoup de monde lui fait confiance
- ☐ Est perçu comme quelqu'un de direct et honnête
- ☐ Est capable de dire les choses telles qu'elles sont, de façon utile et appropriée
- ☐ Sait garder pour lui les confidences
- ☐ Reconnaît ses erreurs
- ☐ Ne se présente pas sous un faux jour pour avancer

COMPÉTENCE UTILISÉE À L'EXCÈS

- ☐ Est parfois trop direct, ce qui peut surprendre et mettre mal à l'aise
- ☐ Semble forcer l'honnêteté et l'ouverture d'esprit au point de perturber
- ☐ Semble s'attacher seulement aux faits, au point d'oublier d'en tirer des conclusions raisonnables, de rendre compte des opinions ou de blâmer même si cela est justifié

Sélectionnez dans la liste ci-dessous une à trois compétences sur laquelle vous devrez travailler pour compenser son utilisation excessive.

COMPENSATEURS : 2,5,14,22,26,31,33,38,40,42,46,48,52,54,56,64

QUELQUES CAUSES

- ☐ Évite les conflits
- ☐ N'agit pas comme il parle
- ☐ Parle de façon détournée ; ne se confie pas
- ☐ A trop d'ambition personnelle
- ☐ Arrive difficilement à garder des confidences
- ☐ Fait trop de choses à la fois ; ne sait pas dire non
- ☐ Impatient de conclure une vente
- ☐ Traite les autres en faisant des distinctions
- ☐ Ne sait pas prendre position

FACTEURS ET GROUPES DU LEADERSHIP ARCHITECT®

Cette compétence se retrouve dans Compétences personnelles et interpersonnelles, facteur (VI). Cette compétence se retrouve dans Agir avec honneur et caractère, groupe (R) au numéro : 22. Vous pouvez également consulter d'autres compétences dans le même facteur ou groupe pour trouver des conseils connexes.

LA CARTE

Être intègre et digne de confiance figure sur presque tous les profils de réussite que nous voyons. Ils constituent le minimum pour être membre d'une équipe. Sans ces éléments, rien d'autre n'a pratiquement d'importance. Il est très difficile d'accepter que les autres puissent douter de notre intégrité ou qu'ils ne nous fassent pas confiance. Les causes les plus fréquentes de ce genre de problème sont le manque d'organisation, de constance et les mauvaises habitudes. Beaucoup d'entre nous ne réfléchissent pas vraiment à l'effet que peuvent avoir nos actions et comment nous sommes perçus. Cela peut aussi être dû à un manque d'intégrité au sens large, c'est-à-dire que les gens ne croient pas ce qu'on dit.

QUELQUES SOLUTIONS

☐ **1. Vous donnez l'impression de ne pas avoir le courage de vos opinions ?** Vous vous retenez de parler et vous hésitez systématiquement ? Vous ne parlez pas quand vous le devriez ? Vous ne savez pas comment exprimer ce qui doit être dit, vous passez trop de temps à préparer ce que vous allez dire et vous sélectionnez tout à l'extrême ? Hésitez-vous ou vous montrez-vous trop prudent quand vous devez échanger quelque chose sur un sujet difficile ? Est-ce que le ton de votre voix monte ? Faites-vous des lapsus freudiens ? Vous bégayez, Même si ce n'est pas votre intention, vos interlocuteurs pensent-ils que vous ne révélez pas ce que vous savez vraiment ? Exercez-vous à faire deux ou trois déclarations claires que vous êtes prêt à défendre. Testez-les avec des personnes en qui vous avez confiance. Citez des faits et tenez-vous-en au problème. Soyez précis et ne faites pas de critiques. Ne portez pas de jugements ou ne faites pas de déclaration conditionnelle. Dites-le seulement. *Besoin d'aide supplémentaire ? Reportez-vous à la fiche n° 34 : Faire preuve de « courage directorial ».*

☐ **2. La survente. Trop d'engagements ?** Votre enthousiasme pour la vente ou pour convaincre quelqu'un vous porte-t-il à faire trop de promesses dans le feu de l'action ? Prenez-vous des libertés avec la vérité ? Embellissez-vous les choses ? Les clients que vous gagnez par des engagements irréalistes seront les premiers que vous perdrez pour de bon lorsqu'ils s'apercevront que vous ne pouvez tenir vos promesses. Vous ne pouvez dire non au client ? Vous voulez tellement apporter votre aide que vous vous mettez dans des situations impossibles ? Vous craignez que les autres pensent que vous n'êtes pas utile ? Être utile n'aide pas vraiment si vous n'accomplissez rien. Si vous vous êtes trompé sur les délais, revenez et expliquez le problème ; renégociez ou demandez quel autre projet de la liste vous devriez repousser à plus tard. Ne promettez rien que vous ne puissiez accomplir. Si vous n'êtes pas sûr, dites : « je vous le ferai savoir quand je le saurai moi-même ». Engagez-vous ou non, mais ne dites pas « j'essaierai ». Si vous ne le savez pas, dites-le et vous ferez le suivi quand vous le saurez. Ne faites pas de demi-promesses, utilisez des arguments de vente qui prennent en compte les possibilités réelles.

☐ **3. « Je vais essayer ».** Certains s'attirent des problèmes en confiant des informations que les autres voulaient garder confidentielles. Soyez clair quant à ce que signifie garder un secret. Bavard ? Quelques règles à suivre :

- Gardez pour vous les informations personnelles confidentielles.
- Ne donnez pas trop vite votre accord pour garder confidentiels des sujets qui concernent la performance/l'éthique/la légalité. Avertissez-les directement, « Je ne peux pas vous promettre de garder confidentiels des sujets qui concernent la performance de l'unité, l'éthique ou la légalité.
- Demandez directement : « Est-ce confidentiel ? »
- Si quelqu'un se plaint de la conduite morale d'un collègue, dites-lui que vous ne pouvez intervenir puisque vous n'avez rien appris directement de cette personne. Invitez votre interlocuteur à en parler directement à ce collègue ou à présenter des preuves avant de poursuivre la discussion.
- Il n'y a généralement pas de garanties de confidentialité sur des sujets qui mettent en danger la performance, l'éthique ou la couverture légale.
- Il n'y a généralement pas non plus de garanties de confidentialité sur des sujets qui concernent la sécurité personnelle. Même les médecins et les psychiatres qui sont tenus au secret professionnel transmettent des avertissements aux autorités dans ces cas-là.
- Il suffit seulement de quelques « fuites » d'information dans une organisation pour que l'on réalise que l'on ne peut se fier à vous pour garder une information confidentielle.

☐ **4. Essayez-vous d'acheter une faveur ?** Pense-t-on que vous révélez des renseignements et que vous faites jouer vos amitiés pour obtenir un avantage personnel ? Être perçu ainsi est difficile à traiter. Il existe une mince frontière entre ce comportement et la façon normale dont les choses se font dans l'organisation : les amis se confient des secrets, des pactes sont conclus, les gens utilisent leurs réseaux et le partage de l'information fait partie du processus. Voici certains principes pour ne pas transgresser ces règles :

- Assurez-vous que c'est une demande d'information qui concerne le travail et non pas une personne.
- Assurez-vous que cela améliore les performances, l'efficacité ou implique une valeur ajoutée ; tout avantage personnel pour vous ne doit être qu'accessoire.
- Assurez-vous que vous pourriez transmettre ou demander la même chose à quelqu'un que vous connaissez moins bien dans l'organisation.

☐ **5. Prendre ses responsabilités.** Vous n'aimez pas admettre vos erreurs ? Vous cherchez à rejeter la faute sur les autres ? Vos collègues ont-ils des ennuis parce que vous ne les avez pas avertis ? Les personnes qui excellent à composer avec leurs propres erreurs font généralement ce qui suit :

- Ils admettent l'erreur le plus tôt possible et en informent tous ceux que cela pourrait toucher.
- Ils reconnaissent publiquement l'erreur, le cas échéant, et en prennent la responsabilité personnelle.
- Ils démontrent ce que l'erreur leur apprend, pour éviter de refaire la même erreur.
- Ils ne s'attardent pas sur les erreurs. D'après une étude de Forum Corp, ceux qui reconnaissent leurs doutes, leurs fautes et leurs erreurs sont perçus comme plus compétents, de la même façon que les personnes qui sollicitent le feed-back négatif. « Ne montrez jamais vos faiblesses » est un mauvais conseil. Les personnes qui savent faire preuve d'humilité sont considérées comme dignes de confiance, parce qu'elles disent la vérité.

☐ **6. Fuir les conflits ?** Dites-vous ce qu'il faut dire pour en finir avec une réunion ou une négociation ? Dites-vous des choses simplement pour « arranger » et ne pas causer de problèmes ? Ne dites-vous que ce qu'il faut pour ne pas susciter d'objections ou de désaccords ? Tous ces comportements peuvent vous valoir des ennuis lorsque l'on s'apercevra que vous dites des choses différentes selon le lieu ou les interlocuteurs. *Besoin d'aide supplémentaire ? Reportez-vous à la fiche n° 12 : Savoir gérer les conflits.*

☐ **7. Le solitaire.** Vous demeurez discret et renfermé ? Vous travaillez seul ou tentez de le faire ? Vous gardez de l'information par-devers vous ? Distribuez-vous des bribes d'information selon votre bon vouloir ? Ou gardez-vous tout pour vous ? Les gens autour de vous savent-ils ce que vous faites et pourquoi ? Même si ce n'est pas votre intention, votre entourage peut avoir l'impression que vous lui cachez des choses ? Les gens autour de vous pensent-ils que vous savez des choses qui pourraient être utiles aux autres, mais que vous ne prenez pas le temps ni faites l'effort de communiquer ? Dans beaucoup d'organisations, ce genre d'attitude vous vaudra des ennuis. Les organisations fonctionnent par flux d'information. Rester autonome et préférer votre aire privée et votre paix ne sont acceptables que tant que vous communiquez à vos patrons, collègues et coéquipiers ce qu'ils ont besoin ou qu'ils apprécieraient de savoir. Efforcez-vous de trouver pour chaque groupe avec lequel vous êtes en relation de travail ce qu'il veut, ce qu'il a besoin de savoir et ce à quoi il doit faire attention. *Besoin d'aide supplémentaire ? Reportez-vous à la fiche n° 27 : Savoir informer.*

☐ **8. Révélations.** C'est parfois difficile. Hésitez-vous à donner l'alerte ? Savez-vous quelque chose que les autres devraient savoir mais qui fera grand bruit quand ils l'apprendront ? Dire ce qui doit être dit à la bonne personne et au bon moment exige du courage, oblige à être direct et honnête. Tout le monde voit, observe, sait ou apprend des choses que les autres seraient censés savoir. La plupart du temps, ce ne sont pas de bonnes nouvelles. Quelque chose est sur le point de mal tourner. On couvre une erreur. Quelqu'un cache une information importante. Une personne ou un projet part dans la mauvaise direction. Ce sont des bonnes et des mauvaises nouvelles. Si vous révélez l'information, l'organisation peut y gagner. Mais une personne ou un groupe y perdra. Ce que vous avez de mieux à faire est de découvrir la bonne personne et de lui faire part de votre information. *Besoin d'aide supplémentaire ? Reportez-vous à la fiche n° 34 : Faire preuve de « courage directorial ».*

☐ **9. Vous manquez d'organisation ?** Prenez-vous le temps de remplir de simples engagements ? Retournez-vous vos appels à temps ? Expédiez-vous le matériel que vous aviez promis d'envoyer ? Transmettez-vous l'information que vous aviez promis d'obtenir ? Achevez-vous un travail dont vous aviez promis de vous occuper ? Le manquement à ces engagements simples érode les relations. Si vous avez des difficultés à faire face à ces engagements, concentrez-vous sur de nouvelles attitudes qui vont vous permettre de changer. Si vous tendez à oublier des choses, notez-les par écrit. Si vous êtes sur le point de manquer une échéance, avertissez vos partenaires et donnez-leur une seconde date à laquelle vous êtes certain de terminer. Vous manquez de temps ? Vous arrive-t-il d'avoir souvent l'intention de mener à bien certains projets mais de ne jamais trouver le temps de les réaliser ? Avez-vous tendance à sous-estimer le temps nécessaire pour terminer les tâches à accomplir ? Si vous manquez de temps, obtenez des délais pour remplir vos engagements. Il existe des méthodes éprouvées pour apprendre à gérer son temps. Vous avez le choix entre une multiplicité de livres sur le sujet dans les librairies spécialisées et de nombreuses formations auxquelles vous pouvez assister. Déléguer des tâches vous aide aussi à mieux employer votre temps. *Besoin d'aide supplémentaire ? Reportez-vous à la fiche n° 62 : Savoir gérer son temps.*

☐ **10. Peut-être n'êtes-vous pas tout à fait digne de confiance.** Vous esquivez, faites du sabotage, tirez des ficelles à votre avantage, piégez les autres et ne cherchez pas à remplir vos engagements. Vous vous justifiez en prétextant que les temps sont durs, que vous ne faites que votre travail et que vous obtenez des résultats. Après tout, la fin justifie les moyens. Vous manipulez les autres pour arriver à vos fins. Vous devez donc d'abord vous demander si votre vision du monde est bonne et si c'est vraiment ce que vous voulez être. Vous devez ensuite vérifier si votre carrière au sein de cette organisation est récupérable. Est-ce que vous êtes « grillé » ? La meilleure façon de vous corriger est d'admettre que vous avez constamment détruit la confiance et négligé de remplir vos engagements. Discutez-en avec votre patron ou votre mentor pour savoir si vous pouvez vous racheter. Si oui, rencontrez toutes les personnes à qui vous pensez avoir porté tort et voyez leur réaction. Dites-leur en quoi vous voulez changer. Demandez-leur ce que vous devriez cesser de faire. Demandez-leur si la situation est rattrapable. *Besoin d'aide supplémentaire ? Reportez-vous à la fiche n° 105 : Abuser de la confiance d'autrui.*

☐ **11. L'ambition vous conduit-elle à ne défendre que vos intérêts ?** Alors employez-le « nous » au lieu du « je ». Dites plus souvent « l'équipe », « nous », « ensemble ». Dites « allons-y ». « Allons... mettons-nous y tous ensemble ». « Nous y arriverons ». « On est tous dans le même bateau ». Pensez en termes d'équipe et démontrez-le. Autant que faire se peut, les mérites doivent retomber sur toute l'équipe. Essayez toujours de partager les succès et les récompenses avec votre entourage. Faites-vous la promotion de la carrière des autres aussi bien que la vôtre ? Contribuez-vous à la promotion des autres autant qu'à la vôtre ? Apprenez à être un mentor et dirigez vos collaborateurs de façon à les aider à progresser et réussir. Les gens vous feront davantage confiance s'ils envisagent une relation à long terme plutôt que de le percevoir comme quelque chose que vous faites par obligation pendant quelques années. *Besoin d'aide supplémentaire ? Reportez-vous aux fiches n° 19 : Développer les compétences de ses collaborateurs directs et des autres et n° 110 : Avoir des difficultés à bâtir une équipe.*

☐ **12. Faites ce qu'il faut pour que l'on ait une juste image de vous.** Faites la liste de toutes les raisons pour lesquelles les gens risquent de ne pas vous faire totalement confiance : « les gens disent que je change d'avis trop souvent ». À côté, faites la liste de ce que vous faites ou ne faites pas pour donner cette impression : « je tire des conclusions hâtives » ; « je me laisse trop influencer quand les gens se plaignent de quelque chose ». Notez à côté le nom de personnes qui font ça très bien. Que font-elles que vous ne faites pas ? Que faites-vous qu'elles ne font pas ? Quand en faites-vous trop ou pas assez, qu'est-ce qui vous cause des difficultés ? Enfin, faites une liste des stratégies pour contrer cela : « je m'interromprai et poserai des questions, je ne donnerai pas une réponse immédiate » ; « j'examinerai la situation et les recontacterai en temps opportun ».

I never did give anybody hell. I just told
the truth and they thought it was hell.
– Harry S. Truman

LECTURES CONSEILLÉES

Batstone, David. *Saving the Corporate Soul—& (Who Knows?) Maybe Your Own: Eight Principles for Creating and Preserving Wealth and Well-Being for You and Your Company Without Selling Out.* San Francisco: Jossey-Bass, Inc., 2003.

Block, Peter. *The Answer to How Is Yes: Acting On What Matters.* San Francisco: Berrett-Koehler Publishers, Inc., 2001.

Boverie, Patricia E. and Michael Kroth. *Transforming Work: The Five Keys to Achieving Trust, Commitment & Passion in the Workplace.* Cambridge, MA: Perseus Publishing, 2001.

Chambers, Harry E. *No Fear Management: Rebuilding Trust, Performance, and Commitment in the New American Workplace.* Boca Raton, FL: St. Lucie Press, 1998.

Deems, Richard S. and Terri A. Deems. *Leading in Tough Times: The Manager's Guide to Responsibility, Trust, and Motivation.* Amherst, MA: HRD Press, 2003.

Galford, Robert M. and Anne Siebold Drapeau. *The Trusted Leader: Bringing Out the Best in Your People and Your Company.* New York: The Free Press, 2002.

Golin, Al. *Trust or Consequences: Build Trust Today or Lose Your Market Tomorrow.* New York: AMACOM, 2004.

Johnson, Larry and Bob Phillips. *Absolute Honesty: Building a Corporate Culture That Values Straight Talk and Rewards Integrity.* New York: AMACOM, 2003.

Kaptein, Muel and Johan Wempe. *The Balanced Company: A Corporate Integrity Theory.* Oxford, UK: Oxford University Press, 2002.

Maister, David H., Charles H. Green and Robert M. Galford. *The Trusted Advisor.* New York: The Free Press, 2001.

O'Toole, James. *Leading Change.* Boston: Harvard Business School Press, 1996.

Remick, Norman Thomas. *West Point: Character Leadership Education: A Book Developed From the Readings and Writings of Thomas Jefferson.* New York: RPR, 2002.

Seglin, Jeffrey L. *The Right Thing: Conscience, Profit and Personal Responsibility in Today's Business*. Rollinsford, NH: Spiro Press, 2003.

Shaw, Robert Bruce. *Trust in the Balance—Building Successful Organizations on Results, Integrity and Concern.* San Francisco: Jossey-Bass, Inc., 1997.

Solomon, Robert C. and Fernando Flores. *Building Trust: In Business, Politics, Relationships, and Life.* Oxford, UK: Oxford University Press, 2001.

Tracy, Diane and William J. Morin. *Truth, Trust, and the Bottom Line*. Chicago, IL: Dearborn Trade Publishing, 2001.

Zand, Dale E. *The Leadership Triad—Knowledge, Trust and Power.* New York: Oxford University Press, 1997.

30 AVOIR DE TRÈS BONNES CAPACITÉS INTELLECTUELLES

Facteur I : Compétences stratégiques Groupe B : Prendre des décisions complexes **I – B**

The test of a first-rate intelligence is the ability to hold two opposed ideas in the mind at the same time, and retain the ability to function.
– F. Scott Fitzgerald

COMPÉTENCE NON MAÎTRISÉE

- ☐ Peut faire preuve de paresse intellectuelle ou être peu structuré
- ☐ Ne va pas au fond des choses dans ses analyses
- ☐ Voudrait que tout soit toujours simple
- ☐ Son émotivité l'empêche de penser rationnellement
- ☐ Son impatience l'empêche de penser rationnellement
- ☐ Peut être mentalement rigide ou usé, convaincu que sa manière de faire ou de résoudre les problèmes est la meilleure et la seule envisageable
- ☐ L'abstraction peut provoquer de la frustration chez lui
- ☐ Peut être lent à comprendre

Sélectionnez dans la liste ci-dessous une à trois compétences comme compétence de remplacement si vous décidez de ne pas travailler directement sur cette dernière.

SUBSTITUTS : 1,5,14,17,24,32,33,46,51,58,61

COMPÉTENCE MAÎTRISÉE

- ☐ Fait preuve d'intelligence et de vivacité d'esprit
- ☐ Manie facilement les abstractions et se sent à l'aise face à la complexité
- ☐ Est décrit comme étant intellectuellement alerte, capable de finesse et de rapidité de pensée

COMPÉTENCE UTILISÉE À L'EXCÈS

- ☐ Peut recourir à l'intelligence pour dominer ou intimider
- ☐ Semble ne pas être capable d'établir des relations avec des personnes moins intelligentes
- ☐ Semble accepter seulement ses propres solutions
- ☐ Semble impatient avec les procédures établies

Sélectionnez dans la liste ci-dessous une à trois compétences sur laquelle vous devrez travailler pour compenser son utilisation excessive.

COMPENSATEURS : 3,4,7,10,15,18,19,26,31,33,36,41,42,44

QUELQUES CAUSES

- ☐ Désorganisé
- ☐ Excessivement émotif
- ☐ Manque de patience, de persévérance ou de confiance en soi
- ☐ Manque d'aptitudes cognitives
- ☐ Paresseux
- ☐ Système de croyances rigide

FACTEURS ET GROUPES DU LEADERSHIP ARCHITECT®

Cette compétence se retrouve dans Compétences stratégiques, facteur (I). Cette compétence se retrouve dans Prendre des décisions complexes, groupe (B) aux numéros : 17, 32, 51. Vous pouvez également consulter d'autres compétences dans le même facteur ou groupe pour trouver des conseils connexes.

LA CARTE

Le succès dans la vie et le travail dépend en grande partie de l'acquisition de connaissances et de compétences, et de leur application pour résoudre les problèmes et relever les défis de la vie. Bien que le niveau d'intelligence soit en un sens déterminé dès la naissance (il n'augmentera pas), les vulgarisateurs scientifiques prétendent souvent que nous n'utilisons que 10 % de la capacité du cerveau. Bien que ce chiffre ne puisse être vérifié de manière exacte, il est certain que nous pourrions tous accroître l'utilisation de notre capacité. Les études démontrent que l'intelligence se perd par manque d'usage. Ceux qui aiguisent leurs facultés mentales voient leur intelligence augmenter légèrement tout au long de leur vie.

QUELQUES SOLUTIONS

☐ **1. Détendez-vous.** Les émotions excessives diminuent l'utilisation efficace de la puissance intellectuelle. Le système émotif bloque le cerveau jusqu'à la disparition de la menace. Le cerveau travaille mieux à froid. Si certaines choses vous rendent nerveux, attendez une minute ou deux pour vous maîtriser et ensuite, essayez de résoudre le problème. La prise de décision sous pression a peu de chance d'être valable à long terme. *Besoin d'aide supplémentaire ? Reportez-vous à la fiche n° 11 : Avoir la maîtrise de soi.*

☐ **2. Prenez le temps de réfléchir.** Nous sommes généralement orientés vers l'action. C'est le fameux « Tirez d'abord, visez ensuite ». Plusieurs de nos erreurs ne se seraient pas produites si nous avions pris le temps d'y réfléchir un peu plus longtemps avant. Essayez d'ajouter une minute à votre temps de réflexion. Vérifiez mentalement si vous avez pensé à toutes les ramifications du problème ou du défi. Ayez toujours un objectif en tête lors d'une séance de formation. Posez-vous des questions sur ce que vous lisez. Classez les choses que vous avez apprises. Classez-les dans des catégories qui vous conviennent. D'autres recherches ont montré que la première chose ou la première solution à laquelle on pense est rarement la meilleure. En moyenne, le meilleur choix apparaît après deux ou trois essais. Si vous êtes un mordu de l'action et sautez sur la première option, vous aurez tort la plupart du temps. *Besoin d'aide supplémentaire ? Reportez-vous aux fiches n° 41 : Être patient et n° 43 : Faire preuve de persévérance.*

☐ **3. Des croyances trop rigides ou trop étroites nuisent à votre puissance intellectuelle.** Des études anthropologiques montrent que nos cerveaux sont prisonniers de systèmes de croyance. Les Amérindiens Hopi du sud-ouest américain ont un seul mot pour désigner la neige, tandis que les Inuits d'Alaska en ont 24 pour 24 conditions de neige. Un Hopi ne pourrait survivre en Alaska avec un seul concept de neige. Notre expérience crée, sans le savoir, des limites à notre façon de penser. Essayez de penser en dehors des limites fixées par vos croyances. Vous n'avez pas à les rejeter ; seulement à les mettre en attente lorsque vous pensez à un problème ou à un défi.

☐ **4. Stimuler votre intellect.** Il y a toutes sortes d'exercices mentaux pour améliorer l'utilisation de votre puissance intellectuelle, quelle qu'elle soit. Vous pouvez vous faire des pense-bêtes pour vérifier que vous n'avez rien oublié. Vous pouvez créer différents scénarios. Vous pouvez vous demander ce qui manque. Vous pouvez penser au pour et au contre. Vous pouvez visualiser ou mettre le problème sous forme de diagramme. Essayez de découvrir toutes les facettes du problème ou d'analyser les options dont vous disposez pour pouvoir le résoudre. Ces moyens, ainsi que plusieurs autres, se retrouvent dans les ouvrages portant sur les démarches de résolution de problèmes. *Besoin d'aide supplémentaire ? Reportez-vous aux fiches n° 51 : Maîtriser la résolution de problèmes et n° 52 : Maîtriser la gestion des processus.*

☐ **5. Apprenez à ne pas faire l'amalgame entre vos opinions et les faits que vous connaissez.** Aidez les autres à en faire autant. Lisez *Six chapeaux pour penser* de Edward de Bono, pour en apprendre plus sur cette technique. Ceux qui sont opiniâtres ont davantage de difficulté à avoir un processus de pensée clair et ne sont pas très adroits en matière de résolution de problèmes.

☐ **6. Abandonnez les réponses toutes faites.** Nous avons tous besoin de répondre au plus vite aux questions et aux problèmes. Nous avons tous des idées préconçues, des solutions favorites et des préjugés qui empêchent notre intellect de percevoir les réalités du problème. Pendant la moitié du temps que vous consacrez à une question ou à un problème, mettez de côté les solutions préconçues et ne considérer que les faits.

☐ **7. Pensez système.** Abonnez-vous au *The Systems Thinker®*, Pegasus Communications Inc., Cambridge, MA, tél. : +1 (781) 398-9700. Ce groupe a pour activité principale de découvrir les processus qui sous-tendent les événements de l'actualité. Il fait paraître une publication mensuelle et propose des ateliers, des séminaires et divers matériels permettant d'interpréter les événements comme une série de modèles ou de systèmes récurrents. Analysez les événements et les processus courants et essayez de voir pourquoi ils se déroulent de telle ou telle façon. Analysez des problèmes complexes et essayez de voir comment vous pouvez les ramener à l'un des sept modèles classiques de problématique.

☐ **8. Exercez votre intellect.** Achetez des livres de mots croisés pour débutants et faites-les dans vos temps libres. Achetez d'autres genres de casse-tête et exercez-vous. Achetez un livre sur les schémas mentaux ou mieux, participez à une formation. La technique des schémas mentaux vous apprend à reconnaître les concepts.

☐ **9. Visualisez les objectifs.** Essayez de voir les problèmes et les défis sous forme de scénarimages ou de processus. Achetez-vous un logiciel permettant de préparer des graphiques PERT ou GANTT. Devenez expert dans leur utilisation. Utilisez le logiciel pour visualiser plusieurs problèmes successivement en changeant uniquement les données. Utilisez les diagrammes d'évolution des tâches dans vos présentations pour faire la démonstration des problèmes que vous avez résolus.

☐ **10. Étudiez les maîtres.** Étudiez les grands penseurs et philosophes comme John Stuart Mill qui a décrit la logique de base de la résolution de problèmes. Lisez leurs biographies ou leurs autobiographies pour trouver des indices sur la manière dont ils ont utilisé leurs talents intellectuels.

Knowledge is of two kinds. We know a subject ourselves,
or we know where we can find information upon it.
– Samuel Johnson

LECTURES CONSEILLÉES

Aunger, Robert. *The Electric Meme: A New Theory of How We Think.* New York: The Free Press, 2002.

Epstein, Seymour, Ph.D. with Archie Brodsky. *You're Smarter Than You Think—How to Develop Your Practical Intelligence for Success in Living.* New York: Simon & Schuster, 1993.

Flynn, Daniel J. *Intellectual Morons: How Ideology Makes Smart People Fall for Stupid Ideas.* New York: Crown Business Publishing, 2004.

Gardner, Howard. *Multiple Intelligences: The Theory in Practice.* New York: Basic Books, 1993.

Gardner, Howard. *Changing Minds: The Art and Science of Changing Our Own and Other People's Minds.* Boston: Harvard Business School Press, 2004.

Glickman, Rosalene. *Optimal Thinking: How to Be Your Best Self.* New York: John Wiley & Sons, Inc., 2002.

Goleman, Daniel, Annie McKee and Richard E. Boyatzis. *Primal Leadership: Realizing the Power of Emotional Intelligence.* Boston: Harvard Business School Press, 2002.

Maxwell, John C. *Thinking for a Change: 11 Ways Highly Successful People Approach Life and Work.* New York: Warner Books, 2003.

McCoy, Charles W., Jr. *Why Didn't I Think of That? Think the Unthinkable and Achieve Creative Greatness.* Upper Saddle River, NJ: Prentice Hall, 2002.

Ritchhart, Ron. *Intellectual Character: What It Is, Why It Matters, and How to Get It.* San Francisco: Jossey-Bass, Inc., 2002.

Sofo, Francesco. *Six Myths of Critical Thinking.* Australia: Allen & Unwin Pty., Limited, 2003.

Sternberg, Robert J. *Thinking Styles.* Boston: Cambridge University Press, 1997.

Wellman, Annette Moser. *The Five Faces of Genius: Creative Thinking Styles to Succeed at Work.* New York: Penguin Books, 2002.

31 ÊTRE DOUÉ POUR LA COMMUNICATION INTERPERSONNELLE

Facteur VI : Compétences personnelles et interpersonnelles Groupe N : Compétences relationnelles VI – N

Tact is the ability to describe others as they see themselves.
– Abraham Lincoln

COMPÉTENCE NON MAÎTRISÉE

- ☐ N'établit pas facilement des relations avec toutes sortes de personnes
- ☐ N'établit pas facilement de relations – n'est pas toujours d'un abord facile ; n'écoute pas suffisamment
- ☐ Ne prend pas le temps d'établir des relations
- ☐ Peut parfois être trop direct et brusque
- ☐ Peut être trop axé sur le travail ou intense
- ☐ Peut être trop axé sur le travail, au détriment de la relation avec les autres
- ☐ Peut avoir du mal à déchiffrer ce que pensent les autres
- ☐ Peut être paralysé ou déstabilisé par un conflit, une attaque personnelle ou une critique
- ☐ Peut devenir timide ou manquer de confiance en lui lorsqu'il est en groupe

Sélectionnez dans la liste ci-dessous une à trois compétences comme compétence de remplacement si vous décidez de ne pas travailler directement sur cette dernière.

SUBSTITUTS : 1,3,7,10,12,15,21,27,33,37,39,41,42,49,60

COMPÉTENCE MAÎTRISÉE

- ☐ Sait établir de bonnes relations avec toutes sortes de personnes : ses supérieurs, ses collaborateurs, ses collègues, à l'intérieur ou à l'extérieur de l'organisation
- ☐ Entretient de bons rapports avec eux
- ☐ Est capable de bâtir une relation constructive et efficace
- ☐ Sait user de diplomatie et de tact
- ☐ Possède l'art d'apaiser les situations tendues

COMPÉTENCE UTILISÉE À L'EXCÈS

- ☐ Peut se tirer d'un mauvais pas grâce à ses facultés de communication
- ☐ Semble consacrer trop de temps à construire son réseau et à y accueillir les personnes
- ☐ Ne semble pas autonome à certains
- ☐ Peut ne pas apparaître crédible dans les situations où il faut jouer un rôle de leader
- ☐ Semble avoir des difficultés et se paralyser en cas de conflits sérieux

Sélectionnez dans la liste ci-dessous une à trois compétences sur laquelle vous devrez travailler pour compenser son utilisation excessive.

COMPENSATEURS : 1,5,9,12,13,20,24,34,36,50,51,52,57,62,65

QUELQUES CAUSES

- ☐ Arrogant, impatient, insensible aux autres
- ☐ Ne supporte pas les désaccords ni les attaques
- ☐ Sur la défensive face aux critiques
- ☐ Ne sait pas quoi faire dans des situations de communication interpersonnelle
- ☐ Porte des jugements catégoriques ; rigide
- ☐ Esprit étroit
- ☐ N'a pas confiance en soi
- ☐ Ne sait pas se mettre à l'écoute des autres
- ☐ Mauvaise gestion du temps ; trop occupé
- ☐ Timide ; craint d'interagir avec de nouvelles personnes ; manque de confiance en soi
- ☐ Trop intense ; ne sait pas se détendre

FACTEURS ET GROUPES DU LEADERSHIP ARCHITECT®

Cette compétence se retrouve dans Compétences personnelles et interpersonnelles, facteur (VI). Cette compétence se retrouve dans Compétences relationnelles groupe (N) au numéro : 3. Vous pouvez également consulter d'autres compétences dans le même facteur ou groupe pour trouver des conseils connexes.

LA CARTE

Le secret pour bien s'entendre avec toutes sortes de personnes consiste à retenir ou neutraliser ses propres réactions et à se concentrer sur les autres d'abord. Avoir le sens des choses c'est l'art de procéder de l'extérieur vers l'intérieur. Par conséquent, être doué pour la communication interpersonnelle, signifie posséder des compétences et des outils d'approche en communication interpersonnelle en sachant les utiliser au moment opportun avec la personne appropriée. Cela rend l'interaction facile et permet d'obtenir ce que vous désirez sans blesser les autres tout en leur donnant le sentiment de vouloir travailler avec vous de nouveau.

QUELQUES SOLUTIONS

☐ **1. Pourquoi faut-il être souple et flexible lorsqu'on communique avec les autres ?** Mis à part le point de vue moral (nous sommes tous égaux aux yeux du Créateur), nous sommes tous différents. Les gens sont très variés et diversifiés. Les différences physiques sont évidentes. Taille, poids, agilité. Certaines autres caractéristiques le sont aussi. Intelligent ou non. Affirmé ou non. Chaleureux, froid. Calme, émotif. Bon ou mauvais conférencier. D'autres caractéristiques humaines sont plus difficiles à déceler. Motivé, moins motivé. Des valeurs strictes ou moins strictes. Intègre ? Décisif ? Équitable ? Pour comprendre ces différences, allez d'abord à l'évident. Que font-ils en premier lieu ? Sur quoi insistent-ils dans leurs conversations ? Les gens se concentrent sur des points différents : l'action, les détails, les concepts, les impressions ou, plus simplement, les autres personnes. Quel type d'interaction favorisent-ils ? Quel type de personnalité ont-ils : ambitieux, doux, dur, autoritaire, détaché, etc. ? Pour les définir, sachez reconnaître les valeurs derrière les mots et notez les sujets qui suscitent leurs passions ou leurs émotions. Une des clés pour obtenir des résultats fiables dans le monde du travail réside dans la capacité à percevoir les différences entre les gens, de gérer en fonction de ces différences et d'utiliser ces disparités pour le bénéfice de tous. Le bon sens dans les relations interpersonnelles exige de rencontrer chaque personne sur le terrain où elle devra accomplir la tâche que vous lui destinez. En principe, tout le monde réagit favorablement aux efforts faits pour faciliter les échanges. Si vous mettez les personnes avec lesquelles vous êtes en contact à l'aise en acceptant leur façon habituelle de se comporter, les choses iront en douceur. Laissez-leur exprimer leur style sans imposer le vôtre, ni laisser ces questions gêner la performance. *Besoin d'aide supplémentaire ? Reportez-vous à la fiche n° 56 : Savoir juger les autres.*

☐ **2. Vos attitudes jettent un froid lors des réunions ?** Faites-vous preuve de trop de suffisance ? Vous montrez-vous peu sensible aux autres ? Êtes-vous distant ? Trop occupé pour prêter attention ? Trop pressé d'arriver à vos fins ? Dévaluez-vous les autres en minimisant leurs contributions, les faisant se sentir diminués, rejetés et en colère ? Dans vos échanges, donnez-vous d'emblée vos solutions, conclusions, fondements, ordres ou réponses ? C'est ce qui caractérise ceux qui ont des problèmes pour communiquer. Pas d'écoute. Opinions instantanées. Réactions vives. Vous ne voulez pas vous comporter ainsi ? Prêtez attention à votre audience. Savez-vous reconnaître les signes qui montrent que vos interlocuteurs se sentent mal à l'aise avec vous ? Vos interlocuteurs peuvent-ils reculer, bégayer, se renfermer, rester sur le pas de la porte en espérant ne pas être invités à entrer ? Vous devez travailler doublement à observer les autres. Choisissez toujours votre démarche en partant des autres, non de vous-même. Votre meilleure démarche sera déterminée par l'autre personne ou le groupe, pas par vous. Considérez tous vos échanges comme si l'autre personne était un client que vous désirez convaincre. Comment l'approcheriez-vous ? *Besoin d'aide supplémentaire ? Reportez-vous aux fiches n° 45 : Savoir apprendre et n° 112 : Se montrer insensible aux autres.*

☐ **3. Les trois premières minutes.** Bien gérer les premières minutes d'une rencontre est essentiel. Le ton est donné. Les premières impressions se forment. Efforcez-vous de faciliter les premiers contacts et recueillez le plus d'information possible dès le début d'une rencontre. Cela signifie mettre les autres à l'aise afin qu'ils deviennent plus ouverts. Cela suppose aussi d'initier l'échange, d'écouter, de partager, de comprendre et de réconforter. Ceux qui sont d'une approche facile reçoivent plus d'information, ils apprennent les choses plus tôt et peuvent obtenir plus des autres. Plus vous pourrez amener vos interlocuteurs à s'exprimer dès le début de la rencontre, plus vous en saurez sur eux et plus vous pourrez affiner votre démarche. *Besoin d'aide supplémentaire ? Reportez-vous à la fiche n° 3 : Être d'un abord facile.*

☐ **4. L'écoute.** Les personnes qui sont douées en communication interpersonnelle savent écouter. Elles écoutent pour comprendre et décoder l'information afin de choisir leur réponse. Elles écoutent sans interrompre. Elles posent des questions pour clarifier le propos. Elles ne portent pas de jugements hâtifs. Le jugement viendra éventuellement plus tard. Elles reformulent les propos de l'autre pour montrer leur compréhension. Elles acquiescent de la tête. Elles peuvent prendre des notes. Ceux qui savent écouter recueillent plus de données. *Besoin d'aide supplémentaire ? Reportez-vous à la fiche n° 33 : Savoir écouter.*

☐ **5. Le partage.** Les personnes qui sont douées en communication interpersonnelle partagent plus d'information et en reçoivent plus en retour. Exposez vos opinions sur une question d'ordre professionnel et incitez les autres à réagir. N'hésitez pas à transmettre des informations qui, selon vous, aideraient les gens à mieux faire leur travail et à le voir sous un angle plus large. Révélez-vous davantage. Abordez également des sujets que vos collègues ou collaborateurs n'ont pas vraiment besoin de connaître pour leur activité professionnelle, mais qui leur paraîtraient intéressants et les aideraient à se sentir valorisés. *Besoin d'aide supplémentaire ? Reportez-vous à la fiche n° 44 : Être transparent.* Personnalisez. Efforcez-vous de connaître et de vous souvenir des événements importants concernant ceux qui vous entourent. Retenez trois éléments qui caractérisent chacun d'entre eux : leurs intérêts, leurs enfants et des sujets hors travail dont vous pouvez discuter. Avec chaque collègue de travail, abordez des sujets de discussion qui ne sont pas strictement professionnels. Il peut s'agir de stratégie, d'événements internationaux, de mouvements du marché. L'objectif est d'établir des liens communs.

☐ **6. Attention aux signes non verbaux.** Les personnes qui sont douées en communication interpersonnelle comprennent le rôle critique des communications non verbales. Elles se montrent ouvertes, calmes et souriantes. Elles gardent un contact visuel continu. Elles approuvent de la tête quand l'autre parle. Elles parlent d'un ton régulier et agréable. Efforcez-vous d'éliminer vos mauvaises habitudes comme parler trop vite ou trop fort, utiliser un langage excessif ou vulgaire, ou vous perdre dans les détails. Il faut aussi prendre garde aux signes qui peuvent être interprétés comme un manque d'intérêt : jeter un coup d'œil à sa montre, ranger des papiers ou avoir l'air débordé.

☐ **7. Vos aptitudes à la communication interpersonnelle sont-elles sélectives ?** Certaines personnes montrent une grande aisance et une efficacité interpersonnelle avec certains, mais pas avec d'autres. Elles peuvent être à l'aise avec leurs collègues directs, mais demeurent tendues dans les rapports avec leurs supérieurs hiérarchiques. Que peuvent avoir en commun ceux avec lesquels vous vous sentez à l'aise ? Qu'en est-il de ceux auprès desquels vous n'êtes pas à l'aise ? Le niveau social ? Le style ? Le sexe ? Les origines raciales ? Leur statut professionnel ? Les principes de relations interpersonnelles demeurent les mêmes quel que soit l'auditoire. Attachez-vous donc à utiliser ces mêmes principes envers ceux avec qui vous n'êtes pas à l'aise. Ainsi, vous obtiendrez le même résultat avec les deux groupes.

☐ **8. Timide ?** Vous manquez de confiance en vous ? Vous demeurez en retrait et laissez les autres mener ? Vous sentez-vous trop vulnérable ? Vous craignez les réactions d'autrui ? Vous n'êtes pas certain de votre capacité à être à l'aise en société ? Vous ne voulez pas laisser paraître votre timidité ? Surveillez vos mains. Gardez un contact visuel. Posez la première question. Pour vous entraîner sans risque, parlez à d'autres, hors du travail. Donnez-vous pour objectif de parler à trois personnes différentes à chaque rencontre sociale ; trouvez vos points communs. Initiez vous-même des contacts lors des réunions de parents d'élèves, avec les voisins, au supermarché, dans l'avion, dans l'autobus. Vérifiez si, en initiant le contact avec des gens, ces choses effrayantes et inévitables que vous craignez vous arrivent vraiment. Ce n'est que par vos gestes et votre attitude que les autres peuvent découvrir votre timidité et votre nervosité. Observez ce que font ou ne font pas ceux qui ne sont pas timides. Entraînez-vous.

☐ **9. Être habile dans les relations interpersonnelles avec ceux que vous n'aimez pas.** Cherchez ce qu'elles peuvent avoir d'aimable ou les points sur lesquels vous pourriez vous entendre. Ce que sont leurs forces. Partagez-vous des intérêts communs ? Quoi que vous fassiez, ne leur dévoilez pas ce que vous pensez. Oubliez votre jugement, acquiescez de la tête, posez des questions, résumez comme vous le feriez pour n'importe qui d'autre. Un observateur impartial devrait être incapable de deviner si vous parlez à un ennemi ou à un ami. Vous pouvez toujours parler moins et poser plus de questions, sans vous excuser ni critiquer. Même si vos interlocuteurs se montrent rigides et têtus, vous pouvez répondre de façon neutre en reformulant simplement le problème dont vous discutez.

☐ **10. Relations tendues.** Que faire en cas d'attaque ? Comment répondre à des propos acrimonieux ? Que faire si quelqu'un ne vous apprécie guère ? Quand tout le monde est irrité et en désaccord ? Pratiquez un Aïkido interpersonnel, cet art ancien qui apprend à absorber l'énergie de votre adversaire et à l'employer ensuite pour le neutraliser. Laissez la partie adverse exprimer sa frustration, mais ne réagissez pas directement. Rappelez-vous que c'est la personne qui riposte qui se met généralement en tort. Écoutez. Acquiescez de la tête. Demandez des explications. Posez des questions neutres comme : « Pouvez-vous me dire pourquoi ce point en particulier vous indispose ? » « Que puis-je faire pour aider ? » « Ainsi vous pensez que je devrais... » Reformulez son argument de temps à autre pour lui signaler que vous avez compris. Mais ne réagissez pas. Ne jugez pas. Laissez la personne parler jusqu'à ce que ses griefs soient épuisés. Si vos interlocuteurs adoptent une attitude inflexible, ne vous y opposez pas. Demandez sur quoi la personne fonde sa position, sur quelle théorie elle se base, ce qui a provoqué cette situation ? Séparez les questions de personnes et les problèmes. Si quelqu'un vous attaque, reformulez son argument pour le recentrer sur le problème. Gardez votre calme même si l'adversaire a perdu le sien. Face à des propositions déraisonnables, à des attaques ou à une question laissée en suspens, vous pouvez simplement ne rien répondre. Vos interlocuteurs réagiront probablement en parlant davantage, en s'éloignant un peu de leur position ou en révélant partiellement leurs véritables intérêts. Souvent, en laissant se défouler l'adversaire et avec un effort de compréhension de votre part, le conflit en question diminuera d'envergure. *Besoin d'aide supplémentaire ? Reportez-vous à la fiche n° 12 : Savoir gérer les conflits.*

A good head and a good heart are always a formidable combination.
– Nelson Mandela

LECTURES CONSEILLÉES

Adler, Ronald B. and Jeanne Marquardt Elmhorst. *Communicating at Work: Principles and Practices for Business and the Professions.* New York: McGraw-Hill Text, 2002.

Baker, Wayne E. *Networking Smart.* New York: Backinprint.com, 2000.

Foster, D. Glenn and Mary Marshall. *How Can I Get Through to You? Breakthrough Communication Beyond Gender, Beyond Therapy, Beyond Deception.* New York: Hyperion, 1994.

Foster, D. Glenn and Mary Marshall. *How Can I Get Through to You? Breakthrough Communication Beyond Gender, Beyond Therapy, Beyond Deception* [sound recording]. New York: Harper Audio, 1994.

Goleman, Daniel, Annie McKee and Richard E. Boyatzis. *Primal Leadership: Realizing the Power of Emotional Intelligence.* Boston: Harvard Business School Press, 2002.

Gudykunst, William B. and Young Yun Kim. *Communicating With Strangers: An Approach to Intercultural Communication.* New York: WCB/McGraw-Hill, 2002.

Gundry, Lisa and Laurie LaMantia. *Breakthrough Teams for Breakneck Times: Unlocking the Genius of Creative Collaboration.* Chicago, IL: Dearborn Trade Publishing, 2001.

Hargrove, Robert. *Mastering the Art of Creative Collaboration.* New York: McGraw-Hill, Inc., 1999.

Mai, Robert and Alan Akerson. *The Leader As Communicator: Strategies and Tactics to Build Loyalty, Focus Effort, and Spark Creativity.* New York: AMACOM, 2003.

Maxwell, John C. *Relationships 101.* London: Thomas Nelson, 2004.

Silberman, Melvin L. and Freda Hansburg. *Peoplesmart: Developing Your Interpersonal Intelligence.* San Francisco: Berrett-Koehler Publishers, Inc., 2000.

Simmons, Annette. *The Story Factor.* Cambridge, MA: Perseus Publishing, 2001.

Vengel, Alan A. *The Influence Edge: How to Persuade Others to Help You Achieve Your Goals.* San Francisco: Berrett-Koehler Publishers, Inc., 2000.

32 DÉMONTRER UNE GRANDE CAPACITÉ À APPRENDRE SUR LE TERRAIN

He was a bold man that first ate an oyster.
– Jonathan Swift, English author

COMPÉTENCE NON MAÎTRISÉE

- ☐ Manque de vivacité intellectuelle ou de flexibilité face à des problèmes nouveaux ou exceptionnels
- ☐ Est superficiel, ne va pas au fond des choses dans l'analyse des problèmes ou ne les étudie pas sous tous les angles
- ☐ Peut craindre les risques liés à ce qui est inconnu
- ☐ N'assimile pas vite ce qui est nouveau
- ☐ Peut avoir du mal à renoncer aux méthodes ayant fait leurs preuves, supporte mal l'ambiguïté et saute rapidement aux conclusions
- ☐ Ne fait pas d'analyse approfondie, s'en tient à ce qui saute aux yeux
- ☐ Se satisfait trop vite d'explications simplistes
- ☐ Renonce trop vite et accepte une solution de compromis
- ☐ Se satisfait trop vite d'explications superficielles

Sélectionnez dans la liste ci-dessous une à trois compétences comme compétence de remplacement si vous décidez de ne pas travailler directement sur cette dernière.

SUBSTITUTS : 1,2,5,14,16,17,24,28,30,33,43,45,46,50,51,61

COMPÉTENCE MAÎTRISÉE

- ☐ Est capable d'apprendre rapidement devant de nouveaux problèmes
- ☐ Démontre sa capacité à apprendre sans cesse et dans des domaines variés
- ☐ Ouvert au changement
- ☐ Analyse les succès comme les échecs pour en tirer des leçons et s'améliorer
- ☐ Est prêt à essayer toutes sortes d'approches nouvelles pour trouver des solutions
- ☐ Aime relever de nouveaux défis
- ☐ Saisit rapidement l'essentiel et les aspects fondamentaux d'une situation

COMPÉTENCE UTILISÉE À L'EXCÈS

- ☐ Peut avancer trop vite par rapport aux autres
- ☐ Peut contrarier les autres avec son besoin de changement
- ☐ Semble avoir tendance à faire des changements trop souvent
- ☐ Les gens semblent interpréter son ouverture d'esprit comme de l'indécision
- ☐ Semble rechercher le changement pour le changement quelle que soit la situation
- ☐ Ne semble pas être un bon administrateur de tâches routinières ou faciles

Sélectionnez dans la liste ci-dessous une à trois compétences sur laquelle vous devrez travailler pour compenser son utilisation excessive.

COMPENSATEURS : 27,33,39,41,43,47,52,59

QUELQUES CAUSES

- ☐ N'analyse pas les succès ni les échecs pour en tirer des leçons
- ☐ Résout les problèmes en se fiant au passé
- ☐ Ne prend pas de risques
- ☐ Manque de confiance en soi
- ☐ Perfectionniste
- ☐ Vit dans le passé
- ☐ Esprit trop étroit pour chercher des parallèles

FACTEURS ET GROUPES DU LEADERSHIP ARCHITECT®

Cette compétence se retrouve dans Compétences stratégiques, facteur (I). Cette compétence se retrouve dans Prendre des décisions complexes, groupe (B) aux numéros : 17, 30, 51. Vous pouvez également consulter d'autres compétences dans le même facteur ou groupe pour trouver des conseils connexes.

LA CARTE

Nous savons en général appliquer ce que nous avons vu et fait dans le passé. La plupart d'entre nous savons réutiliser les solutions testées avec succès auparavant. Nous savons entre autres résoudre des problèmes que nous avons déjà rencontrés. Il est plus rare de savoir réussir quelque chose la première fois. Résoudre des problèmes auxquels nous n'avons jamais été confrontés. Essayer des solutions que nous n'avons jamais testées auparavant. Analyser des problèmes dans de nouveaux contextes et de nouvelle façon. L'accélération du changement exige d'apprendre rapidement et d'appliquer des solutions pour la première fois. Cela implique prendre des risques, être moins que parfait, oublier le passé, agir à contre-courant et tracer de nouvelles voies.

QUELQUES SOLUTIONS

☐ **1. Quand vous ferez face à une nouvelle question, un nouveau défi ou un nouveau problème, essayez d'en trouver la cause.** Continuez à demander « pourquoi », voyez combien de raisons et de causes peuvent surgir et en combien de catégories vous pouvez les classer. Cette façon de procéder augmente les chances de trouver de meilleures solutions parce que vous découvrez plus de liens. Les maîtres au jeu d'échecs peuvent reconnaître des milliers de combinaisons de pièces. Cherchez à donner du sens aux informations, ne vous contentez pas de les recueillir. Classez-les dans des catégories qui vous conviennent. Pour mieux assimiler une connaissance nouvelle et difficile, lisez *The Future of Leadership* par White, Hodgson et Crainer.

☐ **2. Cernez l'essentiel du problème.** Quels sont les facteurs clés ou les éléments du problème ? Les experts commencent d'habitude par déterminer les principes sous-jacents et s'appuient sur ces points pour progresser ; les moins experts ciblent la solution ou les résultats désirés et, soit retournent vers les principes de base, soit s'attachent aux faits apparents. Quels sont les principes fondamentaux de ce sur quoi vous travaillez ? Quand vous les aurez trouvés, cherchez des cas semblables dans votre expérience personnelle ou professionnelle ou encore dans l'histoire. Une erreur couramment répandue est de rechercher ce qu'ont fait des organisations comparables sous prétexte que : « Elles seules peuvent savoir ». Prendre du recul et élargir la vision vous aidera dans la recherche de solutions. Quand les responsables de Motorola ont voulu améliorer leur service de commandes, ils ne sont pas allés chez des concurrents, ils sont allés chez Domino's Pizza et Federal Express.

☐ **3. Similitudes.** Recherchez des analogies entre les personnes, les entreprises ou dans le monde, ou encore, dans les succès ou les faillites en général. Qu'est-ce qui était commun dans chaque succès ou qu'est-ce qui était présent dans chaque faillite mais jamais dans les réussites ? Ciblez les succès ; les faillites sont plus faciles à analyser mais, par elles-mêmes, vous apprennent peu de chose sur ce qui peut fonctionner. Comparer des succès donne plus d'information sur les principes sous-jacents. En fin de compte, recherchez les principes ou les règles de bon sens qui sont répétitifs. Quand vous ferez face au prochain nouveau problème, ces principes généraux sous-jacents s'appliqueront encore.

☐ **4. Ne vous attendez pas à réussir au premier essai.** Cette attitude ne mène qu'à des solutions sûres mais éventées. Plusieurs études démontrent que c'est au deuxième ou au troisième essai que l'on commence à comprendre la dynamique sous-jacente des problèmes. Pour apprendre, faites des essais de courte durée et accélérez le retour d'information. Plus les cycles seront fréquents, plus vous augmenterez vos chances d'apprendre ; si nous accomplissons une action modeste chaque jour pendant trois jours, au lieu de réaliser une seule action d'envergure pendant trois jours, nous triplons les opportunités d'apprendre et augmentons d'autant nos chances de trouver la bonne réponse. Soyez plus enclin à expérimenter.

☐ **5. Utilisez des experts.** Trouvez un expert ou des experts, dans votre fonction/technique/domaine professionnel et demandez-leur comment ils abordent les nouveaux problèmes pour les résoudre. Demandez-leur quels sont les principes/les forces/les clés qu'ils recherchent. Demandez-leur de vous dire comment ils analysent un nouveau problème dans un domaine particulier ; quels sont les critères principaux qu'ils utilisent pour juger de la compétence des gens dans ce domaine ; les questions-clés qu'ils posent pour clarifier un problème ; quelles suggestions ils pourraient vous faire pour vous permettre d'apprendre rapidement dans ce domaine.

☐ **6. Ceux qui réfléchissent à un problème en raisonnant par l'absurde réussissent souvent mieux.** Intervertissez les données du problème. Demandez-vous ce qui serait le moins probable, qu'est-ce que le problème n'est pas, qu'est-ce qui lui manque ou comment on pourrait le voir sous un angle différent.

☐ **7. Utilisez les autres.** Des équipes de personnes avec des antécédents les plus divers produiront les solutions les plus innovantes. Demandez à des personnes qui travaillent dans d'autres domaines d'analyser le problème et de vous en donner une explication satisfaisante. Lorsque vous travaillez en équipe, multipliez les questions sur le problème. Faites un concours avec un autre groupe, en lui demandant de travailler sur le même sujet. Limitez le temps imparti et faites ensuite un bilan pour essayer de déceler les pratiques et les procédures qui marchent le mieux. Trouvez un groupe ou un individu faisant face à des problèmes similaires aux vôtres et initiez un dialogue sur des points spécifiques.

☐ **8. Utilisez des tactiques originales.** Qu'est-ce qui peut, dans la nature être comparable au problème sur lequel vous travaillez ? Lorsque des vagues énormes et l'effet des marées menaçaient de détruire leur projet de grand barrage (les ouvrages du Delta), les Hollandais ont utilisé la violence de la Mer du Nord pour enfoncer les pilotis, évitant ainsi l'inondation du sud des Pays-Bas. Habituez-vous à détecter les anomalies, des faits inhabituels et anormaux, comme des ventes qui diminuent alors qu'elles devraient augmenter. Quelles sont les implications stratégiques de ces faits singuliers ?

☐ **9. Encouragez-vous à faire des expériences rapides et des essais.** Des études indiquent que 80 % des innovations surviennent dans des conditions fortuites et imprévisibles. À titre d'exemple, les détergents mis au point par des teinturiers ; les blocs-notes « Post-it® » qui proviennent d'une erreur dans une formule de colle. 30 à 50 % des innovations techniques sont rejetées par les compagnies qui les ont inventées. Parmi celles qui parviennent sur le marché, 70 à 90 % échouent. En fin de compte, le taux d'échec est de 95 % et les créateurs prospères l'ont bien compris, qui tentent beaucoup d'expériences courtes et peu coûteuses afin d'augmenter les chances de succès.

☐ **10. Trop souvent nous pensons d'abord et seulement en termes de solutions.** Les études menées sur les cas de résolution de problèmes ont montré que les solutions proposées sont huit fois plus fréquentes que les questions. La plupart des réunions sur un problème commencent par des propositions de solutions par les participants. Les solutions hâtives ont peu de chance d'être les meilleures. Utilisez la moitié du temps pour les questions et la définition du problème et le reste du temps pour les solutions. Poser plus de questions au début aide à repenser le problème et à aboutir à des solutions plus diversifiées et plus nombreuses.

I hear and I forget. I see and I remember. I do and I understand.
– Confucius

LECTURES CONSEILLÉES

Barner, Robert W. *Crossing the Minefield—Tactics for Overcoming Today's Toughest Management Challenges.* New York: AMACOM, 1994.

Brinkley, Douglas. *Wheels for the World: Henry Ford, His Company, and a Century of Progress.* New York: Viking Press, 2003.

Fradette, Michael and Steve Michaud. *The Power of Corporate Kinetics.* New York: Simon & Schuster, 1998.

Francis, Philip H. *Product Creation.* New York: The Free Press, 2001.

Goldenberg, Jacob and David Mazursky. *Creativity in Product Innovation.* New York: Cambridge University Press, 2002.

Klein, Gary A., *Intuition at Work: Why Developing Your Gut Instincts Will Make You Better at What You Do.* New York: Doubleday, 2002.

Linsky, Martin and Ronald A. Heifetz. *Leadership on the Line: Staying Alive Through the Dangers of Leading.* Boston: Harvard Business School Press, 2002.

Manz, Charles C. *The Power of Failure: 27 Ways to Turn Life's Setbacks Into Success.* San Francisco: Berrett-Koehler Publishers, Inc., 2002.

McCall, Morgan W., Michael M. Lombardo and Ann M. Morrison. *The Lessons of Experience.* Lexington, MA: Lexington Books, 1988.

Rosen, Emmanuel. *The Anatomy of Buzz.* New York: Doubleday, 2000.

Stone, Florence M. and Randi T. Sachs. *The High-Value Manager—Developing the Core Competencies Your Organization Needs.* New York: AMACOM, 1995.

Sutton, Robert I. *Weird Ideas That Work.* New York: The Free Press, 2001.

Von Oech, Roger. *Expect the Unexpected or You Won't Find It: A Creativity Tool Based on the Ancient Wisdom of Heraclitus.* San Francisco: Berrett-Koehler Publishers, Inc., 2002.

Wall, Stephen J. *On the Fly: Executing Strategy in a Changing World.* New York: John Wiley & Sons, Inc., 2004.

Wick, Calhoun W. and Lu Stanton León. *The Learning Edge: How Smart Managers and Smart Companies Stay Ahead.* New York: McGraw-Hill, Inc., 1993.

33 Savoir écouter

Facteur VI : Compétences personnelles et interpersonnelles   Groupe S : Être ouvert et réceptif   VI – S

You can observe a lot by just watching.
– Yogi Berra

Compétence non maîtrisée

- ☐ A peu d'aptitudes à l'écoute
- ☐ Coupe la parole à ses interlocuteurs et finit leur phrase s'ils hésitent
- ☐ Interrompt pour faire un commentaire, proposer une solution ou une décision
- ☐ N'apprend pas beaucoup au contact des autres
- ☐ Donne l'impression de ne pas écouter ou d'être trop occupé à préparer sa réponse
- ☐ Passe souvent à côté de ce que les autres essaient de lui expliquer quelque chose
- ☐ Peut être perçu comme prétentieux, impatient ou peu intéressé
- ☐ Peut écouter certains groupes/certaines personnes mais pas d'autres
- ☐ Déforme les idées des autres quand il les reformule

Sélectionnez dans la liste ci-dessous une à trois compétences comme compétence de remplacement si vous décidez de ne pas travailler directement sur cette dernière.

SUBSTITUTS : 3,7,11,12,18,21,23,31,36,41,44,60

Compétence maîtrisée

- ☐ Sait avoir une écoute active et attentive
- ☐ Fait preuve de la patience nécessaire pour écouter les autres
- ☐ Est capable de bien reformuler les opinions des autres même lorsqu'il n'est pas d'accord avec eux

Compétence utilisée à l'excès

- ☐ Peut passer trop de temps à écouter
- ☐ Semble éviter des actions nécessaires
- ☐ Les autres peuvent confondre écouter et être d'accord

Sélectionnez dans la liste ci-dessous une à trois compétences sur laquelle vous devrez travailler pour compenser son utilisation excessive.

COMPENSATEURS : 1,9,12,13,16,17,27,34,37,38,50,57

Quelques causes

- ☐ Faire preuve de suffisance
- ☐ Est sur la défensive
- ☐ Insouciant

suite

- ☐ Ne donne pas vraiment d'importance aux autres
- ☐ Impatient
- ☐ Insensible
- ☐ Écoute de manière sélective
- ☐ Trop occupé

FACTEURS ET GROUPES DU LEADERSHIP ARCHITECT®

Cette compétence se retrouve dans Compétences personnelles et interpersonnelles , facteur (VI). Cette compétence se retrouve dans Être ouvert et réceptif, groupe (S) aux numéros : 11, 26, 41, 44. Vous pouvez également consulter d'autres compétences dans le même facteur ou groupe pour trouver des conseils connexes.

LA CARTE

Savoir écouter signifie savoir ce que les autres ont dit et voulaient dire et donner l'impression aux gens qu'ils ont pu dire ce qu'ils avaient à dire. La plupart des gens connaissent les techniques d'une bonne écoute : ne pas interrompre, être capable de résumer, saisir le sens caché, accepter les points de vue des autres. Le problème est que nous n'écoutons bien que lorsque nous le voulons ou que nous y sommes obligés. Ce que nous devons apprendre, donc, c'est d'écouter quand nous ne le voulons pas. N'oubliez pas qu'écouter ne signifie pas que vous devez accepter ce que les gens vous disent ni accepter les personnes elles-mêmes. Cela veut juste dire écouter.

QUELQUES SOLUTIONS

☐ **1. Il existe trois sortes de problèmes d'écoute :**

- Le premier est que vous ne savez pas comment écouter. C'est le problème le moins courant.
- Le second est que vous savez écouter, mais pas avec tout le monde. C'est un problème un peu plus courant.
- Le troisième est que vous écoutez attentivement quelques personnes, d'autres de façon distraite et certaines pas du tout. C'est le problème le plus courant. Faites un test : qui écoutez-vous ? Votre patron ? Le président ? Votre mère ? Vos enfants ? Le clergé ? L'officier de police ? Votre meilleur ami ? Votre mentor ? Votre époux ? Vos confrères professionnels hors du travail ? Vous a-t-on déjà complimenté ou remercié pour votre écoute ? Si la réponse à l'une de ces questions est oui, vous avez un problème d'écoute sélective. Vous savez comment écouter, mais vous tenez cette faculté en position ouverte ou fermée.

☐ **2. Comment vos interlocuteurs peuvent-ils savoir que vous les écoutez ?** D'abord, souvenez-vous des règles de base. Gardez la bouche fermée. Si votre bouche est ouverte, vos oreilles seront automatiquement fermées. Vous avez un contact visuel. Vous prenez des notes. Vous ne grimacez pas et vous ne vous agitez pas. Comment faire comprendre que vous avez compris ? En reformulant de façon satisfaisante ce qui vient d'être dit. Comment les gens sauront-ils que vous acceptez ou rejetez ce que vous avez compris de leur argument ? Vous le leur dites. De préférence, avec tact si vous devez rejeter leur position. Donnez vos raisons.

☐ **3. Les obstacles à l'écoute.** N'interrompez pas vos interlocuteurs avant qu'ils aient terminé leurs phrases. Ne suggérez pas des mots lorsqu'ils hésitent ou font une pause. Ne finissez pas leurs phrases pour eux. Ne découragez pas leur effort pour s'exprimer en disant : « Oui, je sais cela, » « Oui, je vois où vous voulez en venir, » « Oui, j'ai déjà entendu cela auparavant ». Si votre temps est vraiment limité, vous pouvez dire : « Laissez-moi voir si j'ai bien compris où vous voulez en venir » ou « Je me demande si nous pourrions résumer la situation pour gagner du temps ? » Finalement, quand elles sont proposées trop tôt dans la conversation, les réponses, solutions, conclusions, positions et décisions rebutent beaucoup de gens. Vous leur faites ainsi savoir que votre idée est déjà arrêtée. Écoutez d'abord, résolvez après.

☐ **4. Les questions.** Ceux qui savent écouter posent de nombreuses questions pour mieux comprendre. Des questions en profondeur. Des questions pour éclairer un aspect particulier. « C'est bien ce que vous voulez dire ? » Habituez-vous à poser une question de plus que vous ne le faites actuellement et ce, jusqu'à ce que l'on sente que vous êtes vraiment à leur écoute.

☐ **5. L'écoute sélective.** Qui écoutez-vous ? Qui n'écoutez-vous pas ? Quels sont les critères qui font la différence ? Le niveau ? L'âge ? Les habiletés ? L'intelligence ? Comme vous/pas comme vous ? Le sexe ? La hiérarchie (vous écoutez ce qui vient d'en haut et non ce qui arrive d'en bas) ? L'environnement ? La situation ? Vos besoins ? Le temps disponible ? Les origines raciales ? Si vous avez besoin ou non de cette personne ? Si celle-ci peut ou non vous offrir quelque chose ? Efforcez-vous d'écouter ceux que vous n'écoutez pas habituellement. Soyez attentif au contenu. Séparez le contenu de la personne. Et efforcez-vous de déceler la valeur qui existe en chaque individu.

☐ **6. Écouter ceux qui prennent beaucoup de votre temps.** Avec ceux que vous n'avez pas le temps d'écouter, assumez un rôle de professeur. Aidez-les à clarifier ce qu'ils veulent dire. Interrompez les gentiment pour résumer. Demandez-leur d'être plus concis la prochaine fois. De donner plus/moins d'informations. Structurez la conversation en les amenant à dégager les idées essentielles pour mettre fin à leurs tergiversations. Ceux qui savent écouter ne montrent pas aux « raseurs » à quel point ils peuvent être pénibles, en ne les écoutant pas. De façon générale, ne révélez à personne dans quelle « catégorie » vous l'avez classé. Mettez votre esprit sur le neutre, hochez la tête, posez des questions, soyez serviable.

☐ **7. L'écoute contrainte.** Que faire si l'on vous critique ou si l'on vous attaque personnellement ? Si l'on affirme des choses fausses ? Les règles demeurent les mêmes. Quand vous avez un ressenti négatif, vous devez travailler à garder votre calme. Changez votre façon de penser. En écoutant les remarques que l'on vous fait, efforcez-vous seulement de comprendre ce que l'on vous dit. Ce n'est pas le moment de réfuter ou d'accepter. Cela viendra plus tard. Pratiquez un Aïkido interpersonnel, cet art ancien qui consiste à absorber l'énergie de l'adversaire pour l'utiliser ensuite à contrôler votre opposant. Laissez la partie adverse exprimer sa frustration mais ne réagissez pas directement. Écoutez. Acquiescez de la tête. Demandez-lui une explication. Mais ne réagissez pas. Ne jugez pas. Laissez la personne parler jusqu'à ce que ses griefs soient épuisés. Séparez la personne du contenu. *Besoin d'aide supplémentaire ? Lisez le paragraphe 4 de la fiche n° 108 : Être sur la défensive,* afin de trouver comment réagir contre les attaques calomnieuses. *Besoin d'aide supplémentaire ? Reportez-vous à la fiche n° 12 : Savoir gérer les conflits.*

☐ **8. Travaillez sur vos signaux non verbaux lors de l'écoute.** Beaucoup de personnes inattentives se trahissent par des signaux non verbaux. Froncement de sourcils, regard absent, mouvements du corps, pianotage des doigts ou manipulation d'un crayon, interruptions ou regard impatient qui signifie « j'ai autre chose à faire ». Presque tout votre entourage reconnaît ces signes. Et vous ? Demandez à une personne de confiance comment vous vous comportez quand vous n'écoutez pas. Efforcez-vous d'éliminer ces signaux réfrigérants.

☐ **9. L'écoute de personnes antipathiques.** Cherchez ce qu'elles peuvent avoir d'aimable ou les points sur lesquels vous pourriez vous entendre. Ce que sont leurs forces. Si vous partagez des intérêts communs. Parlez moins et posez-leur plus de questions pour leur donner une seconde chance. Ne jugez pas de leurs motifs ni de leurs intentions, cela viendra plus tard.

☐ **10. Vous écoutez volontiers des gens que vous appréciez, mais :**

- Ils peuvent se montrer désorganisés. Interrompez-les gentiment pour résumer et recentrer la conversation. Même si l'interruption n'est généralement pas une bonne tactique, elle est indiquée ici.
- Ils peuvent aimer bavarder. Posez des questions pour recentrer la conversation ; ne répondez pas aux remarques hors sujet.
- Ils peuvent vouloir se décharger d'un problème. Présumez que lorsque vos interlocuteurs vous disent quelque chose, ils cherchent de la compréhension ; montrez-vous compréhensif en résumant ce qu'ils disent. Ne donnez aucun avis.
- Ils peuvent se lamenter constamment. Demandez-leur de mettre par écrit leurs problèmes et les solutions envisagées et de revenir en discuter ensuite. Cette tactique les distrait de leurs plaintes et en réduit l'intensité.

- Ils peuvent aimer se plaindre des autres. Demandez s'ils ont parlé à la personne qui fait l'objet de leurs reproches. Encouragez-les à le faire. Si cela ne fonctionne pas, résumez leurs griefs sans montrer votre accord ou votre désaccord.

No man has ever listened himself out of a job.
– Calvin Coolidge

LECTURES CONSEILLÉES

Arredondo, Lani. *Communicating Effectively.* New York: McGraw-Hill Trade, 2000.

Barker, Larry, Ph.D. and Kittie Watson, Ph.D. *Listen Up: At Home, at Work, in Relationships: How to Harness the Power of Effective Listening.* Irvine, CA: Griffin Trade Paperback, 2001.

Bolton, Robert and Dorothy Grover Bolton. *People Styles at Work—Making Bad Relationships Good and Good Relationships Better.* New York: AMACOM, 1996.

Burley-Allen, Madelyn. *Listening: The Forgotten Skill.* New York: John Wiley & Sons, Inc., 1995.

Hybels, Saundra and Richard L. Weaver. *Communicating Effectively.* New York: McGraw-Hill Text, 2001.

Loehr, Jim and Tony Schwartz. *The Power of Full Engagement: Managing Energy, Not Time, Is the Key to High Performance and Personal Renewal.* New York: The Free Press, 2003.

Lumsden, Gay and Donald L. Lumsden. *Communicating in Groups and Teams: Sharing Leadership.* New York: Wadsworth Publishing Company, 1999.

Nichols, Michael P. *The Lost Art of Listening.* New York: The Guilford Press, 1995.

Van Slyke, Erik J. *Listening to Conflict.* New York: AMACOM, 1999.

33

34 FAIRE PREUVE DE « COURAGE DIRECTORIAL »

Whenever you see a successful business,
someone once made a courageous decision.
– Peter Drucker

COMPÉTENCE NON MAÎTRISÉE

- ☐ Ne prend pas de position ferme
- ☐ Se retient trop quand il faut riposter avec vigueur
- ☐ Ne sait pas comment annoncer une décision difficile
- ☐ N'ose pas dire tout ce qu'il sait
- ☐ N'aborde pas les problèmes de front
- ☐ Peut être intimidé par les détenteurs du pouvoir
- ☐ Préfère se dérober et laisser les autres prendre l'initiative
- ☐ Évite les conflits par peur d'être pris dans la controverse
- ☐ Craint de se retrouver en tort, dans une situation de tout ou rien, hésite à trancher vis-à-vis du personnel

Sélectionnez dans la liste ci-dessous une à trois compétences comme compétence de remplacement si vous décidez de ne pas travailler directement sur cette dernière.

SUBSTITUTS : 1,4,8,9,12,13,27,37,38,43,48,57

COMPÉTENCE MAÎTRISÉE

- ☐ Ne craint pas de dire tout ce qui doit l'être
- ☐ Sait donner directement à ceux qui sont concernés un feed-back complet, en l'exprimant de façon positive et constructive
- ☐ Fait toujours connaître à ses interlocuteurs où ils en sont
- ☐ Sait faire face rapidement et sans détour à des problèmes de personnes, quelle que soit la personne ou la situation (hormis les collaborateurs directs)
- ☐ N'hésite pas à prendre des décisions difficiles lorsqu'elles s'imposent

COMPÉTENCE UTILISÉE À L'EXCÈS

- ☐ Peut être trop critique
- ☐ Semble trop direct et sévère lorsqu'il donne son feed-back ou répond à des questions
- ☐ Semble rendre un feed-back trop négatif et insuffisamment positif
- ☐ Semble exagérer les mauvais côtés
- ☐ Semble mener trop de batailles à la fois

Sélectionnez dans la liste ci-dessous une à trois compétences sur laquelle vous devrez travailler pour compenser son utilisation excessive.

COMPENSATEURS : 3,7,10,11,12,19,23,26,31,33,36,41,56,60,64

QUELQUES CAUSES

- ☐ Évite les conflits
- ☐ Incapable de supporter les pressions
- ☐ Craint d'avoir tort
- ☐ Craint de perdre
- ☐ Devient trop émotif
- ☐ N'aime pas se mêler des affaires des autres

FACTEURS ET GROUPES DU LEADERSHIP ARCHITECT®

Cette compétence se retrouve dans Courage, facteur (III). Cette compétence se retrouve dans Faire face aux problèmes, groupe (H) aux numéros : 9, 12, 13, 57. Vous pouvez également consulter d'autres compétences dans le même facteur ou groupe pour trouver des conseils connexes.

LA CARTE

Faire preuve de « courage directorial » c'est dire ce qu'on a à dire au bon moment, à la bonne personne et de la bonne façon. Tout le monde entend, observe, sait ou apprend des choses que d'autres ont besoin d'entendre. Ce n'est souvent pas positif. Quelque chose s'est mal passé. On a camouflé ou étouffé un incident. Quelque chose ne fonctionne pas correctement. Quelqu'un ne travaille pas bien. Quelqu'un cache quelque chose. Quelqu'un est sur la mauvaise voie. Certains choisissent d'en parler et peuvent en pâtir. Ils font preuve de courage directorial. Certains choisissent de ne rien dire. Le courage leur fait défaut.

QUELQUES SOLUTIONS

☐ **1. La vérification.** Il est impératif d'être très précis lorsque l'on doit présenter des informations négatives sur quelqu'un ou à propos d'un processus ou d'une erreur. Attention aux rumeurs et aux commérages. Il est préférable que vous ayez pu observer les faits. Si cela ne fait pas encourir de risque à qui que ce soit, vérifiez auprès d'autres sources. Pensez à des alternatives autres que votre interprétation. Vérifiez ces possibilités. Travaillez votre exposé en vous interrogeant mentalement jusqu'à ce que vous puissiez énoncer clairement, en quelques phrases, ce qu'est votre position et ce qui la légitime. Quand vous pensez être prêt, ou mieux, quand vous saurez que vous êtes prêt, allez-y.

☐ **2. Livrer le message.** La règle générale est de transmettre l'information à la personne qui saura l'utiliser au mieux. Transmettez l'information à une seule personne ou à un nombre de personnes aussi restreint que possible. Envisagez de prévenir la personne impliquée afin de lui donner une chance de corriger la situation. Si ce n'est pas possible, contactez l'échelon supérieur. Ne faites pas passer le message indirectement par d'autres.

☐ **3. La teneur du message.** Soyez bref. Dans certaines situations, notamment si le contexte est négatif, vous ne disposerez que d'un temps d'écoute limité. Ne perdez pas de temps dans un long préambule, particulièrement avec des informations négatives. Si c'est le cas et que vos interlocuteurs sont au courant, entrez directement dans le vif du sujet. De toute façon, ils n'écouteront rien de ce que vous pourriez dire de positif. N'accablez pas la personne ou le groupe, même si vous avez beaucoup de choses à dire. Allez du particulier au général. Tenez-vous-en aux faits. N'embellissez pas pour convaincre. Pas de passion ou de langage enflammé. Ne faites rien pour blesser ou par vengeance. Ne faites rien si vous êtes en colère. Si vous êtes bouleversé, attendez d'être capable de décrire vos émotions, plutôt que de les montrer. La démarche honnête consiste à essayer d'obtenir une amélioration et non à détruire qui que ce soit. Restez calme et froid. Si vos interlocuteurs perdent leur sang-froid, ne réagissez pas. Revenez toujours au sujet principal. *Besoin d'aide supplémentaire ? Reportez-vous à la fiche n° 31 : Être doué pour la communication interpersonnelle.*

☐ **4. Si vous le pouvez, apportez des solutions.** Personne n'aime la critique. Tout le monde apprécie les solutions. Suggérez des façons d'améliorer la situation. Expliquez aux autres ce qui vous semble préférable, dépeignez d'autres options. Aidez les autres à envisager les conséquences ; vous pouvez leur demander ce qu'ils en pensent et leur dire ce que seraient vos réactions si vous étiez personnellement impliqué (« J'hésiterais à travailler à nouveau avec vous sur tel ou tel sujet »).

☐ **5. Des moments difficiles.** N'oubliez pas la dureté de la situation. Même si vous avez totalement raison, le climat peut être très émotionnel. Si vous devez affronter quelqu'un sur un problème, vous pouvez quand même vous montrer empathique ou l'aider à recouvrer son équilibre ultérieurement, lorsque la discussion prend un tour plus positif. Préparez-vous mentalement pour les pires scénarios. Anticipez ce qu'elles peuvent dire et préparez des réponses pour ne pas vous laisser surprendre. *Besoin d'aide supplémentaire ? Reportez-vous à la fiche n° 12 : Savoir gérer les conflits.*

☐ **6. Le moment opportun.** Les organisations sont des dédales complexes de territoires, faits de problèmes et de rivalités, peuplés de forts égocentrismes, de susceptibilités et de royaumes protégés. Pire encore, les organisations sont peuplées d'êtres humains, ce qui les rend encore plus compliquées. Le savoir-faire politique consiste à communiquer des messages négatifs avec le minimum de bruit et le maximum d'effet. N'hésitez pas à dire les choses mais en faisant preuve de circonspection. Voyez les personnes concernées en privé. Préparez votre interlocuteur à ce que vous allez lui annoncer : « Je m'inquiète de la manière dont X est traité et j'aimerais vous en parler ». Considérez les implications politiques mais qu'elles ne vous arrêtent surtout pas. Choisissez la bonne occasion. Un environnement calme. Prenez votre temps ; il ne s'agit pas d'en parler dans l'ascenseur. Si possible, laissez à l'interlocuteur le choix du moment et du lieu. *Besoin d'aide supplémentaire ? Reportez-vous aux fiches n° 38 : Faire preuve d'agilité organisationnelle et n° 48 : Avoir le sens politique.*

☐ **7. Démotivé ?** « Ça ne vous concerne pas ?» Vous cherchez à éviter des situations qui demandent une attitude courageuse ? Pourquoi ? Qu'est-ce qui vous gêne ? Êtes-vous enclin à tout laisser tomber dans les situations difficiles, vous avez peur de vous exposer, vous n'aimez pas les conflits, quoi d'autre ? Demandez-vous quels aspects négatifs vous empêchent de communiquer un message que vous pensez justifié et finalement bénéfique pour l'organisation, mais qui causera un désagrément passager à quelqu'un. Que pourrait-il se passer s'il s'avère que vous aviez tort ? Dites-vous que ce sera une occasion supplémentaire d'apprendre. Que se passerait-il si c'était vous qui étiez à la place de l'autre ? Même si c'était difficile, est-ce que vous ne préféreriez pas que quelqu'un vous en informe à temps pour vous permettre de corriger la situation avec le minimum de conséquences ? Que penseriez-vous de quelqu'un qui, tout en connaissant le problème, omettrait de vous en avertir et que ce problème vous cause ensuite une dépense énorme de temps et d'énergie pour le corriger ? Suivez donc vos convictions. Suivez votre code de bonne conduite. Respectez les règles de base et prenez vos responsabilités, que vous soyez gagnant ou perdant. À long terme, on ne vous en appréciera que mieux. *Besoin d'aide supplémentaire ? Reportez-vous aux fiches n° 12 : Savoir gérer les conflits et n° 57 : Faire preuve d'autonomie.*

☐ **8. Est-ce personnel ?** Si vous êtes concerné personnellement et que vous êtes insatisfait de quelqu'un qui n'a pas répondu à vos attentes, tenez-vous-en aux faits et aux conséquences qui vous concernent. Séparez l'événement de la personne. C'est admis d'être en colère à cause de l'attitude, pas à cause de la personne, à moins qu'il ne s'agisse d'une transgression répétitive. La plupart du temps, la personne n'acceptera pas le message la première fois que vous le livrerez. « Je ne suis pas satisfait de la façon dont vous avez présenté ma position au comité administratif ». Elle risque de se mettre sur la défensive. N'allez pas jusqu'au bout dans ce type de situation. Assurez-vous seulement que le message a été compris. Laissez à l'autre le temps d'y réfléchir. Ne recherchez pas une acceptation immédiate. Ni de reconnaissance. Vous avez juste à livrer le message clairement et fermement. Ne menacez pas. *Besoin d'aide supplémentaire ? Reportez-vous à la fiche n° 11 : Avoir la maîtrise de soi.*

☐ **9. Quand il le faut.** Quelquefois la situation est suffisamment sérieuse pour prendre des mesures radicales. Gardez à l'esprit que votre action est destinée au bien-être collectif de l'organisation et qu'il ne s'agit pas de gain personnel ou de vengeance ; soyez donc préparé à aller jusqu'au bout, même si vous devez combattre un collègue ou un patron. Si ce que vous dites est rejeté, nié, dissimulé ou atténué et que vous êtes toujours aussi convaincu de la nécessité de le dire, remontez la chaîne de commandement jusqu'à ce que le problème soit pris en considération ou que quelqu'un d'autre vous demande de stopper votre démarche. Si vous avez un mentor, demandez-lui son avis. Un avertissement : une étude sur les dénonciateurs d'abus a révélé que dans 100 % des cas, le message passe très mal si la personne s'exprime en termes généraux ou en invoquant de hautes aspirations morales (comme l'intégrité). Par contre, le message passe beaucoup mieux si la personne s'en tient à des points spécifiques, aux faits et à leurs conséquences. Évitez donc toute généralité.

☐ **10. Communiquez vos messages avec modération.** N'ayez pas la réputation d'être l'« exécuteur » ou le critique officiel de l'organisation. Essayez de fournir autant de données positives que négatives. Repérez les perdants. Si un jour vous devez retravailler avec eux, faites quelque chose plus tard en signe de bonne volonté. Complimentez-les pour leur succès, partagez quelque chose avec eux, aidez les à réaliser quelque chose. Vous devez équilibrer la balance. Choisissez vos batailles. Si vous avez la réputation de jouer les Cassandre ou les Don Quichotte, tout ce que vous direz sera dévalorisé et vous rencontrerez une résistance accrue, même si vous avez clairement raison.

Courage is not the absence of fear, but rather the judgment that something else is more important than fear.
– Ambrose Redmoon

LECTURES CONSEILLÉES

Ackerman, Laurence D. *Identity Is Destiny.* San Francisco: Berrett-Koehler Publishers, Inc., 2000.

Bennis, Warren G. and Burt Nanus. *Leaders: Strategies for Taking Charge*. New York: HarperBusiness, 2003.

Bossidy, Lawrence A. *The Job No CEO Should Delegate.* Boston: Harvard Business School Press, 2002.

Chaleff, Ira. *The Courageous Follower: Standing Up to and for Our Leaders*. San Francisco: Berrett-Koehler Publishers, Inc., 2003.

Collins, Jim. *Level 5 Leadership: The Triumph of Humility and Fierce Resolve.* Boston: Harvard Business School Press, 2002.

Coponigro, Jeffrey R. *The Crisis Counselor: A Step-by-Step Guide to Managing a Business Crisis.* New York: McGraw-Hill/Contemporary Books, 2000.

Downs, Alan. *The Fearless Executive: Finding the Courage to Trust Your Talents and Be the Leader You Are Meant to Be.* New York: AMACOM, 2000.

George, Bill. *Authentic Leadership: Rediscovering the Secrets to Creating Lasting Value.* San Francisco: Jossey-Bass, Inc., 2003.

Goleman, Daniel, Annie McKee and Richard E. Boyatzis. *Primal Leadership: Realizing the Power of Emotional Intelligence.* Boston: Harvard Business School Press, 2002.

Kouzes, James M. and Barry Z. Posner. *The Leadership Challenge*. San Francisco: Jossey-Bass, Inc., 2003.

Linsky, Martin and Ronald A. Heifetz. *Leadership on the Line: Staying Alive Through the Dangers of Leading.* Boston: Harvard Business School Press, 2002.

Silva, Michael and Terry McGann. *Overdrive.* New York: John Wiley & Sons, Inc., 1995.

Thornton, Paul B. *Be the Leader, Make the Difference.* Irvine, CA: Griffin Trade Paperback, 2002.

35 SAVOIR GÉRER ET ÉTABLIR DES INDICATEURS DE PERFORMANCE

Don't expect what you don't inspect.
– Author Unknown

COMPÉTENCE NON MAÎTRISÉE

- ☐ Ne fixe pas de buts et d'objectifs pour lui-même ni pour ses collaborateurs
- ☐ Répartit le travail et en mesure les résultats sans méthode
- ☐ Ne précise pas clairement qui est responsable de quoi
- ☐ Peut être désorganisé et simplement attribuer des tâches comme elles se présentent, sans établir de priorités
- ☐ Ne sait pas gérer son temps ni parvenir à diriger de façon méthodique
- ☐ N'offre aucun feed-back en cours de route
- ☐ Ne donne pas à ses collaborateurs de points de repère ou d'indicateurs leur permettant de s'évaluer eux-mêmes

Sélectionnez dans la liste ci-dessous une à trois compétences comme compétence de remplacement si vous décidez de ne pas travailler directement sur cette dernière.

SUBSTITUTS : 5,9,12,13,18,20,24,27,39,47,52,53,63

COMPÉTENCE MAÎTRISÉE

- ☐ Sait attribuer clairement les responsabilités en fonction du travail à effectuer et des décisions à prendre
- ☐ Est capable de définir des objectifs clairs et des indicateurs de mesure de la performance
- ☐ Sait contrôler le processus de réalisation, les progrès et les résultats
- ☐ Met en place des boucles de feed-back dans le travail

COMPÉTENCE UTILISÉE À L'EXCÈS

- ☐ A tendance à vouloir tout contrôler
- ☐ Semble contrôler étroitement
- ☐ Semble plutôt ordonner que confier des pouvoirs

Sélectionnez dans la liste ci-dessous une à trois compétences sur laquelle vous devrez travailler pour compenser son utilisation excessive.

COMPENSATEURS : 3,14,18,19,26,33,36,44,57,60,63,64,65

QUELQUES CAUSES

- ☐ Évite les conflits inhérents à l'établissement d'objectifs difficiles
- ☐ Désorganisé ; manque de rigueur dans son travail et les tâches qui lui sont confiées
- ☐ Inexpérimenté
- ☐ Ne donne aucune importance aux objectifs et n'en utilise pas
- ☐ Gestion du temps ; trop occupé pour s'en préoccuper

FACTEURS ET GROUPES DU LEADERSHIP ARCHITECT®

Cette compétence se retrouve dans Compétences d'exploitation, facteur (II). Cette compétence se retrouve dans Accomplir le travail en déléguant, groupe (F) aux numéros : 18, 19, 20, 27. Vous pouvez également consulter d'autres compétences dans le même facteur ou groupe pour trouver des conseils connexes.

LA CARTE

La plupart des gens aiment avoir des objectifs. Ils aiment se mesurer par rapport à des normes. Ils veulent savoir qui court le plus vite, a le plus de points, saute le plus haut et travaille le mieux. Ils veulent être évalués par des personnes qu'ils respectent et qu'ils admirent dans la vie et au travail. Ils veulent que les objectifs soient réalistes mais stimulants, sans savoir à l'avance s'ils peuvent les atteindre. Des objectifs qui favorisent l'équité et permettent à deux individus de se mesurer l'un contre l'autre avec des chances égales de réussite. Qui plus est, les gens aiment participer à ce processus équitable de détermination des objectifs et se sentent davantage motivés s'ils prennent part à l'élaboration de leurs propres objectifs.

QUELQUES SOLUTIONS

☐ **1. Fixez-vous des buts.** Vous devriez établir des buts avant d'assigner des projets, du travail ou des tâches. Un objectif permet de mieux cibler les efforts et le temps disponible. Il permet au personnel de travailler plus efficacement et d'obtenir de meilleurs résultats. La plupart des gens ne veulent pas perdre de temps. Ils veulent travailler avec efficacité. Étudiez la GPO « Gestion par objectif ». Lisez un livre sur le sujet. Vous n'êtes pas forcé d'appliquer cette technique dans son intégralité, mais documentez-vous sur les principes nécessaires à l'établissement d'objectifs qui figurent dans ce type d'ouvrage. Suivez une formation sur le sujet.

☐ **2. Définir les indicateurs de performance.** Comment pourriez-vous, autrement, affirmer qu'un but a été atteint ? Si les choses que j'ai demandées à d'autres d'exécuter ont été bien faites, sur quels résultats nous entendrons-nous pour juger de la réussite ? La plupart des groupes sont capables de définir des indicateurs de performance différents des normes formelles et c'est important pour eux. Demandez-leur de le faire.

☐ **3. Impliquez vos collaborateurs dans l'établissement des objectifs.** On est toujours plus motivé lorsque l'on participe soi-même à l'établissement des buts et des méthodes de mesure. La plupart du temps, on ne cherche pas à neutraliser les efforts en préconisant des objectifs modestes. On peut même en arriver à fixer des objectifs plus élevés.

☐ **4. Les gens sont tous différents.** Vous devez faire correspondre les objectifs à chaque individu sous votre responsabilité. Chacun réagira différemment. Certains préfèrent des objectifs plus adaptables ; d'autres travaillent mieux s'ils sont assurés de terminer avant les délais prévus. Que pensez-vous des buts que vous avez fixés ? Avez-vous déjà travaillé avec quelqu'un qui réagissait aux objectifs de façon toute différente à la vôtre ? Où se situaient les différences ? Essayez de définir des buts en fonction des goûts particuliers de chacun. Ne traitez pas les gens de façon identique quant aux buts et à la manière de les définir. Si chaque personne participe au processus, certains des ajustements nécessaires se feront d'eux-mêmes.

☐ **5. Préciser les objectifs.** Vous devez être très clair dans la définition des objectifs, la façon dont ils seront évalués et ce que seront les récompenses et les conséquences pour ceux qui dépasseront, atteindront de justesse ou manqueront leurs buts. Communiquez ces précisions verbalement ou même par écrit si vous le pouvez.

☐ **6. Visualiser les objectifs.** Établissez une procédure visuelle pour contrôler les progrès. Les gens aiment pouvoir apprécier et visualiser.

☐ **7. Donner un retour d'information.** Impliquez-vous autant que votre temps vous le permet dans un processus de feed-back. La plupart des gens seront motivés par l'information comparant l'avancement du projet et les buts définis en commun et ce, pour trois raisons :

- En premier lieu, cela leur donne le temps de s'ajuster en cours de route afin d'atteindre l'objectif ; ils pourront faire des corrections à mi-chemin.
- En second lieu, cela leur montre qu'ils font quelque chose d'important et que vous êtes désireux de les aider.
- En troisième lieu, cela évite les récriminations et les remontrances par la suite.

☐ **8. Flexibilité des objectifs.** Les choses changent constamment. Soyez prêt à modifier vos objectifs à mi-chemin si vous percevez des signaux négatifs. Anticipez les problèmes. *Besoin d'aide supplémentaire ? Reportez-vous à la fiche n° 47 : Savoir planifier.*

☐ **9. Faire le suivi des récompenses et des conséquences positives ou négatives.** Fêtez ceux qui dépassent les objectifs, complimentez ceux qui les atteignent tout juste et asseyez-vous pour discuter de ce qui s'est passé avec ceux qui les ont manqués. Tenez vos engagements au sujet des récompenses et des conséquences. Autrement, personne ne vous croira la prochaine fois que vous parlerez de buts et de conséquences.

☐ **10. Se fixer des objectifs dans son travail et pour sa carrière.** Habituez-vous à mesurer vos propres résultats. Demandez l'aide de votre supérieur pour déterminer vos buts et vous donner des conseils en cours de réalisation. De cette façon vous mesurerez mieux l'impact que l'établissement d'objectifs peut avoir sur les autres.

☐ **11. L'affectation multiple est peu rentable.** Selon des études, la pire façon de perdre du temps consiste à demander aux gens de passer d'un projet à l'autre. Les gens doivent se réorganiser, retrouver les documents de travail, changer d'endroit et retrouver leurs affaires. Les études montrent qu'il faut faire preuve de bon sens. L'affectation multiple ne fonctionne pas toujours. Peu de gens s'en tirent bien. La majorité des gens doit se limiter à un seul projet à la fois.

☐ **12. Évaluez l'activité** (en plus de l'évaluation des conséquences et des résultats). Par exemple, vous achetez de l'équipement. Combien de personnes faut-il pour le faire marcher ? Combien de temps cela va-t-il prendre ? Et les réparations ? Combien de temps ? La comptabilité par activité permet d'évaluer le coût de faire ou non quelque chose. En évaluant avec soin le travail en termes de temps, on peut facilement décider des tâches essentielles et secondaires (ces dernières étant moins importantes car le temps qu'on y passe n'en vaut pas la peine). Un groupe d'infirmières a pu doubler sa productivité en utilisant cette méthode.

☐ **13. Les dépassements de coûts sont parfois bénéfiques.** Une étude de McKinsey a démontré que pour chaque 10 % de retard dans le cycle de vie du produit, vous enregistrez une perte d'environ 30 % de profit potentiel. Par contre, McKinsey a pu déterminer que si un projet dépasse le budget de 50 %, mais que le produit sort dans les délais, la perte des profits potentiels n'est que de 3 %. Alors que le cycle de vie d'un produit tend à diminuer, ne risquez pas des pertes de profit potentiel en étant inflexible sur les éléments de coûts. Si vous avez des données sur le cycle de vie du produit et la courbe des projections de ventes, vous pouvez déterminer la meilleure stratégie.

What gets measured gets done.
– Author Unknown

LECTURES CONSEILLÉES

Bovet, David and Joseph Martha. *Value Nets.* New York: John Wiley & Sons, Inc., 2000.

Branham, L. *Keeping the People Who Keep You in Business.* New York: AMACOM, 2001.

Cohen, Dennis J. and Robert J. Graham. *The Project Manager's MBA: How to Translate Project Decisions Into Business Success.* New York: Jossey-Bass, Inc., 2001.

Dess, Gregory G. and Joseph C. Picken. *Beyond Productivity: How Leading Companies Achieve Superior Performance by Leveraging Their Human Capital.* New York: AMACOM, 1999.

Fitz-Enz, Jac. *The ROI of Human Capital: Measuring the Economic Value of Employee Performance.* New York: AMACOM, 2000.

Friedlob, George T., Lydia L.F. Schleifer and Franklin J. Plewa. *Essentials of Corporate Performance Measurement.* New York: John Wiley & Sons, Inc., 2002.

Gupta, Praveen and A. William Wiggenhorn. *Six Sigma Business Scorecard: Creating a Comprehensive Corporate Performance Measurement System.* New York: McGraw-Hill Professional, 2003.

Hammer, Michael. *The Agenda: What Every Business Must Do to Dominate the Decade.* New York: Crown Business Publishing, 2001.

Johnson, Michael D. and Anders Gustafsson. *Improving Customer Satisfaction, Loyalty and Profit.* New York: Jossey-Bass, Inc., 2000.

Kaplan, Robert S. and David P. Norton. *The Strategy-Focused Organization: How Balanced Scorecard Companies Thrive in the New Business Environment.* Boston: Harvard Business School Press, 2000.

Keen, Peter G.W. *The Process Edge—Creating Value Where It Counts.* Boston: Harvard Business School Press, 1998.

Niven, P.R. *Balanced Scorecard Step-by-Step: Maximizing Performance and Maintaining Results.* New York: John Wiley & Sons, Inc., 2002.

Paine, Lynn Sharp. *Value Shift.* New York: McGraw-Hill Trade, 2003.

Wade, David and Ron Recardo. *Corporate Performance Management: How to Build a Better Organization Through Measurement-Driven, Strategic Alignment.* Boston: Butterworth-Heinemann, 2001.

36 SAVOIR MOTIVER

A mediocre idea that generates enthusiasm will
go further than a great idea that inspires no one.
– Mary Kay Ash

COMPÉTENCE NON MAÎTRISÉE

- ☐ Ne sait pas ce qui peut motiver autrui ni comment y parvenir
- ☐ Ne sait pas obtenir le meilleur de ses collaborateurs
- ☐ Ne les responsabilise pas ; n'est pas quelqu'un pour qui, ou avec qui, on a envie de travailler
- ☐ Agit de façon uniforme avec tous, s'en remet à des modèles de motivation simplistes ou y accorde moins d'importance que les autres ; ne cherche le plus souvent qu'à terminer le travail
- ☐ S'entend mal avec ceux qui ne sont pas comme lui
- ☐ A du mal à déchiffrer ce que pensent les autres, à interpréter les signes et à discerner les besoins
- ☐ Peut porter des jugements et utiliser des stéréotypes pour classer les gens
- ☐ Démotive son entourage, de façon délibérée ou sans en avoir l'intention

Sélectionnez dans la liste ci-dessous une à trois compétences comme compétence de remplacement si vous décidez de ne pas travailler directement sur cette dernière.

SUBSTITUTS : 1,7,12,13,16,18,19,20,21,27,31,33,37,39,47,49,53,60,65

COMPÉTENCE MAÎTRISÉE

- ☐ Sait créer un climat de travail qui donne envie à chacun de faire de son mieux
- ☐ Sait susciter la motivation de nombreux collaborateurs directs, membres d'équipes de travail ou de groupe-projet
- ☐ Sait trouver ce qui peut motiver chacun et l'amener à faire le maximum
- ☐ Sait déléguer les responsabilités et les tâches vers le bas de la hiérarchie
- ☐ Sait responsabiliser autrui
- ☐ Invite chacun à apporter sa contribution ; partage ouvertement les mérites et la notoriété
- ☐ Fait en sorte que chacun sente que son rôle est important
- ☐ Est quelqu'un pour qui et avec qui on aime travailler

COMPÉTENCE UTILISÉE À L'EXCÈS

- ☐ Peut avoir des difficultés à instaurer un esprit d'équipe en se concentrant trop sur les individus
- ☐ Peut être perçu comme injuste en traitant chaque personne individuellement

suite

- ☐ Semble ne pas prendre de position ferme quand la situation l'exige
- ☐ Semble attendre les suggestions trop longtemps
- ☐ Semble réticent à assigner des tâches comportant des délais d'exécution contraignants

Sélectionnez dans la liste ci-dessous une à trois compétences sur laquelle vous devrez travailler pour compenser son utilisation excessive.

COMPENSATEURS : 9,12,13,18,19,20,34,35,37,50,52,56,57,60

QUELQUES CAUSES

- ☐ Se comporte de la même manière en toutes circonstances
- ☐ Pense que tout le monde devrait être motivé naturellement
- ☐ Ne croit pas qu'il soit nécessaire ni important de motiver les gens
- ☐ Éprouve des difficultés à parler à des personnes différentes de lui
- ☐ Porte des jugements catégoriques sur les autres
- ☐ Préfère traiter tout le monde de la même manière
- ☐ A une vision simpliste de la motivation

FACTEURS ET GROUPES DU LEADERSHIP ARCHITECT®

Cette compétence se retrouve dans Compétences personnelles et interpersonnelles, facteur (VI). Cette compétence se retrouve dans Inspirer les autres, groupe (Q) aux numéros : 37, 60, 65. Vous pouvez également consulter d'autres compétences dans le même facteur ou groupe pour trouver des conseils connexes.

LA CARTE

De grandes choses peuvent être accomplies lorsque les gens sont motivés. Pensez à trois réalisations dont vous êtes fiers et pensez au degré de motivation qu'il vous a fallu pour y arriver. De la même manière, si vous arrivez à comprendre ce qui motive les autres, vous pourrez accomplir ensemble de plus grandes choses. Certains gestionnaires pensent que les gens devraient être motivés automatiquement et que la motivation est quelque chose d'inné. Certains gestionnaires pensent que chacun devrait être aussi motivé qu'eux à propos de leur travail ou de leur organisation. Cela est rarement le cas. Le fait est que les gens sont tous différents. Chaque individu diffère de par la façon qu'il a d'être et de rester motivé. Pour exceller dans ce domaine, il faut prendre conscience que c'est au gestionnaire de motiver les gens et que cela varie légèrement selon les personnes.

QUELQUES SOLUTIONS

- ☐ **1. Suivez les règles de base pour inspirer les autres,** telles qu'elles sont définies dans les livres *People Skills,* par Robert Bolton et *Thriving on Chaos,* par Tom Peters. Faites bien comprendre à vos collaborateurs que ce qu'ils font est important. Dites merci. Offrez votre aide ou demandez la leur. Donnez-leur de l'autonomie dans leurs façons d'opérer. Procurez-leur des tâches variées. « Surprenez-les » en leur confiant des tâches stimulantes et enrichissantes. Montrez de l'intérêt pour leur carrière. Adoptez une attitude d'apprentissage face aux erreurs. Fêtez les succès, ayez recours à des indicateurs de progrès, etc. Trop souvent, les gens se comportent correctement, mais sans en retirer d'avantages. Bien qu'il soit facile d'être trop occupé pour reconnaître, célébrer et occasionnellement critiquer, n'oubliez pas de souligner ce que vous voulez. En règle générale, l'idéal est quatre remarques positives pour une négative.

☐ **2. Apprenez à connaître et à jouer sur les motivations.** Selon les recherches de Rewick et Lawler, les meilleurs facteurs de motivation sont : 1) Le défi ; 2) Le sentiment d'accomplir un travail gratifiant ; 3) Le fait d'apprendre des notions nouvelles ; 4) Le développement personnel ; 5) L'autonomie. Ce qui est surprenant c'est que : le salaire (12e position), les relations amicales (14e), les louanges (15e) ou les chances de promotion (17e) ne sont pas négligeables, mais restent superficielles quand on les compare aux cinq premiers éléments. Procurez des défis, brossez un tableau du contenu et de la portée du projet, créez une pensée commune, offrez des chances d'apprendre et de progresser, garantissez de l'autonomie et vous aurez ainsi touché les cordes sensibles de la grande majorité.

☐ **3. Motivez par les objectifs.** La plupart des personnes se sentent concernées par des buts raisonnables. Elles aiment se mesurer par rapport à des normes. Elles aiment savoir qui court plus vite, qui compte le plus de buts ou qui travaille le mieux. Elles aiment les objectifs réalistes mais exigeants. Les individus accentuent leurs efforts quand ils savent qu'ils ont entre la moitié et les deux tiers de chance de succès et un certain contrôle sur les moyens d'y arriver. Ils seront d'autant plus stimulés qu'ils auront participé à l'élaboration des objectifs. Établissez des défis presque hors de portée qui serviront d'initiation à vos collaborateurs : leur première négociation, leur première présentation, etc. *Besoin d'aide supplémentaire ? Reportez-vous à la fiche n° 35 : Savoir gérer et établir des indicateurs de performance.*

☐ **4. Pour mieux comprendre ce qui motive les gens, observez-les :** que font-ils en premier lieu ? Sur quoi insistent-ils dans leurs conversations ? Quel sujet éveille leurs émotions ? Quelles sont les valeurs importantes pour eux ?

- Première réaction : cette personne va-t-elle d'abord vers les autres ou s'enferme-t-elle pour étudier le problème, ou va-t-elle se plaindre ou discuter de ses impressions ou se lancer dans l'action ? Ces premières orientations révèlent ce qui est considéré comme important. Utilisez-les comme facteurs de motivation.
- Les sujets de conversation. Dans leurs conversations, certains vont se concentrer sur les détails, les concepts, les impressions ou les personnes.

Ceci peut vous indiquer comment les intéresser en abordant leurs sujets préférés de conversation. Bien que nous ayons tendance à nous ajuster naturellement – en parlant par exemple de détails avec les personnes minutieuses – la plupart des problèmes relationnels découlent de la difficulté de trouver un terrain d'entente. « Elle » parle de futilités alors que vous parlez de personnes (par exemple).

- Les émotions. Vous devez apprendre à connaître les points sensibles des autres parce qu'une méprise à ce niveau risque de vous valoir une réputation d'égoïsme ou d'insensibilité auprès de certaines personnes. La seule méthode est de savoir ce qui les fait vraiment réagir ou les concerne directement.
- Les valeurs. Appliquez les mêmes principes aux valeurs. Dans leurs conversations de bureau, les autres abordent-ils des sujets d'argent, de reconnaissance, d'intégrité, d'efficacité ? Trouver ce que sont leurs pôles d'intérêts vous fournit une autre façon de les gagner à votre cause. Une fois que vous avez compris ce qui est fondamental pour les autres, il ne vous reste qu'à suivre les règles de motivation décrites dans cette section.

☐ **5. Interdisez-vous tout jugement.** Dans votre effort pour rallier quelqu'un à votre cause, évitez toute forme de jugement. Vous n'avez pas besoin d'être d'accord avec le comportement d'une personne pour la motiver, il vous suffit simplement de la comprendre. Le fait que vous-même ne seriez pas motivé de cette façon n'a rien à voir.

☐ **6. Efforcez-vous de parler leur langage et de vous mettre à leur niveau.** Cela montre votre respect pour leur façon de penser. Parler le même langage qu'eux les aide à vous parler plus facilement et à vous donner l'information dont vous avez besoin pour les motiver.

☐ **7. Donnez à vos collaborateurs l'occasion d'entrer dans votre univers personnel.** Parlez-leur de vos idées. Pour échanger avec vous, ils ont besoin de savoir comment vous pensez et pourquoi. Faites-leur part de votre perspective – les questions que vous vous posez, les facteurs qui vous intéressent. Si vous ne pouvez leur expliquer clairement votre pensée, ils ne sauront pas comment traiter efficacement avec vous. Il est plus facile de suivre quelqu'un ou quelque chose que l'on comprend.

☐ **8. La motivation est personnelle.** Apprenez à connaître trois aspects de la vie personnelle des personnes qui vous entourent – leurs intérêts, leurs passe-temps, leurs enfants ou tout autre sujet qui les concerne personnellement. Le monde est petit. Il suffit de poser quelques questions pour se découvrir des points en commun avec pratiquement tout le monde. Avoir des points communs renforce la relation et vous permet de personnaliser vos efforts de motivation.

☐ **9. Transformez un point négatif en élément de motivation.** Si une personne est sensibilisée au problème que pose l'un de ses comportements, elle réagira à l'aide orientée dans cette direction. Si cette personne est trop renfermée, elle peut avoir besoin de votre aide pour s'impliquer davantage dans le mouvement. Si elle est démotivée, recherchez les causes qui tiennent à la personne ou celles reliées au travail (cette personne pourrait très bien accueillir un peu plus de défi dans son activité). Si elle est naïve, aidez-la à voir la réalité des choses.

☐ **10. La méthode la plus directe pour motiver une personne est de l'impliquer dans son travail.** Déléguez et confiez-lui des responsabilités autant que vous le pouvez. Impliquez-la dans l'établissement des objectifs et l'organisation du travail. Demandez son opinion sur les décisions à prendre. Invitez-la à évaluer le travail du groupe. Partagez les succès. Élucidez ensemble les échecs. Utilisez toutes ses capacités.

☐ **11. Essayez de savoir pourquoi les gens font quelque chose.** Suivez de près les conséquences réelles. Une société qui enregistrait un million de dollars de vols par an, tant pour la société elle-même que pour les employés, a fait appel à un psychologue renommé, Gary Latham. Ce dernier a posé un certain nombre de questions orientées sur les avantages et les inconvénients d'être honnête ou de voler. La haute direction, évidemment, voulait à l'origine installer des caméras et engager des détectives. Ils n'ont pas retenu cette idée quand Latham leur a dit que les voleurs avaient en fait suggéré cette solution ! Ils voulaient voler les caméras pour augmenter l'excitation qu'ils ressentaient en volant. (Ils ne vendaient ni n'utilisaient pratiquement jamais ce qu'ils dérobaient). En outre, peu de gens s'attendaient réellement à être pénalisés en cas de découverte en raison de la forte protection des syndicats. Ils volaient parce qu'ils le pouvaient. Finalement, en se demandant pourquoi les gens se comportaient ainsi au lieu de le supposer, la société a trouvé une meilleure solution : Elle a créé un système semblable à celui d'une bibliothèque où les employés pouvaient emprunter tout ce qui était volé auparavant. En outre, elle a déclaré une journée amnistie, pour qu'on puisse rapporter les produits volés. Le résultat ? La majorité des produits volés ont été rapportés et les vols ont pratiquement disparu au cours des trois années suivantes. Cet exemple n'a pas la prétention d'être la méthode parfaite pour arrêter les vols. La mise en place d'une bibliothèque pourrait à l'inverse être un désastre dans d'autres organisations. La leçon à tirer, c'est comment comprendre les motivations des gens :

- Confidentialité absolue, en utilisant souvent des gens de l'extérieur pour recueillir l'information.
- Évaluer les conséquences négatives et positives pour la personne. Dans ce cas, quels sont les + et les – d'être honnête ou de ne pas l'être ?
- Une fois que vous êtes en mesure de comprendre les conséquences anticipées ou les résultats, vous pouvez comprendre le comportement.

- Modifiez les conséquences et vous changez le comportement.
- Cette même technique a été utilisée pour comprendre pourquoi les clients choisissent un concurrent et comment les récupérer. Elle a aussi été employée pour surmonter les réticences face au changement. La logique est la même. Quels sont les + et les – d'accepter le changement ou d'y résister ? Quels sont les + et les – de rester avec nous ou d'aller chez le concurrent ?

In motivating people, you've got to engage their minds and their hearts. I motivate people, I hope, by example—and perhaps by excitement, by having productive ideas to make others feel involved.
– Rupert Murdoch

LECTURES CONSEILLÉES

Adair, John. *The Inspirational Leader.* London: Kogan Page, 2003.

Bolton, Robert and Dorothy Grover Bolton. *People Styles at Work—Making Bad Relationships Good and Good Relationships Better.* New York: AMACOM, 1996.

Carlaw, Malcolm, Peggy Carlaw, K. Deming Vasudha and Kurt Friedmann. *Managing and Motivating Contact Center Employees: Tools and Techniques for Inspiring Outstanding Performance From Your Frontline Staff.* New York: McGraw-Hill, Inc., 2002.

Cloke, Kenneth and Joan Goldsmith. *The Art of Waking People Up: Cultivating Awareness and Authenticity at Work.* San Francisco: Jossey-Bass, Inc., 2003.

Crainer, Stuart. *Motivating the New Generation—Modern Motivation Techniques.* New York: BrownHerron Publishing, 2001.

Deems, Richard S. and Terri A. Deems. *Leading in Tough Times: The Manager's Guide to Responsibility, Trust, and Motivation.* Amherst, MA: HRD Press, 2003.

Glanz, Barbara A. *Handle With CARE: Motivating and Retaining Employees.* New York: McGraw-Hill Trade, 2002.

Green, Thad. *Motivation Management: Fueling Performance by Discovering What People Believe About Themselves and Their Organizations.* Palo Alto, CA: Davies-Black Publishing, 2000.

Grensing-Pophal, Lin. *Motivating Today's Employees.* Bellingham, WA: Self Counsel Press, 2002.

Hiam, Alexander. *Motivational Management: Inspiring Your People for Maximum Performance.* New York: AMACOM, 2003.

Karp, Hank. *Bridging the Boomer-Xer Gap.* Palo Alto, CA: Davies-Black Publishing, 2002.

Manz, Charles C. and Henry P. Sims, Jr. *The New Superleadership: Leading Others to Lead Themselves.* San Francisco: Berrett-Koehler Publishers, Inc., 2001.

McKenna, Patrick J. and David H. Maister. *First Among Equals: A Guidebook for How Group Managers Can Manage the Unmanageable.* New York: The Free Press, 2002.

Scott, Wayne J., Thomas Miller, III and Michele W. Scott. *Motivating Others: Bringing Out the Best in People.* Bloomington, IN: 1stBooks Library, 2001.

Thomas, Kenneth W. *Intrinsic Motivation at Work: Building Energy & Commitment.* San Francisco: Berrett-Koehler Publishers, Inc., 2000.

Zemke, Ron, Claire Raines and Bob Filipczak. *Generations at Work.* New York: AMACOM, 2000.

37 SAVOIR NÉGOCIER

Facteur VI : Compétences personnelles et interpersonnelles Groupe Q : Inspirer les autres VI – Q

Allowing your opponent in a transaction to walk away with his dignity, his humor, and his hearing intact, and a pretty good deal in his pocket, is the right way to do business.
– John Rutledge, American banker

COMPÉTENCE NON MAÎTRISÉE

- ☐ Ne sait pas conclure des ententes ; n'obtient pas grand-chose
- ☐ Utilise des tactiques mal adaptées – trop rigides ou trop souples ; veut toujours gagner ou fait trop de concessions pour arriver à un accord
- ☐ Gère mal les conflits et ne sait pas s'y prendre pour riposter à une attaque, résoudre un litige ou refuser de transiger sur des points non négociables
- ☐ Se retient trop et n'adopte pas une position ferme
- ☐ Ne sait pas écouter les autres
- ☐ Ne cherche pas un terrain d'entente ni ne sait comment le trouver
- ☐ Peut manquer de discrétion et compromettre la relation avec ses interlocuteurs
- ☐ Ne sait pas se montrer diplomate et faire preuve de tact

Sélectionnez dans la liste ci-dessous une à trois compétences comme compétence de remplacement si vous décidez de ne pas travailler directement sur cette dernière.

SUBSTITUTS : 2,9,11,12,16,27,30,32,33,36,38,48,50,51,52,56,57,64

COMPÉTENCE MAÎTRISÉE

- ☐ Sait négocier habilement dans les situations difficiles, que ce soit avec des groupes internes ou externes à l'entreprise
- ☐ Sait aplanir les différences en douceur
- ☐ Peut obtenir des concessions sans porter préjudice à la relation
- ☐ Est capable de se montrer à la fois direct et énergique ainsi que diplomate
- ☐ Gagne rapidement la confiance de l'autre partie dans les négociations
- ☐ Sait intervenir au bon moment

COMPÉTENCE UTILISÉE À L'EXCÈS

- ☐ Peut laisser des dégâts humains dans son sillage
- ☐ Semble ignorer les sentiments des autres
- ☐ Semble avoir besoin de toujours gagner
- ☐ Semble s'accrocher à un poste trop longtemps
- ☐ Semble devenir trop conciliant et être réticent à prononcer un refus
- ☐ Semble avoir besoin de tout arranger
- ☐ Semble trop long à prendre des décisions

Sélectionnez dans la liste ci-dessous une à trois compétences sur laquelle vous devrez travailler pour compenser son utilisation excessive.

COMPENSATEURS : 2,12,16,17,30,38,41,48,50,51,52,53,56,57,63

QUELQUES CAUSES

- ☐ Incapable de supporter les pressions
- ☐ Est soit trop dur soit trop mou
- ☐ Acquiesce trop vite
- ☐ Doit gagner à chaque fois
- ☐ Éprouve des difficultés à trouver un accord équitable
- ☐ Éprouve des difficultés si l'autre partie est portée à contester
- ☐ Se sent nerveux quant il s'agit de négocier
- ☐ N'est pas un bon négociateur
- ☐ Pas très doué pour la communication interpersonnelle
- ☐ Trop sérieux et intense

FACTEURS ET GROUPES DU LEADERSHIP ARCHITECT®

Cette compétence se retrouve dans Compétences personnelles et interpersonnelles, facteur (VI). Cette compétence se retrouve dans Inspirer les autres, groupe (Q) aux numéros : 36, 60, 65. Vous pouvez également consulter d'autres compétences dans le même facteur ou groupe pour trouver des conseils connexes.

LA CARTE

Savoir négocier c'est être capable d'obtenir le maximum au moindre coût sans heurter l'autre personne et tout en la laissant sur une impression raisonnablement positive afin qu'elle veuille à l'avenir négocier de nouveau. L'idéal, c'est une situation gagnant-gagnant, bénéfique à tous, où chaque partie obtient exactement ce qu'elle désire. Ceci se produit rarement. Il arrive plus souvent que les deux parties obtiennent assez de résultats pour se sentir satisfaites. Il s'agit plus d'une situation gagnant partiel-gagnant partiel. Il y a aussi les situations gagnant-perdant dans lesquelles une partie obtient de nombreuses concessions et l'autre se retire sans rien ou presque. Cela se produit généralement dans des occasions uniques ou lorsque l'on achète une automobile. Les perdants ne sont jamais contents. Les bons négociateurs de style gagnant-gagnant se concentrent sur le but à atteindre, les enjeux et les intérêts sous-jacents des deux parties. Ils se basent généralement sur des principes d'éthique et d'équité acceptés de tous. Ils traitent les problèmes personnels séparément ou pas du tout, ignorent les attaques personnelles et évitent d'adopter des positions rigides en début de négociation.

QUELQUES SOLUTIONS

☐ **1. Faire connaissance.** Ne vous engagez pas avant de bien connaître la partie adverse. Faites d'abord attention à la place occupée par chacun. Si vous et votre équipe vous situez d'un côté de la table et que la partie adverse est en face, cela risque de créer un environnement de confrontation. Évitez la formation de deux blocs distincts, essayez de mêler les équipes. Si vous êtes l'hôte, débutez en parlant de choses diverses, sans rapport avec le sujet de la négociation. Laissez aux participants le temps de se mettre à l'aise. Lorsque vous pensez que le temps est venu, demandez si l'on peut commencer à préciser les objectifs, les positions respectives et les contraintes, par exemple : « Nous ne sommes pas ici pour négocier les coûts ». Proposez de commencer la négociation. Expliquez votre démarche en premier, vos objectifs en dernier. Si vous faites l'erreur de présenter d'abord vos objectifs, il y a de fortes probabilités pour que vos interlocuteurs n'écoutent pas ensuite votre argumentation. *Besoin d'aide supplémentaire ? Reportez-vous aux fiches n° 3 : Être d'un abord facile et n° 31 : Être doué pour la communication interpersonnelle.*

☐ **2. Éviter les positions rigides au début.** C'est simplement une loi physique. L'action implique la réaction. Les affirmations catégoriques, les reproches, les absolus, des conditions trop strictes de départ, les discours passionnés, tout cela suscite des réactions identiques, fait perdre du temps, provoque des réponses de même nature et peut empêcher une solution « gagnant-gagnant » ou « donnant-donnant ». Une position rigide peut se justifier quand il n'y a plus de recours possible mais même dans ces circonstances, ce n'est pas recommandé. De la même façon, évitez de vous engager trop avant dans tout besoin ou plan action. Cherchez l'information qui va à l'encontre de vos préférences. N'hésitez pas à modifier votre position et vos souhaits. Si vous n'y parvenez pas, vous êtes mené par l'orgueil. Si vous ne partez pas tant que vous n'avez pas obtenu ce que vous voulez, vous paierez sûrement trop cher ou ferez échouer la négociation. Ne concentrez pas la négociation sur un seul point si vous pouvez en ajouter un autre. Voilà un autre type de situation qui mène à l'inflexibilité.

☐ **3. Cadrer les éléments de la négociation.** Réduisez le nombre de points de négociation. Même quand les positions sont totalement opposées, il peut toujours y avoir des points communs. Annoncez que vous souhaiteriez voir tout d'abord les points sur lesquels deux groupes pourraient provisoirement être d'accord. Inscrivez ceux-ci sur un tableau noir ou de conférence. Demandez ensuite s'il est possible de faire un compromis : « Je peux vous offrir ceci si vous me donnez cela ». Détaillez les possibilités d'échanges. Énumérez ensuite les positions apparemment très éloignées, les blocages identifiés par les deux parties. Reprenez chacun de ces blocages un par un et demandez à l'auteur d'être aussi précis que possible quant aux concessions qu'il demande. Voyez s'il n'est pas possible d'extraire certains sujets de la liste des blocages. Gardez des atouts en réserve qu'il vous sera possible d'offrir en échange. Conservez des concessions et autres « cadeaux » qu'il vous sera possible d'offrir en cours de négociation (il vaudrait mieux savoir à l'avance ce qui conviendrait à l'autre partie). Pour valoriser ces points, offrez-les dans le cadre de propositions spécifiques : « Si je vous apportais ceci, pourrais-je avoir cela en retour ? ». Une attitude qui permet d'élargir les possibilités de négociation.

☐ **4. Les questions.** Dans une négociation « gagnant-gagnant » ou « donnant-donnant », plus vous disposerez d'informations sur la partie adverse, meilleure sera votre position. Qu'est-ce que vous pouvez apprendre sur ce qu'ils savent avant d'y aller ? Que feront-ils s'ils n'arrivent pas à trouver un terrain d'entente avec vous ? En cours de négociation, posez plus de questions que vous ne faites de déclarations. Demandez des éclaircissements : « Que voulez-vous dire ? ». Insistez : « Pouvez-vous m'expliquer cela ? » Cherchez les motifs : « Qu'est-ce qui vous amène à cette conclusion ? ». Expliquez objectivement pourquoi vous soutenez un point ; demandez à l'autre partie de faire la même chose. Si vos interlocuteurs adoptent une attitude inflexible, ne vous y opposez pas. Demandez pourquoi, quels sont les principes à l'appui de leur position, comment savoir si elle est équitable, quels critères objectifs la légitimisent. Développez ce qui pourrait se passer si cette position était acceptée. Obtenez tout ce que vous pouvez. Ne négociez pas sur des suppositions, négociez sur des faits.

☐ **5. Gérer la tempête.** Les négociations ne sont pas toujours amicales. Elles provoquent souvent de l'irritation. Passions, attitudes défensives, blâmes, attaques, sous-entendus, menaces, tout y passe. Ne faites pas un amalgame entre les personnes et le mécontentement qu'elles peuvent provoquer, ni avec les rôles qu'elles assument durant les négociations. Occupez-vous des problèmes personnels mais indépendamment de la négociation ; si possible, traitez-les durant une pause. Même devant les critiques les plus acerbes, essayez de garder une démarche franche. Évitez les blâmes directs ; décrivez l'impasse et les solutions possibles. Face à des propositions déraisonnables, à des attaques ou à une question laissée en suspens, vous pouvez simplement ne rien répondre. Habituellement, cela a pour effet de faire parler l'adversaire, de lui faire modifier son attitude et de lui faire préciser davantage ses intérêts. Si la partie adverse ne joue pas franc jeu, montrez que vous n'êtes pas dupe : « Il me semble que vous jouez au bon et au méchant. Réglez vos problèmes entre vous et présentez-moi un seul point de vue ». Répliquez aux menaces en soulignant que vous négociez en toute intégrité. Suggérez des normes objectives pour fixer des limites équitables à la discussion. Si quelqu'un fait une offre ridicule, faites comme si vous la preniez au sérieux. Demandez une explication et observez l'embarras de l'auteur. Ou bien généralisez la demande. Ils offrent 25 % de moins. Vous dites, « Alors vous pensez que cela ne vaut pas le prix que nous demandons ? » Si quelqu'un veut s'engager sur une corde raide, par un argument du type « tel montant, sinon rien, » traitez ceci comme un souhait ou continuez à parler comme si vous n'aviez rien entendu. Si quelqu'un crie, parlez plus bas ou approchez-vous de lui. Méfiez-vous des ajouts de dernière minute. Cela arrive parfois en fin de négociation ou lors de la signature du contrat final. Il peut être tentant d'en finir, toutefois ils ont autant à perdre que vous. Aussi, répondez, « Très bien, de toutes les façons je n'étais pas très heureux de cet accord.

Renégocions tous les points ». Évitez toute menace de représailles, jusqu'à ce que les conséquences soient vraiment importantes. *Besoin d'aide supplémentaire ? Reportez-vous à la fiche n° 12 : Savoir gérer les conflits.* Lire aussi *Getting to Yes* de Fisher et Ury, et *Secrets of Power Negotiating* de Roger Dawson.

☐ **6. Garder son sang-froid.** Quelquefois nos réactions émotives sont prises pour de la faiblesse face à une situation difficile. Comment montrons-nous nos émotions ? Durant une négociation, êtes-vous impatient, faites-vous des interruptions ou manifestez-vous votre agitation en bougeant constamment ou en tambourinant avec vos doigts sur la table ? Apprenez à reconnaître ces signes dès leur apparition et contrôlez votre impatience en posant des questions ou en demandant à la personne qui parle de développer son point de vue. Laissez-les se plaindre, tempêter, mais vous, ne réagissez pas. Revenez toujours aux faits et au problème discuté, en évitant les conflits personnels. *Besoin d'aide supplémentaire ? Reportez-vous à la fiche n° 11 : Avoir la maîtrise de soi.*

☐ **7. Des victoires mesurées.** N'écrasez pas l'équipe adverse. Quand elle retournera voir ses responsables, quel résultat positif pourra-t-elle présenter ? Permettez aux autres de sauver la face ; accordez-leur de petites concessions ; n'essayez pas de gagner sur toute la ligne systématiquement. En général, vous devez réserver vos concessions les plus importantes pour la fin. Faire des concessions sur un point particulier trop tôt risque de créer un précédent défavorable.

☐ **8. Impasses.** Si vous ne pouvez vous entendre sur tous les éléments de la négociation, listez les points sur lesquels vous vous êtes entendus et décrivez les litiges. Voyez si un accord est possible sur la procédure à suivre, avec un échéancier, de façon à maintenir le contact et à éviter d'aboutir à une impasse. *Besoin d'aide supplémentaire ? Reportez-vous à la fiche n° 52 : Maîtriser la gestion des processus.*

☐ **9. Arbitrage.** Quand l'impasse ne peut être évitée, suggérez le recours à un tiers, acceptable pour les deux parties, afin de résoudre les points encore en litige. Faites préparer par une personne extérieure la liste des points soulevés par les deux parties et suggérez des compromis jusqu'à ce que vous vous entendiez. Continuez de tenter un rapprochement jusqu'à ce que chacun soit au bout de ses concessions. Ou, si le temps vous est compté, faites suivre le dossier vers l'autorité supérieure. Présentez-lui objectivement les deux aspects du conflit et laissez les choses suivre leur cours.

☐ **10. Le point de non-retour.** Les négociateurs sûrs d'eux, contrôlant la situation, peuvent, si nécessaire, quitter la table de négociation. Pensez-y à l'avance. Pourriez-vous vous permettre de quitter la pièce de cette façon ? Quelles en seraient les conséquences pour vous ? En avez-vous le temps ? Pourriez-vous atteindre vos objectifs d'une autre manière ? Le fait de savoir que l'on peut dire

« non » est une façon très efficace d'acquérir de la confiance. Soyez donc prêt, si nécessaire, à mettre un terme (temporaire ou définitif) à la négociation. *Besoin d'aide supplémentaire ? Reportez-vous à la fiche n° 57 : Faire preuve d'autonomie.*

☐ **11. Conclure le marché.** Vous pouvez aussi suggérer un additif au contrat, ce qui veut dire que vous êtes d'accord pour trouver une meilleure entente, tout en restant lié par la première si aucune amélioration ne peut être apportée. Parfois, vous pouvez troquer les délais contre le prix ou ajouter un point supplémentaire et améliorer ainsi l'entente.

All the mistakes I ever made were when
I wanted to say 'No' and said 'Yes.'
– Moss Hart, American dramatist

LECTURES CONSEILLÉES

Babcock, Linda and Sara Laschever. *Women Don't Ask: Negotiation and the Gender Divide*. Princeton, NJ: Princeton University Press, 2003.

Brett, Jeanne M. *Negotiating Globally: How to Negotiate Deals, Resolve Disputes, and Make Decisions Across Cultural Boundaries*. San Francisco: Jossey-Bass, Inc., 2001.

Camp, Jim. *Start With NO...The Negotiating Tools That the Pros Don't Want You to Know*. New York: Crown Business Publishing, 2002.

Dawson, Roger. *Secrets of Power Negotiating: Inside Secrets From a Master Negotiator.* Franklin Lakes, NJ: Career Press, 2001.

Hodge, Sheida. *Global Smarts: The Art of Communicating and Deal Making Anywhere in the World.* New York: John Wiley & Sons, Inc., 2000.

Levine, Stewart. *The Book of Agreement: 10 Essential Elements for Getting the Results You Want.* San Francisco: Berrett-Koehler Publishers, Inc., 2002.

Macenka, Mark J. *Inside the Minds: Leading Deal Makers: Leading VC's and Lawyers Share Their Knowledge on Negotiations, Leveraging Your Position and the Art of Deal Making.* Boston: Aspatore Books, 2001.

Miller, Lee E. and Jessica Miller. *A Woman's Guide to Successful Negotiating: How to Convince, Collaborate, & Create Your Way to Agreement.* New York: McGraw-Hill Trade, 2002.

Oliver, David. *How to Negotiate Effectively.* London: Kogan Page, 2003.

Patterson, Kerry, Joseph Grenny, Ron McMillan, Al Switzler and Stephen R. Covey. *Crucial Conversations: Tools for Talking When Stakes Are High*. New York: McGraw-Hill/Contemporary Books, 2002.

Salacuse, Jeswald. *The Global Negotiator: Making, Managing, and Mending Deals Around the World in the Twenty-First Century.* New York: Palgrave Macmillan, 2003.

Shell, G. Richard. *Bargaining for Advantage: Negotiation Strategies for Reasonable People*. New York: Penguin Books, 2000.

Watkins, Michael. *Breakthrough Business Negotiation*. San Francisco: Jossey-Bass, Inc., 2002.

38 FAIRE PREUVE D'AGILITÉ ORGANISATIONNELLE

The simple believe everything, but the clever consider their steps.
– Proverbs 14:15

COMPÉTENCE NON MAÎTRISÉE

- ☐ Ne s'occupe pas de faire avancer les choses dans l'organisation en dehors de son domaine propre
- ☐ Manque de l'entregent nécessaire pour construire des projets communs avec d'autres services
- ☐ Ne sait pas négocier au sein des organisations
- ☐ Peut être trop timide et trop en retrait pour savoir manœuvrer dans l'organisation
- ☐ Peut avoir une réaction de rejet par rapport à la complexité des organisations
- ☐ Peut manquer d'expérience ou simplement ne pas savoir où et à qui s'adresser
- ☐ Peut être trop impatient pour apprendre
- ☐ Ne connaît peut-être pas ou ne se soucie pas de connaître les rouages de fonctionnement de l'organisation

Sélectionnez dans la liste ci-dessous une à trois compétences comme compétence de remplacement si vous décidez de ne pas travailler directement sur cette dernière.

SUBSTITUTS : 5,8,32,39,48,52,59,64

COMPÉTENCE MAÎTRISÉE

- ☐ A une bonne connaissance des principes et rouages des entreprises
- ☐ Sait comment faire avancer les choses en utilisant les réseaux formels et informels de communications
- ☐ Sait déceler les raisons qui sont à l'origine des politiques, des pratiques et des procédures-clés
- ☐ Possède une bonne compréhension des cultures organisationnelles

COMPÉTENCE UTILISÉE À L'EXCÈS

- ☐ Peut passer trop de temps à manœuvrer à son avantage
- ☐ Peut consacrer trop de temps et d'énergie à des questions ne méritant pas qu'on s'y arrête
- ☐ Semble excessivement politicien

Sélectionnez dans la liste ci-dessous une à trois compétences sur laquelle vous devrez travailler pour compenser son utilisation excessive.

COMPENSATEURS : 4,5,8,12,17,22,27,29,51,52,53,57,63

QUELQUES CAUSES

- ☐ Ne conçoit pas les choses en terme de systèmes
- ☐ Impatient
- ☐ Nouvel employé
- ☐ Pas très doué pour la communication interpersonnelle
- ☐ Résiste à toute complexité
- ☐ Mauvais négociateur

FACTEURS ET GROUPES DU LEADERSHIP ARCHITECT®

Cette compétence se retrouve dans Compétences de positionnement organisationnel, facteur (V). Cette compétence se retrouve dans Avoir le sens de l'organisation, groupe (K) au numéro : 48. Vous pouvez également consulter d'autres compétences dans le même facteur ou groupe pour trouver des conseils connexes.

LA CARTE

Les organisations peuvent être représentées comme des labyrinthes complexes, avec de nombreux méandres, tournants, culs-de-sac, raccourcis, qui constituent autant de choix difficiles. Pour la plupart d'entre elles, le plus court chemin n'est pas la ligne droite. Il existe une organisation formelle, celle de l'organigramme avec des trajectoires qui paraissent bien droites. Et puis il existe une organisation informelle, où toutes les trajectoires s'entrecroisent. Étant donné que les organisations sont remplies d'individus, elles sont par ce fait même très complexes. On y trouve, entre autres, des cerbères (ceux qui détiennent l'information), des « expéditeurs » (ceux qui la diffusent), des résistants, des guides, des bons samaritains et des mandarins. Tous vivent dans le labyrinthe organisationnel. Pour réussir à manœuvrer dans un tel environnement, vous devez atteindre votre but à travers le labyrinthe en un minimum de temps et en faisant le moins de bruit possible. La meilleure façon de s'y prendre est d'accepter la complexité des organisations plutôt que d'y résister et d'apprendre à trouver votre chemin dans leur dédale.

QUELQUES SOLUTIONS

38

- ☐ **1. Faire une autoévaluation.** Essayez de reconnaître honnêtement votre difficulté à obtenir que les choses se réalisent effectivement et facilement dans l'organisation. Obtenez sur ce point l'appréciation d'au moins une personne de chaque service avec lesquels vous travaillez. *Besoin d'aide supplémentaire ? Reportez-vous à la fiche n° 55 : Bien se connaître.*

- ☐ **2. Secouez-vous.** Apparemment, ce que vous faites maintenant ne fonctionne pas bien. Faites autrement. Essayez des démarches que vous n'utilisez pas en général. Observez ce que font ceux qui sont plus efficaces que vous. Notez ce qui fonctionne ou non.

☐ **3. Les styles de personnalités peuvent s'opposer.** Les impressions laissées sont très différentes selon les personnes. Ceux qui donnent une impression positive obtiennent plus de l'organisation que ceux qui donnent une impression négative. Savoir écouter favorise l'impression positive. *Besoin d'aide supplémentaire ? Reportez-vous aux fiches n° 3 : Être d'un abord facile, n° 31 : Être doué pour la communication interpersonnelle, n° 33 : Savoir écouter, n° 37 : Savoir négocier, n° 39 : Savoir organiser et n° 42 : Entretenir de bonnes relations avec ses collègues.*

☐ **4. Faire preuve de loyauté.** Les relations harmonieuses sont basées sur la loyauté et sur l'impact que cela peut avoir sur les autres. Ne vous contentez pas de demander des choses ; trouvez des terrains d'entente pour apporter votre aide et pas seulement en demander. Est-ce que le groupe avec lequel vous êtes en contact a besoin d'information ou d'aide pour résoudre un problème ? Vos résultats sont-ils importants à leurs yeux ? Comment votre activité peut-elle les affecter ? Comment vos actions peuvent-elles les influencer ? S'il s'agit d'un impact négatif et qu'elles réagissent, avez-vous quelque chose à proposer en échange ? Pouvez-vous invoquer l'intérêt général ? Pouvez-vous trouver le moyen de réduire le travail ? Ou toute autre chose (par exemple, « prêter » du personnel) ? *Besoin d'aide supplémentaire ? Reportez-vous à la fiche n° 42 : Entretenir de bonnes relations avec ses collègues.*

☐ **5. Quelquefois c'est un problème d'évaluation de la situation.** Qui veut vraiment aider ? Quels sont ceux qui feront obstruction ? Que désirent-ils réellement ? Que demanderont-ils en retour ? *Besoin d'aide supplémentaire ? Reportez-vous aux fiches n° 56 : Savoir juger les autres et n° 64 : Comprendre les autres.*

☐ **6. D'autres fois, c'est une question de sous-estimation de la complexité de l'organisation.** Certaines personnes veulent toujours croire que les choses sont plus simples qu'elles ne le sont en réalité. Bien que quelques organisations aient une structure simple, pour la plupart ce n'est pas le cas. *Besoin d'aide supplémentaire ? Reportez-vous aux fiches n° 48 : Avoir le sens politique et n° 59 : Savoir gérer en utilisant le système.*

☐ **7. Quelquefois votre manque d'organisation vous submerge.** Une bonne dose de discipline est nécessaire pour comprendre comment fonctionnent les organisations complexes. Vous devez élargir votre angle de vision pour mieux saisir la globalité. *Besoin d'aide supplémentaire ? Reportez-vous à la fiche n° 47 : Savoir planifier.*

☐ **8. Perdu dans un labyrinthe ?** Certaines personnes connaissent parfaitement les étapes à suivre pour que les choses se réalisent, mais elles sont trop impatientes pour les respecter. Manœuvrer dans un dédale demande parfois de faire des pauses pour permettre aux événements de suivre leur cours naturel, Il vous faudra peut-être attendre qu'un intervenant majeur ait le temps de s'occuper de vos besoins. *Besoin d'aide supplémentaire ? Reportez-vous à la fiche n° 41 : Être patient.* Il faut, en plus, acquérir la capacité d'identifier tous les virages serrés, les lacets, les culs-de-sac qui parsèment le cheminement de l'organisation. *Besoin d'aide supplémentaire ? Reportez-vous aux fiches n° 32 : Démontrer une grande capacité à apprendre sur le terrain, n° 48 : Avoir le sens politique et n° 51 : Maîtriser la résolution de problèmes.*

☐ **9. Vous perdez votre sang-froid lorsque vos demandes sont rejetées ?** Si ce genre de situation vous frustre ou vous fait perdre votre contrôle, il vous faut essayer d'anticiper les réponses. Quelle pourrait être la pire des situations et comment y faire face ? Vous pourriez faire une pause, compter jusqu'à dix et demander la raison du refus. Vous pourriez également aller chercher de l'information pour préparer une riposte. Apprenez à contrôler les situations. *Besoin d'aide supplémentaire ? Reportez-vous à la fiche n° 11 : Avoir la maîtrise de soi.*

☐ **10. Qui sont les piliers et les forces de cette organisation ?** Comment arrivent-ils à leurs fins ? Par qui passent-ils pour trouver leur chemin dans le labyrinthe ? Comment vous situez-vous par rapport à elles ? Qui contrôle le flux de ressources, d'informations et de décisions ? Qui sont les guides et les bons samaritains ? Efforcez-vous de mieux les connaître. Quels sont les principaux opposants et les obstacles ? Essayez de les éviter ou contournez-les.

Every company has two organizational structures:
The formal one is written on the charts; the other is the everyday relationship of the men and women in the organization.
– Harold S. Geneen

38

LECTURES CONSEILLÉES

Ashkenas, Ronald N. (Ed.), Dave Ulrich, Todd Jick, Steve Kerr and Lawrence A. Bossidy. *The Boundaryless Organization: Breaking the Chains of Organization Structure, Revised and Updated.* New York: John Wiley & Sons, Inc., 2002.

Brache, Alan P. *How Organizations Work*. New York: John Wiley & Sons, Inc., 2002.

Dominguez, Linda R. *How to Shine at Work.* New York: McGraw-Hill Trade, 2003.

Drucker, Peter F. *Managing the Non-Profit Organization.* New York: HarperCollins, 1990.

Honold, Linda and Robert J. Silverman. *Organizational DNA.* Palo Alto, CA: Davies-Black Publishing, 2002.

Nalbantian, Haig R., Richard A. Guzzo, Dave Kieffer and Jay Doherty. *Play to Your Strengths.* New York: McGraw-Hill Trade, 2003.

Paine, Lynn Sharp. *Value Shift.* New York: McGraw-Hill Trade, 2003.

Sathe, Vijay. *Corporate Entrepreneurship: Top Managers and New Business Creation.* Boston: Cambridge University Press, 2003.

Segil, Larraine, Marshall Goldsmith and James Belasco (Eds.). *Partnering: The New Face of Leadership.* New York: AMACOM, 2003.

38

Savoir organiser

People who want to appear clever rely on memory.
People who want to get things done make lists.
– Peter Mcwilliams

COMPÉTENCE NON MAÎTRISÉE

- ☐ Ne sait pas mobiliser les ressources efficacement
- ☐ Ne sait pas toujours comment trouver ni organiser les ressources humaines, matérielles, financières, etc.
- ☐ Ne sait pas bien déléguer ni planifier le travail, le rendant ainsi peu motivant pour ses collaborateurs
- ☐ Le niveau de performance baisse tandis qu'augmente le nombre des activités à mener de front
- ☐ Peut trop compter sur lui-même
- ☐ Peut tout faire à la dernière minute et multiplier les heures supplémentaires pour y arriver
- ☐ N'anticipe pas assez et n'est pas capable de combiner ensemble les différentes activités

Sélectionnez dans la liste ci-dessous une à trois compétences comme compétence de remplacement si vous décidez de ne pas travailler directement sur cette dernière.

SUBSTITUTS : 9,18,20,25,36,47,52,60,62

COMPÉTENCE MAÎTRISÉE

- ☐ Sait mobiliser les ressources nécessaires (humaines, financières, matérielles) pour faire avancer les choses
- ☐ Sait mener plusieurs activités de front pour atteindre l'objectif fixé
- ☐ Sait gérer les ressources disponibles avec efficacité
- ☐ Sait organiser l'information et les moyens de l'utiliser efficacement

COMPÉTENCE UTILISÉE À L'EXCÈS

- ☐ Peut ne pas tolérer une confusion normale
- ☐ Semble trop souvent vouloir faire les choses à sa manière
- ☐ Semble ne pas être ouvert aux suggestions
- ☐ Semble perdre de son efficacité quand les choses ne se passent pas comme prévu

Sélectionnez dans la liste ci-dessous une à trois compétences sur laquelle vous devrez travailler pour compenser son utilisation excessive.

COMPENSATEURS : 2,11,12,26,32,33,36,40,46,52,60

QUELQUES CAUSES

- ☐ Ne délègue pas beaucoup
- ☐ Inexpérimenté
- ☐ Travailler avec lui n'est pas motivant
- ☐ Manque d'ingéniosité
- ☐ Mauvais négociateur
- ☐ Mauvais planificateur
- ☐ Trop égocentrique

FACTEURS ET GROUPES DU LEADERSHIP ARCHITECT®

Cette compétence se retrouve dans Compétences d'exploitation, facteur (II). Cette compétence se retrouve dans S'organiser, groupe (E) aux numéros: 47, 62. Vous pouvez également consulter d'autres compétences dans le même facteur ou groupe pour trouver des conseils connexes.

LA CARTE

Il est plus facile d'accomplir des tâches lorsque tout le monde tire dans la même direction. Il est plus facile de performer lorsque l'on dispose de tous les outils et de toutes les ressources nécessaires. Il est plus facile d'accomplir son travail lorsque les personnes dont vous avez besoin vous soutiennent et vous aident. C'est agréable de travailler par l'intermédiaire des autres même si vous ne les dirigez pas directement. À moins que vous ne préfériez que les choses soient pénibles et rébarbatives, savoir organiser est un atout essentiel à maîtriser.

QUELQUES SOLUTIONS

☐ **1. Établir des objectifs et des mesures de repérage.** La meilleure façon de respecter un budget ou un échéancier est d'établir un objectif et un moyen de mesure (la norme) indiquant si le but est atteint. Établissez des objectifs non seulement pour le projet lui-même, mais aussi pour les tâches qui le composent. Établissez des contrôles de façon à ce que vous et d'autres puissiez mesurer les progrès. *Besoin d'aide supplémentaire ? Reportez-vous à la fiche n° 35 : Savoir gérer et établir des indicateurs de performance.*

☐ **2. Établir un plan.** Le plan définit les ressources requises. Que dois-je faire ? Quel est le temps disponible ? Quelles ressources me seront nécessaires ? Qui contrôle les ressources : le personnel, le financement, les outils, les matériels, les appuis dont j'ai besoin ? Quelles sont mes capacités financières ? Dois-je payer ou échanger quelque chose pour obtenir les ressources dont j'ai besoin ? Qui gagne si je gagne ? Qui pourrait perdre ? Détaillez le travail de A à Z. On donne une impression de désorganisation si l'on omet d'établir un plan de travail ou une liste des travaux à exécuter ou encore, si l'on en oublie une partie Demandez à d'autres de réviser l'agencement et d'identifier ce qui manque.

☐ **3. Négocier.** Qu'avez-vous à échanger ? Que dois-je acheter ? Que puis-je emprunter ? Pourquoi dois-je négocier ? Quels sont les éléments que je ne peux ni acheter ni échanger ?

☐ **4. Trouver des appuis.** Partagez la mission et les buts avec ceux dont vous voulez l'appui. Essayez d'obtenir leur avis sur la question. Ceux qui sont consultés en amont des décisions ont souvent tendance à mieux coopérer que ceux à qui rien n'est jamais demandé. Trouvez des moyens pour que ces personnes puissent être également bénéficiaires de la situation.

☐ **5. Déléguer.** Entreprendre des projets importants et complexes se traduit par l'exécution d'une série de tâches conduisant au but. On remarque que les personnes qui ont un vrai contrôle sur les tâches à effectuer travaillent plus et avec plus d'ardeur. Il est facile de comprendre que l'on préfère contrôler son propre travail, établir la façon dont il sera exécuté et, évidemment, avoir les pouvoirs de décision nécessaires. Déléguez autant qu'il vous est possible et en accordant toute l'autorité que justifie l'exécution de la mission. En revanche, faites attention aux maillons faibles (généralement les personnes que vous voyez moins souvent ou que vous ne pouvez gérer facilement), par exemple quelqu'un qui travaille à l'extérieur, un consultant ou un fournisseur. Restez doublement en contact avec les maillons les plus faibles de la chaîne.

☐ **6. Gérer la complexité.** Trouver les démarches qui conviennent pour gérer des tâches complexes implique d'explorer, à la fois et en même temps, des pistes multiples et des voies parallèles. L'élaboration d'un plan directeur vous aidera. La délégation d'une partie du travail vous aidera. *Besoin d'aide supplémentaire ? Reportez-vous à la fiche n° 47 : Savoir planifier.*

☐ **7. Gérer efficacement.** Surveillez votre budget. Planifiez vos dépenses avec attention. Ayez une réserve pour les imprévus. Ayez un échéancier permettant de suivre l'évolution des dépenses courantes.

☐ **8. Gérer avec sang-froid.** Certains deviennent fébriles lorsque plusieurs décisions sont à prendre en même temps. Votre plan vous aidera ainsi que vos objectifs et vos normes. Sachez déléguer les tâches. Sachez établir des objectifs et des mesures de contrôle. La frustration aide rarement. *Besoin d'aide supplémentaire ? Reportez-vous à la fiche n° 11 : Avoir la maîtrise de soi.*

☐ **9. Célébrer.** Prenez l'habitude de partager le succès et la richesse ! Il vous sera plus facile, par la suite, de retourner à la source de vos appuis la prochaine fois que vous aurez besoin d'aide.

☐ **10. Identifiez une personne dans votre entourage qui sait aussi bien s'organiser avec les choses qu'avec les personnes.** Comment fait-elle ? Comparez sa méthode avec votre façon de procéder.

The triumph over anything is a matter of organization.
– Kurt Vonnegut

LECTURES CONSEILLÉES

Allen, David. *Getting Things Done: The Art of Stress-Free Productivity.* New York: Penguin Books, 2003.

Cramer, Kathryn D. *When Faster Harder Smarter Is Not Enough: Six Steps for Achieving What You Want in a Rapid-Fire World.* New York: McGraw-Hill Trade, 2002.

Hedrick, Lucy H. *Get Organized in the Digital Age.* New American Library Trade, 2002.

Herman, Stan (Ed.). *Rewiring Organizations for the Networked Economy: Organizing, Managing, Leading in the Information Age.* San Francisco: Jossey-Bass/Pfeiffer, 2002.

Hutchings, Patricia J. *Managing Workplace Chaos: Solutions for Handling Information, Paper, Time, and Stress.* New York: AMACOM, 2002.

Koch, Richard. *The 80/20 Principle: The Secret of Achieving More With Less.* New York: Currency/Doubleday, 1998.

Nelson, Mike. *Clutter-Proof Your Business: Turn Your Mess Into Success.* Franklin Lakes, NJ: Career Press, 2002.

Sköldberg, Kaj. *The Poetic Logic of Administration: Styles and Changes of Style in the Art of Organizing.* London; New York: Routledge, 2002.

Smallin, Donna. *Organizing Plain and Simple: A Ready Reference Guide With Hundreds of Solutions to Your Everyday Clutter Challenges.* Pownal, VT: Storey Books, 2002.

Whipp, Richard, Barbara Adam and Ida Sabelis (Eds.). *Making Time: Time and Management in Modern Organizations.* Oxford, UK: Oxford University Press, 2002.

Winston, Stephanie. *The Organized Executive: The Classic Program for Productivity: New Ways to Manage Time, People, and the Digital Office.* New York: Warner Business, 2001.

40 Savoir gérer les paradoxes

Man is the only animal that laughs and weeps; for he is the only animal that is struck with the difference between what things are and what they ought to be.
– William Hazlitt

COMPÉTENCE NON MAÎTRISÉE

- ☐ Manque de souplesse d'esprit
- ☐ Ne peut pas facilement changer de cap
- ☐ N'a qu'un tour dans son sac, même s'il le connaît parfaitement
- ☐ Est convaincu qu'il faut se montrer cohérent et fidèle aux mêmes principes d'action
- ☐ N'adopte pas une approche différenciée selon les circonstances
- ☐ N'adopte pas une approche équilibrée
- ☐ Semble vouloir agir rigidement et imposer son meilleur style
- ☐ Peut trop compter sur ses propres points forts
- ☐ A du mal à changer de position dans le cours d'une même réunion ou situation

Sélectionnez dans la liste ci-dessous une à trois compétences comme compétence de remplacement si vous décidez de ne pas travailler directement sur cette dernière.

SUBSTITUTS : 2,11,12,16,32,45,57

COMPÉTENCE MAÎTRISÉE

- ☐ Est capable d'agir de différentes manières qui peuvent sembler contradictoires
- ☐ Sait faire preuve d'une grande souplesse et de qualités d'adaptation dans des situations difficiles
- ☐ Est capable de combiner les contraires en se montrant à la fois dur et compatissant, en sachant défendre ses positions sans écraser les autres, en mettant en place des méthodes de travail à la fois bien structurées et souples
- ☐ Peut agir de façon différente en fonction des situations
- ☐ Est considéré comme quelqu'un qui fait la part des choses en cas de conflits

COMPÉTENCE UTILISÉE À L'EXCÈS

- ☐ Peut être perçu comme quelqu'un de faux jeton ou d'indécis
- ☐ Semble passer trop facilement d'un style à l'autre
- ☐ Semble mal évaluer les compétences demandées
- ☐ Semble rendre confuses les personnes qui l'observent dans différentes situations
- ☐ Ses idées semblent être mal interprétées

Sélectionnez dans la liste ci-dessous une à trois compétences sur laquelle vous devrez travailler pour compenser son utilisation excessive.

COMPENSATEURS : 5,9,12,17,29,30,34,37,38,47,50,51,52,53,58

QUELQUES CAUSES

- ☐ Abdique ou devient rigide quand la situation change rapidement
- ☐ Évalue mal les gens
- ☐ Évalue mal les situations
- ☐ Manque de souplesse d'esprit
- ☐ Se comporte toujours de la même manière en toutes circonstances
- ☐ Fait preuve de rigidité en termes de valeurs et de croyances
- ☐ Piétine les autres
- ☐ Abuse des bonnes choses

FACTEURS ET GROUPES DU LEADERSHIP ARCHITECT®

Cette compétence se retrouve dans Compétences personnelles et interpersonnelles, facteur (VI). Cette compétence se retrouve dans Faire preuve de flexibilité, groupe (T) aux numéros : 45, 54, 55. Vous pouvez également consulter d'autres compétences dans le même facteur ou groupe pour trouver des conseils connexes.

LA CARTE

Savoir gérer les paradoxes implique une flexibilité au niveau de l'attitude et du comportement : passer d'une discussion de planification aux plaintes d'un client en passant par des problèmes administratifs tout en s'ajustant en conséquence. Pour exceller dans le domaine il faut s'adapter aux situations et aux gens : savoir quand diriger, laisser les autres diriger, adopter la méthode dure ou rester flexible en temps de crise. Ils peuvent penser et agir de manière contradictoire en apparence ou lorsqu'ils passent d'une activité à l'autre. Ils sont flexibles et répondent aux exigences du moment. Ceci demande une flexibilité d'approche, de ton et de style avec la capacité de les adapter aux situations qui s'imposent.

QUELQUES SOLUTIONS

☐ **1. Savoir changer de vitesse et opérer des changements.** Être soi-même, peu d'entre nous peuvent se permettre ce luxe. Chaque situation que nous rencontrons est différente de la précédente. Pour être vraiment efficace dans des situations aussi différentes, nous sommes appelés à modifier notre comportement. Nous pouvons contrôler les événements à 9 heures, les subir à 10 heures, être parfaitement calme à 11 heures et très excité à midi. Cela fait partie d'une journée de travail. Respectueux avec le patron, critique avec des collègues, attentionné envers les collaborateurs et serviable pour les clients. Ce n'est ni de la tricherie, ni devenir girouette, ni du machiavélisme. C'est simplement l'obligation de devoir s'ajuster au contexte. Efforcez-vous d'étudier d'abord la situation et les personnes. Étudiez vos changements de comportement au cours de la semaine, au travail et à la maison. Lesquels de ces changements vous posent le plus de problèmes ? Quand sont-ils les plus faciles à assumer ? Pourquoi ? En dehors du travail, exercez-vous à changer en fonction des situations ou des personnes. En sortant d'une rencontre avec des amis, allez, par exemple, à la piscine avec vos enfants. Entre ces activités, pensez pendant quelques secondes à la transition que vous vivez et à l'état d'esprit qu'il faut pour la réussir.

☐ **2. Les comportements contraires.** « Qui aime bien, châtie bien » peut être l'un des meilleurs exemples de comportement d'apparence contradictoire. Vous pouvez devoir licencier sans compromis, mais le faire de façon compatissante. Vous pouvez également être capable d'aller dans les détails, tout en essayant d'identifier des fils conducteurs dans les données. Avoir une attitude ferme, mais savoir écouter et laisser les autres manœuvrer. Exécuter loyalement un plan d'organisation, même s'il s'oppose à vos idées. Être ferme mais bon joueur. Être inflexible pour certaines parties du budget, mais souple pour d'autres. Le monde complexe d'aujourd'hui demande constamment des réponses et des attitudes ambivalentes, mais faire deux choses contraires en même temps n'est pas facile pour tout le monde. Plusieurs se glorifient d'avoir toujours le même comportement, d'être fidèles à leurs principes, mais agir de façon paradoxale ne viole pas réellement vos principes. Cela veut seulement dire que dans votre gamme de comportements et d'attitudes, vous utilisez deux de vos positions extrêmes et parfois en même temps.

☐ **3. Des compétences utilisées à l'excès.** Nous avons parfois tendance à être excessifs dans nos qualités fondamentales. Nous faisons trop d'efforts pour obtenir des résultats. Nous analysons trop longtemps. Nous essayons d'être trop gentils. Il nous est très difficile d'inverser ces comportements. Découvrez vos excès en demandant à votre entourage ou à vos plus proches collègues ce qu'ils en pensent. Quelle opinion ont-ils de vous lorsqu'il y a des urgences ? Trouvent-ils que vous vous adaptez bien aux différentes situations lors d'une journée type ? Essayez d'équilibrer vos comportements excessifs. Ne renoncez pas à ce que vous faites, mais prenez en compte les conseils suivants :

- Si vous vous sentez réagir sous la pression, inspirez trois fois profondément, efforcez-vous de ralentir le rythme et de vous détendre.
- Si vous vous emportez facilement, apprenez des techniques de relaxation, par exemple, s'imaginer dans un environnement plus calme, prendre le temps de poser une question ou se demander : « Que devrais-je faire maintenant ? »
- Si vous avez une attitude trop cassante, demandez-vous comment vous aimeriez que l'on vous traite dans la même situation. Faites une pause et demandez à votre interlocuteur comment il réagit.
- Si vous contrôlez trop, essayez d'établir des normes, des résultats à obtenir et apprenez à déléguer ; laissez à votre équipe le soin d'établir le rythme du travail.

- Si vous croulez sous le volume de travail, arrêtez-vous de travailler, allez faire le tour de l'immeuble, demandez-vous comment vous devriez vous comporter dans ces circonstances et essayez de faire la différence entre l'important et l'essentiel. Vous devriez alors pouvoir réintégrer votre bureau et vous remettre au travail, en faisant une chose à la fois.
- Si vous êtes inflexible, donnez-vous pour objectif de connaître suffisamment bien le point de vue des autres, pour être capable de le leur reformuler correctement.
- Si vous avez l'habitude d'engager des actions par des accélérations brutales et des freinages en catastrophe, arrêtez-vous et demandez-vous quelle pourrait être l'attitude la plus efficace à ce moment précis.
- Si vous bousculez les autres, prenez la peine de leur expliquer pourquoi vous agissez ainsi et demandez-leur quel type d'action vous devriez adopter, selon eux.

☐ **4. Véhiculer le message d'autrui.** Un des paradoxes courants consiste à devoir appuyer les idées ou le programme d'une personne dont vous ne partagez pas les opinions ou dont le projet ne vous convient pas. Soyez loyal dans vos désaccords. La plupart du temps, vous serez appelé à communiquer la vision d'une autre personne sur le futur. La haute direction, avec l'aide d'un consultant, a établi, quelque part, la mission, la vision et la stratégie de l'entreprise. On peut vous avoir, ou non, demandé votre avis. Vous pouvez avoir des doutes sur la question. N'employez pas de formules conditionnelles devant votre auditoire. Ne laissez pas paraître que vous n'êtes pas tout à fait convaincu. Votre rôle est de gérer cette mission, même si ce n'est pas la vôtre. *Besoin d'aide supplémentaire ? Reportez-vous à la fiche n° 22 : Respecter l'éthique et les valeurs.* Si vous avez des objections trop fortes, passez votre tour !

☐ **5. Savoir passer d'un comportement à un autre.** Quels changements de comportements sont les plus difficiles à vivre pour vous ? Inscrivez-en cinq parmi ceux que vous considérez être les plus difficiles. Qu'est-ce qui vous pose le plus problème lors de ces changements ? Les réponses à ces questions devraient vous aider à préparer une liste des transitions difficiles auxquelles vous êtes à même de faire face, telles que :

- Confronter l'un de vos collaborateurs à un problème, puis accueillir chaleureusement un client
- Mener, puis devoir suivre
- Mettre quelqu'un à la porte, puis aller comme d'habitude à une réunion du personnel

Écrivez comment chacune des situations précédentes vous affecte et ce qui vous pose problème dans ce que vous faites. Par exemple, vous ne pouvez changer rapidement votre attitude après une confrontation ou il vous est difficile de reprendre la charge de vos responsabilités, après avoir assisté passivement à une journée de réunions. Préparez-vous un plan pour dominer chacune de ces transitions difficiles.

☐ **6. Cultiver le paradoxe dans son travail.** Alternez l'audace et la prudence. Imposez-vous des tâches qui vous sortent de votre routine, comme par exemple représenter votre entreprise lorsque vous savez que des questions difficiles seront posées, se réconcilier avec un adversaire ou bien vous occuper de débutants. Si ces tâches font déjà partie de votre activité, observez-vous en train de les accomplir et trouvez-en de nouvelles.

☐ **7. Chercher des modèles.** Parlez à des personnes qui ont l'expérience des discontinuités, par exemple, à celles qui rebâtissent des projets (détruire et reconstruire) ou à celles qui ferment des services (licencier du personnel et aider à sa relocalisation, encourager ceux qui restent, etc.) ou des parents excellents. Parlez à des acteurs pour savoir comment ils peuvent jouer des rôles antagonistes, à la suite les uns des autres. Parlez à de nouveaux collègues qui proviennent d'entreprises complètement différentes de la vôtre. Parlez à un thérapeute qui passe d'un problème à l'autre, heure après heure. Essayez de trouver des principes permettant d'effectuer les transitions facilement.

☐ **8. Redevenir un débutant.** La prochaine fois qu'une nouvelle procédure, politique ou technique se présente, proposez-vous pour enseigner l'un de ces sujets que vous connaissez à peine. Cela vous forcera à passer de la position d'expert à celle de néophyte.

☐ **9. Contrôler ses réactions face aux changements.** Nous réagissons souvent aux changements comme s'il s'agissait d'une menace, plutôt que d'y voir la vie telle qu'elle est. Quelquefois nos émotions, nos peurs ressortent lorsqu'on passe d'une occupation active à une autre plus passive ou d'une activité facile à une autre plus difficile. La période initiale de panique dure de 45 à 60 secondes et on a besoin d'un peu de temps pour se remettre, et ne rien dire ou faire d'inapproprié. Il a été démontré qu'en général, la seconde ou la troisième chose qui nous vient à l'esprit se révèle être le meilleur choix. Exercez-vous donc à retenir votre première réaction afin de vous permettre de passer à la seconde et à la troisième réaction. Gérez vos changements, n'en soyez pas l'esclave. *Besoin d'aide supplémentaire ? Reportez-vous à la fiche n° 11 : Avoir la maîtrise de soi.*

☐ **10. Faire une répétition mentale des diverses façons de mener une action à bien.** Tentez de vous imaginer en train d'essayer différentes démarches, parfois même opposées, pour aboutir à un résultat identique : quand faut-il rester inflexible ? Quand faut-il laisser aux autres le soin de prendre la décision? Quand faire dévier la question parce que ce n'est pas encore le moment de décider ? À quels indices vous fier pour choisir la démarche appropriée ? Faites le test de tenter d'obtenir le même résultat avec deux groupes différents et avec deux démarches différentes. Avez-vous réussi dans les deux cas ?

Every child is an artist. The problem is how
to remain an artist once he grows up.
– Pablo Picasso, on his deathbed

LECTURES CONSEILLÉES

Bellman, Geoffrey M. *Getting Things Done When You Are Not in Charge.* San Francisco: Berrett-Koehler Publishers, Inc., 2001.

Fullan, Michael. *Leading in a Culture of Change.* New York: John Wiley & Sons, Inc., 2001.

Gilley, Jerry W. *The Manager As Change Agent.* Cambridge, MA: Perseus Publishing, 2001.

Handy, Charles. *The Age of Paradox.* Boston: Harvard Business School Press, 1994.

Handy, Charles. *The Elephant and the Flea.* Boston: Harvard Business School Press, 2003.

Schwartz, Barry. *The Paradox of Choice: Why More Is Less.* Hopewell, NJ: Ecco Press, 2004.

Stone, Deborah A. *Policy Paradox: The Art of Political Decision Making.* New York: W.W. Norton & Company, 2001.

Warren, Ronald A. *The Achievement Paradox: Test Your Personality & Choose Your Behavior for Success at Work.* Novato, CA: New World Library, 2002.

41 ÊTRE PATIENT

Patience and tenacity of purpose are worth
more than twice their weight of cleverness.
– Thomas Henry Huxley

COMPÉTENCE NON MAÎTRISÉE

- ☐ Agit de façon prématurée
- ☐ Tolère mal les lenteurs et pesanteurs des autres
- ☐ Est parfois perçu comme égocentrique, insistant pour faire les choses à sa façon et à son rythme
- ☐ Ne prend pas le temps d'écouter ni de comprendre
- ☐ Pense que presque tout peut être effectué plus vite et dans des délais plus courts
- ☐ Perturbe les réunions par son désir d'en finir au plus tôt
- ☐ Interrompt souvent ses interlocuteurs et finit leurs phrases
- ☐ Érige ses façons de faire en règles ; n'attend pas les autres
- ☐ Est parfois perçu comme arrogant, peu réceptif ou comme un Monsieur je-sais-tout
- ☐ Est orienté vers l'action et accepte mal les procédures et les problèmes complexes
- ☐ Peut tirer des conclusions trop hâtives au lieu de réfléchir avant

Sélectionnez dans la liste ci-dessous une à trois compétences comme compétence de remplacement si vous décidez de ne pas travailler directement sur cette dernière.

SUBSTITUTS : 3,11,33,38,48,52

COMPÉTENCE MAÎTRISÉE

- ☐ Montre de la tolérance vis-à-vis des gens ou de la façon dont les choses se passent
- ☐ Écoute et vérifie avant d'agir
- ☐ Tente de comprendre les données et les individus avant de juger ou d'intervenir
- ☐ Attend que les autres le rattrapent avant d'agir
- ☐ Est sensible au respect des procédures et des séquences établies
- ☐ Suit les règles établies

COMPÉTENCE UTILISÉE À L'EXCÈS

- ☐ Peut attendre trop longtemps avant d'agir
- ☐ Semble essayer de plaire à tout le monde
- ☐ Les autres peuvent confondre écoute attentive et acceptation de leur position
- ☐ Peut perdre du temps dans des situations où il doit trancher
- ☐ Semble laisser la situation se détériorer sans agir

Sélectionnez dans la liste ci-dessous une à trois compétences sur laquelle vous devrez travailler pour compenser son utilisation excessive.

COMPENSATEURS : 1,2,9,12,13,16,34,40,53,57

41

QUELQUES CAUSES

- ☐ Normes irréalistes
- ☐ Ne comprend pas bien les autres
- ☐ Excessivement orienté vers l'action
- ☐ Très intelligent
- ☐ Manque de sang-froid
- ☐ Ne sait pas écouter les autres
- ☐ Mauvais gestionnaire tactique/désorganisé
- ☐ Faire preuve de suffisance

FACTEURS ET GROUPES DU LEADERSHIP ARCHITECT®

Cette compétence se retrouve dans Compétences personnelles et interpersonnelles, facteur (VI). Cette compétence se retrouve dans Être ouvert et réceptif, groupe (S) aux numéros : 11, 26, 33, 44. Vous pouvez également consulter d'autres compétences dans le même facteur ou groupe pour trouver des conseils connexes.

LA CARTE

Beaucoup de gens sont fiers d'être impatients, pensant ainsi faire preuve de principes stricts et d'orientation vers les résultats. Cela peut être vrai parfois, surtout si les résultats laissaient à désirer ou si les principes en place étaient plutôt mous. Cependant, l'impatience est plus souvent signe de problèmes et a des conséquences graves à long terme. Cela se traduit par un style de management trop autoritaire, un manque d'épanouissement des autres, l'imposition de vos solutions à votre unité, un contrôle excessif et l'éloignement des autres à cause de votre manque de tolérance.

QUELQUES SOLUTIONS

- ☐ **1. Cultiver la courtoisie.** Les personnes impatientes interrompent souvent, terminent les phrases des autres lorsqu'ils hésitent, demandent que l'on se presse, exigent que l'on saute quelques transparents pour en arriver au dernier, demandent à leurs interlocuteurs d'accélérer et d'en arriver à la conclusion. Tous ces comportements intimident, irritent, démotivent et frustrent les autres. Ils sont symptomatiques de communications incomplètes, de mauvaises relations, suscitant un sentiment d'injustice et d'humiliation. Tout cela pour gagner quelques minutes de votre précieux temps. Ajoutez cinq secondes à votre temps de tolérance. Apprenez à faire des pauses pour donner à votre interlocuteur le temps de chercher ses mots. Devant un comportement d'impatience, on a tendance à se presser pour terminer sa phrase avant la prochaine interruption.

☐ **2. Surveiller le langage non verbal.** Les impatients manifestent de façon évidente leur agacement par leurs paroles et dans leurs actions, mais certains signaux apparaissent aussi de façon non verbale. Sourcils froncés, mouvements du corps, pianotage de doigts ou avec un crayon, regards agacés. Comment vous comportez-vous ? Demandez à ceux en qui vous avez confiance de mentionner cinq de vos signaux d'impatience les plus fréquents. Et efforcez-vous de les éliminer.

☐ **3. Le plaisir de l'attente.** Les impatients veulent tout avoir et tout de suite. Ils ne savent pas attendre. Parfois, l'impatience se transforme en perte de maîtrise de soi. Un retard dans ce qu'ils désirent déclenche leur émotivité. *Besoin d'aide supplémentaire ? Reportez-vous aux fiches n° 11 : Avoir la maîtrise de soi et n° 107 : Manquer de sang-froid.*

☐ **4. Les déclencheurs d'impatience.** Certaines personnes provoqueront davantage d'impatience chez vous que d'autres. Pourquoi ? Qu'est-ce qui, chez elles, vous rend si impatient ? Le rythme ? Le langage ? La façon de penser ? L'accent ? Cela peut inclure des personnes que vous n'aimez pas, qui marmonnent, qui râlent et se plaignent ou qui se font les défenseurs de projets que vous avez déjà rejetés. Répétez mentalement quelques stratégies apaisantes avant de rencontrer ces personnes. Efforcez-vous de comprendre leur position sans les juger – cela viendra plus tard. Dans tous les cas, focalisez leur attention sur le problème discuté, ramenez-les au sujet, interrompez gentiment si nécessaire pour résumer et préciser votre position. Incitez-les à devenir plus efficaces la prochaine fois, sans toutefois les blesser.

☐ **5. L'arrogance constitue un obstacle majeur à la patience.** Des personnes performantes mais à très forte personnalité ne reçoivent que peu de remarques sur leur comportement. Elles poursuivent leur chemin, se croyant parfaites... jusqu'à ce que leur carrière périclite. Si vous êtes arrogant - notamment en dévaluant la contribution des autres - vous devrez travailler doublement sur l'observation et l'écoute. Vous n'avez pas à être d'accord avec tout et tous, simplement écoutez afin d'être sûr d'avoir compris avant de réagir. Délaissez votre démarche « ce que je veux/ce que je pense » et demandez-vous constamment : « Que veulent-ils exprimer ? À quoi réagissent-ils ? ».

☐ **6. Améliorer son ouverture d'esprit et son accessibilité.** Les impatients ne récoltent pas autant d'information que ceux qui savent écouter. Ils sont donc souvent surpris par des événements que les autres voyaient déjà venir. On hésite à s'adresser à un « impatient », c'est tout simplement trop pénible. Son entourage a hésité à lui confier ses intuitions, ses idées neuves, ses doutes. Si vous faites partie de cette catégorie, on vous tiendra hors du circuit et vous manquerez ainsi d'importantes informations qui vous aideraient à être plus efficace. Laissez de côté tout jugement lors de communications informelles. Écoutez simplement. Montrez que vous comprenez. Posez une question ou deux. Il sera toujours temps de porter un jugement plus tard.

☐ **7. Retenir sa monture.** Les impatients apportent des réponses, présentent des conclusions et des solutions trop rapidement, alors que les autres ont à peine commencé à comprendre le problème. Donner trop vite des solutions peut rendre vos collaborateurs dépendants et les irriter. Si vous ne leur expliquez pas comment vous pensez et comment vous trouvez rapidement des solutions, ils n'apprendront jamais. Prenez le temps de bien définir le problème – ne proposez pas tout de suite une solution. Organisez une séance de remue-méninges (brainstorming) pour définir les questions à se poser sur ce problème. Donnez à vos collaborateurs la mission de réfléchir pendant une journée sur ce sujet et de revenir vous proposer des solutions. Devenez un éducateur au lieu d'être un dictateur de solutions. Apprenez à mieux vous connaître. Tenez un journal de ce qui a provoqué votre comportement et des conséquences observables. Apprenez à détecter et à contrôler vos réactions avant qu'elles ne vous placent dans une situation défavorable. *Besoin d'aide supplémentaire ? Reportez-vous à la fiche n° 11 : Avoir la maîtrise de soi.*

☐ **8. Les « impatients » au travail.** Les impatients sont constamment « sur votre dos ». Où en êtes-vous ? Avez-vous fini ? Quand cela sera-t-il terminé ? Laissez-moi voir ce que vous avez fait jusqu'à présent. Ces vérifications dérangent et retardent le travail. Quand vous donnez une tâche à réaliser à vos collaborateurs, déterminez avec eux des plages de temps pour les vérifications. Vous pouvez établir des vérifications par pourcentage du travail accompli. Par exemple, « Venez me voir lorsque vous en serez à peu près au quart du travail pour faire les premières corrections et au trois-quarts, pour faire les corrections finales ». Laissez-les s'organiser eux-mêmes dans l'exécution de leur mission. Et retenez-vous de venir vérifier en dehors des moments convenus. *Besoin d'aide supplémentaire ? Reportez-vous à la fiche n° 18 : Savoir déléguer.*

☐ **9. Trop compter sur soi.** Regardez davantage les solutions trouvées ailleurs. Encouragez la discussion et la critique, accueillez les mauvaises nouvelles, demandez d'aller chercher une seconde et une troisième solution. Un « truc » qui peut vous être utile : posez les questions et soumettez les sujets de réflexion avant d'y avoir réfléchi vous-même. Deux semaines avant de prendre une décision, demandez à vos collaborateurs d'examiner un dossier et de vous remettre un rapport deux jours seulement avant la date à laquelle vous avez prévu le traiter. De cette façon, vous êtes certain que vous n'aurez pas (déjà) des solutions à présenter. Ce système motive beaucoup et vous fait paraître moins impatient.

☐ **10. Lisez la fiche n° 19 : Développer les compétences de ses collaborateurs directs et des autres** de façon à mieux connaître les facteurs qui favorisent le développement des personnes. Votre impatience risque de freiner le développement de nouvelles compétences chez les autres, compte tenu des délais trop courts que vous donnez et de votre surveillance étroite, deux critères peu propices au développement personnel. Vous découvrirez que donner des tâches enrichissantes et pleines de défis, avec des réajustements en cours de route et des encouragements, sont les clefs du développement. Mais les « impatients » n'y contribuent guère.

Patience is a most necessary qualification for business; many a man would rather you heard his story than granted his request.
– Philip Chesterfield

LECTURES CONSEILLÉES

Gandhi, Mahatma and Louis Fischer (Ed.). *The Essential Gandhi: An Anthology of His Writings on His Life, Work, and Ideas.* New York: Vintage Press, 2002.

Gonthier, Giovinella and Kevin Morrissey. *Rude Awakenings: Overcoming the Civility Crisis in the Workplace.* Chicago: Dearborn Trade Publishing, 2002.

Plato. *The Last Days of Socrates.* Translated by Hugh Tredennick. Introduction by Harold Tarrant. London; New York: Penguin Books, 2003.

Ryan, Mary Jane. *The Power of Patience: How to Slow the Rush and Enjoy More Happiness, Success, and Peace of Mind Everyday.* New York: Broadway Press, 2003.

Sebba, Anne. *Mother Teresa, 1910–1997, Beyond the Image.* New York: Doubleday, 1997.

42 ENTRETENIR DE BONNES RELATIONS AVEC SES COLLÈGUES

It is an equal failing to trust everybody, and to trust nobody.
– 18th century English proverb

COMPÉTENCE NON MAÎTRISÉE

- ☐ Ne cherche pas à établir de relations avec les autres services
- ☐ Ne conclut pas d'ententes avec ses pairs, ne saisit pas bien leurs besoins ni leurs attentes
- ☐ Peu ouvert à la négociation
- ☐ Est perçu comme individualiste, peu porté au travail en équipe et peu soucieux de l'intérêt général
- ☐ Peut refuser des ressources à d'autres membres de l'équipe
- ☐ Peut dévaloriser leurs fonctions ou domaines de compétences
- ☐ Peut avoir un esprit de compétition très poussé ; peut faire de la rétention d'information et « magouiller » pour qu'une situation tourne à son avantage
- ☐ Peut jeter un froid sur l'unité tout entière par son refus de participer
- ☐ Peut faire tout un drame ou se montrer peu coopératif en cas de conflits avec d'autres services

Sélectionnez dans la liste ci-dessous une à trois compétences comme compétence de remplacement si vous décidez de ne pas travailler directement sur cette dernière.

SUBSTITUTS : 3,9,12,21,23,27,33,36,37,39,52,60,64

COMPÉTENCE MAÎTRISÉE

- ☐ Sait rapidement trouver un terrain d'entente et résoudre des problèmes pour le bénéfice de tous
- ☐ Peut veiller à ses propres intérêts tout en respectant ceux des autres
- ☐ Est capable de résoudre les problèmes avec ses collègues avec un minimum de remous
- ☐ Est perçu comme quelqu'un de coopératif et qui sait travailler en équipe
- ☐ Obtient facilement la confiance et le soutien de ses collègues
- ☐ Encourage la collaboration
- ☐ Sait dire à ses collègues des choses difficiles à entendre

COMPÉTENCE UTILISÉE À L'EXCÈS

- ☐ Peut être trop porté à demander l'avis de tous et à essayer de faire plaisir à tout le monde
- ☐ Semble trop conciliant
- ☐ Semble s'investir dans des relations avec ses collègues au détriment des autres

suite

- ☐ Peut être mal à l'aise dans des relations où tout le monde n'est pas sur un pied d'égalité
- ☐ Semble partager des informations sensibles juste pour solidifier une relation
- ☐ Peut avoir des ennuis en étant trop candide avec ses collègues

Sélectionnez dans la liste ci-dessous une à trois compétences sur laquelle vous devrez travailler pour compenser son utilisation excessive.

COMPENSATEURS : 4,8,9,12,16,23,29,34,37,43,50,53,57

QUELQUES CAUSES

- ☐ A eu des expériences désagréables avec des collègues dans le passé
- ☐ Compétitif avec ses collègues
- ☐ Ne respecte pas les autres groupes
- ☐ Style distant
- ☐ Peu porté au travail d'équipe
- ☐ Ne partage pas l'information
- ☐ Aptitudes à travailler en groupe insuffisantes
- ☐ Aptitudes à communiquer insuffisantes
- ☐ Mauvaise gestion du temps
- ☐ Possessif

FACTEURS ET GROUPES DU LEADERSHIP ARCHITECT®

Cette compétence se retrouve dans Compétences personnelles et interpersonnelles, facteur (VI). Cette compétence se retrouve dans Gérer des relations diverses, groupe (P) aux numéros : 4, 15, 21, 23, 64. Vous pouvez également consulter d'autres compétences dans le même facteur ou groupe pour trouver des conseils connexes.

LA CARTE

Le maintien de bonnes relations entre collègues, au sein ou en dehors du service constitue l'une des principales tâches d'une organisation. Quels que soient l'unité, l'entreprise, la fonction ou le lieu géographique considérés, l'esprit de clocher fait souvent des ravages. Les groupes se font concurrence tout naturellement. Les systèmes d'échelles salariales et d'avantages opposent souvent un groupe contre un autre. Si un groupe obtient plus, l'autre doit recevoir moins. Chaque équipe aime battre l'autre. De nombreux problèmes politiques commencent par des querelles de clocher. Beaucoup de gens obtiennent leur note la plus faible au niveau du feed-back à 360° des collègues, parce qu'ils manquent d'esprit de coopération. Ces problèmes sont souvent dus au fait que la personne ne trouve pas de terrain d'entente avec ses collègues, ne comprend pas ce qu'ils veulent ni désirent et ne saisit pas bien la nature de leur relation. Toute organisation où les relations horizontales fonctionnent bien en retire d'immenses bienfaits. Cela engendre une utilisation plus efficace du temps et des ressources et facilite l'échange des idées et des talents. Dans le cas contraire, on assiste à un gaspillage des ressources et à une sous-optimisation de l'organisation.

QUELQUES SOLUTIONS

☐ **1. L'influence.** Les collègues n'ont généralement pas de pouvoir les uns sur les autres. Cela signifie que les capacités à influencer, à comprendre, à négocier servent de monnaie d'échange. Il ne suffit donc pas simplement de demander pour obtenir, vous devez trouver des intérêts communs où vous pourrez apporter de l'aide. Quels sont les besoins de vos collègues ? Vos résultats sont-ils importants à leurs yeux ? Comment votre activité peut-elle les affecter ? Comment vos actions peuvent-elles les influencer ? Si votre action a des incidences négatives, vous pouvez faire un échange, trouver un moyen de diminuer leur charge de travail (proposer l'aide de votre personnel, par exemple). Allez vers vos collègues avec un esprit d'échange.

☐ **2. Les styles de personnalités s'opposent souvent à des alliances efficaces entre collègues.** Les impressions laissées sont très différentes selon les personnes. Ceux qui sont perçus positivement obtiennent davantage de leurs collègues que ceux qui laissent derrière eux une marque négative faite de froideur et d'insensibilité. *Besoin d'aide supplémentaire ? Reportez-vous aux fiches n° 3 : Être d'un abord facile, n° 31 : Être doué pour la communication interpersonnelle et n° 33 : Savoir écouter.*

☐ **3. Le problème vient parfois d'une incompréhension.** Comprenez-vous vraiment les collègues avec lesquels vous devez traiter ? Lesquels souhaitent réellement aider ? Quels sont ceux qui feront obstruction ? Que souhaitent-ils vraiment ? Que demanderont-ils en retour ? *Besoin d'aide supplémentaire ? Reportez-vous aux fiches n° 56 : Savoir juger les autres et n° 64 : Comprendre les autres.*

☐ **4. Le problème peut être aussi de savoir manœuvrer dans le labyrinthe de l'organisation.** Comment faites-vous faire les choses indirectement ? Qui sont les piliers et les forces de cette organisation ? Comment arrivent-ils à leurs fins ? Par qui passent-ils pour trouver leur chemin dans le labyrinthe ? Qui contrôle le flux de ressources, d'information et de décisions ? Qui sont les guides et les bons samaritains ? Efforcez-vous de mieux les connaître. Quels sont les principaux opposants et les obstacles ? Essayez de les éviter ou contournez-les. *Besoin d'aide supplémentaire ? Reportez-vous aux fiches n° 38 : Faire preuve d'agilité organisationnelle et n° 39 : Savoir organiser.*

☐ **5. Si vos collègues vous considèrent comme un concurrent trop performant, ils tenteront de vous éliminer du circuit et pourront même saboter vos efforts pour traiter avec eux.** Pour vous montrer coopératif, expliquez-leur vos idées et invitez-les à en faire autant. Évoquez des alternatives possibles plutôt que de forcer des accords. Soyez patient, laissez-leur le temps de s'adapter à la situation. Mettez l'emphase sur les buts communs, les priorités et les problèmes. Invitez-les à critiquer vos idées.

☐ **6. Si vos collègues vous croient dépourvu de respect à leur égard ou pour leur travail, essayez de réduire les conflits et empêchez-les de dériver.** Séparez les questions de personnes et les problèmes. Ne portez pas de jugement sur les personnes. Ne donnez pas l'impression que vous essayez de dominer. Étudiez les positions respectives sans manifester votre accord ou votre désaccord. Vous sentez-vous capable de comprendre leur point de vue ? Si vos collègues s'énervent, ne réagissez pas ; revenez aux faits et aux problèmes, en évitant les conflits de personnalités. Permettez aux autres de sauver la face ; accordez-leur de petites concessions ; n'essayez pas de gagner sur toute la ligne systématiquement. Si un collègue adopte une position inflexible, ne la rejetez pas. Demandez-lui les principes qui sous-tendent sa position ; comment s'assurer que c'est juste pour tous ; quelle théorie s'applique à ce cas ; qu'adviendrait-il si sa position était acceptée.

☐ **7. Faites la distinction entre les relations harmonieuses au travail,** la qualité des rapports personnels, les concours, les primes de motivation, la volonté d'être le meilleur et l'orgueil. À long terme, des relations harmonieuses de travail entre les collègues impliquent un bénéfice pour tous, renforcent un esprit d'entreprise commun et rendent l'organisation apte à réaliser de plus grandes choses. Il faut bien constater que les ressources les moins utilisées dans une organisation sont généralement les échanges latéraux d'informations et les services obtenus de ses collègues.

☐ **8. Si un collègue ne joue pas franc-jeu, évitez d'en parler à d'autres,** vous risqueriez un effet de boomerang selon le principe que tout ce qui part a tendance à revenir tôt ou tard. Rencontrez votre collègue, poliment et en privé. Décrivez les aspects injustes de la situation, expliquez-lui les effets que vous subissez. Ne le blâmez pas. Donnez-lui la possibilité de s'expliquer, de poser des questions, de sauver la face et voyez si vous pouvez résoudre le problème. Même si vous n'acceptez pas toutes ses raisons, il vaut mieux résoudre un problème que de gagner la bataille.

☐ **9. Surveillez attentivement votre comportement lors de situations tendues.** Quelle est votre première réaction ? Combien de fois prenez-vous position au lieu de poser un geste d'ouverture ? Dans quelle mesure vos commentaires sont-ils inspirés par vos convictions personnelles, au lieu d'être en relation avec le thème de la discussion ? Préparez-vous à l'avance à affronter les pires scénarios et les personnes les plus difficiles. Anticipez ce qu'elles peuvent dire et préparez des réponses pour ne pas vous laisser surprendre. *Besoin d'aide supplémentaire ? Reportez-vous à la fiche n° 12 : Savoir gérer les conflits.*

☐ **10. Assurez-vous d'équilibrer les gains et les pertes.** Évitez de gagner trop souvent. Si vous gagnez trop souvent, qu'arrive-t-il aux perdants ? Voulez-vous qu'ils se sentent diminués ou préféreriez-vous qu'ils travaillent de bon gré avec vous ? La meilleure tactique est d'équilibrer les gains et les pertes. Assurez-vous d'être connu dans l'organisation comme une personne toujours prête à aider et à coopérer et on vous rendra la politesse.

I'm not the smartest fellow in the world,
but I can sure pick smart colleagues.
– Franklin D. Roosevelt

LECTURES CONSEILLÉES

Alessandra, Tony and Michael J. O'Connor with Janice Van Dyke. *People Smarts—Bending the Golden Rule to Give Others What They Want.* San Diego: Pfeiffer & Company, 1994.

Allen, Janis and Michael McCarthy. *You Made My Day: Creating Co-Worker Recognition and Relationships.* New York: Lebhar-Friedman Books, 2000.

Baker, Wayne E. *Networking Smart.* New York: Backinprint.com, 2000.

Bolton, Robert and Dorothy Grover Bolton. *People Styles at Work—Making Bad Relationships Good and Good Relationships Better.* New York: AMACOM, 1996.

Brinkman, Rick, Ph.D. and Dr. Rick Kirschner. *Dealing With People You Can't Stand.* New York: McGraw-Hill, Inc., 1994.

Cava, Roberta. *Dealing With Difficult People: How to Deal With Nasty Customers, Demanding Bosses and Annoying Co-Workers.* Toronto, Ontario: Firefly Books, 2004.

Dowse, Eileen. *The Naked Manager—How to Build Open Relationships at Work.* Greensboro, NC: Oakhill Press, 1998.

Giovagnoli, Melissa and Jocelyn Carter-Miller. *Networlding: Building Relationships and Opportunities for Success.* San Francisco: Jossey-Bass, Inc., 2000.

Juchnowski, Jack A. *Know Yourself, Co-Workers and Your Organization: Get Focused On: Personality, Careers and Managing People.* Lincoln, NE: iUniverse Star, 2004.

Kottler, Jeffrey. *Beyond Blame: How to Resolve Conflicts With Friends, Lovers, and Co-Workers.* New York: MJF Books, 2003.

Pascarella, Parry and Mark Frohman. *The Collaborative Leader: Mastering Priorities.* San Francisco: Berrett-Koehler Publishers, Inc., 2000.

Patterson, Kerry, Joseph Grenny, Ron McMillan, Al Switzler and Stephen R. Covey. *Crucial Conversations: Tools for Talking When Stakes Are High*. New York: McGraw-Hill/Contemporary Books, 2002.

Simmons, Annette. *Territorial Games: Understanding and Ending Turf Wars at Work*. New York: American Management Association, 1998.

43 FAIRE PREUVE DE PERSÉVÉRANCE

Results? Why, man, I have gotten a lot of results.
I know 50,000 things that won't work.
– Thomas Edison

COMPÉTENCE NON MAÎTRISÉE

- ☐ Renonce trop vite ou passe à autre chose de plus facile
- ☐ N'insiste pas assez pour que le travail avance
- ☐ Ne revient pas à la charge avec des stratégies différentes lorsque les premières ont échoué
- ☐ Prend les refus trop à cœur
- ☐ Peut hésiter à poursuivre face à un conflit, un désaccord ou une attaque
- ☐ Peut dire oui trop vite, pour en finir
- ☐ Peut faire des compromis et accepter moins que ce qui était visé au départ
- ☐ Peut simplement refuser de prendre la situation en main et d'être sur le devant de la scène

Sélectionnez dans la liste ci-dessous une à trois compétences comme compétence de remplacement si vous décidez de ne pas travailler directement sur cette dernière.

SUBSTITUTS : 1,9,12,16,34,39,53

COMPÉTENCE MAÎTRISÉE

- ☐ Fait montre d'énergie, de dynamisme et de détermination à terminer ce qu'il entreprend
- ☐ Abandonne rarement quelque chose avant d'avoir terminé, surtout s'il se trouve confronté à la résistance ou à l'échec

COMPÉTENCE UTILISÉE À L'EXCÈS

- ☐ Peut persister dans une voie, au-delà du raisonnable, même si les faits et les probabilités de réussite montrent, à l'évidence, qu'il faut aller dans un autre sens
- ☐ Semble têtu et inflexible
- ☐ Semble ne pas fixer les justes priorités
- ☐ Peut éprouver des difficultés à changer de direction
- ☐ Semble confondre ses obligations personnelles avec ce qui doit être fait en priorité

Sélectionnez dans la liste ci-dessous une à trois compétences sur laquelle vous devrez travailler pour compenser son utilisation excessive.

COMPENSATEURS : 2,14,26,33,41,45,46,50,51,54,60

QUELQUES CAUSES

- ☐ N'insiste pas assez
- ☐ Abandonne trop vite
- ☐ Impatient
- ☐ N'éprouve plus de passion
- ☐ Capacité d'attention limitée
- ☐ Prend les choses à cœur
- ☐ Mal à l'aise face au rejet
- ☐ Se décourage face aux résistances
- ☐ Ne prend les choses en main

FACTEURS ET GROUPES DU LEADERSHIP ARCHITECT®

Cette compétence se retrouve dans Énergie et détermination, facteur (IV). Cette compétence se retrouve dans Se concentrer sur le résultat final, groupe (J) aux numéros : 1, 53. Vous pouvez également consulter d'autres compétences dans le même facteur ou groupe pour trouver des conseils connexes.

LA CARTE

Le besoin de persévérance est dû au fait que vous n'étiez pas efficace, que vous rencontrez des résistances dans votre travail ou que vos clients ou votre auditoire ne sont pas prêts à réagir comme vous le désirez car cela ne correspond pas à leurs priorités. Faire preuve de persévérance signifie maintenir le cap, particulièrement face à des résistances. S'y prendre une seconde ou troisième fois ou autant de fois que nécessaire. Cela implique également changer de stratégies pour accomplir ses objectifs. Les gens persévérants changent de méthodes lorsque la première ne donne pas les résultats escomptés. Pourquoi ne persévérez-vous pas ? Peut-être par peur d'être rejeté. Ceux qui persévèrent ne prennent pas les choses personnellement, même si les autres tentent de les y contraindre. Peut-être avez-vous du mal à maintenir votre position. Ceux qui persévèrent le font par principe pour accomplir une tâche qui en vaut la peine. Il se peut que vous ne soyez pas convaincu de la valeur de vos actions. Peut-être vous vous y prenez mal. D'une manière ou d'une autre, les gens qui persévèrent finissent par accomplir leurs objectifs.

QUELQUES SOLUTIONS

☐ **1. Vous abandonnez après un ou deux essais ?** Si vous avez du mal à revenir deux ou trois fois sur la même activité, changez de démarche. Parfois l'on s'enlise dans des ornières. La prochaine fois, faites quelque chose de totalement différent. Si vous avez rencontré à son bureau une personne qui vous pose des problèmes, invitez-la à votre bureau la fois suivante. Pensez aux multiples façons d'arriver à un résultat. Par exemple, pour faire adopter une décision, vous pouvez rencontrer d'abord les personnes-clés ou aller voir directement la personne-clé, ou étudier le problème et le présenter à un groupe, ou demander une session de travail sur ce problème ou encore, faire appel à un spécialiste externe à l'organisation. Soyez prêt à réaliser toutes ces options quand les obstacles surviendront.

☐ **2. Vous rencontrez des résistances.** Vous ne voulez pas persévérer par crainte d'un conflit ? Vous hésitez devant les réactions des autres et leur résistance ? Les conflits ont tendance à ralentir le rythme de votre travail ? Les conflits ébranlent-ils votre confiance en vos décisions ? En arrivez-vous à douter de vos décisions ? Abandonnez-vous trop rapidement ? Tentez vous de satisfaire tout le monde ? Quand vos initiatives rencontrent une résistance, concentrez-vous sur le problème et les objectifs. Soyez impersonnel. Si on vous attaque, expliquez à nouveau ce que vous essayez d'accomplir et invitez vos interlocuteurs à exprimer leurs idées et leurs critiques. Écoutez. Corrigez s'il le faut. Tenez votre position. Avancez de nouveau. La résistance est naturelle. Elle est une expression de la nature humaine. Elle est parfois légitime. Les gens repoussent une idée jusqu'à ce qu'ils comprennent ce qu'elle signifie réellement. Ils protègent leur territoire. *Besoin d'aide supplémentaire ? Reportez-vous à la fiche n° 12 : Savoir gérer les conflits.*

☐ **3. Vous temporisez ?** Attendez-vous la dernière minute ? Votre motivation disparaît-elle quand votre première tentative échoue ou rencontre des résistances ? Vous ne reprenez pas les contacts sur lesquels vous vous étiez engagé. Si vous avez ces attitudes, vous aurez du mal à produire des résultats constants. Certains de vos travaux n'auront peut-être que peu de valeur, faute de temps pour les réviser sérieusement avant l'échéance. Commencez donc plus tôt. Diminuez les durées entre chacune de vos actions. Accomplissez le premier dixième de la tâche dès qu'on vous l'a assignée, de façon à pouvoir mieux prévoir le temps nécessaire à sa réalisation. Donnez-vous plus de marge de manœuvre au plan du temps. *Besoin d'aide supplémentaire ? Reportez-vous à la fiche n° 47 : Savoir planifier.*

☐ **4. Vous prenez la résistance que l'on vous oppose pour une insulte personnelle ?** Si vous avez tendance à interpréter les refus, l'inattention ou l'absence de réponse comme une atteinte personnelle, réfléchissez aux vraies raisons qui sont à l'origine et comprenez bien que ce n'est pas réellement dirigé contre votre personne. Développez une attitude philosophique vis-à-vis des refus et des échecs. Après tout, beaucoup d'innovations, de propositions, d'efforts pour changer les personnes échouent, de même que les tentatives pour changer les organisations. Tout résultat digne de ce nom exige des efforts répétés et tout peut être amélioré. Rappelez-vous que la résistance est naturelle et n'a rien d'anormal, même quand les oppositions se manifestent à titre personnel. Rappelez-vous sans cesse votre mission. Continuez à revenir aux faits. Comment faire en sorte que tout le monde soit gagnant ? Ne vous laissez pas entraîner par des préoccupations personnelles. Restez objectif. Écoutez. Résistez à la pression. Recherchez les avis utiles et tenez-en compte. Tenez-vous en aux faits et à votre agenda. Plus vous approchez de la victoire, plus l'opposition se fera vigoureuse. Travaillez encore plus dur, écoutez, répondez à toutes les objections, concentrez-vous sur le travail et non sur vous-même. Et n'attendez pas d'applaudissements car le succès amène parfois la jalousie. *Besoin d'aide supplémentaire ? Reportez-vous à la fiche n° 12 : Savoir gérer les conflits.*

☐ **5. Du mal à maintenir le cap ?** Vous risquez de devoir revenir à la charge parce que vos arguments n'ont pas assez porté la première fois. Retravaillez. Préparez-vous. Votre proposition ne doit surtout pas être perçue comme un second ballon d'essai. Vous n'avez pas le droit d'être vague ou hésitant, utilisez un langage plus direct, plus ferme. Préparez vos ripostes aux questions difficiles, aux attaques et à la contre-argumentation. Faites comme si c'était votre dernière chance. Accordez votre style, votre ton, votre rythme et votre voix à une seule certitude : la raison est de votre côté et elle l'emportera. Menez avec fermeté.

☐ **6. Choisissez les bonnes batailles.** Vous poussez peut-être dans toutes les directions et vous êtes fatigué et frustré de votre faible taux de réussite. Certains en font trop. Certains persévèrent dans de mauvais choix. Êtes-vous sûr que toutes les tâches entreprises sont essentielles ? Faites-vous bien la différence entre ce qui est essentiel, ce qu'il serait bien de faire et ce qui n'est pas vraiment opportun ? Assurez-vous d'avoir un bon choix de priorités. *Besoin d'aide supplémentaire ? Reportez-vous à la fiche n° 50 : Savoir définir les priorités.*

☐ **7. Vous manquez d'organisation ?** Vous n'arrivez pas à tout faire à temps ? Vous oubliez les échéances ? Vous oubliez les décisions que l'on vous a demandé de prendre ? Vous oubliez de donner suite aux demandes sur lesquelles il vous faut décider ? Vous perdez intérêt pour tout ce qui n'est pas présent et immédiat ? Vous passez d'une tâche à l'autre jusqu'à ce que vous en trouviez une qui réussit ? Votre capacité d'attention diminue ? Vous ne pouvez pas continuer à avancer dans un tel chaos. La persévérance demande du temps, des efforts, Soyez plus organisé et discipliné. Tenez un journal sur l'avancement de vos travaux. Gardez une liste des dix choses les plus importantes à réaliser. Attachez-vous davantage à chacune de vos tâches.

☐ **8. Travailler dans un labyrinthe.** Les organisations sont des labyrinthes, avec tous les culs-de-sac que cela suppose. Pour parfaire le tout, les organisations fonctionnent avec des êtres humains, ce qui les rend encore plus complexes. Les « champions de l'ego ». Les « cerbères ». Les « résistants à tous crins ». L'organisation formelle n'est que la partie immergée de l'iceberg. C'est l'organisation informelle qui possède la véritable autorité. Pour persévérer avec efficacité, vous devez apprendre comment vous diriger dans un labyrinthe. Laissez patiemment se dérouler les processus. Il faut parfois « laisser le temps au temps ». La meilleure approche de certaines personnes se fait souvent par le biais d'intermédiaires occultes. Travaillez également votre sens de l'opportunité. À quel moment est-il judicieux de voir une personne au sujet d'une décision ou d'une action ? Familiarisez-vous avec la structure informelle. Identifiez les acteurs-clés, en particulier les « cerbères » (ceux qui détiennent l'information) et les contrôleurs (ceux qui peuvent bloquer l'action). Demandez aux autres la meilleure façon de procéder pour que le travail soit fait dans cette entreprise. Observez les autres. Quels parcours empruntent-ils ? *Besoin d'aide supplémentaire ? Reportez-vous aux fiches n° 38 : Faire preuve d'agilité organisationnelle et n° 52 : Maîtriser la gestion des processus.*

☐ **9. Il faut bien finir.** Même s'il est vrai qu'il faut parfois 20 % du temps pour faire 80 % du travail, cela prend malheureusement 80 % du temps pour terminer les 20 % qui restent. La pièce n'est pas terminée tant que le rideau n'est pas tombé. Dans un monde en ébullition, il est parfois pénible de lutter pour franchir la ligne d'arrivée... alors que la course est déjà terminée. Heureusement, toutes les tâches n'ont pas besoin d'être complètement achevées. Pour certaines, les 80 % sont acceptables. Mais pour ceux qui doivent mettre les points sur les i et les traits sur les t, cela nécessite de la persévérance. Le diable se cache dans les détails. Si vous êtes pris dans cette situation, faites une liste des 20 % de détails à compléter. Faites-en un peu chaque jour. Biffez ce qui est fait, félicitez-vous chaque fois que vous éliminez un objet de la liste, c'est une autre façon de vous motiver. Ou essayez de déléguer cette dernière partie à quelqu'un qui verra les 20 % restants comme un défi nouveau. Ou engagez un consultant pour terminer le travail. Ou encore, échangez vos tâches pour entreprendre les 20 % restants de quelqu'un d'autre, ainsi, chacun d'entre vous aura quelque chose de nouveau à faire.

☐ **10. Vous êtes « usé ».** Sans passion ? Vous manquez d'énergie ? Le cœur n'y est plus ? Vous ne vous sentez plus impliqué à 100 % ? Peut-être que vous ne persévérez pas parce que, dans le fond, vous n'en pouvez plus de faire cette tâche, de travailler pour cette organisation ni de toujours être confronté à une personne ou un groupe en particulier. Demandez-vous alors ce que vous désirez réellement. Retrouvez la passion. Préparez-vous pour un autre emploi. Faites une liste de ce que vous aimez ou n'aimez pas. Privilégiez chaque jour un peu plus les activités que vous aimez. Déléguez ou échangez les tâches qui ne vous motivent plus. Effectuez en premier les travaux qui vous rebutent afin de vous en débarrasser. Concentrez-vous, non pas sur la tâche, mais sur le sentiment d'accomplissement. Faites en sorte que vos activités soient autant que possible en accord avec vos intérêts. Portez-vous volontaire pour participer à des groupes de travail ou à des projets plus motivants. *Besoin d'aide supplémentaire ? Reportez-vous à la fiche n° 6 : Avoir de l'ambition.*

Nothing in the world can take the place of persistence. Talent will not. Genius will not. The slogan "press on" has solved and always will solve the problems of the human race.
– Calvin Coolidge

LECTURES CONSEILLÉES

Bossidy, Larry, Ram Charan and Charles Burck (Contributor). *Execution: The Discipline of Getting Things Done.* New York: Crown Business Publishing, 2002.

Dumas, Alexandre. *Count of Monte Cristo.* New York: Bantam Books, 1981.

Dumas, Alexandre. *Count of Monte Cristo* [sound recording]. Salt Lake City, UT: Audio Books on Cassette, 1988.

Hawkins, David R. *Power vs. Force: The Hidden Determinants of Human Behavior.* Carson, CA: Hay House, 2002.

Keller, Helen. *The Story of My Life.* New York: Bantam Books, 1990.

Keller, Helen. *The Story of My Life* [sound recording]. Newport Beach, CA: Books on Tape, 1994.

Klein, Maury. *The Change Makers: From Carnegie to Gates, How the Great Entrepreneurs Transformed Ideas Into Industries.* New York: Times Books, 2003.

Loehr, Jim and Tony Schwartz. *The Power of Full Engagement: Managing Energy, Not Time, Is the Key to High Performance and Personal Renewal.* New York: The Free Press, 2003.

Morrell, Margot and Stephanie Capparell. *Shackleton's Way: Leadership Lessons From the Great Antarctic Explorer.* New York: Viking Press, 2001.

Sapadin, Linda with Jack Maguire. *It's About Time! The Six Styles of Procrastination and How to Overcome Them.* New York: Viking Press, 1996.

Troyat, Henri. *Peter the Great.* New York: Dutton, 1987.

44 ÊTRE TRANSPARENT

A man cannot utter two or three sentences, without disclosing to intelligent ears precisely where he stands in life and thought.
– Ralph Waldo Emerson

COMPÉTENCE NON MAÎTRISÉE

- ☐ Se montre très réservé et se livre peu
- ☐ Est difficile à percer la plupart du temps, on ne sait pas ce qu'il pense
- ☐ Peut douter de l'intérêt d'échanger des opinions personnelles ou des faiblesses
- ☐ S'applique à séparer travail et vie privée
- ☐ Semble redouter les conséquences de la divulgation de renseignements personnels
- ☐ Peut être timide
- ☐ Ne pose pas de questions personnelles
- ☐ Ne sait pas ce qu'il est utile de partager ou pourquoi les autres y attachent de l'importance
- ☐ Semble penser qu'il a des choses à cacher
- ☐ Est sur la défensive et peu enclin à partager des informations

Sélectionnez dans la liste ci-dessous une à trois compétences comme compétence de remplacement si vous décidez de ne pas travailler directement sur cette dernière.

SUBSTITUTS : 26,27,29,33,41,45,54,55

COMPÉTENCE MAÎTRISÉE

- ☐ Exprime volontiers la perception qu'il a de ses faiblesses, de ses forces et de ses limites
- ☐ Admet ses erreurs et ses défauts
- ☐ Ne cache pas ses croyances et ses sentiments
- ☐ Est communicatif avec les personnes qui sont en relation avec lui régulièrement

COMPÉTENCE UTILISÉE À L'EXCÈS

- ☐ Peut gêner certains par une approche trop directe
- ☐ Semble offrir un terrain propice à la critique à cause de son honnêteté
- ☐ Son ouverture d'esprit et sa franchise peuvent engendrer un manque de confiance
- ☐ Son style ouvert n'est pas crédible aux yeux de certains

Sélectionnez dans la liste ci-dessous une à trois compétences sur laquelle vous devrez travailler pour compenser son utilisation excessive.

COMPENSATEURS : 15,22,27,29,45,48,55,56,64

QUELQUES CAUSES

- ☐ Croit que le travail et la vie privée doivent demeurer séparés
- ☐ N'a pas une bonne idée de ce qu'il faut divulguer
- ☐ Ne voit pas l'intérêt de divulguer de l'information
- ☐ Manque de confiance en soi ; craint que les autres ne découvrent sa vraie personnalité
- ☐ Perfectionniste ; ne veut pas montrer ses faiblesses
- ☐ A vu d'autres personnes faire un travail de très mauvaise qualité
- ☐ Timide et mal à l'aise s'il doit se confier

FACTEURS ET GROUPES DU LEADERSHIP ARCHITECT®

Cette compétence se retrouve dans Compétences personnelles et interpersonnelles, facteur (VI). Cette compétence se retrouve dans Être ouvert et réceptif, groupe (S) aux numéros : 11, 26, 33, 41. Vous pouvez également consulter d'autres compétences dans le même facteur ou groupe pour trouver des conseils connexes.

44

LA CARTE

Les relations personnelles se fondent sur la réciprocité. Les autres nous renvoient généralement la chaleur, l'ouverture ou la froideur que nous exprimons envers eux. On reçoit ce que l'on donne. La transparence est cet aspect du travail, quel qu'il soit (gérer les autres, travailler en équipe, etc.), qui sous-entend des relations de longue durée. Beaucoup de gestionnaires croient qu'il vaut mieux maintenir une certaine distance entre eux et leurs collaborateurs. Cette distance est généralement trop grande et éloignée. Il est préférable de rechercher un équilibre entre les rapports professionnels et les rapports personnels. Les gens ne s'entendent pas bien avec quelqu'un qui est toujours froid. La transparence permet aux autres de mieux vous apprécier et vous comprendre. Si vous vous ouvrez à eux, ils feront généralement de même envers vous. Cela permet d'élargir la relation et de mieux travailler ensemble. Presque toutes les relations de travail bénéficient d'un niveau raisonnable de transparence.

QUELQUES SOLUTIONS

- ☐ **1. Que faut-il révéler ?** Les révélations qui sont très appréciées concernent les raisons qui se cachent derrière les apparences, vos mobiles, votre propre diagnostic de la situation, ce qui se passe en coulisse (que vous savez, mais qu'ils ignorent), les histoires à la fois positives et embarrassantes qui vous sont arrivées et que vous êtes libre de révéler, les commentaires sur ce qui se passe autour de vous (sans déprécier les collègues), tout comme vos pôles d'intérêt personnels et professionnels. Ce sont les domaines que vous pourriez apprendre à moins passer sous silence que vous ne le faites actuellement.

☐ **2. Par quoi commencer ?** Commencez avec trois sujets dont vous pouvez parler avec tout le monde sans risquer des révélations personnelles embarrassantes. Vacances, violon d'Ingres, les affaires en général, ce que vous pensez sur certains sujets, en particulier, les enfants, etc. Décidez ce dont vous pouvez parler et faites un effort pour en émailler les conversations que vous avez avec des personnes avec qui vous n'aviez que des rapports strictement professionnels. Notez les réactions. Vos interlocuteurs partagent-ils aussi ces sujets pour la première fois avec vous ? Habituellement, oui. Et c'est là l'élément important. Sans dépasser certaines limites, plus vous échangerez entre vous, meilleures seront vos relations.

☐ **3. Avec chacune de vos relations professionnelles, essayez d'aborder trois éléments hors travail qui les intéressent :** leurs intérêts personnels, leurs enfants ou toute autre chose dont vous pouvez parler en dehors du temps qu'il fait et des résultats sportifs de la semaine.

☐ **4. Observez quelqu'un qui échange beaucoup plus que vous et qui le fait bien.** Quelles sont les informations qu'il partage ? Quelles informations personnelles donne-t-il ? Comment le fait-il ? Dans quelles occasions ? Considérez ensuite quelqu'un qui échange moins que vous. Avec lequel des deux vous entendez-vous le mieux ?

☐ **5. Exercez-vous à échanger avec des étrangers, en avion ou lors d'une réunion sociale.** Votre but est de révéler quelque chose sur vous dont vous ne parleriez normalement pas dans le cadre du travail. Voyez combien de confidences vous obtenez de votre interlocuteur. Fixez la règle du jeu : plus il partage, plus vous partagez. Après chaque confidence, demandez-vous ce que vous ressentez. Les informations additionnelles que vous découvrez ajoutent-elles quelque chose à cette relation temporaire ? Vous serait-il plus facile de travailler avec cette personne maintenant que vous la connaissez mieux ?

☐ **6. Se révéler plus ou moins.** C'est en parlant de la façon dont vous vous voyez que vous vous révélerez le plus, car vous dévoilerez vos points forts, vos faiblesses, vos limites et vos croyances. N'oublions pas, malgré tout, que nous sommes généralement plus à l'aise avec ceux qui restent discrets dans leurs révélations. Il y a parfois un aspect amusant à certaines révélations concernant votre auto-évaluation : c'est que votre entourage est déjà au courant ! Si vous dites : « Je ne suis pas la personne la mieux organisée du monde », la plupart souriront, ayant déjà eu à souffrir de votre désorganisation. Mais, cette brève évocation d'un problème ou d'une opinion mettra votre interlocuteur à l'aise. Cela lui indique que vous avez des problèmes et des soucis identiques aux siens.

☐ **7. Avouez vos erreurs.** Apprenez à être à l'aise en confessant vos erreurs, vous paraîtrez plus humain et vous mettrez en route un processus permettant d'apprendre à partir de nos inévitables maladresses. Les personnes qui excellent à composer avec leurs propres erreurs font généralement ce qui suit :

- Elles parlent de leurs erreurs immédiatement et sans ambages.
- Elles informent les intéressés des conséquences de l'erreur.
- Si nécessaire, elles admettent publiquement leur erreur.
- Elles démontrent ce que l'erreur leur apprend, pour éviter de refaire la même erreur.
- Elles ne s'attardent pas sur les erreurs.

☐ **8. Révéler des convictions.** Quand vous révélez vos convictions ou vos valeurs, il vous faut en expliquer les motivations – donnez vos raisons plutôt que de faire un simple constat. Vous risquez autrement de paraître rigide ou trop simpliste. Par leur aspect catégorique, certaines affirmations sont limitatives. Devant une déclaration catégorique comme : « N'embauchez jamais un ami !, » il n'y a pas de discussion possible. « J'ai déjà eu à me séparer de quelqu'un qui était un ami ; voici quelle était la situation, voici mes raisons, ce que j'ai essayé de faire pour aider et ce que j'en ai appris » justifie beaucoup mieux votre position. « N'embauchez jamais un ami ! » ressemble à une proclamation. Vous pouvez aussi commencer avec un énoncé plus modéré tel que : « Je me suis demandé si c'était une bonne idée d'embaucher un ami ». Cela invite à la discussion et peut même éclairer certains aspects psychologiques : peut-on embaucher, ou non, un ami et à quelles conditions ?

☐ **9. Sensibilité à l'auditoire.** N'allez pas au-delà de ce que l'autre peut accepter. Vous commencez avec une confidence courte et simple. Que fait votre interlocuteur ? S'il ne répond pas avec une autre confidence, c'est peut-être que la situation ou le lieu ne sont pas favorables. Si votre confidence provoque la sienne, vous pouvez, par contre, en ajouter une autre. Soyez toujours attentif aux réactions de votre interlocuteur.

☐ **10. Attention aux excès.** Évitez de faire trop de confidences, car cela peut se révéler pire que de ne pas en faire. Soyez circonspect. Généralement, la politique et la religion sont des sujets à risque. L'humour cru ou les histoires basées sur les différences ethniques peuvent être mal perçus par certains. Certaines personnes sont incapables de se taire, il vaut mieux éviter de se confier à elles. Attention également de ne pas placer quelqu'un dans un rôle de conseiller ou d'en dire trop sur une question délicate. En règle générale et au tout début de la conversation, il est préférable de suivre les autres et de ne pas aller trop loin dans la confidence.

We owe it to our children to let them know what we believe, and if they differ with us, we owe it to them to be honest adversaries, for it is through this honest confrontation that children can grow into adults who have a firm sense of their place in the sequence of the generations.
– Fred Rogers, Mr. Rogers' Neighborhood

LECTURES CONSEILLÉES

Asacker, Tom and Erica Orloff. *The Four Sides of Sandbox Wisdom: Building Relationships in an Age of Chaos, Complexity and Change.* Manchester, NH: Eastside Publishing, 2001.

Dowse, Eileen. *The Naked Manager—How to Build Open Relationships at Work.* Greensboro, NC: Oakhill Press, 1998.

Ellis, Albert and Ted Crawford. *Making Intimate Connections: Seven Guidelines for Great Relationships and Better Communication.* Manassas Park, VA: Impact Publishers, Inc., 2000.

Giovagnoli, Melissa and Jocelyn Carter-Miller. *Networlding: Building Relationships and Opportunities for Success.* San Francisco: Jossey-Bass, Inc., 2000.

Gudykunst, William B. and Young Yun Kim. *Communicating With Strangers: An Approach to Intercultural Communication.* New York: WCB/McGraw-Hill, 2002.

Moxley, Russ S. *Leadership and Spirit: Breathing New Vitality and Energy Into Individuals and Organizations.* San Francisco: Jossey-Bass, Inc., 2000.

Simmons, Annette. *The Story Factor.* Cambridge, MA: Perseus Publishing, 2001.

Solomon, Robert C. and Fernando Flores. *Building Trust: In Business, Politics, Relationships, and Life.* Oxford, UK: Oxford University Press, 2001.

Stone, Douglas. *Difficult Conversations: How to Discuss What Matters Most.* New York: Penguin Books, 2000.

45 SAVOIR APPRENDRE

If you've always done it that way, it's probably wrong.
– Charles Kettering

COMPÉTENCE NON MAÎTRISÉE

- ☐ A du mal à s'adapter et à changer en fonction de son environnement ou de la situation
- ☐ Semble penser que ce qui compte avant tout c'est d'être honnête avec soi-même
- ☐ Estime que s'adapter aux autres est un signe de faiblesse
- ☐ Ne sait faire qu'une seule chose à la fois ou se concentre uniquement sur ce qu'il fait, sans se soucier des besoins d'autrui ni de leurs réactions
- ☐ N'est pas conscient du besoin de se changer
- ☐ Ne cherche pas à savoir ce que les autres pensent de lui ou n'écoute pas quand on le lui dit
- ☐ Ne comprend pas les réactions des autres vis-à-vis de lui
- ☐ Peut se montrer prétentieux ou sur la défensive

Sélectionnez dans la liste ci-dessous une à trois compétences comme compétence de remplacement si vous décidez de ne pas travailler directement sur cette dernière.

SUBSTITUTS : 6,32,33,44,54,55

COMPÉTENCE MAÎTRISÉE

- ☐ Sait percevoir rapidement la nécessité de changer son comportement personnel, interpersonnel et directorial
- ☐ Observe comment réagissent les autres à ses efforts pour influencer et obtenir des résultats, puis s'adapte
- ☐ Recherche le feed-back
- ☐ Est sensible aux changements d'exigences personnels et s'adapte en conséquence

COMPÉTENCE UTILISÉE À L'EXCÈS

- ☐ Peut être perçu comme versatile
- ☐ Semble changer d'opinion trop facilement en fonction de la situation et laisser une impression de faiblesse
- ☐ Semble s'aventurer à faire les choses différemment plutôt que de rester le même
- ☐ Semble dérouter les personnes par ses expérimentations et sa flexibilité

Sélectionnez dans la liste ci-dessous une à trois compétences sur laquelle vous devrez travailler pour compenser son utilisation excessive.

COMPENSATEURS : 5,16,17,39,46,47,50,51,52,53,58,59,62,65

QUELQUES CAUSES

- ☐ Arrogant/sur la défensive
- ☐ Ne peut se concentrer que sur une seule chose à la fois
- ☐ N'a aucun modèle qu'il peut imiter
- ☐ Sens d'observation des autres insuffisant
- ☐ Être honnête avec soi-même est d'importance capitale
- ☐ Croit que la constance est une vertu
- ☐ Croit que c'est aux autres de s'adapter à lui

FACTEURS ET GROUPES DU LEADERSHIP ARCHITECT®

Cette compétence se retrouve dans Compétences personnelles et interpersonnelles, facteur (VI). Cette compétence se retrouve dans Faire preuve de flexibilité, groupe (T) aux numéros : 40, 54, 55. Vous pouvez également consulter d'autres compétences dans le même facteur ou groupe pour trouver des conseils connexes.

LA CARTE

Nous sommes tous capables d'adopter des comportements divergents. Même une personne timide peut trouver le courage nécessaire pour s'affirmer parfois. Une « forte gueule » peut être tranquille. Une personne intelligente peut agir bêtement. Un individu orienté vers l'action peut être réfléchi. Comment savoir quel type de comportement adopter dans telle ou telle situation ? Grâce à l'observation et au feed-back. Avez-vous jamais observé les gens qui semblent toujours savoir quand changer de comportement et envers qui ? Juste au moment où une situation est sur le point d'empirer, ils changent de tactique. De tels individus sont de fins observateurs des réactions des autres envers eux-mêmes. Ils choisissent parmi une panoplie de comportements le ton et le niveau appropriés à la situation. Ils sont très sensibles à leur clientèle et à leur auditoire, et satisfont chaque client. Cet atout est particulièrement important pour gérer, développer et motiver les autres, ainsi que dans des situations tendues, lors d'une négociation ou d'un conflit politique.

QUELQUES SOLUTIONS

☐ **1. Pour réussir dans ce domaine, vous devez observer et écouter.** Vous devez observer comment vos interlocuteurs réagissent à ce que vous faites (tout en le faisant), pour juger de leur attitude. Paraissent-ils s'ennuyer ? Changez de rythme. Sont-ils indécis ? Reformulez votre idée autrement. Sont-ils irrités ? Arrêtez-vous et demandez quel est le problème. Sont-ils trop passifs ? Faites une pause et impliquez-les dans ce que vous faites. Montrent-ils de l'impatience, en jouant avec leur bloc-notes ou en regardant par la fenêtre ? Ils ne sont peut-être pas intéressés par ce que vous dites. Sautez à la fin de votre présentation ou de votre tâche, terminez la séance, partez. Observez souvent l'auditoire et changez de tactique si nécessaire. *Besoin d'aide supplémentaire ? Reportez-vous à la fiche n° 33 : Savoir écouter.*

☐ **2. Provoquer les commentaires.** Demandez à l'auditoire de réagir sur ce que vous faites, non seulement durant la réunion, mais aussi immédiatement après. On a généralement tendance à hésiter à donner du feed-back, surtout s'il est négatif ou restrictif. Habituellement, il faut le leur demander. S'ils hésitent à vous critiquer, aidez-les en leur faisant part de votre propre évaluation de votre travail plutôt qu'en posant des questions. Dire : « Je pense avoir parlé trop longtemps sur ce sujet durant la réunion ; qu'en pensez-vous ? » est moins contraignant pour l'auditoire que de lui demander son avis sur votre temps de parole. *Besoin d'aide supplémentaire ? Reportez-vous à la fiche n° 55 : Bien se connaître.*

☐ **3. Choisissez trois personnes reconnues pour leurs talents dans le cas de situations tendues, pour les échanges interpersonnels ou pour leur capacité à changer de tactique.** Écrivez ce qu'elles disent ou font quand il y a un problème. De quel vocabulaire se servent-elles ? Comment contrôlent-elles ce qui se passe ? Posent-elles des questions ou font-elles des déclarations ? Est-ce qu'elles parlent de façon abrupte, modérée ou très calmement ? Quelle est la durée de leur intervention ? Comparez votre comportement à leur façon d'opérer dans les mêmes situations. Quelles différences y voyez-vous ? Discutez avec elles pour leur demander de vous expliquer ce qu'ils ont fait et, surtout, pourquoi elles ont éventuellement changé de tactique en cours de route.

☐ **4. Cibler le client.** Les personnes performantes pensent toujours en fonction de l'extérieur, c'est-à-dire, à partir du client, de l'auditoire, de l'interlocuteur, de la situation et non en fonction de l'intérieur, « Qu'est-ce que je peux faire dans cette situation ?, » « Qu'est-ce qui me mettrait à l'aise ? ». Essayez de ne pas penser « du dedans vers le dehors » quand vous êtes en présence d'autres personnes. Quelles sont les exigences particulières à cette situation ? Comment cette personne, ou ce groupe, apprendra-t-il le mieux ? Lequel de mes styles ou laquelle de mes démarches donnera le meilleur résultat ? Quelles sont les meilleures façons d'atteindre mon but ? Comment puis-je modifier mon approche et mes stratégies pour les rendre plus efficaces ? Un poney dressé pour un seul tour ne fait qu'un seul numéro par spectacle. Si votre audience n'aime pas votre numéro, votre patron non plus.

☐ **5. Faites particulièrement attention aux signaux non verbaux.** Les indices les plus courants sont le changement de position du corps (particulièrement quand il se détourne), les bras croisés, le regard fixe, le fait de regarder sa montre, le gribouillage sur un bloc, le tapotement des doigts ou d'un crayon, le fait de regarder dehors, de froncer les sourcils. Si vous observez l'un de ces signaux, faites une pause. Posez une question, ou demandez si tout va bien, en guise de vérification. Certaines personnes utilisent la même gestuelle pour signifier que le sujet est épuisé en ce qui les concerne ou qu'ils ont perdu tout intérêt vis-à-vis du discours. Apprenez à reconnaître ces signaux. Faites-vous un plan d'action pour les cinq personnes les plus près de vous. Quand le regard de Pierre devient fixe, je ferai... Quand Suzanne en sera à sa troisième interruption, je ferai...

☐ **6. Essayer de nouvelles techniques.** Certaines personnes d'expérience ont couramment recours à une série de techniques efficaces, elles justifient tout ce qu'elles disent, gardant pour la fin les solutions ou la conclusion. Elles posent plus de questions qu'elles ne donnent d'arguments. Elles parlent brièvement et résument souvent. Si elles sont en désaccord, elles l'expriment en termes conditionnels : « Je ne le pense pas, mais vous, qu'en pensez-vous ? ». L'objectif est d'obtenir le plus d'information possible sur les réactions des autres. Cela leur permet de modifier et d'adapter leur comportement le cas échéant.

☐ **7. Apprenez à observer.** Affûtez votre sens de l'observation. Essayez de prévoir ce qu'on va vous dire ou faire. Voyez si vos interlocuteurs ont des comportements qui se répètent. Ce qu'ils font et refont sans cesse. En observant mieux les gens, vous pourrez ajuster votre comportement à leurs demandes, même non exprimées. *Besoin d'aide supplémentaire ? Reportez-vous à la fiche n° 56 : Savoir juger les autres.*

☐ **8. Élargissez votre répertoire de comportements.** Faites des choses Accomplissez des actions qui ne vous sont pas habituelles. Allez au-delà de vos limites. En élargissant votre « palette » de comportements, vous deviendrez plus efficace dans un plus grand nombre de situations. *Besoin d'aide supplémentaire ? Reportez-vous à la fiche n° 54 : Être capable d'auto-développement.*

45

☐ **9. L'arrogance est un obstacle à l'auto-apprentissage.** Beaucoup de personnes ayant une forte personnalité ou rencontrant beaucoup de succès, reçoivent peu de feed-back sur elles-mêmes et poursuivent leur parcours, se croyant parfaites... jusqu'à ce que leur carrière périclite. Si vous êtes arrogant (en dévaluant notamment la contribution des autres), vous devriez travailler davantage à observer et à communiquer avec les autres. Vous allez devoir pondérer le « Qu'est-ce que je veux/qu'est-ce que je pense » et amplifier le « Qu'est-ce qu'ils désirent/comment réagissent-ils ? ». Écrire ces observations vous sera utile puisque, en temps normal, vous ne vous souciez pas de l'impact de votre comportement sur les autres. *Besoin d'aide supplémentaire ? Reportez-vous à la fiche n° 104 : Faire preuve de suffisance.*

☐ **10. Avoir une attitude défensive est un autre obstacle au développement personnel.** Si vous vous comportez de façon défensive, les personnes qui vous entourent ne pourront pas vous donner d'indications pour vous corriger. Vous n'obtiendrez pas de feed-back. Vous aurez besoin de beaucoup de préparation pour vous calmer avant une réunion, pour vous exercer à réagir aux situations difficiles et pour développer des automatismes destinés à vous empêcher de vous renfermer dans votre coquille. Parmi les tactiques possibles : compter lentement jusqu'à dix ; vous obliger à penser au ralenti (ou vous représenter en train de le faire) ; calmer le jeu avec des questions comme : « Qu'est-ce que vous en pensez ? Pouvez-vous m'en dire plus ? ». *Besoin d'aide supplémentaire ? Reportez-vous à la fiche n° 108 : Être sur la défensive.*

I present myself in a form suitable to the relationship I wish to achieve with you.
– Luigi Pirandello

LECTURES CONSEILLÉES

Bardwick, Judith M. *Seeking the Calm in the Storm: Managing Chaos in Your Business Life.* Upper Saddle River, NJ: Financial Times/Prentice Hall, 2002.

Brooks, Michael. *Instant Rapport.* New York: Warner Books, 1989.

Butler, Gillian, Ph.D. and Tony Hope, M.D. *Managing Your Mind.* New York: Oxford University Press, 1995.

Caro, Mike. *Caro's Book of Poker Tells.* New York: Simon & Schuster, 2003.

Cooper, Robert K. and Ayman Sawaf. *Executive EQ: Emotional Intelligence in Leadership and Organizations.* New York: Grosset/Putnam, 1997.

Danzig, Robert J. *The Leader Within You.* Hollywood, FL: Lifetime Books, Inc., 1998.

Fulmer, Robert M. and Jay A. Conger. *Growing Your Company's Leaders.* New York: AMACOM, 2004.

Glickman, Rosalene. *Optimal Thinking: How to Be Your Best Self.* New York: John Wiley & Sons, Inc., 2002.

Ishiguro, Kazuo. *The Remains of the Day.* New York: Knopf, 1989.

Kouzes, James M. *Credibility: How Leaders Gain and Lose It, Why People Demand It.* San Francisco: Jossey-Bass, Inc., 2003.

Lombardo, Michael M. and Robert W. Eichinger. *The Leadership Machine.* Minneapolis, MN: Lominger Limited, Inc., 2004.

Mazzarella, Mark C. and Jo-Ellan Dimitrius. *Reading People: How to Understand People and Predict Their Behavior—Anytime, Anyplace.* New York: Ballantine Books, 1999.

Niven, David. *The 100 Simple Secrets of Successful People: What Scientists Have Learned and How You Can Use It.* New York: HarperBusiness, 2002.

Prochaska, James O., John C. Norcross and Carlo C. DiClemente. *Changing for Good.* New York: Avon Books, 1995.

Wainright, Gordon R. *Teach Yourself Body Language.* New York: McGraw-Hill/Contemporary Books, 2003.

46 FAIRE PREUVE DE PERSPECTIVE

History repeats itself, but only in outline and in the large.... There is no certainty that the future will repeat the past. Every year is an adventure.
– Will and Ariel Durant, *The Lessons of History*

COMPÉTENCE NON MAÎTRISÉE

- ☐ Est peu ouvert d'esprit
- ☐ Voit les problèmes et les défis de façon restrictive
- ☐ Regarde les choses « par le petit bout de la lorgnette »
- ☐ A des centres d'intérêt limités, n'est pas très cultivé
- ☐ Peut avoir eu une expérience limitée
- ☐ N'est pas enclin à imaginer des scénarios de rechange
- ☐ Ne s'intéresse pas aux hypothèses sur le futur ni aux répercussions possibles des événements mondiaux sur l'organisation
- ☐ La stratégie ou la vision à long terme ne sont pas son fort
- ☐ Est ancré dans le présent et souvent pris au dépourvu par les changements soudains
- ☐ Peut se cantonner au même type de fonction/profession/domaine de compétences/secteur technique

Sélectionnez dans la liste ci-dessous une à trois compétences comme compétence de remplacement si vous décidez de ne pas travailler directement sur cette dernière.

SUBSTITUTS : 2,5,15,21,28,32,38,48,58,61

COMPÉTENCE MAÎTRISÉE

- ☐ Est capable de placer une problématique complexe ou une situation difficile dans une perspective très large
- ☐ A de nombreux projets et centres d'intérêt personnels et professionnels
- ☐ Est facilement capable de se projeter dans l'avenir
- ☐ Est capable de concevoir en termes d'économie mondiale
- ☐ Peut parler des multiples aspects et impacts de problèmes et les projeter dans l'avenir

COMPÉTENCE UTILISÉE À L'EXCÈS

- ☐ Peut avoir de la difficulté à se concentrer sur le présent
- ☐ Les autres semblent ne pas le suivre dans ses spéculations sur sa vision large d'une question
- ☐ Semble ne pas fixer de priorités pratiques
- ☐ Semble toujours tendre vers davantage ou vers l'idéal
- ☐ Semble voir des corrélations là où il n'y en pas

Sélectionnez dans la liste ci-dessous une à trois compétences sur laquelle vous devrez travailler pour compenser son utilisation excessive.

COMPENSATEURS : 5,16,17,24,35,38,47,50,51,52,53,58,59,63,65

QUELQUES CAUSES

- ☐ Évite les risques
- ☐ Expériences antérieures peu enrichissantes
- ☐ A peu d'intérêts
- ☐ Éducation restreinte
- ☐ Expérience de travail limitée
- ☐ Axé sur les résultats
- ☐ En prend trop à son aise
- ☐ Se sent mal à l'aise lorsqu'il s'agit de penser à l'avenir ou d'en parler

FACTEURS ET GROUPES DU LEADERSHIP ARCHITECT®

Cette compétence se retrouve dans Compétences stratégiques, facteur (I). Cette compétence se retrouve dans Créer du nouveau et du différent, groupe (C) aux numéros : 2, 14, 28, 58. Vous pouvez également consulter d'autres compétences dans le même facteur ou groupe pour trouver des conseils connexes.

LA CARTE

46

Les idées, les perspectives et les stratégies ne proviennent pas d'une intelligence ni d'une créativité brute. Elles sont le fruit d'un esprit raffiné par des expériences et des intérêts variés et déconnectés à la fois. Les gens larges d'esprit réussissent en général car ils peuvent s'inspirer d'un plus vaste réservoir d'expérience leur permettant d'établir plus facilement des liens inhabituels avec de nouvelles idées, cultures, de nouveaux événements, etc. Les études de Sears sur l'efficacité portant sur une période de 35 ans démontrent que l'un des meilleurs prédicteurs du succès est l'étendue des centres d'intérêts.

QUELQUES SOLUTIONS

☐ **1. Lisez le livre de Peter Drucker *Management Challenges for the 21st Century,*** celui de John Naisbitt sur les *Méga Tendances*, *Popcorn Report,* par Faith Popcorn, ou encore *THE FUTURIST,* le journal de la « World Future Society ». Par exemple, Drucker soulève le problème de l'effondrement du taux de natalité dans le monde développé et ses conséquences. En 2030, on estime que la moitié de la population japonaise sera âgée de 65 ans ou plus. Il en est plus ou moins de même pour le reste du monde développé. L'âge de la retraite va-t-il être repoussé ? Allons-nous traiter les travailleurs comme des bénévoles, au fur et à mesure qu'ils sortent des grandes organisations ? Les dépenses de loisirs vont certainement diminuer, à partir du moment où les gens auront vraisemblablement moins de temps disponible. Les dépenses en termes d'éducation et de santé vont augmenter. Et l'immigration ? Malgré les mesures destinées à éviter les attentats terroristes, nous devrons sûrement faire appel à l'immigration pour maintenir une population active à un niveau suffisant. La carrière moyenne d'un employé survivra à ses employeurs (la majorité des sociétés ont une durée de vie de 30 ans). Des deuxièmes, voire même des troisièmes carrières deviendront monnaie courante. Les moyens de production se résument désormais au savoir. La sous-traitance est en hausse et le savoir est de plus en plus spécialisé, onéreux et difficile à préserver. Cela est-il le signe avant-coureur d'une augmentation de la sous-traitance et des alliances ? Quelles sont les grandes tendances en jeu actuellement et leurs conséquences sur votre entreprise, maintenant et dans le futur ?

☐ **2. Étudiez quelques inventions du passé, comme l'automobile** (une excellente référence est *The Machine That Changed The World,* de James Womack et al., MIT). Voyez comment les auteurs utilisent les enseignements du passé pour prédire le futur. Voyez comment diverses inventions qui n'ont pas de liens entre elles peuvent être associées pour créer une nouvelle découverte plus importante. Comment pourriez-vous vous servir du passé de votre société – de 1960 à 1970, de 1970 à 1980, etc. – pour prédire le futur ?

☐ **3. Lisez des magazines économiques et des périodiques d'information** et prenez note de trois à cinq événements intéressants qui peuvent avoir une incidence sur le devenir de votre entreprise. Apprenez à faire le lien entre les événements extérieurs et le contexte intérieur.

☐ **4. Durant la Seconde Guerre mondiale, les militaires ont découvert que les groupes** les plus créatifs étaient ceux dont les membres avaient peu de choses en commun et connaissaient peu les problèmes dont ils étaient chargés. Leur démarche aléatoire générait des solutions neuves. Ils n'étaient pas limités par leur passé. Soumettez un problème courant au groupe le plus disparate que vous pouvez constituer (un historien, un étudiant, un théologien, un vendeur, un plombier, etc.) et découvrez les idées qu'ils sont capables de générer. Essayez d'aborder des questions extérieures à votre champ d'activité et voyez dans quelle mesure elles provoquent votre imagination.

☐ **5. Prenez trois sujets de nature différente et intéressez-vous à des choses auxquelles vous n'avez jamais porté attention** (opéras, romans, journaux techniques, etc.). Apprenez une autre langue. Prenez un cours de magie. Étudiez l'archéologie. Les corrélations peuvent provenir de n'importe où car votre cerveau ne se préoccupe pas de la provenance des nouveaux sujets. Étudiez les relations pouvant exister entre différents principes.

☐ **6. Lisez des publications internationales comme *The Economist*, le *International Herald Tribune, Commentary,*** des revues comme L'Expansion..., des autobiographies, etc. Étudiez un pays quelconque. Lisez un livre sur la chute de l'Empire soviétique. Intéressez-vous à des périodiques comme Le Courrier International, présentant plusieurs points de vue, afin d'élargir votre vision des événements actuels. Il y a des principes sous-jacents communs dans bien des domaines, vous pouvez apprendre à les repérer, afin d'identifier ceux qui pourraient s'appliquer à votre champ d'activité.

☐ **7. Partez à l'aventure.** Découvrez des endroits que vous n'avez jamais visités auparavant. Changez de lieu de vacances. Découvrez de nouveaux types de restaurants. Participez à des événements ou à des réunions où vous connaissez peu de monde. Fréquentez les festivals ethniques et initiez-vous à leurs cultures. Assistez à des événements sportifs exceptionnels. Chaque semaine, votre famille et vous, devriez aller à la recherche de nouvelles perspectives.

☐ **8. Choisissez quelque chose que vous n'avez jamais fait, mais qui pourrait vous ouvrir de nouvelles perspectives en dehors du travail.** Joignez-vous à un groupe communautaire, allez visiter un nouveau pays, suivez un groupe d'adolescents quelques jours.

☐ **9. Au travail, prenez trois tâches dont vous ne vous êtes jamais occupé et réalisez-les.** Si vous ignorez tout du service clientèle, travaillez dans un magasin ou occupez-vous du service des réclamations. Si vous ne savez pas ce que fait l'ingénierie, allez vous renseigner. Échangez des tâches avec quelqu'un. Essayez de connaître tous les rouages de votre organisation et faites acte de présence. Déjeunez avec vos collègues et échangez vos points de vue sur vos activités respectives.

☐ **10. Projets spéciaux.** Portez-vous volontaire pour des projets spéciaux. Si le projet est important, pluridisciplinaire, et avec des résultats tangibles qui seront pris au sérieux, cela pourrait devenir une des étapes marquantes dans le développement de votre carrière. De tels projets exigent d'apprendre d'autres fonctions, d'autres domaines d'activités. En vous familiarisant avec des personnes d'autres nationalités, vous apprendrez à les connaître suffisamment pour comprendre leur façon de penser et le pourquoi de leur attitude. Ce faisant, vous sortez de votre propre cadre d'expérience et découvrez un monde plus vaste – comment fonctionnent les échanges internationaux ou, plus près de vous, comment s'imbriquent les éléments qui composent votre organisation. Vous développerez ainsi de nouvelles perspectives.

Life is easier than you think; all that is necessary is to accept the impossible, do without the indispensable, and bear the intolerable.
– Kathleen Norris

LECTURES CONSEILLÉES

The Atlantic Monthly. http://www.theatlantic.com

BusinessWeek. http://www.businessweek.com

Collins, James C. *Good to Great: Why Some Companies Make the Leap...And Others Don't.* New York: HarperCollins, 2001.

Commentary Magazine. http://www.commentarymagazine.com

Drucker, Peter Ferdinand. *Management Challenges for the 21st Century.* New York: HarperBusiness, 2001.

Duck, Jeanie Daniel. *The Change Monster.* New York: Crown Business Publishing, 2001.

Dudik, Evan Matthew. *Strategic Renaissance: New Thinking and Innovative Tools to Create Great Corporate Strategies Using Insights From History and Science.* New York: AMACOM, 2000.

Durant, Will. *The Lessons of History.* New York: Simon & Schuster, 1968.

The Economist. http://www.economist.com

The Futurist Magazine. http://www.wfs.org

Gibbon, Edward. *The Decline and Fall of the Roman Empire.* [Edited by Hans-Friedrich Mueller; Introduction by Daniel J. Boorstin; Illustrated by Battista Piranesi]. New York: Random House, 2003.

Gladwell, Malcolm. *The Tipping Point: How Little Things Can Make a Big Difference.* New York: Back Bay Books, 2002.

Green, Peter. *Alexander of Macedon, 356–323 B.C. A Historical Biography.* Los Angeles: University of California Press, 1991.

Handy, Charles. *The Hungry Spirit.* New York: Doubleday, 1998.

Hendricks, Gay and Kate Ludeman. *The Corporate Mystic: A Guidebook for Visionaries With Their Feet on the Ground.* New York: Bantam Books, 1996.

International Herald Tribune. http://www.iht.com

Kennedy, Paul M. *The Rise and Fall of the Great Powers: Economic Change and Military Conflict From 1500 to 2000.* New York: Random House, 1987.

Koch, Richard. *The Natural Laws of Business: How to Harness the Power of Evolution, Physics, and Economics to Achieve Business Success.* New York: Doubleday, 2001.

Kraus, Peter (Ed.). *The Book of Leadership Wisdom.* New York: John Wiley & Sons, Inc., 1998.

Montgomery, Cynthia A. and Michael E. Porter (Eds.). *Strategy.* Boston: Harvard Business School Press, 1991.

Nixon, Richard M. *Leaders.* New York: Warner Books, 1982.

Soundview Executive Book Summaries. 10 LaCrue Avenue, Concordville, PA 19331. 1-800-521-1227. 1-610-558-9495 (outside US and Canada). http://www.summary.com. Soundview Executive Book Summaries are 5,000-word, eight-page distillations of specially selected business books. Soundview subscribers receive two or three eight-page summaries of the best business books each month (30 per year); access to well over 200 summaries on Soundview's backlist; and access to editors in Soundview's research department for help in finding specific business book references.

Wall Street Journal. http://www.wsj.com

Womack, James P. and Daniel T. Jones. *Lean Thinking: Banish Waste and Create Wealth in Your Corporation.* New York: The Free Press, 2003.

47 SAVOIR PLANIFIER

Planning is bringing the future into the present
so that you can do something about it now.
– Alan Lakein

COMPÉTENCE NON MAÎTRISÉE

- ☐ Ne planifie pas assez
- ☐ Réussit parfois de justesse en improvisant à la dernière minute
- ☐ Manque de méthode quand il fixe des objectifs et établit un plan de travail
- ☐ Peut être mal à l'aise avec les processus structurés
- ☐ Dédaigne la planification et peut donner l'impression de travailler de façon floue ou superficielle
- ☐ Manque de la patience nécessaire pour définir les objectifs, prévoir les difficultés, établir le calendrier des travaux et gérer les risques
- ☐ Semble dérouter les personnes qui travaillent avec ou pour lui
- ☐ Semble démotiver les personnes qui travaillent avec ou pour lui

Sélectionnez dans la liste ci-dessous une à trois compétences comme compétence de remplacement si vous décidez de ne pas travailler directement sur cette dernière.

SUBSTITUTS : 18,20,24,35,39,51,52,62

COMPÉTENCE MAÎTRISÉE

- ☐ Sait évaluer le degré de difficulté des tâches et des projets à réaliser ainsi que la durée de réalisation
- ☐ Sait fixer des buts et des objectifs
- ☐ Décompose le travail à faire en étapes et séquences
- ☐ Sait définir le calendrier de travail et répartir les tâches et responsabilités de chacun
- ☐ Anticipe les problèmes et les points d'achoppement et peut faire les ajustements nécessaires
- ☐ Compare les performances réalisées avec les objectifs fixés
- ☐ Évalue les résultats

COMPÉTENCE UTILISÉE À L'EXCÈS

- ☐ Peut être trop dépendant des règles, des règlements, des procédures et de la structure
- ☐ Semble laisser de côté l'élément humain dans le travail
- ☐ Semble être rigide et avoir du mal à s'adapter au changement rapide

Sélectionnez dans la liste ci-dessous une à trois compétences sur laquelle vous devrez travailler pour compenser son utilisation excessive.

COMPENSATEURS : 2,3,10,14,15,26,31,32,33,40,46,57,60,64

QUELQUES CAUSES

- ☐ Arrogant ; n'a besoin de rien
- ☐ Impatient
- ☐ N'a pas le sens des processus structurés
- ☐ A besoin que les choses soient simples
- ☐ Gestion du temps ; trop occupé pour s'en préoccuper

FACTEURS ET GROUPES DU LEADERSHIP ARCHITECT®

Cette compétence se retrouve dans Compétences d'exploitation, facteur (II). Cette compétence se retrouve dans S'organiser, groupe (E) aux numéros : 39, 62. Vous pouvez également consulter d'autres compétences dans le même facteur ou groupe pour trouver des conseils connexes.

LA CARTE

Rien de tel pour faire avancer les choses qu'un bon plan. Il aide, en premier lieu, les intervenants qui pourront suivre les directives du plan. Il permet une meilleure utilisation des ressources. Il accélère le déroulement du processus. Il permet d'anticiper les problèmes. C'est l'un des aspects de la gestion du personnel qui recueille une réaction positive de la part de tous. Un bon plan permet d'avoir du temps pour entreprendre d'autres choses tout en étant certain que toutes les tâches sont suivies et progressent comme prévu.

QUELQUES SOLUTIONS

☐ **1. Décrire les tâches et le travail.** La plupart des projets réussis commencent avec un bon plan. Que dois-je faire ? Quels sont les objectifs ? Dans quels délais ? Quelles ressources me seront nécessaires ? Ai-je le contrôle sur toutes ces ressources ? Qui contrôle les ressources : le personnel, le financement, les outils, les matériels, les appuis dont j'ai besoin ? Détaillez le travail de A à Z. On risque de donner l'impression d'un manque de planification lorsque l'on n'écrit pas tout le déroulement ou toutes les parties du projet et que l'on oublie quelque chose. Demandez à d'autres de réviser l'agencement et d'identifier ce qui manque. *Besoin d'aide supplémentaire ? Reportez-vous aux fiches n° 52 : Maîtriser la gestion des processus et n° 63 : Systèmes de gestion intégrale de la qualité (ex. TQM/ISO/Six Sigma).*

☐ **2. Établir le plan.** Achetez-vous un logiciel qui permet de préparer des graphiques PERT ou GANTT ou un logiciel de planification de projets. Devenez expert dans leur utilisation. Utilisez-le aussi pour communiquer vos plans. Utilisez ses diagrammes lors de vos présentations.

☐ **3. Établir des objectifs et des mesures de repérage.** Rien ne facilite plus le respect de l'échéancier et du budget que d'avoir un but, un plan et des mesures de contrôle. Établissez des objectifs non seulement pour le projet lui-même, mais aussi pour les tâches qui le composent. Planifiez l'ensemble. Établissez des contrôles de façon à ce que vous et d'autres puissiez mesurer les progrès. *Besoin d'aide supplémentaire ? Reportez-vous à la fiche n° 35 : Savoir gérer et établir des indicateurs de performance.*

☐ **4. Gérer des plans multiples ou des parties du plan global.** Pour mener à bien des projets complexes, il faut savoir gérer, en parallèle, des tâches multiples et convergentes. L'élaboration d'un plan directeur vous aidera. Une bonne planification réduit les pertes de contrôle et vous évite de vous disperser.

☐ **5. Gérer efficacement.** Planifiez votre budget et gérez en conséquence. Dépensez prudemment. Ayez une réserve pour les imprévus. Ayez des points de repères dans votre budget, ce qui vous permettra de vérifier si les dépenses courantes sont conformes au plan.

☐ **6. Adéquation des personnes et des tâches.** Les gens sont tous différents. Ils diffèrent par leurs compétences, leurs connaissances et leurs expériences. Au lieu de voir toutes les personnes sur un même plan, considérez-les comme distinctes et différentes. Un traitement équitable consiste à donner à chacun la tâche qui convient à ses capacités. *Besoin d'aide supplémentaire ? Reportez-vous à la fiche n° 56 : Savoir juger les autres.*

☐ **7. Anticiper les étapes de réalisation.** Qu'est-ce qui peut poser des problèmes ? Pensez à différents scénarios. Prévoyez des modalités de substitution. Classez les problèmes potentiels en fonction de leur probabilité et pensez à la façon dont vous pourriez agir dans chaque cas. Préparez un plan pour parer à chaque éventualité. Faites particulièrement attention aux maillons faibles, c'est-à-dire les groupes ou les éléments avec lesquels vous avez moins de contrôle ou de contact (quelqu'un d'éloigné, un consultant ou un fournisseur). Restez doublement en contact avec les maillons les plus faibles de la chaîne. *Besoin d'aide supplémentaire ? Reportez-vous à la fiche n° 51 : Maîtriser la résolution de problèmes.*

☐ **8. Établir une procédure pour concilier l'avancement du projet et le plan.** Comment saurez-vous si le plan se déroule dans les délais prévus ? Pouvez-vous, à n'importe quel moment, estimer le délai d'achèvement des travaux ou leur état d'avancement ? Transmettez régulièrement les informations pertinentes aux personnes impliquées dans l'exécution du plan.

☐ **9. Trouver, dans votre entourage, quelqu'un qui soit meilleur que vous en planification, de façon à voir comment il procède.** En quoi sa vision se compare-t-elle avec votre façon de procéder ? Essayez de faire aussi bien. Sollicitez des commentaires de ceux qui doivent suivre vos plans. Ce qu'ils ont apprécié et ce qu'ils ont trouvé le plus difficile.

☐ **10. Obtenir de l'aide.** Partagez votre conception du projet avec d'autres, si possible avec ceux qui doivent vous apporter leur support par la suite. Obtenez leur contribution pour le plan. Déléguez même éventuellement la création du plan à des personnes plus compétentes que vous. Dans ce cas, vous prescrivez les objectifs, ce qui doit être fait et vous les laissez créer le plan détaillé. *Besoin d'aide supplémentaire ? Reportez-vous aux fiches n° 18 : Savoir déléguer et n° 33 : Savoir écouter.*

In preparing for battle I have always found that plans are useless, but planning is indispensable.
– Dwight D. Eisenhower

LECTURES CONSEILLÉES

Axson, David A.J. *Best Practices in Planning and Management Reporting*. New York: John Wiley & Sons, Inc., 2003.

Bacon, Terry R. and David G. Pugh. *Winning Behavior: What the Smartest, Most Successful Companies Do Differently*. New York: AMACOM, 2003.

Bandrowski, James F. *Corporate Imagination Plus—Five Steps to Translating Innovative Strategies Into Action*. New York: The Free Press, 2000.

Collins, James C. *Good to Great: Why Some Companies Make the Leap...And Others Don't*. New York: HarperCollins, 2001.

Dutka, Alan F. *Competitive Intelligence for the Competitive Edge*. Lincolnwood, IL: NTC Business Books, 1999.

Hamel, Gary. *Leading the Revolution.* Boston: Harvard Business School Press, 2002.

Jackson, Paul Z. and Mark McKergow. *The Solutions Focus.* Yarmouth, ME: Nicholas Brealey Publishing, 2002.

Mitroff, Ian I. and Gus Anagnos. *Managing Crises Before They Happen*. New York: AMACOM, 2001.

Prahalad, C.K. and Venkat Ramaswamy. *The Future of Competition: Co-Creating Unique Value With Customers.* Boston: Harvard Business School Press, 2004.

Smith, Preston G. and Donald G. Reinertsen. *Developing Products in Half the Time: New Rules, New Tools.* New York: John Wiley & Sons, Inc., 1997.

Vega, Gina. *A Passion for Planning: Financials, Operations, Marketing, Management, and Ethics.* Lanham, MD: University Press of America, 2001.

Williams, Paul B. *Getting a Project Done on Time.* New York: AMACOM, 1996.

48 AVOIR LE SENS POLITIQUE

One of the penalties for refusing to participate in politics
is that you end up being governed by your inferiors.
– Plato

COMPÉTENCE NON MAÎTRISÉE

- ☐ Ne maîtrise pas le contexte politique interne et ne sait pas agir avec adresse et discrétion
- ☐ Peut causer des problèmes politiques par ce qu'il dit ou fait
- ☐ Ne sait pas comment réagir face à ceux qui veulent protéger leur territoire
- ☐ Ne veut pas entrer dans des luttes politiques, peut être perçu comme trop naïf
- ☐ Peut ne pas savoir convaincre la haute direction
- ☐ Semble impatient avec les nécessités politiques et faire des erreurs de procédure
- ☐ Peut être trop direct et ne pas prendre en compte l'impact sur les autres
- ☐ Ne prévoit pas les conséquences de ses actes

Sélectionnez dans la liste ci-dessous une à trois compétences comme compétence de remplacement si vous décidez de ne pas travailler directement sur cette dernière.

SUBSTITUTS : 3,4,8,12,21,22,31,32,33,36,37,38,42,52,56,64

COMPÉTENCE MAÎTRISÉE

- ☐ Sait agir habilement, discrètement et avec efficacité dans des situations politiques complexes
- ☐ A un sens aiguisé du fonctionnement des organisations et des motivations humaines
- ☐ Est capable de prévoir « les terrains minés » et d'agir en conséquence
- ☐ Considère que les politiques organisationnelles sont nécessaires dans la vie d'une entreprise et s'accommode de cette réalité
- ☐ Est adroit à déjouer les embûches

COMPÉTENCE UTILISÉE À L'EXCÈS

- ☐ Peut être perçu comme une personne trop politicienne
- ☐ Semble ne pas inspirer confiance
- ☐ Semble dire aux autres ce qu'ils veulent entendre plutôt que ce qu'il pense
- ☐ Semble exagérer l'importance de ce qu'il sait
- ☐ Peut être perçu comme manipulateur et rusé

Sélectionnez dans la liste ci-dessous une à trois compétences sur laquelle vous devrez travailler pour compenser son utilisation excessive.

COMPENSATEURS : 4,8,12,17,22,27,29,30,34,38,44,51,53,57,63

QUELQUES CAUSES

- ☐ Évalue mal les gens et leurs intérêts
- ☐ Excessivement franc et direct
- ☐ Comprend mal ce qu'est d'avoir le sens politique
- ☐ N'a aucune patience envers les procédures établies
- ☐ Pas très doué pour la communication interpersonnelle
- ☐ Mauvais négociateur
- ☐ Rejette toute nécessité de jouer « à la politique »
- ☐ Perçu comme un porte-parole
- ☐ Très orienté vers l'action
- ☐ Très égocentrique et ethnocentrique

FACTEURS ET GROUPES DU LEADERSHIP ARCHITECT®

Cette compétence se retrouve dans Compétences de positionnement organisationnel, facteur (V). Cette compétence se retrouve dans Avoir le sens de l'organisation, groupe (K) au numéro : 38. Vous pouvez également consulter d'autres compétences dans le même facteur ou groupe pour trouver des conseils connexes.

LA CARTE

Les organisations sont un dédale complexe d'ego, de clientèles, d'enjeux et de rivalités. On y trouve des personnes de fortes personnalités, des bâtisseurs d'empires. Chacun construit sa petite forteresse et la défend contre les attaques et les influences des autres. Les organisations sont pleines de chausse-trapes et de voies sans issue ou dangereuses. C'est un lieu où les possibilités d'échecs sont bien plus nombreuses que les opportunités de réussite. Ceux qui sont doués de sens politique, acceptent cela comme faisant partie de la condition humaine et s'y adaptent. Il ne faut pas confondre cela avec être politicien, un terme qui désigne de façon voilée un individu qui n'est pas digne de confiance ou qui manque de substance. Avoir le sens politique implique la capacité d'accomplir les tâches nécessaires dans le dédale de l'organisation en faisant le moins de bruit possible et en tirant le maximum de profit de la situation.

48

QUELQUES SOLUTIONS

- ☐ **1. Comment avez-vous été évalué sur les fiches n° 22 : Respecter l'éthique et les valeurs et n° 29 : Être intègre et digne de confiance ?** Si votre évaluation a été est bonne, vous n'avez pas besoin de lire les conseils qui suivent. Si le résultat est moyen ou faible, vous risquez d'être perçu comme étant peu obligeant envers les autres. On se méfiera de vos tendances à jouer de l'influence. Êtes-vous perçu comme un solitaire ? Il vous arrive d'arrondir les angles pour bien paraître. Vous êtes particulièrement adroit pour bien présenter ce qui, sur le fond, n'est pas acceptable. Vous tentez de blâmer les autres pour des actions dont vous auriez dû prendre la responsabilité. On vous juge uniquement préoccupé par des intérêts mesquins ou personnels. Vous inventez des excuses pour vous protéger. Vous dévalorisez vos rivaux pour donner une meilleure image de vous-même. Vous répondez évasivement à des questions difficiles. Vous ne vous souciez pas ou peu des autres. Si vous vous reconnaissez dans un ou plusieurs de ces comportements, vos travers risquent d'être découverts. Au stade où vous en êtes, devenir plus habile politiquement risque de vous valoir des retours de flamme et vous inspirerez de moins en moins confiance. Avant d'affiner votre sens politique, travaillez sur vous-même. *Besoin d'aide supplémentaire ? Reportez-vous aux fiches n° 22 : Respecter l'éthique et les valeurs et n° 29 : Être intègre et digne de confiance.*

☐ **2. Les personnes douées de sens politique travaillent de l'extérieur (auditoire, personne, groupe) vers l'intérieur.** Elles déterminent et apprécient les demandes caractéristiques ou les exigences de chaque situation ou de chaque personne auxquelles elles sont amenées à faire face. Elles choisissent ensuite la meilleure démarche en utilisant leurs talents, leurs habiletés ou leur style. Essayez de ne pas penser « du dedans vers le dehors » quand vous êtes en présence d'autres personnes. *Besoin d'aide supplémentaire ? Reportez-vous à la fiche n° 15 : Être orienté vers le client.*

☐ **3. Les hauts dirigeants.** Quand elles doivent traiter avec les hauts dirigeants, les personnes d'expérience préfèrent les informer individuellement, avant de faire une présentation ou une proposition. Elles vont souvent en premier lieu vers le critique le plus acerbe afin d'affiner leurs idées et de se préparer aux objections les plus sérieuses. Tester les meilleures tactiques politiques avec le top management est difficile parce qu'on est généralement mal à l'aise avec la haute direction. Tester les meilleures démarches demande du sang-froid et un esprit éclairé. *Besoin d'aide supplémentaire ? Reportez-vous à la fiche n° 8 : Se sentir à l'aise dans les rapports avec la haute direction.*

☐ **4. Les organisations sont politiquement complexes.** On y trouve des personnes très égocentriques, des bâtisseurs d'empire. Elles sont truffées de pièges politiques et de culs-de-sac. C'est un lieu où les possibilités d'échecs sont bien plus nombreuses que les opportunités de réussite. Ceux qui ont le sens politique connaissent parfaitement leur entreprise. Ils savent comment faire faire les choses. Ils savent sur qui s'appuyer pour écourter les délais. Ils connaissent aussi les cerbères, ceux qui contrôlent le flux des ressources, des informations et des décisions. *Besoin d'aide supplémentaire ? Reportez-vous à la fiche n° 38 : Faire preuve d'agilité organisationnelle.*

48

☐ **5. La sensibilité au plan politique suppose une sensibilité vis-à-vis des personnes.** Vous devez littéralement « lire » les gens. Vous devez pouvoir prévoir comment ils vont réagir vis-à-vis de vous et de vos objectifs. L'intérêt et la complexité de la vie proviennent de la diversité humaine. Chacun demande des égards et des soins adaptés. Si vous pouvez anticiper comment des individus ou des groupes vont réagir, vous pourrez choisir les tactiques les mieux adaptées pour obtenir ce que vous désirez. *Besoin d'aide supplémentaire ? Reportez-vous aux fiches n° 36 : Savoir motiver et n° 56 : Savoir juger les autres.*

☐ **6. Pour accéder à un savoir-faire politique en situation rapprochée (par exemple, en réunion), vous devez apprendre à lire les signaux non verbaux.** Les avertissements les plus courants sont : le changement de maintien (surtout le fait de se détourner), les bras croisés, le regard fixe, le coup d'œil vers la montre, le gribouillage sur le bloc-notes, le tapotement des doigts ou du crayon, le fait de regarder par la fenêtre ou de froncer les sourcils. Si vous observez l'un de ces signaux, faites une pause. Posez une question, ou demandez si tout va bien, en guise de vérification.

☐ **7. Dans les organisations, se faire l'avocat de points de vue mesquins ne mènent pas loin, politiquement parlant.** Adoptez d'emblée un style prudent. Donnez du champ aux autres pour qu'ils puissent manœuvrer. Abordez toujours en premier les intérêts de l'organisation. Soyez prêt à contrer l'argument selon lequel vos objectifs sont plus importants que ceux des autres. Bien des difficultés en politique des affaires proviennent de prises de position extrêmes dès le début des opérations.

☐ **8. Un savoir-faire sélectif, selon les personnes ?** Existe-t-il un groupe ou des groupes, avec lesquels vous avez des difficultés politiquement parlant ? Est-ce parce que vous ne les aimez pas ou que vous vous sentez mal à l'aise avec eux ? Pour mieux vous entendre avec ces groupes, imaginez que vous êtes à leur place. Bloquez votre réaction instinctive « J'aime/Je n'aime pas – d'accord/pas d'accord ». Que pensez-vous qu'ils tentent d'obtenir ? Pourquoi agiriez-vous ainsi ? Que pensez-vous qu'ils essaient d'obtenir ? Établissez la réciprocité. Les relations interpersonnelles ne durent pas sauf si chacun y apporte sa contribution. Découvrez ce dont chacun a besoin dans le groupe, et dites-leur ce dont vous avez besoin. Trouvez un bon compromis.

☐ **9. Réduire les conflits politiques.** Plus ces conflits seront abstraits, plus ils seront difficiles à contrôler. Séparez les questions de personnes et les problèmes. Attaquez les problèmes en considérant leur nature, non les personnes qui les présentent. Évitez de blâmer directement ; décrivez les problèmes et leurs répercussions. Si vous ne pouvez vous entendre sur des solutions globales, trouvez des accords sur des procédures de règlement ou entendez-vous sur quelques points et faites la liste des litiges en suspens. Cela permet d'éviter les réactions impulsives et l'impasse politique.

☐ **10. Soyez souple dans votre démarche.** Il faut non seulement avoir un plan d'attaque, mais aussi un plan pour les imprévus. Soyez prêt à faire face. Prévoyez l'imprévisible. Les personnes qui ont un savoir-faire politique savent faire preuve de souplesse dans les négociations. Le fait d'atteindre l'objectif est plus important pour elles que le souci de leur ego. *Besoin d'aide supplémentaire ? Reportez-vous aux fiches n° 32 : Démontrer une grande capacité à apprendre sur le terrain et n° 45 : Savoir apprendre.*

Politics is not an end, but a means. It is not a product, but a process.
So much emphasis has been placed upon the false that...politics
has come to convey the meaning of crafty and cunning
selfishness, instead of candid and sincere service.
– Calvin Coolidge

LECTURES CONSEILLÉES

Alessandra, Tony, Ph.D. and Michael J. O'Connor, Ph.D. *The Platinum Rule*. New York: Warner Books, 1996.

Ashkenas, Ronald N. (Ed.), Dave Ulrich, Todd Jick, Steve Kerr and Lawrence A. Bossidy. *The Boundaryless Organization: Breaking the Chains of Organization Structure, Revised and Updated.* New York: John Wiley & Sons, Inc., 2002.

Aubuchon, Norbert. *The Anatomy of Persuasion.* New York: AMACOM, 1997.

Dobson, Michael S. and Deborah S. Dobson. *Enlightened Office Politics: Understanding, Coping With and Winning the Game—Without Losing Your Soul.* New York: AMACOM, 2001.

Edel, T.R. *Wake Me When It's Time to Work: Surviving Meetings, Office Games, and the People Who Love Them.* Houston, TX: Cashman Dudley, 1999.

Finkelstein, Sydney. *Why Smart Executives Fail: And What You Can Learn From Their Mistakes.* New York: Portfolio, 2003.

Hawley, Casey Fitts. *100+ Tactics for Office Politics.* New York: Barrons Educational Series, 2001.

Janasz, Suzanne C., Karen O. Dowd and Beth Z. Schneider. *Interpersonal Skills in Organizations.* New York: McGraw-Hill/Irwin, 2001.

Kissinger, Henry. *Diplomacy.* New York: Simon & Schuster, 1994.

Korten, David C. *When Corporations Rule the World.* San Francisco: Berrett-Koehler Publishers, Inc., 2001.

Lareau, William. *Dancing With the Dinosaur: Learning to Live in the Corporate Jungle.* Clinton, NJ: New Win Publishing, 1994.

Linsky, Martin and Ronald A. Heifetz. *Leadership on the Line: Staying Alive Through the Dangers of Leading.* Boston: Harvard Business School Press, 2002.

Machiavelli, Niccolò. *The Prince.* Translated by W.K. Marriott. Introduction by Herbert Butterfield [Abridged ed.]. Ann Arbor, MI: J.W. Edwards [1946] [1958, 1968]; New York: Bantam Books, 1984 (Reissue edition).

Manchester, William. *On Mencken: Essays.* New York: Knopf, 1980.

Parekh, Bhikhu. *Gandhi's Political Philosophy*. Notre Dame, IN: University of Notre Dame Press, 1989.

Reardon, Kathleen Kelley. *The Secret Handshake: Mastering the Politics of the Business Inner Circle.* New York: Currency/Doubleday, 2001.

Roosevelt, Franklin D., Russell D. Buhite and David W. Levy (Eds.). *FDR's Fireside Chats.* Norman, OK: University of Oklahoma Press, 1992.

Silberman, Melvin L. and Freda Hansburg. *Peoplesmart: Developing Your Interpersonal Intelligence.* San Francisco: Berrett-Koehler Publishers, Inc., 2000.

Walton, Mark S. *Generating Buy-In.* New York: AMACOM, 2003.

49 MAÎTRISER LA COMMUNICATION ORALE

It usually takes me more than three weeks
to prepare a good impromptu speech.
– Mark Twain

COMPÉTENCE NON MAÎTRISÉE

- ☐ Piètre orateur dans certaines situations
- ☐ Peut être timide
- ☐ Peut être désorganisé ; n'a pas de fil conducteur
- ☐ Peut avoir un style monotone et irritant
- ☐ N'écoute pas son auditoire
- ☐ Peut avoir des tics ou des manies
- ☐ Peut ne pas être préparé ou être incapable de répondre aux questions difficiles
- ☐ Adopte toujours le même style de présentation, quel que soit son auditoire
- ☐ Peut perdre son sang-froid au cours d'un débat difficile
- ☐ Peut paraître nerveux, voire effrayé, quand il parle

Sélectionnez dans la liste ci-dessous une à trois compétences comme compétence de remplacement si vous décidez de ne pas travailler directement sur cette dernière.

SUBSTITUTS : 3,8,9,12,24,26,31,36,65,67

COMPÉTENCE MAÎTRISÉE

- ☐ Est capable d'assurer toutes sortes de présentations formelles : devant une seule personne, de petits groupes ou des groupes plus importants, ses collègues, ses collaborateurs directs et ses supérieurs
- ☐ Fait des présentations efficaces à l'extérieur comme à l'intérieur de l'entreprise et aussi bien pour des données factuelles que des sujets plus controversés ou plus délicats
- ☐ Sait capter l'attention de son auditoire et animer efficacement un groupe
- ☐ Peut changer rapidement de tactique lorsque la situation n'évolue pas dans le bon sens

COMPÉTENCE UTILISÉE À L'EXCÈS

- ☐ Peut essayer de sortir gagnant d'une situation en tablant davantage sur la forme et son talent en présentation orale que sur les faits et le fond du sujet
- ☐ Semble être capable d'improviser et d'y arriver sans être préparé
- ☐ Semble être capable de vendre des choses invendables

Sélectionnez dans la liste ci-dessous une à trois compétences sur laquelle vous devrez travailler pour compenser son utilisation excessive.

COMPENSATEURS : 5,17,22,24,30,32,33,46,51,53,57,58,61,63,65

QUELQUES CAUSES

- ☐ Incapable de supporter les pressions
- ☐ Désorganisé
- ☐ N'aime pas les situations de conflit
- ☐ Présentateur monotone
- ☐ Se sent nerveux et émotif
- ☐ A peur de s'adresser à un grand groupe
- ☐ Timide
- ☐ Est intimidé par les techniques de la communication
- ☐ Désarçonné par les questions

FACTEURS ET GROUPES DU LEADERSHIP ARCHITECT®

Cette compétence se retrouve dans Compétences de positionnement organisationnel, facteur (V). Cette compétence se retrouve dans Communiquer avec efficacité, groupe (L) au numéro : 67. Vous pouvez également consulter d'autres compétences dans le même facteur ou groupe pour trouver des conseils connexes.

LA CARTE

Il y a les présentateurs et les présentateurs présentables. Une bonne présentation est celle qui accomplit ses objectifs. Être présentable c'est être perçu comme un bon présentateur suffisamment doué de présence et de sensibilité envers l'auditoire pour donner une bonne présentation.

QUELQUES SOLUTIONS

☐ **1. Préparation.** Faites une liste de vérification. Quel est votre objectif ? Quels sont les cinq principaux points dont vous voulez que votre auditoire se souvienne ? Que dirait l'auditeur idéal s'il était questionné quinze minutes après votre allocution ? À qui vous adressez-vous ? Que savent-ils sur le sujet ? Quelles sont les cinq techniques que vous utiliserez pour soutenir leur attention ? Quelle technique de présentation serait la plus appropriée ? Quelles questions l'auditoire posera-t-il ? Quel est l'environnement ? De combien de temps disposez-vous ? (considérez toujours quelques minutes de moins que le temps prévu). *Besoin d'aide supplémentaire ? Reportez-vous à la fiche n° 47 : Savoir planifier.*

☐ **2. Préparez votre présentation.** Une seule phrase suffit pour présenter votre thèse. En d'autres termes, commencez par la fin. Avancez ensuite les trois ou cinq éléments-clés de votre argumentation qui appuient votre thèse. Ne délayez pas plus, sinon vous risquez d'ennuyer votre auditoire. Vous y arriverez peut-être en notant les principaux concepts sur des fiches que vous rangerez selon l'ordre voulu. Un ministre connu disait, « Plus personne n'existe après vingt minutes ». Beaucoup de présentations doivent dépasser cette durée, mais elles peuvent être

☐ divisées en sections, avec des conclusions claires et une liaison solide avec le sujet suivant. Quelle introduction saura frapper les auditeurs et retenir leur attention ? Une histoire, un fait, une comparaison, une citation, une photo, une caricature ? Prenons pour exemple cette conférencière qui, pour présenter les résultats d'une recherche sur la réussite professionnelle, a choisi cette comparaison : « Voici deux vrais jumeaux, ils sont embauchés pour le même poste et dans la même organisation ; essayons de voir pourquoi, vingt ans plus tard, l'un a eu du succès et l'autre pas ». Cette anecdote lui a permis, tout au long de sa présentation, de revenir sans cesse sur les jumeaux pour illustrer les différentes expériences de développement de carrière que sa société poursuivait. Dans la préparation de votre présentation, résistez à l'envie d'exposer tout ce que vous savez, mettez surtout l'accent sur vos priorités et la façon de les expliquer. Quels sont vos points prioritaires et comment allez-vous les expliquer ? Certains points sont mieux illustrés par des exemples, d'autres par la logique de l'argument ou encore, par des faits et des récits. Vous devriez varier votre démarche pour pouvoir convaincre le plus grand nombre de lecteurs. Utilisez des méthodes mnémotechniques, présentez chaque point en trois concepts ; répétez les mots et les phrases clés, utilisez la litote et l'exagération ; utilisez l'antithèse, « Ne vous demandez pas ce que votre pays peut faire pour vous, mais ce que vous pouvez faire pour votre pays ». Il y a une grande différence entre écrire et parler, c'est l'une des grandes découvertes des conférenciers qui débutent. Une conférence bien écrite est une conférence qui capte l'attention lorsqu'elle est dite, non lorsqu'elle est lue. Ne vous entichez pas de ce que vous avez écrit avant de l'avoir enregistré et écouté. Le rythme et l'allure de l'écriture sont très éloignés de ceux de la parole. L'écriture ne tient pas compte de la respiration. Si votre ordinateur a un synthétiseur de parole, faites-lui dire votre conférence. Ou faites-la lire par quelqu'un d'autre. Ne présentez jamais une conférence écrite avant de l'avoir répétée oralement. Abonnez-vous à la revue *Presentations* (www.presentations.com).

☐ **3. Tenir compte de l'auditoire.** Malheureusement, une allocution est rarement adaptée à tous les publics. Vous aurez souvent à modifier le ton, la vitesse, le style et même le message et la façon de l'exprimer. Si vous donnez la même allocution (ou livrez le même message) à plusieurs publics, demandez-vous toujours en quoi ces publics diffèrent. Cela peut concerner le niveau d'éducation, le degré de sympathie ou d'antipathie envers l'orateur, le moment choisi et dans quelle mesure le public s'attend à participer ou même à se divertir. Il faut enfin tenter de savoir quel type d'argumentation – logique ou émotionnelle – peut être le mieux accepté. Ajustez-vous en conséquence. *Besoin d'aide supplémentaire ? Reportez-vous à la fiche n° 15 : Être orienté vers le client.*

☐ **4. Les répétitions.** Si vous commencez seulement à développer vos aptitudes de présentateur, de nombreuses répétitions sont indispensables. La meilleure méthode est de répéter sur les lieux de la présentation. Pour vous préparer, répétez devant une caméra vidéo ou devant quelqu'un qui vous donnera ses commentaires, sinon enregistrez simplement le son ou si vous n'avez pas d'autres possibilités, répétez seul devant un miroir. Pensez au temps imparti à chaque question importante – habituellement de cinq à dix minutes. Vous perdez-vous trop dans les détails sur les sujets les plus longs ? Variez votre ton et le volume de votre voix pour éviter la monotonie ou d'endormir vos auditeurs. Utilisez vos mains et votre corps, changez d'expression faciale. Si les paroles et la mélodie ne s'accordent pas, le message ne passe pas. Utilisez les silences pour préparer un effet ou souligner un point. Attention à ne pas utiliser le même mot trop souvent. Si vous êtes en peine d'expliquer quelque chose, faites une pause – les « heu... », « hum... », « vous savez... », ont l'inconvénient de distraire et font perdre l'attention. Si vous avez un trou de mémoire, faites une pause, puis répétez ce que vous venez de dire en le paraphrasant. Alors que vous essayez de gagner du temps, demandez-vous qu'est-ce qui peut avoir un lien avec ce que vous venez de dire. Évitez de parler avec trop d'emphase ou d'utiliser des mots à double sens qui agaceront certaines personnes. La meilleure allocution est celle qui s'énonce de façon totalement naturelle. C'est généralement celle qui a été répétée le plus souvent. De plus, si vous la connaissez par cœur, cela vous donne la possibilité d'observer le public et de vous y adapter.

☐ **5. Les questions.** La plus grande crainte concerne les questions. La variété des questions est infinie. Les bonnes, les mauvaises, celles qui sont brûlantes ou anodines. Les questions bien ou mal intentionnées, qui viennent à point ou non. On craint, bien entendu les questions trop brûlantes, mal intentionnées ou qui arrivent comme un cheveu sur la soupe, mais toutes les questions sont bonnes car elles vous renseignent quant à votre impact sur l'auditoire. Quelquefois, il est entendu que les questions ne doivent intervenir qu'à la fin ; d'autres fois, elles sont autorisées ou sollicitées et peuvent fuser à tout moment. Pensez à l'avance aux dix questions qui risquent d'être posées. Envisagez les réponses que vous pourrez donner, sans oublier que certaines questions sont imprévisibles. Quelques règles : Si vous vous apprêtiez à aborder la réponse à une question posée, vous pouvez dire quelque chose comme : « Merci pour cette excellente introduction à ce que j'allais dire ; si vous voulez attendre un peu, je vais vous répondre dans quelques minutes ». Sans modifier votre débit, entraînez-vous à formuler des réponses de dix à trente secondes. Demandez ensuite si la réponse est satisfaisante. Soyez bref, les présentateurs novices sont souvent trop longs dans leurs réparties. Assurez-vous de bien comprendre la question. Il arrive souvent que les présentateurs répondent à la mauvaise question. Demandez à votre interlocuteur de préciser sa question avant d'y répondre : « Vous voulez savoir comment ce produit serait accueilli sur le marché international et sur le marché domestique ? ». Si l'intervenant insiste en revenant à la charge, suivez-le seulement deux fois. S'il réclame un troisième éclaircissement, dire : « Je regrette, je ne vois pas comment vous donner une meilleure réponse maintenant, pourquoi ne pas nous voir après la réunion, nous aurons tout le temps d'en discuter ». Si quelqu'un insiste, dites : « Nous avons sûrement eu des expériences différentes. Il est visible que nous ne sommes pas d'accord. Pour le moment, contentons-nous de constater que nous ne nous entendons pas sur ce point, mais merci pour votre intervention ». Dans certaines situations rares, vous pouvez soumettre la question au public. Dire : « Je n'ai pas de réponse sur ce point ; quelqu'un ici en aurait-il ? ». Si la question est cruciale : « Pourquoi existe-t-il une discrimination féminine évidente dans cette entreprise ? », ne répondez pas directement, pensez à quelques attitudes de défense que l'on pourrait avoir dans cette situation. La règle est de ne pas répondre à ce genre de questions telles qu'énoncées car elles sont souvent négatives et peuvent vous entraîner dans les classifications qui divisent le public en plusieurs camps. En terme général, dites-vous que les questions sont vos amies. Vous n'avez besoin que de quelques techniques pour y faire face, y compris la fameuse excuse : « Je ne sais pas, mais je trouverai et je vous rappellerai à ce sujet ». Prenez une minute à la fin pour rappeler les points majeurs ou projetez un document qui les résume.

☐ **6. Vous avez le trac ?** Vous êtes nerveux, angoissé ? Vous avez mal dormi ? Votre estomac est noué ? C'est normal. Personne dans votre auditoire ne peut prétendre devenir un bon conférencier sans passer par là. À part mourir, parler en public est l'activité la plus effrayante. Rassurez-vous, vos craintes sont vaines. Vous ne vous évanouirez pas. Vous ne vous figerez pas. Vous n'entrerez pas en transe. Vous ne serez pas obligé d'interrompre la conférence pour aller aux toilettes. Par contre, vous pourrez manquer de souffle. Dans ce cas, arrêtez et respirez profondément. Si votre bouche s'assèche, buvez quelque chose. Si vous oubliez ce que vous devez dire, consultez vos notes. Si vous bafouillez, arrêtez-vous et répétez la phrase avec un sourire d'excuse. Si la sueur coule sur votre front, essuyez-la. Si vous tremblez, tenez-vous au podium. Votre meilleure aide ? Regardez trois personnes de l'auditoire qui sourient et qui sont réceptives. Surtout, évitez de regarder ceux qui plissent le front ou qui secouent la tête.

☐ **7. L'organisation.** Les diapositives sont bien mais elles vous obligent à suivre un enchaînement que vous aimeriez peut-être changer en cours de route suivant les réactions du public. Les transparents vous donnent plus de liberté mais vous obligent à demeurer près du projecteur. Maintenant, quelques règles de bon sens. Dix lignes au plus sur les diapos ou les transparents, moins si possible. En gros caractères. Pas plus de trente secondes par diapo – Ne les lisez pas, n'y mettez pas tout, seulement des puces ou des mots-clés. Il n'y a rien de plus ennuyeux que quelqu'un qui ne fait que lire ce qui est écrit. Si c'est possible, ayez des copies pour chacun des participants. Donnez-les avant et non après la conférence. Une exception toutefois à cette règle : les circulaires détaillées. Si elles sont trop détaillées, les gens auront tendance à lire les notes et à ne pas vous écouter. Si vous devez distribuer des documents détaillés, fournissez au début à l'auditoire une première série de documents résumés, puis des documents détaillés à la fin. N'utilisez pas de diapos non reproduites dans les copies distribuées à moins qu'il ne s'agisse de caricatures ou de diapos humoristiques ou bien encore de diapos à droits réservés (dans ce cas dites-le avant de la projeter). Bougez un peu. Placez-vous un moment à gauche, puis allez à droite. Regardez alternativement chacune des personnes de l'auditoire. Souriez. Ayez l'air détendu, même si ce n'est pas le cas. Ne vous accrochez pas au podium, à moins que ce ne soit vraiment nécessaire pour arrêter un tremblement. Sachez vous arrêter de temps en temps, un peu de silence ne nuit pas. S'il y a plus de vingt-cinq personnes dans la salle ou si l'acoustique laisse à désirer, répétez toujours les questions avant d'y répondre. Ne dites jamais « en conclusion, » « en résumé, » « je termine, » à moins d'être à moins d'une minute de la fin. N'éteignez pas le projecteur entre les diapos (en plus d'être agaçant, vous risquez de brûler l'ampoule), sauf si vous avez à répondre à une question. Ne regardez pas votre montre. Utilisez une horloge murale ou posez votre montre sur la table ou demandez à un ami de vous avertir lorsqu'il ne restera que cinq minutes. Faites toujours face au public lorsque vous parlez. Si vous devez regarder l'écran pour vous souvenir d'un détail, arrêtez-vous de parler un moment et continuez après avoir lu la diapo. Remerciez le public pour son attention et pour ses questions.

☐ **8. Gérer le temps.** On ne manque généralement pas de matière. On a souvent le tort d'en mettre plus que le temps ne le permet. Essayez de planifier le tout pour une durée encore plus courte que prévue. Si cela vous inquiète, vous pouvez toujours avoir une ou deux diapos en réserve. Ne délayez pas, tout le monde appréciera si vous terminez à temps ou, mieux, si vous êtes en avance. On n'appréciera pas, par contre, que vous preniez du retard, surtout si vous n'êtes pas le dernier conférencier ; et si vous l'êtes, vous retiendrez des personnes qui ont peut-être d'autres obligations. Vous n'êtes pas obligé de terminer. Il y aura toujours une autre opportunité pour le faire. Si vous vous apercevez que votre temps risque d'être dépassé, allez directement aux conclusions. N'essayez pas d'accélérer le passage des diapos restantes. Demandez au public ce qu'il préfère : « Nous n'avons plus le temps de visualiser tous les sujets ; qu'aimeriez-vous voir dans le temps qui nous reste ? »

☐ **9. Les perturbateurs.** Il y a des caractères particuliers qui prennent un malin plaisir à perturber les conférences... et les conférenciers. Si vous êtes en butte à ce genre d'attaque, gagnez du temps en demandant au perturbateur d'en dire plus. S'il vous donne un fait ou une opinion que vous pouvez utiliser, répliquez avec un argument qui vous satisfera tous les deux ou bien reformulez sa question et répliquez ou, plus simplement, admettez la mésentente. Généralement, vous ne convaincrez pas la personne, à moins que celle-ci n'ait pas compris votre argument initial. Si c'est le cas, reprenez-le en le résumant et demandez sur quel point il n'est pas d'accord. Si vous pensez que c'est opportun, tournez-vous vers la salle. « Quelqu'un peut-il y répondre ? ». Ne prenez pas trop de temps à répondre à une attaque. La règle des trente secondes ou deux essais, tient toujours. Si votre réplique est trop longue, vous irriterez d'autres auditeurs qui ont des questions à poser ou qui ne sont pas de l'avis du perturbateur. S'il persiste, rappelez que le temps est limité, qu'il y a d'autres questions à venir et qu'il est possible de continuer la discussion sur ce point après la réunion. Si cette personne devient impolie, vous pouvez l'ignorer et aller vers d'autres questions.

☐ **10. Soyez présentable.** Après tout, vous êtes sur scène. Tous les regards sont dirigés vers vous. Quelle impression véhiculez-vous par votre apparence, votre comportement, votre organisation personnelle, votre préparation ? Quelle est votre maîtrise des techniques de présentation ? Ces points n'ont peut-être pas de rapport direct avec la qualité de votre discours, mais ils reflètent votre personnalité. Une partie de votre présentation est destinée à convaincre l'auditoire que vous êtes une personne digne d'être écoutée. Attention à vos vêtements, ils doivent s'accorder à ceux de votre public. Ne portez pas de tenue trop décontractée à une réunion d'affaires et inversement, une tenue trop habillée à une réunion informelle. Attention à ce que vous apportez sur scène, vos notes seront-elles faites de feuilles mobiles ou réunies dans un classeur ? Les sortirez-vous d'une vieille serviette usée ? Si je ne vous connais pas et n'ai pas encore entendu votre allocution, quelle impression aurais-je de vous ? Est-ce bien celle que vous désirez ? Si vous êtes novice dans ce domaine, suivez une formation pour acquérir les bases, en toute sécurité et choisissez un cours se servant d'une vidéo.

The basic rule of human nature is that powerful people speak slowly and subservient people quickly—because if they don't speak fast, nobody will listen to them.
– Michael Caine

LECTURES CONSEILLÉES

Antion, Tom. *Wake 'Em Up: How to Use Humor and Other Professional Techniques to Create Alarmingly Good Business Presentations.* Landover Hills, MD: Anchor Publishing, 1997.

Baldoni, John. *Great Communication Secrets of Great Leaders.* New York: McGraw-Hill, Inc., 2003.

Booher, Dianna. *Speak With Confidence: Powerful Presentations That Inform, Inspire, and Persuade.* New York: McGraw-Hill, Inc., 2002.

Collins, Patrick J. *Say It With Confidence.* New York: Prentice Hall, 1998.

Davidson, Jeff. *The Complete Guide to Public Speaking.* New York: John Wiley & Sons, Inc., 2002.

Griffin, Jack. *How to Say It at Work: Putting Yourself Across With Power Words, Phrases, Body Language and Communication Secrets.* Paramus, NJ: Prentice Hall, 1998.

Harvard Business School Press (Ed.). *Presentations That Persuade and Motivate (The Results-Driven Manager Series).* Boston: Harvard Business School Press, 2004.

Hendricks, Dr. William and Micki Holliday, Recie Mobley and Kristy Steinbrecher. *Secrets of Power Presentations.* Franklin Lakes, NJ: Career Press, 1996.

Hybels, Saundra and Richard L. Weaver. *Communicating Effectively.* New York: McGraw-Hill Text, 2001.

Leeds, Dorothy. *PowerSpeak: Engage, Inspire, and Stimulate Your Audience.* Franklin Lakes, NJ: Career Press, 2003.

Morgan, Nick. *Working the Room: How to Move People to Action Through Audience-Centered Speaking.* Boston: Harvard Business School Press, 2003.

Pearce, Terry. *Leading Out Loud.* San Francisco: Jossey-Bass, Inc., 2003.

Weissman, Jerry. *Presenting to Win: The Art of Telling Your Story.* New York: Financial Times/Prentice Hall, 2003.

Williams, Renee Grant. *Voice Power*. New York: AMACOM, 2002.

50 SAVOIR DÉFINIR LES PRIORITÉS

I have to constantly juggle being a writer with being a wife and mother. It's a matter of putting two different things first, simultaneously.
– Madeleine L'Engle

COMPÉTENCE NON MAÎTRISÉE

- ☐ A du mal à faire la part des choses entre l'essentiel et ce qui est moins important dans une mission
- ☐ Ne discerne pas les points critiques, pour lui-même ni pour les autres
- ☐ Peut tout mettre sur le même plan ; peut submerger les autres de travail, avec des activités qui vont dans tous les sens
- ☐ Peut aimer l'action pour l'action et intervenir partout, en y passant peu de temps à chaque fois
- ☐ Ne sait pas bien gérer son temps
- ☐ Ne sait pas dire non, accepte de faire tout ce qu'on lui demande
- ☐ Ne sait pas trop s'y prendre pour contourner un obstacle

Sélectionnez dans la liste ci-dessous une à trois compétences comme compétence de remplacement si vous décidez de ne pas travailler directement sur cette dernière.

SUBSTITUTS : 16,17,24,33,39,40,47,51,52

COMPÉTENCE MAÎTRISÉE

- ☐ Utilise adéquatement son temps et celui des autres ; sait s'occuper de ce qui est le plus important
- ☐ Sait faire rapidement la part des choses et mettre de côté ce qui n'est pas important
- ☐ Sait reconnaître rapidement ce qui va aider ou ralentir la réalisation d'un objectif
- ☐ Élimine les obstacles
- ☐ Sait faire converger les efforts vers le même objectif

COMPÉTENCE UTILISÉE À L'EXCÈS

- ☐ Peut laisser s'accumuler ce qui lui paraît être des détails, au point qu'ils se transforment en véritables problèmes
- ☐ Semble rejeter trop vite les priorités des autres
- ☐ Semble provoquer le découragement en exigeant de réduire à la simplicité des questions nécessairement complexes
- ☐ Semble confondre simplicité et simplisme
- ☐ Peut être une force trop dominante au sein d'une équipe en imposant ses priorités

Sélectionnez dans la liste ci-dessous une à trois compétences sur laquelle vous devrez travailler pour compenser son utilisation excessive.

COMPENSATEURS : 2,3,12,15,17,27,30,33,38,46,52,63,65

QUELQUES CAUSES

- ☐ Très orienté vers l'action ; toujours en mouvement
- ☐ A du mal à dire non
- ☐ Ego ; surestime ses capacités
- ☐ Perfectionniste ; sent le besoin de tout faire lui-même
- ☐ Capacité d'attention limitée ; aime faire un peu de tout
- ☐ Gestion du temps ; trop occupé pour établir des priorités
- ☐ A du mal à faire des choix

FACTEURS ET GROUPES DU LEADERSHIP ARCHITECT®

Cette compétence se retrouve dans Compétences d'exploitation, facteur (II). Cette compétence se retrouve dans Rester fixé sur l'objectif, groupe (D) au numéro : 16. Vous pouvez également consulter d'autres compétences dans le même facteur ou groupe pour trouver des conseils connexes.

LA CARTE

Il y a tant à faire et si peu de temps pour y arriver. Les ressources sont limitées, les besoins illimités. Il a des gens à voir, des lieux à visiter, des choses à faire. Pas le temps de dire bonjour, au revoir, je suis en retard pour une réunion importante. Avez-vous déjà entendu cela quelque part ? C'est la vie. Chacun a plus de choses à faire qu'il ne peut vraiment accomplir. Les organisations offrent de nombreuses perspectives mais pas assez de ressources. Plus vous gravissez les échelons hiérarchiques, plus vous avez de travail et moins vous avez de temps pour l'accomplir. Personne n'est capable de tout faire. Vous devez établir des priorités si vous voulez survivre et prospérer.

QUELQUES SOLUTIONS

☐ **1. Soyez précis dans vos buts et vos objectifs.** Quels sont vos besoins exacts pour y parvenir ? Utilisez le plan annuel et le plan stratégique pour savoir ce que seront les étapes critiques et en déterminer toutes les caractéristiques. *Besoin d'aide supplémentaire ? Reportez-vous aux fiches n° 47 : Savoir planifier et n° 58 : Faire preuve de qualités stratégiques.*

☐ **2. Avec vos objectifs pour critères, classez les choses que vous devez faire :** celles qui sont critiques pour la mission ; celles qui sont importantes ; celles qui sont utiles si le temps alloué le permet ; celles qui ne sont pas pertinentes pour la mission. Quand vous êtes confronté à une multitude de tâches, utilisez cette échelle de mesure et intervenez toujours sur le plus haut niveau de priorité.

☐ **3. Attention au piège de l'activité.** Dans *The General Managers,* John Kotter précise que les dirigeants efficaces consacrent la moitié de leur temps à une ou deux priorités. Priorités qu'ils décrivent d'ailleurs en les formulant selon leurs propres termes et non en utilisant ceux du plan d'affaires de l'entreprise. De plus, ils s'efforcent de ne pas se disperser, en ne s'occupant pas des activités secondaires qui nécessitent beaucoup de temps. Donc, plutôt que de poursuivre une multitude de petites activités, apparemment pertinentes et urgentes, ils se recentrent toujours sur les quelques questions de fond qui, à terme, se révèlent les plus productives.

☐ **4. Cherchez de l'aide.** Quand vous faites face à une multitude d'activités toutes plus urgentes les unes que les autres, demandez l'avis des personnes de votre entourage. Vous n'avez pas à suivre forcément leurs conseils, mais il est toujours préférable d'avoir plusieurs points de vue plutôt que de vous fier à votre seule opinion. *Besoin d'aide supplémentaire ? Reportez-vous à la fiche n° 33 : Savoir écouter.*

☐ **5. On est souvent obligé d'établir des priorités et de devoir opérer sans pouvoir bénéficier d'un temps de réflexion.** Il se peut que votre activité vous laisse très peu de temps pour analyser et que vous soyez même parfois obligé de faire des choix immédiats et ce, sans posséder toutes les informations. Dans ce cas, on peut difficilement avoir la certitude de ne pas faire d'erreur et ceci peut poser des problèmes, particulièrement à ceux qui sont perfectionnistes. Dans la plupart des cas, essayez d'abord d'obtenir des délais, ensuite foncez et faites pour le mieux. *Besoin d'aide supplémentaire ? Reportez-vous aux fiches n° 16 : Prendre des décisions au bon moment et n° 32 : Démontrer une grande capacité à apprendre sur le terrain.*

☐ **6. Attention à ne pas vous laisser aveugler par ce que vous aimez ou n'aimez pas.** À long terme, cette manière de choisir vos priorités n'est certainement pas un facteur de réussite. Utilisez les faits, l'intuition et même les sentiments, mais pas seulement les sentiments.

☐ **7. Quand vous ne savez pas quoi choisir, écrivez-les « pour » et les « contre » de chaque option** et vérifiez les incidences pour chacune d'entre elles, à court et à long terme. Y a-t-il des différences de coût ? Une ressource est-elle plus efficace qu'une autre ? A-t-elle plus de potentiel de réussite ? Pensez à l'interaction entre les objectifs à court et à long terme. Une décision positive sur l'instant peut avoir des conséquences négatives par la suite, autant pour vous que pour l'organisation. Quand vous faites un choix, à court ou à long terme, arrêtez-vous un moment et réfléchissez aussi aux conséquences possibles sur les autres. Adaptez votre style en fonction des circonstances. *Besoin d'aide supplémentaire ? Reportez-vous à la fiche n° 65 : Savoir communiquer la vision des buts principaux.*

☐ **8. Soyez sensible au temps qui passe.** Soyez réceptif à la notion de temps. Plutôt que de vous plonger dans le travail en espérant finir dans les délais, prenez le temps de planifier et d'établir des priorités. Presque tous les gens à court de temps se plaignent de n'avoir même pas le temps de planifier leurs horaires. Selon le livre *Les Sept habitudes de ceux qui réalisent tout ce qu'ils entreprennent,* de Steven Covey, cela correspond à aiguiser sa scie avant de commencer le travail. *Besoin d'aide supplémentaire ? Reportez-vous à la fiche n° 62 : Savoir gérer son temps.*

☐ **9. Le fait d'éviter – maintenant – de faire des choix, vous obligera à en faire davantage par la suite.** Se dérober à ce genre d'obligation ne fait que compliquer les choses et risque de vous faire manquer des opportunités. Au fond, cela revient à payer le prix maintenant ou à payer plus cher demain. *Besoin d'aide supplémentaire ? Reportez-vous à la fiche n° 12 : Savoir gérer les conflits.*

☐ **10. Prenez en considération le temps des autres.** Généralement, plus votre interlocuteur et vous-même occupez une position élevée dans la hiérarchie et moins vous disposerez de temps. Soyez efficace quand il s'agit du temps des autres. Soyez comptable du temps des autres. Donnez-leur une occasion de poursuivre la discussion, mais s'ils n'en font rien, prenez congé et partez. On vous en demandera souvent plus que ce que vous ne pouvez faire. Une des habiletés essentielles en matière de gestion du temps est de pouvoir dire « non » de façon constructive.

The hardest thing in life is to know which
bridge to cross and which to burn.
– David Russell

LECTURES CONSEILLÉES

Block, Peter. *The Answer to How Is Yes: Acting On What Matters.* San Francisco: Berrett-Koehler Publishers, Inc., 2001.

Bossidy, Larry, Ram Charan and Charles Burck (Contributor). *Execution: The Discipline of Getting Things Done.* New York: Crown Business Publishing, 2002.

Collins, James C. *Good to Great: Why Some Companies Make the Leap...And Others Don't.* New York: HarperCollins, 2001.

Drucker, Peter F. *The Effective Executive.* New York: HarperBusiness, 2002.

Hammer, Michael. *The Agenda: What Every Business Must Do to Dominate the Decade.* New York: Crown Business Publishing, 2001.

Kotter, John P. *The General Managers.* New York: The Free Press.

Loehr, Jim and Tony Schwartz. *The Power of Full Engagement: Managing Energy, Not Time, Is the Key to High Performance and Personal Renewal.* New York: The Free Press, 2003.

Stalk, George, Jr. and Thomas M. Hout. *Competing Against Time: How Time-Based Competition Is Reshaping Global Markets.* New York: The Free Press, 2003.

51 MAÎTRISER LA RÉSOLUTION DE PROBLÈMES

It isn't that they can't see the solution.
It's that they can't see the problem.
– G.K. Chesteron, English journalist and author

COMPÉTENCE NON MAÎTRISÉE

- ☐ Manque de rigueur dans la résolution de problèmes ; peut s'attacher à ou être bloqué par ce qui a fait ses preuves dans le passé
- ☐ Doit souvent faire marche arrière pour examiner à nouveau le problème
- ☐ Peut chercher à tirer avant de viser
- ☐ S'impatiente et saute trop vite aux conclusions
- ☐ Ne prend pas le temps de définir ni d'analyser le problème sous tous ses angles ; ne fait pas d'analyse approfondie
- ☐ Peut avoir des solutions toutes faites qu'il utilise même quand elles sont inadaptées
- ☐ Ne saisit pas toute la complexité du problème, a tendance à le simplifier pour le voir sous l'angle qui lui est le plus familier
- ☐ Peu enclin à proposer une solution alternative qui conviendrait mieux, à poser des questions de fond ou à identifier les problèmes cachés

Sélectionnez dans la liste ci-dessous une à trois compétences comme compétence de remplacement si vous décidez de ne pas travailler directement sur cette dernière.

SUBSTITUTS : 5,14,17,24,30,32,33,46,50,52,58

COMPÉTENCE MAÎTRISÉE

- ☐ Méthodique et logique, il est capable d'apporter des solutions efficaces à des problèmes complexes
- ☐ Pose les bonnes questions et utilise judicieusement toutes les sources d'information disponibles pour obtenir des réponses
- ☐ Est capable d'appréhender un problème sous tous ses angles pour en déceler les dimensions cachées
- ☐ Excelle à analyser honnêtement
- ☐ Voit au-delà des apparences et ne se contente pas des réponses initiales

COMPÉTENCE UTILISÉE À L'EXCÈS

- ☐ A tendance à aller trop loin dans l'analyse, au risque de paralyser le processus de résolution de problèmes
- ☐ Semble trop attendre pour parvenir à une conclusion
- ☐ Semble ne pas établir de priorités d'analyse

suite

- ☐ Semble s'arrêter sur les détails de procédure et ne pas distinguer l'objectif à long terme
- ☐ Semble rendre les choses bien trop complexes
- ☐ Semble trop faire l'analyse personnellement

Sélectionnez dans la liste ci-dessous une à trois compétences sur laquelle vous devrez travailler pour compenser son utilisation excessive.

COMPENSATEURS : 1,16,18,20,35,36,50,52,55,60

QUELQUES CAUSES

- ☐ Désorganisé
- ☐ Devient trop émotif
- ☐ Impatient
- ☐ Tire des conclusions hâtives
- ☐ Perfectionniste, demande trop d'information
- ☐ A tendance à trop miser sur les solutions basées sur le passé

FACTEURS ET GROUPES DU LEADERSHIP ARCHITECT®

Cette compétence se retrouve dans Compétences stratégiques, facteur (I). Cette compétence se retrouve dans Prendre des décisions complexes, groupe (B) aux numéros : 17, 30, 32. Vous pouvez également consulter d'autres compétences dans le même facteur ou groupe pour trouver des conseils connexes.

LA CARTE

La plupart des gens sont assez intelligents pour résoudre des problèmes de manière efficace. Ils savent généralement comment s'y prendre. Cependant, la plupart ne le font pas comme il faut. Ils ne prennent pas le temps de définir le problème et émettent des conclusions hâtives ou bien ils vont à l'autre extrême et analysent le problème à n'en plus finir sans jamais rien tenter. Ils comptent trop aussi sur eux-mêmes alors que plusieurs personnes auraient plus de chance de résoudre le problème.

QUELQUES SOLUTIONS

☐ **1. Définir le problème.** Les conclusions immédiates et hâtives, les solutions toutes faites, les affirmations catégoriques, les solutions du passé, sont les ennemies de la technique de résolution de problèmes. Les études démontrent que, dans la plupart des cas, la définition d'un problème et l'action qui en résulte interviennent presque simultanément ; donc, plus vous consacrerez d'efforts à cerner le problème, plus la solution viendra aisément. Commencez par définir ce qu'est ou n'est pas, le problème. Puisqu'il est si facile d'offrir des solutions, présentez celles qui répondent le mieux au problème. Trouvez les causes du problème. Continuez à vous interroger sur les causes, rassemblez le maximum de possibilités et classez-les en catégories. Vos chances de trouver une meilleure solution augmenteront à mesure que vous trouverez des liens entre ces causes. Soyez comme un maître au jeu d'échecs. Les experts aux échecs reconnaissent des milliers de combinaisons entre les divers éléments qui composent le jeu. Cherchez à donner du sens à l'information, ne vous contentez pas de les recueillir. Classez-les dans des catégories qui vous conviennent. Posez beaucoup de questions. Allouez au moins 50 % du temps à la définition du problème.

- ☐ **2. L'impatience et les résultats.** L'impatient, celui qui manque de temps et recherche les résultats immédiats, voilà le genre de personne qui paralyse une démarche de résolution de problèmes. Il ne prend pas le temps d'analyser le problème et saute sur la première solution qui s'offre. L'expérience démontre que la meilleure solution est souvent la seconde ou troisième idée qui surgit. Les impatients n'attendent pas si longtemps. Ralentissez. Prenez l'habitude de vous arrêter assez longtemps pour définir le problème et pensez à trois solutions différentes avant d'en choisir une.
- ☐ **3. Méfiez-vous des préjugés et des solutions toutes faites.** En matière de résolution de problèmes, certaines personnes ont leurs solutions de prédilection qui sont souvent biaisées. Elles proposent des solutions standardisées qui s'adaptent à la plupart des situations. Elles ont des préjugés sur la nature du problème et ne prennent pas en compte les nuances spécifiques. Faites d'abord une analyse réelle et honnête. Avez-vous considéré comme des faits ce qui ne constitue que des opinions ou des hypothèses ? Êtes-vous certain que cette affirmation corresponde à une réalité ? Généralisez-vous à partir d'un seul exemple ? Une de vos solutions toutes faites peut convenir, mais attendez de savoir si vous avez une vision juste du problème. *Besoin d'aide supplémentaire ? Lisez le livre* Six Thinking Hats, *par Edward de Bono.*
- ☐ **4. Sortez de votre « zone de confort ».** Trop de gens se reposent sur des solutions provenant de leur propre histoire. Ils se fient à leur expérience passée. Ils perçoivent entre les problèmes des similitudes, là où il n'y en a pas. Méfiez-vous des « J'ai toujours fait.. ». ou « Habituellement, je... ». Arrêtez-vous, regardez la face cachée, demandez-vous : « Cela ressemble-t-il vraiment aux problèmes que j'ai résolus auparavant ? ».
- ☐ **5. Demandez l'avis des autres.** Trop de gens essaient d'en faire trop par eux-mêmes. Ils ne délèguent pas. Pas plus qu'ils n'écoutent ou ne consultent les autres. Même si vous croyez posséder la solution, demandez l'avis des autres par prudence. Utilisez votre réseau. Parlez à une personne de bon conseil, non pour obtenir d'autres idées, mais pour vous aider à mieux comprendre le problème. Ou procédez de façon plus formelle, organisez une compétition entre deux équipes qui agiraient comme conseillers. Organisez une session de résolution de problèmes et allouez-leur deux heures pour proposer une solution que l'on pourra, au moins, tester. Trouvez un groupe ami qui fait face au même problème ou à un problème similaire et expérimentez ensemble.

☐ **6. Êtes-vous perfectionniste ?** Préférez-vous être sûr à 100 % ? Comme bien d'autres, vous préférez disposer de « toute » l'information. Méfiez-vous de cette forme de paralysie due à l'excès d'analyse. Une règle de bon sens est d'analyser les tendances et les causes pour obtenir différentes solutions possibles. Le piège à éviter, en revanche, est de se contenter d'amasser des informations pour augmenter notre confiance mais pas nécessairement la justesse de nos décisions. Il est difficile pour beaucoup d'abandonner le perfectionnisme car c'est un trait de caractère généralement perçu comme positif. Soyez lucide quant à ce qui motive votre perfectionnisme : peut-être votre besoin excessif d'information cache-t-il une nécessité d'acquérir une plus grande confiance en vous-même en évitant de vous tromper, cela afin de déjouer les risques et de parer les critiques éventuelles. Si vous désirez être plus prompt, vous devez réduire votre besoin d'information peu à peu, chaque semaine, jusqu'à ce que vous atteigniez l'équilibre entre l'analyse trop poussée et le passage à l'acte.

☐ **7. Avancer par étapes successives.** Quelquefois la meilleure façon de résoudre un problème important consiste à le fragmenter. Ceux qui procèdent par étapes y excellent. Ils prennent une série de petites décisions, obtiennent des avis très vite, corrigent la trajectoire, recueillent quelques données de plus, avancent un peu plus, jusqu'à ce que l'intégralité du problème initial soit sous contrôle. Ils n'essaient pas de tout régler en une fois. Apprenez à découper les problèmes et à les résoudre par étapes.

☐ **8. Augmentez vos capacités en matière de résolution de problèmes.** En fait, il y a de nombreuses façons de penser et de régler un problème.

- En voici quelques-unes : Posez plus de questions. Dans une étude sur la résolution de problèmes, 7 % des commentaires étaient des questions et près de la moitié étaient des réponses. Nous allons trop vite vers les solutions qui se sont avérées efficaces dans le passé.
- Pour obtenir des idées nouvelles, prenez le temps d'analyser le problème en profondeur. Attaquez-vous au problème le plus ardu de votre travail – réservez-vous 20 % de votre temps – étudiez-le en profondeur, parlez-en aux autres, recherchez des cas identiques dans d'autres organisations ou dans des domaines totalement hors de votre champ d'activité.
- Les problèmes complexes sont difficiles à visualiser. Ils ont tendance à être trop simplifiés ou trop complexes à résoudre, à moins d'être mis sous forme visuelle. Disséquez le problème, repérez ses composantes, examinez-les une par une, regroupez-les selon différents critères pour mieux comprendre ou voyez si vous pouvez en réduire trois à une seule.
- Une autre technique consiste à concevoir un tableau illustré où l'on représente les composantes du problème sous forme de scénarimages

- Une variante de la même idée consiste à raconter des histoires qui illustrent les côtés positifs ou négatifs d'un problème, puis à les représenter sous forme de graphique en fonction de ce qui fonctionne ou ne fonctionne pas. On peut aussi employer le type de diagramme utilisé pour la gestion de la qualité totale.
- Parfois, pousser une problématique à l'extrême peut aider. Le fait de faire une hypothèse extrême à laquelle on peut penser peut suggérer une solution différente. Projeter les dispositions actuelles dans l'avenir peut indiquer où et comment le système échouera.
- Avez-vous tendance à éviter les questions difficiles ? Dans n'importe quel groupe, on retrouve des sujets brûlants que l'on ne peut mentionner et encore moins discuter. Une technique découverte par Chris Argyris peut les faire remonter à la surface. Chacun prend trois fiches et y note trois sujets dont il est difficile de discuter. (On ne donne pas de noms, l'hypothèse de travail étant que la position influence le comportement et même si les participants pensent que le problème est personnel, on leur demande de le voir en terme de système). On brasse les cartes et chacun reçoit trois autres cartes tirées au hasard. Les cartes sont lues, notées et les thèmes sont organisés pour la discussion. Pour connaître d'autres techniques, consultez *The Art of Solving Problems,* de Russell Ackoff et *Lateral Thinking,* d'Edward de Bono.

☐ **9. Évitez-vous de prendre des risques ?** Développez une attitude philosophique envers les erreurs et les échecs dans la résolution de problèmes. Après tout, beaucoup d'innovations, de propositions, d'efforts de changements échouent, de même que les premières solutions trouvées qui sont appliquées aux problèmes complexes ne marchent pas toujours. Le mieux, lorsqu'une solution ne fonctionne pas, est de se demander : « Quelles leçons peut-on en tirer ? » et de continuer. Plus on fait d'essais, plus on récolte d'indications et plus on augmente les chances de trouver la meilleure réponse. *Besoin d'aide supplémentaire ? Reportez-vous à la fiche n° 2 : Faire face à l'ambiguïté.*

☐ **10. Manquez-vous d'organisation ?** La résolution de problèmes exige une logique rigoureuse et de la méthode. Il faut employer des listes de vérification, dépasser ce qui apparaît en surface pour aller plus loin, sonder toutes les sources. Si vous n'êtes pas assez méthodique et organisé, donnez-vous des priorités rigoureuses. Concentrez-vous sur les points critiques. Ne vous laissez pas distraire par des activités de moindre importance. *Besoin d'aide supplémentaire ? Reportez-vous aux fiches n° 47 : Savoir planifier et n° 50 : Savoir définir les priorités.*

The problem when solved will be simple.
– Sign on the wall of General Motors research laboratory

51

LECTURES CONSEILLÉES

Bazerman, Max H. *Judgment in Managerial Decision Making.* New York: John Wiley & Sons, Inc., 2002.

Ben, David. *Advantage Play: The Manager's Guide to Creative Problem Solving.* Toronto: Key Porter Books, 2002.

Firestine, Roger L., Ph.D. *Leading on the Creative Edge—Gaining Competitive Advantage Through the Power of Creative Problem Solving.* Colorado Springs, CO: Piñon Press, 1996.

Hoch, Stephen J., Howard Kunreuther and Robert Gunther (Eds.). *Wharton on Making Decisions.* New York: John Wiley & Sons, Inc., 2001.

Hoenig, Christopher W. *The Problem Solving Journey: Your Guide for Making Decisions and Getting Results.* Cambridge, MA: Perseus Publishing, 2000.

Nadler, Gerald, Ph.D. and Shozo Hibino, Ph.D. *Breakthrough Thinking—The Seven Principles of Creative Problem Solving.* Rocklin, CA: Prima Publishing, 1998.

Nalebuff, Barry J. *Why Not? How to Use Everyday Ingenuity to Solve Problems Big and Small.* Boston: Harvard Business School Press, 2003.

Nanus, Burt. *Visionary Leadership.* San Francisco: Jossey-Bass, Inc., 1992.

Straus, David. *How to Make Collaboration Work: Powerful Ways to Build Consensus, Solve Problems, and Make Decisions.* San Francisco: Berrett-Koehler Publishers, Inc., 2002.

Watkins, Michael. *The First 90 Days: Critical Success Strategies for New Leaders at All Levels.* Boston: Harvard Business School Press, 2003.

Welch, David A. *Decisions, Decisions: The Art of Effective Decision Making.* Amherst, NY: Prometheus Books, 2001.

White, Shira P. and G. Patton Wright. *New Ideas About New Ideas: Insights on Creativity With the World's Leading Innovators.* Cambridge, MA: Perseus Publishing, 2002.

52 MAÎTRISER LA GESTION DES PROCESSUS

Life is a perpetual instruction in cause and effect.
– Ralph Waldo Emerson

COMPÉTENCE NON MAÎTRISÉE

- ☐ N'arrive pas à faire avancer le travail de façon efficace
- ☐ Est désorganisé
- ☐ Ne tire pas profit des occasions de synergie offertes par les autres pour travailler plus efficacement
- ☐ Ne peut se représenter mentalement les méthodes à mettre en œuvre
- ☐ Répartit les tâches entre lui et les autres de façon désordonnée
- ☐ Ne cherche pas à simplifier les choses
- ☐ A besoin de plus de ressources que d'autres pour faire le même travail
- ☐ N'attache pas assez d'attention aux détails
- ☐ N'anticipe pas les problèmes, ne réfléchit pas avec méthode

Sélectionnez dans la liste ci-dessous une à trois compétences comme compétence de remplacement si vous décidez de ne pas travailler directement sur cette dernière.

SUBSTITUTS : 17,18,20,24,30,32,33,35,39,47,50,51,59,63

COMPÉTENCE MAÎTRISÉE

- ☐ A une bonne perception des processus à mettre en œuvre pour arriver à des résultats
- ☐ Sait organiser le travail en fonction des ressources humaines disponibles
- ☐ Sait comment séparer les différentes tâches ou les combiner pour maximiser l'efficacité du travail
- ☐ Sait ce qui doit être mesuré et comment le mesurer
- ☐ Peut distinguer différentes synergies possibles et comment les intégrer, là où d'autres ne le voient pas
- ☐ Est capable de simplifier des processus complexes
- ☐ Sait tirer parti de ressources limitées

COMPÉTENCE UTILISÉE À L'EXCÈS

- ☐ A tendance à retoucher et perfectionner sans cesse les méthodes de travail, même si elles sont en constante évolution
- ☐ Semble avoir des difficultés à expliquer sa vision d'un processus
- ☐ Semble ne jamais rien terminer
- ☐ Semble toujours insatisfait à cause des normes et des attentes déraisonnables qu'il s'impose ainsi qu'aux autres

suite

- ☐ Semble essayer d'en faire trop à la fois
- ☐ Peut surestimer la capacité des autres à intégrer les changements

Sélectionnez dans la liste ci-dessous une à trois compétences sur laquelle vous devrez travailler pour compenser son utilisation excessive.

COMPENSATEURS : 3,14,15,19,27,33,36,41,46,47,50,56,57,58,60,63

QUELQUES CAUSES

- ☐ Ne voit pas au-delà des choses facilement
- ☐ Ne conçoit pas les choses en terme de systèmes
- ☐ Impatient
- ☐ Inexpérimenté
- ☐ N'a pas le souci du détail
- ☐ Rejette la nouvelle science des ressources humaines et des organisations

FACTEURS ET GROUPES DU LEADERSHIP ARCHITECT®

Cette compétence se retrouve dans Compétences d'exploitation, facteur (II). Cette compétence se retrouve dans Gérer les méthodes de travail, groupe (G) aux numéros : 59, 63. Vous pouvez également consulter d'autres compétences dans le même facteur ou groupe pour trouver des conseils connexes.

LA CARTE

Les choses se produisent généralement de façon ordonnée. Mis à part le chaos, toute chose se produit selon des règles à chaque étape. Il y a des règles prévisibles du style « à chaque action correspond une réaction ». Il y a de meilleures façons que d'autres d'arriver a ses fins, meilleures en ce sens qu'elles mènent plus sûrement au succès, en exigeant moins de ressources, de dépenses et un minimum de chambardement. Chaque aspect de la vie et du travail est régi par ces règles ou méthodes idéales. Dans le monde physique, les lois de la physique et de la chimie produisent presque toujours les mêmes résultats : on obtient toujours de l'eau avec la formule H^2O. En ce qui concerne les individus et les organisations, les règles sont un peu plus incertaines, mais beaucoup sont connues. Ceux qui connaissent et appliquent la loi des procédures établies gagnent presque toujours et atteignent leurs objectifs.

QUELQUES SOLUTIONS

- ☐ **1. Abonnez-vous au *The Systems Thinker®*, Pegasus Communications Inc., Cambridge, MA, tél. : +1 (781) 398-9700.** Ce groupe a pour activité principale de découvrir les processus qui sous-tendent les événements de l'actualité. Il fait paraître une publication mensuelle et propose des ateliers, des séminaires et divers matériels permettant d'interpréter les événements comme une série de modèles ou de systèmes récurrents. Il analyse donc les événements courants, leurs processus et, à travers eux, tente d'en expliquer le déroulement.

☐ **2. Étudiez comment fonctionne votre organisation.** Les organisations peuvent être représentées comme des labyrinthes complexes, avec de nombreux méandres, tournants, culs-de-sac, raccourcis, qui constituent autant de choix difficiles. Pour la plupart d'entre elles, le plus court chemin n'est pas la ligne droite. Il existe une organisation formelle, celle que l'on retrouve sur un organigramme avec des trajectoires bien droites. Et puis il existe une organisation informelle où toutes les trajectoires s'entrecroisent. Le fait que les entreprises emploient des êtres humains rend les choses encore plus complexes. On y trouve, entre autres, des cerbères (ceux qui détiennent l'information), des « expéditeurs » (ceux qui la diffusent), des résistants, des guides, des bons samaritains et des mandarins. Toutes ces catégories cohabitent dans le labyrinthe. La clé pour manœuvrer adroitement dans un organisme complexe est de trouver son chemin dans le labyrinthe, en prenant le moins de temps possible et en faisant le moins de bruit possible. La meilleure façon d'y arriver est encore d'accepter cette complexité plutôt que de la combattre. *Besoin d'aide supplémentaire ? Reportez-vous à la fiche n° 38 : Faire preuve d'agilité organisationnelle.*

☐ **3. Détaillez le processus.** Les meilleurs processus commencent par une planification. Que dois-je faire ? Dans quels délais ? Quelles ressources me seront nécessaires ? Qui contrôle les ressources : le personnel, le financement, les outils, les matériels, les appuis dont j'ai besoin ? Quelles sont mes capacités financières ? Dois-je payer ou échanger quelque chose pour obtenir les ressources dont j'ai besoin ? Qui gagne si je gagne ? Qui pourrait perdre ? Achetez-vous un logiciel qui permet de préparer des graphiques PERT ou GANTT. Devenez expert dans leur utilisation. Utilisez-le aussi pour communiquer vos plans. Utilisez ses diagrammes lors de vos présentations. Rien n'aide davantage à promouvoir un processus qu'un bon plan. Il aide, en premier lieu, les intervenants qui pourront suivre les directives du plan. Il permet une meilleure utilisation des ressources. Il accélère le déroulement du processus. Il permet d'anticiper les problèmes. Si vous ne voulez pas paraître manquer de planification, détaillez, dans votre plan, toutes les parties du projet, de A jusqu'à Z, Demandez à d'autres de réviser l'agencement et d'identifier ce qui manque. *Besoin d'aide supplémentaire ? Reportez-vous aux fiches n° 47 : Savoir planifier et n° 63 : Systèmes de gestion intégrale de la qualité (ex. TQM/ISO/Six Sigma).*

☐ **4. Certaines personnes connaissent bien la notion d'étapes et la méthode à respecter pour assurer le bon déroulement d'un projet, mais elles n'ont pas la patience d'appliquer parfaitement cette procédure.** Suivre une procédure demande, de temps en temps, de savoir faire des haltes pour laisser les choses suivre leur cours. Il vous faudra peut-être attendre qu'un intervenant majeur ait le temps de s'occuper de vos besoins. Et sachez que suivre et respecter toutes les étapes peut être long. *Besoin d'aide supplémentaire ? Reportez-vous à la fiche n° 41 : Être patient.*

☐ **5. Obtenez des appuis.** Informez les personnes dont vous désirez l'appui des différents objectifs de votre processus. Essayez d'obtenir leur avis sur la question. Ceux qui sont consultés en amont des décisions ont souvent tendance à mieux coopérer que ceux à qui rien n'est jamais demandé. Cherchez les intérêts que vous pourriez avoir en commun. Les probabilités de réussite sont plus nombreuses lorsque tout le monde regarde dans la même direction. Il est plus facile de performer lorsqu'on dispose de tous les outils et de toutes les ressources nécessaires. Il est plus facile d'accomplir son travail lorsque les personnes dont vous avez besoin vous soutiennent et vous aident. *Besoin d'aide supplémentaire ? Reportez-vous aux fiches n° 36 : Savoir motiver et n° 60 : Savoir constituer des équipes performantes.*

☐ **6. Établir des objectifs et des mesures de repérage.** Rien n'est plus efficace que de définir des objectifs et des indicateurs de performance pour respecter les délais et les budgets. Établissez des objectifs non seulement pour le projet lui-même, mais aussi pour les tâches qui le composent. Établissez des contrôles de façon à ce que vous et d'autres puissiez mesurer les progrès. *Besoin d'aide supplémentaire ? Reportez-vous à la fiche n° 35 : Savoir gérer et établir des indicateurs de performance.*

☐ **7. Adéquation des personnes et des tâches.** Les gens sont tous différents. Ils diffèrent par leurs compétences, leurs connaissances et leurs expériences. Au lieu de les voir toutes sur un même plan, considérez-les comme distinctes et différentes. Un traitement équitable consiste à donner à chacun la tâche qui convient à ses capacités. *Besoin d'aide supplémentaire ? Reportez-vous à la fiche n° 56 : Savoir juger les autres.*

☐ **8. Anticipez les étapes de réalisation.** Qu'est-ce qui peut poser des problèmes ? Pensez à différents scénarios. Prévoyez des modalités de substitution. Classez les problèmes potentiels en fonction de leur probabilité et pensez à la façon dont vous pourriez agir dans chaque cas. Préparez un plan pour parer à chaque éventualité. Faites particulièrement attention aux maillons faibles, c'est-à-dire aux groupes ou aux éléments sur lesquels vous avez moins de contrôle (quelqu'un d'éloigné, un consultant ou un fournisseur). Restez doublement en contact avec les maillons les plus faibles de la chaîne. *Besoin d'aide supplémentaire ? Reportez-vous à la fiche n° 51 : Maîtriser la résolution de problèmes.*

☐ **9. Établissez une procédure pour mesurer les progrès réalisés par rapport aux directives du plan.** Comment saurez-vous si les délais sont respectés ? Pouvez-vous, à n'importe quel moment, estimer le délai d'achèvement des travaux ou leur état d'avancement ? Transmettez aux personnes impliquées dans l'exécution du plan toutes les informations pertinentes quant à son avancement.

☐ **10. Trouvez une personne dans votre entourage qui soit particulièrement compétente en matière de gestion des processus.** Observez comment elle procède par rapport à vous. Découvrez sa ou ses méthode(s) de vérification.

I just wrap my arms around the whole backfield and peel 'em one by one until I get to the ball carrier. Him I keep.
– Big Daddy Lipscomb

LECTURES CONSEILLÉES

Carr, David K. and Henry J. Johansson. *Best Practices in Reengineering.* New York: McGraw-Hill, Inc., 1995.

Champy, James A. *X-Engineering the Corporation: Reinventing Your Business in the Digital Age.* New York: Warner Books, 2002.

Ghoshal, Sumantra and Christopher A. Bartlett. *The Individualized Corporation.* New York, NY: HarperBusiness, 1997.

Hammer, Michael and James A. Champy. *Reengineering the Corporation: A Manifesto for Business Revolution.* New York: HarperBusiness, 2001.

Head, Christopher W. *Beyond Corporate Transformation: A Whole Systems Approach to Creating and Sustaining High Performance.* Portland, OR: Productivity Press, 1997.

Juran, J.M. *Juran on Leadership for Quality.* New York: The Free Press, 2003.

Keen, Peter G.W. *The Process Edge—Creating Value Where It Counts.* Boston: Harvard Business School Press, 1998.

Lawler, Edward E., III, Susan Albers Mohrman and George Benson. *Organizing for High Performance: Employee Involvement, TQM, Reengineering, and Knowledge Management in the Fortune 1000: The CEO Report.* San Francisco: Jossey-Bass, Inc., 2001.

Stewart, Thomas A. *The Wealth of Knowledge: Intellectual Capital and the Twenty-First Century Organization.* New York: Doubleday, 2001.

The Systems Thinker®. Waltham, MA: Pegasus Communications, Inc., 781-398-9700. http://www.thesystemsthinker.com

53 ÊTRE ORIENTÉ VERS LES RÉSULTATS

It has long since come to my attention that people of accomplishment rarely sat back and let things happen to them. They went out and happened to things.
– Elinor Smith

COMPÉTENCE NON MAÎTRISÉE

- ☐ A des résultats irréguliers
- ☐ Ne parvient pas à respecter les délais
- ☐ Perd du temps et gaspille des ressources sur des éléments de moindre importance
- ☐ Se heurte toujours à un obstacle : manque d'organisation personnelle, impossibilité d'établir les priorités, sous-estimation du temps d'exécution, résistance à outrance
- ☐ N'est pas assez audacieux ni engagé pour mener un projet à terme
- ☐ Remet ce qui le gêne au lendemain
- ☐ Ne se donne pas à fond pour achever un travail
- ☐ Partisan du moindre effort

Sélectionnez dans la liste ci-dessous une à trois compétences comme compétence de remplacement si vous décidez de ne pas travailler directement sur cette dernière.

SUBSTITUTS : 1,5,9,16,18,20,24,28,35,36,39,43,50,52,60,63

COMPÉTENCE MAÎTRISÉE

- ☐ On peut compter sur lui pour dépasser les objectifs fixés
- ☐ Figure constamment parmi les plus performants
- ☐ Très axé sur le résultat final
- ☐ N'hésite pas à faire pression sur lui-même et sur les autres pour obtenir des résultats

COMPÉTENCE UTILISÉE À L'EXCÈS

- ☐ Accorde une importance primordiale aux résultats, sans prendre assez en considération les personnes, les équipes, les procédures en vigueur ou peut-être même l'éthique
- ☐ Peut provoquer un renouvellement élevé de ses collaborateurs par la pression qu'il exerce sur eux pour atteindre les objectifs
- ☐ Semble ne pas savoir créer un esprit d'équipe
- ☐ Semble ne pas célébrer ni partager le succès
- ☐ Semble très égocentrique

Sélectionnez dans la liste ci-dessous une à trois compétences sur laquelle vous devrez travailler pour compenser son utilisation excessive.

COMPENSATEURS : 3,7,19,22,23,29,31,33,36,41,46,60,64

QUELQUES CAUSES

- ☐ Épuisé
- ☐ Désorganisé
- ☐ Inexpérimenté
- ☐ Nouvel employé
- ☐ Pas assez audacieux ni innovateur
- ☐ Manque d'engagement
- ☐ Manque de concentration
- ☐ Perfectionniste
- ☐ Fait traîner les choses

FACTEURS ET GROUPES DU LEADERSHIP ARCHITECT®

Cette compétence se retrouve dans Énergie et détermination, facteur (IV). Cette compétence se retrouve dans Se concentrer sur le résultat final, groupe (J) aux numéros : 1, 43. Vous pouvez également consulter d'autres compétences dans le même facteur ou groupe pour trouver des conseils connexes.

LA CARTE

Produire des résultats signifie atteindre constamment les buts et objectifs établis par vous ou par d'autres. Cela signifie que vous devez vous motiver et motiver les autres pour accomplir vos objectifs. Cela veut dire garder l'œil sur la cible et agir et communiquer comme si le résultat final vous tenait à cœur.

QUELQUES SOLUTIONS

☐ **1. Établissez des priorités.** Quelles sont les tâches critiques ? Quelles sont les trois à cinq étapes essentielles à franchir pour arriver au but ? Les dirigeants efficaces concentrent la moitié de leur temps sur quelques sujets prioritaires. Ne vous laissez pas distraire par les détails secondaires ou des activités que vous aimez particulièrement mais qui ne sont pas pertinentes pour votre projet. *Besoin d'aide supplémentaire ? Reportez-vous à la fiche n° 50 : Savoir définir les priorités.*

☐ **2. Fixez des objectifs pour vous et pour les autres.** La plupart des personnes travaillent mieux si elles ont des buts et des objectifs à atteindre, ainsi que des points de repère pour évaluer la progression. Également, la plupart travaillent mieux avec des objectifs que l'on peut adapter et apprécient particulièrement d'être impliquées dans l'élaboration de ces objectifs. Établissez des points de contrôle dans le courant de la réalisation du projet afin de mesurer son avancement. Échangez vos impressions aussi souvent que possible. *Besoin d'aide supplémentaire ? Reportez-vous à la fiche n° 35 : Savoir gérer et établir des indicateurs de performance.*

☐ **3. Comment obtenir des résultats ?** Il existe un ensemble de pratiques reconnues pour produire des résultats : gestion de la qualité totale (TQM), ISO et Six Sigma. Si vous n'êtes pas familier avec ces méthodes, procurez-vous des ouvrages portant sur chacun de ces sujets. Assistez à un atelier portant sur la planification efficace du travail. Demandez de l'aide au responsable du service de gestion de la qualité totale de votre organisation. *Besoin d'aide supplémentaire ? Reportez-vous aux fiches n° 52 : Maîtriser la gestion des processus et n° 63 : Systèmes de gestion intégrale de la qualité (ex. TQM/ISO/Six Sigma).*

☐ **4. L'organisation.** Manquez-vous constamment de ressources ? Pour arriver à des résultats il faut pouvoir obtenir et employer les ressources nécessaires. Le personnel, l'argent, le matériel, le support logistique, le temps. Souvent cela implique des éléments sur lesquels vous n'exercez aucun contrôle. Vous devrez quémander et emprunter. Cela suppose de négocier, marchander, échanger, « cajoler » et influencer. Quelles formes de troc ou de négociation devez-vous envisager ? Qu'avez-vous à échanger ? Comment ferez-vous pour que chacun y trouve son avantage ? *Besoin d'aide supplémentaire ? Reportez-vous aux fiches n° 37 : Savoir négocier et n° 39 : Savoir organiser.*

☐ **5. Comment faire exécuter le travail ?** Tout le monde ne sait pas manager une équipe. Certains sont performants seuls mais ont des difficultés lorsque ces résultats doivent provenir de l'équipe. Avez-vous des difficultés pour amener votre équipe à produire avec vous les résultats recherchés ? Vous possédez les ressources matérielles et humaines, mais la performance n'est pas au rendez-vous. Vous faites trop de choses par vous-même. Vous ne déléguez pas les charges ou les responsabilités. Vous communiquez mal. Vous ne savez pas motiver. Vous planifiez mal. Vous ne savez pas établir correctement vos priorités et vos objectifs. Si vous êtes un manager en formation ou nouvellement promu à des responsabilités de cadre, il existe des principes fondamentaux reconnus sur les bonnes pratiques en matière de management. Partagez-vous les mérites avec vos collaborateurs ? Leur donnez-vous une idée claire de ce qui est important ? Leur travail contient-il des défis ? Cherchez-vous à les motiver ou vous contentez-vous de leur distribuer le travail à faire ? Lisez Becoming a Manager, par Linda A. Hill. Assistez à un cours de formation sur le management. *Besoin d'aide supplémentaire ? Reportez-vous aux fiches n° 18 : Savoir déléguer, n° 20 : Savoir diriger, n° 36 : Savoir motiver, et n° 60 : Savoir constituer des équipes performantes.*

☐ **6. Vaincre les résistances.** Éprouvez-vous des difficultés quand vous devez sortir de votre cadre pour atteindre vos objectifs ? Nous sommes dans un monde où les capacités d'influence, la compréhension des autres et la négociation servent de monnaie d'échange. Il ne suffit donc pas simplement de demander pour obtenir, vous devez trouver des intérêts communs où vous pourrez apporter de l'aide. Quels sont les besoins de vos interlocuteurs ? Vos résultats sont-ils importants à leurs yeux ? Comment votre activité peut-elle les affecter ? Si votre action a des incidences négatives, vous pouvez faire un compromis, trouver un moyen de diminuer leur charge de travail (proposer l'aide de votre personnel, par exemple). Allez vers vos collègues avec un esprit d'échange. Pour vous montrer coopératif, expliquez-leur vos idées et invitez-les à en faire autant. Évoquez des alternatives possibles plutôt que de forcer des accords. Soyez patient, laissez-leur le temps de s'adapter à la situation. Mettez l'accent sur les buts communs, les priorités et les problèmes. Invitez-les à critiquer vos idées. *Besoin d'aide supplémentaire ? Reportez-vous à la fiche n° 42 : Entretenir de bonnes relations avec ses collègues.*

☐ **7. Vous manquez d'audace ?** Les risques ne vous tentent pas ? Obtenir des résultats implique aussi de savoir forcer les limites, de savoir prendre de nouvelles initiatives. Cette façon d'agir aboutit parfois à des erreurs et des échecs. Traitez-les comme autant d'occasions d'apprendre. Qui ne risque rien, n'a rien. Élevez votre niveau de témérité. Commencez par prendre des risques limités pour pouvoir vous rattraper plus facilement. Essayez de voir comment vous pouvez être créatif et innovateur. Soyez confiant en vous-même. Certains vous diront que vous auriez pu vous y prendre autrement, écoutez-les, mais restez ferme. Faites une analyse des résultats à la fin. Cela montrera à tous que vous êtes ouvert à l'amélioration, que les résultats aient été exceptionnels ou non. *Besoin d'aide supplémentaire ? Reportez-vous aux fiches n° 2 : Faire face à l'ambiguïté, n° 14 : Faire preuve de créativité, n° 28 : Gérer l'innovation et n° 57 : Faire preuve d'autonomie.*

53

☐ **8. Vous temporisez ?** Vous remettez toujours au lendemain ? Est-ce dans l'urgence ou en situation de crise que vous êtes le plus performant ? Attendez-vous la dernière minute pour agir ? Si oui, vous risquez de manquer certaines échéances et de ne pas atteindre les objectifs de performance. Vos résultats ne seront pas constants. Certains de vos travaux seront à peine passables, faute de temps pour les accomplir correctement. Vous vous contenterez d'un « B » quand vous auriez pu avoir un « A » avec un ou deux jours de travail supplémentaires. Commencez donc plus tôt. Accomplissez le premier dixième de la tâche dès qu'elle vous est confiée, afin de pouvoir évaluer le temps nécessaire pour la terminer. Divisez vos tâches et missions en tiers ou en quarts et répartissez-les sur la totalité du temps imparti. Ménagez-vous toujours plus de temps que ce que vous croyez nécessaire. *Besoin d'aide supplémentaire ? Reportez-vous aux fiches n° 47 : Savoir planifier et n° 62 : Savoir gérer son temps.*

☐ **9. Persistance ?** De la persévérance. Vous êtes enclin à abandonner les tâches fastidieuses ou répétitives, vous avez de la difficulté à y revenir une seconde ou une troisième fois, vous êtes découragé par les obstacles ? Ce dernier effort pour terminer la tâche vous a épuisé ? Votre temps d'attention est plus court qu'il ne le devrait ? Établissez des mini échéances. Morcelez la tâche de façon à mieux mesurer vos progrès. Changez d'approche. Faites quelque chose de complètement différent la prochaine fois. Trouvez cinq façons différentes de régler un problème. Soyez prêt à réaliser toutes ces options quand les obstacles surviendront. Discutez avec quelqu'un qui a un problème semblable. Échangez vos tâches. *Besoin d'aide supplémentaire ? Reportez-vous à la fiche n° 43 : Faire preuve de persévérance.*

☐ **10. Stress et tension.** Produire des résultats jour après jour, trimestre après trimestre, année après année, engendre de la pression. Un stress fouette l'énergie de certains, de sorte qu'ils travaillent mieux, alors que d'autres sont littéralement paralysés et leur productivité décroît au fur et à mesure leur stress augmente. Vous sentez-vous sur le point de « craquer ? » La gestion du stress est une science reconnue. Ces phénomènes résident en réalité dans votre tête, non dans le monde extérieur. Les mêmes événements stressent certaines personnes et en stimulent d'autres, par exemple le fait de perdre un client majeur. Certains pleurent et d'autres rient du même événement – comme le fait de glisser sur une peau de banane. Le stress vient de votre façon de voir les événements et non des événements eux-mêmes. Gérer plus efficacement votre stress vous oblige à réviser l'interprétation que vous faites de votre activité. Il y a peut-être eu un temps de votre vie où les araignées et les serpents représentaient pour vous des dangers mortels et stressants. En est-il toujours ainsi ? Si vous êtes au bord de l'effondrement moral, parlez à votre patron ou à votre mentor des possibilités de diminuer votre charge de travail. Peut-être cet emploi n'est-il pas pour vous. Envisagez de revenir à un emploi moins stressant. *Besoin d'aide supplémentaire ? Reportez-vous aux fiches n° 6 : Avoir de l'ambition et n° 11 : Avoir la maîtrise de soi.*

One never notices what has been done,
one can only see what remains to be done.
– Marie Curie

LECTURES CONSEILLÉES

Bossidy, Larry, Ram Charan and Charles Burck (Contributor). *Execution: The Discipline of Getting Things Done.* New York: Crown Business Publishing, 2002.

Carrison, Dan. *Deadline! How Premier Organizations Win the Race Against Time.* New York: AMACOM, 2003.

Collins, James C. *Turning Goals Into Results: The Power of Catalytic Mechanisms.* Boston: Harvard Business School Press, 2002.

Drucker, Peter F. *Managing for the Future.* New York: Dutton, 1992.

Drucker, Peter F. *Managing for the Future* [sound recording]. Beverly Hills, CA: Dove Audio, 1992.

Drucker, Peter F. *Managing for Results.* New York: HarperCollins, 1993.

Goleman, Daniel. *Leadership That Gets Results.* Boston: Harvard Business School Press, 2002.

Jensen, Bill. *Simplicity: The New Competitive Advantage in a World of More, Better, Faster.* Cambridge, MA: Perseus Publishing, 2001.

Laurie, Donald L. *Venture Catalyst.* Cambridge, MA: Perseus Publishing, 2001.

Longenecker, Clinton O. and Jack L. Simonetti. *Getting Results: Five Absolutes for High Performance.* New York: John Wiley & Sons, Inc., 2001.

Niven, P.R. *Balanced Scorecard Step-by-Step: Maximizing Performance and Maintaining Results.* New York: John Wiley & Sons, Inc., 2002.

Stern, Joel M. and John S. Shiely. *The EVA Challenge.* New York: John Wiley & Sons, Inc., 2001.

Ulrich, David, Jack Zenger and Norman Smallwood. *Results-Based Leadership.* Boston: Harvard Business School Press, 1999.

Zook, Chris and James Allen. *Profit From the Core.* Boston: Harvard Business School Press, 2001.

54 ÊTRE CAPABLE D'AUTO-DÉVELOPPEMENT

Everyone has talent. What is rare is the courage to follow the talent to the dark place where it leads.
– Erica Jong

COMPÉTENCE NON MAÎTRISÉE

- ☐ Ne fait pas d'efforts pour changer ni évoluer
- ☐ Ne prend pas en compte les remarques constructives qui lui sont faites
- ☐ Ne sait pas sur quoi travailler et comment le faire
- ☐ Peut le savoir mais n'agit pas en conséquence
- ☐ Ne fait pas d'effort d'adaptation en fonction de ses interlocuteurs ni des situations
- ☐ A tendance à réagir de façon arrogante ou défensive à un feed-back négatif
- ☐ Peut craindre l'échec et le risque d'admettre ses défauts
- ☐ Ne croit pas en la possibilité de changer et, par conséquent, ne voit pas l'intérêt d'essayer
- ☐ Estime que ses compétences actuelles resteront adaptées
- ☐ Peut reconnaître des avantages à se développer mais se dit toujours trop occupé

Sélectionnez dans la liste ci-dessous une à trois compétences comme compétence de remplacement si vous décidez de ne pas travailler directement sur cette dernière.

SUBSTITUTS : 1,6,19,32,33,44,45,55,61

COMPÉTENCE MAÎTRISÉE

- ☐ A la motivation personnelle pour se développer et y travaille constamment
- ☐ A conscience que des situations différentes ou des niveaux de responsabilités différents peuvent requérir des compétences et des approches différentes
- ☐ Cherche à utiliser au mieux ses forces
- ☐ S'efforce de compenser ses faiblesses et ses limites

COMPÉTENCE UTILISÉE À L'EXCÈS

- ☐ Peut exagérer son effort de développement personnel
- ☐ Peut finir par être atteint de nombrilisme
- ☐ Semble dérouter les autres par ses efforts constants pour changer et s'améliorer
- ☐ Semble trop égocentrique
- ☐ A tendance à vouloir essayer les méthodes de développement personnel à la mode
- ☐ Semble consacrer trop de temps à s'améliorer et trop peu à agir ou à travailler

Sélectionnez dans la liste ci-dessous une à trois compétences sur laquelle vous devrez travailler pour compenser son utilisation excessive.

COMPENSATEURS : 1,24,43,46,50,51,53,55,57,63

QUELQUES CAUSES

- ☐ Arrogant ; n'a pas de points faibles
- ☐ Est sur la défensive
- ☐ Ne sait pas ce qu'il faut développer
- ☐ Ne sait pas quoi faire
- ☐ Pas besoin de me développer ; je peux me débrouiller avec mes compétences actuelles
- ☐ Ne croit pas vraiment que les gens peuvent changer
- ☐ Craint d'échouer ou d'avoir à admettre ses lacunes
- ☐ Trop occupé à produire

FACTEURS ET GROUPES DU LEADERSHIP ARCHITECT®

Cette compétence se retrouve dans Compétences personnelles et interpersonnelles, facteur (VI). Cette compétence se retrouve dans Faire preuve de flexibilité, groupe (T) aux numéros : 40, 45, 55. Vous pouvez également consulter d'autres compétences dans le même facteur ou groupe pour trouver des conseils connexes.

54

LA CARTE

En fin de compte, ceux qui réussissent le mieux sont ceux qui apprennent, évoluent et changent continuellement tout au long de leur carrière. Quels que soient vos atouts à l'heure actuelle, ils sont probablement insuffisants pour votre avenir. L'apprentissage de nouvelles compétences est le meilleur garant face à un avenir incertain. Certains d'entre nous refusent de reconnaître leurs limites. Ils se trouvent toutes sortes d'excuses, blâment leur patron, leur travail ou leur organisation. D'autres restent sur la défensive et luttent contre toute tentative de correction. D'autres encore craignent de faire quoi que ce soit à propos des problèmes auxquels ils font face. Certains veulent des solutions rapides et estiment ne pas avoir le temps de s'améliorer. Certains autres ne savent tout simplement pas quoi faire.

QUELQUES SOLUTIONS

☐ **1. Évaluation.** Obtenez d'abord une bonne évaluation de vous-même par une analyse à 360° ou un sondage auprès de dix personnes qui vous connaissent bien. Demandez-leur des commentaires détaillés sur ce que vous faites bien ou moins bien, ce qu'ils aimeraient vous voir continuer, commencer ou arrêter. Vous n'avez pas de temps à perdre, il vaut mieux se concentrer sur les compétences dont vous avez vraiment besoin.

☐ **2. Divisez ensuite vos compétences en plusieurs catégories :**

- Les points forts évidents – moi lors de mes meilleures prestations.

- Les points forts trop souvent invoqués – ceux dont j'abuse. Par exemple : « J'ai tellement d'assurance que je parais arrogant ».
- Les points forts cachés – je suis mieux noté par les autres que par moi-même.
- Les zones d'ombre – je me note mieux que les autres ne me notent.
- Les points faibles – je n'y arrive pas très bien.
- Les qualités non prouvées – Par exemple : « Je n'ai jamais été impliqué dans la formulation d'une stratégie ».
- Les inconnues – j'ai besoin de davantage de feedback.

☐ **3. Qu'est-ce qui est important ?** Trouvez ce qui est essentiel dans votre activité actuelle ainsi que pour les deux ou trois prochains emplois auxquels vous pourriez prétendre. Vérifiez s'il existe pour ces emplois des profils de réussite. Comparez-en les exigences avec les résultats de votre évaluation. S'il n'existe pas de profil de référence, consultez votre service des ressources humaines ou demandez à une ou deux personnes qui exercent ces emplois quelles compétences il faut posséder pour réussir.

☐ **4. Vos forces.** Essayez de miser sur vos points forts. Selon une récente étude de Gallup au niveau mondial, seulement 20 % des employés pensent qu'ils utilisent leurs points forts quotidiennement. Ceci constitue votre meilleure garantie de succès. Que maîtrisez-vous ? Qu'apprenez-vous rapidement ? De quoi retirez-vous le plus de satisfaction au travail ? Si vous êtes créatif, quelles sont les trois choses que vous pouvez commencer à faire dès aujourd'hui ? Comment pouvez-vous mettre vos points forts à profit pour aider les autres (ainsi ils vous aideront en retour) ? Vous ne pouvez pas utiliser vos points forts dans votre travail actuel ? Que penseriez-vous d'un projet, d'une mission spéciale ou d'un échange de tâches ? Entretenez les compétences dont vous aurez besoin dans le futur en les testant dans d'autres tâches. (Si vous êtes un expert en gestion de conflits, utilisez cette force au sein d'un groupe pluridisciplinaire de résolution de problèmes et profitez-en pour développer d'autres capacités). Enseignez ce dans quoi vous êtes fort aux autres et demandez-leur de vous apprendre ce qu'ils savent bien faire.

☐ **5. Équilibrez les compétences trop souvent invoquées chez vous en développant des compétences complémentaires.** Si vous êtes trop créatif, il ne servira à rien d'essayer de vous freiner – cette qualité est la première cause de votre réussite. La solution est de laisser votre créativité telle quelle et de vous concentrer sur ses conséquences négatives. (Vous négligez peut-être trop les détails ou vous manquez d'organisation). Essayez de neutraliser ces effets nuisibles ; il ne s'agit pas d'exceller, mais de faire en sorte qu'ils ne vous fassent plus du tort. Certaines listes de compétences sont recensées dans le *FYI* de Lominger, ce sont celles que vous devez améliorer pour équilibrer vos points forts utilisés à l'excès.

☐ **6. Vos faiblesses.** *Besoin d'aide supplémentaire ? Reportez-vous à la fiche n° 19 : Développer les compétences de ses collaborateurs directs et des autres,* pour savoir comment développer vos propres compétences et réduire vos faiblesses. Ceci passe par un plan de développement qui prévoit quatre éléments-clés : a) intensifier les tâches qui nécessitent la mise en œuvre de la compétence à développer (cela représente habituellement 70 % du développement réel) ; b) obtenir un maximum de feed-back pour vous aider à comprendre comment vous opérez (habituellement 20 % de l'apprentissage) ; c) préparer un plan de formation pour favoriser la compréhension (à peu près 10 %) ; enfin, d) synthétiser le tout afin d'être en mesure de le mettre en pratique.

☐ **7. Vous pouvez aussi compenser vos faiblesses plutôt que développer une nouvelle compétence.** Nous avons tous des faiblesses par certains côtés et s'en plaindre est contre-productif. Si vous avez échoué à plusieurs reprises en tant que vendeur, artisan ou orateur, trouvez d'autres personnes compétentes dans ces domaines, changez de métier ou pensez à modifier le contenu de votre activité actuelle. Vous pouvez aussi trouver des façons indirectes de compenser. Lincoln contrôlait son caractère en écrivant des lettres agressives dont il extrayait les idées-forces avant de déchirer les lettres. Il recomposait ensuite une nouvelle lettre dans laquelle il incluait ces points-clés.

☐ **8. Concentrez-vous sur des domaines nouveaux.** Minimisez vos points faibles, mais n'hésitez pas à aborder également les domaines nouveaux. Lors de nos recherches, nous avons déterminé que le profil d'un individu qui apporte sa contribution ressemble plus à celui d'un dirigeant lequel, à son tour, a tout d'un cadre. Personne ne progresse beaucoup avec le temps. Peu de dirigeants ont le talent nécessaire pour aider les autres à se perfectionner et peu de cadres savent gérer la perspective et les objectifs. Mais ont-ils vraiment eu la possibilité de se développer dans ces domaines ? La solution consiste à voir quelles sont les demandes spécifiques de performance dans un secteur donné, puis d'y travailler avant que cela ne devienne nécessaire. Testez vos qualités inexploitées dans un contexte où les enjeux ne sont pas cruciaux, par exemple : écrivez un plan stratégique pour votre section, puis soumettez-le à l'appréciation des autres ; négociez l'achat de matériel de bureau. Notez ce que vous faites de bien comme de mal. Lancez-vous dans une seconde tâche un peu plus ambitieuse et notez de nouveau les bons et mauvais points de votre performance. Vous pouvez aussi vous procurer un livre ou suivre une formation sur le sujet. Exercez-vous sur des projets de plus en plus importants jusqu'à ce que vous ayez atteint le niveau voulu.

☐ **9. Les zones d'ombres.** Prenez garde à ces points, ils vous indiquent que vous pensiez être meilleur que ne l'estiment les autres. Ne vous aventurez pas dans des tâches requérant ces compétences avant d'être à même d'apprécier clairement vos qualités réelles. Fixez-vous alors des modèles de comportement. Recueillez plus d'information. Demandez à quelqu'un de vous observer et de vous donner ses impressions chaque fois que c'est possible. Observez trois personnes qui excellent sur ces points et comparez ce que vous faites avec ce qu'elles font. Ne vous arrêtez pas avant d'avoir corrigé les zones d'ombre.

☐ **10. Démontrez aux autres que vous prenez votre développement personnel au sérieux.** Expliquez-leur vos besoins de développement et demandez leur soutien. Les gens se montrent plus enclins à aider et à accorder le bénéfice du doute à ceux qui admettent leurs lacunes et tentent d'y remédier. Ils savent que cela demande du courage. *Besoin d'aide supplémentaire ? Reportez-vous à la fiche n° 44 : Être transparent.*

Mistakes are a fact of life. It is the response to error that counts.
– Nikki Giovanni, U.S. author, poet

LECTURES CONSEILLÉES

Bell, Arthur H., Ph.D. and Dayle M. Smith, Ph.D. *Motivating Yourself for Achievement.* Upper Saddle River, NJ: Prentice Hall, 2002.

Bolles, Richard N. *What Color Is Your Parachute? 2004: A Practical Manual for Job-Hunters & Career-Changers.* Berkeley, CA: Ten Speed Press, 2004.

Brim, Gilbert. *Ambition: How We Manage Success and Failure Throughout Our Lives.* New York: Backinprint.com, 2000.

Champy, James and Nitin Nohria. *The Arc of Ambition.* Cambridge, MA: Perseus Publishing, 2000.

Christian, Ken. *Your Own Worst Enemy: Breaking the Habit of Adult Underachievement.* New York: Regan Books, 2004.

Glickman, Rosalene. *Optimal Thinking: How to Be Your Best Self.* New York: John Wiley & Sons, Inc., 2002.

Handy, Charles B. *21 Ideas for Managers: Practical Wisdom for Managing Your Company and Yourself.* San Francisco: Jossey-Bass, Inc., 2000.

Holton, Bill and Cher Holton. *The Manager's Short Course. Thirty-Three Tactics to Upgrade Your Career.* New York: John Wiley & Sons, Inc., 1992.

Lombardo, Michael M. and Robert W. Eichinger. *The Leadership Machine.* Minneapolis, MN: Lominger Limited, Inc., 2004.

McCall, Morgan W., Michael M. Lombardo and Ann M. Morrison. *The Lessons of Experience.* Lexington, MA: Lexington Books, 1988.

Morrison, Ann M., Randall P. White, Ellen Van Velsor and the Center for Creative Leadership. *Breaking the Glass Ceiling: Can Women Reach the Top of America's Largest Corporations?* Reading, MA: Addison-Wesley Publishing Company, 1992.

Niven, David. *The 100 Simple Secrets of Successful People: What Scientists Have Learned and How You Can Use It.* New York: HarperBusiness, 2002.

Pirsig, Robert M. *Zen and the Art of Motorcycle Maintenance.* New York: Bantam Books, 1984.

Prochaska, James O., John C. Norcross and Carlo C. DiClemente. *Changing for Good.* New York: Avon Books, 1995.

Stephens, Deborah C. (Ed.) and Abraham Harold Maslow. *The Maslow Business Reader.* New York: John Wiley & Sons, Inc., 2000.

Stone, Florence M. and Randi T. Sachs. *The High-Value Manager—Developing the Core Competencies Your Organization Needs.* New York: AMACOM, 1995.

55 BIEN SE CONNAÎTRE

The unexamined life is not worth living.
– Socrates

COMPÉTENCE NON MAÎTRISÉE

- ☐ Connaît mal ses points forts, ses points faibles et ses limites
- ☐ Ne veut pas de feed-back ou se montre arrogant ou sur la défensive s'il en reçoit
- ☐ N'est pas à l'écoute et ne tire aucun bénéfice du feed-back
- ☐ Surestime ou sous-estime ses performances
- ☐ Semble se précipiter où il ne devrait pas et ne pas agir quand il devrait
- ☐ Semble être surpris ou ne pas être conscient de son impact
- ☐ Peut connaître ses zone d'ombres mais ne pas vouloir en parler
- ☐ Évite les discussions personnelles
- ☐ Peut s'imaginer qu'il sait déjà tout alors que ce n'est pas le cas
- ☐ Peut se chercher des excuses et faire des reproches aux autres ; ne tire pas les leçons de ses erreurs
- ☐ Ne retire pas grand-chose des exercices de connaissance de soi et des entretiens d'évaluation de la performance
- ☐ Est surpris par les appréciations négatives

Sélectionnez dans la liste ci-dessous une à trois compétences comme compétence de remplacement si vous décidez de ne pas travailler directement sur cette dernière.

SUBSTITUTS : 6,19,32,33,44,45,54,56,64

COMPÉTENCE MAÎTRISÉE

- ☐ Est parfaitement conscient de ses forces, de ses faiblesses, de ses potentialités et de ses limites personnelles
- ☐ Recherche le feed-back
- ☐ Tire les enseignements de ses erreurs
- ☐ Est ouvert aux critiques
- ☐ N'a pas une attitude défensive
- ☐ Se montre réceptif lorsqu'il s'agit de parler de ses lacunes
- ☐ Dresse le bilan de ses forces comme de ses faiblesses à partir des entretiens d'évaluation et de développement de carrière

COMPÉTENCE UTILISÉE À L'EXCÈS

- ☐ Peut être trop critique vis-à-vis de lui-même et trop se dévaloriser
- ☐ Ne transforme pas son savoir en actions et en améliorations
- ☐ Semble consacrer trop de temps en activités d'auto-découverte

suite

- ☐ Semble attendre le feed-back et en dépendre
- ☐ Semble solliciter le feed-back à outrance

Sélectionnez dans la liste ci-dessous une à trois compétences sur laquelle vous devrez travailler pour compenser son utilisation excessive.

COMPENSATEURS : 1,4,11,22,27,29,33,42,44,46,48,52,54,64

QUELQUES CAUSES

- ☐ Fait preuve de suffisance
- ☐ Vous pensez tout savoir mais les autres pensent autrement
- ☐ Est sur la défensive
- ☐ Ne reçoit pas de feed-back
- ☐ Ne sait pas comment recevoir du feed-back
- ☐ Le seul être parfait sur terre
- ☐ Succès excessif

FACTEURS ET GROUPES DU LEADERSHIP ARCHITECT®

Cette compétence se retrouve dans Compétences personnelles et interpersonnelles, facteur (VI). Cette compétence se retrouve dans Faire preuve de flexibilité, groupe (T) aux numéros : 40, 45, 54. Vous pouvez également consulter d'autres compétences dans le même facteur ou groupe pour trouver des conseils connexes.

LA CARTE

Connais-toi toi-même. (Socrate, 470-399 av. J.-C., ne s'est pas enrichi avec ses écrits mais a rédigé plusieurs best-sellers datant de 2000 ans). Une bonne connaissance de soi constitue un gage de succès personnel et professionnel. Une étude a démontré que le meilleur prédicteur de haute performance est la capacité de se voir comme les autres nous voient, et le meilleur prédicteur de faible performance est la tendance à surévaluer ses compétences. Vous réussirez mieux dans la vie et au travail si vous connaissez vraiment les domaines dans lesquels vous êtes bon, moyen, mauvais, non testé, et les compétences que vous avez tendance à exagérer ou trop utiliser. La connaissance de vos points faibles crée moins de problèmes que les zones d'ombre inconscientes. Vous pouvez contourner un point faible connu et le compenser par autre chose. Il n'y a rien de pire qu'une zone d'ombre inconsciente. Cela peut vraiment mettre votre carrière en danger parce que vous n'êtes pas conscient de votre zone d'ombre ou vous ne voulez pas l'admettre. Vous aurez tendance à vous aventurer dans des domaines où vous devriez faire preuve de prudence et d'humilité mais où vous foncez tête baissée. Généralement, cela mène au désastre. Un des buts importants de la vie et de votre carrière consiste à éliminer toutes les zones d'ombres.

QUELQUES SOLUTIONS

☐ **1. Obtenez du feed-back.** On a généralement tendance à hésiter à donner du feed-back, surtout s'il est négatif ou restrictif. Généralement, il faut le demander pour l'obtenir. Cette recherche de la perception des autres sur soi a deux effets : elle permet d'affiner notre compréhension et elle a aussi des effets heureux quant à l'évaluation des autres sur nos comportements. C'est une qualité que de chercher à identifier ses défauts. Ceux que vous solliciterez vous estimeront davantage à mesure que vous rechercherez et accepterez leurs commentaires. S'ils hésitent à vous critiquer, aidez-les en leur faisant part de votre propre évaluation de votre travail plutôt qu'en leur posant des questions. Si vous dites : « J'ai l'impression que je me suis trop concentré sur l'opérationnel et je crois avoir manqué quelques relations stratégiques importantes. Qu'en pensez-vous ? », il sera plus facile aux autres d'y répondre que si vous posiez une question appelant simplement une critique de leur part.

☐ **2. Un feed-back donné de façon confidentielle.** Un tour d'horizon en privé tend à revêtir une caractère plus négatif mais aussi à être plus exact qu'une appréciation formelle publique, comme l'évaluation annuelle des performances. Ne vous laissez pas berner par les commentaires qui ne sont pas tenus confidentiels ; la plupart du temps, ils sont excessivement positifs. Quand celui qui fait l'évaluation sait que les résultats seront connus de tous, le score augmente, mais l'exactitude diminue.

☐ **3. Obtenez du feed-back de différentes sources.** De par leur position ou leurs fonctions, certains évaluateurs sont à même d'en savoir plus et d'être plus précis sur certaines compétences. Les domaines de prédilection des patrons sont généralement : le flair, le faire-valoir, une facilité dans les rapports avec la haute direction, l'expression précise des problèmes et des solutions, une pensée claire, la capacité à bâtir des équipes, l'entregent. Les clients, eux, peuvent en dire long sur la disponibilité, l'écoute, l'orientation vers la qualité, la capacité à résoudre les problèmes, la compréhension de leurs besoins et la persuasion. Les collègues connaissent vos aptitudes à persuader, vendre, négocier, adhérer aux causes communes, défendre les intérêts de l'organisation, respecter les promesses et transiger à l'amiable. Vos collaborateurs sont aptes à évaluer : la gestion au quotidien, la structuration des équipes, la délégation, la confrontation, la disponibilité et la gestion du temps. Donc, quand vous demandez de l'information sur vous-même, vérifiez d'abord à quelle catégorie de personnes vous vous adressez. Vous êtes peut-être le seul qui ne soit pas en mesure de porter un bon jugement sur vous-même. Les autres sources recoupent généralement mieux leurs opinions à votre sujet que vous ne pourriez le faire. Votre vision de vous-même peut être précise et fouillée, mais ne la considérez pas comme une évidence, tant qu'elle n'a pas été validée par plus d'une autre personne censée vous connaître.

☐ **4. Dans votre choix de répondants à un feed-back à 360° ou autre, choisissez ceux qui vous connaissent le mieux afin d'obtenir les résultats les plus exacts.** Ne tentez pas de modifier votre portrait en donnant la préférence à ceux avec lesquels vous vous entendez le mieux ou l'inverse. Amis et ennemis ont tendance à choisir les mêmes compétences comme forces et faiblesses. Vos amis vous donneront des appréciations plus positives que vos ennemis mais leurs appréciations les plus élevées ou les plus faibles se recouperont, sur le fond.

☐ **5. En étudiant les commentaires reçus, portez votre attention sur les notes les plus élevées et les plus faibles de chaque groupe.** Ne perdez pas trop de temps à vous soucier de savoir si votre score est plus élevé ou plus bas, relativement à d'autres. Dans la démarche de développement, vous devez vous inquiéter pour vous-même et non vous comparer aux autres. Votre but est simplement de mieux vous connaître. Pour ce faire, répondez aux questions suivantes : Pourquoi suis-je comme cela ? Comment ai-je acquis mes compétences ? Quelles expériences ont modelé mes tendances ? Ai-je des forces qui se transforment en faiblesses ? – « Je suis intelligent, mais je fais sentir aux autres qu'ils le sont moins », « Je suis créatif, mais désorganisé ». Si vous avez une lacune évidente dans un secteur précis, cherchez l'obstacle. Vous découvrirez probablement que vous n'aimez pas ce secteur et que vous avez de faibles connaissances et des aptitudes pour y exceller. Essayez de vous souvenir des situations difficiles au cours desquelles vos forces et vos faiblesses se sont révélées. *Besoin d'aide supplémentaire ? Reportez-vous à la fiche n° 54 : Être capable d'auto-développement.*

☐ **6. N'attendez pas les entretiens annuels d'évaluation. Efforcez-vous d'aller chercher continuellement un feed-back.** Il y a trois façons d'obtenir un feed-back de qualité, davantage régulier :

- Dans les domaines qui vous concernent spécifiquement, demandez du feed-back – par écrit et anonymement. Demandez à ceux que vous sollicitez ce qu'ils aimeraient vous voir continuer, commencer, arrêter, pour vous améliorer.
- Travaillez avec un partenaire en développement qui connaît bien votre problème et peut vous donner du feed-back immédiat au moment où vous tentez de nouvelles actions.
- Dans les domaines sur lesquels vous travaillez, demandez à ceux qui vous ont observé de venir en discuter avec vous tout de suite après.

☐ **7. Il y aura trois types de feed-back :**

- Sur ce que les autres voient et que vous voyez aussi et qui est vrai à votre sujet.

- Sur ce que les autres voient et qui est vrai sans que vous le perceviez (ceci comprend les compétences que vous croyez ne pas détenir ainsi que les zones d'ombre que vous niez ou dont vous n'êtes pas conscient).
- Sur ce que les autres pensent à votre sujet, que vous ne pensez pas vrai et qui n'est pas exact. Même si elles se révèlent fausses, les perceptions des autres sont des faits à leurs yeux. Parmi ces perceptions inexactes, considérez celles qui importent réellement pour vous et tentez de démontrer, par vos actions, non par des mots, que ces jugements ne recoupent pas des réalités.

☐ **8. N'essayez pas tout seul.** Peu importe la façon dont vous obtenez du feed-back, faites-vous aider pour l'interpréter. La plupart des composantes d'un feed-back à 360° doivent être présentées et analysées par une personne expérimentée. Si vous ne disposez que d'une évaluation « maison », parlez-en avec plusieurs personnes. Choisissez des personnes appartenant aux services-clés de l'entreprise et des personnes qui vous connaissent bien en dehors du travail. Ne leur demandez pas des commentaires généraux. Sélectionnez quelques points-clés de vos résultats, exprimez vos idées sur la nature des problèmes qui apparaissent, voyez s'ils sont d'accord et demandez-leur ce qu'ils aimeraient que vous changiez sur ces points.

☐ **9. L'arrogance constitue un obstacle majeur à la connaissance de soi.** Beaucoup de personnes ayant une forte personnalité ou rencontrant beaucoup de succès, reçoivent peu de feed-back sur elles-mêmes et poursuivent leur parcours, se croyant parfaites... jusqu'à ce que leur carrière périclite. Si vous êtes perçu comme quelqu'un de prétentieux, vous devrez, d'autant plus souvent, demander des commentaires et quand vous les obtiendrez, il se peut que cela vous irrite. Presque par définition, les prétentieux se surestiment aux yeux des autres. Il est probable que ceux qui vous trouvent prétentieux soient plus sévères avec vous que des évaluateurs neutres. C'est logique : si l'on pense que vous dévaluez les autres, on vous retournera la politesse.

☐ **10. Une attitude défensive constitue un autre obstacle majeur à la connaissance de soi.** Dans cette situation, on vous soupçonne de ne pas savoir accepter la critique et de vous défendre systématiquement en accusant les autres ou encore le travail. Les personnes sur la défensive reçoivent moins de feed-back, ce qui les porte davantage à se croire parfaites. Pour briser ce cycle, vous devez suivre les règles de l'écoute *(Reportez-vous à la fiche n° 33 : Savoir écouter)* afin d'entendre réellement ce que vos interlocuteurs ont à vous dire. Bien que cela paraisse injuste, vous devez initialement supposer que toutes les observations faites à votre sujet sont exactes, même si vous savez que ce n'est pas vrai. Plus tard, vous aurez tout le loisir de rectifier les erreurs importantes. *Besoin d'aide supplémentaire ? Reportez-vous à la fiche n° 108 : Être sur la défensive.*

First, know thyself.
– Socrates

LECTURES CONSEILLÉES

Barth, F. Diane. *Daydreaming: Unlock the Creative Power of Your Mind.* New York: Viking Press, 1997.

Bennis, Warren G. *On Becoming a Leader.* Cambridge, MA: Perseus Publishing, 2003.

Bennis, Warren G. and Robert J. Thomas. *Geeks and Geezers.* Boston: Harvard Business School Press, 2002.

Branden, Nathaniel. *The Art of Living Consciously: The Power of Awareness to Transform Everyday Life.* New York: Simon & Schuster, 1997.

Butler, Gillian, Ph.D. and Tony Hope, M.D. *Managing Your Mind.* New York: Oxford University Press, 1995.

Leider, Richard J. and David A. Shapiro. *Whistle While You Work: Heeding Your Life's Calling.* San Francisco: Berrett-Koehler Publishers, Inc., 2001.

Lombardo, Michael M. and Robert W. Eichinger. *The Leadership Machine.* Minneapolis, MN: Lominger Limited, Inc., 2004.

Mason, Marilyn, Ph.D. *Seven Mountains—The Inner Climb to Commitment and Caring.* New York: Penguin Books, 1997.

Schechtman, Marya. *The Constitution of Selves.* Ithaca, NY: Cornell University Press, 1996.

56 SAVOIR JUGER LES AUTRES

Facteur III : Courage Groupe I : Prendre de difficiles décisions sur les gens III – I

This is something that is much more scarce, something rarer than ability. It is the ability to recognize ability.
– Robert Half

COMPÉTENCE NON MAÎTRISÉE

- ☐ Fait des erreurs d'appréciation sur les personnes
- ☐ Évalue mal les points forts et les points faibles des autres
- ☐ Est trop influencé par les préjugés et les idées toutes faites
- ☐ Peut se limiter à des jugements au premier degré
- ☐ Peut juger trop vite, sans avoir toutes les informations
- ☐ S'en tient à ses premières impressions
- ☐ Se trompe souvent quand il fait des prévisions sur ce que les personnes seront capables de faire dans certaines situations
- ☐ Ne sait pas écouter ni observer les autres au point de les méconnaître complètement

Sélectionnez dans la liste ci-dessous une à trois compétences comme compétence de remplacement si vous décidez de ne pas travailler directement sur cette dernière.

SUBSTITUTS : 7,21,23,25,32,33,35,46,51,55,64

COMPÉTENCE MAÎTRISÉE

- ☐ Sait repérer les talents
- ☐ Après suffisamment de temps, est capable d'identifier clairement les forces et les faiblesses des gens, que ce soit à l'extérieur ou à l'intérieur de l'entreprise
- ☐ Est capable de prévoir le comportement vraisemblable d'individus dans des situations variées

COMPÉTENCE UTILISÉE À L'EXCÈS

- ☐ Peut devenir hypercritique dans son jugement des autres
- ☐ Semble refuser de modifier son jugement initial de quelqu'un
- ☐ Semble ne pas chercher ni être ouvert à d'autres preuves
- ☐ Semble ne pas tirer parti des personnes lentes à démarrer et des personnes plus réservées

Sélectionnez dans la liste ci-dessous une à trois compétences sur laquelle vous devrez travailler pour compenser son utilisation excessive.

COMPENSATEURS : 19,21,31,33,38,41,46,48,60,64

QUELQUES CAUSES

- ☐ Anti-élitisme ; veut que tout le monde soit égal
- ☐ Évite les discussions difficiles avec les gens
- ☐ Impatient
- ☐ Inexpérimenté
- ☐ L'argument d'égalité morale est le seul qu'il accepte : tous les gens sont pareils
- ☐ Capacité d'écoute et d'observation insuffisante
- ☐ Rejette la science des ressources humaines
- ☐ Gestion du temps ; pas le temps pour ça

FACTEURS ET GROUPES DU LEADERSHIP ARCHITECT®

Cette compétence se retrouve dans Courage, facteur (III). Cette compétence se retrouve dans Prendre de difficiles décisions sur les gens, groupe (I) au numéro : 25. Vous pouvez également consulter d'autres compétences dans le même facteur ou groupe pour trouver des conseils connexes.

LA CARTE

Mis à part le point de vue moral (nous sommes tous égaux aux yeux du Créateur), nous sommes tous différents. Les gens sont très variés et diversifiés. Les différences physiques sont les plus faciles à remarquer : hauteur, poids, rapidité, force. Certaines caractéristiques personnelles sont aisément visibles également : Intelligent ou non. Affirmé ou non. Chaleureux, froid. Calme, émotif. Bon ou mauvais conférencier. D'autres caractéristiques sont plus difficiles à cerner : Motivé, moins motivé. Des valeurs strictes ou moins strictes. Intègre ? Ayant l'esprit de décision ? Équitable ? Pour accomplir des tâches importantes au travail, il faut être capable de discerner ce qui différencie les gens et de mettre ces différences à profit pour le bien de tous.

56

QUELQUES SOLUTIONS

☐ **1. Lisez trois articles sur les différents profils de personnalité.** Achetez dans une librairie un manuel sur le sujet. Trouvez une copie de *Gifts Differing* d'Isabel Myers, qui traite des indicateurs de type Myers-Briggs. (Demandez-le à une personne du service formation ou organisation du développement). Ce livre décrit 16 types de personnalités, explique pourquoi elles diffèrent et quels impacts elles peuvent avoir respectivement dans le monde du travail. *Competence at Work* de Spencer et Spencer résume 40 années d'études sur les caractéristiques spécifiques nécessaires pour réussir dans différents emplois. Analysez vos tendances personnelles. Pensez-vous avoir tendance à favoriser des alter ego ? Vous préférez ceux qui parlent et agissent comme vous ? Quelles caractéristiques valorisez-vous exagérément ? Quels travers ignorez-vous ou excusez-vous facilement ? Ceux qui savent bien jauger les autres ont cette capacité de voir, de décrire et de valoriser les compétences des personnes qui ne leur ressemblent pas.

☐ **2. Pour comprendre les autres, il faut commencer par se comprendre soi-même (c'est le « connais-toi toi-même » de Socrate).** Apprenez tout ce que vous pouvez sur vous-même. Portez-vous volontaire pour un feed-back à 360°. Demandez aux autres de vous aider à obtenir l'image de vous-même la plus fidèle possible. De la façon la plus honnête possible, identifiez vos forces et vos faiblesses telles qu'elles sont vues par les autres et par vous-même. Une fois votre évaluation complétée, vous pouvez utiliser votre niveau de compétences comme point de repère pour comprendre les autres. Ont-ils plus, moins ou autant cette caractéristique ? Quelle incidence vos différences respectives ont-elles en termes de comportement et d'efficacité ? Quelles sont les conséquences d'une mauvaise écoute ? (Par exemple, en quoi une mauvaise écoute affecte-t-elle les résultats ? Qu'en est-il d'une bonne écoute ?). Méfiez-vous aussi des insécurités personnelles. Parfois nous évaluons mal les personnes qui sont différentes de nous pour ne pas avoir à admettre qu'elles nous sont supérieures sur bien des plans. Et c'est probablement vrai – comme personne ne possède toutes les qualités, il y a de fortes chances que vos collègues de travail soient meilleurs que vous dans certains domaines. Utilisez cette crainte naturelle de façon positive. Observez les personnes talentueuses, étudiez leur façon de penser, d'utiliser leurs forces et ayez recours à ces nouvelles informations pour vous améliorer.

☐ **3. Devenez un maître dans l'observation des personnes qui vous entourent.** Essayez d'abord de deceler leurs forces et leurs faiblesses, leurs préférences et leurs croyances. Méfiez-vous de certains pièges – c'est rarement l'intelligence ou la personnalité qui fait la différence. La plupart des gens sont assez intelligents et les nombreuses caractéristiques de personnalité sont peu liées à la performance. Allez plus loin. Regardez derrière les apparences pour décrire les particularités de personnes intelligentes, d'un abord facile, techniquement compétentes. Puis essayez de prévoir quels pourraient être leurs comportements dans des circonstances données. Dans quelles proportions vos prédictions s'avèrent-elles exactes ? Travaillez à les rendre plus précises avec le temps.

☐ **4. Quelles sont les différences qui font la différence ?** Pour chaque emploi, poste ou rôle, tentez de créer un profil de réussite. Quelles sont les aptitudes, connaissances et compétences qui pourraient être essentielles pour réaliser ce travail ? Autrement dit, quelles sont les caractéristiques qui différencient la performance moyenne d'une performance de haut niveau. Laissez de côté les compétences qui, bien qu'importantes, sont déjà attendues normalement de ceux qui occupent un emploi. Par exemple, l'intégrité est essentielle, mais elle ne peut, à elle seule, être un critère de succès. De la même façon, la gestion du temps et la planification sont importantes, mais presque tout le monde doit en démontrer une maîtrise raisonnable pour occuper certains postes. Ces qualités ne sauraient généralement pas faire la différence entre ceux qui excellent et les autres. Visez donc les quelques atouts critiques et non toutes ces autres qualités et compétences, aussi importantes soient-elles.

☐ **5. Vous devez faire concorder les spécificités des personnes avec les spécificités des tâches.** Les personnes diffèrent, les tâches aussi. Les personnes ont des forces, des niveaux de connaissances et des expériences variées. Au lieu de les voir toutes sur un même plan, considérez-les comme distinctes et différentes. Un traitement équitable consiste à donner à chacun la tâche qui convient à ses capacités. Comparez les profils de réussite de chaque poste avec les capacités de ceux qui sont à même de les occuper et répartissez les fonctions en conséquence.

☐ **6. Tout le monde a des caractéristiques positives et négatives.** On répugne généralement à mettre en avant les aspects négatifs de quelqu'un ou à le critiquer sur ses travers et ses faiblesses. Cela peut avoir des répercussions importantes sur la vie de certaines personnes. Elles pourraient manquer une promotion ou être mise à l'écart parce qu'elles n'auront pas eu connaissance à temps de votre perception de leurs faiblesses ou de leurs lacunes. Si vous êtes superviseur ou manager, devoir prendre et assumer ce genre de décision justifie une partie de vos rémunérations plus élevées. Cela fait partie des exigences de votre rôle.

☐ **7. Portez-vous volontaire pour faire partie d'une équipe d'un centre d'évaluation.** Vous vous entraînerez ainsi à observer et à évaluer les personnes dans le cadre de plusieurs tâches et missions. Une partie de l'entraînement consistera à comparer ensuite vos notes et vos estimations avec celles de l'équipe. Vous apprendrez ainsi à calibrer vos évaluations.

☐ **8. Trouvez deux ou trois personnes dans votre entourage avec lesquelles vous pourrez partager vos estimations.** Dans quels domaines avez-vous des appréciations différentes ? Qu'avez-vous manqué ? Quels genres de comportements avez-vous tendance à mal juger ?

☐ **9. Lisez un manuel ou suivez une formation sur la façon de conduire des entretiens.** Cet entraînement affinera vos capacités d'observation et vous rendra plus attentif aux indices de forces ou de faiblesses chez les autres.

☐ **10. Méfiez-vous des jugements hâtifs ou trop rigides.** Vous pouvez faire un effort honnête pour évaluer une personne et avoir un jugement raisonnable, mais vous pouvez aussi vous tromper. Acceptez de considérer d'autres données. Soyez suffisamment souple pour accepter de changer votre jugement si l'information se modifie.

Nothing is so powerful as an insight into human nature...
what compulsions drive a man, what instincts dominate
his action? If you know these things about a man, you can
touch him at the core of his being.
– William Bernbach, Founder,
Doyle Dane Bernbach advertising agency

LECTURES CONSEILLÉES

Bolton, Robert and Dorothy Grover Bolton. *People Styles at Work—Making Bad Relationships Good and Good Relationships Better.* New York: AMACOM, 1996.

Brinkman, Rick, Ph.D. and Dr. Rick Kirschner. *Dealing With People You Can't Stand.* New York: McGraw-Hill, Inc., 1994.

Cornwell, Patricia Daniels. *Point of Origin.* New York: G.P. Putnam's Sons, 1998.

Douglas, John E. and Mark Olshaker. *The Anatomy of Motive: The FBI's Legendary Mindhunter Explores the Key to Understanding and Catching Violent Criminals.* New York: Pocket Books, 2000.

Fulmer, Robert M. and Jay A. Conger. *Growing Your Company's Leaders.* New York: AMACOM, 2004.

Greenhalgh, Leonard. *Managing Strategic Relationships: The Key to Business Success.* New York: The Free Press, 2001.

Harvard Business School Press. *Hiring and Keeping the Best People.* Boston: Harvard Business School Press, 2003.

Kummerow, Jean M., Nancy J. Barger and Linda K. Kirby. *Work Types.* New York: Warner Books, 1997.

Lawrence, Paul R. and Nitin Nohria. *Driven: How Human Nature Shapes Our Choices.* San Francisco: Jossey-Bass, Inc., 2002.

Mazzarella, Mark C. and Jo-Ellan Dimitrius. *Reading People: How to Understand People and Predict Their Behavior—Anytime, Anyplace.* New York: Ballantine Books, 1999.

Myers, Isabel Briggs with Peter B. Myers. *Gifts Differing: Understanding Personality Type.* Palo Alto, CA: Davies-Black Publishing, 1995.

Smart, Bradford D., Ph.D. *Topgrading—How Leading Companies Win: Hiring, Coaching and Keeping the Best People.* New York: Prentice Hall, 1999.

Wainright, Gordon R. *Teach Yourself Body Language.* New York: McGraw-Hill/Contemporary Books, 2003.

57 FAIRE PREUVE D'AUTONOMIE

Facteur III : Courage Groupe H : Faire face aux problèmes III – H

Courage is contagious. When a brave man takes a stand, the spines of others are often stiffened.
– Billy Graham

COMPÉTENCE NON MAÎTRISÉE

- ☐ N'aime pas agir seul
- ☐ Préfère rester en retrait
- ☐ Préfère se fondre dans le nombre ou faire partie d'une équipe
- ☐ Ne se met pas en première ligne pour défendre des positions impopulaires
- ☐ Ne prend pas l'initiative d'aborder des questions sujettes à controverse
- ☐ Peut éviter et fuir les conflits et les querelles
- ☐ N'est pas un passionné ; peut en être arrivé à « craquer » professionnellement

Sélectionnez dans la liste ci-dessous une à trois compétences comme compétence de remplacement si vous décidez de ne pas travailler directement sur cette dernière.

SUBSTITUTS : 1,8,9,12,13,22,27,31,34,38,43,48,53

COMPÉTENCE MAÎTRISÉE

- ☐ Sait se faire entendre
- ☐ N'a pas peur de prendre ses responsabilités
- ☐ Est quelqu'un sur qui on peut compter dans les moments difficiles
- ☐ Accepte d'être le seul défenseur d'une idée ou d'une position
- ☐ Est à l'aise lorsqu'il doit accomplir seul une mission difficile

COMPÉTENCE UTILISÉE À L'EXCÈS

- ☐ Peut préférer agir seul plutôt que de faire partie d'une équipe ou d'être le chef d'équipe
- ☐ Semble ne pas reconnaître convenablement la contribution des autres
- ☐ Peut être perçu comme trop égocentrique
- ☐ Peut se fatiguer avec le temps

Sélectionnez dans la liste ci-dessous une à trois compétences sur laquelle vous devrez travailler pour compenser son utilisation excessive.

COMPENSATEURS : 3,4,7,15,19,27,33,36,42,60,64

QUELQUES CAUSES

- ☐ Incapable de supporter les pressions
- ☐ Préfère rester en retrait

suite

- ☐ N'aime pas travailler seul
- ☐ Style décontracté
- ☐ Ne s'identifie avec aucune préoccupation particulière
- ☐ Manque de connaissances pour prendre position
- ☐ Manque de confiance en soi
- ☐ Évite les conflits

FACTEURS ET GROUPES DU LEADERSHIP ARCHITECT®

Cette compétence se retrouve dans Courage, facteur (III). Cette compétence se retrouve dans Faire face aux problèmes, groupe (H) aux numéros : 9, 12, 13, 34. Vous pouvez également consulter d'autres compétences dans le même facteur ou groupe pour trouver des conseils connexes.

LA CARTE

Faire preuve d'autonomie signifie être à l'aise avec les conflits inhérents à la position de champion individuel. Il faut être capable d'adopter des positions fermes même si l'on est seul, de parler envers et contre tous si nécessaire et d'en assumer les conséquences. Cela exige une introspection et une grande confiance en soi. Être leader implique souvent faire face, seul.

QUELQUES SOLUTIONS

☐ **1. Prendre les devants, seul, vous gêne ?** Il est plus risqué de mener que de suivre. Il y a de nombreux avantages personnels à diriger mais cela vous met aussi sous les feux de la rampe. Pensez aux élus politiques face au jugement de leurs électeurs. Ceux qui choisissent de faire preuve d'autonomie doivent posséder une bonne confiance intérieure. Est-ce que vous vous sentez en accord avec vous-même ? Pouvez-vous défendre le bien-fondé de ce que vous faites devant un auditoire critique et partial ? Il faut d'abord avoir la conviction d'avoir fait le bon choix. Les leaders doivent savoir accepter les foudres de leurs détracteurs. Pouvez-vous supporter la pression ? Bien des gens vous affirmeront qu'il aurait été possible de faire les choses différemment. Même les grands leaders ont parfois tort, mais ils assument leur responsabilité personnelle pour les erreurs commises et continuent leur chemin. Ne laissez pas les critiques vous empêcher d'assumer votre leadership. Blindez-vous pour résister à la pression. Si vous savez que vous avez raison, faire face, seul, en vaut la peine. S'il s'avère que vous avez tort, admettez-le et poursuivez votre chemin.

☐ **2. Les positions difficiles.** Défendre une position difficile exige d'avoir confiance en ce que vous affirmez et, en même temps, d'avoir l'humilité de reconnaître que vous pouvez avoir tort – un des paradoxes de la vie. Pour vous préparer à mener un débat sur une question difficile, interrogez-vous mentalement jusqu'à ce que vous puissiez exprimer en quelques phrases ce qu'est votre position et pourquoi vous la défendez. Suivez une démarche rationnelle. Comment les autres gagnent-ils ? Demandez leur avis sur la question. Analysez le problème, considérez les différentes options possibles, choisissez-en une, développez-la, puis suivez votre ligne de pensée jusqu'à ce qu'il soit prouvé que vous avez tort. Considérez le point de vue opposé. Imaginez une argumentation puissante contre votre position. Préparez des réponses à cette attaque. Attendez-vous à des rebuffades.

☐ **3. Sachez vendre votre idée.** Bien que certains puissent bien accueillir vos paroles et vos actions, d'autres vous attaqueront ou même tenteront de vous dévaluer. et de saboter votre travail. Pour imposer votre point de vue, gardez les yeux sur l'objectif mais n'imposez pas les moyens pour y parvenir. Accordez quelques marges de manœuvre. Présentez les résultats, les cibles et votre objectif final, mais pas les modalités d'action. Acceptez toutes les idées, bonnes ou mauvaises. Toute réponse est positive pour vous si vous en apprenez quelque chose. Invitez à critiquer votre action. Même si vous agissez seul, vous avez besoin des conseils et de l'appui des autres pour y arriver. Évitez les conflits de personnalité. *Besoin d'aide supplémentaire ? Reportez-vous à la fiche n° 12 : Savoir gérer les conflits.*

☐ **4. Gardez votre calme.** Gardez votre sang-froid. Vos réactions peuvent amener les autres à penser que vous avez des problèmes pour défendre des positions difficiles. Quand cela arrive, quelles réactions émotives avez-vous ? Montrez-vous votre nervosité par des tremblements de voix, des haussements de ton ou par de l'agitation ? Apprenez à reconnaître ces signes dès qu'ils apparaissent. Posez alors une question pour gagner du temps. Faites une pause. Ou demandez à votre interlocuteur d'expliciter son point de vue. *Besoin d'aide supplémentaire ? Reportez-vous aux fiches n° 11 : Avoir la maîtrise de soi et n° 107 : Manquer de sang-froid.*

☐ **5. Soyez philosophe si vous avez tort ou si vous perdez.** Après tout, la plupart des innovations et la plupart des efforts de changements échouent. Les études démontrent que beaucoup de managers performants ont commis plus d'erreurs dans leur carrière que ceux qu'ils ont dépassés. Ils ont justifié leur promotion parce qu'ils étaient capables de faire face et non parce qu'ils avaient toujours raison. D'autres études affirment que les très bons dirigeants ont raison dans seulement 65 % des cas. Acceptez donc l'idée que vous risquez de commettre des erreurs, des fautes et des échecs. Et ne laissez pas l'éventualité d'avoir tort vous empêcher de faire face quand vous croyez avoir raison.

☐ **6. Le combat face à face.** Être autonome implique souvent de véritables confrontations « à mains nues ». Vous croyez en une chose, ils veulent autre chose. Quand cela arrive, tenez-vous en aux faits objectifs. Vous ne pouvez pas toujours gagner. Demeurez objectif. Développez le cas en restant dans le domaine du professionnel. Écoutez vos interlocuteurs aussi longtemps qu'ils parleront.

Posez beaucoup de questions afin de clarifier la situation. Parfois, ils se rapprocheront de votre point de vue si vous les laissez parler assez longtemps. Écoutez toujours pour comprendre avant de juger. Reformulez leurs arguments jusqu'à ce qu'ils tombent d'accord avec l'énoncé du problème. Trouvez un point, aussi minime soit-il, sur lequel il y a consensus. Puis commencez à réfuter leurs arguments en commençant par celui pour lequel vous possédez le maximum d'informations objectives. Poursuivez avec les autres points de l'argumentation. Il restera toujours, à la fin, des questions non résolues. Admettez-les. Votre objectif est de réduire autant qu'il est possible la liste de vos différends. Décidez enfin si vous voulez poursuivre, modifier ou abandonner votre position. *Besoin d'aide supplémentaire ? Reportez-vous à la fiche n° 12 : Savoir gérer les conflits.*

☐ **7. Vous craignez les questions pièges ou celles pour lesquelles vous n'avez pas de réponse ?** Pensez à l'avance aux dix questions qui risquent d'être posées. Envisagez les réponses que vous pourrez donner, Quelques règles : entraînez-vous à réponde en dix à trente secondes. Demandez ensuite si la réponse est satisfaisante. Soyez bref, les présentateurs novices sont souvent trop longs dans leurs réparties. Assurez-vous de bien comprendre la question, (il arrive que l'on réponde à la mauvaise question). Posez une question de vérification : « Vous voulez savoir comment ce produit serait accueilli sur le marché international et sur le marché domestique ? » Si quelqu'un insiste, dites : « Nous avons sûrement eu des expériences différentes. Il est visible que nous ne sommes pas d'accord. Pour le moment, contentons-nous de constater que nous ne nous entendons pas sur ce point, mais merci pour votre intervention ». Si la question est délicate : « Pourquoi existe-t-il une discrimination féminine évidente dans cette entreprise ? », ne répondez pas directement, pensez à quelques attitudes de défense que l'on pourrait avoir dans cette situation et dites : « Voici trois choses que vous pouvez faire ». En règle générale, évitez de répondre à ce genre de questions car elles sont souvent négatives. Gardez à l'esprit que les questions sont vos amies car elles révèlent des occasions de résoudre les problèmes et soulignent les difficultés auxquelles il faut faire face. Vous avez juste besoin de quelques techniques pour gérer ces questions, en intégrant dans votre panoplie la réponse aux questions auxquelles vous ne pouvez pas répondre : « Je ne peux vous répondre aujourd'hui sur ce point, mais je vais chercher l'information et revenir vous voir à ce sujet ».

☐ **8. Vous n'aimez pas le risque ?** Faire preuve d'autonomie implique de repousser les limites, de tenter sa chance et de prendre des initiatives nouvelles et courageuses. Cette façon d'agir provoque, bien entendu, des erreurs et des échecs. Traitez-les comme autant d'occasions d'apprendre. Qui ne risque rien, n'a rien. Élevez votre niveau de témérité. Commencez par prendre des risques limités pour pouvoir vous rattraper plus facilement. Visez les petites réussites. Lancez des ballons d'essai. Ne vous engagez pas dans un défi majeur pour prouver votre courage. Contentez-vous d'épreuves plus modestes. Débutez par les plus faciles. Passez ensuite aux plus difficiles. Après chaque tâche, analysez ce que vous avez fait de bien et de moins bien et fixez-vous des objectifs, pour faire mieux et différemment à chaque fois. Relevez le défi. Décuplez votre créativité en utilisant de nouvelles tactiques. *Besoin d'aide supplémentaire ? Reportez-vous aux fiches n° 2 : Faire face à l'ambiguïté, n° 14 : Faire preuve de créativité et n° 28 : Gérer l'innovation.*

☐ **9. Peut-être n'y a-t-il rien qui vous motive suffisamment pour devenir plus autonome.** Vous restez à l'arrière-plan ou à l'abri de votre groupe. Ce comportement est légitime mais il ne vous obtiendra très probablement aucune reconnaissance ni aucune promotion. Les meneurs guident et défendent des positions difficiles. Regardez autour de vous – Qu'est-ce qui vous passionne ? Qu'est-ce qui suscite votre enthousiasme ou doit absolument être fait ? Identifiez-le. Faites-vous le champion de cette cause. Faites des tentatives auprès d'autres services pour savoir si votre idée touche une corde sensible ou résout un problème commun. Trouvez une autre personne que cela intéresse d'explorer le sujet et allez-y avec elle. Faites appel à un expert confirmé ou à quelqu'un d'influent pour vous aider à crédibiliser votre projet. Semez des idées chez les autres à chaque occasion.

☐ **10. Prendre des responsabilités personnelles.** Être autonome signifie savoir faire face, seul, aux conséquences, bonnes et mauvaises. Vous n'aurez pas toujours raison donc il vous faudra être aussi prompt à accepter le blâme que les louanges. Dites simplement : « Oui, vous avez raison, ma position n'était pas bonne, désolé ». Prenez l'habitude de faire une analyse immédiatement après les étapes importantes – gagnées ou perdues. Ceci démontrera que vous cherchez à vous améliorer, que les résultats aient été exceptionnels ou non. Ne laissez pas vos faux-pas paralyser votre courage et vous empêcher de vous exprimer, d'être sur la brèche et de défendre des positions périlleuses.

Fortune favors the brave.
– Virgil (70-19 B.C.), Roman poet

LECTURES CONSEILLÉES

Badaracco, Joseph L., Jr. *Defining Moments—When Managers Must Choose Between Right and Right*. Boston: Harvard Business School Press, 1997.

Bennis, Warren G. and Burt Nanus. *Leaders: Strategies for Taking Charge*. New York: HarperBusiness, 2003.

Calvert, Gene. *Highwire Management*. San Francisco: Jossey-Bass, Inc., 1993.

Chaleff, Ira. *The Courageous Follower: Standing Up to and for Our Leaders*. San Francisco: Berrett-Koehler Publishers, Inc., 2003.

Cox, Danny and John Hoover. *Leadership When the Heat's On*. New York: McGraw-Hill Trade, 2002.

Goleman, Daniel, Annie McKee and Richard E. Boyatzis. *Primal Leadership: Realizing the Power of Emotional Intelligence*. Boston: Harvard Business School Press, 2002.

Kouzes, James M. and Barry Z. Posner. *The Leadership Challenge*. San Francisco: Jossey-Bass, Inc., 2003.

Keneally, Thomas. *Schindler's List*. New York: Simon & Schuster, 1982.

Keneally, Thomas. *Schindler's List* [sound recording]. Simon & Schuster Audio, 1993.

Klann, Gene. *Crisis Leadership: Using Military Lessons, Organizational Experiences, and the Power of Influence to Lessen the Impact of Chaos on the People You Lead*. Greensboro, NC: Center for Creative Leadership, 2003.

Linsky, Martin and Ronald A. Heifetz. *Leadership on the Line: Staying Alive Through the Dangers of Leading*. Boston: Harvard Business School Press, 2002.

Maney, Kevin. *The Maverick and His Machine: Thomas Watson, Sr. and the Making of IBM*. New York: John Wiley & Sons, Inc., 2003.

Owen, Hilarie. *Unleashing Leaders: Developing Organizations for Leaders*. New York: John Wiley & Sons, Inc., 2001.

Thornton, Paul B. *Be the Leader, Make the Difference*. Irvine, CA: Griffin Trade Paperback, 2002.

Truman, Harry S. (Edited by Margaret Truman). *Where the Buck Stops: The Personal and Private Writings of Harry S. Truman*. New York: Warner Books, 1989.

58 FAIRE PREUVE DE QUALITÉS STRATÉGIQUES

Facteur I : Compétences stratégiques Groupe C : Créer du nouveau et du différent I – C

Our plan is to lead the public with new products rather than ask them what kind of products they want. The public does not know what is possible, but we do.
– Akio Morita, Sony Corporation

COMPÉTENCE NON MAÎTRISÉE

- ☐ Ne pense pas et ne parle pas en fonction d'une stratégie
- ☐ Ne sait pas construire un plan stratégique convaincant
- ☐ Est plus à l'aise dans les tactiques d'action ici et maintenant
- ☐ N'a pas un sens de la perspective suffisant pour élaborer une stratégie cohérente à partir d'un ensemble de données variées
- ☐ Ne peut pas bâtir une vision du futur
- ☐ Peut rejeter l'utilité d'une stratégie, la considérant chimérique
- ☐ Peut avoir une expérience limitée et ne pas bien connaître l'actualité économique ni ce qui se passe dans le monde
- ☐ Peut chercher à trop simplifier ou à être trop tactique
- ☐ Peut manquer de l'esprit méthodique nécessaire pour construire une stratégie

Sélectionnez dans la liste ci-dessous une à trois compétences comme compétence de remplacement si vous décidez de ne pas travailler directement sur cette dernière.

SUBSTITUTS : 2,5,14,17,24,28,30,32,46,47,50,61,65

COMPÉTENCE MAÎTRISÉE

- ☐ Est doué d'une vision claire des perspectives futures
- ☐ Peut anticiper les tendances à venir et prévoir les conséquences des actions présentes
- ☐ Analyse et voit les choses dans leur globalité
- ☐ Est orienté vers l'avenir
- ☐ Est capable de brosser un tableau clair des scénarios possibles et d'envisager différentes probabilités
- ☐ Est capable de concevoir des stratégies et des plans innovants et concurrentiels

58

COMPÉTENCE UTILISÉE À L'EXCÈS

- ☐ Peut être perçu comme trop théorique
- ☐ Semble intolérant ou impatient vis-à-vis des détails quotidiens
- ☐ Semble compliquer les plans établis
- ☐ Semble incapable de communiquer avec des personnes moins compliquées qui agissent au niveau tactique

Sélectionnez dans la liste ci-dessous une à trois compétences sur laquelle vous devrez travailler pour compenser son utilisation excessive.

COMPENSATEURS : 5,16,17,24,27,35,38,39,46,47,50,52,53,59,61,63

QUELQUES CAUSES

- ☐ N'aime pas les situations complexes
- ☐ Ne croit pas que l'on puisse connaître l'avenir
- ☐ Inexpérimenté
- ☐ N'aime pas se livrer à des spéculations
- ☐ Manque de perspective
- ☐ Ne prend pas de risques et n'aime pas l'incertitude
- ☐ Expérience professionnelle peu variée
- ☐ Nouveau venu
- ☐ Trop occupé par les tâches d'aujourd'hui
- ☐ Trop décontracté
- ☐ Esprit trop étroit
- ☐ Est tourné vers les tactiques d'action

FACTEURS ET GROUPES DU LEADERSHIP ARCHITECT®

Cette compétence se retrouve dans Compétences stratégiques, facteur (I). Cette compétence se retrouve dans Créer du nouveau et du différent, groupe (C) aux numéros : 2, 14, 28, 46. Vous pouvez également consulter d'autres compétences dans le même facteur ou groupe pour trouver des conseils connexes.

LA CARTE

Beaucoup de gens savent gagner des batailles, mais peu savent gagner des guerres. Il y a plus de gens capables de produire des résultats à court terme que de stratèges visionnaires. Les deux ont un rôle important à jouer, mais il n'y a pas assez de stratèges. Votre organisation risque beaucoup plus d'être dominée stratégiquement que tactiquement. La plupart des organisations maîtrisent très bien les besoins d'aujourd'hui. Elles ne savent souvent pas comment maîtriser les compétences de demain. Chaque gestionnaire se doit d'être un stratège. Plus vous gravirez les échelons, plus cela deviendra nécessaire.

QUELQUES SOLUTIONS

58

☐ **1. Parler stratégie.** Il nous arrive parfois de rencontrer des personnes capables de penser en termes de stratégie, mais cette aptitude n'apparaît pas de façon évidente parce qu'elles ne savent pas ou refusent d'utiliser une terminologie qu'elles considèrent comme un jargon à la mode. La stratégie est un domaine émergent et en pleine évolution. Il y a toujours eu un certain nombre de gourous en vogue (présentement : Michael Porter, Ram Charan, C.K. Prahalad, Gary Hamel, Fred Weirsema et Vijay Govindarajan), qui ont créé environ 75 nouvelles expressions ou concepts pour décrire la pensée stratégique (disciplines des valeurs, intention ou destination stratégique, compétences critiques, migration des valeurs, co-évolution, oligarchies de marché, horizon stratégique). Si vous n'utilisez pas ces termes, personne ne pourra savoir que vous êtes un fin stratège. On retrouvera bien sûr ces mots sous la plume des gourous, dans la revue *Harvard Business Review* et dans *Strategy and Leadership,* une publication du « *Strategic Leadership Forum* ». Il est vrai que la plupart de ces expressions utilisent des grands mots pour décrire ce que nous citions auparavant en termes plus simples. Néanmoins, si vous voulez qu'on vous perçoive comme un stratège, vous devriez utiliser la terminologie en cours. Chaque discipline a sa propre terminologie et si l'on veut adhérer à cette discipline, il faut en utiliser les codes.

☐ **2. Rejetez-vous toute stratégie ?** Il y a des personnes qui considèrent toute idée de stratégie comme une sottise. Elles n'ont jamais vu un plan quinquennal se réaliser tel que prévu. Elles pensent que le temps passé à créer et à présenter des plans stratégiques est du temps perdu. Elles pensent que c'est un non-sens, que cela ne vaut rien. Il est vrai que les plans se déroulent rarement comme prévu, mais ce ne sont pas pour autant des efforts inutiles. Ces plans définissent des choix de ressources et de moyens. Ils mènent à des décisions concernant les ressources humaines et à différentes prévisions financières. Sans un plan stratégique, certaines actions seraient des coups d'épée dans l'eau. De nombreuses entreprises ont ainsi creusé leur tombe. Elles fabriquaient encore des fouets de très grande qualité pour les voitures à chevaux au moment de leur disparition. Elles ont pris une mauvaise direction ou trop de directions différentes. De nos jours, le problème n'est généralement pas directement relié au fait de produire un service ou un produit de qualité.

☐ **3. Êtes-vous d'un tempérament curieux ?** Les responsables sont tellement obnubilés par leurs problèmes actuels qu'ils ne se préoccupent guère des problèmes du lendemain. Ils s'intéressent peu au futur, d'ailleurs ils ne seront peut-être plus dans l'entreprise lorsque le plan stratégique sera mis en œuvre. « Il ne peut y avoir d'avenir si on ne réussit pas aujourd'hui, » pensent certains. Devenir bon stratège et visionnaire demande de la curiosité et de l'imagination. Il faut jouer avec les « Qu'arriverait-il si... ? ». Quelles sont les implications du fossé grandissant qui existe entre les pauvres et les riches ? L'effondrement des prix de détail ? L'influence croissante des grandes marques ? S'il y avait de la vie sur les autres planètes et que l'on réceptionne un premier message ? Qu'est-ce que cela changerait ? Vont-ils avoir besoin de nos produits ? Qu'arrivera-t-il lorsqu'un fort pourcentage de la population dépassera l'âge de 65 ans ? Quelle est l'incidence du terrorisme ? Et si l'on guérit le cancer ? Et les maladies cardiaques ? Le SIDA ? L'obésité ? Si le gouvernement s'avisait de réglementer sévèrement certains de nos marchés ? Dans la vie, il y a bien des choses sur lesquelles personne n'a de réponse, mais en contrepartie, les bons stratèges – eux – savent très bien poser les questions. Efforcez-vous de développer des pôles d'intérêt hors de votre spécialité. Abonnez-vous à divers magazines, regardez d'autres émissions, rencontrez des personnes différentes, adhérez à une autre organisation. Soulevez quelques « rochers » pour regarder dessous. Pensez à demain. Parlez aux autres pour savoir ce qu'ils pensent du futur.

☐ **4. Votre vision est-elle restreinte et trop limitée ?** Certains sont très concentrés sur leur travail et le font très bien. Ils se préparent à une carrière simple mais satisfaisante. Puis, quelqu'un leur annonce que leur emploi a changé et qu'ils doivent penser davantage en terme de stratégie. Cela demande une vision plus large. Au-delà de la maîtrise de son domaine professionnel, il faut avoir des connaissances dans d'autres disciplines. Vous devez comprendre le monde des affaires. *Besoin d'aide supplémentaire ? Reportez-vous à la fiche n° 5 : Avoir le sens des affaires.* Vous devez comprendre les marchés. *Besoin d'aide supplémentaire ? Reportez-vous à la fiche n° 15 : Être orienté vers le client.* Vous devez savoir comment le monde fonctionne. *Besoin d'aide supplémentaire ? Reportez-vous à la fiche n° 46 : Faire preuve de perspective.* Vous devez rassembler ces connaissances et réfléchir à ce qu'elles impliquent pour votre entreprise. *Besoin d'aide supplémentaire ? Reportez-vous aux fiches n° 32 : Démontrer une grande capacité à apprendre sur le terrain et n° 51 : Maîtriser la résolution de problèmes.*

☐ **5. Trop occupé ?** La stratégie vient toujours en dernier sur la liste. La priorité est généralement donnée à l'obligation de résoudre les nombreux problèmes quotidiens qui se posent. Gardez-vous du temps pour établir une bonne stratégie ; La bonne stratégie consiste à libérer du temps parce qu'elle conduit à moins de gaspillage des efforts. La clé réside dans la délégation du travail. Déléguez autant que vous le pouvez. Consultez vos collaborateurs pour savoir ce qu'ils pourraient faire pour vous libérer et vous donner plus de temps pour la réflexion. *Besoin d'aide supplémentaire ? Reportez-vous à la fiche n° 18 : Savoir déléguer.* Une autre clé réside dans une meilleure gestion de votre temps. Programmez-vous une heure par semaine et à longueur d'année, pour vous consacrer à des lectures et à des réflexions sur la stratégie. N'attendez pas la dernière semaine avant la remise du plan stratégique. *Besoin d'aide supplémentaire ? Reportez-vous à la fiche n° 62 : Savoir gérer son temps.* Tenez un registre des idées qui vous viennent des autres ou que vous trouvez dans des revues. Prêtez attention à la façon dont ces éléments agissent sur votre organisation ou fonction.

☐ **6. Fuyez-vous les spéculations ?** Faire une planification stratégique est certainement, juste après la gestion de personnel, l'exercice le plus aléatoire pour les managers. Cela revient à spéculer sur de l'imprévu à court terme. Cela demande de se projeter dans des lendemains incertains, d'assumer l'inconnu. Les perfectionnistes comme les spécialistes de l'esquive n'aiment pas devoir présenter des théories qu'ils ne peuvent étayer de preuves tangibles, car la plupart de ces théories peuvent être mises en cause et contestées. En fait, il n'existe pas de moyens évidents d'imposer une stratégie plutôt qu'une autre, car cela revient à opposer des estimations subjectives. C'est parfois la personne qui parle le plus longtemps et le plus haut qui gagne. Adhérez à la Société pour un Monde Futur (World Future Society) pour un an et lisez leur publication, *THE FUTURIST. Besoin d'aide supplémentaire ? Reportez-vous aux fiches n° 2 : Faire face à l'ambiguïté et n° 12 : Savoir gérer les conflits.*

☐ **7. Partisan de la simplicité ?** En apparence, la finalité d'une stratégie paraît simple. Il suffit de présenter une série d'objectifs avec les tactiques et les décisions afférentes. Parvenir à cette finalité est loin d'être aussi simple. Les bons stratèges aiment la complexité, ils exagèrent tout à l'extrême avant de revenir à l'essentiel. Les simplificateurs sont impatients de finaliser, ils sont axés sur les résultats et veulent conclure sans que le processus stratégique ait été suivi. Avant de prendre la décision d'agir, soyez plus tolérant envers les recherches et les débats que suscite la mise en place d'une stratégie.

☐ **8. Comment acquérir le sens de la stratégie ?** Le problème se résout aisément si l'apprenti stratège veut apprendre. Il s'agit d'un domaine relativement bien étudié. Lisez les gourous (Michael Porter, Ram Charan, C.K. Prahalad, Gary Hamel, Fred Weirsema et Vijay Govindarajan). Feuilletez régulièrement la *Harvard Business Review* et la *Sloan Review.* Si vous résidez en Amérique du Nord, lisez les trois à cinq cas de stratégie publiés dans *Business Week* chaque semaine. Suivez l'une des formations intensives de trois jours sur la stratégie données par l'une des autorités en la matière. Obtenez qu'une personne du service « stratégie » de votre entreprise vous aide. Écoutez les émissions spécialisées où des cadres supérieurs discutent de leurs affaires. Portez-vous volontaire pour un projet spécial sur une question stratégique. Joignez le « Strategic Leadership Forum », lisez leur revue *Strategy and Leadership* et assistez à une de leurs conventions nationales. Assistez à la conférence annuelle sur la stratégie du « Conference Board » où les hauts dirigeants discutent de leurs compagnies. Chaque année, lisez dix rapports annuels de compagnies hors de votre industrie et étudiez leurs stratégies.

☐ **9. Vous n'arrivez pas à penser stratégiquement ?** La stratégie consiste à relier plusieurs variables pour en dégager les scénarios les plus probables. Pensez-y en terme de recherche de points comparables pertinents et pensez à leurs applications possibles au niveau de votre organisation. Il s'agit de projeter différentes variables à la fois pour voir comment elles vont interagir. Ces projections sont courantes pour les études de marché, les échanges internationaux, les mouvements monétaires et les interventions gouvernementales. Elles comportent beaucoup d'incertitudes, il faut poser des hypothèses de risque et comprendre comment les choses interagissent. Combien de causes peuvent expliquer la chute des ventes ? Leur augmentation ? Comment sont reliées la publicité et les ventes ? Si notre argent vaut moins cher en Asie, quel effet cela aura-t-il sur nos produits au Japon ? Si la population mondiale devient plus âgée et a plus d'argent, que deviendront les habitudes d'achat ? Tous n'apprécient pas cette façon de construire des « châteaux en Espagne » et rares sont ceux qui possèdent cette capacité à le faire. *Besoin d'aide supplémentaire ? Reportez-vous aux fiches n° 32 : Démontrer une grande capacité à apprendre sur le terrain, n° 46 : Faire preuve de perspective et n° 51 : Maîtriser la résolution de problèmes.*

☐ **10. Vous ne voulez pas devenir stratège ?** Certains n'ont pas envie de déployer tous les efforts requis pour apprendre à devenir un stratège. Ils aiment simplement leur travail et ne veulent pas, pour autant, devoir assumer des responsabilités dans ce domaine. Alors, engagez un expert en stratégie qui viendra, chaque année, s'asseoir avec vous pour monter un plan stratégique. Anderson Consulting. The Boston Consulting Group. McKinsey. Booz Allen. Strategos. GeoPartner Research. Corporate Decisions et beaucoup d'autres. Ou encore, déléguez la stratégie à une ou deux personnes de votre groupe qui présentent des aptitudes en la matière. Demandez l'aide du groupe de stratégie de votre entreprise. Vous n'avez pas à être expert en tout pour être un bon manager. Vous aimez votre petit nid douillet ? Certaines personnes se contentent aisément d'un champ étroit de responsabilités. Elles n'ont nulle envie de devenir des stratèges, elles veulent juste pouvoir faire leur travail tranquillement. Elles sont intéressées à faire du bon travail dans leur domaine de compétence et à arriver le plus haut possible. C'est bien. Informez-en l'organisation et n'acceptez pas de position qui exige d'avoir le sens de la stratégie.

☐ **11. Méfiez-vous des ouvrages de gestion bourrés d'études de cas.** On les consulte pour trouver des idées, des conseils pour élaborer des stratégies gagnantes, mais en fait tous ces cas ont été choisis essentiellement dans le but d'appuyer la théorie de l'auteur. Les exemples ne sont pas des preuves. D'après Evan Dudik, « Si vous voulez prouver que la stratégie commerciale que vous souhaitez mettre en œuvre est la bonne, commencez par poser la question de manière à prouver que ce n'est pas la bonne ». La façon de faire consiste à utiliser un énoncé conditionnel : Si nous dépensons X en développement de produit, nous occuperons le marché et offrirons des prix inférieurs de 5 % à ceux de nos concurrents. Cela permettra une augmentation des recettes de Y et une baisse des inventaires égale à Z. L'organisation doit alors tester chaque hypothèse en demandant aux gens de recueillir les éléments positifs et négatifs. D'après Dudik, il est préférable de faire effectuer cette tâche par deux équipes différentes, l'une pour les aspects positifs et l'autre pour les négatifs.

58

☐ **12. Un avantage compétitif viable ressemble à celui des appareils électroniques non numériques.** Beaucoup d'experts s'accordent à dire qu'un avantage concurrentiel de deux mois est le maximum que l'on puisse espérer. La seule solution consiste à constamment créer des occasions nouvelles, en grand nombre, puis à émettre des hypothèses et à essayer plusieurs solutions. Si quelque chose marche, vous saurez pourquoi. Vous pouvez ensuite essayer des variantes pour tenter des améliorations. Vous devez toutefois vous assurer que vos collaborateurs auront la formation suffisante pour s'adapter rapidement aux modifications apportées, afin d'exploiter immédiatement l'avantage créé. Une simple accélération est insuffisante. Vous devez avoir une force de frappe immédiatement disponible.

☐ **13. Devenez un tenant de la stratégie.** Choisissez une compétence particulière ou un élément moteur. C'est ce que les sociétés médiocres ont fait pour arriver un jour à réussir, d'après des recherches récentes de James Collins. Créez un plan stratégique pour votre service autour d'une compétence particulière, en incluant l'innovation et les améliorations de produits ; étayez vos conclusions par des données solides. Demandez à des gens de confiance de revoir votre plan. Formez un groupe de trois personnes ou sociétés ; chacune devra présenter un problème stratégique, un plan étayé par des données et suivant un raisonnement logique. Mettez-vous d'accord avec eux pour faire le point tous les trois mois et noter les leçons à retirer de l'expérience. Faites une analyse de trois réussites et d'autant d'échecs de sociétés ou d'organisations dans votre domaine. Qu'est-ce que ces exemples ont en commun ? Comment appliquer ces principes à votre situation ? Quels étaient les points communs aux échecs qui n'apparaissaient jamais dans les succès ?

☐ **14. En se référant à la logique du tableau de bord prospectif et des approches par schémas conceptuels de Kaplan et Norton,** la stratégie devrait être le souci quotidien de chacun d'entre nous. Si vous n'arrivez pas à démontrer comment une activité est en harmonie avec la stratégie, pourquoi l'avoir ? Toutes les équipes doivent pouvoir dire quelles sont les incidences sur leur activité de tous les jours. Comme Gary Hamel et C.K. Prahalad l'ont écrit dans leurs travaux sur la stratégie, les clés du succès doivent être recherchées à l'extérieur de l'organisation ; il faut les traquer là où elles se trouvent, puis les faire utiliser par le plus grand nombre. Ce qu'ils appellent la démocratisation de la stratégie est nécessaire dans toutes les activités : Regardez à l'extérieur de la boîte, évitez la catégorisation de la connaissance et passez le temps qu'il faut à l'origine pour développer des plans et des visions destinés à la mise en œuvre de quelque chose de nouveau ou de différent.

☐ **15. Savez-vous comment le court terme influence le long terme ?** Quand Sunbeam avait besoin de revenus à court terme pour impressionner Wall Street, Dunlap a mis en place des incitatifs pour que les revendeurs stockent davantage de produits que d'habitude. La stratégie a été un succès dans la mesure où le système de distribution a été inondé de produits, ce qui s'est traduit par de bons résultats pour l'année. Malheureusement, cela a provoqué un excès d'inventaire. La société Motorola avait quand à elle décidé de mettre au point le plus petit téléphone analogique au monde, alors que les concurrents travaillaient sur la technologie numérique. Ils se sont retrouvés à la traîne sur le marché face à

Ericsson et Nokia qui innovaient. Dans le monde effréné actuel, où chaque trimestre apporte quelque chose de nouveau, il existe toujours la tentation de faire aujourd'hui des choses aux conséquences imprévisibles. Aussi, posez-vous des questions. Cela est-il en accord avec notre stratégie à long terme ? La concurrence est-elle éventuellement en mesure de sortir un produit révolutionnaire. Est-ce viable ? Comment une stratégie gagnante aujourd'hui peut-elle devenir un échec demain ?

To win by strategy is no less the role
of a general than to win by arms.
– Julius Caesar

LECTURES CONSEILLÉES

Bandrowski, James F. *Corporate Imagination Plus—Five Steps to Translating Innovative Strategies Into Action*. New York: The Free Press, 2000.

Brown, Steve et al. *Strategic Operations Management.* Boston: Butterworth-Heinemann, 2000.

Charan, Ram and Noel M. Tichy. *Every Business Is a Growth Business: How Your Company Can Prosper Year After Year.* New York: Times Business, 1998.

Collins, James C. *Good to Great: Why Some Companies Make the Leap...And Others Don't.* New York: HarperCollins, 2001.

Courtney, Hugh. *20/20 Foresight: Crafting Strategy in an Uncertain World.* Boston: Harvard Business School Press, 2001.

Cusumano, Michael A. and Constaninos C. Markides. *Strategic Thinking for the Next Economy.* New York: John Wiley & Sons, Inc., 2001.

Drucker, Peter Ferdinand. *Management Challenges for the 21st Century.* New York: HarperBusiness, 2001.

Dudik, Evan Matthew. *Strategic Renaissance: New Thinking and Innovative Tools to Create Great Corporate Strategies Using Insights From History and Science.* New York: AMACOM, 2000.

Fine, Charles H. *Clock Speed—Winning Industry Control in the Age of Temporary Advantage.* Cambridge, MA: Perseus Publishing, 1998.

Freedman, Mike and Benjamin B. Tregoe. *The Art and Discipline of Strategic Leadership.* New York: McGraw-Hill, Inc., 2003.

The Futurist Magazine. http://www.wfs.org

Hamel, Gary. *Leading the Revolution.* Boston: Harvard Business School Press, 2002.

Hamel, Gary and C.K. Prahalad. *Competing for the Future.* Boston: Harvard Business School Press, 1994.

Harvard Business Review. Phone: 800-988-0886 (US and Canada). Fax: 617-496-1029. Mail: Harvard Business Review. Subscriber Services, P.O. Box 52623. Boulder, CO 80322-2623 USA. http://www.hbsp.harvard.edu/products/hbr

Kaplan, Robert S. and David P. Norton. *The Strategy-Focused Organization: How Balanced Scorecard Companies Thrive in the New Business Environment.* Boston: Harvard Business School Press, 2000.

Krames, Jeffrey A. *What the Best CEOs Know: 7 Exceptional Leaders and Their Lessons for Transforming Any Business.* New York: McGraw-Hill, Inc., 2003.

Ohmae, Kenichi. *The Mind of the Strategist.* New York: McGraw-Hill, Inc., 1982.

Pietersen, Willie. *Reinventing Strategy: Using Strategic Learning to Create and Sustain Breakthrough Performance.* New York: John Wiley & Sons, Inc., 2002.

Porter, Michael E. *Competitive Strategy: Techniques for Analyzing Industries and Competitors.* New York: The Free Press, 1998.

Porter, Michael E. *On Competition.* Boston: Harvard Business, 1998.

Prahalad, C.K. and Venkat Ramaswamy. *The Future of Competition: Co-Creating Unique Value With Customers.* Boston: Harvard Business School Press, 2004.

Sadler, Philip. *Strategic Management.* London: Kogan Page, 2003.

Sloan Management Review. Cambridge, MA: Industrial Management Review Association at the Alfred P. Sloan School of Management, Massachusetts Institute of Technology. http://mitsloan.mit.edu/smr

Sull, Donald. *Revival of the Fittest: Why Good Companies Go Bad and How Great Managers Remake Them.* Boston: Harvard Business School Press, 2003.

Swinton, Ernest Dunlop. *The Defense of Duffer's Drift.* Washington, DC: U.S. Marine Corps,1996.

Tapscott, Don and David Ticoll. *The Naked Corporation: How the Age of Transparency Will Revolutionize Business.* New York: The Free Press, 2003.

Welborn, Ralph and Vince Kasten. *The Jericho Principle: How Companies Use Strategic Collaboration to Find New Sources of Value.* New York: John Wiley & Sons, Inc., 2003.

59 SAVOIR GÉRER EN UTILISANT LE SYSTÈME

Facteur II : Compétences d'exploitation Groupe G : Gérer les méthodes de travail **II – G**

The global organization is a complex, multi-dimensional network. Some businesses, such as the Norwegian firm that has 70 percent of the world market for fish hooks, can remain relatively simple. But for the IBMs and Deutsche Banks of this world, complexity is the name of the game to be mastered.
– Jay Galbraith

COMPÉTENCE NON MAÎTRISÉE

- ☐ Préfère la gestion sur le terrain
- ☐ Préfère intervenir personnellement
- ☐ Doit être physiquement présent pour que tout fonctionne bien
- ☐ Ne raisonne pas en termes de politiques, de procédures ni de systèmes
- ☐ Ne délègue pas beaucoup
- ☐ Ne pense pas que ses collaborateurs peuvent réaliser des choses d'eux-mêmes
- ☐ Ne définit pas les règles, procédures ni méthodes d'arbitrage qui permettraient de savoir comment procéder en son absence
- ☐ Peut trop contrôler et intervenir à tout bout de champ
- ☐ Ne donne pas d'informations assez claires, ce qui oblige les personnes à s'adresser constamment à lui

Sélectionnez dans la liste ci-dessous une à trois compétences comme compétence de remplacement si vous décidez de ne pas travailler directement sur cette dernière.

SUBSTITUTS : 18,20,27,35,39,47,52,63

COMPÉTENCE MAÎTRISÉE

- ☐ Sait concevoir les pratiques, les processus et les méthodes de travail qui permettent de diriger à distance
- ☐ Est à l'aise lorsqu'il s'agit de laisser les gens s'autogérer, sans avoir à intervenir personnellement
- ☐ Est capable de faire fonctionner les choses, par personnes interposées, sans avoir à être sur place
- ☐ Peut exercer à distance son influence sur les personnes et les résultats

COMPÉTENCE UTILISÉE À L'EXCÈS

- ☐ Peut être difficile à voir ou à joindre ; peut ne plus être au courant des détails
- ☐ Semble trop à l'aise en mode de pilotage automatique
- ☐ Semble être surpris par des événements négatifs
- ☐ Semble être lent à changer les systèmes existants

Sélectionnez dans la liste ci-dessous une à trois compétences sur laquelle vous devrez travailler pour compenser son utilisation excessive.

COMPENSATEURS : 3,10,12,14,15,21,23,31,33,36,44,60,64

QUELQUES CAUSES

- ☐ Ne délègue pas beaucoup
- ☐ Ne raisonne pas en termes de systèmes
- ☐ Inexpérimenté
- ☐ Mauvais communicateur
- ☐ Mauvaise gestion du temps

FACTEURS ET GROUPES DU LEADERSHIP ARCHITECT®

Cette compétence se retrouve dans Compétences d'exploitation, facteur (II). Cette compétence se retrouve dans Gérer les méthodes de travail, groupe (G) aux numéros : 52, 63. Vous pouvez également consulter d'autres compétences dans le même facteur ou groupe pour trouver des conseils connexes.

LA CARTE

La qualité de l'impact que la plupart des gestionnaires ont sur les autres et sur leur travail faiblit à mesure qu'ils deviennent plus distants. La plupart des gestionnaires commencent leur carrière comme superviseurs, travaillant côte à côte avec leurs collaborateurs dans l'atelier. À mesure qu'ils grimpent l'échelle hiérarchique, ils deviennent de plus en plus distants des individus et des opérations qu'ils gèrent. Leur personnel peut être réparti dans différentes parties d'un édifice, d'un pays ou même du monde. Le succès d'un gestionnaire attentif aux processus se mesure à la pérennité des techniques de gestion du personnel et des tâches qu'il a introduites, même lorsqu'il n'est pas présent physiquement dans l'atelier. Un tel succès est fondé sur une vision, des objectifs, des processus et des pratiques à observer, une communication dans les deux sens et des principes gouvernant la prise de décisions à distance.

QUELQUES SOLUTIONS

☐ **1. Abonnez-vous au *The Systems Thinker®*, Pegasus Communications Inc., Cambridge, MA, tél. : +1 (781) 398-9700.** Ce groupe se consacre à découvrir le pourquoi et le comment des choses. Il fait paraître une publication mensuelle et propose des ateliers, des séminaires et divers matériels permettant d'interpréter les événements comme une série de modèles ou de systèmes récurrents. Il analyse les événements courants, leurs processus et, à travers eux, tente d'en expliquer le déroulement. Cette documentation vous aidera à voir les choses en termes de systèmes globaux.

59

☐ **2. Visualisez les choses sous forme de flux.** Achetez-vous un logiciel qui permet de préparer des graphique PERT ou GANTT ou un logiciel de planification de projets. Devenez expert dans leur utilisation. Utilisez les diagrammes du logiciel pour communiquer aux autres les systèmes que vous gérez. Utilisez ses diagrammes lors de vos présentations.

☐ **3. Étudiez comment fonctionne votre organisation.** Les organisations peuvent être des systèmes complexes avec de nombreux virages, des culs-de-sac, des voies rapides et des carrefours. Pour la plupart d'entre elles, le plus court chemin n'est pas la ligne droite. Il existe une organisation formelle, celle de l'organigramme avec des trajectoires bien droites. Et puis il existe une organisation informelle où toutes les trajectoires s'entrecroisent. Le fait que les organisations emploient des êtres humains rend les choses encore plus complexes. On y trouve, entre autres, des cerbères (ceux qui détiennent l'information), des « expéditeurs » (ceux qui la diffusent), des résistants, des guides, des bons samaritains et des mandarins. *Besoin d'aide supplémentaire ? Reportez-vous à la fiche n° 38 : Faire preuve d'agilité organisationnelle.*

☐ **4. Étudiez comment concevoir des systèmes de travail rationnels et efficaces.** Ces processus se retrouvent dans les fiches *n° 35 : Savoir gérer et établir des indicateurs de performance, n° 47 : Savoir planifier, n° 52 : Maîtriser la gestion des processus et n° 63 : Systèmes de gestion intégrale de la qualité (ex. TQM/ISO/Six Sigma).*

☐ **5. Améliorez la communication.** Élaborer et communiquer la vision pour créer un esprit d'équipe est une des clés de la gestion à distance. *Besoin d'aide supplémentaire ? Reportez-vous à la fiche n° 65 : Savoir communiquer la vision des buts principaux.* Établir des objectifs et des mesures pour guider les décisions et le travail quand vous n'êtes pas là est une autre clé. *Besoin d'aide supplémentaire ? Reportez-vous à la fiche n° 35 : Savoir gérer et établir des indicateurs de performance.* La dernière clé consiste à dresser une liste des ressources dont vous avez besoin pour compléter le travail. *Besoin d'aide supplémentaire ? Reportez-vous à la fiche n° 39 : Savoir organiser.*

☐ **6. Gérer à distance est le véritable test de délégation et de responsabilisation. Il est impossible pour vous de tout faire.** Les gestionnaires qui réussissent s'impliquent beaucoup dans l'établissement des paramètres, des exceptions dont ils veulent être prévenus et des résultats probables. Ils précisent ce qui requiert leur implication ou non. Quand on leur demande de prendre une décision, ils répliquent : « Qu'en pensez-vous ? Quel sera l'impact sur vous, sur les clients, si nous faisons ceci ? » plutôt que de se contenter d'un jugement. Si vous ne le faites pas, les gens commenceront à déléguer vers le haut et vous deviendrez un contrôleur rapproché, travaillant d'un poste éloigné. Aidez les gens à réfléchir à toutes les implications et faites confiance à leur capacité de suivre le plan. La délégation requiert une communication claire des résultats attendus et la transmission de l'autorité nécessaire pour décider et agir. *Besoin d'aide supplémentaire ? Reportez-vous à la fiche n° 18 : Savoir déléguer.*

☐ **7. Une bonne gestion à distance implique des plans, des politiques, des pratiques et des procédures par écrit.** Des instructions verbales suffiront rarement. Vous devez écrire clairement en employant le moins de mots possible. Vous devrez aussi réécrire plusieurs versions des mêmes pratiques ou politiques afin de les adapter à un autre secteur. Faites réviser votre texte par quelqu'un d'autre avant de le distribuer de façon à vérifier la clarté et l'objectivité de l'énoncé. *Besoin d'aide supplémentaire ? Reportez-vous à la fiche n° 67 : Maîtriser la communication écrite.*

☐ **8. Un autre procédé pour une gestion efficace à distance est d'impliquer les gens dans la création d'un système.** Vous devez obtenir leur appui et les rallier à votre cause. Partagez la mission et les buts avec ceux dont vous voulez l'appui. Obtenez leur avis. Ceux qui sont consultés en amont des décisions ont souvent tendance à mieux coopérer que ceux à qui rien n'est jamais demandé. Faites en sorte que tous ceux qui doivent travailler dans le cadre d'un système contribuent à sa conception. *Besoin d'aide supplémentaire ? Reportez-vous aux fiches n° 18 : Savoir déléguer et n° 38 : Faire preuve d'agilité organisationnelle.*

☐ **9. Analysez votre technique de gestion à distance.** Comment est votre voix au téléphone ? Dégagez-vous l'impression que vous voulez donner ? À quoi ressemblent vos courriers électroniques et quelle impression donnent-ils ? Demandez l'avis de personnes de confiance. Comment vos présentations sont-elles perçues quand vous visitez des bureaux éloignés ? Changez-vous votre message pour l'ajuster aux conditions locales ? Avec qui passez-vous du temps quand vous êtes en déplacement ? Quelle impression cela laisse-t-il ? Rencontrez-vous seulement la direction ou trouvez-vous du temps pour voir les autres ? De quoi ont l'air vos mémos ? Font-ils passer le message que vous souhaitez ?

☐ **10. Avez-vous organisé un système rapide et fiable pour faire face aux problèmes qui surviennent et pour trouver des solutions à distance ?** Est-ce un processus constructif, fait pour aider, ou est-il orienté vers le reproche et la sanction négative ? Êtes-vous disponible pour les groupes éloignés ? Pensez-vous qu'ils disent que vous êtes d'accès facile ou difficile ?

Chaos was the law of nature;
Order was the dream of man.
– Henry Adams

LECTURES CONSEILLÉES

Brache, Alan P. *How Organizations Work*. New York: John Wiley & Sons, Inc., 2002.

Conger, Jay A., Gretchen M. Spreitzer and Edward E. Lawler, III (Eds.). *The Leader's Change Handbook: An Essential Guide to Setting Direction and Taking Action*. San Francisco, CA: Jossey-Bass, Inc., 1999.

Dennis, Alan. *Networking in the Internet Age*. New York: John Wiley & Sons, Inc., 2002.

Hammer, Michael. *Beyond Reengineering: How the Process-Centered Organization Is Changing Our Work and Our Lives*. New York: HarperBusiness, 1996.

Hildreth, Paul M. *Going Virtual: Distributed Communities of Practice*. Hershey, PA: Idea Group Publishing, 2004.

Hinds, Pamela and Sara Kiesler. *Distributed Work*. Boston: MIT Press, 2002.

Huotari, Maija-Leena and Mirja Livonen. *Trust in Knowledge Management Systems in Organizations*. Hershey, PA: Idea Group Publishing, 2004.

Oshry, Barry. *Seeing Systems—Unlocking the Mysteries of Organizational Life*. San Francisco: Berrett-Koehler Publishers, Inc., 1995.

Slywotzky, Adrian J., David J. Morrison and Karl Weber. *How Digital Is Your Business*. New York: Crown Business Publishing, 2000.

Van Ness, George and Keith Van Ness. *Being There Without Going There: Managing Teams Across Time Zones, Locations and Corporate Boundaries*. Boston: Aspatore Books, 2003.

Whitman, Michael E. and Amy B. Woszczynski. *The Handbook of Information Systems Research*. Hershey, PA: Idea Group Publishing, 2004.

60 SAVOIR CONSTITUER DES ÉQUIPES PERFORMANTES

Talent wins games, but teamwork and intelligence win championships.
– Michael Jordan, U.S. basketball player

COMPÉTENCE NON MAÎTRISÉE

- ☐ N'a pas la notion de travail en équipe à l'esprit quand il assemble, bâtit ou dirige
- ☐ Pratique un management d'individu à individu
- ☐ Ne crée pas un esprit d'équipe ni de synergie basée sur un défi commun
- ☐ Félicite et récompense les individus plutôt que l'équipe
- ☐ N'organise pas beaucoup de réunions d'équipe
- ☐ Ne sait pas fédérer son équipe ; chacun travaille sur son propre projet
- ☐ Ne fait pas en sorte de stimuler le moral et l'énergie de l'ensemble de l'équipe
- ☐ N'a pas les compétences ni l'intérêt voulus pour construire une équipe
- ☐ Peut être très centré sur l'action et le contrôle et ne pas faire confiance à l'équipe

Sélectionnez dans la liste ci-dessous une à trois compétences comme compétence de remplacement si vous décidez de ne pas travailler directement sur cette dernière.

SUBSTITUTS : 3,7,18,36,37,39,42,52,63,64,65

COMPÉTENCE MAÎTRISÉE

- ☐ Sait « marier » les différents collaborateurs pour constituer des équipes quand cela devient nécessaire
- ☐ Sait créer un bon esprit d'équipe
- ☐ Sait partager les succès et les victoires
- ☐ Sait encourager un dialogue ouvert
- ☐ Laisse ses collaborateurs terminer et être responsable de leur travail
- ☐ Les succès sont pour lui une affaire d'équipe
- ☐ Crée un sentiment d'appartenance à l'équipe

COMPÉTENCE UTILISÉE À L'EXCÈS

- ☐ A tendance à ne pas percevoir les autres comme des individus uniques
- ☐ Semble ralentir des processus logiques en laissant les choses ouvertes au débat
- ☐ Semble ménager excessivement les sentiments des autres au point de ne pas prendre les décisions difficiles
- ☐ Semble ne pas développer de leaders
- ☐ Semblerait ne pas prendre les choses en main pendant les périodes difficiles

Sélectionnez dans la liste ci-dessous une à trois compétences sur laquelle vous devrez travailler pour compenser son utilisation excessive.

COMPENSATEURS : 9,12,13,18,19,20,21,34,36,56,57,64

QUELQUES CAUSES

- ☐ Individualiste ; agit seul
- ☐ Ne sait pas définir une cause commune
- ☐ Gestionnaire orienté vers le contrôle
- ☐ Ne croit pas dans le concept d'équipe et ne le soutient pas
- ☐ Excessivement orienté vers l'action
- ☐ Les incitatifs sont tous basés sur les résultats individuels
- ☐ N'est pas un motivant
- ☐ N'est pas un gestionnaire de processus habile
- ☐ Mauvaise gestion du temps
- ☐ Les gens résistent à l'idée de former une équipe
- ☐ Traite tout le monde de la même façon

FACTEURS ET GROUPES DU LEADERSHIP ARCHITECT®

Cette compétence se retrouve dans Compétences personnelles et interpersonnelles, facteur (VI). Cette compétence se retrouve dans Inspirer les autres, groupe (Q) aux numéros : 36, 37, 65. Vous pouvez également consulter d'autres compétences dans le même facteur ou groupe pour trouver des conseils connexes.

LA CARTE

Tout le monde aimerait faire partie d'une équipe de rêve. Chacun serait compétent dans son domaine et contribuerait à accomplir de bien plus grandes choses que si chacun travaillait tout seul dans son coin. La plupart des organisations parlent d'équipes mais récompensent surtout les résultats individuels. Elles attirent et propulsent aussi des gens qui n'aiment pas toujours lier leur performance à celles des autres. Mais même si cela n'est pas confortable pour certains, les équipes constituent le meilleur moyen d'accomplir des tâches intégrées comme la création de systèmes, la production de produits complexes ou la réalisation d'efforts coordonnés sur une longue durée. Elles permettent aussi d'atteindre des objectifs grâce à la coopération de sections ou services séparés. Former une équipe à succès nécessite d'identifier les rôles, travaux, tâches, récompenses et objectifs avec l'équipe et non avec les individus qui la composent.

QUELQUES SOLUTIONS

☐ **1. Cherchez un dessein commun qui puisse être partagé par l'ensemble de l'équipe.** Une conviction partagée stimule les équipes idéales. Comme dans un laser, l'alignement augmente la polarisation, la puissance et l'efficacité. Chaque membre de l'équipe doit être impliqué dans l'élaboration de la vision. Établissez des buts et des mesures d'évaluation. La plupart des gens désirent connaître leur taille et leurs mesures. Ils aiment aussi avoir des points de référence pour mesurer leurs progrès. Ils travaillent mieux avec des objectifs adaptables. Enfin, laisser l'équipe participer à l'établissement des objectifs est un atout complémentaire. *Besoin d'aide supplémentaire ? Reportez-vous à la fiche n° 35 : Savoir gérer et établir des indicateurs de performance.*

☐ **2. Lorsque la mission, les résultats et les objectifs sont établis, faites un plan.** Il sera indispensable pour bien gérer les ressources, éviter de dédoubler le travail et éviter que certaines choses ne tombent dans l'oubli. *Besoin d'aide supplémentaire ? Reportez-vous à la fiche n° 47 : Savoir planifier.*

☐ **3. Suivez les règles de base pour stimuler les membres d'une équipe, comme le soulignent les livres** *People Skills,* de Robert Bolton ou *Thriving on Chaos,* de Tom Peters. Sachez mettre en valeur l'importance des tâches de chacun. Dites merci, offrez ou demandez de l'aide aux membres de l'équipe, augmentez leur autonomie dans les travaux dont ils ont la charge, variez les tâches confiées, surprenez-les avec des missions enrichissantes et pleines de défi, manifestez de l'intérêt pour leur carrière, donnez l'exemple en montrant que vous savez tirer les leçons de vos erreurs, fêtez leurs succès, procurez-leur des échelles de mesure pour qu'ils évaluent leur progression, etc. Chacun des membres de l'équipe étant différent, un bon responsable d'équipe sait traiter chaque membre suivant sa personnalité, tout en étant équitable envers tous. *Besoin d'aide supplémentaire ? Reportez-vous aux fiches n° 23 : Être équitable envers ses collaborateurs directs et n° 36 : Savoir motiver.*

☐ **4. Créez un climat d'innovation et d'expérimentation.** La motivation et la créativité fléchissent si les tâches sont spécifiées de façon trop rigide. La procédure pour leur accomplissement devrait être aussi souple que possible. Des études démontrent que l'on travaille davantage et que l'on est plus efficace lorsqu'on a le sentiment d'avoir une liberté de choix. Encouragez les expériences ponctuelles, de courte durée. La plupart des innovations peuvent échouer, aussi gardez une attitude d'apprentissage face aux erreurs et aux échecs. *Besoin d'aide supplémentaire ? Reportez-vous à la fiche n° 28 : Gérer l'innovation.*

☐ **5. Pour bien communiquer avec les membres de l'équipe, efforcez-vous de les comprendre sans les juger.** Vous n'avez pas besoin d'être forcément d'accord ; vous avez seulement à comprendre. Bâtir une équipe exige de passer du temps à former et guider ceux qui la composent, les accompagner lors des visites chez les clients, réfléchir avec eux aux problèmes. Enseignez-leur votre expérience et, en particulier, les raisons objectives qui motivent les efforts à faire. Le but est qu'ils s'exclament : « Nous y sommes arrivés ! » *Besoin d'aide supplémentaire ? Reportez-vous à la fiche n° 27 : Savoir informer.*

☐ **6. La résistance au concept d'équipe sera surmontée par une polarisation sur les objectifs communs, les priorités et les problèmes,** par l'insistance sur la logique de travailler en commun, par l'écoute patiente des inquiétudes des autres, par la considération de leurs aspirations mais aussi en mettant l'emphase sur la nécessité de l'équipe. Vous encouragerez les suggestions pour parvenir au but et ferez preuve de patience envers les récalcitrants. Maintenez une pression légère. *Besoin d'aide supplémentaire ? Reportez-vous à la fiche n° 13 : Faire face aux problèmes de performance de ses collaborateurs directs.*

☐ **7. Développez une atmosphère de fête dans l'équipe.** Bien que quelques-uns puissent se montrer réticents (à commencer peut-être par vous), les fêtes ou toute autre manifestation pour marquer les succès communs renforcent la cohésion du groupe. Travailler en prenant en compte aussi cet aspect-là construit une meilleure équipe. Ayez de l'humour et encouragez-le chez les autres. Apprenez à célébrer les victoires.

☐ **8. L'équipe idéale est constituée de talents variés, elle n'est pas uniforme.** Quoique l'équipe idéale dispose de tous les talents nécessaires pour accomplir le travail, aucun de ses membres ne les possède tous. Les équipes hautement performantes optimisent les forces de chacun, évitant ainsi d'être exposées aux faiblesses individuelles. Les membres d'une équipe hautement performante échangent beaucoup quant à leur appréciation respective de leurs forces et de leurs faiblesses. Une faiblesse n'est pas considérée comme une faute. L'équipe s'y ajuste sans s'y arrêter. Les équipes performantes se spécialisent, recoupent leurs activités et réclament rarement une participation identique de tous.

☐ **9. Laissez les rôles évoluer naturellement dans l'équipe.** L'expérience montre que les gens s'orientent naturellement vers huit rôles. *Besoin d'aide supplémentaire ? Reportez-vous à la fiche n° 64 : Comprendre les autres.* Chacun de ces huit rôles doit se retrouver au sein de l'équipe afin que celle-ci soit efficace. Un des membres peut jouer plusieurs rôles.

☐ **10. Les équipes qui excellent ont appris à opérer efficacement et rapidement.** Lisez *Overcoming Organizational Defense,* de Chris Argyris. La moitié du livre est consacrée aux problèmes courants qui empêchent les équipes d'exceller, et l'autre partie propose des stratégies et des tactiques pour les surmonter.

☐ **11. Engagez un chef d'équipe.** Comme l'animateur vient de l'extérieur, il peut vous aider à résoudre les problèmes avec plus d'objectivité et vous apportera un feed-back vous permettant d'éviter les erreurs, lesquelles auraient pour effet de démotiver l'équipe. L'animateur peut appartenir au service des ressources humaines, ou être un expert de l'animation d'équipes de travail.

☐ **12. Intervention dans l'organisation.** Les vrais leaders interviennent dans l'intérêt de l'équipe, en éliminant les obstacles qui la ralentissent ou l'empêchent d'être efficace. Cela signifie éventuellement se servir de sa position pour obtenir le soutien de l'organisation, obtenir des ressources, etc.

☐ **13. Vous éprouvez des difficultés pour motiver une équipe virtuelle ?** Désormais les équipes virtuelles existent partout, aussi est-il difficile de les éviter. Utilisez des stratégies faisant appel au bon sens, pour rester en contact. Programmez des conférences téléphoniques fréquentes. Prévoyez des plages de temps consacrées régulièrement au travail en équipe et à la communication. Dans le cas de fuseaux horaires différents, recherchez des compromis. Sachez utiliser les nouvelles technologies pour atteindre vos objectifs : visioconférence, logiciels de groupe de travail, etc. Enfin, faites attention aux différences culturelles si l'équipe est plurinationale.

The main ingredient of stardom is the rest of the team.
– John Wooden, U.S. college basketball coach

LECTURES CONSEILLÉES

Avery, Christopher M., Meri Aaron Walker and Erin O'Toole. *Teamwork Is an Individual Skill: Getting Your Work Done When Sharing Responsibility.* San Francisco: Berrett-Koehler Publishers, Inc., 2001.

Barner, Robert W. *Team Trouble-Shooter.* Palo Alto, CA: Davies-Black Publishing, 2000.

Deeprose, Donna. *Making Teams Work: How to Form, Measure, and Transition Today's Teams.* New York: AMACOM, 2001.

Fisher, Kimball and Mareen Duncan Fisher. *The Distance Manager: A Hands-On Guide to Managing Off-Site Employees and Virtual Teams.* New York: McGraw-Hill Trade, 2000.

Gundry, Lisa and Laurie LaMantia. *Breakthrough Teams for Breakneck Times: Unlocking the Genius of Creative Collaboration.* Chicago, IL: Dearborn Trade Publishing, 2001.

Hackman, J. Richard. *Leading Teams: Setting the Stage for Great Performances.* Boston: Harvard Business School Press, 2002.

Harvard Business Essentials. *Creating Teams With an Edge*. Boston: Harvard Business School Publishing Corporation, 2004.

Harvard Business School Press. *Harvard Business Review on Teams That Succeed.* Boston: Harvard Business School Press, 2004.

Jones, Steven D. and Don J. Schilling. *Measuring Team Performance: A Step-by-Step, Customizable Approach for Managers, Facilitators, and Team Leaders.* San Francisco: Jossey-Bass, Inc., 2000.

Katzenbach, Jon R. and Douglas K. Smith. *The Wisdom of Teams: Creating the High-Performance Organization.* New York: HarperBusiness, 2003.

Kostner, Jaclyn. *BIONIC eTeamwork.* Chicago: Dearborn Trade Publishing, 2001.

Leigh, Andrew and Michael Maynard. *Leading Your Team: How to Involve and Inspire Teams.* Yarmouth, ME: Nicholas Brealey Publishing, 2002.

Lencioni, Patrick M. *The Five Dysfunctions of a Team: A Leadership Fable.* San Francisco: Jossey-Bass, Inc., 2002.

Lipnack, Jessica and Jeffrey Stamps. *Virtual Teams—Reaching Across Space, Time, and Organizations With Technology.* New York: John Wiley & Sons, Inc., 1997.

Parker, Glenn M. *Cross-Functional Teams: Working With Allies, Enemies, and Other Strangers.* San Francisco: Jossey-Bass, Inc., 2002.

Parker, Glenn, Jerry McAdams and David Zielinski. *Rewarding Teams: Lessons From the Trenches.* San Francisco: Jossey-Bass, Inc., 2000.

Raymond, Cara Capretta, Robert W. Eichinger and Michael M. Lombardo. *FYI for Teams.* Minneapolis, MN: Lominger Limited, Inc., 2004.

Robbins, Harvey and Michael Finley. *The New Why Teams Don't Work—What Goes Wrong and How to Make It Right.* San Francisco: Berrett-Koehler Publishers, Inc., 2000.

Schwarz, Roger. *The Skilled Facilitator.* San Francisco: Jossey-Bass, Inc., 2002.

Straus, David. *How to Make Collaboration Work: Powerful Ways to Build Consensus, Solve Problems, and Make Decisions.* San Francisco: Berrett-Koehler Publishers, Inc., 2002.

Team Management Briefings [monthly publication]. P.O. Box 25755, Alexandria, VA 22313. 1-800-722-9221 http://www.briefings.com/tm

Van Ness, George and Keith Van Ness. *Being There Without Going There: Managing Teams Across Time Zones, Locations and Corporate Boundaries.* Boston: Aspatore Books, 2003.

Wellins, Richard, William C. Byham and George R. Dixon. *Inside Teams.* San Francisco: Jossey-Bass, Inc., 1994.

Wysocki, Robert K. *Building Effective Project Teams.* New York: John Wiley & Sons, Inc., 2001.

61 AVOIR LA CAPACITÉ DE SE FORMER AUX ASPECTS TECHNIQUES

Where there is the necessary technical skill to move mountains,
there is no need for the faith that moves mountains.
– Eric Hoffer

COMPÉTENCE NON MAÎTRISÉE

- ☐ N'acquiert pas facilement de nouvelles compétences techniques
- ☐ Est parmi les derniers à apprendre ou à adopter une nouvelle technologie telle que l'Internet
- ☐ Peut s'attacher aux technologies passées et se montrer réticent face aux nouvelles
- ☐ Peut être intimidé par la technologie
- ☐ Peut manquer d'expérience ou de pratique des nouvelles technologies
- ☐ Peut manquer d'intérêt pour la technique ou pour les activités qui exigent de la minutie
- ☐ Ne sait pas comment se faire aider par les autres pour apprendre de nouvelles technologies ou rejette leur aide

Sélectionnez dans la liste ci-dessous une à trois compétences comme compétence de remplacement si vous décidez de ne pas travailler directement sur cette dernière.

SUBSTITUTS : 5,14,24,28,30,32,46,51,58

COMPÉTENCE MAÎTRISÉE

- ☐ Saisit rapidement les aspects techniques
- ☐ Est capable d'acquérir de nouvelles connaissances et compétences
- ☐ Intègre facilement de nouvelles connaissances concernant le métier, l'entreprise, les produits ou les aspects techniques tels que la technologie de l'Internet
- ☐ Obtient de bons résultats dans les séminaires techniques et classes de formation

COMPÉTENCE UTILISÉE À L'EXCÈS

- ☐ Peut apprendre sans pour autant agir
- ☐ Semble accumuler les connaissances au détriment de leur mise en application
- ☐ Semble être trop intellectuel
- ☐ Peut avoir du mal à établir une bonne relation avec ceux qui ne comprennent pas aussi rapidement que lui

Sélectionnez dans la liste ci-dessous une à trois compétences sur laquelle vous devrez travailler pour compenser son utilisation excessive.

COMPENSATEURS : 1,3,5,15,26,33,36,41,45,46,53,54,57

QUELQUES CAUSES

- ☐ Manque d'expérience ; nouveau venu
- ☐ A peur des ordinateurs
- ☐ Ne s'intéresse pas aux technologies
- ☐ Gestion du temps ; trop occupé pour s'en préoccuper
- ☐ S'attache aux technologies passées

FACTEURS ET GROUPES DU LEADERSHIP ARCHITECT®

Cette compétence se retrouve dans Compétences stratégiques, facteur (I). Cette compétence se retrouve dans Comprendre le domaine des affaires, groupe (A) aux numéros : 5, 24. Vous pouvez également consulter d'autres compétences dans le même facteur ou groupe pour trouver des conseils connexes.

LA CARTE

Tous les lieux de travail disposent de technologies nouvelles ou émergentes pour les aider dans leur travail. Le développement de nouvelles technologies semble s'accélérer à mesure que plus de gens se branchent sur l'Internet. Les ordinateurs, imprimantes, téléphones cellulaires et caméras vidéo semblent ne durer qu'un an ou deux avant de devoir être remplacés par de nouvelles fonctions ou technologies. L'adaptation aux nouvelles technologies est devenue un impératif avec l'évolution rapide du monde et l'accroissement de la concurrence.

QUELQUES SOLUTIONS

☐ **1. Trouvez un expert professionnel dans le domaine technique que vous visez et demandez-lui s'il accepte de vous montrer les trucs du métier et de vous servir de tuteur.** La plupart des personnes qui excellent dans leur domaine ne détestent pas avoir quelques « apprentis » autour d'eux. Ils apprécient que l'on demande leur aide.

☐ **2. Pratiquement toutes les technologies possèdent leur association professionnelle nationale, parfois même régionale,** constituée de centaines de personnes expertes dans leur domaine. Devenez membre de l'association concernant le domaine qui vous intéresse. Procurez-vous leurs documents sur les techniques émergentes. Allez voir un de leurs ateliers sur les toutes dernières nouveautés. Allez à l'assemblée annuelle et assistez aux sessions traitant de nouvelles technologies.

☐ **3. Trouvez la bible de la technologie dans votre domaine.** Presque toutes les technologies ont un ouvrage auquel les gens se réfèrent comme la « Bible ». C'est la référence officielle que chacun consulte. Chaque technologie de pointe possède aussi son journal. Abonnez-vous pour une année ou plus. Demandez s'ils ont des numéros déjà parus et disponibles.

☐ **4. Identifiez quelques sommités reconnues de cette technologie** et achetez leurs livres, lisez leurs articles, assistez à leurs conférences et à leurs ateliers.

☐ **5. Votre université ou école peut offrir des cours du soir ou de week-end sur cette technologie.** Votre organisation peut aussi proposer des formations dans ce domaine.

☐ **6. Trouvez un consultant qui intervient dans le domaine où vous voulez progresser.** Étudiez les possibilités de faire appel à ses services comme tuteur pour accélérer votre apprentissage.

☐ **7. Soyez un précurseur dans une technologie émergente.** N'attendez pas, l'évolution est exponentielle dans certains secteurs techniques. Chaque fois qu'une nouvelle technologie apparaît, portez-vous volontaire pour être parmi les premiers à en découvrir les applications et la tester. Cela peut vous donner une longueur d'avance.

☐ **8. Achetez un ordinateur pour votre usage personnel.** Procurez-vous un téléphone mobile. Une caméra numérique. Branchez-vous sur Internet. Achetez un ordinateur de poche. Assistez à des salons techniques. Découvrez les dernières innovations et soyez le premier à les suggérer dans le cadre de votre activité.

☐ **9. Intégrez peu à peu une technologie reliée à votre travail.** Développez progressivement votre savoir-faire et faites une démonstration à vos collègues. Encouragez-les à l'apprendre à leur tour et à l'adopter pour leur travail. Formez un groupe d'étude et, à tour de rôle, présentez des technologies nouvelles, différentes ou émergentes. Le fait d'avoir à enseigner une nouvelle technique vous obligera à la conceptualiser et à la comprendre plus en profondeur.

☐ **10. Apprenez à penser comme le font les experts en technologie.** Apportez-leur des problèmes et demandez-leur comment ils dirigent leurs recherches. Observez ce qu'ils considèrent comme important ou non important. Classez les informations en catégories, ce qui vous permettra de mieux vous en souvenir. Pensez à cinq aspects ou problèmes auxquels vous devez réfléchir chaque fois qu'une question technique surgit. Ne perdez pas votre temps à tenter d'apprendre tous les détails techniques, à moins que vous ne disposiez de catégories conceptuelles pour les classer.

☐ **11. Programmez des plages de temps pour naviguer sur l'Internet sans objectifs précis.** Recherchez ce qui est nouveau tant dans votre domaine de spécialité qu'en dehors. Trouvez des sujets intéressants et voyez comment les mettre en relation avec d'autres. Devenez un expert dans un domaine qui n'a pas directement de rapport avec ce que vous faites à l'heure actuelle.

It is absolutely essential that his mind should be full of knowledge and not of mere learning, and that what he knows should have been learned in the laboratory rather than in the library.
– Thomas Henry Huxley

LECTURES CONSEILLÉES

Bennis, Warren G. and Robert J. Thomas. *Geeks and Geezers*. Boston: Harvard Business School Press, 2002.

Friedman, Thomas L. *The Lexus and the Olive Tree: Understanding Globalization.* Landover Hills, MD: Anchor Publishing, 2000.

Glen, Paul. *Leading Geeks: How to Manage the People Who Deliver Technology.* San Francisco: Jossey-Bass, Inc., 2003.

Hruby, F. Michael. *Technoleverage.* New York: AMACOM, 1999.

Maps, James J. *Quantum Leap Thinking.* Los Angeles: Dove Books, 1996.

Muirhead, Brian K. and William L. Simon. *High Velocity Leadership—The Mars Pathfinder Approach to Faster, Better, Cheaper.* New York: HarperBusiness, 1999.

Stewart, Thomas A. *Intellectual Capital—The New Wealth of Organizations.* New York: Doubleday, 1997.

Tobin, Daniel R. *Transformational Learning—Renewing Your Company Through Knowledge and Skills.* New York: John Wiley & Sons, Inc., 1996.

62 SAVOIR GÉRER SON TEMPS

Anything that is wasted effort represents wasted time.
The best management of our time thus becomes
linked inseparably with the best utilization of our efforts.
– Ted W. Engstrom, U.S. religious leader, writer

COMPÉTENCE NON MAÎTRISÉE

- ☐ Est désorganisé ; perd du temps et gaspille des ressources
- ☐ Passe d'une activité à l'autre sans rime ni raison
- ☐ Ne se fixe pas de priorités
- ☐ Ne sait pas dire non
- ☐ Ne peut se concentrer que sur une seule chose à la fois
- ☐ Perd facilement sa concentration
- ☐ Agit surtout en fonction de l'urgence du moment
- ☐ Ne suit pas de plan ni de méthode
- ☐ Ne sait pas couper court poliment à des discussions
- ☐ N'a pas de notion du temps
- ☐ Peut être performant quand il s'agit de priorités ou de questions très importantes et ne pas l'être avec « les petites choses »

Sélectionnez dans la liste ci-dessous une à trois compétences comme compétence de remplacement si vous décidez de ne pas travailler directement sur cette dernière.

SUBSTITUTS : 17,39,47,50,52,63,66

COMPÉTENCE MAÎTRISÉE

- ☐ Sait utiliser son temps judicieusement et avec efficacité
- ☐ Accorde de la valeur au temps
- ☐ Concentre ses efforts sur les principales priorités
- ☐ Parvient à en faire davantage en moins de temps que les autres
- ☐ Peut participer à un plus grand nombre d'activités

COMPÉTENCE UTILISÉE À L'EXCÈS

- ☐ Peut se montrer impatient face à ceux qui ont un rythme plus lent ou un emploi du temps moins strictement géré
- ☐ Semble ne pas prendre le temps de vivre
- ☐ Semble ne pas accorder le temps suffisant à ses relations pour qu'elles se sentent à l'aise

Sélectionnez dans la liste ci-dessous une à trois compétences sur laquelle vous devrez travailler pour compenser son utilisation excessive.

COMPENSATEURS : 2,3,7,12,14,17,26,27,31,33,36,41,46,51,60

QUELQUES CAUSES

- ☐ Ne sait pas dire non
- ☐ Désorganisé
- ☐ Ne prend pas le temps de planifier son temps
- ☐ Impatient
- ☐ N'est pas un planificateur
- ☐ N'est pas conscient du temps ; évalue mal les délais
- ☐ N'a pas les aptitudes pour conclure une vente ; ne sait pas prendre congé de la personne
- ☐ Ne sait pas déléguer
- ☐ Fait traîner les choses

FACTEURS ET GROUPES DU LEADERSHIP ARCHITECT®

Cette compétence se retrouve dans Compétences d'exploitation, facteur (II). Cette compétence se retrouve dans S'organiser, groupe (E) aux numéros : 39, 47. Vous pouvez également consulter d'autres compétences dans le même facteur ou groupe pour trouver des conseils connexes.

LA CARTE

Qui peut prétendre avoir assez de temps ? Il y a tant à faire et si peu de temps pour y arriver. Les ressources sont limitées, les besoins illimités. Il a des gens à voir, des lieux à visiter, des choses à faire. Pas le temps de dire bonjour, au revoir, je suis en retard pour une réunion importante. Avez-vous déjà entendu cela quelque part ? C'est la vie et c'est le travail. Chacun a plus de choses à faire qu'il ne peut vraiment accomplir. Plus vous gravissez les échelons hiérarchiques, plus vous avez de travail et moins vous avez de temps pour l'accomplir. Personne n'est capable de tout faire. Vous devez établir des priorités et bien gérer votre temps si vous voulez survivre et prospérer.

QUELQUES SOLUTIONS

☐ **1. Fixez-vous des buts.** Un but, des plans et des éléments de mesure : rien n'aide plus la gestion du temps. Se fixer des buts est essentiel pour établir vos priorités et les urgences. Classez ce que vous avez à faire en quatre rubriques : « Critique pour la mission », « Important à réaliser », « Intéressant s'il reste du temps » et « Accessoire par rapport au but ». Face à un choix ou à plusieurs tâches, appliquez cette échelle. Besoin d'aide supplémentaire ? Reportez-vous aux fiches n° 35 : Savoir gérer et établir des indicateurs de performance et n° 50 : Savoir définir les priorités.

☐ **2. Organisez le travail et les tâches en fonction du temps disponible.** Pour gérer son temps de façon performante, on commence par établir un bon échéancier. Que dois-je faire ? Quels sont les objectifs ? Qu'est-ce qui est critique et qu'est-ce qui est secondaire ? Quel est le temps disponible ? Comment vais-je le contrôler ? Achetez-vous un logiciel qui permet de préparer des graphiques PERT ou GANTT. Devenez expert dans leur utilisation. Utilisez les diagrammes du logiciel pour planifier votre temps. Sinon, écrivez votre plan de travail. Beaucoup de gens passent pour de mauvais planificateurs parce qu'ils ne prennent pas la peine d'écrire toutes les séquences ou en oublient certaines. Demandez à d'autres de réviser l'agencement et d'identifier ce qui manque.

☐ **3. Gérez votre temps de façon efficace.** Planifiez votre temps et gérez-le en conséquence. Soyez sensible au temps qui passe. Donnez-lui une valeur monétaire. Calculez la valeur d'une heure ou d'une minute de votre temps à partir de votre salaire brut. Puis demandez-vous : est-ce que cela vaut x dollars ou euros de mon temps ? Prenez les trois principales activités qui vous ont fait gaspiller votre temps au cours du dernier trimestre et réduisez-les de 50 % en les regroupant et en utilisant des moyens efficaces pour communiquer, comme le courrier électronique ou le téléphone pour expédier les affaires courantes. Faites une liste des points à traiter par des appels téléphoniques ; fixez-vous des objectifs ; utilisez votre période la plus productive dans la journée pour les projets les plus difficiles. Si vous êtes plus productif le matin, ne le gâchez pas dans des tâches secondaires.

☐ **4. Accordez-vous plus de temps.** Prendre le temps de planifier et d'établir des priorités libère en réalité plus de temps que de simplement se plonger dans le travail en espérant le terminer dans les délais. Presque tous les gens à court de temps se plaignent de n'avoir même pas le temps de planifier leurs horaires. Selon le livre de *Les sept habitudes de ceux qui réalisent tout ce qu'ils entreprennent,* par Steven Covey, cela correspond à aiguiser sa scie avant de commencer le travail. *Besoin d'aide supplémentaire ? Reportez-vous à la fiche n° 102 : Être un piètre administrateur.*

☐ **5. Déléguez, autant que vous le pouvez les tâches qui consomment beaucoup de temps.** Ceci est possible avec un peu de planification et en déléguant ce que vous n'avez pas obligatoirement à faire par vous-même Distribuez autant de travail qu'il vous est possible. Il y a un autre avantage à agir ainsi : les gens apprécient généralement de se voir confier des tâches avec le pouvoir qui s'y rattache. Vous y gagnez et eux aussi. *Besoin d'aide supplémentaire ? Reportez-vous à la fiche n° 18 : Savoir déléguer.*

☐ **6. Trouvez une personne de votre entourage qui gère mieux son temps que vous.** Observez sa façon de faire et comparez-la à la vôtre. Efforcez-vous d'imiter ce qu'elle fait ou ne fait pas. Demandez l'avis de ceux qui ont remarqué ce qu'ils ont trouvé le plus difficile.

☐ **7. Ne vous laissez pas simplement guider par vos goûts, ce que vous aimez ou n'aimez pas faire.** Cette façon de procéder risque fort de ne pas être productive à long terme. Utilisez des faits, votre intuition et même vos sentiments pour planifier votre temps, mais pas seulement vos sentiments.

☐ **8. Prenez en considération le temps des autres.** Généralement, plus votre interlocuteur et vous-même occupez une position élevée dans la hiérarchie et moins vous disposerez de temps. Soyez efficace quand il s'agit du temps des autres. Soyez comptable du temps des autres. Donnez-leur une occasion de poursuivre la discussion, mais s'ils n'en font rien, prenez congé et partez. On vous en demandera souvent plus que ce que vous ne pouvez faire. Une des habiletés essentielles en matière de gestion du temps est de pouvoir dire « non » de façon constructive.

☐ **9. On vous en demandera souvent plus que ce que vous ne pouvez faire.** Une technique fréquemment utilisée consiste à s'adresser au solliciteur pour lui demander de choisir parmi ses requêtes précédentes, laquelle il accepte d'annuler pour vous permettre de réaliser sa dernière demande. C'est une façon de dire à la fois oui et non et de laisser un choix au demandeur.

☐ **10. Une autre perte de temps fréquente provient de la difficulté à couper court à des discussions interminables.** Ceux qui gèrent mal le temps ont beaucoup de mal à mettre fin à des réunions ou des entretiens. Ou bien ils poursuivent plus que nécessaire ou ils ne peuvent amener leurs interlocuteurs à mettre un terme à la discussion. Quand il est temps de tourner la page, dites simplement : « Je dois passer à autre chose, mais nous pourrons reprendre une autre fois si vous voulez bien ».

Hard work is often the easy work you did not do at the proper time.
– Bernard Meltzer

LECTURES CONSEILLÉES

Allen, David. *Getting Things Done: The Art of Stress-Free Productivity.* New York: Penguin Books, 2003.

Ash, David W. and Vlad G. Dabija. *Planning for Real Time Event Response Management.* Upper Saddle River, NJ: Prentice Hall, 2000.

Byfield, Marilyn. *It's Hard to Make a Difference When You Can't Find Your Keys: The Seven-Step Path to Becoming Truly Organized.* New York: Viking Press, 2003.

Carrison, Dan. *Deadline! How Premier Organizations Win the Race Against Time.* New York: AMACOM, 2003.

Drucker, Peter F. *Managing in a Time of Great Change.* Boston: Butterworth-Heinemann, 2002.

Duncan, Peggy. *Put Time Management to Work: Get Organized, Streamline Processes, Use the Right Technology.* PSC Press, 2002.

Emmett, Rita. *The Procrastinator's Handbook: Mastering the Art of Doing It Now.* New York: Walker & Company, 2000.

Fine, Charles H. *Clock Speed—Winning Industry Control in the Age of Temporary Advantage.* Cambridge, MA: Perseus Publishing, 1998.

Gleeson, Kerry. *The Personal Efficiency Program: How to Get Organized to Do More Work in Less Time.* New York: John Wiley & Sons, Inc., 2000.

Hutchings, Patricia J. *Managing Workplace Chaos: Solutions for Managing Information, Paper, Time, and Stress.* New York: AMACOM, 2002.

Jennings, Jason and Laurence Haughton. *It's Not the Big That Eat the Small...It's the Fast That Eat the Slow.* New York: HarperCollins, 2001.

Koch, Richard. *The 80/20 Principle: The Secret of Achieving More With Less.* New York: Currency/Doubleday, 1998.

MacKenzie, Alec. *The Time Trap: The Classic Book on Time Management.* Fine Communications, 2002.

Morgenstern, Julie. *Time Management From the Inside Out: The Foolproof System for Taking Control of Your Schedule—And Your Life.* New York: Henry Holt, 2000.

Panella, Vince. *The 26 Hour Day: How to Gain at Least Two Hours a Day With Time Control.* Franklin Lakes, NJ: Career Press, 2002.

Pickering, Peg and Jonathan Clark. *How to Make the Most of Your Workday.* Franklin Lakes, NJ: Career Press, 2001.

Roesch, Roberta. *Time Management for Busy People.* New York: McGraw-Hill, Inc., 1998.

Silber, Lee. *Time Management for the Creative Person.* New York: Three Rivers Press, 1998.

Stalk, George, Jr. and Thomas M. Hout. *Competing Against Time: How Time-Based Competition Is Reshaping Global Markets.* New York: The Free Press, 2003.

Tracy, Brian. *Eat That Frog! 21 Great Ways to Stop Procrastinating and Get More Done in Less Time.* San Francisco: Berrett-Koehler Publishers, Inc., 2001.

Winston, Stephanie. *The Organized Executive: The Classic Program for Productivity: New Ways to Manage Time, People, and the Digital Office.* New York: Warner Books, 2001.

63 SYSTÈMES DE GESTION INTÉGRALE DE LA QUALITÉ (EX., TQM/ISO/SIX SIGMA)

First we will be best, and then we will be first.
– Grant Tinker, American television executive

COMPÉTENCE NON MAÎTRISÉE

- ☐ Ne sait pas appréhender les effets des méthodes de travail sur l'organisation d'une manière globale
- ☐ Ne participe pas à l'établissement de méthodes communes ou refuse de les appliquer
- ☐ Ne crée pas de méthodes de travail efficaces
- ☐ N'est pas centré sur les besoins des clients quand il organise et gère le travail
- ☐ N'est pas engagé dans un processus permanent d'amélioration des méthodes de travail
- ☐ Ne se sert pas de la technologie pour améliorer les méthodes de travail
- ☐ Ne connaît pas les outils et techniques adéquats
- ☐ S'en tient à ce qui a fait ses preuves plutôt que de prendre du recul pour avoir une vision plus large
- ☐ Est peu enclin à favoriser ce qui est nouveau et plus efficace par rapport à ce qu'il connaît
- ☐ N'est pas à l'écoute des suggestions faites par ses collaborateurs pour améliorer les méthodes de travail
- ☐ Ne les habilite pas à concevoir des méthodes qui leur soient propres
- ☐ Ne crée pas un environnement où l'équipe apprend collectivement à mieux répondre aux besoins des clients

Sélectionnez dans la liste ci-dessous une à trois compétences comme compétence de remplacement si vous décidez de ne pas travailler directement sur cette dernière.

SUBSTITUTS : 5,15,16,20,28,32,33,35,39,47,52,53,65

COMPÉTENCE MAÎTRISÉE

- ☐ S'emploie à créer des systèmes de conception et d'évaluation des processus de travail au service de l'organisation ou de l'entreprise tout entière
- ☐ Cherche à minimiser les divergences dans les divers processus de l'organisation
- ☐ Fournit des produits et des services de qualité afin de satisfaire les besoins et les exigences des clients internes et externes
- ☐ Recherche une amélioration permanente en déléguant les pouvoirs nécessaires et en gérant efficacement l'ensemble des informations
- ☐ Sait mettre la technologie au service de la qualité
- ☐ Est ouvert à une réorganisation complète des processus

suite

- ☐ Est ouvert aux suggestions et à l'expérimentation
- ☐ Crée un environnement où l'on apprend et qui génère les méthodes de travail les plus rigoureuses et les plus efficaces

COMPÉTENCE UTILISÉE À L'EXCÈS

- ☐ Peut devenir un inconditionnel de l'amélioration de la qualité ou des procédures de travail à l'exclusion de toute autre considération
- ☐ Semble faire des changements progressifs marginaux qui perturbent plus qu'ils ne sont utiles
- ☐ Peut être obnubilé par la méthode ou les règles au point de ne pas fournir de résultats
- ☐ Rejette parfois les approches différentes et l'opinion des incrédules

Sélectionnez dans la liste ci-dessous une à trois compétences sur laquelle vous devrez travailler pour compenser son utilisation excessive.

COMPENSATEURS : 2,32,33,40,46,57,58

QUELQUES CAUSES

- ☐ Ne délègue pas beaucoup
- ☐ N'écoute pas les autres
- ☐ Inexpérimenté
- ☐ Ne prend pas de risques
- ☐ N'est pas orienté vers le client
- ☐ Ne planifie pas et n'est pas organisé
- ☐ N'est pas orienté vers les résultats
- ☐ S'en tient aux vieilles méthodes

FACTEURS ET GROUPES DU LEADERSHIP ARCHITECT®

Cette compétence se retrouve dans Compétences d'exploitation, facteur (II). Cette compétence se retrouve dans Gérer les méthodes de travail, groupe (G) aux numéros : 52, 59. Vous pouvez également consulter d'autres compétences dans le même facteur ou groupe pour trouver des conseils connexes.

LA CARTE

Il existe une technologie, connue et largement utilisée, qui permet de fournir des produits ou services et fonctionne dès le début, tout en répondant aux besoins des clients et en allant même au-delà. Un nombre incalculable d'organisations ont appliqué ces techniques éprouvées et ont connu un grand succès sur leur marché. Cependant, on compte trois échecs pour chaque application réussie de ces techniques. La raison principale d'un échec est due au fait que la direction ne comprend ni ne soutient vraiment ces efforts et, surtout, ne modifie pas ses comportements pour s'adapter aux nouvelles pratiques. En d'autres termes, elle ne prêche pas par l'exemple. Il n'existe pas de meilleur moyen pour vous permettre de réussir personnellement, comme de garantir le succès de votre organisation, que d'apprendre et d'utiliser les principes de gestion de la qualité totale (TQM), ISO et Six Sigma.

QUELQUES SOLUTIONS

☐ **1. Apprenez les principes.** Il y a bien des sources disponibles. Lisez les méthodes préconisées par Deming, Juran, Crosby, Hammer, Champy et beaucoup d'autres. Il y a constamment des conférences et des ateliers auxquels vous pouvez assister. Le mieux est de vous inspirer de tout ce qui se traite et paraît sur la question et de créer ensuite votre propre version adaptée à vos besoins.

☐ **2. Soyez orienté vers le client. En économie de libre entreprise, le client est roi ; ceux qui savent le séduire sont toujours gagnants.** Le même principe s'applique à ce que l'on appelle « clients » à l'intérieur des entreprises ; ceux qui savent leur plaire en seront les grands bénéficiaires. Être orienté client, c'est savoir réagir aux besoins et aux attentes raisonnables des clients. Répondre aux besoins raisonnables des clients est assez simple. La meilleure façon de savoir ce qu'ils veulent et ce à quoi ils s'attendent est de le demander. Il faut ensuite livrer le produit/service à temps et avec un rapport prix/qualité acceptable. Prenez l'habitude de rencontrer vos clients internes et externes sur une base régulière afin d'établir un dialogue ; ils ont besoin de se sentir libres de vous appeler lorsqu'ils ont des problèmes et vous devez pouvoir les contacter pour en obtenir les informations essentielles. De plus, soyez proactif, essayez d'anticiper leurs besoins pour vos produits et vos services avant même qu'ils n'en prennent conscience. Faites-leur des surprises agréables telles qu'une livraison plus rapide, une quantité plus élevée, etc. *Besoin d'aide supplémentaire ? Reportez-vous à la fiche n° 15 : Être orienté vers le client.*

☐ **3. Préparez votre travail et gérez votre temps en fonction du client et non à partir de vos propres besoins.** Vos plus grands efforts doivent trouver leur justification dans le service au client. Essayez de ne pas concevoir et organiser ce que vous faites seulement de votre point de vue ; vous devez toujours essayer de connaître et de prendre en compte le point de vue du client en premier. C'est une des premières règles gagnantes. Que devez-vous faire pour que les appels de l'extérieur ne vous arrivent pas directement. Si vous travailliez dans le même domaine que votre client, que changeriez-vous ?

☐ **4. Confiez la mission et l'autorité nécessaires pour concevoir le meilleur processus de travail** permettant de réaliser des produits et des services « parfaits » et qui satisferont les attentes de vos clients. Le principe du « zéro défaut » est un processus bien connu, bien documenté et disponible pour tous ceux qui veulent l'implanter. *Besoin d'aide supplémentaire ? Reportez-vous aux fiches n° 35 : Savoir gérer et établir des indicateurs de performance et n° 52 : Maîtriser la gestion des processus.*

☐ **5. Restez ouvert et disponible.** Répondre aux besoins du client avec les meilleurs concepts de travail possible implique de savoir faire appel à d'autres personnes. Vous ne pouvez tout faire vous-même. Vous devriez disposer d'une méthode pour obtenir des suggestions et des commentaires des clients et des personnes qui travaillent avec vous. Vous devez donner l'exemple pour créer le dialogue. Une idée émise par quelqu'un d'autre et dont vous n'avez pas eu connaissance est une idée perdue. Selon la recherche, nombre d'idées et de suggestions faites par les employés ont grandement profité à l'entreprise.

☐ **6. Créez un environnement propice à l'expérimentation et à l'étude.** Le principe dominant est de toujours rechercher des améliorations. Ne soyez jamais satisfait. Incitez et insistez constamment sur l'amélioration des processus afin d'obtenir des produits et des services sans défaut. N'ayez pas peur des échecs, continuez à essayer. *Besoin d'aide supplémentaire ? Reportez-vous à la fiche n° 28 : Gérer l'innovation.*

☐ **7. Observez vos propres habitudes de travail.** Sont-elles conçues pour une efficacité optimale et un rendement maximal ? Y a-t-il de la place pour une amélioration continue ? Vous appliquez-vous à vous-même les principes que vous avez appris ? Souvenez-vous : le non-respect de ces principes est à la source de bien des échecs en la matière.

☐ **8. Mettez-vous à la place d'un client insatisfait.** Un client qui a pu vivre des expériences comme : des retards injustifiés, des commandes inexactes, des dépassements de coûts, des appels téléphoniques non retournés, des aliments froids, un mauvais service, des employés peu zélés, des articles en rupture de stock, etc. Vos clients vivent-ils des situations semblables ? Faites une étude sur les clients que vous avez perdus. Tentez de comprendre quels ont été les trois problèmes majeurs et trouvez comment vous pouvez éliminer rapidement 50 % des raisons qui ont causé leur départ. Étudiez les maladresses de vos concurrents et cherchez comment vous pourriez à la fois éviter leurs erreurs et rendre vos services plus performants. *Besoin d'aide supplémentaire ? Reportez-vous à la fiche n° 15 : Être orienté vers le client.*

☐ **9. Mettez-vous à la place d'un client satisfait.** Inscrivez tous les facteurs de satisfaction que vous avez rencontrés durant le dernier mois. Qu'est-ce qui vous a le plus satisfait ? Un bon rapport qualité/prix ? Un service ponctuel ? De la courtoisie ? Des retours d'appels ? Ces situations satisfaisantes arrivent-elles à vos clients lorsqu'ils sont en relation avec vous et votre organisation ? Étudiez vos transactions les mieux réussies avec vos clients, de façon à les systématiser. Étudiez ensuite ce que vos concurrents font de bien et voyez comment vous pourriez intégrer ces points pour améliorer votre service à la clientèle. *Besoin d'aide supplémentaire ? Reportez-vous à la fiche n° 15 : Être orienté vers le client.*

☐ **10. Étudiez les processus de travail autour de vous dans les aéroports, restaurants, hôtels, supermarchés, services gouvernementaux, etc.** Si vous étiez client, comment pourriez-vous concevoir différemment ces prestations afin qu'elles soient plus efficaces ? Quels principes vous guideraient ? Appliquez ces mêmes principes dans votre activité. Utilisez la méthode « Work-Out » mise en place par GE pour supprimer le travail inutile. À titre d'exemple, « Work-Out » s'étale sur au moins trois jours avec une participation des patrons se limitant au dernier jour. Au cours des deux premiers jours, le groupe supprime les tâches et les étapes pour atteindre les objectifs ; le troisième jour est consacré à l'obtention de l'accord de la hiérarchie sur ces propositions.

☐ **11. Suivant Oren Harari, vos travaux doivent porter sur les points ci-dessous :**

- Concentrez-vous sur les processus plutôt que les résultats.
- Rechercher l'approche zéro défaut n'est qu'un élément secondaire de l'ensemble. Ce que le client veut, ce sont des produits et des services.
- La bureaucratie envahissante.
- La délégation de la qualité aux experts plutôt qu'aux gens sur le terrain. Tout cela a pour effet de diminuer l'importance de la contribution de l'employé et provoque inévitablement les plaintes des clients.
- Appliquer la qualité totale sur la même vieille structure. L'amélioration de la qualité implique la déstratification, la responsabilisation des cadres et des employés, ainsi que la destruction des hiérarchies fonctionnelles. Des équipes dotées de responsabilités et interfonctionnelles, voilà la solution.
- Traiter les fournisseurs par-dessus la jambe. Les fournisseurs doivent être traités en partenaires, afin d'améliorer la qualité.
- Substituer la qualité totale à l'innovation. L'innovation implique une prise de risques, des erreurs et l'audace de sortir de nouveau produits imparfaits. C'est ce que font certains éditeurs de logiciels.

We are what we repeatedly do. Excellence,
then, is not an act, but a habit.
– Aristotle

LECTURES CONSEILLÉES

Bhote, Keki. *The Ultimate Six Sigma: Beyond Quality Excellence to Total Business Excellence.* New York: AMACOM, 2002.

Cascio, Wayne F. *Responsible Restructuring.* San Francisco: Berrett-Koehler Publishers, Inc., 2002.

Champy, James A. *X-Engineering the Corporation: Reinventing Your Business in the Digital Age.* New York: Warner Books, 2002.

Chowdhury, Subir. *The Power of Design for Six Sigma.* Chicago, IL: Dearborn Financial Publishing, 2003.

Eckes, George. *Six Sigma for Everyone.* New York: John Wiley & Sons, Inc., 2003.

Fingar, Peter, Harsha Kumar and Tarun Sharma. *Enterprise E-Commerce.* Tampa, FL: Meghan-Kiffer Press, 2000.

George, Michael L. *Lean Six Sigma for Service: How to Use Lean Speed and Six Sigma Quality to Improve Services and Transactions.* New York: McGraw-Hill, Inc., 2003.

Hammer, Michael and James A. Champy. *Reengineering the Corporation: A Manifesto for Business Revolution.* New York: HarperBusiness, 2001.

Hodgetts, Richard M. *Measures of Quality and High Performance.* New York: AMACOM, 1998.

Imai, Masaaki. *Gemba Kaizen.* New York: McGraw-Hill, Inc., 1997.

Larson, Alan. *Demystifying Six Sigma: A Company-Wide Approach to Continuous Improvement.* AMACOM, 2003.

Merrill, Peter. *Do It Right the Second Time: Benchmarking Best Practices in the Quality Change Process.* Portland, OR: Productivity Press, 1997.

Pande, Pete and Larry Holpp. *What Is Six Sigma?* New York: McGraw-Hill, Inc., 2002.

Smith, Dick, Jerry Blakeslee and Richard Koonce. *Strategic Six Sigma: Best Practices From the Executive Suite.* New York: John Wiley & Sons, Inc., 2002.

64 COMPRENDRE LES AUTRES

Shallow understanding from people of good will is more frustrating than absolute misunderstanding from people of ill will.
– Martin Luther King

COMPÉTENCE NON MAÎTRISÉE

- ☐ Evalue mal les groupes
- ☐ A du mal à comprendre les autres, leurs motivations et leurs buts
- ☐ Ne sait pas prévoir leurs réactions dans certaines circonstances données
- ☐ A des préjugés et des idées toutes faites sur autrui
- ☐ Arrive à comprendre seulement ceux qui lui ressemblent et recherchent la même chose que lui
- ☐ Voit les personnes comme des individus seulement
- ☐ Ne comprend pas comment l'appartenance à un groupe affecte la manière de penser et d'agir des individus
- ☐ Préfère travailler avec une seule personne à la fois ; ne sait pas communiquer avec un groupe ni le motiver
- ☐ Semble être un solitaire, pas vraiment un participant bénévole à un groupe

Sélectionnez dans la liste ci-dessous une à trois compétences comme compétence de remplacement si vous décidez de ne pas travailler directement sur cette dernière.

SUBSTITUTS : 8,15,21,23,32,33,36,38,39,42,46,51,56

COMPÉTENCE MAÎTRISÉE

- ☐ Parvient à comprendre pourquoi les groupes agissent comme ils le font
- ☐ Saisit bien l'orientation prise par les groupes en terme de positions, d'intentions, de besoins; comprend ce à quoi les groupes attachent de l'importance et sait comment les motiver
- ☐ Peut prédire les réactions des groupes dans différentes situations

COMPÉTENCE UTILISÉE À L'EXCÈS

- ☐ Peut passer un temps excessif à essayer d'analyser ce qu'un groupe pourrait faire ou non
- ☐ Peut généraliser l'évaluation de son groupe aux individus, l'impression donnée par un groupe se reflétant sur les individus
- ☐ Peut dévaloriser une variété d'opinions
- ☐ Peut avoir des difficultés à traiter avec des individus lorsqu'il est en conflit avec le groupe auquel appartient cet individu
- ☐ Peut dépenser toute son énergie à essayer de comprendre et d'analyser les actions d'un groupe

Sélectionnez dans la liste ci-dessous une à trois compétences sur laquelle vous devrez travailler pour compenser son utilisation excessive.

COMPENSATEURS : 1,2,12,13,16,17,21,34,37,40,50,52,53,57,59

QUELQUES CAUSES

- ☐ Individualiste ; n'aime pas se joindre aux groupes et n'en a pas fait l'expérience
- ☐ Nie l'importance des groupes
- ☐ Ne reconnaît pas l'importance des groupes
- ☐ N'aime pas que les gens forment des groupes
- ☐ Ne comprend pas le fonctionnement des groupes
- ☐ Porte des jugements catégoriques sur les autres groupes
- ☐ A du mal à interagir avec d'autres fonctions et professions
- ☐ A une vision stéréotypée des groupes

FACTEURS ET GROUPES DU LEADERSHIP ARCHITECT®

Cette compétence se retrouve dans Compétences personnelles et interpersonnelles, facteur (VI). Cette compétence se retrouve dans Gérer des relations diverses, groupe (P) aux numéros : 4, 15, 21, 23, 42. Vous pouvez également consulter d'autres compétences dans le même facteur ou groupe pour trouver des conseils connexes.

LA CARTE

En sachant à quel(s) groupe(s) une personne appartient, vous pourrez mieux comprendre ses croyances et les principes sous-jacents et deviner comment elle pourrait réagir dans une situation donnée. Les membres d'un groupe peuvent partager en partie un certain nombre de croyances et de postulats à propos du monde, de leurs habitudes et de leurs pratiques. Qui s'assemble se ressemble; les gens partageant la même optique tendent à se regrouper, et les groupes inculquent aux nouveaux membres leurs us et coutumes.

QUELQUES SOLUTIONS

- ☐ **1. Pourquoi certaines personnes font-elles du bénévolat ou se joignent-elles à des associations ou des groupes de pression ?** S'il s'agit de bénévolat, d'un groupe d'intérêt commun, trois raisons justifient généralement cet engagement : 1) le groupe comble un besoin social ; 2) le groupe répond à un besoin d'appartenance, d'identification et fournit un appui émotif ; 3) le groupe aide certaines personnes à atteindre leurs objectifs personnels par un partage de l'information et l'entraide. Le groupe est plus fort que l'individu et son existence est reliée à un comportement inné au genre humain. S'isoler ne l'est pas. L'appartenance à un groupe bénévole a une importance exceptionnelle pour beaucoup d'entre nous, car cela définit des valeurs fondamentales. Les gens vont et viennent dans des groupes informels en fonction de leurs besoins et leurs intérêts du moment. Si ceux avec qui vous travaillez ou que vous dirigez vous parlent des associations dont ils font partie ou des groupements auxquels ils sont associés, cela vous aidera à mieux les comprendre et à les aider à obtenir de meilleurs résultats.

☐ **2. Pourquoi les groupes informels se constituent-ils ?** Généralement parce qu'ils ont un intérêt commun ou qu'ils sont confrontés à un défi, une menace ou veulent atteindre un objectif qu'un individu ne pourrait réussir tout seul. Les syndicats se sont créés pour faire face à des patrons oppressifs. Dans beaucoup de pays, des groupes d'action se sont formés face à l'intolérance. Les associations médicales se sont constituées pour établir des normes et protéger la profession vis-à-vis des charlatans et autres vendeurs de remèdes miracles. Des membres d'une minorité peuvent former un groupe de pression dans votre organisation s'ils se croient traités injustement ou limités dans leur avancement. Dans votre propre environnement, soyez particulièrement attentif à l'apparition de groupes ou de clans. Essayez de fouiller le passé pour déterminer les causes de leur origine. En ce qui vous concerne, faites-vous partie d'un groupe ? Et si oui, pourquoi l'avez-vous rejoint ?

☐ **3. Catégorisation de groupes.** Certains groupements constituent des communautés de fait, qui se créent naturellement, (selon les origines culturelles, de nationalités, etc.). D'autres individus se regroupent volontairement, par exemple des personnes au quotient intellectuel (QI) élevé (Mensa). Il existe un club pour les chauves. Par principe, l'individu est libre d'appartenir au groupe qu'il souhaite et de participer, ou non, à ses activités. Par contre, certains ont tendance à « stéréotyper » les gens lorsqu'ils sont membres de groupes très spécifiques, sans considération de l'adhésion ou non de ces personnes aux idées ou à la doctrine du groupe. Bien que cette catégorisation des individus à partir de groupes puisse vous aider parfois à mieux les comprendre, ne les classez pas en bloc. Assurez-vous qu'ils partagent les intérêts et les objectifs de la catégorie en question, avant d'en faire un paramètre d'évaluation.

☐ **4. D'autres regroupements existent dans les organisations et ils n'ont rien à voir avec des intérêts particuliers.** Il s'agit de groupes fonctionnels ou professionnels. Leur création vise à délimiter et à maintenir les frontières existant entre les différents groupes, par exemple entre le service de la comptabilité et le service commercial. Les regroupements formels ont des normes d'adhésion et leurs membres doivent respecter certaines règles. Ces associations encouragent le développement de savoir-faire spécialisés, aident à la réussite de leurs membres, les protègent contre les agressions externes et militent en faveur de lois favorables à la profession. Votre appartenance à ces groupes dépend de votre travail, de votre activité et de la méthode utilisée par votre organisation pour se structurer. Si votre travail change, si vous passez de la division « A » à la division « B », vous changerez de groupe dès que vous franchirez la frontière.

☐ **5. Devenez un anthropologue de la culture de groupe.** En observant les groupes, demandez-vous ce qui les dérange, ce qui les intéresse, ce qu'ils essaient d'accomplir ensemble, ce qui les fait sourire. Quelles habitudes ou quels comportements partagent-ils ? Peut-être n'aiment-ils pas que vous vous teniez si proche d'eux ? Que vous entriez tout de suite dans le vif du sujet ? Préfèrent-ils tutoyer ou avoir une attitude formelle ? Savez-vous comment réagir si un administrateur japonais vous présente sa carte de visite ? Pourquoi leurs cartes sont-elles bilingues et les vôtres non ? Savez-vous quelles blagues vous pouvez, ou non, raconter ? Quelles sont les opinions des autres sur vous, votre groupe ou vos groupes ? Est-ce positif ? Neutre ? Négatif ? Quelles relations y a-t-il eu entre leur groupe et le vôtre ? Est-ce un premier contact ou une relation suivie de longue date ? Ne faites pas de gaffes ; rien ne peut vous discréditer plus vite que de faire peu de cas, voire de mépriser, un groupe ou ses normes, ou encore de n'avoir aucune idée de la façon dont il considère votre propre groupe. Demandez à ceux qui ont souvent eu affaire à ce groupe de vous orienter. Si ce groupe est très important pour vous et vos affaires, renseignez-vous auparavant sur lui. *Besoin d'aide supplémentaire ? Reportez-vous à la fiche n° 21 : Gérer la diversité.*

☐ **6. Soyez sincère envers vous-même.** Y a-t-il un ou des groupes que vous n'aimez pas ou qui vous gênent ? Jugez-vous certains membres individuels du groupe en fonction de préjugés dont vous ne savez même pas s'ils correspondent à la réalité ? Nous le faisons tous. Évitez de répartir les groupes en bons et méchants. Nous les classons souvent comme amicaux ou hostiles et, bien évidemment, nous nous adressons rarement à ces derniers et nous mettons en doute leurs motivations. Ne généralisez pas à partir d'un individu. Une personne peut appartenir à un groupe pour diverses raisons sans pour autant correspondre à un stéréotype. Tous les comptables ne sont pas des introvertis à l'affût des détails. Utilisez la bonne vieille méthode : mettez-vous à la place de l'autre. Pourquoi agiriez-vous ainsi ? Que pensez-vous qu'ils essaient d'obtenir ? Supposez qu'ils ont une démarche rationnelle. S'ils l'utilisent c'est qu'elle a déjà fonctionné. Faites ressortir les comportements et les motifs de la façon la plus neutre possible. Écoutez toujours pour comprendre avant de juger. Si vous devez être en contact avec un groupe dont vous vous méfiez, soyez sur vos gardes et adoptez l'attitude qui s'impose.

☐ **7. Les rôles joués à l'intérieur des groupes.** Tous les groupes partagent un ensemble de caractéristiques communes et nécessaires à leur constitution. Cependant, ils ne constituent pas des ensembles uniformes. Bien des erreurs dans la négociation entre groupes viennent d'une mauvaise évaluation de leurs membres et de leur rôle dans le groupe. Belbin a développé une typologie couramment acceptée de huit rôles différents tenus dans un groupe. Vous devez les connaître car vous saurez ainsi à qui vous adresser suivant la tournure des événements :

- **Le Chef.** Coordonne les efforts du groupe en établissant les priorités et le cheminement. On se tourne vers lui lorsque les difficultés apparaissent.
- **Le Gérant.** Met l'accent sur le processus pour atteindre les objectifs du groupe.
- **L'Innovateur.** Met en avant ce qui est nouveau, remet en question ce qui est connu.
- **L'Évaluateur.** Analyse et décortique les problèmes pour le groupe.
- **Le Finisseur.** S'occupe des délais, des obligations et des urgences.
- **L'Organisateur.** Transforme les plans en procédures et prépare l'échéancier.
- **Le Négociateur interne.** Maintient les rapports internes et entretient l'esprit d'équipe.
- **Le Négociateur externe.** Recherche à l'extérieur les ressources, les idées, les contacts d'affaires.

De plus, il y a des sentinelles qui protègent et surveillent les entrées, des clowns qui savent détendre l'atmosphère, des adeptes de la synergie qui font fonctionner ensemble des choses disparates, des gardiens de la loi qui s'assurent que tout le monde observe le règlement, etc. Donc, il ne suffit pas seulement de savoir à quel(s) groupe(s) une personne appartient, vous devez savoir également quel(s) rôle(s) cette personne joue à l'intérieur du groupe. Habituellement chaque personne ne joue qu'un seul rôle. Sauf si le groupe est très petit ou très hiérarchisé, vous faites toujours mieux de vous adresser à la personne la plus concernée par votre problème, ou de demander qui cet interlocuteur peut être. Utiliser la puissance du groupe. Vous aurez peu de succès à motiver les membres d'un groupe en leur demandant quelque chose qui les forcerait à aller à l'encontre des raisons principales qui les font participer à ce groupe. Votre meilleure tactique est de plaire à la personne dont le rôle est précisément celui qui vous intéresse, et lui permet d'exercer son pouvoir ou son influence. Quel(s) rôle(s) jouez-vous habituellement ?

☐ **8. Travailler avec des groupes.** Pour travailler efficacement avec des groupes, il faut établir une forme de réciprocité. Les relations interpersonnelles ne durent pas sauf si chacun y apporte sa contribution. Découvrez ce dont chacun a besoin dans le groupe, et dites-leur ce dont vous avez besoin. Trouvez un bon compromis. Si un groupe profite de la relation, habituellement l'autre groupe finira par devenir réticent à coopérer et regimbera. Apprenez leurs catégories conceptuelles. Ceux qui finissent par devenir des cadres supérieurs qui réussissent, parlent souvent de la première fois où ils ont eu à faire avec une autre fonction. La tâche la plus commune pour une personne du marketing travaillant avec une personne des finances pour la première fois est de lui montrer un projet en cours et lui demander de l'analyser. Quelles questions vont-ils poser ? Quels sont leurs nombres-clefs et pourquoi ? Quels étaient les quatre ou cinq facteurs qu'ils regardaient ? Efforcez-vous de parler leur langage. Parler leur langage rend plus facile la conversation avec vous tout en montrant que vous les respectez. Parlez-leur de vos catégories conceptuelles. Pour travailler avec vous, ils ont aussi besoin de savoir comment vous pensez et pourquoi. Comme pour le conseil précédent, faites-leur part de votre point de vue – les questions que vous posez, les facteurs qui vous intéressent. Si vous ne pouvez pas expliquer votre mode de pensée, ils ne sauront pas comment travailler avec vous efficacement.

☐ **9. Évitez les solutions trop rapides et les positions extrêmes.** Dans les cas où la réponse est probablement évidente pour vous, ou est parfaitement cohérente pour quelqu'un de votre secteur, il se peut qu'elle n'ait aucune signification, ou qu'elle soit même choquante pour une personne d'une autre fonction. Présentez clairement votre mode de pensée, expliquez les alternatives, et laissez-les dans la liste des possibilités. Puis invitez les autres à donner leur point de vue. Si vous donnez les solutions, vous les encouragerez à vous répondre selon vos propres termes. Vous n'apprendrez jamais à les comprendre.

☐ **10. Comment parvenir à faire travailler les groupes ensemble.** Le principe est de trouver les points communs, réduire les différences qui gêneront et amplifier celles dont l'apport sera positif lors de la création d'une coopération entre groupes. Même les groupes apparemment très divergents ont quelque chose en commun. Annoncez que vous souhaiteriez voir tout d'abord les points sur lesquels deux groupes pourraient provisoirement être d'accord. Inscrivez ceux-ci sur un tableau noir ou de conférence. Puis indiquez les différences qui apparaissent plutôt radicales et les différences réelles. Prenez chaque différence et traitez-la comme une valeur ajoutée – nous pouvons faire ceci alors que vous ne pouvez pas, ou vous pouvez faire des choses pour lesquelles nous ne sommes pas compétents, ou qui compliqueraient le processus. Utilisez les différences qui apportent une valeur ajoutée et proposez un plan pour réduire les différences qui risquent de poser problème. En fonction des points communs et des différences apportant de la valeur ajoutée, établissez un état d'esprit commun permettant à ces groupes de travailler ensemble plus efficacement. *Besoin d'aide supplémentaire ? Reportez-vous à la fiche n° 12 : Savoir gérer les conflits.*

...Members of a powerful group are raised to believe (however illogically) that whatever affects it will also affect them. On the other hand, members of less powerful groups are raised to believe (however illogically) that each individual can escape the group's fate. Thus, cohesion is encouraged on the one hand, and disunity is fostered on the other.
– Gloria Steinem

LECTURES CONSEILLÉES

Ashkenas, Ronald N. (Ed.), Dave Ulrich, Todd Jick, Steve Kerr and Lawrence A. Bossidy. *The Boundaryless Organization: Breaking the Chains of Organization Structure, Revised and Updated.* New York: John Wiley & Sons, Inc., 2002.

Belbin, R. Meredith. *Management Teams.* Boston: Butterworth-Heinemann, 2004.

Beyerlein, Michael M. et al. *Beyond Teams: Building the Collaborative Organization*. San Francisco: Jossey-Bass, Inc., 2002.

Cohen, Don and Laurence Prusak. *In Good Company: How Social Capital Makes Organizations Work*. Boston: Harvard Business School Press, 2001.

Deresky, Helen. *International Management: Strategic and Interpersonal.* Upper Saddle River, NJ: Prentice Hall, 2002.

Greenhalgh, Leonard. *Managing Strategic Relationships: The Key to Business Success*. New York: The Free Press, 2001.

Hesselbein, Frances, Marshall Goldsmith, Richard Beckhard and Richard F. Schubert (The Drucker Foundation). *The Community of the Future*. San Francisco: Jossey-Bass, Inc., 1998.

Hunter, Dale, Anne Baile and Bill Taylor. *The Zen of Groups: A Handbook for People Meeting With a Purpose*. Tucson, AZ: Fisher Books, 1995.

Kiser, A. Glenn. *Masterful Facilitation: Becoming a Catalyst for Meaningful Change*. New York: AMACOM, 1998.

Lancaster, Lynne C., David Stillman and Harvey MacKay. *When Generations Collide: Who They Are. Why They Clash. How to Solve the Generational Puzzle at Work*. New York: HarperCollins, 2002.

Lawrence, Paul R. and Nitin Nohria. *Driven: How Human Nature Shapes Our Choices*. San Francisco: Jossey-Bass, Inc., 2002.

Maister, David H. *Practice What You Preach: What Managers Must Do to Create a High-Achievement Culture*. New York: The Free Press, 2001.

Middleton, Dewight R. *The Challenge of Human Diversity: Mirrors, Bridges, and Chasms*. Prospect Heights, IL: Waveland Press, 2002.

Miller, Frederick A. and Judith H. Katz. *The Inclusion Breakthrough*. San Francisco: Berrett-Koehler Publishers, Inc., 2002.

Smith, Kenwyn K. and David N. Berg. *Paradoxes of Group Life*. San Francisco: Jossey-Bass, Inc., 1997.

65 SAVOIR COMMUNIQUER LA VISION DES BUTS PRINCIPAUX

Facteur VI : Compétences personnelles et interpersonnelles Groupe Q : Inspirer les autres VI – Q

Where there is no vision, the people perish.
– Proverbs 29:18

COMPÉTENCE NON MAÎTRISÉE

- ☐ Ne sait pas communiquer ni créer l'adhésion autour d'une vision
- ☐ N'est pas un orateur éloquent
- ☐ Ne sait pas se servir de mots forts ou formules convaincantes
- ☐ N'aime pas beaucoup se livrer à des spéculations sur l'avenir
- ☐ N'a pas le charisme ni la passion voulus pour susciter des élans d'enthousiasme
- ☐ N'arrive pas à simplifier pour faire comprendre des stratégies complexes
- ☐ Ne sait pas comment on provoque le changement
- ☐ Agit comme s'il ne croyait pas vraiment à la vision exprimée
- ☐ Est plus à l'aise dans les tactiques d'action immédiates

Sélectionnez dans la liste ci-dessous une à trois compétences comme compétence de remplacement si vous décidez de ne pas travailler directement sur cette dernière.

SUBSTITUTS : 5,9,15,24,28,36,46,49,59,60,63

COMPÉTENCE MAÎTRISÉE

- ☐ Sait communiquer une vision attrayante des buts essentiels de l'entreprise
- ☐ Est capable de dépasser le présent
- ☐ Sait discerner les différentes voies possibles
- ☐ Est optimiste
- ☐ Sait créer des événements marquants et symboliques pour susciter l'adhésion à l'objectif ultime
- ☐ Fait en sorte que la vision soit partagée
- ☐ Est capable de stimuler et de motiver des unités ou des organisations entières

COMPÉTENCE UTILISÉE À L'EXCÈS

- ☐ Peut être trop en avance par rapport aux autres et se heurter à des résistances
- ☐ Semble manquer de patience avec ceux qui ne comprennent pas et ne partagent pas sa vision et son objectif
- ☐ Semble manquer de la minutie et de l'attention nécessaires aux tâches administratives routinières
- ☐ Semble manquer de suivi dans les tâches quotidiennes

Sélectionnez dans la liste ci-dessous une à trois compétences sur laquelle vous devrez travailler pour compenser son utilisation excessive.

COMPENSATEURS : 3,5,24,27,33,35,41,52,64,67

NOTE : Cette compétence aborde la communication et la mise en œuvre d'une vision existante ; en ce qui a trait à la conception d'une vision, voir la fiche n° 58 Faire preuve de qualités stratégiques.

QUELQUES CAUSES

- ☐ Ne sait pas composer des messages simples
- ☐ Ne sait pas gérer les conflits
- ☐ Ne comprend pas le changement
- ☐ Ne prêche pas par l'exemple
- ☐ Manque d'engagement
- ☐ Mauvais présentateur
- ☐ Parle trop longtemps

FACTEURS ET GROUPES DU LEADERSHIP ARCHITECT®

Cette compétence se retrouve dans Compétences personnelles et interpersonnelles, facteur (VI). Cette compétence se retrouve dans Inspirer les autres, groupe (Q) aux numéros : 36, 37, 60. Vous pouvez également consulter d'autres compétences dans le même facteur ou groupe pour trouver des conseils connexes.

LA CARTE

De nombreuses recherches ont démontré que les organisations possédant des missions et des visions claires et motivantes réussissent mieux dans leur domaine. Une mission et une vision claire motivent les gens et leur montrent comment gérer leur temps et faire des choix. Quoique la vision, la mission et la stratégie soient très importantes, il est bien plus essentiel de les communiquer et de les gérer clairement.

QUELQUES SOLUTIONS

☐ **1. La symbolique du message.** C.K. Prahalad, un des meilleurs consultants en stratégie, affirme qu'un énoncé définissant une mission à accomplir, doit pouvoir être présenté et expliqué clairement à l'auditoire en moins de trois minutes. L'exposé de la mission doit être simple, clair et stimuler l'imagination. Il doit permettre à chacun d'identifier la tâche qui lui sera impartie et le temps qu'il faudra y consacrer. Il doit indiquer aussi les points critiques du projet et préciser ce qui sera bénéfique pour l'organisation et ce qui ne le sera pas. Créez un symbole simple, évident, sous une forme visuelle ou sous la forme d'un slogan pour donner vie au sujet. « La qualité passe en premier » de Ford faisait passer un message clair. « Le client a toujours raison » de Nordstrom indique aux employés comment ils devraient faire leur travail. Bien que le document décrivant la mission soit souvent plus long, le message doit être préparé avec soin, afin de faire ressortir clairement l'idée centrale. *Besoin d'aide supplémentaire ? Reportez-vous à la fiche n° 27 : Savoir informer.*

☐ **2. Vision partagée.** La puissance du message réside dans la capacité à faire en sorte que chaque personne de l'organisation ait le sentiment de participer à une mission exaltante et stimulante. Transmettez une vision partagée par tous.

Imaginez les avantages du changement une fois implanté et efforcez-vous de décrire souvent les résultats – de dépeindre l'avenir. Aidez les gens à apprécier leur degré de participation en concevant des systèmes de repérage clairs et simples, tels des histogrammes. Soyez bref. Personne n'aime les instructions interminables ou les objectifs ambigus. Le message sur la vision et le but doit porter davantage sur la destination que sur la façon d'y parvenir. Visez la réussite.

☐ **3. Adaptez le management.** Une nouvelle vision de l'organisation et les missions qui l'accompagnent impliquent, dans la plupart des cas, un changement significatif par rapport au passé. C'est un message de ralliement pour donner les motivations nécessaires pour se libérer de la routine. Cela exige que les gens pensent, parlent et agissent différemment. Pour cette raison et malgré l'exaltation, on ressentira de l'appréhension, de l'anxiété et la peur de l'inconnu. Tous les principes de gestion des changements s'appliquent à la communication d'une nouvelle mission. Attendez-vous à des difficultés et acceptez que 20 à 40 % du temps soit consacré à la mise au point, à la résolution d'erreurs et à comprendre ce qui n'a pas fonctionné. Considérez chaque difficulté comme une occasion d'apprendre – analysez les difficultés pour apprendre de vos erreurs. Sans paraître fuir les questions, présentez les difficultés comme un travail en cours et sujet à amélioration. Faites les changements de façon aussi visible que possible. Il a été clairement démontré que l'on travaille davantage et de façon plus efficace lorsqu'on nous laisse le choix sur la façon d'atteindre les buts et les objectifs. Encouragez les critiques et l'expérimentation, parlez à ceux qui ont géré des changements avec succès. *Besoin d'aide supplémentaire ? Reportez-vous à la fiche n° 28 : Gérer l'innovation.*

☐ **4. Parlez vrai.** Souvent les employés retiennent plus facilement ce que vous faites que ce que vous dites. La principale cause d'échec des efforts de changement provient du fait que le messager n'agit pas en phase avec la nouvelle vision et la mission définie. Les mots peuvent être percutants mais les actions parlent plus forts. Si vous voulez être crédible, assurez-vous d'avoir intégré cette nouvelle approche de pensée et de comportement dans votre répertoire. Autrement, tout s'envolera avec l'écho de vos paroles. *Besoin d'aide supplémentaire ? Reportez-vous à la fiche n° 22 : Respecter l'éthique et les valeurs.*

☐ **5. Adaptez-vous à l'auditoire.** Apprenez à vous accorder à votre auditoire. Malheureusement, le même discours sur la vision et la mission ne sera pas interprété de la même façon par différents auditoires. Vous aurez souvent à modifier le ton, la vitesse, le style et même le message et la façon de l'exprimer. Si vous devez faire une conférence sur la mission de l'entreprise ou transmettre un même message à des auditoires variés, demandez-vous toujours en quoi ces derniers diffèrent. Les syndicats ? Les patrons ? Les employés ? Sont-ils encore marqués par l'échec d'une précédente mission ? Avez-vous affaire à une équipe fusionnée ? Ajustez-vous en conséquence. *Besoin d'aide supplémentaire ? Reportez-vous à la fiche n° 15 : Être orienté vers le client.*

☐ **6. Faites rêver votre auditoire.** Les missions et la vision doivent motiver. Ne menacez pas. Ne mentionnez pas qu'il s'agit de la dernière chance. Ne revenez pas sur les erreurs du passé. Les visions sont optimistes, elles donnent de l'inspiration : elles portent sur les potentiels, sur un meilleur positionnement dans le marché. Donnez une image positive : « On en est capable ». Il faut soulever un nuage de poussière magique. Vous devez réaliser une performance. Vous devez entraîner les gens vers votre vision. *Besoin d'aide supplémentaire ? Reportez-vous aux fiches n° 49 : Maîtriser la communication orale et à la fiche n° 36 : Savoir motiver.* Faites toujours une répétition. Faites un essai avec un groupe avant d'aller au-devant du public. Revoyez votre performance sur vidéo et mettez-vous à la place de l'auditoire : comprendriez-vous le message ? Et vous sentiriez-vous motivé ?

☐ **7. Les détracteurs et ceux qui résistent.** Il y aura toujours ceux « qui n'achètent pas », ceux « qui ont déjà vu ça ailleurs » et ceux « qui n'ont jamais vu ce genre de chose réussir ». Ils peuvent rester silencieux ou vous apostropher en public. Avant de communiquer la mission et votre vision, pensez aux dix critiques les plus susceptibles d'être formulées. « Qu'est-il arrivé de la toute nouvelle mission de l'année dernière qui a déjà été abandonnée ? », « Je ne crois pas que ça va marcher. Nos clients n'en voudront pas ». Soyez préparé pour les critiques les plus probables. Répétez mentalement comment vous répondriez aux questions. Écoutez patiemment les inquiétudes s'exprimer, respectez les sentiments tout en mettant l'emphase sur la nécessité du changement envisagé. Combattez les positions et non les personnes. Montrez-vous patient envers les récalcitrants, faites preuve de doigté. Rappelez-vous que vous n'étiez pas vous-mêmes entièrement convaincu lors de l'élaboration de cette vision. Demandez des suggestions d'alternatives pour atteindre le même but. À la fin, remerciez vos interlocuteurs pour leur temps et leurs suggestions, tout en faisant remarquer que « le train part ». Plus rarement, il peut vous arriver de devoir prendre une personne à part et de lui dire « Je comprends toutes vos inquiétudes et j'ai essayé d'y répondre, mais le train se met en marche. Montez-vous à bord ou non ? » *Besoin d'aide supplémentaire ? Reportez-vous à la fiche n° 12 : Savoir gérer les conflits.*

☐ **8. Gérer la vision et la mission ressemble beaucoup à la vente.** Vous possédez un produit que d'autres désireraient acheter s'ils le connaissaient. Chaque client est différent. Quels caractéristiques et bénéfices recherchent-ils ? Combien seront-ils prêts à payer en termes de temps et d'engagement ? Quelles objections pourraient-ils présenter ? Comment y répondrez-vous ? Comment demanderez-vous la commande ?

☐ **9. La véritable nature des visions et missions, c'est que ce sont des spéculations sur le futur.** Pour savoir communiquer avec force une vision et des objectifs, il faut avoir la capacité de parler du futur et de l'avenir en général. Le devenir de l'industrie et du marché. Le devenir de cette organisation. Le futur est une série de « si.. ». Et s'il y avait de la vie sur les autres planètes ? Auront-elles besoin de nos produits ? La fusion nucléaire sera-t-elle possible ? Quel impact aura sur nous une énergie meilleur marché ? Quand plus de 50 % de la richesse du pays sera entre les mains des « baby boomers » à la retraite, cela changera-t-il quelque chose à notre façon de faire ? Le parti des « verts » nous apportera-t-il de nouveaux marchés ? Pour améliorer vos prévisions sur le futur, vous devez lire beaucoup, surtout sur les sujets hors de votre domaine. Lisez des revues comme *THE FUTURIST* le journal de la « World Future Society » qui traitent de ces sujets. Essayez d'assister à une assemblésae, une fois par an, pour écouter les prédictions des futurologues. *Besoin d'aide supplémentaire ? Reportez-vous à la fiche n° 46 : Faire preuve de perspective.*

☐ **10. Opposition et loyauté.** La plupart du temps, vous serez appelé à communiquer la vision d'une autre personne sur le futur. La haute direction, aidée d'un consultant, a élaboré elle-même une vision, une mission et une stratégie. On peut vous avoir, ou non, demandé votre avis. Vous pouvez avoir des doutes sur la question. Votre rôle est de gérer cette mission, même si ce n'est pas la vôtre. Ne faites pas à l'auditoire des déclarations conditionnelles du genre : « Moi-même, j'ai des doutes ». Ne laissez pas paraître que vous n'êtes pas tout à fait convaincu. Votre travail consiste à livrer et gérer le message. Bien qu'il soit normal d'éprouver des doutes lors des changements, il n'est pas souhaitable de les admettre lorsque ce changement est en cours. Si vous avez de meilleures idées, acheminez-les aux personnes qui dirigent les missions dans votre organisation. *Besoin d'aide supplémentaire ? Reportez-vous à la fiche n° 22 : Respecter l'éthique et les valeurs.*

The final test of a leader is that he leaves behind him
in other men the conviction and the will to carry on.
– Walter Lippman

LECTURES CONSEILLÉES

Adair, John. *The Inspirational Leader*. London: Kogan Page, 2003.

Bacon, Terry R. and David G. Pugh. *Winning Behavior: What the Smartest, Most Successful Companies Do Differently*. New York: AMACOM, 2003.

Black, J. Stewart and Hal B. Gregersen. *Leading Strategic Change: Breaking Through the Brain Barrier.* Upper Saddle River, NJ: Financial Times/Prentice Hall, 2002.

Bossidy, Larry, Ram Charan and Charles Burck (Contributor). *Execution: The Discipline of Getting Things Done.* New York: Crown Business Publishing, 2002.

Chajet, Clive and Tom Shachtman. *Image by Design.* New York: Addison-Wesley Publishing Company, 1991.

Collins, James C. and Jerry I. Porras. *Built to Last.* New York: HarperBusiness, 2002.

Davidson, Hugh. *The Committed Enterprise: How to Make Vision and Values Work.* Boston: Butterworth-Heinemann, 2002.

The Futurist Magazine. http://www.wfs.org

Hamel, Gary. *Leading the Revolution.* Boston: Harvard Business School Press, 2000.

Kotter, John P. and Dan S. Cohen. *The Heart of Change: Real-Life Stories of How People Change Their Organizations.* Boston: Harvard Business School Press, 2002.

Price Waterhouse Change Integration Team. *Better Change.* Burr Ridge, IL: Irwin Professional Publishing, 1995.

Reed, Peter J. *Extraordinary Leadership: Creating Strategies for Change.* London: Kogan Page, 2001.

Schwartz, Peter. *The Art of the Long View.* New York: Doubleday, 1991.

Tellis, Gerard J. and Peter N. Golder. *Will and Vision.* New York: McGraw-Hill Trade, 2001.

Thornton, Paul B. *Be the Leader, Make the Difference.* Irvine, CA: Griffin Trade Paperback, 2002.

Welch, Jack and John A. Byrne. *Straight From the Gut.* New York: Warner Books, 2002.

66 ÉQUILIBRER LE TRAVAIL ET LA VIE PRIVÉE

Knowing when not to work is as important as knowing when to.
– Harvey MacKay

COMPÉTENCE NON MAÎTRISÉE

- ☐ N'a pas trouvé le bon équilibre entre sa vie professionnelle et sa vie privée
- ☐ Privilégie l'une au détriment de l'autre
- ☐ Donne trop de place à son travail
- ☐ Ne sait pas se détendre ou s'ennuie lorsqu'il ne travaille pas
- ☐ Gère mal son temps et ne fixe pas de priorités, peut se contenter d'agir par réaction
- ☐ N'arrive pas à faire totalement abstraction d'une partie de sa vie pour se consacrer pleinement à l'autre
- ☐ Ne sait pas gérer de front plusieurs priorités, à la fois personnelles et professionnelles
- ☐ Répercute d'un côté les problèmes qu'il a de l'autre
- ☐ Semble capable de gérer uniquement l'un ou l'autre, mais pas les deux

Sélectionnez dans la liste ci-dessous une à trois compétences comme compétence de remplacement si vous décidez de ne pas travailler directement sur cette dernière.

SUBSTITUTS : 1,39,45,47,50,54,55,62

COMPÉTENCE MAÎTRISÉE

- ☐ Sait maintenir l'équilibre entre vie professionnelle et vie privée de façon à ne pas pénaliser l'une ou l'autre
- ☐ Ne sacrifie pas l'un ou l'autre aspect de sa vie
- ☐ Est capable de faire la part des choses
- ☐ Obtient la qualité de vie privée et professionnelle à laquelle il aspire

COMPÉTENCE UTILISÉE À L'EXCÈS

- ☐ Peut manquer de flexibilité lorsque des changements importants se produisent dans son travail ou sa vie privée
- ☐ Semble refuser d'ajuster un aspect de sa vie au détriment de l'autre
- ☐ Semble privilégier l'équilibre à un malaise temporaire
- ☐ Semble essayer d'imposer aux autres son point de vue sur la notion d'équilibre

Sélectionnez dans la liste ci-dessous une à trois compétences sur laquelle vous devrez travailler pour compenser son utilisation excessive.

COMPENSATEURS : 2,6,11,12,17,22,23,32,40,45,46,50,54,55

QUELQUES CAUSES

- ☐ S'inquiète beaucoup
- ☐ Ne sait pas se détendre
- ☐ Tout ce qui se situe en dehors du travail ne le passionne pas
- ☐ A trop d'ambition personnelle
- ☐ Ne sait pas établir des priorités
- ☐ Savoir gérer son temps
- ☐ Trop intense
- ☐ Bourreau de travail

FACTEURS ET GROUPES DU LEADERSHIP ARCHITECT®

Cette compétence se retrouve dans Compétences personnelles et interpersonnelles , facteur (VI). Cette compétence se retrouve dans Trouver l'équilibre entre la vie professionnelle et la vie privée, groupe (U). Vous pouvez également consulter d'autres compétences dans le même facteur ou groupe pour trouver des conseils connexes.

LA CARTE

Les recherches sur le bien-être démontrent que les personnes les plus équilibrées sont généralement celles qui sont le plus occupées dans la vie et au travail. Les gens qui sont moins occupés et disposent de plus de temps libre ne sont pas les seuls à trouver un équilibre. C'est lorsqu'ils ne sont pas à leur travail que les gens ont le plus de difficulté à équilibrer leur vie. Avec les vagues de réduction d'effectifs, les inquiétudes à propos des licenciements et les semaines de travail de 60 heures, beaucoup de gens se sentent trop épuisés pour faire autre chose que de recharger leurs batteries lorsqu'ils ne travaillent pas. Néanmoins, la frustration et le sentiment d'une vie unidimensionnelle ne sont souvent que le résultat d'un manque d'équilibre dans la vie. Ceux qui travaillent à temps plein tout en prenant soin de leur famille et de leur maison ressentent particulièrement cette pression.

QUELQUES SOLUTIONS

- ☐ **1. Vous avez tous vos œufs dans le même panier ?** Ne limitez pas votre vie au travail. Ceci a constitué la découverte majeure d'une étude sur le stress effectuée dans la firme AT&T et portant sur des femmes et des hommes bons travailleurs et efficaces : les personnes les mieux adaptées s'efforçaient d'organiser autant d'occupations hors travail que d'activités associées à leur travail. Sinon, il faut bien constater que le travail accapare tout. Les personnes ayant une double responsabilité (tâches familiales et travail à plein temps) doivent utiliser encore davantage chez eux leur talent d'organisateur. Qu'est-ce qui assure le succès de votre vie au travail ? Groupez les tâches, rassemblez les activités similaires, déléguez des tâches ou regroupez-vous avec vos collègues, vos voisins, pour partager certaines tâches. Payez pour les services qui ne sont pas essentiels à vos objectifs familiaux. Organisez et gérez efficacement. Ayez un échéancier. Planifiez en fonction de vos objectifs personnels. En un mot : utilisez vos talents professionnels hors des limites de votre bureau.

☐ **2. L'équilibre dans ce domaine n'a rien à voir avec la notion du 50/50 ou la notion de temps.** Il s'agit de la manière dont nous utilisons le temps dont nous disposons. Ce qui ne signifie pas que pour toute heure de travail vous devez avoir une heure hors du bureau. Il vous faut trouver l'équilibre qui vous convient le mieux. Est-ce quelques heures par semaine sans les soucis du travail ? Est-ce quatre pauses par jour ? Un peu de solitude avant de se coucher ? Jouer plus souvent avec vos enfants ? Est-ce avoir une conversation sérieuse avec votre conjoint (partenaire) chaque jour (plutôt que du type « As-tu pensé à payer les factures ? »). Êtes-vous intéressé par les activités communautaires, sociales ou sportives ? Mettez-les à votre programme ; faites-leur une place dans votre vie. Discutez-en avec votre conjoint ; n'acceptez pas votre routine actuelle, définissez les nouveaux paramètres de votre propre équilibre, dans lesquels vous inclurez votre conjoint, vos amis ou votre famille.

☐ **3. Il faut distinguer le temps qui passe et votre temps à vous, le temps qui vous appartient.** Des personnes très occupées apprennent à vivre au présent, sans pour autant se laisser envahir en permanence par les problèmes en suspens ou les délais à respecter. Quand vous n'avez qu'une heure pour lire ou jouer avec les enfants, faire du tennis ou simplement coudre, consacrez-vous totalement à cette activité. Amusez-vous. De toute façon, vous ne résoudrez aucun problème durant ces soixante minutes. Entraînez votre esprit à demeurer là où vous êtes, avec vous. Vivez le moment présent.

☐ **4. Donnez-vous des échéances, des urgences et des activités à faire hors du travail.** Une bonne tactique est d'utiliser vos talents professionnels en dehors du travail. Si vous êtes un organisateur, organisez quelque chose. Si vous êtes très sociable, organisez des rencontres sociales. Si vous aimez la compétition, organisez des matchs. Bien que ceci soit logique, AT&T a découvert que les personnes ayant peu d'activités personnelles n'utilisaient pas leurs compétences professionnelles hors du travail. Ils les laissaient au bureau.

☐ **5. Quand dites-vous « NON » ?** Si vous ne le dites jamais, il y a des chances pour que vous soyez frustré dans tous les domaines de votre vie. Une partie de la solution consiste à quitter des activités qui, en soi, sont probablement importantes. À quoi vous accrochez-vous ? Au bureau, pourquoi ne refusez-vous pas des activités qui ne sont pas prioritaires ? À quel moment devenez-vous une victime ? Si, au début, vous irritez vos collègues en disant non, dites-vous que c'est le prix à payer. Toutefois, vous pouvez atténuer l'effet négatif en expliquant vos intentions. La plupart des gens ne vous en voudront pas si vous dites que vous allez chercher votre enfant ou que vous entraînez une équipe de basket-ball ou encore que vous ne pouvez contribuer à un projet parce que votre service doit respecter une échéance majeure. Donnez des raisons qui ne dévaloriseront pas l'activité à laquelle vous refusez de participer. Ce n'est pas parce que cette activité est moins importante, c'est simplement parce qu'il y a des choses sur lesquelles vous ne pouvez pas faire de concessions.

☐ **6. Ayez une vie excitante hors du bureau.** La plupart d'entre nous fuyons le stress en dehors du travail et, en cherchant le confort, nous finissons par nous ennuyer. Quelles sont les trois choses les plus stimulantes que vous ou votre famille pourriez faire ? Le travail sera toujours stimulant ou, en tout cas, plein d'activités. Combattre cette surcharge stimulante signifie trouver quelque chose qui puisse vous passionner pendant votre temps libre.

☐ **7. Si vous ne pouvez vous relaxer au sortir du bureau, donnez-vous des pauses ou des limites à ne pas franchir.** Une bonne chose avec le cerveau humain c'est qu'il s'adapte constamment au changement. Signalez-lui simplement que le travail est terminé : mettez de la musique dans votre voiture, jouez immédiatement avec les enfants, marchez, nagez durant vingt minutes, etc. ; vous donnerez ainsi à votre cerveau une indication claire et répétitive de la pause. Dirigez votre énergie sur votre état présent. Au travail, inquiétez-vous des choses du travail et non des choses de votre vie. Quand vous quittez le travail, réfléchissez aux choses de la vie et laissez le travail au bureau. Réservez-vous une période de temps chaque semaine pour penser à vos finances et à d'autres soucis. Essayez de circonscrire vos inquiétudes dans une période de temps bien définie où la réflexion sera plus efficace.

☐ **8. Si vos soucis professionnels vous suivent** (vous êtes depuis trois jours en vacances et vous ne parvenez pas à oublier le travail), notez vos préoccupations (généralement des problèmes non résolus). Écrivez tout ce à quoi vous pensez. N'essayez pas de faire des phrases complètes – ne faites qu'écrire. Vous constaterez qu'il est difficile de remplir plus d'une page et qu'il n'y figurera probablement que trois sujets : les problèmes de travail, les problèmes avec le personnel et une liste de choses à faire. Notez toutes les idées qui vous viennent pour les régler. Ceci devrait normalement bloquer votre anxiété qui ne provient que d'une remémoration de problèmes non résolus. Mais comme nous sommes les esclaves de nos habitudes, l'anxiété reviendra. Dites-vous alors (même si cela vous paraît idiot) « J'ai fait tout ce que j'ai pu sur ce sujet » ou « C'est vrai, je me souviens, je le ferai plus tard ». Cette tactique fonctionne, même quand on n'est pas en vacances.

☐ **9. Si vous aimez le travail et que vous soyez réellement un heureux drogué du travail, essayez le quatrième conseil.** Si cela ne fonctionne pas, essayez de vous imaginer dans vingt ans. Trouvez trois personnes qui vous ressemblent mais en les vieillissant de vingt ans. Sont-elles heureuses ? Comment est leur vie privée ? Des problèmes de stress ou de dépression ? Si vous êtes satisfait de cet état, protégez-vous avec le septième conseil. Si vous ne faites rien pour vous revitaliser, votre efficacité en souffrira ou vous risquez de finir par « craquer ».

☐ **10. Parlez à des personnes qui s'intéressent à vous, qui vous acceptent tel que vous êtes et avec lesquelles vous pouvez être tout à fait sincère.** Que désirent-elles pour vous ? Demandez-leur comment elles modifieraient votre équilibre présent.

I arise each morning torn between a desire to save the world and a desire to savor the world. That makes it hard to plan the day.
– E.B. White

LECTURES CONSEILLÉES

Cohen, Don and Laurence Prusak. *In Good Company: How Social Capital Makes Organizations Work*. Boston: Harvard Business School Press, 2001.

Germer, Fawn. *Hard Won Wisdom: More Than 50 Extraordinary Women Mentor You to Find Self-Awareness, Perspective, and Balance.* New York: Perigee, 2001.

Glanz, Barbara. *Balancing Acts.* Chicago, IL: Dearborn Trade Publishing, 2003.

Gordon, Gil E. *Turn It Off: How to Unplug From the Anytime-Anywhere Office Without Disconnecting Your Career.* New York: Three Rivers Press, 2001.

Hakim, Catherine. *Work-Lifestyle Choices in the 21st Century: Preference Theory.* Oxford, UK: Oxford University Press, 2000.

Harvard Business Review On Work and Life Balance. Boston: Harvard Business School Press, 2000.

Jackson, Maggie. *What's Happening to Home: Balancing Work, Life and Refuge in the Information Age.* Notre Dame, IN: Sorin Books, 2002.

Lee, Deborah, Ph.D. *Having It All. Having Enough. How to Create a Career/Family Balance That Works for You.* New York: AMACOM, 1997.

Matthews, Jana and Jeff Dennis. *Lessons From the Edge: Survival Skills for Starting and Growing a Company.* New York: Oxford University Press, 2003.

Merrill, A. Roger and Rebecca R. Merrill. *Life Matters: Creating a Dynamic Balance of Work, Family, Time & Money.* New York: McGraw-Hill, Inc., 2003.

Sawi, Beth. *Coming Up for Air: How to Build a Balanced Life in a Workaholic World.* New York: Hyperion, 2000.

St. James, Elaine. *Simplify Your Work Life: Ways to Change the Way You Work So You Have More Time to Live.* New York: Hyperion, 2001.

Williams, Joan. *Unbending Gender: Why Family and Work Conflict and What to Do About It.* Oxford, UK: Oxford University Press, 2000.

67 MAÎTRISER LA COMMUNICATION ÉCRITE

The maker of a sentence launches out into the infinite and builds a road into Chaos and old Night, and is followed by those who hear him with something of wild, creative delight.
– Ralph Waldo Emerson

COMPÉTENCE NON MAÎTRISÉE

- ☐ S'exprime mal par écrit
- ☐ On ne comprend pas clairement les idées qu'il veut communiquer
- ☐ Peut être verbeux ou trop concis dans ses écrits, fait des fautes de grammaire/d'usage
- ☐ Ne sait pas structurer ses idées de façon logique
- ☐ Ne sait pas adapter ses écrits aux différents lecteurs auxquels il s'adresse ; utilise toujours le même style

Sélectionnez dans la liste ci-dessous une à trois compétences comme compétence de remplacement si vous décidez de ne pas travailler directement sur cette dernière.

SUBSTITUTS : 5,15,27,37,47,49,51,65

COMPÉTENCE MAÎTRISÉE

- ☐ Est capable de rédiger clairement, de façon concise et dans le style qui convient des documents de natures diverses
- ☐ Sait faire passer les messages qui obtiennent l'effet désiré

COMPÉTENCE UTILISÉE À L'EXCÈS

- ☐ Peut passer trop de temps à peaufiner des écrits
- ☐ Se montre trop perfectionniste dans des situations qui ne l'exigent pas
- ☐ Semble beaucoup trop critique vis-à-vis des écrits des autres

Sélectionnez dans la liste ci-dessous une à trois compétences sur laquelle vous devrez travailler pour compenser son utilisation excessive.

COMPENSATEURS : 1,2,3,12,15,17,27,32,38,44,46,48,50,51,53,57,62

QUELQUES CAUSES

- ☐ Ses écrits sont ennuyeux
- ☐ Trop occupé
- ☐ Trop verbeux, trop long
- ☐ On ne comprend pas clairement les idées qu'il veut communiquer
- ☐ Désorganisé
- ☐ Problèmes de grammaire et d'usage
- ☐ Écrit sans tenir compte de son auditoire

FACTEURS ET GROUPES DU LEADERSHIP ARCHITECT®

Cette compétence se retrouve dans Compétences de positionnement organisationnel, facteur (V). Cette compétence se retrouve dans Communiquer avec efficacité, groupe (L) au numéro : 49. Vous pouvez également consulter d'autres compétences dans le même facteur ou groupe pour trouver des conseils connexes.

LA CARTE

On est ce que l'on écrit. Bien écrire, c'est communiquer clairement aux lecteurs les points et messages que vous voulez leur transmettre, mais ni plus ni moins. Cela exige de respecter le temps et l'intelligence du lecteur. Apprenez à écrire comme si vous disposiez de trois minutes pour présenter un argument à un groupe dont l'opinion compte beaucoup pour vous. La police frontalière vous arrête, arme au poing, en vous demandant ce que vous faites là. Que feriez-vous ? Vous utiliseriez probablement leur langage en expliquant clairement ce que vous voulez avec un minimum de mots, et en adoptant un ton plaintif, et vous mettriez l'accent sur les points clés en votre faveur. Pensez à ce que vous ne feriez pas. Vous ne parleriez pas pour ne rien dire en vous attendant à ce qu'ils devinent le fonds de votre propos, et vous n'utiliseriez pas de mots ni de jargon qu'ils ne comprendraient pas. Il en va de même pour bien écrire. Communiquez votre message de la manière la plus économique possible.

QUELQUES SOLUTIONS

67

☐ **1. Préparez un résumé avant d'écrire.** Trop de personnes écrivent sans avoir un plan. Établissez une liste de contrôle. Quel est votre objectif ? Quels sont vos points principaux ? Faites en sorte qu'ils constituent le support logique de vos objectifs. Quels sont les cinq points que vous aimeriez qu'ils apprennent et qu'est-ce qu'il faudrait qu'ils retiennent sur chacun de ces points ? Toute phrase qui n'est pas reliée à l'objectif ou aux énoncés principaux doit être exclue. Que resterait-il dans l'esprit du lecteur idéal s'il était interviewé quinze minutes après avoir lu votre texte ? À qui vous adressez-vous ? Que savent-ils déjà que vous n'aurez pas à répéter ? Devrez-vous détailler le contexte ? Quelles questions se posera votre lecteur quand il aura lu le texte ? Ces questions sont-elles abordées ? Quelles seront les conditions de lecture ? De combien de temps le lecteur dispose-t-il ? Le temps de lecture est-il adapté au contexte ? Choisissez parmi vos écrits récents et faites un essai. Le thème est-il présent ? Chaque paragraphe comporte-t-il une matière, un sujet ? Si vous faites un énoncé par paragraphe, ceux-ci s'enchaînent-ils logiquement ? *Besoin d'aide supplémentaire ? Reportez-vous à la fiche n° 47 : Savoir planifier.*

☐ **2. Rédigez le texte.** Suivez votre résumé. Précisez votre message ou votre but dans une ou deux phrases placées au début du document. Le lecteur doit immédiatement savoir pourquoi il lit ce document. Avancez ensuite les trois ou cinq éléments-clés de votre argumentation et qui doivent appuyer votre thèse. N'en mettez pas trop, vous risqueriez de saturer le lecteur. Pensez à votre introduction, qu'est-ce qui va permettre au message d'accrocher ? Une histoire, un fait, une comparaison, une citation, une photo, une caricature ? Connaissez-vous cinq techniques pour capter et retenir l'attention du lecteur ? Quel style serait le plus approprié ? Quels sont vos points prioritaires et comment allez-vous les expliquer ? Certains points sont mieux illustrés par des exemples, d'autres par la logique de l'argument ou encore, par des faits et des récits. Vous devriez varier votre démarche pour pouvoir convaincre le plus grand nombre de lecteurs.

☐ **3. Écrivez pour plusieurs publics.** Malheureusement, le même document peut provoquer des effets très différents en fonction des lecteurs. Bien souvent, vous aurez à ajuster le ton, le rythme, le style, voire le message, ainsi que la manière dont vous le présentez, suivant les différents publics. Si vous écrivez le même message destiné à des publics variés, demandez-vous toujours en quoi ces publics diffèrent. Ajustez-vous en conséquence. Vous écrivez pour un responsable de haut niveau ? Faites une synthèse, juste une page, l'équivalent d'un résumé. La fin de cette synthèse doit indiquer la décision que l'on attend de lui. S'il veut aller plus loin, donnez-lui le texte complet. Recherchez-vous un groupe de soutien ? De quelles ressources aurez-vous besoin pour appuyer votre projet ? Les membres du groupe auront probablement besoin de détails afin d'établir leur calendrier. Avez-vous besoin de conseils légaux ? On voudra connaître les raisons du projet (officielles et officieuses), son historique, les cas similaires sur le marché. Vous demandez des rapports circonstanciés ? On voudra connaître les détails de la mise en œuvre afin de comprendre vos objectifs et les résultats que vous envisagez. En quelque sorte, il vous faut d'abord écrire le document, pour l'adapter ensuite en fonction des destinataires. En tous les cas, n'utilisez pas un document standard. *Besoin d'aide supplémentaire ? Reportez-vous à la fiche n° 15 : Être orienté vers le client.*

☐ **4. Ne noyez pas le lecteur dans une masse de détails inutilisables ou superflus.** Vous ne devez faire appel aux détails que lorsqu'ils sont nécessaires pour la compréhension de votre argumentation ou de votre thèse. Quels sont les cinq éléments qui soutiennent votre thèse ? Même si le rapport est étoffé, ces cinq faits doivent être mis en valeur en un ou deux paragraphes et non révélés peu à peu. De plus, comme chaque problème comporte généralement plus d'une cause, les lecteurs risquent de faire la confusion entre les causes afférentes à chaque problème et leur attention risque de se diluer. Peu de gens lisent entièrement un almanach ; si votre argumentation s'appuie sur de nombreuses données, retenez-en seulement quelques-unes et mettez les autres en annexe.

☐ **5. Prévoyez des titres et des points de repère pour le lecteur, tout comme le font les journaux.** Si la communication compte plus de deux ou trois pages, divisez-la avec des titres comme : « Le problème de l'achat », « Pourquoi le système d'achat est en train d'échouer », « Options d'achat », « Questions en suspens », etc.

☐ **6. Ne perdez pas vos lecteurs par un mauvais usage des mots.** Éliminez les mots « décoratifs » comme « très », « absolument », etc. La plupart des adjectifs et des adverbes n'ajoutent rien, ralentissent la lecture ou apparaissent comme des exagérations. Les arguments sont soutenus par la logique et les faits et non par des « bouche-trous ». Évitez les chaînes de mots abstraits (souvent des substantifs) tels que « l'interface personnelle optimale ». Substituez à ces mots des équivalents ou des périphrases. L'ennuyeuse série de mots, dans notre exemple, veut simplement dire « la meilleure façon pour les gens de se parler ». Comme tous les traitements de texte possèdent un dictionnaire des synonymes, utilisez-le en cas de besoin. Faites appel au correcteur d'orthographe pour corriger vos fautes et éliminer les mots douteux. Un mauvais usage des mots est plus difficile à repérer. La meilleure méthode est sans doute de demander à une autre personne de vérifier votre syntaxe. Une stratégie plus difficile, mais payante à long terme, consiste à se procurer un livre de stylistique.

☐ **7. Actions et support visuel.** Rendez votre écriture dynamique. Employez autant que possible des mots évocateurs d'images. On retient mieux les arguments visuels et animés. (Voulez-vous obliger le lecteur à voir, à visualiser le problème d'achat ? « Les boites étaient empilées jusqu'au plafond, bloquant deux allées »). Variez la longueur et le genre de phrases. Trop de rédacteurs tombent dans un piège du genre « le rapide renard brun sauta sur le dos du chien paresseux » – une série de phrases simples inutilement diluées. En remplaçant les verbes par des noms on rend la lecture fastidieuse – dites : « Un tel a organisé... ». plutôt que « l'organisation a été réalisée par... ». Utilisez des mots dynamisants. Évitez « est » et « sont », les doubles négatifs comme « pas mal » ou les critiques déguisées comme « pas très bon ». Dites ce que vous voulez dire avec des mots énergiques. Si une phrase contient beaucoup de virgules, de clauses, elle sera trop longue. Lisez-la tout haut. Pourriez-vous la restituer avec moitié moins de mots ? Dans les phrases longues et tortueuses, le sujet devient le complément de la phrase. Dans « Les employés sont motivés par X, Y et Z », les employés sont, en fait, des récepteurs passifs de X, Y et Z, qui arrivent en fin de phrase. Décidez ce qui motive les employés et écrivez-le en premier. Essayez un peu de drame. Dans ce cas, et contrairement au conseil précédent, si vous voulez amplifier quelque chose, mettez-le en dernier. « En conclusion, X a augmenté le profit de 14 % » fera plus d'effet que « Le profit a été augmenté de 14 % par... ».

☐ **8. Si votre écriture est truffée de répétitions, normalement votre deuxième ou troisième modification sera la meilleure.** Souvent nous écrivons une phrase et décidons qu'il faut la clarifier en ajoutant une phrase ou deux pour expliquer la première. En relisant, nous biffons ces dernières phrases, ce qui aggrave le problème. Vérifiez d'abord les phrases les plus récentes pour voir si elles ne sont pas meilleures, sinon combinez-les en une seule.

☐ **9. Exprimez d'abord oralement ce que vous voulez écrire.** La plupart de ceux qui n'ont pas le don de l'écriture, s'expriment mieux qu'ils n'écrivent. Utilisez cette règle à votre avantage. Discutez de vos arguments avec un ami, énoncez-les à voix haute, utilisez un magnétophone, achetez un de ces nouveaux logiciels de reconnaissance de la parole. Structurez ensuite votre argumentation pour l'adapter à la logique de l'écriture.

☐ **10. N'écrivez pas comme vous parlez.** Attention aux astuces et aux remarques pleines d'humour. Ce qui est drôle à raconter semblera souvent cynique sur papier. Évitez les mots excessifs dans vos exposés. Alors que ces mots peuvent très bien passer lorsque vous les prononcez à voix douce, ces mêmes mots peuvent paraître durs et inflexibles sur le papier. Évitez le jargon et les mots savants qui ennuient ou perdent le lecteur. De vive voix ils semblent acceptables car vous êtes alors capable d'apprécier les froncements de sourcils et de réagir, mais par écrit, n'oubliez pas que vous ne voyez pas votre interlocuteur. Et n'écrivez jamais, au grand jamais, lorsque vous êtes en colère. Si vous le faites, mettez votre écrit de côté pour la nuit. Relisez-le le lendemain, extrayez les grandes idées, rédigez-les à nouveau et jetez l'original au feu. C'est ce que faisait Lincoln et il s'en est très bien porté.

What is written without effort is in general read without pleasure.
– Samuel Johnson

67

LECTURES CONSEILLÉES

Bailey, Edward P., Jr. *Writing and Speaking at Work*. Upper Saddle River, NJ: Prentice Hall, 2001.

Baldoni, John. *Great Communication Secrets of Great Leaders*. New York: McGraw-Hill, Inc., 2003.

Booher, Dianna. *E Writing: 21st Century Tools for Effective Communication.* Pocket Books, 2001.

Bovée, Courtland L. and John V. Thill. *Business Communication Today*. Upper Saddle River, NJ: Prentice Hall, 2000.

Cunningham, Helen and Brenda Greene. *The Business Style Handbook: An A-to-Z Guide for Writing on the Job With Tips From Communications Experts at the Fortune 500.* Chicago: McGraw-Hill, Inc., 2002.

Ellison, Pat Taylor and Robert E. Barry. *Business English for the 21st Century.* Upper Saddle River, NJ: Prentice Hall, 2000.

Ferrara, Cosmo F., Ed.D. *Writing on the Job—Quick Practical Solutions to All Your Business Writing Problems.* Englewood Cliffs, NJ: Prentice Hall, 1995.

Iacone, Salvatore J. *Write to the Point: How to Communicate in Business With Style and Purpose*. Franklin Lakes, NJ: Career Press, 2003.

Joseph, Albert. *Put It in Writing.* New York: McGraw-Hill, Inc., 1998.

Picardi, Richard P. *Skills of Workplace Communication: A Handbook for T&D Specialists and Their Organizations.* Westport, CT: Quorum Books, 2001.

Ryan, Kevin. *Write Up the Corporate Ladder: Successful Writers Reveal the Techniques That Help You Write With Ease and Get Ahead.* New York: AMACOM, 2003.

*Les compétences 68-80 ne sont pas définies.
Ces numéros sont réservés pour de futures entrées.*

81 QUANTITÉ DE TRAVAIL

Hard work spotlights the character of people: Some turn up their sleeves, some turn up their noses, and some don't turn up at all.
– Sam Ewing

Définition générale : Quantité de travail produit par une personne, un département ou une équipe sur des tâches/missions/projets/produits ou services sans rapport avec des facteurs tels que la qualité ou la rapidité d'exécution du travail.

COMPÉTENCE NON MAÎTRISÉE

- ☐ Faible quantité de travail produite
- ☐ Est en retard par rapport à la plupart des autres personnes ou groupes
- ☐ Des objectifs importants ne sont pas atteints
- ☐ Productivité inférieure à celle de la plupart des autres
- ☐ Réalise quelques objectifs mais d'autres ne sont pas atteints

Sélectionnez dans la liste ci-dessous une à trois compétences comme compétence de remplacement si vous décidez de ne pas travailler directement sur cette dernière.

SUBSTITUTS : 1,14,15,16,18,19,20,24,25,36,39,43,52,59,61,63

COMPÉTENCE MOYENNE

- ☐ Produit une quantité de travail acceptable similaire à celle des autres personnes ou groupes
- ☐ Atteint la plupart des objectifs de production ; peut en rater quelques-uns
- ☐ Le travail produit est conforme à la norme

COMPÉTENCE MAÎTRISÉE

- ☐ La quantité de travail réalisée par cet individu ou ce groupe est tout simplement étonnante
- ☐ Même si la production ou les objectifs à atteindre sont élevés, il parvient à produire davantage dans tous les domaines
- ☐ Arrive presque toujours le premier en terme de productivité
- ☐ Sert de modèle aux autres

COMPÉTENCE UTILISÉE À L'EXCÈS

- ☐ Le volume de travail réalisé par cet individu ou groupe est si élevé que la qualité et le moral en souffrent parfois dû au fait que les tâches sont trop compliquées et que le rythme de travail est trop rapide

suite

- ☐ S'obsède sur la quantité de travail à réaliser au point d'en négliger autrui et les autres questions

Sélectionnez dans la liste ci-dessous une à trois compétences sur laquelle vous devrez travailler pour compenser son utilisation excessive.

COMPENSATEURS : 7,17,20,23,33,36,41,42,50,52,60

QUELQUES CAUSES

- ☐ Épuisé
- ☐ S'oppose à ses supérieurs
- ☐ Objectifs trop élevés
- ☐ Manque d'ambition
- ☐ Manque de ressources réalistes
- ☐ Débute dans ce poste ou ce domaine
- ☐ Manque de continuité ou d'engagement
- ☐ Manque de concentration ou de discipline
- ☐ N'est pas organisé
- ☐ Comprend les rouages de fonctionnement interne
- ☐ Perfectionniste
- ☐ Fait traîner les choses

LA CARTE

Rien ne peut vraiment remplacer la capacité d'accomplir. Ceux qui produisent sont souvent récompensés dans la vie. La capacité de produire régulièrement évite énormément de problèmes. Certains ne tolèrent pas les excuses émanant des individus qui, souvent, ne parviennent pas à exécuter leurs tâches. En cas d'inexécution des tâches, certains commencent à s'interroger sur les causes et à trouver d'autres problèmes, réels et imaginaires. Cela sonne le glas d'une carrière. La meilleure façon de mener à bien sa tâche est de se concentrer sur les objectifs et les buts à atteindre, que ce soit dans une activité, un projet ou votre propre travail. Il vaut mieux laisser tomber sinon.

QUELQUES SOLUTIONS

☐ **1. Établissez des priorités.** Quelles sont les tâches critiques ? Quelles sont les trois à cinq étapes essentielles à franchir pour arriver au but ? Les dirigeants efficaces concentrent la moitié de leur temps sur quelques sujets prioritaires. Ne vous laissez pas distraire par les détails secondaires ou des activités que vous aimez particulièrement mais qui ne sont pas pertinentes pour votre projet. *Besoin d'aide supplémentaire ? Reportez-vous à la fiche n° 50 : Savoir définir les priorités.*

☐ **2. Fixez des objectifs pour vous et pour les autres.** La plupart des personnes travaillent mieux si elles ont des buts et des objectifs à atteindre, ainsi que des points de repère pour évaluer la progression. Également, la plupart travaillent mieux avec des objectifs que l'on peut adapter et apprécient particulièrement d'être impliquées dans l'élaboration de ces objectifs. Établissez des points de contrôle dans le courant de la réalisation du projet afin de mesurer son avancement. Échangez vos impressions aussi souvent que possible. *Besoin d'aide supplémentaire ? Reportez-vous à la fiche n° 35 : Savoir gérer et établir des indicateurs de performance.*

☐ **3. Comment obtenir des résultats.** Comment obtenir des résultats. Il existe un ensemble de pratiques reconnues pour produire des résultats : gestion de la qualité totale (TQM), ISO et Six Sigma. Si vous n'êtes pas familier avec ces méthodes, procurez-vous des ouvrages portant sur chacun de ces sujets. Assistez à un atelier portant sur la planification efficace du travail. Demandez de l'aide au responsable du service de gestion de la qualité totale de votre organisation. *Besoin d'aide supplémentaire ? Reportez-vous aux fiches n° 52 : Maîtriser la gestion des processus et n° 63 : Systèmes de gestion intégrale de la qualité (ex. TQM/ISO/Six Sigma).*

☐ **4. L'organisation.** Vous manquez constamment de ressources ? Pour arriver à des résultats il faut pouvoir obtenir et employer les ressources nécessaires. Le personnel, l'argent, le matériel, le support logistique, le temps. Souvent cela implique des éléments sur lesquels vous n'exercez aucun contrôle. Vous devrez quémander et emprunter. Cela suppose de négocier, marchander, échanger, « cajoler » et influencer. Quelles formes de troc ou de négociation devez-vous envisager ? Qu'avez-vous à échanger ? Comment ferez-vous pour que chacun y trouve son avantage ? *Besoin d'aide supplémentaire ? Reportez-vous aux fiches n° 37 : Savoir négocier et n° 39 : Savoir organiser.*

☐ **5. Comment faire exécuter le travail ?** Tout le monde ne sait pas manager une équipe. Certains sont performants seuls mais ont des difficultés lorsque ces résultats doivent provenir de l'équipe. Avez-vous des difficultés pour amener votre équipe à produire avec vous les résultats recherchés ? Vous possédez les ressources matérielles et humaines, mais la performance n'est pas au rendez-vous. Vous faites trop de choses par vous-même. Vous ne déléguez pas les charges ou les responsabilités. Vous communiquez mal. Vous ne savez pas motiver. Vous planifiez mal. Vous ne savez pas établir correctement vos priorités et vos objectifs. Si vous êtes un manager en formation ou nouvellement promu à des responsabilités de cadre, il existe des principes fondamentaux reconnus sur les bonnes pratiques en matière de management. Partagez-vous les mérites avec vos collaborateurs ? Leur donnez-vous une idée claire de ce qui est important ? Leur travail contient-il des défis ? Cherchez-vous à les motiver ou vous contentez-vous de leur distribuer le travail à faire ? Lisez *Becoming a Manager,* de Linda A. Hill. Assistez à un cours de formation sur le management. *Besoin d'aide supplémentaire ? Reportez-vous aux fiches n° 18 : Savoir déléguer, n° 20 : Savoir* *diriger, n° 36 : Savoir motiver, et n° 60 : Savoir constituer des équipes performantes.*

☐ **6. Vaincre les résistances.** Éprouvez-vous des difficultés quand vous devez sortir de votre cadre pour atteindre vos objectifs ? Nous sommes dans un monde où les capacités d'influence, la compréhension des autres et la négociation servent de monnaie d'échange. Il ne suffit donc pas simplement de demander pour obtenir, vous devez trouver des intérêts communs où vous pourrez apporter de l'aide. Quels sont les besoins de vos interlocuteurs ? Vos résultats sont-ils importants à leurs yeux ? Comment votre activité peut-elle les affecter ? Si votre action a des incidences négatives, proposez quelque chose qui convienne à tous, trouvez le moyen de diminuer leur charge de travail (en allouant des gens de votre équipe, par exemple). Allez vers vos collègues avec un esprit d'échange. Pour vous montrer coopératif, expliquez-leur vos idées et invitez-les à en faire autant. Évoquez des alternatives possibles plutôt que de forcer des accords. Soyez patient, laissez-leur le temps de s'adapter à la situation. Mettez l'emphase sur les buts communs, les priorités et les problèmes. Invitez-les à critiquer vos idées. *Besoin d'aide supplémentaire ? Reportez-vous à la fiche n° 42 : Entretenir de bonnes relations avec ses collègues.*

☐ **7. Vous manquez d'audace ?** Les risques ne vous tentent pas ? Obtenir des résultats implique aussi de savoir forcer les limites, de savoir prendre de nouvelles initiatives. Cette façon d'agir aboutit parfois à des erreurs et des échecs. Traitez-les comme autant d'occasions d'apprendre. Qui ne risque rien, n'a rien. Élevez votre niveau de témérité. Commencez par prendre des risques limités pour pouvoir vous rattraper plus facilement. Essayez de voir comment vous pouvez être créatif et innovateur. Soyez confiant en vous-même. Certains vous diront que vous auriez pu vous y prendre autrement, écoutez-les, mais restez ferme. Faites une analyse des résultats à la fin. Cela montrera à tous que vous êtes ouvert à l'amélioration, que les résultats aient été exceptionnels ou non. *Besoin d'aide supplémentaire ? Reportez-vous aux fiches n° 2 : Faire face à l'ambiguïté, n° 14 : Faire preuve de créativité, n° 28 : Gérer l'innovation et n° 57 : Faire preuve d'autonomie.*

☐ **8. Vous temporisez ?** Vous remettez toujours au lendemain ? Est-ce dans l'urgence ou en situation de crise que vous êtes le plus performant ? Attendez-vous la dernière minute pour agir ? Si oui, vous risquez de manquer certaines échéances et de ne pas atteindre les objectifs de performance. Vos résultats ne seront pas constants. Certains de vos travaux seront à peine passables, faute de temps pour les accomplir correctement. Vous vous contenterez d'un « B » quand vous auriez pu avoir un « A » avec un ou deux jours de travail supplémentaires. Commencez donc plus tôt. Accomplissez le premier dixième de la tâche dès qu'elle vous est confiée, afin de pouvoir évaluer le temps nécessaire pour la terminer. Divisez vos tâches et missions en tiers ou en quarts et répartissez-les sur la totalité du temps imparti. Ménagez-vous toujours plus de temps que ce que vous croyez nécessaire. *Besoin d'aide supplémentaire ? Reportez-vous aux fiches n° 47 : Savoir planifier et n° 62 : Savoir gérer son temps.*

☐ **9. Persistance ?** De la persévérance. Vous êtes enclin à abandonner les tâches fastidieuses ou répétitives, vous avez de la difficulté à y revenir une seconde ou une troisième fois, vous êtes découragé par les obstacles ? Ce dernier effort pour terminer la tâche vous a épuisé ? Votre temps d'attention est plus court qu'il ne le devrait ? Établissez des mini-échéances. Morcelez la tâche de façon à mieux mesurer vos progrès. Changez d'approche. Faites quelque chose de complètement différent la prochaine fois. Trouvez cinq façons différentes de régler un problème. Soyez prêt à réaliser toutes ces options quand les obstacles surviendront. Discutez avec quelqu'un qui a un problème semblable. Échangez vos tâches. *Besoin d'aide supplémentaire ? Reportez-vous à la fiche n° 43 : Faire preuve de persévérance.*

☐ **10. Stress et tension.** Produire des résultats jour après jour, trimestre après trimestre, année après année, engendre de la pression. Un stress fouette l'énergie de certains, de sorte qu'ils travaillent mieux, alors que d'autres sont littéralement paralysés et leur productivité décroît au fur et à mesure que leur stress augmente. Vous sentez-vous sur le point de « craquer ? » La gestion du stress est une science reconnue. Ces phénomènes résident en réalité dans votre tête, non dans le monde extérieur. Certaines personnes sont stressées par des événements qui pourtant en stimulent d'autres, par exemple le fait de perdre un client majeur. Certains pleurent et d'autres rient du même événement – comme le fait de glisser sur une peau de banane. Le stress vient de votre façon de voir les événements et non des événements eux-mêmes. Gérer plus efficacement votre stress vous oblige à réviser l'interprétation que vous faites de votre activité. Il y a peut-être eu un temps de votre vie où les araignées et les serpents représentaient pour vous des dangers mortels et stressants. En est-il toujours ainsi ? Si vous êtes au bord de l'effondrement moral, parlez à votre patron ou à votre mentor des possibilités de diminuer votre charge de travail. Peut-être cet emploi n'est-il pas pour vous. Envisagez de revenir à un emploi moins stressant. *Besoin d'aide supplémentaire ? Reportez-vous aux fiches n° 6 : Avoir de l'ambition et n° 11 : Avoir la maîtrise de soi.*

What we think or what we believe is, in the end, of little consequence. The only thing of consequence is what we do.
– John Ruskin, English art critic and historian

81

LECTURES CONSEILLÉES

Bellman, Geoffrey M. *Getting Things Done When You Are Not in Charge.* San Francisco: Berrett-Koehler Publishers, Inc., 2001.

Block, Peter. *The Answer to How Is Yes: Acting On What Matters.* San Francisco: Berrett-Koehler Publishers, Inc., 2001.

Bossidy, Larry, Ram Charan and Charles Burck (Contributor). *Execution: The Discipline of Getting Things Done.* New York: Crown Business Publishing, 2002.

Carrison, Dan. *Deadline! How Premier Organizations Win the Race Against Time.* New York: AMACOM, 2003.

Hammer, Michael. *The Agenda: What Every Business Must Do to Dominate the Decade.* New York: Crown Business Publishing, 2001.

Hickman, Craig, Craig Bott, Marlon Berrett and Brad Angus. *The Fourth Dimension.* New York: John Wiley & Sons, Inc., 1996.

Hill, Linda A. *Becoming a Manager: How New Managers Master the Challenges of Leadership.* New York: Harvard Business School Press, 2003.

Holland, Winford E. Dutch. *Change Is the Rule: Practical Actions for Change: On Target, on Time, on Budget.* Chicago: Dearborn Trade Publishing, 2000.

Hutchings, Patricia J. *Managing Workplace Chaos: Solutions for Handling Information, Paper, Time, and Stress.* New York: AMACOM, 2002.

Lester, Richard K. *The Productive Edge: How U.S. Industries Are Pointing the Way to a New Era of Economic Growth.* New York: W.W. Norton, 1998.

Loehr, Jim and Tony Schwartz. *The Power of Full Engagement: Managing Energy, Not Time, Is the Key to High Performance and Personal Renewal.* New York: The Free Press, 2003.

Niven, P.R. *Balanced Scorecard Step-by-Step: Maximizing Performance and Maintaining Results.* New York: John Wiley & Sons, Inc., 2002.

Panella, Vince. *The 26 Hour Day: How to Gain at Least Two Hours a Day With Time Control.* Franklin Lakes, NJ: Career Press, 2002.

Pickering, Peg and Jonathan Clark. *How to Make the Most of Your Workday.* Franklin Lakes, NJ: Career Press, 2001.

Sapadin, Linda with Jack Maguire. *It's About Time! The Six Styles of Procrastination and How to Overcome Them.* New York: Viking Press, 1996.

Whipp, Richard, Barbara Adam and Ida Sabelis (Eds.). *Making Time: Time and Management in Modern Organizations.* Oxford, UK: Oxford University Press, 2002.

82 EXÉCUTION DES TÂCHES EN TEMPS ET EN HEURE

Be willing to make decisions. That's the most important quality in a good leader. Don't fall victim to what I call the "ready-aim-aim-aim-aim syndrome."
– T. Boone Pickens, President, Mesa Petroleum Company

82

Définition générale : Livraison rapide de biens et services en termes de plans, délais d'exécution, objectifs, cibles sans rapport avec des facteurs tels que la qualité et les ressources.

COMPÉTENCE NON MAÎTRISÉE

- ☐ Toujours parmi les derniers à terminer
- ☐ Rate de beaucoup des délais importants et réussit tout juste à respecter les autres
- ☐ L'une des personnes ou l'un des groupes les plus lents

Sélectionnez dans la liste ci-dessous une à trois compétences comme compétence de remplacement si vous décidez de ne pas travailler directement sur cette dernière.

SUBSTITUTS : 1,2,12,17,18,20,32,37,43,50,51,52,53,62

COMPÉTENCE MOYENNE

- ☐ Produit la majorité du travail dans les délais
- ☐ Respect des délais acceptable et selon la norme
- ☐ Respecte les délais la plupart du temps, peut en rater quelques-uns
- ☐ Respect des délais comparable à celui de la plupart des autres personnes ou groupes

COMPÉTENCE MAÎTRISÉE

- ☐ Toujours le premier ou l'un des premiers à terminer
- ☐ Parvient à respecter les délais et atteindre les objectifs même si ceux-ci sont insensés ou difficiles
- ☐ Détermine la cadence pour tous

COMPÉTENCE UTILISÉE À L'EXCÈS

- ☐ Est si déterminé à respecter les délais et à exécuter son travail à temps que cela en devient insupportable
- ☐ À mesure que le délai approche, les dégâts se font sentir au niveau de la qualité, des coûts ou du moral de l'équipe
- ☐ Réaliser un travail dans les délais devient trop important

Sélectionnez dans la liste ci-dessous une à trois compétences sur laquelle vous devrez travailler pour compenser son utilisation excessive.

COMPENSATEURS : 11,17,23,33,36,37,39,41,42,50,52

QUELQUES CAUSES

- ☐ Ne sait pas dire non
- ☐ Désorganisé
- ☐ Ne délègue pas bien
- ☐ Ne se fixe pas de priorités
- ☐ Manque de concentration
- ☐ Manque d'ingéniosité
- ☐ Perfectionniste
- ☐ Fait traîner les choses
- ☐ Rejette l'aide des autres
- ☐ Lent à prendre des décisions
- ☐ Ne conteste pas les délais

LA CARTE

Second critère d'importance après la capacité de produire des résultats : la capacité d'exécution dans les délais. Personne ne travaille en vase clos. Le travail de chacun est simplement un maillon d'une chaîne de tâches et de travaux plus grande. La qualité de l'ensemble des résultats est tributaire du plus faible maillon de la chaîne de productivité. Si votre projet, votre rapport ou votre service est en retard d'un jour, soyez sûrs que tout le monde en pâtira. Tous ceux qui sont en aval de vous devront modifier leurs attentes et leur échéancier. Lorsqu'une personne est en retard, cela produit toujours un sentiment de frustration et d'irritation parmi celles dont le travail en est affecté. Le respect des délais, parfois même aux dépens d'un travail complet ou de qualité, est devenu une vertu essentielle dans le monde effréné d'aujourd'hui. Comme l'a dit Woody Allen, la moitié de l'existence consiste à être à l'heure.

QUELQUES SOLUTIONS

☐ **1. Êtes-vous perfectionniste ?** Vous préférez être sûr à 100 % ? Vous voulez, comme beaucoup de gens, être certain que la plupart de vos décisions sont justes ? C'est le cas pour beaucoup d'entre nous. Il est difficile pour beaucoup d'abandonner le perfectionnisme car c'est un trait de caractère généralement perçu comme positif. On s'enorgueillit de n'avoir jamais tort. Soyez lucide quant à ce qui motive votre perfectionnisme : peut-être votre besoin excessif d'information cache-t-il votre nécessite d'acquérir une plus grande confiance en vous-même en évitant de vous tromper, cela afin de déjouer les risques et de parer les critiques éventuelles. Toute personne intelligente, n'ayant aucune contrainte de temps, en plus de détenir 100 % de l'information, peut prendre une bonne décision. L'important est de savoir qui peut agir le plus rapidement et avoir le plus de succès, avec une information incomplète. Certaines études affirment que, parmi les directeurs généraux performants, les bonnes décisions n'interviennent que dans 65 % des cas. Si vous désirez être plus prompt, vous devez réduire votre besoin d'information et votre besoin de perfection, essayez de réduire votre besoin d'information peu à peu, chaque semaine, jusqu'à ce que vous atteigniez l'équilibre entre l'analyse trop poussée et le passage à l'acte. Exercez-vous à prendre des décisions dont les conséquences ne sont pas graves, avec peu ou pas d'information. Fiez-vous davantage à votre intuition. Votre expérience vous permet de contrôler les risques. Laissez faire votre cerveau.

☐ **2. Faites-vous traîner les choses ?** Travaillez-vous souvent dans l'urgence ? Faites-vous toujours tout à la dernière minute ? Votre capacité à tenir les délais, mais aussi la qualité et la précision de vos décisions, risquent d'en souffrir. Retards d'échéances, objectifs ratés. Si vous êtes dans ce cas, entraînez-vous à vous y prendre plus tôt. Commencez donc plus tôt. Commencez votre réflexion immédiatement après que l'on vous ait assigné une décision à prendre, vous serez ainsi plus apte à évaluer le temps total de réflexion nécessaire. Fragmentez la décision à prendre en trois ou quatre phases et prévoyez du temps afin de travailler chacune de ces phases jusqu'à l'échéance. Rappelez-vous une des lois de Murphy : Il faut 90 % du temps pour réaliser 90 % du projet et 90 % pour terminer les 10 % qui restent. Ménagez-vous toujours plus de temps que ce que vous croyez nécessaire. Mettez des repères pour évaluer la progression tout au long du parcours. Recueillez et analysez l'information disponible le plus tôt possible. N'attendez pas le dernier moment. Fixez-vous une date d'échéance qui précède d'une semaine la date réelle. *Besoin d'aide supplémentaire ? Reportez-vous à la fiche n° 47 : Savoir planifier.*

☐ **3. Vous manquez d'organisation ?** Vous n'arrivez pas à tout faire à temps ? Vous oubliez les échéances ? Vous oubliez les décisions que l'on vous a demandé de prendre ? Vous devez vous organiser lorsque vous êtes soumis à la pression et à l'incertitude. Vous ne pouvez pas prendre rapidement des décisions de qualité lorsqu'autour de vous c'est la débâcle. Vous devez concentrer vos priorités. Attachez-vous à ne prendre que les décisions reliées directement à votre mission. Ne vous laissez pas distraire par des décisions secondaires et des travaux de moindre importance. Soyez plus organisé et discipliné. Gardez un registre de vos décisions. Lorsque vous identifiez une décision à prendre, enregistrez-la immédiatement en spécifiant la date où elle doit être prise. Planifiez en commençant par la fin, c'est-à-dire par le travail nécessaire qui vous fera prendre la décision au bon moment. Si vous n'êtes pas assez méthodique dans l'organisation de votre travail et que cela diminue votre aptitude à prendre des décisions et ralentit votre capacité d'action, consultez sans tarder des ouvrages sur la gestion de la qualité totale (TQM), ISO et Six Sigma. Assistez à un atelier portant sur la planification efficace du travail. *Besoin d'aide supplémentaire ? Reportez-vous aux fiches n° 50 : Savoir définir les priorités, n° 52 : Maîtriser la gestion des processus, n° 62 : Savoir gérer son temps et n° 63 : Systèmes de gestion intégrale de la qualité (ex. TQM/ISO/Six Sigma)*

☐ **4. Trop prudent et conservateur ?** En étant plus opportuniste, vous ferez plus d'erreurs, mais vous travaillerez plus rapidement. Sortez de votre propension à tout analyser et à prendre la décision la moins risquée et passez à l'action. Qui dit opportunité dit risque d'erreur, mais aussi résultats rapides. Développez une attitude plus philosophique vis-à-vis de la critique et de l'échec. Après tout, la plupart des tentatives d'innovation échouent, de même que la plupart des efforts de changement. Tout ce qui en vaut vraiment la peine demande des efforts répétés. La meilleure attitude, dans ces cas-là, est de demander : « Que pouvons-nous apprendre de ces erreurs ? » Questionnez-vous pour savoir si votre besoin d'être consciencieux vous permet de répondre vraiment aux exigences de rapidité et d'opportunisme reliées à votre poste. *Besoin d'aide supplémentaire ? Reportez-vous à la fiche n° 45 : Savoir apprendre.*

☐ **5. Le stress et les conflits sous la pression du temps.** Certains sont revigorés sous la pression du temps, alors que d'autres sont stressés. Dans les situations de stress, nous agissons au ralenti. Nous perdons nos repères et nous n'avons pas toutes nos capacités. Nous devenons anxieux, frustrés et colériques. La pression du temps provoque-t-elle votre réponse émotionnelle ? Essayez de noter pourquoi vous devenez anxieux lorsque vous êtes pressé par le temps. Quelles peurs refont surface ? Vous ne voulez pas faire d'erreurs. Vous craignez les conséquences imprévues. Il vous est difficile de décider à cause d'un manque de confiance. Vous craignez les conséquences imprévues. Faites volontairement autre chose. Ne revenez à votre problème que lorsque vous aurez récupéré votre contrôle. Laissez votre cerveau travailler sur le sujet pendant que vous faites quelque chose de moins risqué. *Besoin d'aide supplémentaire ? Reportez-vous aux fiches n° 11 : Avoir la maîtrise de soi et n° 107 : Manquer de sang-froid.*

☐ **6. Vous n'aimez pas le risque ?** Parfois, passer à l'action implique de savoir oser et suppose de prendre des initiatives audacieuses. Cette façon d'agir provoque, bien entendu, des erreurs et des échecs. Les recherches indiquent que les décideurs qui réussissent ont fait plus d'erreurs dans leur carrière que ceux qui n'ont pas réussi. Traitez-les comme autant d'occasions d'apprendre. Qui ne risque rien, n'a rien. Élevez votre niveau de témérité. Commencez par prendre des risques limités pour pouvoir vous rattraper plus facilement. Visez les petites réussites. Ne vous lancez pas dans un défi majeur sous prétexte de prouver votre audace. Fragmentez-le en petites tâches modestes. Débutez par les plus faciles. Passez ensuite aux plus difficiles. Après chaque tâche, analysez ce que vous avez fait de bien et de moins bien et fixez-vous des objectifs, pour faire mieux et différemment à chaque fois. Terminez en accomplissant le but ultime et en engageant les actions les plus risquées. Relevez le défi. Mettez-vous au défi d'y arriver. Découvrez votre créativité en agissant chaque fois différemment. *Besoin d'aide supplémentaire ? Reportez-vous aux fiches n° 2 : Faire face à l'ambiguïté, n° 14 : Faire preuve de créativité et n° 28 : Gérer l'innovation.*

☐ **7. Définissez mieux vos priorités.** Peut-être n'avez-vous pas bien défini l'ordre de vos priorités. Il peut arriver que l'on soit très actif, mais pas forcément là où il faudrait l'être. Les managers efficaces concentrent la moitié de leur temps sur deux ou trois priorités. Sur quels sujets devriez-vous passer la moitié de votre temps ? Parmi vos différentes activités, pouvez-vous en citer cinq qui sont moins importantes que d'autres ? Si vous ne pouvez répondre à ces questions, vous avez un problème de discernement. Ceux qui ne se fixent pas de priorités voient leur travail comme une série d'actions qui doivent être réalisées simultanément. Ne sachant pas par où commencer, il s'en trouve ralentit. Choisissez quelques missions qui vous paraissent cruciales et menez-les à bien. Ne vous laissez pas distraire par des activités de moindre importance. *Besoin d'aide supplémentaire ? Reportez-vous à la fiche n° 50 : Savoir définir les priorités.*

☐ **8. Vous craignez de mettre les autres à contribution ?** Entreprendre exige d'aller chercher d'autres capacités. Travaillez votre talent à convaincre et à influencer. Énumérez les raisons qui justifient de passer à l'action. Réfléchissez aux façons d'aider chacun à gagner en contribuant à cette action. N'attendez pas le moment de passer à l'action pour demander aux autres de participer, impliquez-les avant. Il est plus facile de convaincre quelqu'un quand il se sent concerné. Améliorez vos compétences en négociation. Apprenez à faire des transactions donnant-donnant. *Besoin d'aide supplémentaire ? Reportez-vous aux fiches n° 31 : Être doué pour la communication interpersonnelle, n° 37 : Savoir négocier et n° 39 : Savoir organiser.*

☐ **9. On juge que vous n'avez pas un engagement suffisant dans votre travail ?** Peut-être ne souhaitez-vous pas en faire davantage. Peut-être avez-vous trouvé un équilibre vie personnelle/vie professionnelle qui vous fait considérer qu'il faut travailler pour un salaire mais ni plus ni moins. C'est une décision certainement respectable, une de celles que chacun a le droit de prendre – et devrait prendre – dans un sens ou dans l'autre. Votre problème est peut-être que vous que vous exercez un emploi qui requiert un engagement plus important. Sinon vos évaluateurs ne vous auraient pas noté comme ils l'ont fait. Vous pourriez demander à votre patron un poste moins exigeant, qui ne demande pas autant d'implication et d'initiatives de votre part. Vous pourriez même envisager de revenir à un poste d'un niveau moins élevé, où vous trouveriez un meilleur équilibre entre la qualité de vie que vous recherchez et l'effort de travail à fournir ou le nombre d'heures de travail à réaliser.

☐ **10. Détaillez le processus.** Les meilleurs processus commencent avec un plan. Que dois-je faire ? Quel est le temps disponible ? Quelles ressources me seront nécessaires ? Qui contrôle les ressources (le personnel, le financement, les outils, les matériels, les appuis) dont j'ai besoin ? Quelles sont mes capacités financières ? Dois-je payer ou échanger quelque chose pour obtenir les ressources dont j'ai besoin ? Qui gagne si je gagne ? Qui pourrait perdre ? Achetez-vous un logiciel qui permet de préparer des diagrammes PERT ou de GANTT ou un logiciel de planification de projets. Devenez expert dans leur utilisation. Utilisez-le aussi pour communiquer vos plans. Utilisez ses diagrammes lors de vos présentations. Rien n'aide davantage à promouvoir un processus qu'un bon plan. Il aide, en premier lieu, les intervenants qui pourront suivre les directives du plan. Il permet une meilleure utilisation des ressources. Il accélère le déroulement du processus. Il permet d'anticiper les problèmes. Si vous ne voulez pas paraître manquer de planification, détaillez, dans votre plan, toutes les parties du projet, de A jusqu'à Z, et demandez à d'autres de réviser l'agencement et de noter ce qui manque. *Besoin d'aide supplémentaire ? Reportez-vous aux fiches n° 47 : Savoir planifier et n° 63 : Systèmes de gestion intégrale de la qualité (ex. TQM/ISO/Six Sigma).*

Counting time is not so important as making time count.
– James Walker

LECTURES CONSEILLÉES

Allen, David. *Getting Things Done: The Art of Stress-Free Productivity.* New York: Penguin Books, 2003.

Bacon, Terry R. and David G. Pugh. *Winning Behavior: What the Smartest, Most Successful Companies Do Differently.* New York: AMACOM, 2003.

Bossidy, Larry, Ram Charan and Charles Burck (Contributor). *Execution: The Discipline of Getting Things Done.* New York: Crown Business Publishing, 2002.

Byfield, Marilyn. *It's Hard to Make a Difference When You Can't Find Your Keys: The Seven-Step Path to Becoming Truly Organized.* New York: Viking Press, 2003.

Carrison, Dan. *Deadline! How Premier Organizations Win the Race Against Time.* New York: AMACOM, 2003.

Collins, James C. *Turning Goals Into Results: The Power of Catalytic Mechanisms.* Boston: Harvard Business School Press, 2002.

Emmett, Rita. *The Procrastinator's Handbook: Mastering the Art of Doing It Now.* New York: Walker & Company, 2000.

Fine, Charles H. *Clock Speed—Winning Industry Control in the Age of Temporary Advantage.* Cambridge, MA: Perseus Publishing, 1998.

Hawkins, David R. *Power vs. Force: The Hidden Determinants of Human Behavior.* Carson, CA: Hay House, 2002.

Loehr, Jim and Tony Schwartz. *The Power of Full Engagement: Managing Energy, Not Time, Is the Key to High Performance and Personal Renewal.* New York: The Free Press, 2003.

Panella, Vince. *The 26 Hour Day: How to Gain at Least Two Hours a Day With Time Control.* Franklin Lakes, NJ: Career Press, 2002.

Pfeffer, Jeffrey and Robert I. Sutton. *The Knowing-Doing Gap: How Smart Companies Turn Knowledge Into Action.* Boston: Harvard Business School Press, 2000.

Tracy, Brian. *Eat That Frog! 21 Great Ways to Stop Procrastinating and Get More Done in Less Time.* San Francisco: Berrett-Koehler Publishers, Inc., 2001.

Williams, Paul B. *Getting a Project Done on Time.* New York: AMACOM, 1996.

83 QUALITÉ DU TRAVAIL

It's a very funny thing about life; if you refuse to accept anything but the best, you very often get it.
– William Somerset Maugham

Définition générale : La qualité des biens et services produits en termes d'erreur, gaspillage et de remise en fabrication pour se conformer aux normes et ne prenant pas en considération des facteurs tels que la rapidité d'exécution et la quantité.

83

COMPÉTENCE NON MAÎTRISÉE

- ☐ Réalise un travail inférieur aux normes de qualité
- ☐ Contient des erreurs notables dues à la négligence
- ☐ Son travail doit souvent être corrigé avant de pouvoir être utilisé et répond rarement aux normes ou aux spécifications minimales de qualité

Sélectionnez dans la liste ci-dessous une à trois compétences comme compétence de remplacement si vous décidez de ne pas travailler directement sur cette dernière.

SUBSTITUTS : 5,15,17,18,20,28,32,33,35,39,47,50,51,52,53,65

COMPÉTENCE MOYENNE

- ☐ Produit un travail de qualité raisonnable
- ☐ Majorité du travail acceptable avec quelques erreurs et la nécessité de reprendre certains points
- ☐ Travail parfois insatisfaisant avec un certain gaspillage de temps ou de ressources

COMPÉTENCE MAÎTRISÉE

- ☐ La qualité de travail de cet individu ou groupe est toujours parmi les meilleures
- ☐ Produit dès la première fois un travail qui ne comporte généralement pas d'erreurs, qui entraîne peu de gaspillage et qui nécessite peu de correction

COMPÉTENCE UTILISÉE À L'EXCÈS

- ☐ Travaille très bien, mais son perfectionnisme entraîne une baisse de la productivité, des dépassement de délais, un gaspillage des ressources et des retards excessifs
- ☐ Les normes de qualité dépassent le raisonnable

Sélectionnez dans la liste ci-dessous une à trois compétences sur laquelle vous devrez travailler pour compenser son utilisation excessive.

COMPENSATEURS : 1,2,16,39,40,51,52

QUELQUES CAUSES

- ☐ Impatient
- ☐ Manque de continuité ou d'engagement
- ☐ N'est pas orienté vers le client
- ☐ Esprit de clocher
- ☐ Ne planifie pas
- ☐ N'est pas orienté vers les résultats
- ☐ Manque de compétences
- ☐ Rejette l'aide des autres
- ☐ Rejette les suggestions
- ☐ Vit dans le passé
- ☐ Refuse de déléguer

LA CARTE

Les choses qui fonctionnent comme prévu plaisent aux clients, aussi bien internes qu'externes. Bien faire les choses, surtout dès la première fois, évite perte de temps, refaçonnage et tout sentiment de déception avec toutes les conséquences que cela peut avoir. Sous-estimer les attentes de vos clients à l'égard des tâches, projets et services que vous devez entreprendre aura presque toujours des répercussions néfastes pour vous et pour ceux qui travaillent avec vous. Quelles que soient les économies que vous tenterez de faire en produisant un travail de qualité inférieure à la norme ou en y participant, vous finirez par le refaire à un coût supérieur. Cela vous coûtera plus de temps et de ressources pour faire le travail et le corriger que si vous aviez fait un bon travail dès la première fois.

QUELQUES SOLUTIONS

☐ **1. Apprenez les principes.** Il y a bien des sources disponibles. Lisez les méthodes préconisées par Deming, Juran, Crosby, Hammer, Champy et beaucoup d'autres. Il y a constamment des conférences et des ateliers auxquels vous pouvez assister. Le mieux est de vous inspirer de tout ce qui se traite et paraît sur la question et de créer ensuite votre propre version adaptée à vos besoins.

☐ **2. Soyez orienté vers le client.** En économie de libre entreprise, le client est roi ; ceux qui savent le séduire sont toujours gagnants. Le même principe s'applique à ce que l'on appelle « clients » à l'intérieur des entreprises ; ceux qui savent leur plaire en seront les grands bénéficiaires. Être orienté client, c'est savoir réagir aux besoins et aux attentes raisonnables des clients. Satisfaire les besoins raisonnables des clients est assez simple. La meilleure façon de savoir ce qu'ils veulent et ce à quoi ils s'attendent est de le demander. Il faut ensuite livrer le produit/ service à temps et avec un rapport prix/qualité acceptable. Prenez l'habitude de rencontrer vos clients internes et externes sur une base régulière afin d'établir un dialogue ; ils ont besoin de se sentir libres de vous appeler lorsqu'ils ont des problèmes et vous devez pouvoir les contacter pour en obtenir les informations essentielles. De plus, soyez proactif, essayez d'anticiper leurs besoins pour vos produits et vos services avant même qu'ils n'en prennent conscience. Faites-leur des surprises agréables telles que livraison plus rapide, quantité plus élevée, etc. *Besoin d'aide supplémentaire ? Reportez-vous à la fiche n° 15 : Être orienté vers le client.*

☐ **3. Préparez votre travail et gérez votre temps en fonction du client et non à partir de vos propres besoins.** Vos plus grands efforts doivent trouver leur justification dans le service au client. Essayez de ne pas concevoir et organiser ce que vous faites seulement de votre point de vue ; vous devez toujours essayer de connaître et de prendre en compte le point de vue du client en premier. C'est une des premières règles gagnantes.

☐ **4. Confiez la mission et l'autorité nécessaires pour concevoir le meilleur processus de travail permettant de réaliser des produits et des services « parfaits » et qui satisferont les attentes de vos clients.** Le principe du « zéro défaut » est un processus bien connu, bien documenté et disponible pour tous ceux qui veulent l'implanter. *Besoin d'aide supplémentaire ? Reportez-vous aux fiches n° 35 : Savoir gérer et établir des indicateurs de performance et n° 52 : Maîtriser la gestion des processus.*

☐ **5. Observez vos propres habitudes de travail.** Sont-elles conçues pour une efficacité optimale et un rendement maximal ? Y a-t-il de la place pour une amélioration continue ? Vous appliquez-vous à vous-même les principes que vous avez appris ? Souvenez-vous : le non-respect de ces principes est à la source de bien des échecs en la matière.

☐ **6. Mettez-vous à la place d'un client insatisfait.** Un client qui a pu vivre des expériences comme : des retards injustifiés, des commandes inexactes, des coûts plus élevés que prévus, des appels non retournés, des aliments froids, un mauvais service, des serveurs inattentifs, des articles en rupture de stock, etc. Vos clients vivent-ils des situations semblables ? Faites une étude sur les clients que vous avez perdus. Tentez de comprendre quels ont été les trois problèmes majeurs et trouvez comment vous pouvez éliminer rapidement 50 % des raisons qui ont causé leur départ. Étudiez les maladresses de vos concurrents et cherchez comment vous pourriez, à la fois, les éviter dans votre propre organisation et rendre vos services plus performants. *Besoin d'aide supplémentaire ? Reportez-vous à la fiche n° 15 : Être orienté vers le client.*

☐ **7. Détaillez le processus.** Les meilleurs processus commencent avec un plan. Que dois-je faire ? Quel est le temps disponible ? Quelles ressources me seront nécessaires ? Qui contrôle les ressources (le personnel, le financement, les outils, les matériels, les appuis) dont j'ai besoin ? Quelles sont mes capacités financières ?

Dois-je payer ou échanger quelque chose pour obtenir les ressources dont j'ai besoin ? Qui gagne si je gagne ? Qui pourrait perdre ? Achetez-vous un logiciel qui permet de préparer des diagrammes PERT ou de GANTT ou un logiciel de planification de projets. Devenez expert dans leur utilisation. Utilisez-le aussi pour communiquer vos plans. Utilisez ses diagrammes lors de vos présentations. Rien n'aide davantage à promouvoir un processus qu'un bon plan. Il aide, en premier lieu, les intervenants qui pourront suivre les directives du plan. Il permet une meilleure utilisation des ressources. Il accélère le déroulement du processus. Il permet d'anticiper les problèmes. Si vous ne voulez pas paraître manquer de planification, détaillez, dans votre plan, toutes les parties du projet, de A jusqu'à Z, et demandez à d'autres de réviser l'agencement et de noter ce qui manque. *Besoin d'aide supplémentaire ? Reportez-vous aux fiches n° 47 : Savoir planifier et n° 63 : Systèmes de gestion intégrale de la qualité (ex. TQM/ISO/Six Sigma).*

☐ **8. L'impatience et les résultats.** « L'impatient », celui qui n'a pas le temps, celui qui est axé sur des résultats immédiats, correspond exactement au style de personne qui paralyse une bonne démarche de résolution de problèmes. Il ne prend pas le temps d'analyser le problème et saute sur la première solution qui s'offre. L'expérience démontre que la meilleure solution est souvent la seconde ou troisième idée qui surgit. Les impatients n'attendent pas si longtemps. Ralentissez. Prenez l'habitude de vous arrêter assez longtemps pour définir le problème et pensez à trois solutions différentes avant d'en choisir une.

☐ **9. Demandez l'avis des autres.** Trop de gens essaient d'en faire trop par eux-mêmes. Ils ne délèguent pas. Pas plus qu'ils n'écoutent ou ne consultent les autres. Même si vous croyez posséder la solution, demandez l'avis des autres par prudence. Utilisez votre réseau. Parlez à une personne de bon conseil, non pour obtenir d'autres idées, mais pour vous aider à mieux comprendre le problème. Ou procédez de façon plus formelle, organisez une compétition entre deux équipes qui agiraient comme conseillers. Organisez une séance de résolution de problèmes et allouez-leur deux heures pour proposer une solution que l'on pourra, au moins, tester. Trouvez un groupe ami qui fait face au même problème ou à un problème similaire et expérimentez ensemble.

☐ **10. Savez-vous organiser et planifier ?** Vos collaborateurs comprennent-ils ce que vous voulez obtenir d'eux ? Expliquez-vous clairement les travaux et les missions à réaliser ? Établissez-vous des buts et des objectifs clairs pour guider leur travail ? *Besoin d'aide supplémentaire ? Reportez-vous aux fiches n° 35 : Savoir gérer et établir des indicateurs de performance et n° 47 : Savoir planifier.*

To find fault is easy; to do better may be difficult.
– Plutarch (46-120 A.D.), Greek biographer

LECTURES CONSEILLÉES

Bhote, Keki. *The Ultimate Six Sigma: Beyond Quality Excellence to Total Business Excellence.* New York: AMACOM, 2002.

Brock, Richard. *Inside the Minds: Profitable Customer Relationships: The Keys to Maximizing Acquisition, Retention, and Loyalty.* Boston: Aspatore Books, 2003.

Champy, James A. *X-Engineering the Corporation: Reinventing Your Business in the Digital Age.* New York: Warner Books, 2002.

Crawford, Fred and Ryan Mathews. *The Myth of Excellence.* New York: Crown Business Publishing, 2001.

Drucker, Peter F. *The Essential Drucker: The Best of Sixty Years of Peter Drucker's Essential Writings on Management.* New York: HarperBusiness, 2003.

George, Michael L. *Lean Six Sigma for Service: How to Use Lean Speed and Six Sigma Quality to Improve Services and Transactions.* New York: McGraw-Hill, Inc., 2003.

Hammer, Michael and James A. Champy. *Reengineering the Corporation: A Manifesto for Business Revolution.* New York: HarperBusiness, 2001.

Harry, Mikel and Richard Schroeder. *Six Sigma.* New York: Random House, 2000.

Katzenbach, Jon R. Peak Performance. Watertown, MA: Harvard Business School Press, 2000.

Keen, Peter and Mark McDonald. *The eProcess Edge: Creating Customer Value & Business in the Internet Era.* McGraw-Hill Osborne Media, 2000.

Larson, Alan. *Demystifying Six Sigma: A Company-Wide Approach to Continuous Improvement.* AMACOM, 2003.

Lippitt, Mary Burner and Warren H. Schmidt. *The Leadership Spectrum: 6 Business Priorities That Get Results.* Palo Alto, CA: Davies-Black Publishing, 2002.

Loehr, Jim and Tony Schwartz. *The Power of Full Engagement: Managing Energy, Not Time, Is the Key to High Performance and Personal Renewal.* New York: The Free Press, 2003.

Merrill, Peter. *Do It Right the Second Time: Benchmarking Best Practices in the Quality Change Process.* Portland, OR: Productivity Press, 1997.

Pohlman, Randolph A., Ellen M. Heffes and Gareth S. Gardiner. *Value Driven Management: How to Create and Maximize Value Over Time for Organizational Success.* New York: AMACOM, 2000.

Prahalad, C.K. and Venkat Ramaswamy. *The Future of Competition: Co-Creating Unique Value With Customers.* Boston: Harvard Business School Press, 2004.

Solomon, Robert. *The Art of Client Service.* Chicago, IL: Dearborn Financial Publishing, 2003.

Tate, Rick and Josh Stroup. *The Service Pro: Creating Better, Faster, and Different Customer Experiences.* Amherst, MA: HRD Press, 2003.

Winston, Stephanie. *Getting Out From Under: Redefining Your Priorities in an Overwhelming World.* Cambridge, MA: Perseus Publishing, 2000.

Yeh, Raymond T., Keri E. Pearlson and George Kozmetsky. *Zero Time: Providing Instant Customer Value—Every Time, All the Time!* New York: John Wiley & Sons, Inc., 2000.

84 UTILISATION DES RESSOURCES

A particular shot or way of moving the ball can be a player's personal signature, but efficiency of performance is what wins the game for the team.
– Pat Riley, U.S. basketball coach

Définition générale : L'efficacité dans la gestion du temps, des finances, des matériaux et du personnel pour produire les biens et services sans prendre en considération des facteurs tels que la rapidité d'exécution et la qualité.

COMPÉTENCE NON MAÎTRISÉE

☐ Utilise inefficacement les ressources et, même s'il utilise des ressources supplémentaires, arrive à peine à répondre aux critères minimums
☐ Dépasse souvent le budget prévu pour n'importe quel projet ou le dépasse de beaucoup pour certains projets et le respecte pour d'autres
☐ Gaspille du temps, de l'argent, du matériel ainsi que la productivité des autres

Sélectionnez dans la liste ci-dessous une à trois compétences comme compétence de remplacement si vous décidez de ne pas travailler directement sur cette dernière.

SUBSTITUTS : 5,15,17,18,20,24,32,33,35,39,47,50,51,58,59

COMPÉTENCE MOYENNE

☐ Ne dépasse généralement pas le budget pour réaliser un travail, utilise efficacement et comme prévu les ressources humaines et matérielles
☐ Quelques travaux peuvent dépasser le budget prévu
☐ Fait preuve d'autant d'ingéniosité que la plupart des autres personnes ou groupes

COMPÉTENCE MAÎTRISÉE

☐ Utilise moins de ressources, en termes de temps, de matériel, d'argent et de ressources humaines, que presque n'importe quel autre groupe
☐ Accomplit beaucoup avec peu de moyens
☐ C'est un exemple d'ingéniosité
☐ Parvient toujours ou presque à exécuter n'importe quel travail en dessous du budget

COMPÉTENCE UTILISÉE À L'EXCÈS

- ☐ Bien que cet individu ou groupe parvienne à réaliser un travail en respectant le budget, c'est au détriment de la productivité ou de la qualité
- ☐ Est si préoccupé par le respect du plan budgétaire que d'autres paramètres en pâtissent
- ☐ Rogne tellement sur les coûts que des problèmes s'ensuivent plus tard au niveau de la marche de travail

Sélectionnez dans la liste ci-dessous une à trois compétences sur laquelle vous devrez travailler pour compenser son utilisation excessive.

COMPENSATEURS : 15,17,39,42,50,52,53,63

QUELQUES CAUSES

- ☐ A du mal à dire non
- ☐ Désorganisé
- ☐ Dépasse les normes de qualité
- ☐ Impatient
- ☐ Inexpérimenté
- ☐ Ne planifie pas
- ☐ Délègue mal
- ☐ Rejette l'aide des autres
- ☐ Rejette les suggestions
- ☐ Lent à prendre des décisions

84

LA CARTE

N'importe qui peut produire des résultats dans un temps déterminé avec des ressources illimitées. Mais le plus dur consiste à réaliser les choses à temps avec un minimum de ressources. Ceux qui accomplissent le maximum avec un minimum de moyens finissent par en récolter les bénéfices. Nous sommes de plus en plus forcés de maximiser des ressources limitées. Réduction d'effectifs. Réduction des coûts. Produire à moindre coût. Un grand nombre d'individus et de projets rivalisent pour des ressources limitées. La globalisation absorbe beaucoup de dépenses d'investissement. Faire preuve d'ingéniosité implique une planification et une estimation rationnelles, de définir des objectifs et d'élaborer des plans clairs, de travailler fort et de manière intelligente, une utilisation judicieuse des ressources disponibles, une utilisation créative des ressources de soutien et une bonne gestion du temps.

QUELQUES SOLUTIONS

- ☐ **1. Établir des objectifs et des mesures de repérage.** La meilleure façon de respecter un budget ou un échéancier est d'établir un objectif et un moyen de mesure (la norme) indiquant si le but est atteint. Établissez des objectifs non seulement pour le projet lui-même, mais aussi pour les tâches qui le composent. Établissez des contrôles de façon à ce que vous et d'autres puissiez mesurer les progrès. *Besoin d'aide supplémentaire ? Reportez-vous à la fiche n° 35 : Savoir gérer et établir des indicateurs de performance.*

☐ **2. Établir un plan.** Le plan définit les ressources requises. Que dois-je faire ? Dans quels délais ? Quelles ressources me seront nécessaires ? Qui contrôle les ressources (le personnel, le financement, les outils, les matériels, les appuis) dont j'ai besoin ? Quelles sont mes capacités financières ? Dois-je payer ou échanger quelque chose pour obtenir les ressources dont j'ai besoin ? Qui gagne si je gagne ? Qui pourrait perdre ? Détaillez le travail de A à Z. On donne une impression de désorganisation si l'on omet d'établir un plan de travail ou une liste des travaux à exécuter ou encore, si l'on en oublie une partie et demandez à d'autres de réviser l'agencement et de noter ce qui manque.

☐ **3. Négocier.** Qu'avez-vous à échanger ? Que dois-je acheter ? Que puis-je emprunter ? Pourquoi dois-je négocier ? Quels sont les éléments que je ne peux ni acheter ni échanger ?

☐ **4. Déléguer.** Entreprendre des projets importants et complexes se traduit par l'exécution d'une série de tâches conduisant au but. On remarque que les personnes qui ont un vrai contrôle sur les tâches à effectuer travaillent plus et avec plus d'ardeur. Il est facile de comprendre que l'on préfère contrôler son propre travail, établir la façon dont il sera exécuté et, évidemment, avoir les pouvoirs de décision nécessaires. Déléguez autant qu'il vous est possible et en accordant toute l'autorité que justifie l'exécution de la mission. En revanche, faites attention aux maillons faibles (généralement les personnes que vous voyez moins souvent ou que vous ne pouvez contrôler facilement), par exemple quelqu'un qui travaille loin de vous, un consultant ou un fournisseur. Restez doublement en contact avec les maillons les plus faibles de la chaîne.

☐ **5. Gérer efficacement.** Surveillez votre budget. Planifiez vos dépenses avec attention. Ayez une réserve pour les imprévus. Ayez un échéancier permettant de suivre l'évolution des dépenses courantes.

☐ **6. Étudiez les processus de travail** autour de vous dans les aéroports, restaurants, hôtels, supermarchés, services gouvernementaux, etc. Si vous étiez client, comment pourriez vous concevoir différemment ces prestations afin qu'elles soient plus efficaces ? Quels principes vous guideraient ? Appliquez ces mêmes principes dans votre activité.

☐ **7. Allez-y avec davantage de « quoi », de « pourquoi » et moins de « comment ».** La meilleure façon de déléguer est d'être très clair sur ce qui est à faire, la date de réalisation et d'être plus ouvert quant à la manière de faire. On est plus motivé lorsqu'on peut choisir la façon de procéder. Ceux qui n'ont pas l'expérience de la délégation indiquent comment faire, ce qui fait que leur personnel se comporte davantage en automates qu'en collaborateurs enthousiastes. Dites-leur quoi et quand et laissez-leur découvrir comment par eux-mêmes. Donnez-leur la liberté d'action. Encouragez-les à essayer. En plus d'être plus motivant, cela devient aussi formateur pour eux. Expliquez-leur le contexte ou la situation globale où s'insère le travail à accomplir. Bien que la connaissance du contexte ne soit pas nécessaire pour accomplir la tâche, les gens sont davantage motivés s'ils ont une vision plus large des choses. Prenez quelques minutes supplémentaires pour expliquer pourquoi ce travail doit être fait et son importance pour l'atteinte des buts et des objectifs de l'unité.

☐ **8. Gérez votre temps de façon efficace.** Planifiez votre temps et gérez-le en conséquence. Soyez sensible au temps qui passe. Donnez-lui une valeur monétaire. Calculez la valeur d'une heure ou d'une minute de votre temps à partir de votre salaire brut. Puis demandez-vous : est-ce que cela vaut x dollars ou euros de mon temps ? Trouvez vos trois plus grandes pertes de temps et réduisez-les de 50 % en les regroupant et en utilisant des moyens efficaces pour communiquer, comme le courrier électronique ou le téléphone pour expédier les affaires courantes.

☐ **9. On vous en demandera souvent plus que ce que vous ne pouvez faire.** Une technique fréquemment utilisée consiste à s'adresser au solliciteur pour lui demander de choisir parmi ses requêtes précédentes laquelle il accepte d'annuler pour vous permettre de réaliser sa dernière demande. C'est une façon de dire à la fois oui et non et de laisser un choix au demandeur.

☐ **10. Trop compter sur soi.** Regardez davantage les solutions trouvées ailleurs. Encouragez la discussion et la critique, accueillez les mauvaises nouvelles, demandez d'aller chercher une seconde et une troisième solution. Un « truc » qui peut vous être utile : posez les questions et soumettez les sujets de réflexion avant d'y avoir réfléchi vous-même. Deux semaines avant de prendre une décision, demandez à vos collaborateurs d'examiner un dossier et de vous remettre un rapport deux jours seulement avant la date à laquelle vous avez prévu le traiter. De cette façon, vous êtes certain que vous n'aurez pas (déjà) des solutions à présenter. Ce système motive beaucoup et vous fait paraître moins impatient.

If you can organize your kitchen, you can organize your life.
– Louis Parrish

LECTURES CONSEILLÉES

Allen, David. *Getting Things Done: The Art of Stress-Free Productivity.* New York: Penguin Books, 2003.

Bellman, Geoffrey M. *Getting Things Done When You Are Not in Charge.* San Francisco: Berrett-Koehler Publishers, Inc., 2001.

Cohan, Peter S. *e-Profit.* New York: AMACOM, 2000.

Holland, Winford E. Dutch. *Change Is the Rule: Practical Actions for Change: On Target, on Time, on Budget.* Chicago: Dearborn Trade Publishing, 2000.

Hutchings, Patricia J. *Managing Workplace Chaos: Solutions for Handling Information, Paper, Time, and Stress.* New York: AMACOM, 2002.

Johnson, H. Thomas. *Profit Beyond Measure: Extraordinary Results Through Attention to Work and People.* New York: The Free Press, 2000.

Koch, Richard. *The 80/20 Principle: The Secret of Achieving More With Less.* New York: Currency/Doubleday, 1998.

Niven, P.R. *Balanced Scorecard Step-by-Step: Maximizing Performance and Maintaining Results.* New York: John Wiley & Sons, Inc., 2002.

Steinbock, Dan. *The Nokia Revolution.* New York: AMACOM, 2001.

Tichy, Noel M. and Eli Cohen. *The Leadership Engine.* New York: HarperCollins, 2002.

Williams, Paul B. *Getting a Project Done on Time.* New York: AMACOM, 1996.

Young, David S. and Stephen F. O'Byrne. *Management: A Practical Guide to Implementation.* New York: McGraw-Hill, Inc., 2001.

85 IMPACT SUR LE CLIENT/ VALEUR AJOUTÉE

A business exists to create a customer.
– Peter Drucker

Définition générale : La mesure par laquelle les biens et services produits sont conformes aux attentes des clients internes et externes.

COMPÉTENCE NON MAÎTRISÉE

- ☐ Produit des biens et services qui ne répondent pas aux besoins et aux attentes des clients internes et externes
- ☐ Il y a toujours des réclamations et un refaçonnage considérable pour satisfaire au minimum les clients

Sélectionnez dans la liste ci-dessous une à trois compétences comme compétence de remplacement si vous décidez de ne pas travailler directement sur cette dernière.

SUBSTITUTS : 1,3,9,16,24,27,31,32,33,38,39,43,47,48,50,51,52,53,61,63

COMPÉTENCE MOYENNE

- ☐ Produit des biens et des services qui répondent habituellement aux normes des clients internes et externes
- ☐ La majorité des clients sont satisfaits ; quelques-uns font des réclamations ; pour certains travaux, un refaçonnage s'impose pour satisfaire tous les clients

COMPÉTENCE MAÎTRISÉE

- ☐ Produit des biens et services qui satisfont, et parfois dépassent, les normes et les attentes des clients internes et externes
- ☐ Se tient toujours au courant des besoins et des attentes des clients
- ☐ La réaction des clients est presque toujours positive

COMPÉTENCE UTILISÉE À L'EXCÈS

- ☐ Donne aux clients beaucoup plus que ce que l'organisation reçoit en retour
- ☐ Excessivement déterminé à produire des biens et services qui satisfont et dépassent constamment les critères et les attentes des clients internes et externes
- ☐ Utilise trop de ressources, perd de vue d'autres objectifs et buts importants, et prend excessivement le parti des clients aux dépens des autres valeurs et politiques de l'organisation

Sélectionnez dans la liste ci-dessous une à trois compétences sur laquelle vous devrez travailler pour compenser son utilisation excessive.

COMPENSATEURS : 5,9,12,34,35,38,39,42,50,51,52,53,57,58,59

QUELQUES CAUSES

- ☐ Arrogant, en sait toujours plus que les autres
- ☐ Sur la défensive face aux plaintes
- ☐ A du mal à dire non
- ☐ Se sent nerveux quand il s'agit de négocier avec les clients
- ☐ Ne planifie pas et n'est pas organisé
- ☐ N'est pas orienté vers les résultats
- ☐ Pas très doué pour la communication interpersonnelle
- ☐ Ne sait pas se mettre à l'écoute des autres
- ☐ Mauvaise gestion du temps
- ☐ Rejette les commentaires des clients
- ☐ Timide, craint de poser des questions

LA CARTE

Dans un système de libre entreprise, le client est roi. Ceux qui satisfont constamment leurs clients internes et externes l'emportent. Répondre aux attentes des consommateurs est un minimum. Pour ce faire, vous devrez connaître ou, mieux encore, négocier les attentes et les normes du client, planifier et préparer les ressources nécessaires pour répondre à ces attentes et, enfin, produire le résultat escompté. La capacité d'anticiper les besoins et attentes des clients avant même qu'ils ne soient exprimés représente un mode de fonctionnement supérieur. Cela implique d'être créatif et innovateur en ce qui concerne vos produits et services, de développer une vision de l'avenir et de livrer les résultats maintenant. Vous perdrez rarement si vous vous centrez sur les besoins des clients et que vous vous engagez à les satisfaire dans les délais.

QUELQUES SOLUTIONS

- ☐ **1. Gardez le contact.** Satisfaire les besoins raisonnables des clients est assez simple. Premièrement, vous avez besoin de connaître leurs désirs et leurs attentes. Et la meilleure façon de le savoir est de leur demander. Ensuite, livrez-leur en temps voulu ce qu'ils ont commandé, avec un rapport qualité/prix raisonnable. Trouvez des façons de rester en contact avec un large éventail de vos clients, de façon à obtenir un point de vue équilibré. Cela peut se faire par l'intermédiaire d'une rencontre, d'un appel téléphonique, d'un questionnaire ou encore d'une carte-réponse à retourner lors d'un achat de produits ou de services.

- ☐ **2. Les clients se plaignent, c'est leur rôle.** Soyez prêt à recevoir les bonnes nouvelles comme les mauvaises ; ne soyez pas sur la défensive ; contentez-vous d'écouter, de répondre aux critiques légitimes et de noter les autres. Les clients qui veulent se faire entendre le font surtout pour se plaindre et non pour complimenter ; ne vous laissez pas accabler par les commentaires négatifs ; les clients qui ont des opinions favorables sont toujours plus discrets.

☐ **3. Anticipez les besoins des clients.** Prenez l'habitude de rencontrer vos clients internes et externes sur une base régulière afin d'établir un dialogue ; ils ont besoin de se sentir libres de vous appeler lorsqu'ils ont des problèmes et vous devez pouvoir les contacter pour en obtenir les informations essentielles. Utilisez cette complémentarité des besoins pour aller au-devant de votre clientèle ; essayez d'anticiper leurs attentes pour vos produits et vos services, avant même qu'ils n'en prennent conscience ; faites-leur d'agréables surprises – des services qu'ils n'attendaient pas, des délais de livraison plus courts ; essayez d'aller au-delà de leurs attentes.

☐ **4. Mettez-vous à la place de vos clients.** Si vous étiez vous-même un client, à quoi vous attendriez-vous ; quels délais de livraison toléreriez-vous ; quel prix seriez-vous prêt à payer pour la qualité du produit ou du service que vous fournissez ; quels seraient les trois domaines principaux sur lesquels porteraient vos plaintes ? Répondez sans délai à tous les appels des clients ; si vous promettez quelque chose, tenez-y vous ; si les délais de livraison risquent de s'allonger, informez-les immédiatement ; si vos services ont eu à régler un problème particulier, rappelez-les ensuite pour savoir si tout est à leur convenance.

☐ **5. Mettez-vous à la place d'un client insatisfait.** Un client qui a pu vivre des expériences comme : des retards injustifiés, des commandes inexactes, des dépassements de coûts, des appels téléphoniques non retournés, des aliments froids, un mauvais service, des serveurs inattentifs, des articles en rupture de stock, etc. Vos clients vivent-ils des situations semblables ? Faites une étude sur les clients que vous avez perdus. Tentez de comprendre quels ont été les trois problèmes majeurs et trouvez comment vous pouvez éliminer rapidement 50 % des raisons qui ont causé leur départ. Étudiez les maladresses de vos concurrents et cherchez comment vous pourriez, à la fois, éviter leurs erreurs et rendre vos services plus performants.

☐ **6. Mettez-vous à la place d'un client satisfait.** Inscrivez tous les facteurs de satisfaction que vous avez rencontrés durant le dernier mois. Qu'est-ce qui vous a le plus satisfait ? Un bon rapport qualité/prix ? Un service ponctuel ? La courtoisie ? Des retours d'appels ? Ces situations satisfaisantes arrivent-elles à vos clients lorsqu'ils sont en relation avec vous et votre organisation ? Étudiez vos transactions les mieux réussies avec vos clients, de façon à les systématiser. Étudiez ensuite ce que vos concurrents font de bien et voyez comment vous pourriez intégrer ces points pour améliorer votre service à la clientèle.

☐ **7. Comment faire exécuter le travail ?** Tout le monde ne sait pas manager une équipe. Certains sont performants seuls mais ont des difficultés lorsque ces résultats doivent provenir de l'équipe. Avez-vous des difficultés pour amener votre équipe à produire avec vous les résultats recherchés ? Vous possédez les ressources matérielles et humaines, mais la performance n'est pas au rendez-vous.

Vous faites trop de choses par vous-même. Vous ne déléguez pas les charges ou les responsabilités. Vous communiquez mal. Vous ne savez pas motiver. Vous planifiez mal. Vous ne savez pas établir correctement vos priorités et vos objectifs. Si vous êtes un manager en formation ou nouvellement promu à des responsabilités de cadre, il existe des principes fondamentaux reconnus sur les bonnes pratiques en matière de management. Partagez-vous les mérites avec vos collaborateurs ? Leur donnez-vous une idée claire de ce qui est important ? Leur travail contient-il des défis ? Cherchez-vous à les motiver ou vous contentez-vous de leur distribuer le travail à faire ? Lisez *Becoming a Manager,* par Linda A. Hill. Assistez à un cours de formation sur le management. *Besoin d'aide supplémentaire ? Reportez-vous aux fiches n° 18 : Savoir déléguer, n° 20 : Savoir diriger, n° 36 : Savoir motiver, et n° 60 : Savoir constituer des équipes performantes.*

☐ **8. Allez-y avec davantage de « quoi », de « pourquoi » et moins de « comment ».** La meilleure façon de déléguer est d'être très clair sur ce qui est à faire, la date de réalisation et d'être plus ouvert quant à la manière de faire. On est plus motivé lorsqu'on peut choisir la façon de procéder. Ceux qui n'ont pas l'expérience de la délégation indiquent comment faire, ce qui fait que leur personnel se comporte davantage en automates qu'en collaborateurs enthousiastes. Dites-leur quoi et quand et laissez-leur découvrir comment par eux-mêmes. Donnez-leur la liberté d'action. Encouragez-les à essayer. En plus d'être plus motivant, cela devient aussi formateur pour eux. Expliquez-leur le contexte ou la situation globale où s'insère le travail à accomplir. Bien que la connaissance du contexte ne soit pas nécessaire pour accomplir la tâche, les gens sont davantage motivés s'ils ont une vision plus large des choses. Prenez quelques minutes supplémentaires pour expliquer pourquoi ce travail doit être fait et son importance pour l'atteinte des buts et des objectifs de l'unité.

85

☐ **9. L'écoute contrainte.** Que faire si l'on vous critique ou si l'on vous attaque personnellement ? Si l'on affirme des choses fausses ? Les règles demeurent les mêmes. Quand vous avez un ressenti négatif, vous devez travailler à garder votre calme. Changez votre façon de penser. En écoutant les remarques que l'on vous fait, efforcez-vous seulement de comprendre ce que l'on vous dit. Ce n'est pas le moment de réfuter ou d'accepter. Cela viendra plus tard. Pratiquez un Aïkido interpersonnel, cet art ancien qui consiste à absorber l'énergie de l'adversaire pour l'utiliser ensuite à contrôler votre opposant. Laissez la partie adverse exprimer sa frustration mais ne réagissez pas directement. Écoutez. Acquiescez de la tête. Demandez-lui une explication. Mais ne réagissez pas. Ne jugez pas. Laissez la personne parler jusqu'à ce que ses griefs soient épuisés. Séparez la personne du contenu. *Lisez le paragraphe 4 de la fiche n° 108 : Être sur la défensive, afin de trouver comment réagir contre les attaques calomnieuses. Besoin d'aide supplémentaire ? Reportez-vous à la fiche n° 12 : Savoir gérer les conflits.*

☐ **10. Vous pouvez être perçu comme quelqu'un de rigide, peu disposé à accepter, ou même à envisager, le point de vue des autres.** *Voir Trop en faire, n° 22 : Respecter l'éthique et les valeurs.* Les attitudes rigides sont souvent dues à des expériences vécues pendant l'enfance ou l'adolescence. Vous avez peut-être fait l'amalgame entre vos convictions et une attitude rigide. Pourquoi tenez-vous à ces attitudes ? Examinez, de façon critique, si elles sont appropriées à la situation. De toute façon, les convictions sont des affirmations qui engagent et les vraies valeurs résistent à l'examen. Vous pourrez donc expliquer pourquoi vous y tenez, comment elles s'appliquent dans diverses situations et ce qui se passe quand elles entrent en conflit avec d'autres valeurs.

Rule 1: The customer is always right.
Rule 2: If the customer is ever wrong, reread Rule 1.
– Stew Leonard, American merchant

LECTURES CONSEILLÉES

Bell, Chip R. and Bilijack R. Bell. *Magnetic Service.* San Francisco: Berrett-Koehler Publishers, Inc., 2003.

Blackwell, Roger and Kristina Stephan. *Customers Rule! Why the E-Commerce Honeymoon is Over and Where Winning Businesses Go From Here.* New York: Crown Business Publishing, 2001.

Branham, L. *Keeping the People Who Keep You in Business.* New York: AMACOM, 2001.

Brock, Richard. *Inside the Minds: Profitable Customer Relationships: The Keys to Maximizing Acquisition, Retention, and Loyalty.* Boston: Aspatore Books, 2003.

Buckingham, Richard A. *Customer Once, Client Forever: 12 Tools for Building Lifetime Business Relationships.* New York: Kiplinger Books, 2001.

Griffin, Jill and Michael W. Lowenstein. *Customer Winback.* San Francisco: Jossey-Bass, Inc., 2001.

Gutek, Barbara A. and Theresa Welsh. *The Brave New Service Strategy.* New York: AMACOM, 2000.

Hall, Stacey and Jan Brogniez. *Attracting Perfect Customers: The Power of Strategic Synchronicity.* San Francisco: Berrett-Koehler Publishers, Inc., 2001.

Heskett, James L., W. Earl Sasser, Jr. and Leonard A. Schlesinger. *The Service Profit Chain: How Leading Companies Link Profit and Growth to Loyalty, Satisfaction, and Value.* New York: The Free Press, 1997.

Johnson, Michael D. and Anders Gustafsson. *Improving Customer Satisfaction, Loyalty and Profit.* New York: Jossey-Bass, Inc., 2000.

85

Keller, Ed and Jon Berry. *The Influentials*. New York: The Free Press, 2003.

Nykamp, Melinda. *The Customer Differential.* New York: AMACOM, 2001.

Prahalad, C.K. and Venkat Ramaswamy. *The Future of Competition: Co-Creating Unique Value With Customers.* Boston: Harvard Business School Press, 2004.

Reichheld, Frederick. *Loyalty Rules*. Boston: Harvard Business School Press, 2001.

Reichheld, Frederick F. with Thomas Teal. *The Loyalty Effect: The Hidden Force Behind Growth, Profits and Lasting Value.* Boston: Harvard Business School Press, 2001.

Seybold, Patricia B., Ronni T. Marshak and Jeffrey M. Lewis. *The Customer Revolution*. New York: Crown Business Publishing, 2001.

Sobel, Andrew. *Making Rain: The Secrets of Building Lifelong Client Loyalty.* New York: John Wiley & Sons, Inc., 2003.

Solomon, Michael R. *Conquering Consumerspace*. New York: AMACOM, 2003.

Solomon, Robert. *The Art of Client Service*. Chicago, IL: Dearborn Financial Publishing, 2003.

Tate, Rick and Josh Stroup. *The Service Pro: Creating Better, Faster, and Different Customer Experiences*. Amherst, MA: HRD Press, 2003.

Thompson, Harvey. *The Customer-Centered Enterprise*. New York: McGraw-Hill, Inc., 2000.

Zaltman, Gerald. *How Customers Think*. Boston: Harvard Business School Press, 2003.

Zemke, Ron and Chip R. Bell. *Service Magic: The Art of Amazing Your Customers*. Chicago, IL: Dearborn Financial Publishing, 2003.

86 AUTONOMIE FACE À UN SOUTIEN NON PLANIFIÉ

We are such lovers of self-reliance, that we excuse in a man many sins, if he will show us a complete satisfaction in his position.
– Ralph Waldo Emerson

inition générale : La quantité et l'intensité de supervision et le support nécessaires xécution conforme aux normes.

MPÉTENCE NON MAÎTRISÉE

A besoin d'un soutien significatif, dépassant la moyenne, de la part de ses supérieurs et des autres personnes pour pouvoir répondre aux normes de base

Reçoit plus de soutien et de suivi que les autres personnes ou groupes pour être capable de réaliser un travail conforme aux normes

Accapare les supérieurs de telle sorte que ces derniers n'ont plus assez de temps pour assister les autres personnes ou groupes

Sélectionnez dans la liste ci-dessous une à trois compétences comme compétence de remplacement si vous décidez de ne pas travailler directement sur cette dernière.

SUBSTITUTS : 1,9,12,16,27,34,37,38,39,43,47,48,50,53,57

MPÉTENCE MOYENNE

Réalise un travail conforme à la norme avec un niveau de soutien, d'aide et de conseils normal ou raisonnable de la part de ses supérieurs et des autres

Requiert une bonne partie du soutien et du temps disponible

MPÉTENCE MAÎTRISÉE

Accomplit généralement son travail selon les normes d'une manière indépendante

Reçoit un minimum de soutien de la part de ses supérieurs ou d'autres sources, et a besoin de peu de conseils ou d'aide

Indépendant et entreprenant

Requiert beaucoup moins de soutien que la plupart des autres personnes ou groupes

MPÉTENCE UTILISÉE À L'EXCÈS

Tient tellement à travailler seul qu'il fait preuve d'un individualisme excessif

Ne veut aucun soutien, suit son propre chemin et travaille sur ses propres objectifs

suite

- ☐ Peut gaspiller du temps et des ressources à faire le mauvais travail ou à le faire de la mauvaise façon

  Sélectionnez dans la liste ci-dessous une à trois compétences sur laquelle vous devrez travailler pour compenser son utilisation excessive.

  COMPENSATEURS : 3,15,33,42,50,53,60,65

QUELQUES CAUSES

- ☐ Préfère les choses comme elles sont
- ☐ Évite de prendre des décisions
- ☐ Évite les risques
- ☐ N'expérimente pas
- ☐ Craint d'échouer
- ☐ Inexpérimenté
- ☐ Fait traîner les choses
- ☐ Manque de confiance en soi
- ☐ Perfectionniste
- ☐ Mauvaise gestion
- ☐ Préfère que les choses soient structurées

LA CARTE

La plupart des gestionnaires s'attendent à pouvoir produire par leurs propres moyens, autant que possible, tout en atteignant les objectifs et les buts qu'ils se sont fixés. À l'exception des gestionnaires qui privilégient la microgestion, la majorité préfère définir les objectifs, fixer les tâches et répartir les responsabilités afin de pouvoir se charger d'autres activités, et confie le reste du travail à d'autres personnes et à leurs compétences. Demander de l'aide et de l'assistance en cas de besoin réel est chose attendue et acceptable. Mais compter sur les directives et le soutien des autres à cause des faiblesses de vos capacités ne l'est pas. Profiter du temps et des ressources des autres pour réaliser un travail de qualité et à temps est tout à fait raisonnable et louable. Prendre le temps des autres pour son propre avantage ou pour couvrir une faiblesse ne l'est pas. La capacité de pouvoir se débrouiller tout seul dans des situations délicates constitue un atout pour la carrière.

QUELQUES SOLUTIONS

- ☐ **1. Sachez vendre votre idée.** Bien que certains puissent bien accueillir vos paroles et vos actions, d'autres vous attaqueront ou même tenteront de vous dévaluer et de saboter votre travail. Pour imposer votre point de vue, gardez les yeux sur l'objectif mais n'imposez pas les moyens pour y parvenir. Accordez quelques marges de manœuvre. Présentez les résultats, les cibles et votre objectif final, mais pas les modalités d'action. Acceptez toutes les idées, bonnes ou mauvaises. Toute réponse est positive pour vous si vous en apprenez quelque chose. Invitez à critiquer votre action. Même si vous agissez seul, vous avez besoin des conseils et de l'appui des autres pour y arriver. Évitez les conflits de personnalité. *Besoin d'aide supplémentaire ? Reportez-vous à la fiche n° 12 : Savoir gérer les conflits.*

☐ **2. Soyez philosophe si vous avez tort ou si vous perdez.** Après tout, la plupart des innovations et la plupart des efforts de changements échouent. Les études démontrent que beaucoup de managers performants ont commis plus d'erreurs dans leur carrière que ceux qu'ils ont dépassés. Ils ont justifié leur promotion parce qu'ils étaient capables de faire face et non parce qu'ils avaient toujours raison. D'autres études affirment que les très bons dirigeants ont raison dans seulement 65 % des cas. Acceptez donc l'idée que vous risquez de commettre des erreurs, des fautes et des échecs. Et ne laissez pas l'éventualité d'avoir tort vous empêcher de faire face quand vous croyez avoir raison.

☐ **3. Vous n'aimez pas le risque ?** Faire preuve d'autonomie implique de repousser les limites, de tenter sa chance et de prendre des initiatives nouvelles et courageuses. Cette façon d'agir provoque, bien entendu, des erreurs et des échecs. Traitez-les comme autant d'occasions d'apprendre. Qui ne risque rien, n'a rien. Élevez votre niveau de témérité. Commencez par prendre des risques limités pour pouvoir vous rattraper plus facilement. Visez les petites réussites. Lancez des ballons d'essai. Ne vous engagez pas dans un défi majeur pour prouver votre courage. Contentez-vous d'épreuves plus modestes. Débutez par les plus faciles. Passez ensuite aux plus difficiles. Après chaque tâche, analysez ce que vous avez fait de bien et de moins bien et fixez-vous des objectifs, pour faire mieux et différemment à chaque fois. Relevez le défi. Décuplez votre créativité en utilisant de nouvelles tactiques. *Besoin d'aide supplémentaire ? Reportez-vous aux fiches n° 2 : Faire face à l'ambiguïté, n° 14 : Faire preuve de créativité et n° 28 : Gérer l'innovation.*

☐ **4. Prendre des responsabilités personnelles.** Être autonome signifie savoir faire face, seul, aux conséquences, bonnes et mauvaises. Vous n'aurez pas toujours raison donc il vous faudra être aussi prompt à accepter le blâme que les louanges. Dites simplement : « Oui, vous avez raison, ma position n'était pas la bonne, désolé ». Prenez pour habitude de faire une analyse immédiatement après les étapes importantes – gagnées ou perdues. Ceci démontrera que vous cherchez à vous améliorer, que les résultats aient été exceptionnels ou non. Ne laissez pas vos faux pas paralyser votre courage et vous empêcher de vous exprimer, d'être sur la brèche et de défendre des positions périlleuses.

☐ **5. Il est plus risqué de mener que de suivre.** Il y a de nombreux avantages personnels à diriger mais cela vous met aussi sous les feux de la rampe. Pensez aux élus politiques face au jugement de leurs électeurs. Les leaders doivent posséder une confiance intérieure. Est-ce que vous vous sentez en accord avec vous-même ? Il faut d'abord avoir la conviction d'avoir fait le bon choix. Pouvez-vous défendre le bien-fondé de ce que vous faites devant une audience critique et partiale ? Les leaders doivent savoir accepter les foudres de leurs détracteurs. Pouvez-vous supporter la pression ? Bien des gens vous affirmeront qu'il aurait été possible de faire les choses différemment. Écoutez-les, mais restez ferme. Même les grands leaders ont parfois tort, mais ils assument leur responsabilité personnelle pour les erreurs commises et continuent leur chemin. Ne laissez pas les critiques vous empêcher d'assumer votre leadership. Blindez-vous pour résister à la pression. Faites le point sur les événements dès que vous terminez une étape importante. Cela montrera à tous que vous êtes ouvert à l'amélioration, que les résultats aient été exceptionnels ou non.

☐ **6. Vous ne savez pas encore si vous avez la passion de diriger ?** Essayez de petites choses. Portez-vous volontaire pour diriger une équipe de résolution de problèmes. Portez-vous volontaire dans un rôle de leader à l'intérieur de votre communauté, pour un établissement scolaire ou dans le cadre de responsabilités locales. Portez-vous volontaire pour un projet spécial. Tentez de vous impliquer dans la direction d'une coopérative financière. Portez-vous volontaire pour une œuvre caritative Tentez de vous impliquer dans la direction d'une équipe sportive.

☐ **7. Trop prudent et conservateur ?** En étant plus opportuniste, vous ferez plus d'erreurs, mais vous travaillerez plus rapidement. Sortez de votre propension à tout analyser et à prendre la décision la moins risquée et passez à l'action. Qui dit opportunité dit risque d'erreur, mais aussi résultats rapides. Développez une attitude plus philosophique vis-à-vis de la critique et de l'échec. Après tout, la plupart des tentatives d'innovation échouent, de même que la plupart des efforts de changement. Tout ce qui en vaut vraiment la peine demande des efforts répétés. La meilleure attitude, dans ces cas-là, est de demander : « Que pouvons-nous apprendre de ces erreurs ? » Questionnez-vous pour savoir si votre besoin d'être consciencieux vous permet de répondre vraiment aux exigences de rapidité et d'opportunisme reliées à votre poste. *Besoin d'aide supplémentaire ? Reportez-vous à la fiche n° 45 : Savoir apprendre.*

☐ **8. Vous hésitez devant les réactions des autres et leur résistance ?** Les conflits ont-ils tendance à ralentir votre rythme de travail, à ébranler votre confiance en vos décisions ? Vous en arrivez à douter de vos décisions ? Abandonnez-vous trop rapidement ? Vous tentez de satisfaire tout le monde ? Préparez-vous. Cernez le problème, considérez les options, choisissez-en une et bâtissez une argumentation autour. Refaites le même exercice pour chacune des options. Soyez prêt à défendre votre choix ; anticipez les questions, les oppositions, l'impact de la décision sur les gens. Écoutez attentivement, encouragez la critique de vos idées et réévaluez-les en fonction des informations recueillies. Autrement, maintenez votre position.

☐ **9. Déléguer.** Entreprendre des projets importants et complexes se traduit par l'exécution d'une série de tâches conduisant au but. On remarque que les personnes qui ont un vrai contrôle sur les tâches à effectuer travaillent plus et avec plus d'ardeur. Il est facile de comprendre que l'on préfère contrôler son propre travail, établir la façon dont il sera exécuté et, évidemment, avoir les pouvoirs de décision nécessaires. Déléguez autant qu'il vous est possible et en accordant toute l'autorité que justifie l'exécution de la mission. En revanche, faites attention aux maillons faibles (généralement les personnes que vous voyez moins souvent ou que vous ne pouvez contrôler facilement), par exemple quelqu'un qui travaille loin de vous, un consultant ou un fournisseur. Restez doublement en contact avec les maillons les plus faibles de la chaîne.

☐ **10. Prenez en considération le temps des autres.** Généralement, plus votre interlocuteur et vous-même occupez une position élevée dans la hiérarchie et moins vous disposerez de temps. Soyez efficace quand il s'agit du temps des autres. Soyez comptable du temps des autres. Donnez-leur une occasion de poursuivre la discussion, mais s'ils n'en font rien, prenez congé et partez. On vous en demandera souvent plus que ce que vous ne pouvez faire. Une des habiletés essentielles en matière de gestion du temps est de pouvoir dire « non » de façon constructive.

The man who knows it can't be done
counts the risk, not the reward.
– Elbert Hubbard

LECTURES CONSEILLÉES

Dominguez, Linda R. *How to Shine at Work.* New York: McGraw-Hill Trade, 2003.

Gittines, Roger and Rosanne Badowski. *Managing Up: How to Forge an Effective Relationship With Those Above You.* New York: Currency, 2003.

Goleman, Daniel, Annie McKee and Richard E. Boyatzis. *Primal Leadership: Realizing the Power of Emotional Intelligence.* Boston: Harvard Business School Press, 2002.

Jackson, Paul Z. and Mark McKergow. *The Solutions Focus.* Yarmouth, ME: Nicholas Brealey Publishing, 2002.

Kotter, John P. and Dan S. Cohen. *The Heart of Change: Real-Life Stories of How People Change Their Organizations.* Boston: Harvard Business School Press, 2002.

Linsky, Martin and Ronald A. Heifetz. *Leadership on the Line: Staying Alive Through the Dangers of Leading.* Boston: Harvard Business School Press, 2002.

Thornton, Paul B. *Be the Leader, Make the Difference.* Irvine, CA: Griffin Trade Paperback, 2002.

87 CONTRIBUTION DE L'ÉQUIPE/UNITÉ

If a team is to reach its potential, each player must be willing to subordinate his personal goals to the good of the team.
– Bud Wilkinson, U.S. football coach

Définition générale : Sans rapport direct avec la performance personnelle ou collective, aider les autres dans l'unité ou l'organisation à mener à bien un travail ou donner le ton dans le sens de la cooperation

COMPÉTENCE NON MAÎTRISÉE

- ☐ Son aide ou sa coopération est rarement utile au reste du groupe, de l'unité ou de l'organisation pour la réalisation d'un travail
- ☐ Peut limiter les efforts du groupe en hésitant à s'impliquer, voire en refusant d'aider
- ☐ Ne partage pas les ressources et les informations avec les autres

Sélectionnez dans la liste ci-dessous une à trois compétences comme compétence de remplacement si vous décidez de ne pas travailler directement sur cette dernière.

SUBSTITUTS : 3,12,21,27,31,33,36,38,41,42,48,60,64

COMPÉTENCE MOYENNE

- ☐ Souvent au service du reste du groupe ou d'autres unités pour les aider à réaliser un travail
- ☐ Coopère avec les autres
- ☐ Fait preuve d'un esprit d'entraide comparable à celui de la plupart des individus ou groupes

COMPÉTENCE MAÎTRISÉE

- ☐ Se montre toujours au service du reste du groupe ou d'autres unités
- ☐ Un des premiers à vouloir aider les autres à réussir
- ☐ Est prêt à tout partager si c'est pour le bien du groupe ou de l'organisation
- ☐ C'est un exemple de partage, d'attention et de coopération

COMPÉTENCE UTILISÉE À L'EXCÈS

- ☐ Aime tellement travailler en groupe que sa performance personnelle peut parfois en pâtir
- ☐ Perd trop de temps et d'énergie à vouloir aider les autres à réussir
- ☐ Manque parfois de temps et de ressources pour son propre travail

Sélectionnez dans la liste ci-dessous une à trois compétences sur laquelle vous devrez travailler pour compenser son utilisation excessive.

COMPENSATEURS : 12,37,50,53,57

QUELQUES CAUSES

- ☐ Individualiste
- ☐ Fait preuve de suffisance
- ☐ Compétitif
- ☐ Est sur la défensive
- ☐ Impatient avec les autres
- ☐ N'est pas personnellement productif
- ☐ Aptitudes à communiquer insuffisantes
- ☐ Pas très doué pour la communication interpersonnelle
- ☐ Mauvais négociateur
- ☐ Égocentrique

LA CARTE

Bien que faire son travail soit toujours primordial, aider les autres à faire le leur peut aussi être bénéfique au bout du compte. Il y a là réciprocité. Aidez ceux qui vous aident. Même si vous n'avez pas besoin des autres aujourd'hui, vous pourriez avoir besoin d'eux demain. Le succès, ça se partage. Si vous réussissez mais que les autres membres de votre équipe trébuchent, cela ne vous avancera pas à grand-chose en bout de ligne. C'est plus drôle et plus gratifiant de faire partie d'une équipe gagnante. Il y a là également un aspect d'apprentissage. En aidant les autres, vous pouvez toujours apprendre quelque chose qui pourra vous être utile à l'avenir. C'est aussi une question de satisfaction personnelle. La plupart des gens se réjouissent du fait d'avoir aidé les autres à réussir. Si vous ne pouvez pas aider les autres parce que vous ne savez pas comment, apprenez. Si vous n'aidez pas les autres parce que vous pensez que vous n'avez rien à leur prodiguer, demandez. Si vous n'aidez pas les autres parce que vous vous sentez supérieur, arrêtez.

QUELQUES SOLUTIONS

☐ **1. Cherchez un dessein commun qui puisse être partagé par l'ensemble de l'équipe.** Une conviction partagée stimule les équipes idéales. Comme dans un laser, l'alignement augmente la polarisation, la puissance et l'efficacité. Chaque membre de l'équipe doit être impliqué dans l'élaboration de la vision. Établissez des buts et des mesures d'évaluation. La plupart des gens désirent connaître leur taille et leurs mesures. Ils aiment aussi avoir des points de référence pour mesurer leurs progrès. Ils travaillent mieux avec des objectifs adaptables. Enfin, laisser l'équipe participer à l'établissement des objectifs est un atout complémentaire. *Besoin d'aide supplémentaire ? Reportez-vous à la fiche n° 35 : Savoir gérer et établir des indicateurs de performance.*

☐ **2. Pour bien communiquer avec les membres de l'équipe, efforcez-vous de les comprendre sans les juger.** Vous n'avez pas besoin d'être forcément d'accord ; vous avez seulement à comprendre. Bâtir une équipe exige de passer du temps à former et guider ceux qui la composent, les accompagner lors des visites chez les clients, prendre le temps de réfléchir avec eux aux problèmes. Enseignez-leur votre expérience et, en particulier, les raisons objectives qui motivent les efforts à faire. Le but est qu'ils s'exclament : « Nous y sommes arrivés ! » *Besoin d'aide supplémentaire ? Reportez-vous à la fiche n° 27 : Savoir informer.*

☐ **3. La résistance au concept d'équipe sera surmontée par une polarisation sur les objectifs communs, les priorités et les problèmes, par l'insistance sur la logique** de travailler en commun, par l'écoute patiente des inquiétudes des autres, par la considération de leurs aspirations, mais aussi en mettant l'emphase sur la nécessité de l'équipe. Vous encouragerez les suggestions pour parvenir au but et ferez preuve de patience envers les récalcitrants. Maintenez une pression légère. *Besoin d'aide supplémentaire ? Reportez-vous à la fiche n° 13 : Faire face aux problèmes de performance de ses collaborateurs directs.*

☐ **4. Les équipes qui excellent ont appris à opérer efficacement et rapidement.** Lisez *Overcoming Organizational Defense,* de Chris Argyris. La moitié du livre est consacrée aux problèmes courants qui empêchent les équipes d'exceller, et l'autre partie propose des stratégies et des tactiques pour les surmonter.

☐ **5. L'influence.** Les collègues n'ont généralement pas de pouvoir les uns sur les autres. Cela signifie que les capacités à influencer, à comprendre, à négocier servent de monnaie d'échange. Il ne suffit donc pas simplement de demander pour obtenir, vous devez trouver des intérêts communs où vous pourrez apporter de l'aide. Quels sont les besoins de vos collègues ? Vos résultats sont-ils importants à leurs yeux ? Comment votre activité peut-elle les affecter ? Comment vos actions peuvent-elles les influencer ? Si votre action a des incidences négatives, vous pouvez faire un échange, trouver un moyen de diminuer leur charge de travail (proposer l'aide de votre personnel, par exemple). Allez vers vos collègues avec un esprit d'échange.

☐ **6. Les styles de personnalités s'opposent souvent à des alliances efficaces entre collègues.** Les impressions laissées sont très différentes selon les personnes. Ceux qui sont perçus positivement obtiennent davantage de leurs collègues que ceux qui laissent derrière eux une marque négative faite de froideur et d'insensibilité. *Besoin d'aide supplémentaire ? Reportez-vous aux fiches n° 3 : Être d'un abord facile, n° 31 : Être doué pour la communication interpersonnelle et n° 33 : Savoir écouter.*

☐ **7. Si vos collègues vous considèrent comme un concurrent trop performant,** ils tenteront de vous éliminer du circuit et pourront même saboter vos efforts pour traiter avec eux. Pour vous montrer coopératif, expliquez-leur vos idées et invitez-les à en faire autant. Évoquez des alternatives possibles plutôt que de forcer des accords. Soyez patient, laissez-leur le temps de s'adapter à la situation. Mettez l'emphase sur les buts communs, les priorités et les problèmes. Invitez-les à critiquer vos idées.

☐ **8. Si vos collègues vous croient dépourvu de respect à leur égard ou pour leur travail, essayez de réduire les conflits et empêchez-les de dériver.** Séparez les questions de personnes et les problèmes. Ne portez pas de jugement sur les personnes. Ne donnez pas l'impression que vous essayez de dominer. Étudiez les positions respectives sans manifester votre accord ou votre désaccord. Vous sentez-vous capable de comprendre leur point de vue ? Si vos collègues s'énervent, ne réagissez pas ; revenez aux faits et aux problèmes, en évitant les conflits de personnalités. Permettez aux autres de sauver la face ; accordez-leur de petites concessions ; n'essayez pas de gagner sur toute la ligne systématiquement. Si un collègue adopte une position inflexible, ne la rejetez pas. Demandez pourquoi : quels sont les principes derrière cette position, comment pouvez-vous faire pour savoir si c'est équitable, quelle est la théorie à appliquer. Développez ce qui pourrait se passer si cette position était acceptée.

☐ **9. Le solitaire.** Vous demeurez discret et renfermé ? Vous travaillez seul ou tentez de le faire ? Vous gardez de l'information par-devers vous ? Vous distribuez des bribes d'information selon votre bon vouloir ? Ne partagez-vous l'information que pour obtenir un avantage ou gagner une faveur ? Les gens autour de vous savent-ils ce que vous faites et pourquoi ? Êtes-vous conscient de détenir des informations qui aideraient les autres mais que vous ne prenez pas le temps de communiquer ? Dans beaucoup d'organisations, ce genre d'attitude vous vaudra des ennuis. Les organisations fonctionnent par flux d'informations. Rester autonome et préférer votre aire privée et votre paix ne sont acceptables que tant que vous communiquez à vos patrons, collègues et coéquipiers ce qu'ils ont besoin ou qu'ils apprécieraient de savoir. Ne soyez pas à l'origine de surprises.

☐ **10. Faire preuve de loyauté.** Les relations harmonieuses sont basées sur la loyauté et sur l'impact que cela peut avoir sur les autres. Ne vous contentez pas de demander des choses ; trouvez des terrains d'entente pour apporter votre aide et pas seulement en demander. Est-ce que le groupe avec lequel vous êtes en contact a besoin d'information ou d'aide pour résoudre un problème ? Vos résultats sont-ils importants à leurs yeux ? Comment votre activité peut-elle les affecter ? Comment vos actions peuvent-elles les influencer ? S'il s'agit d'un impact négatif et qu'elles réagissent, avez-vous quelque chose à proposer en échange ? Pouvez-vous invoquer l'intérêt général ? Pouvez-vous trouver le moyen de réduire le travail ? Ou toute autre chose (par exemple, « prêter » du personnel) ? *Besoin d'aide supplémentaire ? Reportez-vous à la fiche n° 42 : Entretenir de bonnes relations avec ses collègues.*

Individual commitment to a group effort—that is what makes a team work, a company work, a society work, a civilization work.
– Vince Lombardi, U.S. football coach

LECTURES CONSEILLÉES

Avery, Christopher M., Meri Aaron Walker and Erin O'Toole. *Teamwork Is an Individual Skill: Getting Your Work Done When Sharing Responsibility.* San Francisco: Berrett-Koehler Publishers, Inc., 2001.

Baker, Wayne E. *Networking Smart.* New York: Backinprint.com, 2000.

Barner, Robert W. *Team Trouble-Shooter.* Palo Alto, CA: Davies-Black Publishing, 2000.

Chrispeels, Janet (Ed.). *Learning to Lead Together: The Promise and Challenge of Sharing Leadership.* Thousand Oaks, CA: Sage Publications, 2004.

Katzenbach, Jon R. and Douglas K. Smith. *The Wisdom of Teams: Creating the High-Performance Organization.* New York: HarperBusiness, 2003.

Kostner, Jaclyn. *BIONIC eTeamwork.* Chicago: Dearborn Trade Publishing, 2001.

Leigh, Andrew and Michael Maynard. *Leading Your Team: How to Involve and Inspire Teams.* Yarmouth, ME: Nicholas Brealey Publishing, 2002.

Lencioni, Patrick M. *The Five Dysfunctions of a Team: A Leadership Fable.* San Francisco: Jossey-Bass, Inc., 2002.

Parker, Glenn M. *Team Players and Teamwork.* San Francisco: Jossey-Bass, Inc., 1990.

Raymond, Cara Capretta, Robert W. Eichinger and Michael M. Lombardo. *FYI for Teams.* Minneapolis, MN: Lominger Limited, Inc., 2001.

Reid, Marie and Richard Hammersley. *Communicating Successfully in Groups: A Practical Introduction for the Workplace.* London; New York: Routledge, 2000.

Robbins, Harvey and Michael Finley. *The New Why Teams Don't Work—What Goes Wrong and How to Make It Right.* San Francisco: Berrett-Koehler Publishers, Inc., 2000.

Straus, David. *How to Make Collaboration Work: Powerful Ways to Build Consensus, Solve Problems, and Make Decisions.* San Francisco: Berrett-Koehler Publishers, Inc., 2002.

Wellins, Richard, William C. Byham and George R. Dixon. *Inside Teams.* San Francisco: Jossey-Bass, Inc., 1994.

87

88 HABITUDES DE TRAVAIL EFFICACES

I make no secret of the fact that I would rather
lie on a sofa than sweep beneath it. But you have
to be efficient if you're going to be lazy.
– Shirley Conran, English journalist, designer

Définition générale : La mesure par laquelle le style de travail dans son ensemble est productif et efficace en termes de gestion du temps, fixer des objectifs et priorités et faire le suivi des engagements malgré les défis posés à l'accomplissement du travail.

COMPÉTENCE NON MAÎTRISÉE

- ☐ Manque de rigueur dans son travail
- ☐ Travaille sur tout ce qui se présente, se laisse facilement distraire par des tâches de moindre importance
- ☐ Effectue un suivi inégal
- ☐ Gaspille beaucoup de temps et d'énergie à cause de sa mauvaise organisation

Sélectionnez dans la liste ci-dessous une à trois compétences comme compétence de remplacement si vous décidez de ne pas travailler directement sur cette dernière.

SUBSTITUTS : 1,18,20,35,36,39,47,50,52,53,60,62

COMPÉTENCE MOYENNE

- ☐ Fixe des objectifs appropriés et gère son temps de manière relativement productive et organisée
- ☐ Privilégie les tâches les plus importantes pour accomplir son travail
- ☐ Assure le suivi la plupart du temps

COMPÉTENCE MAÎTRISÉE

- ☐ Très productif et efficace en terme de planification et d'exécution
- ☐ Évalue correctement les tâches à accomplir, élabore des flux et des procédures de travail efficaces et répartit les ressources de manière appropriée
- ☐ Ses performances dépassent toujours celles des autres personnes ou groupes grâce à l'excellence de sa planification, de sa définition des priorités et de son exécution des tâches

COMPÉTENCE UTILISÉE À L'EXCÈS

- ☐ Tellement obsédé par la réalisation d'un travail tel qu'il a été planifié que ce travail est parfois fait en retard ou dépasse même des critères de qualité raisonnables

suite

☐ Est facilement désarçonné par tout imprévu et s'adapte mal au changement

Sélectionnez dans la liste ci-dessous une à trois compétences sur laquelle vous devrez travailler pour compenser son utilisation excessive.

COMPENSATEURS : 2,32,33,40,46,51,53

QUELQUES CAUSES

☐ Désorganisé
☐ Impatient
☐ Manque d'engagement
☐ Manque de concentration
☐ Paresseux
☐ N'a pas le souci du détail
☐ Ne planifie pas
☐ Mauvais suivi
☐ Mauvaise gestion du temps
☐ Fait traîner les choses
☐ Lent

LA CARTE

De bonnes habitudes personnelles de travail peuvent contribuer énormément à produire des résultats positifs. Un bon sens de la planification, notamment la faculté d'évaluer les besoins en termes de temps et de ressources, constitue toujours un bon point de départ et permet d'éviter d'avoir à planifier au hasard plus tard. Une bonne définition des objectifs facilite la prise de décision et l'allocation des ressources. Bien gérer son temps est essentiel. Les gens n'ont jamais assez de temps pour tout faire. Il est donc indispensable de savoir gérer son temps et celui des autres. Rien de tel qu'un bon suivi pour réussir. Cela fournit les informations nécessaires pour vérifier la qualité de votre travail et faire les ajustements nécessaires avant que des problèmes ne surgissent. Toutes ces capacités sont des habitudes de vie qui affectent tout ce que vous faites et qui peuvent toujours être améliorées.

88

QUELQUES SOLUTIONS

☐ **1. Décrire les tâches et le travail.** La plupart des projets réussis commencent avec un bon plan. Que dois-je faire ? Quels sont les objectifs ? Quel est le temps disponible ? Quelles ressources me seront nécessaires ? Ai-je le contrôle sur toutes ces ressources ? Qui contrôle les ressources (le personnel, le financement, les outils, les matériels, les appuis) dont j'ai besoin ? Détaillez le travail de A à Z. On risque de donner l'impression d'un manque de planification lorsque l'on n'écrit pas tout le déroulement ou toutes les parties du projet et que l'on oublie quelque chose. Demandez à d'autres de réviser l'agencement et d'identifier ce qui manque. *Besoin d'aide supplémentaire ? Reportez-vous aux fiches n° 52 : Maîtriser la gestion des processus et n° 63 : Systèmes de gestion intégrale de la qualité (ex. TQM/ISO/Six Sigma).*

☐ **2. Attention au piège de l'activité.** Dans *The General Managers,* John Kotter précise que les dirigeants efficaces consacrent la moitié de leur temps à une ou deux priorités. Priorités qu'ils décrivent d'ailleurs en les formulant selon leurs propres termes et non en utilisant ceux du plan de développement/d'organisation de l'entreprise. De plus, ils s'efforcent de ne pas se disperser, en ne s'occupant pas des activités secondaires qui nécessitent beaucoup de temps. Donc, plutôt que de poursuivre une multitude de petites activités, apparemment pertinentes et urgentes, ils se recentrent toujours sur les quelques questions de fond qui, à terme, se révèlent les plus productives.

☐ **3. Établir des objectifs et des mesures de repérage.** Rien ne facilite plus le respect de l'échéancier et du budget que d'avoir un but, un plan et des mesures de contrôle. Établissez des objectifs non seulement pour le projet lui-même, mais aussi pour les tâches qui le composent. Planifiez l'ensemble. Établissez des contrôles de façon à ce que vous et d'autres puissiez mesurer les progrès. *Besoin d'aide supplémentaire ? Reportez-vous à la fiche n° 35 : Savoir gérer et établir des indicateurs de performance.*

☐ **4. Gérer efficacement.** Planifiez votre budget et gérez en conséquence. Dépensez prudemment. Ayez une réserve pour les imprévus. Ayez des points de repères dans votre budget, ce qui vous permettra de vérifier si les dépenses courantes sont conformes au plan.

☐ **5. Établir une procédure pour concilier l'avancement du projet et le plan.** Comment saurez-vous si le plan se déroule dans les délais prévus ? Pouvez-vous, à n'importe quel moment, estimer le délai d'achèvement des travaux ou leur état d'avancement ? Transmettez régulièrement les informations pertinentes aux personnes impliquées dans l'exécution du plan.

☐ **6. Détaillez le processus.** Les meilleurs processus commencent avec un plan. Que dois-je faire ? Quel est le temps disponible ? Quelles ressources me seront nécessaires ? Qui contrôle les ressources (le personnel, le financement, les outils, les matériels, les appuis) dont j'ai besoin ? Quelles sont mes capacités financières ? Dois-je payer ou échanger quelque chose pour obtenir les ressources dont j'ai besoin ? Qui gagne si je gagne ? Qui pourrait perdre ? Achetez-vous un logiciel qui permet de préparer des diagrammes PERT ou de GANTT ou un logiciel de planification de projets. Devenez expert dans leur utilisation. Utilisez-le aussi pour communiquer vos plans. Utilisez ses diagrammes lors de vos présentations. Rien n'aide davantage à promouvoir un processus qu'un bon plan. Il aide, en premier lieu, les intervenants qui pourront suivre les directives du plan. Il permet une meilleure utilisation des ressources. Il accélère le déroulement du processus. Il permet d'anticiper les problèmes. Si vous ne voulez pas paraître manquer de planification, détaillez, dans votre plan, toutes les parties du projet, de A jusqu'à Z, et demandez à d'autres de réviser l'agencement et de noter ce qui manque. *Besoin d'aide supplémentaire ? Reportez-vous aux fiches n° 47 : Savoir planifier et n° 63 : Systèmes de gestion intégrale de la qualité (ex. TQM/ISO/Six Sigma).*

☐ **7. Comment faire exécuter le travail ?** Tout le monde ne sait pas manager une équipe. Certains sont performants seuls mais ont des difficultés lorsque ces résultats doivent provenir de l'équipe. Avez-vous des difficultés pour amener votre équipe à produire avec vous les résultats recherchés ? Vous possédez les ressources matérielles et humaines, mais la performance n'est pas au rendez-vous. Vous faites trop de choses par vous-même. Vous ne déléguez pas les charges ou les responsabilités. Vous communiquez mal. Vous ne savez pas motiver. Vous planifiez mal. Vous ne savez pas établir correctement vos priorités et vos objectifs. Si vous êtes un manager en formation ou nouvellement promu à des responsabilités de cadre, il existe des principes fondamentaux reconnus sur les bonnes pratiques en matière de management. Partagez-vous les mérites avec vos collaborateurs ? Leur donnez-vous une idée claire de ce qui est important ? Leur travail contient-il des défis ? Cherchez-vous à les motiver ou vous contentez-vous de leur distribuer le travail à faire ? Lisez *Becoming a Manager,* par Linda A. Hill. Assistez à un cours de formation sur le management. *Besoin d'aide supplémentaire ? Reportez-vous aux fiches n° 18 : Savoir déléguer, n° 20 : Savoir diriger, n° 36 : Savoir motiver, et n° 60 : Savoir constituer des équipes performantes.*

☐ **8. Gérez votre temps de façon efficace.** Planifiez votre temps et gérez-le en conséquence. Soyez sensible au temps qui passe. Donnez-lui une valeur monétaire. Calculez la valeur d'une heure ou d'une minute de votre temps à partir de votre salaire brut. Puis demandez-vous : est-ce que cela vaut x dollars ou euros de mon temps ? Trouvez vos trois plus grandes pertes de temps et réduisez-les de 50 % en les regroupant et en utilisant des moyens efficaces pour communiquer, comme le courrier électronique ou le téléphone pour expédier les affaires courantes.

☐ **9. Accordez-vous plus de temps.** Prendre le temps de planifier et d'établir des priorités libère en réalité plus de temps que de simplement se plonger dans le travail en espérant le terminer dans les délais. Presque tous les gens à court de temps se plaignent de n'avoir même pas le temps de planifier leurs horaires. Selon le livre de *Steven Covey Les sept habitudes de ceux qui réalisent tout ce qu'ils entreprennent,* cela correspond à aiguiser sa scie avant de commencer le travail.

☐ **10. On juge que vous n'avez pas un engagement suffisant dans votre travail ?** Peut-être ne souhaitez-vous pas en faire davantage. Peut-être avez-vous trouvé un équilibre vie personnelle/vie professionnelle qui vous fait considérer qu'il faut travailler pour un salaire mais ni plus ni moins. C'est une décision certainement respectable, une de celles que chacun a le droit de prendre – et devrait prendre – dans un sens ou dans l'autre. Votre problème est peut-être que vous que vous exercez un emploi qui requiert un engagement plus important. Sinon vos évaluateurs ne vous auraient pas noté comme ils l'ont fait. Vous pourriez demander à votre patron un poste moins exigeant, qui ne demande pas autant d'implication et d'initiatives de votre part. Vous pourriez même envisager de revenir à un poste d'un niveau moins élevé, où vous trouveriez un meilleur équilibre entre la qualité de vie que vous recherchez et l'effort de travail à fournir ou le nombre d'heures de travail à réaliser.

It is better to have a bad plan than no plan at all.
– Charles De Gaulle

LECTURES CONSEILLÉES

Allen, David. *Getting Things Done: The Art of Stress-Free Productivity.* New York: Penguin Books, 2003.

Bellman, Geoffrey M. *Getting Things Done When You Are Not in Charge.* San Francisco: Berrett-Koehler Publishers, Inc., 2001.

Block, Peter. *The Answer to How Is Yes: Acting On What Matters.* San Francisco: Berrett-Koehler Publishers, Inc., 2001.

Bossidy, Larry, Ram Charan and Charles Burck (Contributor). *Execution: The Discipline of Getting Things Done.* New York: Crown Business Publishing, 2002.

Champy, James A. *X-Engineering the Corporation: Reinventing Your Business in the Digital Age.* New York: Warner Books, 2002.

Collins, James C. *Turning Goals Into Results: The Power of Catalytic Mechanisms.* Boston: Harvard Business School Press, 2002.

Gleeson, Kerry. *The Personal Efficiency Program: How to Get Organized to Do More Work in Less Time.* New York: John Wiley & Sons, Inc., 2000.

Hutchings, Patricia J. *Managing Workplace Chaos: Solutions for Managing Information, Paper, Time, and Stress.* New York: AMACOM, 2002.

Liker, Jeffrey K. *Becoming Lean: Inside Stories of U.S. Manufacturers.* Portland, OR: Productivity Press, 1998.

Niven, P.R. *Balanced Scorecard Step-by-Step: Maximizing Performance and Maintaining Results.* New York: John Wiley & Sons, Inc., 2002.

Strebel, Paul (Ed.). *Focused Energy: Mastering Bottom-Up Organization.* New York: John Wiley & Sons, Inc., 2000.

Williams, Paul B. *Getting a Project Done on Time.* New York: AMACOM, 1996.

89 APPORT DE COMPÉTENCES ET DE CAPACITÉS

I never let my schooling interfere with my education.
– Mark Twain

Définition générale : La mesure par laquelle des capacités quelconques ont été ajoutées à la panoplie de compétence actuelle, attitudes et savoir en vue de mener à bien un travail et de bâtir l'avenir.

COMPÉTENCE NON MAÎTRISÉE

- ☐ Montre peu d'intérêt pour apprendre, développer ses capacités et acquérir de nouvelles connaissances
- ☐ S'endort sur ses lauriers – n'est plus à la page
- ☐ Paraît satisfait de ses compétences telles qu'elles sont

Sélectionnez dans la liste ci-dessous une à trois compétences comme compétence de remplacement si vous décidez de ne pas travailler directement sur cette dernière.

SUBSTITUTS : 1,6,18,19,32,33,44,45,54,55,61

COMPÉTENCE MOYENNE

- ☐ Démontre le même intérêt à acquérir de nouvelles compétences et connaissances que les autres
- ☐ Si cela a un rapport avec le travail, est disposé à apprendre quand l'occasion se présente
- ☐ Acquiert généralement les nouvelles compétences requises à court terme

COMPÉTENCE MAÎTRISÉE

- ☐ Possède une grande envie d'acquérir de nouvelles compétences et capacités afin de se préparer pour l'avenir
- ☐ Donne une grande priorité à l'apprentissage de nouvelles compétences et capacités
- ☐ A plus de compétences à la fin de l'année qu'au début

COMPÉTENCE UTILISÉE À L'EXCÈS

- ☐ Consacre tellement de temps à se perfectionner qu'il en oublie ses tâches quotidiennes
- ☐ Développe parfois de nouvelles compétences qui se révèlent peu utiles par la suite

Sélectionnez dans la liste ci-dessous une à trois compétences sur laquelle vous devrez travailler pour compenser son utilisation excessive.

COMPENSATEURS : 1,16,17,32,50,51,53,58

QUELQUES CAUSES

☐ Évite les critiques
☐ Préfère les choses comme elles sont
☐ N'admet pas ses lacunes
☐ Ne se fixe pas de priorités
☐ Connaissance de soi insuffisante
☐ Ne prend pas de risques
☐ N'est pas orienté vers sa carrière
☐ N'est pas orienté vers l'avenir
☐ Fait traîner les choses
☐ Trop occupé

LA CARTE

Il est déjà assez difficile de devoir toujours être prêt à affronter les tâches quotidiennes, alors que dire de planifier l'avenir. Mais ceux qui veulent réussir leur carrière ne peuvent se permettre d'arrêter en chemin. Étant donné la vitesse à laquelle évolue le monde aujourd'hui, il est essentiel que vous puissiez anticiper, tout au long de votre parcours, vos besoins en termes de connaissances et de compétences. Les métiers deviennent de plus en plus exigeants et demandent de hauts niveaux de compétence. La technologie est en train d'exploser. L'information est davantage disponible pour tous. Tout va de plus en plus vite. Il n'y a pas d'autres choix. Vous devez allouer le temps nécessaire pour tenir la cadence et, surtout, prendre de l'avance dans votre carrière.

QUELQUES SOLUTIONS

☐ **1. Dans la plupart des cas, on ne sait pas bien comment construire sa carrière.** Certains sont aveuglés par le mythe du « toujours en avant ! ». Nous avons tous vu ces slogans du style « Comment réussir sans vraiment essayer ». Il est tentant de cultiver le cynisme et de croire que les gens qui réussissent sont des maîtres en magouilles politiques ou des experts-vendeurs ou ceux qui « lèchent les bottes » de leurs supérieurs ou ceux qui trahissent les autres ou ceux qui ont eu la chance d'être là au bon moment et ainsi de suite. La vérité est tout autre. Ces comportements desservent même parfois ceux qui les affichent. En revanche, le fait d'obtenir de bons résultats et d'être capable de résoudre les problèmes liés aux affaires courantes, d'avoir quelques atouts qui vous démarquent, de chercher toujours à entreprendre de nouvelles tâches non encore maîtrisées, toutes ces dynamiques sont des comportements qui vous permettent de durer dans l'organisation. Tout ceci se résume à résoudre efficacement les problèmes en gardant en tête ce que vous n'avez pas encore accompli et en vous donnant les chances d'y arriver. Afin d'apprendre comment se construit une carrière réussie, les ouvrages *The Lesson of Experience,* de McCall, Lombardo et Morrison (si vous êtes un homme) et *Breaking the Glass Ceiling,* de Morrison, White et Van Velsor (si vous êtes une femme) sont d'excellentes lectures.

☐ **2. Sortez de votre « zone de confort ».** Peut-être vous êtes-vous enfermé dans votre vécu professionnel. Choisissez quelques activités que vous n'avez jamais pratiquées, mais qui vous motivent. Prenez des cours dans un nouveau domaine. Échangez des tâches avec certains de vos collègues. Portez-vous volontaire pour participer à des équipes de résolution de problèmes qui sont par définition multidisciplinaires et issues de différents milieux d'affaires. Diversifiez vos lectures. *Besoin d'aide supplémentaire ? Reportez-vous à la fiche n° 46 : Faire preuve de perspective.*

☐ **3. Vous ne savez pas comment vous y prendre ?** Pensez à cinq personnes que vous connaissez, dont la réussite est exemplaire dans votre organisation ou votre domaine et demandez-leur ce qui les motivent. Quels types d'emplois ils ont occupé. Ce que sont leurs compétences techniques. Leurs compétences comportementales. Utilisez les Fiches de compétences de *l'ARCHITECTE DE LEADERSHIP®* afin de déterminer quelles sont les dix compétences clés de chacune de ces personnes. Comparez ces compétences aux résultats obtenus lors de votre auto-évaluation. Demandez au service des ressources humaines de votre entreprise s'il possède le profil des compétences requises pour réussir aux postes qui vous intéressent. Dressez ensuite une liste des éléments sur lesquels il vous faudra travailler.

☐ **4. Êtes-vous prêt à faire des sacrifices ?** Certains renoncent à des opportunités de carrière pour ne pas quitter le confort du quotidien, quitte à le regretter ultérieurement. Des études démontrent que la plupart des changements dans la carrière des directeurs généraux performants étaient considérés à l'origine comme inadéquats. Ils ont essayé de les convaincre du contraire. Nous avons tous des problèmes similaires. Des enfants à l'école. Une maison que nous aimons. Un parent dont nous devons prendre soin. Un conjoint qui travaille. Un problème médical dont il faut s'occuper. Un quartier convenable. La plupart des carrières réussies exigent des orientations décisives dans les moments les plus inopportuns au plan personnel ; lorsque les enfants vont à l'école, lorsque le budget est serré, lorsqu'il faut s'occuper de parents âgés. Pour apprendre comment se constitue une carrière vraiment réussie, les ouvrages *The Lesson of Experience,* de McCall, Lombardo et Morrison (si vous êtes un homme) et *Breaking the Glass Ceiling* de Morrison, White et Van Velsor (si vous êtes une femme) sont d'excellentes lectures. N'oubliez pas : il faut savoir bouger pour progresser.

☐ **5. Évaluation.** Obtenez d'abord une bonne évaluation de vous-même par une analyse à 360° ou un sondage auprès de dix personnes qui vous connaissent bien. Demandez-leur des commentaires détaillés sur ce que vous faites bien ou moins bien, ce qu'ils aimeraient vous voir continuer, commencer ou arrêter. Vous n'avez pas de temps à perdre, il vaut mieux se concentrer sur les compétences dont vous avez vraiment besoin.

☐ **6. Divisez ensuite vos compétences en plusieurs catégories.**

- Les points forts évidents – Moi dans mes meilleures prestations.
- Les points forts trop souvent invoqués – J'en abuse. Exemple : « J'ai tellement d'assurance que je parais arrogant ».
- Les points forts cachés – Je suis mieux noté par les autres que par moi-même.
- Les zones d'ombre – Je me note mieux que les autres ne me notent.
- Les points faibles – Je n'y arrive pas très bien.
- Les qualités non testées – Exemple : « Je n'ai jamais été impliqué dans la formulation d'une stratégie ».
- Les inconnues – J'ai besoin de feed-back.

☐ **7. Qu'est-ce qui est important ?** Trouvez ce qui est essentiel dans votre activité actuelle ainsi que pour les deux ou trois prochains emplois auxquels vous pourriez prétendre. Vérifiez s'il existe pour ces emplois des profils de réussite. Comparez-en les exigences avec les résultats de votre évaluation. S'il n'existe pas de profil de référence, consultez votre service des ressources humaines ou demandez à une ou deux personnes qui exercent ces emplois quelles compétences il faut posséder pour réussir.

☐ **8. Démontrez aux autres que vous prenez votre développement personnel au sérieux.** Expliquez-leur vos besoins de développement et demandez leur soutien. Les gens se montrent plus enclins à aider et à accorder le bénéfice du doute à ceux qui admettent leurs lacunes et tentent d'y remédier. Ils savent que cela demande du courage. *Besoin d'aide supplémentaire ? Reportez-vous à la fiche n° 44 : Être transparent.*

☐ **9. La prétention constitue un obstacle majeur à la connaissance de soi.** Beaucoup de personnes ayant une forte personnalité ou rencontrant beaucoup de succès, reçoivent peu de feed-back sur elles-mêmes et poursuivent leur parcours, se croyant parfaites... jusqu'à ce que leur carrière périclite. Si vous êtes perçu comme quelqu'un de prétentieux, vous devrez, d'autant plus souvent, demander des commentaires et quand vous les obtiendrez, il se peut que cela vous irrite. Presque par définition, les prétentieux se surestiment aux yeux des autres. Il est probable que ceux qui vous trouvent prétentieux soient plus sévères avec vous que des évaluateurs neutres. C'est logique : si l'on pense que vous dévaluez les autres, on vous retournera la politesse.

☐ **10. Une attitude défensive est un autre obstacle majeur à la connaissance de soi.** Dans cette situation, on vous soupçonne de ne pas savoir accepter la critique et de vous défendre systématiquement en accusant les autres ou encore le travail. Les personnes sur la défensive reçoivent moins de feed-back, ce qui les porte davantage à se croire parfaites. Pour briser ce cercle vicieux, vous devez suivre les règles de l'écoute *(Besoin d'aide supplémentaire ? Reportez-vous à la fiche n° 33 : Savoir écouter)* afin d'entendre réellement ce que vos interlocuteurs ont à vous dire. Cela peut paraître injuste, mais vous devez initialement supposer que toutes les observations faites à votre sujet sont exactes, même si vous savez que ce n'est pas vrai. Plus tard, vous aurez tout le loisir de rectifier les erreurs importantes. *Besoin d'aide supplémentaire ? Reportez-vous à la fiche n° 108 : Être sur la défensive.*

Experience is one thing you can't get for nothing.
– Oscar Wilde

LECTURES CONSEILLÉES

Bell, Arthur H., Ph.D. and Dayle M. Smith, Ph.D. *Motivating Yourself for Achievement.* Upper Saddle River, NJ: Prentice Hall, 2002.

Bolles, Richard N. *What Color Is Your Parachute? 2004: A Practical Manual for Job-Hunters & Career-Changers.* Berkeley, CA: Ten Speed Press, 2004.

Brim, Gilbert. *Ambition: How We Manage Success and Failure Throughout Our Lives.* New York: Backinprint.com, 2000.

Champy, James and Nitin Nohria. *The Arc of Ambition.* Cambridge, MA: Perseus Publishing, 2000.

Christian, Ken. *Your Own Worst Enemy: Breaking the Habit of Adult Underachievement.* New York: Regan Books, 2004.

Glickman, Rosalene. *Optimal Thinking: How to Be Your Best Self.* New York: John Wiley & Sons, Inc., 2002.

Handy, Charles B. *21 Ideas for Managers: Practical Wisdom for Managing Your Company and Yourself.* San Francisco: Jossey-Bass, Inc., 2000.

Holton, Bill and Cher Holton. *The Manager's Short Course. Thirty-Three Tactics to Upgrade Your Career.* New York: John Wiley & Sons, Inc., 1992.

Lombardo, Michael M. and Robert W. Eichinger. *The Leadership Machine.* Minneapolis, MN: Lominger Limited, Inc., 2004.

McCall, Morgan W., Michael M. Lombardo and Ann M. Morrison. *The Lessons of Experience.* Lexington, MA: Lexington Books, 1988.

Morrison, Ann M., Randall P. White, Ellen Van Velsor and the Center for Creative Leadership. *Breaking the Glass Ceiling: Can Women Reach the Top of America's Largest Corporations?* Reading, MA: Addison-Wesley Publishing Company, 1992.

Niven, David. *The 100 Simple Secrets of Successful People: What Scientists Have Learned and How You Can Use It.* New York: HarperBusiness, 2002.

Pirsig, Robert M. *Zen and the Art of Motorcycle Maintenance.* New York: Bantam Books, 1984.

Prochaska, James O., John C. Norcross and Carlo C. DiClemente. *Changing for Good.* New York: Avon Books, 1995.

Stephens, Deborah C. (Ed.) and Abraham Harold Maslow. *The Maslow Business Reader.* New York: John Wiley & Sons, Inc., 2000.

Stone, Florence M. and Randi T. Sachs. *The High-Value Manager—Developing the Core Competencies Your Organization Needs.* New York: AMACOM, 1995.

90 ALIGNEMENT ET CONFORMITÉ : PRÊCHER PAR L'EXEMPLE

Buddha left a road map, Jesus left a road map, Krishna
left a road map, Rand McNally left a road map.
But you still have to travel the road yourself.
– Stephen Levine

Définition générale : La mesure dans laquelle le comportement d'un individu est conforme aux valeurs, à la culture et à la mission de l'organisation dont il fait partie, sans tenir compte de la manière dont il s'acquitte de son travail.

COMPÉTENCE NON MAÎTRISÉE

- ☐ A tendance à croire qu'il détient la vérité
- ☐ Est en conflit avec la culture de l'organisation
- ☐ Est généralement en désaccord avec la culture, la mission et les valeurs de l'organisation
- ☐ Semble être un non-conformiste
- ☐ Ne comprend pas la façon de s'y prendre

Sélectionnez dans la liste ci-dessous une à trois compétences comme compétence de remplacement si vous décidez de ne pas travailler directement sur cette dernière.

SUBSTITUTS : 2,3,4,11,17,22,26,29,31,40,41,48,53

COMPÉTENCE MOYENNE

- ☐ S'aligne relativement bien avec la culture, les valeurs et la mission de l'organisation
- ☐ Se conforme dans l'ensemble aux pratiques courantes de l'organisation

COMPÉTENCE MAÎTRISÉE

- ☐ Est en accord avec la culture, les valeurs et la mission de l'organisation
- ☐ La mission et les valeurs de l'organisation guident son action
- ☐ Encourage autrui à agir selon la culture, les valeurs et la mission de l'organisation

COMPÉTENCE UTILISÉE À L'EXCÈS

- ☐ Est si dévoué aux pratiques de l'organisation que cela fausse parfois son jugement
- ☐ Ne voit les choses qu'au travers du prisme des valeurs, de la culture et de la mission de l'organisation
- ☐ Son conformisme est tel qu'il fait obstacle à la prise de risques et à l'innovation
- ☐ Éprouve des difficultés à saisir quand il conviendrait de faire exception

Sélectionnez dans la liste ci-dessous une à trois compétences sur laquelle vous devrez travailler pour compenser son utilisation excessive.

COMPENSATEURS : 1,14,15,17,21,28,32,33,34,40,45,46,48,51,55,64

QUELQUES CAUSES

- ☐ Un solitaire
- ☐ N'aime pas les règles ni les traditions
- ☐ Se rebelle devant l'autorité
- ☐ Aime faire bande à part
- ☐ Considère les us et coutumes de l'organisation comme une perte de temps
- ☐ Se soucie uniquement de ses fonctions et des tâches qui sont les siennes
- ☐ N'a pas le sens de l'éthique ; machiavélique

LA CARTE

La culture interne est la clef de voûte de toute entreprise. Grâce à elle, ses membres savent quoi faire dans des situations où des démarches et des pratiques spécifiques ne sont d'aucun secours. Les normes régissant les rapports avec autrui et la clientèle y sont largement connues et acceptées. Sans culture interne solide, l'incohérence est de facto la norme. Les pratiques varient beaucoup d'une unité à l'autre : l'une sera centrée sur les besoins de la clientèle, tandis que l'autre aura tendance à considérer les clients comme une tâche aussi pénible qu'inévitable à expédier au plus vite. Une organisation à forte culture interne attire des individus qui aiment agir selon la volonté de cette organisation et qui en partagent la mission et les valeurs.

QUELQUES SOLUTIONS

☐ **1. Vous devez faire partie d'une opposition loyale mais silencieuse.** En admettant que vous ayez intégré cette organisation volontairement, vous avez, en signant votre contrat, décroché un emploi mais aussi vendu votre âme à l'entreprise, vous vous êtes engagé à accepter sa culture, ses règles de comportement, sa façon de voir les choses et ses valeurs. Vous ne pouvez pas avoir l'un sans l'autre. La plupart des organisations prennent ces choses très au sérieux. Le plus souvent, elles font partie intégrante du rapport annuel et sont affichées ouvertement dans les locaux de la société. Il existe l'organisation formelle, où les valeurs et le code de conduite sont clairement visibles, et l'organisation informelle, où les choses ne sont pas exprimées, mais sous-entendues. Dans certaines organisations, vous avez un cocktail des deux, le formel et l'informel, alors que dans d'autres il existe un fossé important entre ce qui est dit et les valeurs et règles sous-jacentes. Dans ce dernier type, vous devez vous conformer raisonnablement à ce que l'on attend de vous, dans la mesure où cela ne va pas à l'encontre de votre éthique personnelle ou des lois. Le mieux est de ne pas faire état de vos différences (appartenez à l'opposition loyale) lors de réunions publiques informelles. Toutefois, soyez libres d'exprimer vos préoccupations lors de réunions ayant pour objectif des débats ouverts et l'expression de différences d'opinions honnêtes. L'idéal est quand votre intention va dans le sens d'une amélioration de l'organisation, plutôt que dans celui d'une expression de préférences personnelles.

☐ **2. Comprenez-vous réellement de quoi il s'agit ?** Pour pouvoir vous opposer à toute une série de règles de conduite, normes, standards de comportement ou valeurs, vous devez de prime abord les comprendre. En premier lieu, d'où viennent-elles ? Quel est l'historique ? Le jour où la société a été fondée ? Sont-elles gravées sur le chêne qui se dresse devant le bâtiment des fondateurs ? Sont-elles la conséquence d'un événement important ? Le résultat d'un litige ? Empruntées à une autre organisation, à la suite d'une fusion ou d'une acquisition ? En second lieu, vous devez identifier les buts qui ont mené à leur adoption. Si tout le monde se pliait fidèlement à ces règles, quel serait le résultat ? Cela aurait-il des incidences négatives ? Troisièmement, qui veille sur leur pérennité ? Le grand patron ? La hiérarchie ? L'organisation dans son ensemble ? Quatrièmement, qui les connaît mieux que quiconque ? Le responsable des affaires juridiques ? Un des anciens parmi les hauts dirigeants ? Les ressources humaines ? Votre patron direct ? Remontez à la source, afin de déterminer ce qui vous dérange vraiment. Une fois que vous avez pu réunir toutes les informations disponibles, si vous avez encore des états d'âme référez-vous aux autres conseils.

☐ **3. Réduire les divergences.** La plupart des divergences et conflits relatifs aux règles de conduite, aux normes et valeurs, ont des points communs que l'on perd de vue dans le feu de l'action. Lorsque le conflit est constaté et paraît sans issue, suggérez de voir s'il existe des points d'accord. Écrivez-les sur un tableau à feuilles mobiles. Insistez sur les buts communs, les priorités et les problèmes. Inscrivez ensuite les possibilités d'ouverture. Essayez de minimiser autant que possible les sujets non réglés. Soyez concret. Plus c'est abstrait, plus le conflit est difficile à gérer et risque même de créer des problèmes de crédibilité, du style « on n'a pas confiance en vous... ». Au lieu de cela, essayez d'être plus spécifique, de vous référer à des exemples courants pour proposez ce qui selon vous convient, les raisons et les résultats espérés. En général, après une discussion sans animosité, les différences ont tendance à s'estomper. Il est plus facile de négocier sur des points bien délimités. Permettez aux autres de « sauver la face » en faisant des concessions sur des points secondaires, et n'essayez pas de « toucher le gros lot » à chaque fois. Si vous ne vous entendez pas sur une solution, entendez-vous quant à une façon de procéder pour poursuivre malgré tout. Recueillez davantage de preuves et d'arguments. Faites appel à une plus haute instance. Obtenez l'arbitrage d'un tiers. Ceci permet la poursuite du processus et évite les impasses.

☐ **4. Provoquer des conflits inutiles.** Le langage, les mots utilisés et le moment où l'on intervient donnent le ton et peuvent causer des conflits inutiles qui doivent être gérés avant toute autre chose. Vous montrez-vous distant ? Haussez-vous la voix régulièrement ? Utilisez-vous des termes et des phrases qui ont des allures de défi ? Utilisez-vous des termes condescendants ? Utilisez-vous l'humour à des fins négatives ? Dans vos échanges, donnez-vous d'emblée : vos conclusions, solutions, fondements, ordres ou réponses ? La logique veut que l'on expose d'abord les raisons avant les solutions ? Si vous donnez vos solutions d'abord, vos interlocuteurs vont négocier les solutions plutôt que les critères. Utilisez des mots neutres qui ne provoquent pas ou qui ne sont pas perçus à votre avantage. Parlez sous forme d'hypothèses et de probabilités afin d'offrir la possibilité de laisser une marge de manœuvre et de sauver les apparences. Choisissez des mots associés au problème et non aux personnes. Évitez de faire des reproches qui touchent aux personnes. Décrivez le problème et ses implications. Ne cachez pas vos pensées, jugements de valeur ni sentiments, mais ne les exagérez pas non plus outre mesure.

☐ **5. Vous êtes trop émotionnel ou passionné quand on touche à votre notion des règles et valeurs correctes ?** Parfois nos réactions émotives amènent les autres à penser que nous éprouvons des difficultés avec les conflits. Dans des situations conflictuelles, avez-vous des réactions émotives : impatience, rougeurs du visage ou tambourinage des doigts ou de votre crayon ? Apprenez à les reconnaître dès leur apparition et remplacez ces manifestations par une attitude plus neutre. La plupart des réactions émotives, lors d'un conflit, émergent lorsque le problème devient personnel. Séparez les questions d'ordre personnel du problème à régler. Si ces questions persistent, traitez-les séparément et ultérieurement. Revenez systématiquement sur les faits et les problèmes et évitez les conflits de personnalité. Attaquez les problèmes en vous préoccupant des intérêts communs et des inquiétudes sous-jacentes plutôt que des personnes et de leurs positions. Tentez de vous mettre à leur place afin d'évaluer les émotions autant que le contenu. Demandez-vous si vous comprenez leurs sentiments. Demandez-leur ce que vous feriez à leur place. Voyez si vous pouvez reformuler l'opinion de chacun et la défendre pendant une minute dans le but de vous mettre à la place de chacun. Si vous devenez émotif, arrêtez-vous et reprenez votre calme. Vous ne vous montrez pas sous votre meilleur jour lorsque vous êtes émotif. Retournez ensuite au problème. *Besoin d'aide supplémentaire ? Reportez-vous aux fiches n° 11 : Avoir la maîtrise de soi et n° 107 : Manquer de sang-froid.*

☐ **6. Conflit organisationnel à plus grande échelle.** Les organisations sont un dédale complexe de clientèles, d'enjeux et de rivalités peuplé d'ego puissants, d'individus chatouilleux et de personnes protégeant leur territoire. Très souvent, les grandes organisations ont toute une panoplie de règles et de valeurs qui dépendent du secteur de l'organisation dans lequel vous vous trouvez. Les erreurs de conformité sont de plusieurs natures. La plus fréquente consiste à dire des choses qui ne doivent pas être dites. Ensuite, viennent les actions qui ne respectent pas les politiques établies et donc qui sont inappropriées au contexte. Il y a enfin les conflits, tensions, malentendus et rivalités inutiles dus au fait que vous vous en êtes pris à une personne ou groupe particulier. Pires encore sont les manœuvres, initiatives, tactiques et stratégies considérées comme inacceptables. Apprenez à reconnaître vos conflits de valeurs et les erreurs précitées que vous avez tendance à commettre. Travaillez afin de comprendre les politiques de l'organisation. Qui sont les piliers et les forces de cette organisation ? Qui contrôle le flux de ressources, d'information et de décisions ? Qui sont les guides et les bons samaritains ? Efforcez-vous de mieux les connaître. Allez déjeuner avec eux. Quels sont les principaux opposants et les obstacles ? Évitez-les, contournez-les ou faites la paix avec eux. Dans les cas particuliers où il faut traiter avec la haute direction, les sensibilités sont vives, les ego très forts, les pièges nombreux et les tensions parfois très élevées. Les occasions seront donc nombreuses, soit par des actions ou des prises de position, de faire la preuve d'un mauvais jugement politique. *Besoin d'aide supplémentaire ? Reportez-vous aux fiches n° 38 : Faire preuve d'agilité organisationnelle, n° 48 : Avoir le sens politique et n° 119 : Manquer de sens politique.*

☐ **7. Agissez-vous en fonction de la situation ?** Il n'est pas donné à tous de savoir éviter les écueils éthiques et de résoudre les conflits de valeurs. Y a-t-il des contradictions entre vos paroles et vos attitudes selon les situations ? Vous changez d'avis selon vos humeurs, selon vos interlocuteurs ou selon votre plus récente expérience ? Vous pouvez avoir une vision humaniste lorsqu'il s'agit de vos collaborateurs et un point de vue très différent lorsqu'il s'agit des employés d'un autre service. Vous adhérez à un code moral rigide lors d'une transaction (avec vos clients) tout en frôlant les limites de l'acceptable dans une autre (avec des vendeurs). Vous ajustez vos valeurs en fonction de vos interlocuteurs : tant vers le haut (dans vos rapports avec les supérieurs), que vers le bas (avec les collaborateurs). Pourtant, nous sommes généralement tous plus à l'aise avec des comportements cohérents et prévisibles. Agissez-vous d'une manière avec les gens que vous appréciez et d'une autre avec ceux que vous n'aimez pas ? Recherchez trois à cinq situations où vous pensez que ces incohérences ont joué un rôle. Notez ce que vous avez fait avec différentes personnes de façon à comparer les situations. Avez-vous agi de façon différente dans des situations similaires ? Jugez-vous les autres suivant des normes différentes ? Avez-vous une telle gamme de valeurs qu'elles doivent éventuellement se chevaucher ? Efforcez-vous d'équilibrer vos comportements afin d'être plus cohérent dans les diverses situations où vous vous trouverez.

☐ **8. Désaccord ?** Au mieux, cela signifie que vos valeurs et votre éthique ne sont pas conformes aux valeurs et code d'éthique communs de ceux avec qui vous travaillez. C'est un problème courant : vous intégrez une organisation en espérant y retrouver les valeurs et l'éthique auxquelles vous croyez, mais vous vous apercevez après un certain temps qu'elles sont différentes. Ou bien il peut arriver que l'organisation subisse un changement majeur, qu'elle soit vendue ou qu'elle fusionne avec une autre ; et la modification des valeurs qui s'ensuit vous met mal à l'aise. Cela fait partie de la vie. Il est difficile de trouver un accord parfait. Si la différence est sérieuse, il vaut mieux que vous partiez. Si la différence dans les valeurs est simplement inconfortable, efforcez-vous de la modifier en influençant l'organisation. Mais ne lassez pas les autres avec votre inconfort. Vous êtes peut-être trop indépendant ? Vous avez vos propres règles, vous foncez à travers les obstacles, vous êtes essentiellement dynamique, centré sur l'action et les résultats. Et vous les obtenez. Le problème, c'est que vous ne vous préoccupez pas de savoir si les autres pensent comme vous. Vous fonctionnez à partir de votre intérieur vers l'extérieur. Seul compte pour vous ce que vous jugez juste et bon. Admirable dans un sens, mais pas très habile. L'organisation au sein de laquelle vous agissez possède, de façon formelle ou informelle, son propre ensemble de normes, de croyances, son code d'éthique et ses valeurs. Vous ne sauriez survivre longtemps sans les connaître ou sans y ajuster les vôtres. Essayez simplement de promouvoir vos convictions autant que vous le pouvez et restez silencieux quant au reste.

☐ **9. Êtes-vous un adepte de l'approche deux poids deux mesures ?** Un autre problème courant est d'avoir des critères qui sont applicables pour vous et des critères différents pour les autres. Ou bien un ensemble de règles pour vous et ceux que vous appréciez et un différent pour les autres. Vous comportez-vous comme vous espérez que les autres devraient agir avec vous ? Ne demandez à personne de faire une chose que vous ne feriez pas. Une pratique courante chez les managers de haut niveau est de charger certains de leurs collaborateurs d'assumer les contacts difficiles et de mettre à la porte ceux qui ne sont pas en accord avec leurs normes. Puis, ils attribuent à ceux qui dépendent d'eux de meilleures évaluations et des primes, bien que tous sachent qu'au moins une ou deux de ces personnes ne sont pas à la hauteur. Agissez-vous de la sorte ? Pratiquez-vous des interventions contestables en faveur de ceux que vous appréciez ou avez-vous des favoris ? Essayez d'être plus cohérent.

☐ **10. Des beaux discours. Vos actions contredisent vos beaux discours ?** Il y a parfois un gouffre entre les valeurs que vous prônez et la façon dont vous vous comportez. Certaines personnes prononcent des allocutions sur l'éthique et les valeurs de façon convaincue, passionnée, charismatique, à vous donner « la chair de poule ». Elles sont très convaincantes… jusqu'à ce que l'on remarque que leur comportement est tout à fait à l'opposé de leur discours. Revoyez tout ce que vous dites dans vos allocutions, vos réunions ou vos conversations et vos avis concernant l'éthique la vôtre et celle des autres. Inscrivez-les à gauche d'une feuille. Pour chaque point, essayez de décrire trois ou cinq occasions au cours desquelles vous avez agi en conformité avec ces valeurs. Pouvez-vous en noter qui ne sont pas conformes ? Si oui, l'écart constitue un problème. Cessez de défendre une morale que vous ne pouvez ni ne voulez respecter, ou alors ajustez vos valeurs en fonction de vos déclarations.

☐ **11. Des paroles malheureuses.** Il arrive aussi, plus rarement, que les mots utilisés et la façon dont on les dit puisse ne pas refléter nos convictions et nos actions réelles. Certaines personnes se créent des problèmes par le choix d'un vocabulaire reflétant une éthique et des valeurs morales qui provoquent un malaise chez leurs interlocuteurs. Vous employez des termes durs pour faire impression ? « Mettez-les tous à la porte. » Vous exagérez. « On ne trouve plus de bons fournisseurs ! ». Vous déformez vos opinions à l'extrême pour convaincre. Vous faites de la surenchère sur les points négatifs. Vous utilisez un langage familier pour vous faire accepter. Employez-vous des mots dévalorisants ? « Les consultants ne sont que des mercenaires ! ». Imaginez ce que je pourrais penser de vos valeurs si je vous écoutais parler sans savoir comment vous agissez réellement. Examinez les mots et le langage que vous avez tendance à utiliser lors de vos allocutions, vos réunions ou vos conversations informelles ayant un rapport avec l'éthique et les valeurs. Notez-en les points principaux sur le côté gauche d'une feuille. Pour chaque point, essayez de décrire trois ou cinq occasions au cours desquelles vous avez agi en conformité avec ces paroles. Vous comportez-vous réellement de cette manière ? Pensez-vous réellement de cette manière ? Si ce n'est pas le cas, tout conflit constitue problème. Cessez d'employer des mots et un langage qui ne concordent pas avec vos pensées véritables ni vos valeurs.

☐ **12. Êtes-vous du genre à vous accrocher aux valeurs du passé ?** C'est une belle question. Les temps changent. Les valeurs changent-elles aussi ? Tout le monde n'est pas de cet avis. C'est peut-être votre problème. Pourtant, qu'en est-il de l'humour ? Pouvez-vous encore raconter certaines plaisanteries vieilles de dix ans sans que cela vous attire des ennuis ? En partant de l'exemple du harcèlement sexuel, que faites-vous donc ? Quelle est la différence entre le mauvais goût, les blagues, le flirt et le harcèlement sexuel ? La définition a-t-elle changé au cours de votre carrière ? Croyez-vous que les valeurs du passé sont meilleures que celles d'aujourd'hui ? Quand vos valeurs se sont-elles forgées ? Il y a plus de 20 ans ? Peut-être est-il temps de réexaminer vos critères à la lumière de notre époque afin de les réajuster. Les autres considèrent peut-être vos convictions comme simplistes ou rigides. Dressez une liste de cinq exemples de valeurs qui posent problème dans le travail : rapport qualité/prix, travailler avec quelqu'un ou le licencier, traiter diverses personnes différemment ou de la même façon. Pouvez-vous décrire comment vous faites face à ces situations ? Comment faites-vous vos choix ? Quelles sont vos limites ? Pourquoi ? Si vous semblez garder la même position chaque fois, vous avez besoin de vous ajuster. Parlez à des personnes qui font d'autres choix et essayez de comprendre la complexité du problème. Oubliez votre tendance à juger, écoutez pour comprendre.

☐ **13. Le pire scénario.** Dans l'hypothèse la plus négative, il se peut que votre sens de l'éthique et vos valeurs soient inacceptables, autrement dit que la plupart des gens les rejetteraient. Vous agissez trop près ou au-delà de certaines limites pour que les gens soient à l'aise avec vous ? Vous utilisez des faux-fuyants, vous sabotez le travail des autres, vous tirez des ficelles, vous piégez les autres et les faites paraître à leur désavantage. Vous êtes sournois, « magouilleur » et très politique. Vous vous justifiez parce que vous obtenez des résultats ? Vous croyez vraiment que la fin justifie les moyens. Vous dites aux gens ce qu'ils veulent entendre, puis faites une chose différente ? Si vous vous reconnaissez dans l'un de ces comportements, on vous l'aura certainement déjà dit. Cette attitude ne se développe pas en un jour. Il est temps de vous demander si votre carrière au sein de cette organisation est récupérable. La meilleure façon de procéder est d'admettre que vous ne partagez pas les mêmes valeurs que ceux avec lesquels vous travaillez et d'en discuter avec votre patron ou votre mentor pour savoir si vous pouvez vous racheter. Si oui, rencontrez les personnes à qui vous pensez avoir porté tort et voyez leur réaction. Assurez-les que vous allez vous corriger. Demandez-leur si la situation est rattrapable. À long terme, il se peut que vous ayez à rechercher un avis professionnel au sujet de vos valeurs ou à trouver un lieu de travail où l'on partage vos convictions.

☐ **14. Adapter les valeurs et l'éthique.** Rappelez-vous que le comportement est dix fois plus important que les mots. À quelles valeurs adhérez-vous ? Que devrait être votre éthique ? Notez-les dans la colonne de gauche d'une feuille (ex. je veux être reconnu comme un gestionnaire équitable). Puis sur le côté droit, mentionnez ce que ferait ou dirait une personne ayant ces valeurs. Par exemple, « Je n'aurais pas de protégés » ; « J'offrirais à chacun la possibilité de progresser » ; « J'écouterais les idées de chacun » ; « Je demanderais l'avis de chacun en réunion » ; « Je sacrifierais une partie de mon temps de parole pour que chacun puisse s'exprimer » ; « Je mettrais tout le monde sur un pied d'égalité ». Demandez à une personne de confiance de réviser vos objectifs pour voir si vous êtes dans la bonne direction. Puis commencez à agir en conformité avec toutes ces résolutions.

You get the best out of others when you give the best of yourself.
– Harry Firestone

LECTURES CONSEILLÉES

Badaracco, Joseph L., Jr. *Defining Moments—When Managers Must Choose Between Right and Right.* Boston: Harvard Business School Press, 1997.

Badaracco, Joseph L., Jr. *Leading Quietly.* Boston: Harvard Business School Press, 2002.

Badaracco, Joseph L., Jr. *The Discipline of Building Character.* Boston: Harvard Business School Press, 2002.

Deal, Terrence E. and Allan A. Kennedy. *Corporate Cultures.* Cambridge, MA: Perseus Publishing, 2000.

Dobrin, Arthur. *Ethics for Everyone: How to Increase Your Moral Intelligence.* New York: John Wiley & Sons, Inc., 2002.

Gallagher, Richard S. *The Soul of an Organization: Understanding the Values That Drive Successful Corporate Cultures.* Chicago, IL: Dearborn Financial Publishing, 2003.

Johnson, Craig E. *Meeting the Ethical Challenges of Leadership: Casting Light or Shadow.* Thousand Oaks, CA: Sage Publications, 2001.

Klein, Alec. *Stealing Time: Steve Case, Jerry Levine, and the Collapse of AOL Time Warner.* New York: Simon & Schuster, 2003.

McLean, Bethany and Peter Elkind. *The Smartest Guys in the Room: The Amazing Rise and Scandalous Fall of Enron.* New York: Portfolio, 2003.

Seglin, Jeffrey L. *The Good, the Bad, and Your Business: Choosing Right When Ethical Dilemmas Pull You Apart.* New York: John Wiley & Sons, Inc., 2000.

Sonnenberg, Frank K. *Managing With a Conscience—How to Improve Performance Through Integrity, Trust and Commitment.* New York: McGraw-Hill Trade, 1996.

Tichy, Noel M. and Sherman Stratford. *Control Your Destiny or Someone Else Will: How Jack Welch Is Making General Electric the World's Most Competitive Corporation.* New York: HarperBusiness, 2001.

Les compétences 91-100 ne sont pas définies.
Ces numéros sont réservés pour de futures entrées.

MANQUER D'ADAPTABILITÉ

We don't see things as they are. We see things as we are.
– Anais Nin

UN PROBLÈME

- ☐ Éprouve des difficultés à travailler avec des supérieurs différents ou nouveaux, à s'adapter à de nouvelles stratégies, de nouveaux plans et programmes, de nouvelles philosophies et cultures ou de nouveaux développements techniques
- ☐ Peut être en désaccord de manière peu appropriée ou s'opposer trop vigoureusement à la haute direction concernant la mission, les valeurs, les stratégies et les tactiques
- ☐ Peut avoir des problèmes interpersonnels avec un supérieur avec qui il est en désaccord

N'EST PAS UN PROBLÈME

- ☐ Sait s'adapter au changement
- ☐ Peut faire des critiques constructives mais accepte ensuite le changement
- ☐ Apporte son soutien, même s'il n'est pas entièrement d'accord
- ☐ Accepte sans peine ce qui est nouveau et différent
- ☐ S'entend bien avec ses différents supérieurs hiérarchiques
- ☐ Arrive à gérer sans trop de mal les « patrons » difficiles
- ☐ Peut gérer les conflits de façon impartiale
- ☐ Est ouvert à des points de vue différents

QUELQUES CAUSES

- ☐ Faire preuve de suffisance
- ☐ Ne sait pas harmoniser des points de vue opposés
- ☐ Est sur la défensive
- ☐ Espère toujours s'en sortir sans faire aucun changement
- ☐ Aime surtout ses propres idées
- ☐ Ne prend pas de risques
- ☐ A une vision limitée et peu d'intérêts
- ☐ N'est pas ouvert à de nouvelles approches
- ☐ A des difficultés dans le domaine de la stratégie
- ☐ Perfectionniste
- ☐ Pas très doué pour la communication interpersonnelle
- ☐ Préfère les méthodes éprouvées
- ☐ A du mal à supporter l'autorité

suite

- ☐ Gère mal la diversité
- ☐ Valeurs rigides
- ☐ Trop occupé pour changer
- ☐ En prend trop à son aise
- ☐ Très intelligent et réussit toujours

FACTEURS ET GROUPES DU LEADERSHIP ARCHITECT®

Cette compétence se retrouve dans Avoir du mal à s'entendre avec les autres, facteur (VII - S1). Cette compétence se retrouve dans N'établit pas facilement de relations avec les autres, groupe (V) aux numéros : 106, 108, 112. Vous pouvez également consulter d'autres compétences dans le même facteur ou groupe pour trouver des conseils connexes.

LA CARTE

Voici une des raisons les plus fréquentes, si ce n'est la plus fréquente, pour lesquelles des individus pourtant prometteurs se retrouvent dans le pétrin. Bien que votre performance soit bonne, les gens disent que vous êtes inflexible et que vous ne tolérez pas les différences d'opinion. Il se peut que vous vous soyez habitué à votre zone de confort, que vous ne supportiez plus le changement et que vous éprouviez de la difficulté avec certaines personnes symboles d'autorité. Vous avez cessé de vous adapter et de vous renouveler.

QUELQUES SOLUTIONS

- ☐ **1. Les comportements d'arrogance ou de défense constituent des freins majeurs à l'adaptation au changement.** Ceux qui agissent ainsi obtiennent moins d'informations des autres car ils interrompent constamment, ils ne savent pas écouter. Elles voient le changement comme une menace personnelle et une condamnation de leur mode de pensée et de leurs habitudes On n'aime pas beaucoup travailler avec ou près d'eux. Les personnes arrogantes et sur la défensive sont systématiquement écartées des réseaux informels de communication ; elles n'apprennent donc le changement qu'après les autres, ce qui les met encore plus sur la défensive. Même si cela ne correspond pas à la réalité, les comportements d'arrogance et de défense sont perçus comme une résistance aux éléments nouveaux et par conséquent, au changement. *Besoin d'aide supplémentaire ? Reportez-vous aux fiches n° 104 : Faire preuve de suffisance et n° 108 : Être sur la défensive.*
- ☐ **2. La résistance systématique aux nouvelles idées.** Les gens disent que vous vivez dans le passé. Pour une raison quelconque, vous résistez à tout ce qui est nouveau ou différent. Vous êtes le dernier à soutenir une nouvelle initiative. On doit tout vous prouver avant que vous ne leviez le petit doigt. Les études menées

par une société d'intérim démontrent que les compétences techniques et personnelles ne suffisent pas : lors de restructurations, les personnes perçues comme incapables de faire quelque chose de nouveau ou de différent, et donc résistantes au changement, sont celles qui sont les plus susceptibles d'être renvoyées. Il est impossible de survivre aujourd'hui sans se renouveler constamment et mettre à jour ses compétences. Il n'y a plus de place pour ceux qui restent pris dans le passé. Dans vos relations quotidiennes avec les autres, vous paraissez fermé à tout point de vue nouveau ou différent. Attachez-vous à ne plus porter de jugement sur les autres et apprenez à mieux écouter. *Besoin d'aide supplémentaire ? Reportez-vous à la fiche n° 33 : Savoir écouter.* Posez plus de questions : « Préférez-vous que nous changions par rapport à ce que nous faisons aujourd'hui ? Comment arrivez-vous à la conclusion qu'un changement est nécessaire ? ». Si vous êtes en désaccord avec vos interlocuteurs, donnez d'abord vos raisons puis invitez-les à les critiquer. Orientez le désaccord sur les paramètres du problème ou de la stratégie que vise le changement : « Qu'essayons-nous de résoudre ? Quelles en sont les causes ? Quels problèmes devraient être posés et résolus ? Quels critères objectifs allons-nous adopter pour mesurer nos succès ? ».

☐ **3. Réponses, solutions, conclusions, affirmations, ordres :** ce sont les formes d'expression de ceux qui résistent et des démissionnaires. Opinions instantanées. Réactions vives. Tout cela peut vous valoir des problèmes. Vous sautez aux conclusions et écartez catégoriquement ce que les autres disent à propos du besoin de changement, vous employez des mots provocants sur un ton catégorique. Les autres vous percevront comme fermé ou agressif. Au pire, les autres penseront que vous les croyez stupides ou mal informés parce qu'ils ont suggéré des changements. Soyez plus pondéré : « Un autre facteur pourrait être… », « Je vois cela un peu différemment… » Généralement, nous réagissons mieux à des réactions de réserve qu'à des refus catégoriques et vous pourrez mieux ensuite faire vos suggestions. Donnez-leur donc la chance de parler sans être interrompus. S'ils pensent que vous êtes intolérant ou fermé, ils vont buter sur les mots dans leur hâte de parler ou vont écourter leur argumentation parce qu'ils supposent que de toute façon, vous n'écoutez pas. Posez une question, invitez-les à exprimer leur désaccord, reprenez calmement leurs arguments et surtout, ne leur faites pas perdre la face. Lors de vos échanges, faites une pause de quinze secondes avant de dire quoi que ce soit et demandez deux clarifications à chaque échange pour montrer que vous écoutez et que vous voulez comprendre ce besoin de changement. *Besoin d'aide supplémentaire ? Reportez-vous aux fiches n° 33 : Savoir écouter et n° 41 : Être patient.*

☐ **4. Vous pouvez être perçu comme quelqu'un de rigide, peu disposé à accepter, ou même à envisager, le point de vue des autres.** *Voir Trop en faire, n° 22 : Respecter l'éthique et les valeurs.* Les attitudes rigides sont souvent dues à des expériences vécues pendant l'enfance ou l'adolescence. Pourquoi tenez-vous à ces attitudes ? Examinez, de façon critique, si elles sont appropriées à la situation. De toute façon, les convictions sont des affirmations qui engagent et les vraies valeurs résistent à l'examen. Vous pourrez donc expliquer pourquoi vous y tenez, comment elles s'appliquent dans diverses situations et ce qui se passe quand elles entrent en conflit avec d'autres valeurs. Vous avez peut-être fait l'amalgame entre vos convictions et une attitude rigide.

☐ **5. Résistance sélective.** Vous adaptez-vous à certaines personnes et pas à d'autres ? Vous devez probablement cataloguer les gens en « bons » et « mauvais » et par votre comportement, vous signifiez aux « mauvais » ce que vous pensez d'eux. Vous avez certainement des éléments qui déterminent selon vous de bons groupes et d'autres qui fonctionnent difficilement – c'est-à-dire les sexes, les origines ethniques, les âges et l'appartenance sociale. Apprenez à comprendre sans accepter ni juger. Écoutez, prenez des notes, posez des questions et parvenez à présenter leur cas aussi bien qu'eux, même si vous n'êtes pas d'accord. Prenez un de leurs arguments avec lequel vous êtes en accord. Présentez votre argumentation en vous attachant uniquement au problème : expliquez pourquoi vous pensez que ceci serait la meilleure façon d'aboutir à un accord mutuel. Un observateur attentif ne devrait pas pouvoir deviner vos sentiments quant aux groupes de personnes concernées ou à leurs arguments. Demandez l'opinion d'une personne impartiale. Ai-je traité chacun de la même manière ? Mes objections étaient-elles motivées par un raisonnement objectif ou par un préjugé sur les personnes ?

☐ **6. Aimez-vous trop votre confort ?** Vous pouvez être prisonnier de « votre zone de confort ». Vous vous fiez à des solutions connues, à ce que vous avez déjà vu ou déjà fait. Vous utilisez ce que vous connaissez ou ce que vous avez observé ou fait auparavant – donc vous résistez naturellement à tout ce que vous ne connaissez ou ne comprenez pas. Face à une nouvelle situation, un défi ou un problème, déterminez d'abord l'origine. Ne vous référez pas immédiatement à votre expérience passée pour déterminer la cause ou la solution. Continuez à vous interroger sur les causes, rassemblez le maximum de possibilités et classez-les en catégories. Vos chances de trouver une meilleure solution augmenteront à mesure que vous trouverez des liens entre ces causes. Ne vous contentez pas de recueillir les informations, cherchez des similarités dans les données. *Besoin d'aide supplémentaire ? Reportez-vous à la fiche n° 51 : Maîtriser la résolution de problèmes.*

☐ **7. Vous êtes sans doute très intelligent et hautement qualifié dans votre domaine.** Peut-être travaillez-vous avec des personnes moins bien informées que vous ou qui ont un niveau d'études moins élevé. Il se peut que vous occupiez une position qui vous permet de dicter ce qui doit être fait. Quand d'autres personnes moins expérimentées vous suggèrent un changement, vous pouvez l'écarter immédiatement. Mais vous n'avez pas besoin pour autant de rendre tout cela pénible ou mortifiant. Des études sur la créativité ont démontré que des personnes moins familières avec un environnement donné peuvent proposer des solutions originales et de grande valeur parce qu'elles ne sont pas influencées par l'expérience particulière du milieu. Vous avez besoin d'un « facilitateur » d'idées, quelqu'un qui vous aide à savoir les exprimer. Expliquez-lui comment vous voyez le changement, n'imposez pas de solutions. Dites comment vous voyez le problème, à quelles questions il faut répondre, comment vous feriez pour trouver une solution et ce que vous pensez devoir être les solutions. Écoutez ce que votre interlocuteur a à dire sur le sujet.

☐ **8. Peut-être voyez vous les choses sous un angle trop restreint.** Tout d'abord, *voyez les fiches n° 5 : Avoir le sens des affaires, n° 46 : Faire preuve de perspective, n° 58 : Faire preuve de qualités stratégiques.* Faites ensuite une analyse objective des points de désaccord éventuels et développez votre propre point de vue. Ayez la courtoisie d'analyser les solutions proposées par d'autres personnes, comme si elles étaient tout aussi valides que la vôtre.

☐ **9. Soyez parmi les premiers à adopter un changement.** Trouvez la nouveauté. Qu'elle soit technique, informatique ; que ce soit un nouvel outil, système, procédé en rapport avec votre activité. Devenez, à titre personnel, un expert dans ce domaine. Lisez les manuels sur le sujet. Faites valider vos connaissances par une certification, si elle existe. Visitez les endroits où une expérience identique a déjà été réalisée. Puis, surprenez tout le monde en étant le premier à l'introduire dans votre entreprise. Vendez-la. Entraînez d'autres personnes à savoir l'utiliser. Intégrez-la dans votre travail.

☐ **10. L'épreuve.** Quels que soient les situations et les enjeux, vous allez devoir travailler sur les fiches *n° 3 Être d'un abord facile et n° 31 Être doué pour la communication interpersonnelle.* Vos efforts ne produiront que des résultats médiocres tant que vous n'aurez pas modifié votre comportement ; tant que vous n'aurez pas démontré votre ouverture d'esprit et l'intérêt que vous portez à ce que les autres ont à dire ; tant que vous n'aurez pas invité les autres à vous parler et tant que vous ne leur aurez pas donné des informations que vous n'avez pas forcément à partager. Il vous faudra persévérer, endurer des refus et, sans doute, quelques remarques acerbes, que les gens ne pourront pas s'empêcher de faire pour rétablir l'équilibre. Préparez-vous mentalement pour ne pas être découragé par ces remarques. Il faudrait vraiment que les gens soient très altruistes pour répondre à vos avances, sans vous faire payer pour les problèmes du passé.

If we keep doing what we're doing,
we're going to keep getting what we're getting.
– Stephen Covey

LECTURES CONSEILLÉES

Barker, Larry, Ph.D. and Kittie Watson, Ph.D. *Listen Up: At Home, at Work, in Relationships: How to Harness the Power of Effective Listening.* Irvine, CA: Griffin Trade Paperback, 2001.

Beyerlein, Michael M. et al. *Beyond Teams: Building the Collaborative Organization.* San Francisco: Jossey-Bass, Inc., 2002.

Carter, Les. *The Anger Trap: Free Yourself From the Frustrations That Sabotage Your Life.* New York: John Wiley & Sons, Inc., 2003.

Cartwright, Tatula. *Managing Conflict With Peers.* Greensboro, NC: Center for Creative Leadership, 2003.

Cloke, Ken and Joan Goldsmith. *Resolving Conflicts at Work: A Complete Guide for Everyone on the Job.* San Francisco: Jossey-Bass, Inc., 2000.

Crawley, John and Katherine Graham. *Mediation for Managers: Resolving Conflict and Rebuilding Relationships at Work.* Yarmouth, ME: Nicholas Brealey Publishing, 2002.

Gittines, Roger and Rosanne Badowski. *Managing Up: How to Forge an Effective Relationship With Those Above You.* New York: Currency, 2003.

Harvey, Carol P. and M. June Allard. *Understanding and Managing Diversity: Readings, Cases, and Exercises.* Upper Saddle River, NJ: Prentice Hall, 2002.

Jay, Ros. *How to Manage Your Boss: Developing the Perfect Working Relationship.* London: Financial Times Management, 2002.

Lancaster, Lynne C., David Stillman and Harvey MacKay. *When Generations Collide: Who They Are. Why They Clash. How to Solve the Generational Puzzle at Work.* New York: HarperCollins, 2002.

Maister, David H. *Practice What You Preach: What Managers Must Do to Create a High-Achievement Culture.* New York: The Free Press, 2001.

Popejoy, Barbara and Brenda J. McManigle. *Managing Conflict With Direct Reports.* Greensboro, NC: Center for Creative Leadership, 2002.

Sharpe, David A. and Elinor Johnson. *Managing Conflict With Your Boss.* Greensboro, NC: Center for Creative Leadership, 2002.

ÊTRE UN PIÈTRE ADMINISTRATEUR

It is vain to do with more what can be done with less.
– William of Occam

UN PROBLÈME

- ☐ N'a pas le souci du détail
- ☐ A tendance à se montrer négligent
- ☐ Prend trop d'engagements qu'il a du mal à tenir
- ☐ Laisse échapper des détails clés
- ☐ Oublie ses engagements oraux
- ☐ Doit souvent se démener à la dernière minute pour arriver à terminer le travail entrepris
- ☐ Passe à la tâche suivante sans avoir achevé la tâche précédente

N'EST PAS UN PROBLÈME

- ☐ Est bien organisé et minutieux
- ☐ Fiable : suit de près les travaux en cours ; tient ses engagements
- ☐ Gère bien le travail administratif ; sait faire aller les choses dans la bonne direction
- ☐ Établit des priorités claires
- ☐ Sait gérer son temps
- ☐ Sait dire non à ce qu'il ne peut pas faire
- ☐ Réussit la plupart du temps à terminer dans les délais

QUELQUES CAUSES

- ☐ Ne sait pas dire non
- ☐ Impatient
- ☐ Saisit mal l'importance des procédures établies contrairement aux autres personnes
- ☐ Ne peut se représenter mentalement l'organisation à suivre
- ☐ N'a pas le sens du temps
- ☐ Fait traîner les choses
- ☐ Trop occupé pour s'organiser

FACTEURS ET GROUPES DU LEADERSHIP ARCHITECT®

Cette compétence se retrouve dans Avoir du mal à obtenir des résultats, facteur (VIII - S2). Cette compétence se retrouve dans N'obtient pas de résultats, groupe (Z) au numéro : 118. Vous pouvez également consulter d'autres compétences dans le même facteur ou groupe pour trouver des conseils connexes.

LA CARTE

Les gens sont très différents lorsqu'il s'agit d'organisation personnelle : certains sont perfectionnistes et veulent que tout soit parfait alors que d'autres sont désordonnés comme un professeur distrait, ne sachant jamais où se trouvent leurs affaires et arrivant toujours en retard. Nous devons distinguer ici deux éléments. Le premier concerne le manque d'organisation. Il a pour conséquence que l'individu a trop à faire, est en retard sur tout, doit travailler de longues heures pour tenir la cadence, perd des documents importants, oublie des rendez-vous, fait les choses à moitié et doit les rectifier plus tard, etc. Tout ceci entraîne un manque d'efficacité et une mauvaise utilisation du temps et des ressources. Le second élément est bien pire que le premier. Il s'agit des perturbations que votre manque d'organisation occasionne sur les processus gérés par les autres. Si vos rapports sont en retard, d'autres sont retardés. Si vous êtes en retard, d'autres doivent attendre. Si vous ne remplissez pas un formulaire correctement, quelqu'un d'autre doit prendre le temps de le corriger. Beaucoup de gens vivent leur vie dans le désordre. L'important, c'est de se rendre compte de l'impact que cela a sur les gens autour de vous.

QUELQUES SOLUTIONS

☐ **1. Faites une enquête tous azimuts, à tous les échelons hiérarchiques,** c'est-à-dire auprès de ceux pour qui vous travaillez, de vos pairs et de ceux qui travaillent pour vous. Une enquête destinée à faire une liste de vos maladresses au plan de l'administration et qui causent le plus de soucis aux autres. Demandez-leur de vous aider à compléter cette liste de façon à avoir une vue d'ensemble de ce que vous devez améliorer en premier. Si vous améliorez les dix premiers points, ce sera peut-être suffisant et vous pourrez conserver vos autres habitudes.

☐ **2. On a beaucoup dit et beaucoup écrit sur la gestion du temps.** Il existe plusieurs livres sur le sujet, ainsi que de nombreuses formations sur l'organisation du temps personnel, qui vous aideront à aménager et à planifier votre emploi du temps. Plusieurs formations proposent des méthodes pour mieux gérer son temps, avec des carnets ou des logiciels. *Besoin d'aide supplémentaire ? Reportez-vous à la fiche n° 62 : Savoir gérer son temps.*

☐ **3. Séparez les choses que vous avez à faire en deux listes :** les choses que vous avez à faire pour vous-même et celles qui sont à faire pour les autres ou qui concerneront les autres. Commencez par réaliser vos obligations de la seconde liste. Plus tard, divisez la première liste en trois : ce qui est critique, ce qui est important et enfin, ce qui peut attendre. Traitez-les dans cet ordre.

☐ **4. Si vous pouvez vous offrir le luxe d'un assistant ou d'une secrétaire,** choisissez-le (la) en fonction de sa capacité à gérer son temps (et le vôtre). Prenez quelqu'un de franc et direct, qui pourra vous dire non et vous aidera, ainsi, à réussir.

- ☐ **5. Rendez votre désordre personnel moins visible pour les autres.** Ayez un pupitre qui se ferme lorsque vous avez des visiteurs dans votre bureau ou dans votre aire de travail. Si vous empilez les dossiers, ayez des étagères où vous pourrez les dissimuler. Procurez-vous un bureau en « L », dont vous utiliserez une section pour vos piles de documents, l'autre restant libre pour le travail courant. Ou empilez les dossiers sur une table adossée au mur, derrière vous. Pour vos visiteurs conservez un espace, une table et des chaises, libres de tout désordre. Pour vos collègues connaissant votre manque d'organisation, vous pouvez toujours encadrer le dicton suivant et l'accrocher sur votre mur : « Si un bureau encombré dénote un esprit encombré, que signifie un bureau vide ? ».
- ☐ **6. Ne travaillez pas suivant vos goûts.** N'organisez pas votre travail selon ce que vous aimez faire, en remettant à plus tard ce que vous n'aimez pas, car c'est la meilleure manière de vous créer des problèmes d'organisation. Classez plutôt votre travail suivant l'ordre des priorités. *Besoin d'aide supplémentaire ? Reportez-vous à la fiche n° 50 : Savoir définir les priorités.*
- ☐ **7. Demandez à vos clients et à vos collègues l'ordre suivant lequel ils veulent obtenir les choses.** Si vous voyez que vous allez dépasser le délai sur lequel vous vous étiez entendus, avertissez-les par courrier électronique, mémo, lettre, fax ou téléphone afin d'établir une nouvelle date. Attention, vous ne pouvez faire ceci qu'une seule fois !
- ☐ **8. Donnez-vous des échéances bien avant les dates d'expiration réelles.** Déléguez les choses que vous avez de la difficulté à accomplir dans les délais. *Besoin d'aide supplémentaire ? Reportez-vous à la fiche n° 18 : Savoir déléguer.*
- ☐ **9. Certaines personnes négligent les tâches administratives parce qu'elles les considèrent comme ayant peu d'importance.** En fait ce genre d'attitude vous trahit. Il signifie que vous en faites plus qu'il n'en faut. Que vous êtes un drogué de travail qui laisse une traînée de problèmes derrière lui. Que vous êtes créatif, mais que vous vous occupez de trop de choses. Ou que vous êtes un stratège ou un visionnaire, mais sans considération pour les détails, ce qui laisse croire aux autres que vous attachez peu d'importance à ce qu'ils font. À bon droit, ceci peut parfois être interprété comme de l'arrogance. L'origine du problème ? Jetez un coup d'œil du côté de vos forces, vous aurez des chances de trouver la réponse. Et faites taire les critiques en vous améliorant dans ces domaines.
- ☐ **10. La conclusion à tirer, c'est que l'on ne fait pas confiance** aux personnes mal organisées, surtout si elles donnent l'impression de ne pas s'en soucier outre mesure. Votre entourage peut penser qu'il ne peut pas compter sur vous et que vos actions peuvent avoir des conséquences désastreuses pour eux. Si vous vous attachez à traiter les tâches administratives, le problème disparaîtra de lui-même.

The order and connection of ideas is the same
as the order and connection of things.
– Baruch Spinoza

LECTURES CONSEILLÉES

Allen, David. *Getting Things Done: The Art of Stress-Free Productivity.* New York: Penguin Books, 2003.

Byfield, Marilyn. *It's Hard to Make a Difference When You Can't Find Your Keys: The Seven-Step Path to Becoming Truly Organized.* New York: Viking Press, 2003.

Carrison, Dan. *Deadline! How Premier Organizations Win the Race Against Time.* New York: AMACOM, 2003.

Cramer, Kathryn D. *When Faster Harder Smarter Is Not Enough: Six Steps for Achieving What You Want In a Rapid-Fire World.* New York: McGraw-Hill Trade, 2002.

Drucker, Peter F. *The Effective Executive.* New York: HarperBusiness, 2002.

Emmett, Rita. *The Procrastinator's Handbook: Mastering the Art of Doing It Now.* New York: Walker & Company, 2000.

Herman, Stan (Ed.). *Rewiring Organizations for the Networked Economy: Organizing, Managing, Leading in the Information Age.* San Francisco: Jossey-Bass/Pfeiffer, 2002.

Hutchings, Patricia J. *Managing Workplace Chaos: Solutions for Handling Information, Paper, Time, and Stress.* New York: AMACOM, 2002.

Nelson, Mike. *Clutter-Proof Your Business: Turn Your Mess Into Success.* Franklin Lakes, NJ: Career Press, 2002.

Panella, Vince. *The 26 Hour Day: How to Gain at Least Two Hours a Day With Time Control.* Franklin Lakes, NJ: Career Press, 2002.

Sköldberg, Kaj. *The Poetic Logic of Administration: Styles and Changes of Style in the Art of Organizing.* London; New York: Routledge, 2002.

Smallin, Donna. *Organizing Plain and Simple: A Ready Reference Guide With Hundreds of Solutions to Your Everyday Clutter Challenges.* Pownal, VT: Storey Books, 2002.

Tracy, Brian. *Eat That Frog! 21 Great Ways to Stop Procrastinating and Get More Done in Less Time.* San Francisco: Berrett-Koehler Publishers, Inc., 2001.

Whipp, Richard, Barbara Adam and Ida Sabelis (Eds.). *Making Time: Time and Management in Modern Organizations.* Oxford, UK: Oxford University Press, 2002.

Winston, Stephanie. *The Organized Executive: The Classic Program for Productivity: New Ways to Manage Time, People, and the Digital Office.* New York: Warner Business, 2001.

103 AVOIR TROP D'AMBITION PERSONNELLE

Facteur VII - S1 : Avoir du mal à s'entendre avec les autres   Groupe W : Centré sur lui-même   **VII – S1 – W**

It is better to deserve honours and not have them
than to have them and not to deserve them.
– Mark Twain

UN PROBLÈME

- ☐ Est trop centré sur ses objectifs personnels et son évolution de carrière, parfois au détriment des autres
- ☐ N'hésite pas utiliser la politique pour obtenir de l'avancement et à faire du tort aux autres pour gravir les échelons
- ☐ Agit en priorité en fonction de l'image qu'il souhaite donner aux dirigeants dans le but de bien se positionner

103

N'EST PAS UN PROBLÈME

- ☐ N'est pas obnubilé par son avancement professionnel
- ☐ Cherche avant tout à bien faire
- ☐ Pense que ses résultats parlent d'eux-mêmes
- ☐ Aide les autres à progresser
- ☐ Sait partager les honneurs de la réussite avec ceux qui ont contribué
- ☐ Sait rester modeste en ce qui concerne ses réalisations

QUELQUES CAUSES

- ☐ Individualiste
- ☐ Trop agressif
- ☐ Manque de sens politique
- ☐ Ne sait pas faire confiance
- ☐ Manque de réalisme dans son auto-évaluation

FACTEURS ET GROUPES DU LEADERSHIP ARCHITECT®

Cette compétence se retrouve dans Avoir du mal à s'entendre avec les autres, facteur (VII - S1). Cette compétence se retrouve dans Centré sur lui-même, groupe (W) aux numéros : 104, 105, 107, 109, 119. Vous pouvez également consulter d'autres compétences dans le même facteur ou groupe pour trouver des conseils connexes.

LA CARTE

La plupart des gens ont de l'ambition. L'ambition est une bonne chose. L'ambition pousse les gens à mieux faire et à s'améliorer. Mais avoir trop d'ambition, c'est s'obséder à faire avancer sa carrière à tout prix. C'est faire des erreurs politiques en contactant la mauvaise personne pour obtenir une promotion. À l'extrême, les gens se demandent si votre présente fonction vous intéresse car vous parlez toujours de votre avancement. Ils se demandent si vous essayez de vous mettre en valeur aux dépens des autres, si vous cherchez à prendre toute la place en faisant ombrage aux autres. Prenez-vous des raccourcis pour aller de l'avant ? Vous préoccupez-vous vraiment des autres ou les utilisez-vous seulement pour arriver à vos fins ? Les autres peuvent être d'accord ou non sur ce que vous valez, mais ils pensent que vous consacrez trop de temps et d'efforts à faire votre propre promotion.

QUELQUES SOLUTIONS

☐ **1. Les actes parlent plus que les mots.** Incontestablement, un travail bien fait et solide attire toujours l'attention. Ceux qui « ressortent du lot » présentent deux caractéristiques : d'abord, ils travaillent bien et avec constance et ensuite, ils savent le faire savoir. Les recherches démontrent que les individus perçus comme performants sont ceux qui savent d'abord et avant tout régler les problèmes, quelle que soit leur activité. Ils se soucient du présent et pas seulement du futur. Bien plus que leurs paroles, c'est leur performance qui les rend visibles. Assurez-vous de la qualité de votre travail avant de parler ou de poser des questions sur le travail que l'on prévoit vous confier dans le futur ou de vous plaindre au sujet d'une promotion que vous pensiez mériter. Assurez-vous aussi que personne ne puisse croire que pratiquement n'importe qui aurait pu faire ce travail. Et assurez-vous que vos prestations sont exceptionnelles avant de les mettre en avant – rien ne peut plus vous nuire que lorsque d'autres sont à même de penser que vous êtes incapable de faire la différence entre une performance normale et une prestation exemplaire.

☐ **2. Choisissez bien vos combats.** Se vendre requiert un bon flair politique. N'en faites pas trop. Vous rencontrerez un accueil favorable si vous savez vous mettre en valeur avec modestie. En revanche, vous risquez de provoquer un rejet si l'on sent que vous exagérez votre tendance à vous mettre en avant. Faites preuve de calme et d'assurance. Ne partagez pas vos ambitions avec ceux qui ne joueront aucun rôle dans votre avenir. Et ne dénigrez surtout jamais vos rivaux dans l'espoir d'une promotion. Cela en révélerait bien plus sur vous que sur eux. *Besoin d'aide supplémentaire ? Reportez-vous aux fiches n° 38 : Faire preuve d'agilité organisationnelle et n° 48 : Avoir le sens politique.*

☐ **3. Comment vous évaluez-vous sur les dimensions n° 22 Respecter l'éthique et les valeurs et n° 29 Être intègre et digne de confiance ?** Si votre évaluation est bonne, inutile de poursuivre cette lecture. Si elle est seulement moyenne, vous risquez d'être perçu comme quelqu'un de peu coopératif et peu solidaire des autres. Combien de temps prenez-vous pour aider les autres par rapport au temps utilisé à des fins personnelles ? Êtes-vous perçu comme un solitaire ? Donnez-vous un « coup de main » à vos collègues, collaborateurs directs ? Établissez-vous des rapports directs, contribuant visiblement à construire une équipe ? Si vos résultats sont faibles, cela peut signifier que vous vous « arrangez » pour bien paraître. Vous tentez de blâmer les autres pour des actions dont vous auriez dû prendre la responsabilité. Vous inventez des excuses pour vous protéger. Vous essayez de dénigrer vos rivaux pour donner une meilleure image de vous-même. Vous répondez évasivement à des questions difficiles. Vous êtes particulièrement adroit pour bien présenter ce qui, sur le fond, n'est pas acceptable. Votre désorganisation et votre conduite peuvent nuire aux autres. Vous ne vous souciez pas ou peu des autres. Si vous avez adopté un de ces comportements ou d'autres similaires, vous finirez par être « démasqué ». Et vous risquez de mettre en péril votre propre avenir et vos objectifs personnels. Il est de votre intérêt d'arrêter ce jeu.

☐ **4. Vérifiez la qualité de ce que « vous vendez ».** Obtenez des réactions honnêtes. Portez-vous volontaire pour un feed-back à 360°. Demandez leur avis à des personnes en qui vous avez confiance. Si vous avez des relations privilégiées avec quelqu'un du service des ressources humaines, allez le voir. Assurez-vous que vous possédez bien les atouts que vous croyez avoir. Généralement, les ambitieux ont tendance à surestimer leur valeur au sein de l'organisation ; ce qui se révèle être la raison essentielle de leurs faibles performances. Aussi, ne vous précipitez pas dans une négociation en vous croyant un excellent négociateur, à moins d'être tout à fait certain de l'être. *Besoin d'aide supplémentaire ? Reportez-vous à la fiche n° 55 : Bien se connaître.*

☐ **5. Si vous n'avez pas de mentor ou de conseiller au-dessus de vous dans l'organisation, faites des efforts pour en trouver un.** Un mentor peut vous offrir un avis honnête et vous éclairer sur vous-même et vos perspectives dans l'organisation.

☐ **6. Les deux meilleurs ouvrages sur ce sujet** sont *Career Mastery,* de Harry Levinson et *What Color is Your Parachute ?,* de Richard Bolles (existe en français). Procurez-vous ces ouvrages et relisez-les jusqu'à ce que votre problème soit résolu.

☐ **7. Ceux qui sont trop ambitieux soignent davantage leurs relations avec le haut de la hiérarchie qu'avec leurs collègues et leurs collaborateurs.** Cela donne aux autres l'impression qu'ils ne comptent pas beaucoup pour vous. Vous pouvez avoir ce sentiment, mais ne le laissez jamais transparaître. Assurez-vous de ne pas plastronner ou faire la roue devant les autres. Assurez-vous de ne pas toujours être celui qui va chercher le patron à l'aéroport. Ne soyez pas toujours assis à la table du patron.

☐ **8. Faites-vous la promotion de la carrière des autres aussi bien que la vôtre ?** Aidez-vous les autres à résoudre leurs problèmes ou bien ce sont eux qui passent leur temps à résoudre les vôtres ? On tolérera mieux votre ambition si vous avez démontré par vos actions que vous aidez à l'avancement des autres. *Besoin d'aide supplémentaire ? Reportez-vous à la fiche n° 19 : Développer les compétences de ses collaborateurs directs et des autres.*

☐ **9. Vous attribuez-vous toutes les présentations qui sont à faire en haut lieu ?** C'est souvent le signe d'une grande ambition. Laissez les autres faire ces présentations de temps en temps. Auprès du « top management », essayez de promouvoir votre valeur personnelle au travers des réalisations de votre groupe. C'est une voie aussi efficace pour faire avancer votre carrière que de tout faire par vous-même. Les responsables remarquent très vite les bâtisseurs qui s'entourent d'employés performants. *Besoin d'aide supplémentaire ? Reportez-vous à la fiche n° 18 : Savoir déléguer.*

☐ **10. Combien de temps passez-vous à parler de vous-même et à vous mettre en avant ?** Combien de temps passez-vous à écouter les autres vous dire ce qui vous manque pour vous améliorer ? Les temps respectifs devraient être 75 % pour l'écoute et 25 % pour votre promotion personnelle. Si ce n'est pas le cas, essayez de vous rapprocher de ce ratio.

He that falls in love with himself will have no rivals.
– Benjamin Franklin

LECTURES CONSEILLÉES

Barner, Robert. *Lifeboat Strategies: How to Keep Your Career Above Water During Tough Times—Or Any Time*. New York: American Management Association, 1994.

Bolles, Richard N. *What Color Is Your Parachute? 2004: A Practical Manual for Job-Hunters & Career-Changers.* Berkeley, CA: Ten Speed Press, 2004.

Brim, Gilbert. *Ambition: How We Manage Success and Failure Throughout Our Lives*. New York: Backinprint.com, 2000.

Champy, James and Nitin Nohria. *The Arc of Ambition.* Cambridge, MA: Perseus Publishing, 2000.

Christian, Ken. *Your Own Worst Enemy: Breaking the Habit of Adult Underachievement*. New York: Regan Books, 2004.

Dominguez, Linda R. *How to Shine at Work.* New York: McGraw-Hill Trade, 2003.

Evans, Gail. *She Wins, You Win*. New York: Gotham Books, 2003.

Fels, Anna. *Necessary Dreams: Ambition in Women's Changing Lives.* New York: Pantheon Books, 2004.

Hunt, Christopher W. and Scott A. Scanlon. *Navigating Your Career*. New York: John Wiley & Sons, Inc., 1999.

Ibarra, Herminia. *Working Identity: Unconventional Strategies for Reinventing Your Career.* Boston: Harvard Business School Publishing, 2003.

Johnson, Mike. *Getting a Grip on Tomorrow—Your Guide to Survival and Success in the Changed World of Work*. Newton, MA: Butterworth-Heinemann, 1997.

Kelley, Robert E. *How to Be a Star at Work*. New York: Times Business, 1998.

Kummerow, Jean M. *New Directions in Career Planning and the Workplace: Practical Strategies for Career Management Professionals.* Palo Alto, CA: Davies-Black Publishing, 2000.

Mahan, Brian J. and Robert Coles. *Forgetting Ourselves on Purpose: Vocation and the Ethics of Ambition.* San Francisco: Jossey-Bass, Inc., 2002.

McCall, Morgan W., Michael M. Lombardo and Ann M. Morrison. *The Lessons of Experience*. Lexington, MA: Lexington Books, 1988.

Morrison, Ann M., Randall P. White, Ellen Van Velsor and the Center for Creative Leadership. *Breaking the Glass Ceiling: Can Women Reach the Top of America's Largest Corporations?* Reading, MA: Addison-Wesley Publishing Company, 1992.

Schweich, Thomas A. *Staying Power: 30 Secrets Invincible Executives Use for Getting to the Top—And Staying There.* New York: McGraw-Hill, Inc., 2003.

104 FAIRE PREUVE DE SUFFISANCE

Facteur VII - S1 : Avoir du mal à s'entendre avec les autres Groupe W : Centré sur lui-même **VII – S1 – W**

It's much easier to be critical than to be correct.
– Benjamin Disraeli

UN PROBLÈME

- ☐ A tendance à considérer qu'il a toujours raison
- ☐ Dévalorise les opinions et les suggestions des autres
- ☐ Peut se montrer froid et distant ; peut donner aux autres le sentiment qu'ils ne sont pas à la hauteur
- ☐ Peut prendre ses distances vis-à-vis des autres à moins qu'ils n'acceptent ses conditions
- ☐ Reste à distance des autres

N'EST PAS UN PROBLÈME

- ☐ Sait écouter les autres et leur répondre
- ☐ Est d'un abord facile et se montre chaleureux
- ☐ S'intéresse au point de vue des autres même si leur opinion est différente
- ☐ Prend les autres en considération et sait les valoriser
- ☐ Reconnaît les opinions d'autrui
- ☐ Traite les autres sur un pied d'égalité
- ☐ Partage les honneurs avec les autres
- ☐ Se montre rarement autoritaire ou dominateur
- ☐ Est proche de certains et est en relation avec beaucoup d'autres

QUELQUES CAUSES

- ☐ Ne semble pas vraiment aimer les autres
- ☐ Manque de feed-back
- ☐ Aime surtout ses propres idées
- ☐ N'est pas très transparent
- ☐ N'est pas très à l'aise avec les gens
- ☐ Pas très doué pour la communication interpersonnelle
- ☐ Sens d'observation des autres insuffisant
- ☐ Très intelligent et réussit toujours

FACTEURS ET GROUPES DU LEADERSHIP ARCHITECT®

Cette compétence se retrouve dans Avoir du mal à s'entendre avec les autres, facteur (VII - S1). Cette compétence se retrouve dans Centré sur lui-même, groupe (W) aux numéros : 103, 105, 107, 109, 119. Vous pouvez également consulter d'autres compétences dans le même facteur ou groupe pour trouver des conseils connexes.

LA CARTE

Les gens arrogants sont généralement perçus comme des personnes solitaires et distantes qui préfèrent leurs propres idées à celles des autres. Strictement parlant, être arrogant signifie rabaisser les autres ainsi que leurs contributions. Habituellement, cela a pour résultat que les gens se sentent diminués, rejetés et en colère. L'arrogance est difficile à combattre pour deux raisons : il n'est pas facile d'obtenir du feed-back sur la nature du problème puisque les gens hésitent à offrir des commentaires aux personnes arrogantes, et elle est difficile à changer car la personne concernée n'écoute pas ou ne réagit pas aux réactions des autres de manière appropriée. Quoi qu'il en soit, ceux qui passent pour des arrogants finissent par obtenir ce qu'ils semblent désirer ou veulent vraiment – ils se retrouvent tout seuls.

QUELQUES SOLUTIONS

☐ **1. Avoir une trop haute opinion de soi-même constitue un obstacle majeur à la connaissance de soi.** *Besoin d'aide supplémentaire ? Reportez-vous à la fiche n° 55 : Bien se connaître.* Les recherches montrent que la performance est souvent associée directement à une très bonne connaissance de soi. Fréquemment, ceux qui ont une forte personnalité et qui ont connu jusqu'à présent une progression remarquable ne recherchent pas de feed-back sur eux-mêmes et poursuivent leur parcours, se croyant parfaits… jusqu'à ce que leur carrière périclite. Si l'on vous perçoit comme arrogant, le meilleur moyen pour en comprendre les raisons serait de demander un feed-back à 360° dans lequel les répondants seraient anonymes. Il est peu probable que vous obteniez beaucoup d'information directement, puisque vos collègues ne pensent pas que vous les écoutez et qu'il a déjà été pénible pour eux de tenter de vous influencer dans le passé. Les arrogants typiques se surestiment. L'évaluation que vos collègues feront de vous pourrait s'avérer plus négative qu'elle ne le devrait, car ils estimeront sans doute nécessaire de le faire pour tenir compte de votre attitude de défi permanent. Si l'on considère que vous dévalorisez les autres, on vous retournera logiquement la politesse.

☐ **2. Il y a deux possibilités :** vous êtes soit vraiment talentueux, vous frôlez la perfection et vos collègues ont du mal à accepter l'idée que vous ayez toujours raison, ou vous êtes soit imparfait, mais vous agissez comme si vous étiez parfait. Si vous êtes réellement très brillant, productif, cultivé et que vous avez toujours raison, arrangez-vous pour faire en sorte que vos collègues se sentent moins mal à l'aise et moins mortifiés par vos dons. Si, en revanche, vous n'êtes pas si parfait que cela, vous n'avez aucune raison d'agir comme si vous l'étiez. Dans les deux cas, efforcez-vous d'adopter un comportement plus ouvert et accessible et aidez vos interlocuteurs à se sentir plus à l'aise en votre présence.

☐ **3. Surveillez votre langage non verbal.** Les gens arrogants parlent et agissent de façon arrogante. Si vous voulez être perçu autrement, faites attention à vos expressions non verbales. L'arrogance se manifeste par des attitudes qu'un observateur neutre perçoit et juge comme des signaux de suffisance. Les sourcils froncés. Les expressions du visage. Les mouvements du corps (surtout lorsqu'il est détourné). Le fait de pianoter impatiemment avec les doigts ou avec un crayon. Un sourire artificiel. Les lèvres serrées. Le fait de regarder ailleurs. Demandez à un ami sincère de vous dire si vous avez ce type de comportements afin de les éliminer.

☐ **4. Réponses, solutions, conclusions, affirmations, ordres :** autant de caractéristiques d'un comportement arrogant. Opinions instantanées. Réactions vives. Tout cela peut vous valoir des problèmes. Vous sautez aux conclusions, écartez du revers de la main les opinions des autres, utilisez des termes agressifs, assénés sur un ton catégorique. Les autres vous percevront comme fermé ou agressif. Pire, ils penseront que vous les croyez stupides ou mal informés. Donnez-leur donc la chance de parler sans être interrompus. Si l'on vous croit intolérant, fermé ou prêt à sauter aux conclusions, vos interlocuteurs auront tendance à buter sur les mots dans leur hâte à exprimer leur avis ou couperont court à leur argumentation, convaincus que vous ne les écoutez pas. Posez une question, invitez-les à exprimer leur désaccord, reprenez calmement leurs arguments et surtout, ne leur faites pas perdre la face. Lors d'un entretien, faites une pause de quinze secondes avant de dire quoi que ce soit et ajoutez deux questions de vérification à chaque échange pour signaler que vous êtes attentif et que vous souhaitez en savoir plus. *Besoin d'aide supplémentaire ? Reportez-vous aux fiches n° 33 : Savoir écouter et n° 41 : Être patient.*

☐ **5. Prêtez attention à votre audience.** Sachez « lire » votre auditoire. Savez-vous reconnaître les signes de malaise face à l'arrogance ? Vos interlocuteurs peuvent-ils reculer, se rembrunir, rougir, bégayer, se taire, se renfermer, rester sur le pas de la porte en espérant ne pas être invités à entrer ? Vous devez travailler doublement à observer les autres. Durant les trois premières minutes d'une rencontre importante, efforcez-vous de mettre votre auditoire à l'aise avant d'entamer les discussions. Posez des questions sans rapport avec l'ordre du jour. Offrez-leur un café. Parlez-leur de votre dernier week-end.

☐ **6. Les arrogants conservent leurs distances et n'abordent pas beaucoup les sujets personnels.** Vous croyez sans doute qu'il ne faut pas mêler vie personnelle et professionnelle. Vous gardez une distance entre vous et vos collègues de travail. Compte tenu de leur difficulté à établir un contact avec une personne aussi distante, l'image qu'on se fera de vous se construira à partir de courts échanges peu satisfaisants. Par ailleurs, on apprécie certains types d'information : les raisons qui motivent vos décisions et vos actions, votre analyse personnelle de la situation, certains événements dans le domaine des affaires que vos collègues ne connaissent pas forcément, dont vous avez entendu parler et que vous pouvez révéler, les situations positives ou embarrassantes que vous avez vécues dans le passé, les commentaires sur ce qui se passe autour de vous (sans projeter un éclairage trop négatif sur les autres) et enfin les sujets qui vous passionnent en dehors du travail. Apprenez à vous ouvrir davantage aux autres sur ces sujets. *Besoin d'aide supplémentaire ? Reportez-vous à la fiche n° 44 : Être transparent.*

☐ **7. Vous avez probablement classé ceux qui vous entourent en deux catégories,** les « bons » et les « mauvais » et par votre comportement, vous signifiez aux « mauvais » ce que vous pensez d'eux. Apprenez à comprendre sans juger. Écoutez, prenez des notes, posez des questions et devenez capable de présenter leur cas aussi bien qu'eux, même si vous n'êtes pas d'accord. Prenez un de leurs arguments avec lequel vous êtes en accord. Présentez votre argumentation en vous attachant uniquement au problème : expliquez pourquoi vous pensez que ceci serait la meilleure façon d'aboutir à un accord mutuel.

☐ **8. Vous êtes sans doute très intelligent et hautement qualifié dans votre domaine.** Peut-être travaillez-vous avec des personnes moins bien informées que vous ou qui ont un niveau d'études moins élevé. Il se peut que vous occupiez une position qui vous permet de dicter ce qui doit être fait. Mais vous n'avez pas besoin pour autant de rendre tout cela pénible ou mortifiant. Adoptez plutôt un rôle de guide et d'enseignant – dites-leur ce que vous pensez d'un sujet, ne vous contentez pas de lancer des solutions. Expliquez-leur ce que vous pensez du problème, quelles questions devraient se poser et être réglées, comment vous vous proposez de chercher les réponses et les solutions possibles. Efforcez-vous de transmettre votre expérience et votre savoir-faire.

☐ **9. Tenez-vous vraiment à ce que la majorité de ceux qui vous fréquentent se sente stupide, inférieure ou dépourvue d'intelligence ?** Généralement, personne n'aime se sentir comme cela mais c'est ce que vous avez tendance à susciter chez les autres. Les arrogants cherchent souvent à avoir une image reflétant leur supériorité, leur finesse et leur culture. Mais cette recherche est mal orientée. Si vous désirez ardemment cette confirmation de votre excellence, procédez autrement. Aidez les autres à améliorer leur performance. Produisez des résultats tangibles. Si vos résultats ne sont pas à la hauteur de l'image que vous souhaitez, vos paroles et vos comportements arrogants n'y parviendront pas mieux. Ne glorifiez pas votre supériorité aux dépens de ceux qui ne sont pas vos égaux. Observez trois personnes que vous considérez comme excellentes et talentueuses et qui ne font pas preuve de suffisance. Qu'est-ce qu'elles font et ne font pas ? Comparez avec votre comportement.

☐ **10. L'épreuve.** En tout état de cause, il vous faudra travailler sur les fiches *n° 3 : Être d'un abord facile et n° 31 : Être doué pour la communication interpersonnelle.* Vos efforts ne produiront que des résultats médiocres tant que vous n'aurez pas démontré votre ouverture d'esprit et l'intérêt que vous portez à ce que les autres ont à dire, tant que vous n'aurez pas invité les autres à vous parler et que vous les aurez écoutés. Il vous faudra persévérer, endurer des refus et, sans doute, quelques remarques acerbes, que les gens ne pourront pas s'empêcher de faire pour rétablir l'équilibre. Préparez-vous mentalement pour ne pas être découragé par ces remarques. Il faudrait vraiment que les gens soient très altruistes pour répondre à vos avances, sans vous faire payer pour les problèmes du passé.

If it's very painful for you to criticize your friends—you're safe in doing it. But if you take the slightest pleasure in it—that's the time to hold your tongue.
– Alice Duer Miller, American writer

LECTURES CONSEILLÉES

Autry, James A. *The Art of Caring Leadership.* New York: William Morrow and Company, Inc., 1991.

Barker, Larry, Ph.D. and Kittie Watson, Ph.D. *Listen Up: At Home, at Work, in Relationships: How to Harness the Power of Effective Listening.* Irvine, CA: Griffin Trade Paperback, 2001.

Bolton, Robert and Dorothy Grover Bolton. *People Styles at Work—Making Bad Relationships Good and Good Relationships Better.* New York: AMACOM, 1996.

Brooks, Michael. *Instant Rapport.* New York: Warner Books, 1989.

Carter, Les. *The Anger Trap: Free Yourself From the Frustrations That Sabotage Your Life.* New York: John Wiley & Sons, Inc., 2003.

Dotlich, David L. and Peter C. Cairo. *Why CEOs Fail.* San Francisco: Jossey-Bass, Inc., 2003.

Ellis, Albert, Ph.D. *How to Control Your Anxiety Before It Controls You.* New York: Citadel Press, 2000.

Gonthier, Giovinella and Kevin Morrissey. *Rude Awakenings: Overcoming the Civility Crisis in the Workplace.* Chicago: Dearborn Trade Publishing, 2002.

Lieberman, David J. *Make Peace With Anyone: Breakthrough Strategies to Quickly End Any Conflict, Feud, or Estrangement.* New York: St. Martin's Press, 2002.

Mai, Robert and Alan Akerson. *The Leader As Communicator: Strategies and Tactics to Build Loyalty, Focus Effort, and Spark Creativity.* New York: AMACOM, 2003.

Peck, M. Scott, M.D. *A World Waiting to Be Born: Civility Rediscovered.* New York: Bantam Books, 1993.

Perlow, Leslie. *When You Say Yes but Mean No: How Silencing Conflict Wrecks Relationships and Companies...And What You Can Do About It*. New York: Crown Business Publishing, 2003.

Waldroop, James, Ph.D. and Timothy Butler, Ph.D. *Maximum Success: Changing the 12 Behavior Patterns That Keep You From Getting Ahead.* New York: Doubleday, 2000.

105 ABUSER DE LA CONFIANCE D'AUTRUI

Facteur VII - S1 : Avoir du mal à s'entendre avec les autres   Groupe W : Centré sur lui-même   **VII – S1 – W**

Winning is nice if you don't lose your integrity in the process.
– Arnold Horshak

UN PROBLÈME

- ☐ Dit quelque chose mais pense ou agit différemment
- ☐ Se montre souvent inconstant et imprévisible
- ☐ A tendance à ne pas tenir ses engagements

N'EST PAS UN PROBLÈME

- ☐ Va toujours jusqu'au bout
- ☐ Sait garder pour lui les confidences
- ☐ Fait ce qu'il dit
- ☐ Ses actes ne contredisent pas ses paroles. Respecte ses engagements
- ☐ Termine ce qu'il entreprend
- ☐ Est constant et prévisible
- ☐ Revient sur les choses s'il estime qu'un problème peut survenir

105

QUELQUES CAUSES

- ☐ Évite les conflits
- ☐ Sournois
- ☐ Désorganisé/imprévisible
- ☐ Négligent
- ☐ N'est pas orienté vers le client
- ☐ Manque de sens politique
- ☐ Mauvaise gestion du temps
- ☐ Fait trop de choses à la fois ; ne sait pas dire non
- ☐ Impatient de conclure une vente
- ☐ A trop d'ambition personnelle

FACTEURS ET GROUPES DU LEADERSHIP ARCHITECT®

Cette compétence se retrouve dans Avoir du mal à s'entendre avec les autres, facteur (VII - S1). Cette compétence se retrouve dans Centré sur lui-même, groupe (W) aux numéros : 103, 104, 107, 109, 119. Vous pouvez également consulter d'autres compétences dans le même facteur ou groupe pour trouver des conseils connexes.

LA CARTE

Le monde fonctionne sur la base de la confiance : chacun doit tenir ses engagements et faire ce qu'on attend de lui. À défaut, on se retrouve avec des relations mises à mal ou ruinées, des pertes de clients, des projets inachevés, des reprises, du temps perdu et beaucoup de bruit. Cela ne donne rien de trahir la confiance des autres.

QUELQUES SOLUTIONS

☐ **1. Des engagements simples.** Retournez-vous vos appels à temps ? Expédiez-vous le matériel que vous aviez promis d'envoyer ? Transmettez-vous l'information que vous aviez promis d'obtenir ? Achevez-vous un travail dont vous aviez promis de vous occuper ? Le manquement à ces engagements simples érode les relations. Si vous tendez à oublier des choses, notez-les par écrit. Si vous manquez de temps, obtenez des délais pour remplir vos engagements. Si vous êtes sur le point de manquer une échéance, avertissez vos partenaires et donnez-leur une seconde date que vous êtes certain de pouvoir respecter.

☐ **2. Trop d'implication ?** De nombreux problèmes peuvent surgir d'une implication excessive. Cette attitude naît du désir de plaire à tout le monde ou pour fuir le conflit que provoquerait une réponse négative. Il y a une limite à ce que vous pouvez faire. Engagez-vous dans ce que vous êtes sûr de pouvoir accomplir. Fixez un moment précis pour livrer votre travail. Notez-le. Apprenez à dire « non » de façon ferme mais sans agressivité. Apprenez à déléguer à quelqu'un qui dispose du temps nécessaire : « Hum, non, mais je suis sûr que Suzanne pourrait vous aider ». Apprenez à dire : « Oui, mais cela pourrait prendre plus de temps que vous ne le souhaitez » et donnez-leur ainsi la liberté de retirer leur demande. Vous pouvez aussi répondre : « Oui, mais parmi mes engagements avec vous, quel projet vais-je devoir retarder pour faire celui-ci ? » *Besoin d'aide supplémentaire ? Reportez-vous à la fiche n° 50 : Savoir définir les priorités.*

☐ **3. Trop d'engagements ?** Votre enthousiasme pour la vente ou pour convaincre quelqu'un vous porte-t-il à faire trop de promesses dans le feu de l'action ? Les clients que vous gagnez par des engagements irréalistes seront les premiers que vous perdrez à jamais lorsqu'ils s'apercevront que vous ne pouvez tenir parole.

☐ **4. Vouloir trop impressionner.** C'est un travers commun de promettre beaucoup pour impressionner plus. Il est tout aussi commun avec cette attitude de perdre sur le long terme parce que les clients finissent par ne plus tenir compte des promesses et ne regardent que les résultats.

☐ **5. Fuir les conflits.** Dites-vous ce que les autres veulent entendre, simplement pour mettre fin à une réunion ou un entretien, alors que vous n'avez pas réellement l'intention de faire ce que vous dites ? Dites-vous des choses simplement pour « arranger » et ne pas causer de problèmes ? Ne dites-vous que ce qu'il faut pour ne pas susciter d'objections ou de désaccords ? Tous ces comportements risquent d'avoir des conséquences fâcheuses dès qu'il deviendra évident que vous tenez un langage contradictoire selon le lieu ou les personnes ou que vous ne tenez pas vos promesses.

☐ **6. Vous avancez-vous sur certains points simplement pour obtenir un avantage ?** Savez-vous à l'avance que ce que vous dites ne correspond pas à la réalité ? Faites-vous des promesses, en sachant que vous ne pourrez pas les tenir, pour gagner un avantage, développer une relation ou obtenir des ressources ? Avez-vous en tête vos propres priorités plutôt que celles de votre groupe ou de votre organisation ? Chacun de ces travers risque de vous rattraper un jour et portera du tort à votre avancement professionnel. *Besoin d'aide supplémentaire ? Reportez-vous aux fiches n° 22 : Respecter l'éthique et les valeurs et n° 29 : Être intègre et digne de confiance.*

☐ **7. Vous avez vos bons et vos mauvais jours ?** Beaucoup de gens sont incohérents dans leurs résolutions. Ils sont persévérants à certains moments et pas à d'autres. Certains sont constants avec leurs supérieurs hiérarchiques mais pas avec leurs collaborateurs. D'autres font des efforts avec les individus qu'ils apprécient, mais pas avec ceux qu'ils n'aiment guère. Bien que cela fasse partie de la nature humaine, c'est une stratégie perdante. Dans le fond, si vous pouvez le faire une fois ou avec une personne ou pendant une journée, cela veut dire que vous êtes capable de le faire plus souvent. *Besoin d'aide supplémentaire ? Reportez-vous à la fiche n° 43 : Faire preuve de persévérance.*

☐ **8. Vous laissez des tâches inachevées.** Vous êtes attiré par l'action ? Impatient ? Touche-à-tout ? Votre intérêt diminue-t-il si cela prend trop de temps ? Ces habitudes produiront des engagements non tenus. Efforcez-vous de terminer ce que vous commencez. N'entreprenez rien avant d'achever ce qui est entrepris. Déléguez la finition à quelqu'un de confiance. Vérifiez après coup que le travail a bien été effectué. Si vous ne pouvez terminer un projet, informez-en au moins les principaux intéressés et donnez-leur des explications.

☐ **9. Vous manquez de temps.** Vous arrive-t-il d'avoir souvent l'intention de mener à bien certains projets mais de ne jamais trouver le temps de les réaliser ? Avez-vous tendance à sous-estimer le temps nécessaire pour terminer les tâches à accomplir ? Il existe des méthodes éprouvées pour apprendre à gérer son temps. Vous avez le choix entre une multiplicité de livres sur le sujet dans les librairies spécialisées et de nombreuses formations auxquelles vous pouvez assister. Déléguer des tâches vous aide aussi à mieux gérer votre temps. *Besoin d'aide supplémentaire ? Reportez-vous à la fiche n° 62 : Savoir gérer son temps.*

☐ **10. Peut-être n'êtes-vous pas tout à fait digne de confiance.** Vous esquivez, faites du sabotage, tirez des ficelles à votre avantage, piégez les autres et ne cherchez pas à remplir vos engagements. Vous vous justifiez en prétextant que les temps sont durs, que vous ne faites que votre travail et que vous obtenez des résultats. Après tout, la fin justifie les moyens. Vous manipulez les autres pour arriver à vos fins. En premier lieu, vous devez vous demander si votre vision du monde est correcte et si cette voie est celle que vous voulez suivre. Vous devez ensuite vérifier si votre carrière au sein de cette organisation est récupérable. Est-ce que vous êtes « grillé » ? La meilleure façon de vous corriger est d'admettre que vous avez constamment détruit la confiance et négligé de remplir vos engagements. Discutez-en avec votre patron ou votre mentor pour savoir si vous pouvez vous racheter. Si oui, rencontrez toutes les personnes à qui vous pensez avoir porté tort et voyez leur réaction. Dites-leur en quoi vous voulez changer. Demandez-leur ce que vous devriez cesser de faire. Demandez-leur si la situation est rattrapable.

When you betray somebody else, you also betray yourself.
– Isaac Bashevis Singer

LECTURES CONSEILLÉES

Batstone, David. *Saving the Corporate Soul—& (Who Knows?) Maybe Your Own: Eight Principles for Creating and Preserving Wealth and Well-Being for You and Your Company Without Selling Out.* San Francisco: Jossey-Bass, Inc., 2003.

Block, Peter. *The Answer to How Is Yes: Acting On What Matters.* San Francisco: Berrett-Koehler Publishers, Inc., 2001.

Boverie, Patricia E. and Michael Kroth. *Transforming Work: The Five Keys to Achieving Trust, Commitment & Passion in the Workplace.* Cambridge, MA: Perseus Publishing, 2001.

Chambers, Harry E. *No Fear Management: Rebuilding Trust, Performance, and Commitment in the New American Workplace.* Boca Raton, FL: St. Lucie Press, 1998.

Deems, Richard S. and Terri A. Deems. *Leading in Tough Times: The Manager's Guide to Responsibility, Trust, and Motivation.* Amherst, MA: HRD Press, 2003.

Galford, Robert M. and Anne Siebold Drapeau. *The Trusted Leader: Bringing Out the Best in Your People and Your Company.* New York: The Free Press, 2002.

Golin, Al. *Trust or Consequences: Build Trust Today or Lose Your Market Tomorrow.* New York: AMACOM, 2004.

Johnson, Larry and Bob Phillips. *Absolute Honesty: Building a Corporate Culture That Values Straight Talk and Rewards Integrity.* New York: AMACOM, 2003.

Kaptein, Muel and Johan Wempe. *The Balanced Company: A Corporate Integrity Theory.* Oxford, UK: Oxford University Press, 2002.

Maister, David H., Charles H. Green and Robert M. Galford. *The Trusted Advisor.* New York: The Free Press, 2001.

O'Toole, James. *Leading Change.* Boston: Harvard Business School Press, 1996.

Remick, Norman Thomas. *West Point: Character Leadership Education: A Book Developed From the Readings and Writings of Thomas Jefferson.* New York: RPR, 2002.

Seglin, Jeffrey L. *The Right Thing: Conscience, Profit and Personal Responsibility in Today's Business.* Rollinsford, NH: Spiro Press, 2003.

Shaw, Robert Bruce. *Trust in the Balance—Building Successful Organizations on Results, Integrity and Concern.* San Francisco: Jossey-Bass, Inc., 1997.

Solomon, Robert C. and Fernando Flores. *Building Trust: In Business, Politics, Relationships, and Life.* Oxford, UK: Oxford University Press, 2001.

Tracy, Diane and William J. Morin. *Truth, Trust, and the Bottom Line.* Chicago, IL: Dearborn Trade Publishing, 2001.

Zand, Dale E. *The Leadership Triad—Knowledge, Trust and Power.* New York: Oxford University Press, 1997.

106 FAIRE PREUVE DE BLOCAGE AU NIVEAU DE L'APPRENTISSAGE

Facteur VII - S1 : Avoir du mal à s'entendre avec les autres Groupe V : N'établit pas facilement de relations avec les autres **VII – S1 – V**

It is better to know some of the questions than all of the answers.
– James Thurber

UN PROBLÈME

- ☐ Fait preuve d'une grande réticence quand il s'agit d'acquérir de nouvelles compétences ou de s'initier à de nouvelles approches, aussi bien sur le plan personnel que pour ce qui concerne la communication interpersonnelle, les méthodes de management ou le développement du leadership
- ☐ Ne voit pas de raisons de changer, même lorsqu'il est confronté à de nouveaux défis
- ☐ Ses champs d'intérêt sont limités
- ☐ Rechigne à mettre en œuvre de nouvelles pratiques
- ☐ Ne recherche pas d'avis ou de conseils
- ☐ Manque de curiosité
- ☐ A tendance à ne jamais se poser de questions

N'EST PAS UN PROBLÈME

- ☐ Avide d'apprendre - est curieux de tout ce qui est nouveau ou meilleur
- ☐ S'intéresse à beaucoup de choses, a une vision globale
- ☐ Recherche le feed-back et en tient compte
- ☐ Prend les critiques à cœur
- ☐ Cherche en permanence à se perfectionner
- ☐ Observe la façon dont les autres réagissent à ce qu'il dit ou fait et s'adapte en conséquence
- ☐ Lit bien les pensées des personnes et des groupes
- ☐ Comprend les signaux rectificatifs et subtils des autres
- ☐ Voit les différences dans les défis qu'il rencontre et sait s'y adapter

QUELQUES CAUSES

- ☐ Espère toujours s'en sortir sans faire aucun changement
- ☐ Ne prend pas de risques
- ☐ Empêche les autres de changer
- ☐ A une vision limitée et peu d'intérêts
- ☐ N'est pas ouvert à de nouvelles approches
- ☐ Perfectionniste
- ☐ Préfère les méthodes éprouvées
- ☐ Porte peu d'intérêt à l'auto-apprentissage ou au développement personnel
- ☐ Trop occupé pour apprendre quoique ce soit
- ☐ En prend trop à son aise

FACTEURS ET GROUPES DU LEADERSHIP ARCHITECT®

Cette compétence se retrouve dans Avoir du mal à s'entendre avec les autres, facteur (VII - S1). Cette compétence se retrouve dans N'établit pas facilement de relations avec les autres, groupe (V) aux numéros : 101, 108, 112. Vous pouvez également consulter d'autres compétences dans le même facteur ou groupe pour trouver des conseils connexes.

LA CARTE

Les gens disent que vous vivez dans le passé. Pour quelque raison que ce soit, vous semblez résister à tout apprentissage de nouvelles approches personnelles ou de gestion. Vous êtes le dernier à soutenir une nouvelle initiative. On doit tout vous prouver avant que vous ne leviez le petit doigt. Les enquêtes faites par un grand cabinet de recrutement montrent que les personnes les plus susceptibles d'être licenciées lors d'une réduction d'effectifs possèdent de bons atouts techniques et personnels, mais apprennent difficilement de nouvelles compétences ou tout ce qui est nouveau. Il est impossible de survivre aujourd'hui sans se renouveler constamment et mettre à jour ses compétences. Il n'y a plus de place pour ceux qui restent pris dans le passé.

QUELQUES SOLUTIONS

106

☐ **1. En fonction de quoi est-ce que vous agissez ?** Ceux qui savent s'adapter vont de l'extérieur (le client, l'auditoire, la personne, la situation) — vers l'intérieur. Et non l'inverse, c'est-à-dire, de l'intérieur vers l'extérieur — (que pourrais-je faire dans cette situation ? Qu'est-ce qui me satisferait et me mettrait à l'aise ?) Essayez de ne pas penser « du dedans vers le dehors » quand vous êtes en présence d'autres personnes. Quelles sont les exigences particulières à cette situation ? Comment cette personne, ou ce groupe, apprendra-t-elle le mieux ? Quel type d'approches, styles, techniques ou habiletés, fonctionnera le mieux ? Quelles sont les meilleures façons d'atteindre mon but ? Comment puis-je modifier mon approche et mes stratégies pour les rendre plus efficaces ? Un poney dressé pour un seul tour ne fait qu'un seul numéro par spectacle. Si l'auditoire n'apprécie pas le numéro, il n'y aura ni rappels ni avoine pour le poney. *Besoin d'aide supplémentaire ? Reportez-vous à la fiche n° 15 : Être orienté vers le client.*

☐ **2. Vous êtes prisonnier de votre « zone de confort ».** Vous vous fiez à des solutions connues, à ce que vous avez déjà vu ou déjà fait. Vous utilisez ce que vous connaissez ou ce que vous avez observé ou fait auparavant. Si vous êtes confronté à une nouvelle question, un nouveau défi ou un nouveau problème essayez d'abord d'en identifier les causes. Ne sautez pas à la conclusion ou à la solution. Continuez à vous interroger sur les causes, rassemblez le maximum de possibilités et classez-les en catégories. Vos chances de trouver une meilleure solution augmenteront à mesure que vous trouverez des liens entre ces causes. Essayez de déceler comment s'organisent les données, quelles sont les grandes tendances, ne vous contentez pas de recueillir des informations ou de supposer que vous savez quoi faire. Il est possible d'ailleurs que l'on vous ait déjà dit que vous ne le savez pas toujours. *Besoin d'aide supplémentaire ? Reportez-vous à la fiche n° 51 : Maîtriser la résolution de problèmes.*

☐ **3. Observez sans relâche les réactions des autres à votre égard afin de pouvoir vous ajuster.** Surveillez leurs réactions à vos paroles et à vos actions au moment où vous opérez, afin de juger de l'effet. Paraissent-ils s'ennuyer ? Changez de rythme. Sont-ils indécis ? Reformulez votre idée autrement. Sont-ils irrités ? Arrêtez-vous et demandez quel est le problème. Sont-ils trop passifs ? Faites une pause et impliquez-les dans ce que vous faites. Montrent-ils de l'impatience, en jouant avec leur bloc-notes ou en regardant par la fenêtre ? Ils ne sont peut-être pas intéressés par ce que vous dites. Sautez à la fin de votre présentation ou de votre tâche, terminez la séance, partez. Observez souvent l'auditoire et changez de tactique si nécessaire. *Besoin d'aide supplémentaire ? Reportez-vous aux fiches n° 33 : Savoir écouter et n° 45 : Savoir apprendre.*

☐ **4. Quelle qu'en soit la raison, les autres vous perçoivent comme fermé au changement.** Vos efforts ne produiront que des résultats médiocres tant que vous n'aurez pas modifié votre comportement ; tant que vous n'aurez pas démontré votre ouverture d'esprit et l'intérêt que vous portez à ce que les autres ont à dire ; tant que vous n'aurez pas invité les autres à vous parler et que vous les aurez écoutés. Il vous faudra persévérer, endurer des refus et, sans doute, quelques remarques acerbes, que les gens ne pourront pas s'empêcher de faire pour rétablir l'équilibre. Préparez-vous mentalement pour ne pas être découragé par ces remarques. D'autant plus qu'il faudrait des gens exceptionnellement altruistes pour réagir d'emblée de façon positive à vos ouvertures, sans vous mettre quelque peu dans l'embarras en souvenir de vos attitudes passées. *Besoin d'aide supplémentaire ? Reportez-vous aux fiches n° 3 : Être d'un abord facile et n° 31 : Être doué pour la communication interpersonnelle.*

☐ **5. Essayer de nouvelles techniques.** Certaines personnes d'expérience ont couramment recours à une série de techniques efficaces : elles justifient tout ce qu'elles disent, gardant pour la fin les solutions ou la conclusion. Elles posent des questions plutôt que de faire des affirmations, parlent brièvement, résument souvent ; si elles sont en désaccord, elles l'expriment avec réserve : « je ne le crois pas, mais qu'en pensez-vous ? » L'objectif est d'obtenir le plus d'information possible sur les réactions des autres. Cela leur permet de modifier et d'adapter leur comportement, le cas échéant.

☐ **6. Élargissez votre répertoire.** Diversifiez-vous. Accomplissez des actions qui ne vous sont pas habituelles. Allez au-delà de vos limites. En élargissant votre « palette » de comportements, vous deviendrez plus efficace dans un plus grand nombre de situations. *Besoin d'aide supplémentaire ? Reportez-vous à la fiche n° 54 : Être capable d'auto-développement.*

☐ **7. Soyez un découvreur.** Trouvez la nouveauté. Qu'elle soit technique, informatique ; que ce soit un nouvel outil, système, procédé en rapport avec votre activité. Devenez, à titre personnel, un expert dans ce domaine. Lisez les manuels sur le sujet. Faites valider vos connaissances par une certification, si elle existe. Visitez un endroit où cette nouveauté est mise en œuvre. Puis surprenez tout le monde en étant le premier à l'introduire dans votre entreprise. Vendez-la. Entraînez d'autres personnes à savoir l'utiliser. Intégrez-la dans votre travail.

☐ **8. Choisissez trois activités que vous n'avez jamais pratiquées auparavant et lancez-vous.** Si vous ignorez tout du service clientèle, travaillez dans un magasin ou occupez-vous du service des réclamations. Si vous ne savez pas ce que fait l'ingénierie, allez vous renseigner. Échangez des tâches avec quelqu'un. Rencontrez des collègues d'autres domaines, expliquez-leur ce que vous faites et surtout comment vous le faites.

☐ **9. Portez-vous volontaire pour des projets spéciaux.** Ces projets constituent d'excellentes occasions d'intégrer de nouvelles notions sans prendre de risques majeurs. Les projets spéciaux sont des étapes courantes dans la formation des cadres performants. De tels projets exigent de connaître d'autres fonctions, d'autres domaines d'activités, des personnes d'autres nationalités et de comprendre dans un délai rapide leur façon de penser et le pourquoi de leur attitude. Ce faisant, vous sortez de votre propre cadre d'expérience et découvrez un monde plus vaste – comment fonctionnent les transactions internationales ou, plus près de vous, comment s'imbriquent les éléments qui composent votre organisation.

☐ **10. Avez-vous la même attitude dans votre vie personnelle ?** Allez-vous toujours aux mêmes restaurants ? Prenez-vous vos vacances aux mêmes endroits ? Célébrez-vous toujours les fêtes de la même façon ? Achetez-vous le même type de voiture ? Avez-vous le même agent d'assurances que votre père ? Reculez vos limites. Explorez de nouveaux horizons avec votre famille. Découvrez des endroits que vous n'avez jamais visités auparavant. Changez de lieu de vacances. Découvrez de nouveaux types de restaurants. Allez à des soirées ou des rencontres de groupes que vous ne connaissiez pas. Fréquentez les festivals ethniques et initiez-vous à leurs cultures. Assistez à des événements sportifs exceptionnels. Cherchez constamment, avec votre famille, des opportunités d'aller vers ce qui est nouveau et peut constituer une nouvelle occasion d'apprendre.

Learning is like rowing upstream; not to advance is to drop back.
– Chinese proverb

LECTURES CONSEILLÉES

Bell, Arthur H., Ph.D. and Dayle M. Smith, Ph.D. *Motivating Yourself for Achievement.* Upper Saddle River, NJ: Prentice Hall, 2002.

Berglas, Steven. *Reclaiming the Fire: How Successful People Overcome Burnout.* New York: Random House, 2001.

Carlson, Richard. *Don't Sweat the Small Stuff—And It's All Small Stuff: Simple Ways to Keep the Little Things From Taking Over Your Life.* New York: Hyperion, 1997.

Danzig, Robert J. *The Leader Within You.* Hollywood, FL: Lifetime Books, Inc., 1998.

Fulmer, Robert M. and Jay A. Conger. *Growing Your Company's Leaders.* New York: AMACOM, 2004.

Handy, Charles B. *The Elephant and the Flea.* Boston: Harvard Business School Press, 2003.

Hawkins, David R. *Power vs. Force: The Hidden Determinants of Human Behavior.* Carson, CA: Hay House, 2002.

Honold, Linda. *Developing Employees Who Love to Learn.* Palo Alto, CA: Davies-Black Publishing, 2001.

Klein, Gary A. *Intuition at Work: Why Developing Your Gut Instincts Will Make You Better at What You Do.* New York: Doubleday, 2002.

Lee, Robert J. and Sara N. King. *Discovering the Leader in You: A Guide to Realizing Your Personal Leadership Potential.* San Francisco: Jossey-Bass, Inc., 2000.

Lombardo, Michael M. and Robert W. Eichinger. *The Leadership Machine.* Minneapolis, MN: Lominger Limited, Inc., 2004.

Lucas, Bill. *Power Up Your Mind: Learn Faster, Work Smarter.* Yarmouth, ME: Nicholas Brealey Publishing, 2001.

McCall, Morgan W., Michael M. Lombardo and Ann M. Morrison. *The Lessons of Experience.* Lexington, MA: Lexington Books, 1988.

Morrison, Ann M., Randall P. White, Ellen Van Velsor and the Center for Creative Leadership. *Breaking the Glass Ceiling: Can Women Reach the Top of America's Largest Corporations?* Reading, MA: Addison-Wesley Publishing Company, 1992.

Rich, Jason R. *Brain Storm: Tap Into Your Creativity to Generate Awesome Ideas and Remarkable Results.* Franklin Lakes, NJ: Career Press, 2003.

107 MANQUER DE SANG-FROID

Facteur VII - S1 : Avoir du mal à s'entendre avec les autres Groupe W : Centré sur lui-même **VII – S1 – W**

Forego your anger for a moment and save
yourself a hundred days of trouble.
– Chinese proverb

UN PROBLÈME

- ☐ A des difficultés à bien gérer le stress et à garder son contrôle dans des situations de tension forte
- ☐ Devient émotionnel ou trop affectif, subjectif et imprévisible lorsque les événements ne se déroulent pas comme prévu
- ☐ Peut devenir hostile, sarcastique ou se renfermer lorsque le stress augmente
- ☐ Peut prendre des décisions hâtives et malencontreuses dans des situations éprouvantes
- ☐ Ses performances se dégradent lorsque les choses deviennent difficiles

N'EST PAS UN PROBLÈME

- ☐ Garde son sang-froid dans les situations de stress et de forte pression
- ☐ Ne se laisse pas abattre par les conflits
- ☐ Écoute les critiques et les sarcasmes sans se démonter
- ☐ Reste égal à lui-même dans les moments de pression
- ☐ S'en tient aux questions à régler
- ☐ Ne se met pas en colère quand les choses ne vont pas comme prévu
- ☐ Persévère tout simplement face aux obstacles
- ☐ S'attend à des surprises
- ☐ Aide les autres à rester calmes « pendant l'orage »

QUELQUES CAUSES

- ☐ Est sur la défensive
- ☐ Facilement débordé
- ☐ Se trouve pris dans de mauvaises circonstances dont il est incapable de sortir
- ☐ Manque de confiance en soi
- ☐ Débordé
- ☐ Trop sensible
- ☐ Perfectionniste
- ☐ Dépassé par les événements
- ☐ Contrôle de manière excessive
- ☐ A du mal à contrôler ses impulsions

FACTEURS ET GROUPES DU LEADERSHIP ARCHITECT®

Cette compétence se retrouve dans Avoir du mal à s'entendre avec les autres, facteur (VII - S1). Cette compétence se retrouve dans Centré sur lui-même, groupe (W) aux numéros : 103, 104, 105, 109, 119. Vous pouvez également consulter d'autres compétences dans le même facteur ou groupe pour trouver des conseils connexes.

LA CARTE

La vie est houleuse. Il y a beaucoup de choses qui finissent mal et nous dérangent. Il faut constamment faire attention. Il y a des gens mal intentionnés. Parfois les dés sont pipés. Des événements tristes, voire catastrophiques peuvent se produire. Conflits et tensions abondent. Il y a des concours et des tests à passer. Parfois on échoue et cela fait mal. Tout ceci est malheureusement normal. Par contre, perdre la maîtrise de soi et se fâcher pour rien n'est pas propice à une bonne carrière. Être capable de fonctionner normalement sous le stress et la pression est l'une des exigences essentielles pour la plupart des postes de gestionnaire. Maîtriser ses impulsions et différer sa satisfaction sont des compétences qui peuvent être améliorées.

QUELQUES SOLUTIONS

☐ **1. Voyons d'abord les émotions.** Les émotions sont de l'électricité et de la chimie. Elles sont destinées à vous aider à faire face aux urgences et aux menaces. Elles déclenchent des changements connus dans le corps. Le cœur bat plus vite et la pression augmente. Le sang circule plus vite. Le glucose relâché dans le sang accroît l'énergie et la force. Les pupilles se dilatent pour recueillir plus de lumière. La respiration s'accélère pour absorber plus d'oxygène. Pourquoi ? Pour combattre ou fuir les tigres du Bengale, bien sûr. Les émotions nous préparent à cette réaction : combattre ou s'enfuir. Elles accélèrent et renforcent momentanément nos réactions. Le prix à payer pour fournir plus d'énergie aux muscles est une réduction des ressources disponibles à l'estomac (d'où les maux d'estomac sous l'effet du stress) et au cerveau (d'où les stupidités que l'on peut dire ou faire en situation de stress). Donc, même si, sous le coup de l'émotion, nous pouvons soulever un objet lourd pour dégager une personne, il nous est impossible de trouver la bonne réponse lors d'une réunion tendue. Une fois la réaction émotionnelle déclenchée, il faut la laisser passer. Si aucune menace ne survient après son déclenchement initial, elle dure de 45 à 60 secondes chez la plupart des gens. D'où le bon conseil de nos grands-mères : compter jusqu'à dix. Le problème c'est que souvent, nous gardons en tête le tigre du Bengale. Ce sont nos pensées qui déclenchent des réactions émotionnelles. Des événements peu dangereux sur le plan physique, comme subir des critiques, déclenchent cette réaction. Qui plus est, une troisième réaction s'ajoute, pour beaucoup, à celles de fuir ou de combattre : être tétanisé. Sous l'effet de l'émotion, une personne peut en effet se sentir démunie de moyens et incapable de parler. Dans un tel cas, impossible de lutter (réagir, répondre) ou de fuir (se maîtriser calmement et se retirer).

☐ **2. Diminuer les déclencheurs.** Notez sur un Post-it® les 25 dernières occasions qui vous ont fait perdre votre sang-froid. On recense chez la plupart d'entre nous de trois à cinq facteurs déclencheurs parmi les suivants : la critique, la perte de contrôle, un certain type de personne, un ennemi. Le fait d'être pris de court. Le/la conjoint(e). Les enfants. L'argent. L'autorité. Essayez de regrouper 90 % de ces éléments déclencheurs en trois à cinq catégories. Demandez-vous ensuite pourquoi ce sont des problèmes. Est-ce la vanité ? La peur de perdre la face ? Le fait d'être pris en défaut ? D'être découvert ? D'avoir un surcroît de travail ? Dans chacun des cas cités, quelle serait une réaction plus responsable ? Entraînez-vous mentalement et physiquement à réagir correctement. Visez à diminuer de 10 % par mois le nombre de fois où vous perdez votre sang-froid.

☐ **3. Contrôler les impulsions.** Ceux qui perdent leur sang-froid font et disent des choses absurdes ou inappropriées. Ils disent la première chose qui leur vient à l'esprit. Or l'expérience montre que c'est souvent la deuxième ou la troisième idée qui est la bonne. Entraînez-vous à retenir votre première réaction assez longtemps pour que la seconde intervienne. Quand vous y parviendrez, attendez encore pour la troisième. Ce délai est suffisant pour éliminer la moitié de vos problèmes de sang-froid.

☐ **4. Comptez jusqu'à dix.** Notre capacité de jugement et de réflexion est diminuée quand nous réagissons émotionnellement. Alors, inventez et mettez en œuvre des tactiques pour gagner du temps. Par exemple : allez chercher un stylo dans votre attaché-case. Servez-vous une tasse de café. Posez une question et écoutez la réponse. Marchez jusqu'au tableau et inscrivez quelques mots. Prenez des notes. Pensez à quelque chose que vous aimez. Imaginez-vous dans un environnement apaisant. Allez aux toilettes. Vous n'avez besoin que d'une minute pour regagner votre calme à la suite du déclenchement de la réaction émotionnelle. Ne faites rien ni ne dites rien pendant au moins une minute. *Besoin d'aide supplémentaire ? Reportez-vous à la fiche n° 11 : Avoir la maîtrise de soi.*

☐ **5. Le plaisir de l'attente.** Êtes-vous impatient ? Un vol retardé vous énerve ? Le repas est servi tard ? La voiture n'est pas prête ? Votre conjoint est en retard ? Pour la plupart d'entre nous, la vie est une longue attente. Nous semblons toujours attendre que quelqu'un d'autre fasse quelque chose avant de pouvoir agir nous-mêmes. Ceux qui ont de la difficulté à se maîtriser ont du mal à accepter le moindre retard dans ce qu'ils désirent, ce qu'ils pensent mériter ou recevoir. Un retard les rend belliqueux et exigeants. L'émotion les gagne. La voix devient forte. Des critiques fusent envers le ou les retardataires. Notez par écrit les 25 types de retards qui vous hérissent et regroupez-les en trois à cinq catégories. Imaginez une réaction plus responsable pour chaque situation. Relaxez-vous. Offrez-vous une récompense. Adoptez une attitude philosophique puisque vous ne pouvez rien y faire et pensez à autre chose, de plus positif, pendant votre attente. *Besoin d'aide supplémentaire ? Reportez-vous à la fiche n° 41 : Être patient.*

☐ **6. Sur la défensive ?** La perte de la maîtrise de soi est souvent générée par une critique, délibérée ou non. Il y a quantité de personnes parfaites en ce monde qui ne peuvent tolérer la moindre critique négative à leur sujet ou sur leur travail. Peut-être en faites-vous partie. Les autres possèdent des défauts que leur entourage connaît bien et dont il leur fait part de temps à autre. Celles-là savent même que certaines critiques à leur sujet sont parfois inexactes. Apprendre à gérer la critique de façon constructive est un savoir-faire qui s'apprend. *Besoin d'aide supplémentaire ? Reportez-vous à la fiche n° 108 : Être sur la défensive.*

☐ **7. Vouloir tout contrôler ?** Seriez-vous un perfectionniste ? Tout doit être exactement tel que vous le voulez. Vous élaborez un plan et vous vous attendez à ce qu'il soit respecté à la virgule près. Vous êtes jaloux de votre temps. Les événements qui ne se déroulent pas comme vous l'aviez planifié sont une autre cause de votre perte de maîtrise. Laissez un peu de jeu dans vos plans. Prévoyez l'imprévisible. Ménagez-vous plus de temps. Prévoyez des retards. Dressez la liste des pires scénarios. Parfois, vous aurez une bonne surprise et, le reste du temps, vous serez moins énervé.

☐ **8. Blâme et vengeance ?** Éprouvez-vous le besoin de « punir » ceux qui vous causent des ennuis ? Devenez-vous hostile, irrité, sarcastique ou rancunier ? Bien qu'une vengeance puisse vous satisfaire à court terme, vous risquez d'y perdre à long terme. Si quelqu'un vous attaque, reformulez son argument pour le recentrer sur le problème. Demandez-leur ce qu'ils feraient à votre place. Si vos interlocuteurs adoptent une attitude inflexible, ne vous y opposez pas. Posez des questions : quels sont les principes qui sous-tendent leur offre, comment savoir si c'est équitable, quelles références appuient ce cas, quelles seraient les conséquences si leur position l'emportait. Laissez-les se plaindre, tempêter, mais vous, ne réagissez pas. Quand vous répliquez à une attaque, tenez-vous-en aux faits et à leur impact à votre niveau. Il convient ainsi d'exprimer vos réactions telles que vous les percevez : « Je me sens dans une impasse ; » mais il n'est ni acceptable ni souhaitable de faire un procès d'intention, en disant « Vous me placez dans une impasse » qui signifierait « Vous le faites exprès et je vois où vous voulez en venir ». Gardez ce jugement pour vous ; demandez plutôt à vos interlocuteurs de vous expliquer le sens de leur action.

☐ **9. Vous êtes anxieux et vous sautez aux conclusions ?** Réagissez-vous très vite ? Comme vous détestez toute forme d'ambiguïté ou d'incertitude, vous balayez tout dans l'action. Faire d'abord, comprendre après. Prenez le temps de bien cerner la problématique. Laissez les gens parler. N'interrompez pas. Ne terminez pas les phrases pour eux. Posez des questions. Reformulez le problème en utilisant vos propres mots et en vous assurant que vous avez bien compris. Et demandez- leur ce qu'ils en pensent. Proposez des solutions à débattre. Après vous déciderez.

☐ **10. Trop investi dans le travail ?** Trouvez un exutoire pour vos émotions. Faites de l'exercice. Courez, marchez. Coupez du bois. Parfois les personnes colériques se contraignent trop, la pression monte et le couvercle saute. Le corps accumule de l'énergie qui doit sortir d'une façon ou d'une autre. Apprenez à relâcher les tensions dues au travail, en dehors du travail.

When angry, count ten, before you speak; if very angry, an hundred.
– Thomas Jefferson

LECTURES CONSEILLÉES

Carter, Les. *The Anger Trap: Free Yourself From the Frustrations That Sabotage Your Life.* New York: John Wiley & Sons, Inc., 2003.

Confer, Charles E. *Managing Anger Successfully.* Lincoln, NE: iUniverse.com, 2000.

Davies, William. *Overcoming Anger and Irritability.* New York: New York University Press, 2001.

Dinnocenzo, Debra A. and Richard B. Swegan. *Dot Calm: The Search for Sanity in a Wired World.* San Francisco: Berrett-Koehler Publishers, Inc., 2001.

Ellis, Albert, Ph.D. *How to Control Your Anxiety Before It Controls You.* New York: Citadel Press, 2000.

Forni, P.M. *Choosing Civility: The Twenty-Five Rules of Considerate Conduct.* New York: St. Martin's Press, 2002.

Gibson, Donald and Bruce Tulgan. *Managing Anger in the Workplace.* Amherst, MA: HRD Press, 2002.

Gonthier, Giovinella and Kevin Morrissey. *Rude Awakenings: Overcoming the Civility Crisis in the Workplace.* Chicago: Dearborn Trade Publishing, 2002.

Harbin, Thomas J. *Beyond Anger: A Guide for Men: How to Free Yourself From the Grip of Anger and Get More Out of Life.* New York: Marlowe & Co., 2000.

Lee, John H. with Bill Stott. *Facing the Fire: Experiencing and Expressing Anger Appropriately.* New York: Bantam Books, 1993.

Lerner, Harriet. *The Dance of Connection: How to Talk to Someone When You're Mad, Hurt, Scared, Frustrated, Insulted, Betrayed, or Desperate.* New York: Quill/HarperCollins, 2002.

Loehr, James E. *Stress for Success.* New York: Times Business, 1997.

Lord, Robert G., Richard J. Klimoski and Ruth Kanfer (Eds.). *Emotions in the Workplace: Understanding the Structure and Role of Emotions in Organizational Behavior.* San Francisco: Jossey-Bass, Inc., 2002.

Peck, M. Scott, M.D. *A World Waiting to Be Born: Civility Rediscovered.* New York: Bantam Books, 1993.

Peck, M. Scott, M.D. *A World Waiting to Be Born: Civility Rediscovered* [sound recording]. New York: Bantam Doubleday Dell Audio Pub., 1993.

Potter-Efron, Ronald T. *Working Anger: Preventing and Resolving Conflict on the Job.* Oakland, CA: New Harbinger Publications, 1998.

Rogers, Peter, Ph.D. and Matthew McKay, Ph.D. *The Anger Control Workbook.* Oakland, CA: New Harbinger Publications, 2000.

Semmelroth, Carl and Donald E.P. Smith. *The Anger Habit.* Lincoln, NE: Writer's Showcase Press, 2000.

Tavris, Carol. *Anger: The Misunderstood Emotion.* New York: Simon & Schuster, 1989.

ÊTRE SUR LA DÉFENSIVE

Our greatest glory is not in never failing,
but in rising up every time we fail.
– Ralph Waldo Emerson

UN PROBLÈME

- ☐ N'est pas ouvert à la critique
- ☐ Ne reconnaît pas ses erreurs ni ses fautes
- ☐ Cherche à justifier ses échecs
- ☐ S'en prend à la personne qui lui apprend de mauvaises nouvelles
- ☐ Rejette la responsabilité de ses problèmes sur les autres
- ☐ N'entend pas et ne veut pas écouter les appréciations négatives
- ☐ N'aborde jamais le problème de ses limites personnelles
- ☐ Ne cherche pas à tirer profit des entretiens d'évaluation ni des occasions d'avoir du feed-back

N'EST PAS UN PROBLÈME

- ☐ Prend les critiques comme une occasion d'apprendre
- ☐ Porte une grande attention aux réactions négatives
- ☐ Tire profit du feed-back
- ☐ Reconnaît ses erreurs et ses lacunes
- ☐ Accepte sa responsabilité quand les choses vont mal
- ☐ Sait tirer un bénéfice des séminaires et des plans de développement personnel
- ☐ Remercie ceux qui lui donnent du feed-back

QUELQUES CAUSES

- ☐ Blâme les autres
- ☐ Évalue mal les autres
- ☐ Style combatif
- ☐ Nie ses fautes
- ☐ Ne recherche pas de feed-back
- ☐ Ne partage pas beaucoup
- ☐ Difficile d'approche
- ☐ Perfectionniste
- ☐ Rigide
- ☐ Se referme sur lui-même face aux critiques

FACTEURS ET GROUPES DU LEADERSHIP ARCHITECT®

Cette compétence se retrouve dans Avoir du mal à s'entendre avec les autres, facteur (VII - S1). Cette compétence se retrouve dans N'établit pas facilement de relations avec les autres, groupe (V) aux numéros : 101, 106, 112. Vous pouvez également consulter d'autres compétences dans le même facteur ou groupe pour trouver des conseils connexes.

LA CARTE

La connaissance de soi est une condition essentielle du succès et une attitude défensive va à l'encontre de cette condition. Les gens vous donneront de moins en moins de feed-back et vous devrez vous fier de plus en plus sur vos perceptions erronées. Vos zones d'ombre, c'est-à-dire les faiblesses dont ils sont conscients mais que vous niez ou ignorez, se multiplieront et finiront un jour par entraver votre carrière. La solution consiste à indiquer aux autres que vous êtes prêt à écouter leur feed-back, juste ou pas, et que vous le prendrez en considération. Vous réagirez à certains commentaires en vous améliorant, vous en rejetterez d'autres et vous réfuterez le reste. Avant de pouvoir entreprendre ces trois étapes, vous devrez d'abord accepter d'écouter.

QUELQUES SOLUTIONS

☐ **1. Une attitude défensive est un obstacle majeur à une connaissance de soi complète et précise.** *Besoin d'aide supplémentaire ? Reportez-vous à la fiche n° 55 : Bien se connaître.* Les personnes sur la défensive se surestiment aux yeux des autres. Si vous reniez toujours vos responsabilités, vous risquez d'être surpris quand les autres auront finalement l'occasion de vous dire votre fait. L'évaluation que l'on fera de vous sera plus négative qu'elle ne le devrait, car les autres estimeront nécessaire de vous faire paraître moins bien que vous n'êtes, compte tenu de votre attitude. Le meilleur moyen de mieux connaître la perception que les autres ont de vous serait d'obtenir un simple feed-back à 360° avec des répondants anonymes ou de consulter un professionnel des ressources humaines pour recueillir des informations vous concernant et les interpréter avec vous. Il est peu probable que vous récoltiez des commentaires utiles en vous adressant directement à ceux qui connaissent bien votre attitude défensive. Personne n'aime faire de critiques, même si elles sont justifiées et constructives, ou donner du feed-back à une personne sur la défensive. C'est tout simplement trop pénible.

☐ **2. Votre réaction défensive.** Vous allez devoir apprendre à rester calme en recevant des commentaires négatifs. Il vous faut changer votre façon de penser. En recevant ces commentaires, votre seul objectif doit être de comprendre exactement ce que les autres essaient de vous communiquer. Vous n'avez pas à accepter ou à rejeter la critique. Cela viendra plus tard. Préparez-vous mentalement, et à l'avance, à réagir avec calme lorsque vous recevrez des commentaires très durs. Développez des stratégies pour neutraliser ou retarder vos réactions émotives : vous pouvez utilement ralentir votre rythme, prendre des notes, demander des éclaircissements et des exemples concrets. À la fin, remerciez vos interlocuteurs pour leur intervention car vous savez que ce n'était pas facile pour eux.

☐ **3. Recevoir du feed-back.** Rappelez-vous que ceux auprès de qui vous sollicitez du feed-back auront des doutes sur votre capacité à accepter leurs critiques. Ils pensent que vous vous croyez parfait, que vous allez réagir violemment à la moindre parole suggérant le contraire, en plus de blâmer celui qui vous retransmet l'information sur les points de faiblesse éventuels. Ils s'attendent à une entrevue pénible. Pour briser ce cycle, vous devez suivre les règles de la bonne écoute. *Besoin d'aide supplémentaire ? Reportez-vous à la fiche n° 33 : Savoir écouter.* Au début, vous devrez même aider les autres à surmonter leur peur de votre susceptibilité quand ils vous donneront du feed-back. Bien que cela paraisse injuste, vous devrez supposer que toutes les observations à votre sujet sont exactes, même si vous savez que cela ne correspond pas à la réalité. Plus tard, vous aurez tout le loisir de rectifier les erreurs importantes.

☐ **4. À la fin de cette session et quand vous avez bien compris les commentaires, écrivez toutes les critiques** sur des Notes Post-it® 7,5 cm x 12,5 cm Séparez-les en deux piles : les critiques probablement vraies et les critiques probablement fausses. Demandez à une personne de confiance de vous aider à départager les fiches afin de ne pas vous leurrer vous-même. Pour les critiques exactes, faites savoir à ceux qui vous ont donné du feed-back que vous avez compris leurs remarques, que vous les trouvez justifiées et que vous allez intervenir à ce sujet. Pour la pile des critiques considérées fausses, séparez celles qui vous semblent graves de celles qui sont mesquines, superficielles ou négligeables. Jetez cette dernière pile. Reclassez ensuite la pile des critiques graves (mais probablement fausses) en deux piles, une pile de critiques nuisibles à votre carrière (si mes supérieurs pensaient que c'est exact, cela nuirait à ma carrière), et une autre pour celles qui ne le sont pas. Jetez cette dernière pile. Révisez la pile restante avec votre patron ou votre mentor, pour un examen de l'opinion générale à votre égard. À ce stade, vous vous retrouverez avec deux piles : les critiques auxquelles les gens croient – même si certaines sont fausses – et celles auxquelles ils ne croient pas vraiment. Jetez cette dernière pile. Servez-vous de la pile restante pour élaborer des stratégies afin de convaincre votre entourage par vos actions, et non par vos paroles, que leurs critiques étaient fausses.

☐ **5. Démontrez aux autres que vous prenez votre développement personnel au sérieux.** Confiez-leur vos attentes en matière de développement et demandez leur aide. Une des meilleures façons d'éviter la critique est de l'amorcer soi-même et de laisser les autres compléter les détails. Les gens se montrent plus enclins à aider et à accorder le bénéfice du doute à ceux qui admettent leurs lacunes et tentent d'y remédier. Ils savent que cela demande du courage. *Besoin d'aide supplémentaire ? Reportez-vous à la fiche n° 44 : Être transparent.*

☐ **6. La résistance aux idées nouvelles.** C'est un corollaire de l'attitude défensive : une résistance à tout ce qui est nouveau ou différent. Dans vos rapports quotidiens, votre attitude défensive vous fait paraître fermé ou opposé aux idées nouvelles ou à d'autres points de vue. Attachez-vous à ne plus porter de jugement sur les autres et apprenez à mieux écouter. *Besoin d'aide supplémentaire ? Reportez-vous à la fiche n° 33 : Savoir écouter.* Posez plus de questions : « Comment avez-vous procédé pour y arriver ? », « Préférez-vous passer de ceci à cela ou en rester à notre procédure actuelle ? » Si vous êtes en désaccord avec vos interlocuteurs, donnez d'abord vos raisons puis invitez-les à les critiquer. Canalisez votre désaccord vers la nature du problème ou de la stratégie : « Quel problème tentons-nous de régler ? Quelles en sont les causes ? À quelles questions doit-on répondre ? Quels critères objectifs allons-nous adopter pour mesurer nos succès ? ». Évitez un débat sur la pertinence de votre point de vue comparé à celui des autres, dirigez la discussion vers le choix d'un critère de décision. *Besoin d'aide supplémentaire ? Reportez-vous à la fiche n° 12 : Savoir gérer les conflits.* Développez un style plus ouvert. Vous devrez étudier la fiche *n° 3 : Être d'un abord facile et la fiche n° 31 : Être doué pour la communication interpersonnelle.* Ces efforts ne produiront que des résultats médiocres tant que vous n'aurez pas démontré votre ouverture d'esprit et l'intérêt que vous portez à ce que les autres ont à dire, tant que vous n'aurez pas invité les autres à vous parler et les aurez écoutés. Il vous faudra persévérer, endurer des refus et, sans doute, quelques remarques acerbes, que les gens ne pourront pas s'empêcher de faire pour rétablir l'équilibre. Préparez-vous mentalement pour ne pas être découragé par ces remarques. Comme les autres s'attendent à vous voir réagir vivement à leurs critiques, vous feriez mieux d'ouvrir la conversation.

☐ **7. Les zones d'ombre.** Le refus de regarder la réalité en face est ce qu'il y a de plus dommageable pour une carrière. Les zones d'ombre sont des faiblesses dont nous nions ou refusons l'existence. Nous continuons à vivre comme si elles n'existaient pas. À tout prendre, il est préférable d'avoir une faiblesse et de l'admettre. Car connaissant cette lacune, nous travaillons davantage pour la compenser, nous demandons de l'aide, nous déléguons cette tâche, nous trouvons un consultant ou un tuteur, nous lisons des livres sur le sujet ou, à la limite, nous essayons de contourner notre faiblesse. Votre nouvelle mission dans la vie est d'éliminer vos zones d'ombre. Transformez vos aveuglements en faiblesses repérées, puis ces faiblesses reconnues en compétences nouvelles. Faites-en une quête continuelle pour savoir ce que les autres pensent réellement de vous. *Besoin d'aide supplémentaire ? Reportez-vous à la fiche n° 55 : Bien se connaître.*

☐ **8. Ouvrez-vous davantage.** Ceux qui sont sur la défensive ont tendance à être discrets ou à montrer de la réticence à aborder des sujets personnels, surtout quand il s'agit de leurs erreurs et de leurs faiblesses. *Besoin d'aide supplémentaire ? Reportez-vous à la fiche n° 44 : Être transparent.* Les « confidences » que l'on apprécie sont généralement : – les raisons qui motivent vos décisions et vos actions, – votre auto-évaluation, – les événements survenus dans votre domaine qu'ils ne connaissent pas, dont vous avez entendu parler (et que vous pouvez révéler), – des situations positives ou embarrassantes que vous avez vécues dans le passé, – des commentaires sur ce qui se passe autour de vous (sans projeter un éclairage trop négatif sur les autres), – et enfin, les sujets qui vous passionnent en dehors du travail. Vous devez apprendre à vous ouvrir davantage aux autres sur ces sujets. De plus, en échangeant avec eux sur votre propre évaluation de vos faiblesses et de vos lacunes, vous diminuez le nombre d'occasions de vous trouver sur la défensive. Vous aurez brisé la glace, ouvert la porte à des rapports plus riches et vous obtiendrez plus facilement des commentaires sur vous-même.

☐ **9. Évitez de réagir trop vivement.** Cela pourrait vous causer des problèmes. Vous sautez aux conclusions, rejetez du revers de la main les opinions des autres, abusez d'un langage excessif et enflammé. Vous êtes prompt à nier ou à blâmer. Les autres vous percevront comme fermé ou agressif. Pire, ils penseront que vous les croyez stupides ou mal informés. S'ils vous croient intolérant, fermé ou prêt à sauter aux conclusions, vos interlocuteurs auront tendance à buter sur les mots dans leur hâte d'exprimer leur opinion ou à écourter leur argumentation parce qu'ils sont convaincus que, de toute façon, vous n'écoutez pas. Pour vous, la solution reste la même : posez toujours une question d'éclaircissement, d'abord pour obtenir d'autres informations et ensuite pour préparer une réponse plus calme et mesurée.

☐ **10. Surveillez votre langage non verbal.** Les anxieux sur la défensive signalent de diverses façons qu'ils n'acceptent pas ce qui leur est dit. Ce peut être un front plissé, un regard absent, le visage qui rougit, le corps qui s'agite, le tapotement des doigts, d'un crayon, etc. Chacun autour de vous sait ce que cela signifie. Et vous ? Demandez à un ami sûr de vous indiquer quelles sont vos réactions non verbales et travaillez à les éliminer.

People say I don't take criticism very well,
but I say, "What the hell do they know?"
– Groucho Marx

LECTURES CONSEILLÉES

Bolton, Robert and Dorothy Grover Bolton. *People Styles at Work—Making Bad Relationships Good and Good Relationships Better.* New York: AMACOM, 1996.

Branden, Nathaniel. *The Art of Living Consciously: The Power of Awareness to Transform Everyday Life.* New York: Simon & Schuster, 1997.

Brim, Gilbert. *Ambition: How We Manage Success and Failure Throughout Our Lives.* New York: Backinprint.com, 2000.

Butler, Gillian, Ph.D. and Tony Hope, M.D. *Managing Your Mind.* New York: Oxford University Press, 1995.

Cox, Danny and John Hoover. *Leadership When the Heat's On.* New York: McGraw-Hill Trade, 2002.

Dotlich, David L. and Peter C. Cairo. *Why CEOs Fail.* San Francisco: Jossey-Bass, Inc., 2003.

Ellis, Albert, Ph.D. *How to Control Your Anxiety Before It Controls You.* New York: Citadel Press, 2000.

Lord, Robert G., Richard J. Klimoski and Ruth Kanfer (Eds.). *Emotions in the Workplace: Understanding the Structure and Role of Emotions in Organizational Behavior.* San Francisco: Jossey-Bass, Inc., 2002.

Patterson, Kerry, Joseph Grenny, Ron McMillan, Al Switzler and Stephen R. Covey. *Crucial Conversations: Tools for Talking When Stakes Are High.* New York: McGraw-Hill/Contemporary Books, 2002.

Pelzer, David J. *Help Yourself: Finding Hope, Courage, and Happiness.* New York: Plume, 2001.

Scott, Susan. *Fierce Conversations: Achieving Success at Work & in Life, One Conversation at a Time.* New York: Viking Press, 2002.

Waldroop, James, Ph.D. and Timothy Butler, Ph.D. *Maximum Success: Changing the 12 Behavior Patterns That Keep You From Getting Ahead.* New York: Doubleday, 2000.

Weisinger, Hendrie. *The Power of Positive Criticism.* New York: AMACOM, 2000.

109 NE PAS AVOIR LE SENS DE L'ÉTHIQUE ET DES VALEURS

Facteur VII - S1 : Avoir du mal à s'entendre avec les autres Groupe W : Centré sur lui-même **VII – S1 – W**

When a man sells eleven ounces for twelve, he makes a compact with the devil, and sells himself for the value of an ounce.
– Henry Ward Beecher

UN PROBLÈME

- ☐ N'a pas la sensibilité nécessaire pour adhérer aux valeurs et au code d'éthique en vigueur dans l'organisation
- ☐ A tendance à agir à la limite de ce qui doit se faire
- ☐ Repousse les limites de la tolérance
- ☐ Ne respecte pas la norme

N'EST PAS UN PROBLÈME

- ☐ Ses valeurs et son éthique personnelle sont en général en harmonie avec celles de l'organisation
- ☐ Respecte les limites admises par la majorité
- ☐ On demande ses conseils sur les questions de principe et les normes
- ☐ Fait preuve de constance en cas de crises liées à des problèmes de déontologie
- ☐ Peut exprimer clairement ses valeurs et celles des autres
- ☐ Aide les autres quand des questions d'éthique professionnelle se posent
- ☐ Projette l'image d'un système de valeurs cohérent

QUELQUES CAUSES

- ☐ Inconstant
- ☐ A tendance à agir à la limite de ce qui doit se faire
- ☐ A trop d'ambition personnelle
- ☐ Trop indépendant
- ☐ Pragmatique à l'excès
- ☐ Établit ses propres règles de conduite
- ☐ Code d'éthique en fonction des situations

FACTEURS ET GROUPES DU LEADERSHIP ARCHITECT®

Cette compétence se retrouve dans Avoir du mal à s'entendre avec les autres, facteur (VII - S1). Cette compétence se retrouve dans Centré sur lui-même, groupe (W) aux numéros : 103, 104, 105, 107, 119. Vous pouvez également consulter d'autres compétences dans le même facteur ou groupe pour trouver des conseils connexes.

LA CARTE

Si votre éthique est perçue comme étant douteuse, la situation est grave. Au mieux, cela signifie que vos valeurs et votre éthique ne sont pas conformes aux valeurs et code d'éthique communs de ceux avec qui vous travaillez. Au pire, cela pourrait signifier que vos valeurs et votre éthique sont inacceptables et qu'elles seraient rejetées par la majorité. Il se peut que votre mode de fonctionnement soit trop marginal pour que les gens se sentent à l'aise avec vous. La plupart d'entre nous n'avons pas vraiment adopté nos valeurs et notre éthique de manière réfléchie, et nous les respectons plutôt par automatisme en les basant sur notre enfance et nos expériences accumulées. Les gens déduisent vos valeurs et code d'éthique en fonction de vos paroles, et surtout de vos actions. À moins de résoudre ce problème dès maintenant, votre carrière au sein de cette organisation pourrait être menacée.

QUELQUES SOLUTIONS

☐ **1. Reconnaissez le problème.** Donnez-vous les moyens d'identifier la nature de votre problème parmi les différentes possibilités qui existent. Faites réaliser, avec l'aide d'un professionnel des ressources humaines de votre entreprise, un feed-back à 360° orienté spécifiquement vers cette problématique. Ou faites appel à un consultant de l'extérieur qui effectuera un sondage auprès de vos collègues. Peut-être qu'au fond, ce n'est pas si grave. Peut-être êtes-vous têtu et intransigeant, attaché aux valeurs du passé, déconnecté des temps présents. Vous êtes peu enclin à donner votre aide, vous êtes préoccupé par vos propres priorités, vous faites preuve de favoritisme, vous montrez de la réticence à vous expliquer. Votre cas est plus grave si vous transformez la réalité pour bien paraître, si vous établissez vos propres règles, si vous rejetez la faute sur les autres alors que c'est vous le responsable, si vous faites sciemment du tort à vos rivaux, si vous cachez la vérité et si vous vous souciez peu ou pas du tout des autres. *Besoin d'aide supplémentaire ? Reportez-vous à la fiche n° 55 : Bien se connaître.*

☐ **2. Le pire scénario.** Votre sens de l'éthique est très douteux. Vous utilisez des faux-fuyants, vous sabotez le travail des autres, vous tirez des ficelles, vous piégez les autres et les faites paraître à leur désavantage. Vous êtes sournois, « magouilleur » et très politique. Vous vous justifiez en prétextant que vous obtenez des résultats dans les délais. Vous croyez vraiment que la fin justifie les moyens. Si l'un de ces symptômes est exact, on vous l'aura déjà fait remarquer. Cette attitude ne se développe pas en un jour. Il est temps de vous demander si votre carrière au sein de cette organisation est récupérable. La meilleure façon de procéder est d'admettre que vous ne partagez pas les mêmes valeurs que ceux avec lesquels vous travaillez et d'en discuter avec votre patron ou votre mentor pour savoir si vous pouvez vous racheter. Si oui, rencontrez les personnes à qui vous pensez avoir porté tort et voyez leur réaction. Assurez-les que vous allez vous corriger. Demandez-leur si la situation est rattrapable. Sur un plus long terme, vous devrez rechercher les conseils d'un professionnel au sujet de votre sens de l'éthique et des valeurs.

☐ **3. Inconstant ou opportuniste ?** Il y a peut-être simplement un manque de cohérence et de constance entre ce que vous dites et ce que vous faites. Vous changez d'idée selon vos humeurs ou vos interlocuteurs. Cela gêne les autres et les rend perplexes à votre égard. Vous pouvez avoir une vision humaniste lorsqu'il s'agit de vos collaborateurs et un point de vue très différent lorsqu'il s'agit des employés d'un autre service. Vous adhérez à un code moral rigide lors d'une transaction (avec vos clients) tout en frôlant les limites de l'acceptable dans une autre (avec des vendeurs). Vous ajustez vos valeurs en fonction de vos interlocuteurs : tant vers le haut (dans vos rapports avec les supérieurs), que vers le bas (avec les collaborateurs). Vous êtes enclin au favoritisme. Pourtant, nous sommes généralement tous plus à l'aise avec des comportements cohérents et prévisibles. Recherchez trois à cinq situations où vous pensez que ces incohérences ont joué un rôle. Notez ce que vous avez fait avec différentes personnes de façon à comparer les situations. Avez-vous agi de façon différente dans des situations similaires ? Jugez-vous les autres suivant des normes différentes ? Vos normes de valeurs sont-elles si nombreuses qu'elles se chevauchent ? En parlez-vous si peu que les gens doivent combler les vides avec leurs suppositions ? Efforcez-vous d'équilibrer vos comportements afin d'être plus cohérent dans les diverses situations où vous vous trouverez.

☐ **4. Des beaux discours.** Vos actions contredisent vos beaux discours ? Il peut y avoir un gouffre entre les valeurs que vous prônez pour vous et pour les autres et la façon dont vous vous comportez. Certaines personnes prononcent des allocutions sur l'éthique et les valeurs d'un ton ferme, passionné, charismatique, à vous donner la « chair de poule ». Elles sont très convaincantes… jusqu'à ce que l'on constate que leur comportement est tout à fait opposé à leurs discours. Révisez tout ce que vous dites dans vos allocutions, vos réunions ou vos conversations se rapportant à l'éthique. Notez-en les points principaux sur le côté gauche d'une feuille. Pour chaque point, essayez de décrire trois ou cinq occasions au cours desquelles vous avez agi en conformité avec ces valeurs. Pouvez-vous en noter qui ne sont pas conformes ? Si oui, l'écart constitue un problème. Cessez de défendre une morale que vous ne pouvez ou ne voulez pas respecter ou alors, ajustez vos valeurs en fonction de vos déclarations.

☐ **5. Des paroles malheureuses.** Il peut arriver aussi que les mots utilisés et la façon dont on les dit puissent induire en erreur par rapport à des actions sincères et à des convictions réelles. Certaines personnes se mettent dans des situations équivoques par leur choix de langage qui crée un malaise en laissant croire à des valeurs morales qui ne concordent pas avec leurs actes. Vous usez d'un discours fort pour faire impression ? Vous exagérez ? Vous déformez vos opinions à l'extrême pour convaincre ? Vous faites de la surenchère sur les points négatifs ?

Vous utilisez un langage familier pour vous faire accepter ? Employez-vous des mots dévalorisants ? Que pourraient penser ceux qui vous écoutent parler sans savoir comment vous agissez en réalité ? Examinez les mots et le langage que vous avez tendance à utiliser lors de vos allocutions, vos réunions ou vos conversations informelles ayant un rapport avec l'éthique et les valeurs. Notez-en les points principaux sur le côté gauche d'une feuille. Pour chaque point, essayez de décrire trois ou cinq occasions au cours desquelles vous avez agi en conformité avec ces paroles. Vous comportez-vous réellement de cette manière ? Pensez-vous réellement de cette manière ? Si ce n'est pas le cas, tout conflit constitue problème. Cessez d'employer des mots et un langage qui ne concordent pas avec vos pensées véritables et vos valeurs.

☐ **6. Énoncez clairement vos valeurs.** Il se peut que vous ne pensiez guère en termes de valeurs et que vos déclarations ne les identifient pas clairement. Pour tester une valeur à laquelle vous croyez fermement, vous devez la décrire en une seule phrase, donner cinq exemples de son application en décrivant la situation et les conséquences, trouver son contraire (par exemple, la malhonnêteté), et démontrer votre application de cette valeur. Comme vous éprouvez des difficultés dans ce domaine, il serait bon pour vous de noter votre système de valeurs sur papier afin de vous entraîner à en faire un énoncé clair. Si vous en ignorez les implications, votre entourage présumera que vous ne vous en préoccupez pas.

☐ **7. La confusion des valeurs.** Parfois, ce sont des actions contradictoires dans un même registre de valeurs qui créent la confusion. Peu de gens ont un problème avec des valeurs très évidentes ; ce sont plutôt les zones grises qui sont sources de conflits. Vous devriez être capable d'identifier le pour et le contre de plusieurs valeurs. Vous devriez être en mesure d'aider les gens à apprécier quand on peut trahir une confidence ou placer le bien de l'organisation au-dessus de celui de l'individu. Quels sont les conflits de valeurs les plus courants ? Dans ces situations, vous devrez pouvoir argumenter sur les deux aspects de la question. Tricher un peu sur votre déclaration d'impôt et gonfler votre compte de dépenses, est-ce la même chose ? Travailler avec un employé médiocre ou le congédier ? Diminuer la qualité ou augmenter le prix ? Congédier un employé pour usage de drogues et servir de l'alcool aux fêtes de la compagnie ? *Besoin d'aide supplémentaire ? Reportez-vous à la fiche n° 12 : Savoir gérer les conflits.*

☐ **8. Trop indépendant ?** Vous avez vos propres règles, vous foncez à travers les obstacles, vous êtes essentiellement dynamique, centré sur l'action et les résultats. Et vous les obtenez. L'aspect problématique, c'est que vous désorganisez les autres ; ils ne savent pas laquelle de vos prochaines initiatives sera source de maux de tête pour eux, leur équipe ou leurs clients. Vous ne vous souciez guère de savoir si les autres pensent comme vous. Vos actions sont dirigées de l'intérieur vers l'extérieur. Seul compte pour vous ce que vous jugez juste et bon. Admirable dans un sens, mais pas très habile. L'organisation au sein de laquelle vous agissez possède, de façon formelle ou informelle, son propre ensemble de normes, croyances, code d'éthique et valeurs. Vous ne sauriez survivre longtemps sans les connaître ou sans y ajuster les vôtres. Pour les découvrir, prêtez attention à l'impact de vos actions sur les autres et à ce qu'ils en pensent. Ce sera difficile au début puisque vous passez le plus clair de votre temps à justifier vos actions.

☐ **9. Les valeurs ou les faits ?** Peut-être vous basez-vous uniquement sur les faits. Comme ceux-ci dictent votre conduite, vous risquez d'être déconcerté si les autres ont une perception différente de ces faits. La raison de cette perception différente provient de l'existence d'un ordre plus élevé de valeurs au sein de l'entreprise. Les gens compareront les situations en quête d'éléments communs, de parité ou d'équité. Ils voudront savoir qui gagne ou qui perd, qui est avantagé, si c'est un jeu de pouvoir. En agissant en fonction du « ici et maintenant, » vous apparaîtrez incohérent dans des situations presque identiques. Prenez la peine de vous arrêter et de vous demander ce que vont entendre les autres, non ce que vous voulez leur dire. Allez au-delà des apparences. Expliquez-leur pourquoi vous dites telle chose. Et demandez-leur ce qu'ils en pensent.

☐ **10. Les valeurs du passé ?** C'est une belle question. Les temps changent. Les valeurs changent-elles aussi ? Tout le monde n'est pas de cet avis. Est-ce aussi votre conviction ? Pourtant, qu'en est-il de l'humour ? Pouvez-vous encore raconter des plaisanteries vieilles de dix ans ? Les façons de faire la cour et l'âge des personnes concernées ont-elles changé au cours des temps ? La télévision et les informations en continu sur 24 heures n'ont-elles pas modifié notre vision du monde ? L'emploi à vie existe-t-il encore ? Quelle était la durée moyenne de la scolarité il y a 20 ans par rapport à aujourd'hui ? Les valeurs sont profondément ancrées. Elles ne changent pas facilement. Quand vos valeurs se sont-elles forgées ? Il y a plus de 20 ans ? Peut-être est-il temps de les réexaminer à la lumière de notre époque afin de les réactualiser.

The most exhausting thing in life is being insincere.
– Anne Morrow Lindbergh

LECTURES CONSEILLÉES

Badaracco, Joseph L., Jr. *Leading Quietly.* Boston: Harvard Business School Press, 2002.

Badaracco, Joseph L., Jr. *The Discipline of Building Character.* Boston: Harvard Business School Press, 2002.

Bellingham, Richard. *Ethical Leadership: Rebuilding Trust in Corporations.* Amherst, MA: HRD Press, 2003.

Bennis, Warren G. and Robert J. Thomas. *Geeks and Geezers.* Boston: Harvard Business School Press, 2002.

Boatright, John Raymond. *Ethics and the Conduct of Business.* Upper Saddle River, NJ: Prentice Hall, 2000.

Cloke, Kenneth and Joan Goldsmith. *End of Management and the Rise of Organizational Democracy.* San Francisco: Jossey-Bass, Inc., 2002.

Dobrin, Arthur. *Ethics for Everyone: How to Increase Your Moral Intelligence.* New York: John Wiley & Sons, Inc., 2002.

Drucker, Peter F. *The Essential Drucker: The Best of Sixty Years of Peter Drucker's Essential Writings on Management.* New York: HarperBusiness, 2003.

Ferrell, O.C., John Fraedrich and Linda Ferrell. *Business Ethics: Ethical Decision Making and Cases.* New York: Houghton Mifflin College, 2001.

Gallagher, Richard S. *The Soul of an Organization: Understanding the Values That Drive Successful Corporate Cultures.* Chicago, IL: Dearborn Financial Publishing, 2003.

Gardner, Howard. *Good Work: When Excellence and Ethics Meet.* New York: Basic Books, 2001.

Jennings, Marianne and Laura Schlessinger. *A Business Tale: A Story of Ethics, Choices, Success and a Very Large Rabbit.* New York: AMACOM, 2003.

Johnson, Craig E. *Meeting the Ethical Challenges of Leadership: Casting Light or Shadow.* Thousand Oaks, CA: Sage Publications, 2001.

Klein, Alec. *Stealing Time: Steve Case, Jerry Levine, and the Collapse of AOL Time Warner.* New York: Simon & Schuster, 2003.

McLean, Bethany and Peter Elkind. *The Smartest Guys in the Room: The Amazing Rise and Scandalous Fall of Enron.* New York: Portfolio, 2003.

Paine, Lynn Sharp. *Value Shift.* New York: McGraw-Hill Trade, 2003.

Ruggiero, Vincent Ryan. *Thinking Critically About Ethical Issues.* New York: McGraw-Hill, Inc., 2003.

Seglin, Jeffrey L. *The Good, the Bad, and Your Business: Choosing Right When Ethical Dilemmas Pull You Apart.* New York: John Wiley & Sons, Inc., 2000.

Sonnenberg, Frank K. *Managing With a Conscience—How to Improve Performance Through Integrity, Trust and Commitment.* New York: McGraw-Hill Trade, 1996.

Spinello, Richard and Herman T. Tavani (Eds.). *Readings in CyberEthics.* Sudbury, MA: Jones & Bartlett Publishing, 2001.

110 AVOIR DES DIFFICULTÉS À BÂTIR UNE ÉQUIPE

Facteur VII - S1 : Avoir du mal à s'entendre avec les autres Groupe X : N'inspire pas et ne forge pas les talents **VII – S1 – X**

The way a team plays as a whole determines its success. You may have the greatest bunch of individual stars in the world, but if they don't play together, the club won't be worth a dime.
– Babe Ruth, U.S. baseball player

UN PROBLÈME

- ☐ Ne croit pas vraiment en la valeur du travail d'équipe
- ☐ A du mal à souder et à motiver les membres d'une équipe pour accomplir une tâche commune
- ☐ A tendance à ne déléguer qu'une partie des tâches
- ☐ Ne sait pas gérer les conflits entre ses collaborateurs
- ☐ Ne partage pas le crédit d'un succès
- ☐ Ne prend pas la peine de récompenser ni de féliciter
- ☐ Éprouve des difficultés à insuffler un esprit d'équipe
- ☐ A tendance à traiter ses collaborateurs comme un ensemble d'individus plutôt que comme une équipe à part entière

N'EST PAS UN PROBLÈME

- ☐ Fonctionne généralement selon un mode de travail en équipe
- ☐ Dit « nous » et « l'équipe » plutôt que « je »
- ☐ Sait motiver et stimuler toute l'équipe
- ☐ Organise des réunions de travail en équipe et fait participer chacun
- ☐ Partage le crédit des réussites avec son équipe
- ☐ Renforce l'équipe en lui adjoignant de nouveaux membres
- ☐ La performance de l'équipe n'est pas affectée par le départ d'un de ses membres clés
- ☐ Fait confiance au travail de l'équipe

QUELQUES CAUSES

- ☐ Ne sait pas définir une cause commune
- ☐ Incapable de résoudre les conflits entre ses collaborateurs
- ☐ Ne croit pas aux équipes
- ☐ N'a pas le temps
- ☐ Ne veut pas s'occuper des conflits
- ☐ Se sent plus à l'aise avec une seule personne
- ☐ Les gens résistent à l'idée de former une équipe
- ☐ Gestion du temps ; trop occupé
- ☐ Trop sérieux et insistant

FACTEURS ET GROUPES DU LEADERSHIP ARCHITECT®

Cette compétence se retrouve dans Avoir du mal à s'entendre avec les autres, facteur (VII - S1). Cette compétence se retrouve dans N'inspire pas et ne forge pas les talents, groupe (X) aux numéros : 111, 117. Vous pouvez également consulter d'autres compétences dans le même facteur ou groupe pour trouver des conseils connexes.

LA CARTE

On parle beaucoup des mérites des équipes, mais combien y en a-t-il qui fonctionnent bien ? La plupart des gestionnaires ont appris à exceller individuellement. C'est pour cela qu'on leur offre des promotions. Ils étaient différents du reste de l'équipe. Ils n'ont pas fait leurs premiers pas au sein d'une équipe. Ils doivent donc peu de leur succès à des équipes. En fait, la plupart d'entre eux pourraient vous raconter pleins d'anecdotes sur le frein qu'ont constitué pour eux certaines équipes. Mais même si cela est étrange ou inconfortable pour certains, les équipes constituent le meilleur moyen d'accomplir certaines tâches comme la création de systèmes interservices, la production de produits complexes ou la réalisation d'efforts coordonnés sur une longue durée. C'est très enrichissant de faire partie d'une équipe performante et fonctionnant bien. Ce genre d'équipe produire bien plus que l'ensemble de ses membres pris séparément. Les gens préfèrent en général travailler pour un patron capable de mettre sur pied une équipe qui tourne bien.

QUELQUES SOLUTIONS

☐ **1. Vous ne croyez pas aux équipes.** Vous êtes probablement un individualiste qui n'aime pas le désordre et parfois la lenteur associés au processus des relations dans une équipe. Vous êtes axé sur les résultats et croyez vraiment que la meilleure façon de procéder est de manager une personne à la fois. Pour contrebalancer cette opinion, observez et parlez avec trois personnes qui excellent dans la capacité à bâtir une équipe, demandez-leur pourquoi elles agissent ainsi. Quelles sont leurs satisfactions à construire une équipe ? Quels avantages en retirent-elles ? Lisez *The Wisdom of Teams,* de Katzenbach et Smith. Si vous ne pouvez apprécier le travail en équipe, aucun des conseils suivants ne vous aidera beaucoup.

☐ **2. Travailler en équipe prend plus de temps.** C'est à la fois vrai et faux. Construire une équipe requiert plus de temps que de s'occuper d'une personne à la fois. Cependant, une équipe bien rodée accroît les résultats, augmente la capacité de travail, optimise les forces réunies et corrige les faiblesses individuelles. En fin de compte, le responsable d'équipe est plus libre de son temps car les membres de l'équipe vont s'entraider. Bien des managers se font prendre au piège en pensant qu'ils perdront du temps à former une équipe ; ils finissent par prendre plus de temps à s'occuper de leurs collaborateurs, un par un. *Besoin d'aide supplémentaire ? Reportez-vous à la fiche n° 62 : Savoir gérer son temps.*

☐ **3. Vous n'êtes pas du style relationnel ?** De nombreux managers se sentent plus à l'aise avec des objets, des idées et des projets, qu'ils ne le sont avec les personnes. Ils sont orientés sur les résultats et n'ont pas le temps de développer les compétences de leurs collaborateurs. Pourtant cela prend peu de temps. C'est une question de communication. Nos collaborateurs sont plus motivés et travaillent mieux s'ils savent ce qui se passe. Ils veulent en savoir plus que le petit rôle qui leur est dévolu. *Besoin d'aide supplémentaire ? Reportez-vous à la fiche n° 27 : Savoir informer.* C'est également une question d'écoute. Rien n'est plus motivant qu'un patron qui écoute, sans interrompre, sans terminer vos phrases ou sans compléter vos idées. Augmentez votre temps d'écoute de 30 secondes par échange. *Besoin d'aide supplémentaire ? Reportez-vous à la fiche n° 33 : Savoir écouter.* C'est enfin une question d'attention. L'attention est faite de questions. Questions sur ce que je pense, ce que je ressens. Posez une question de plus par échange que vous ne le faites actuellement. *Besoin d'aide supplémentaire ? Reportez-vous à la fiche n° 7 : Être attentif à ses collaborateurs directs.*

☐ **4. Vous aimeriez construire une équipe mais ne savez pas comment vous y prendre ?** Les équipes très performantes ont quatre points en commun : 1) Un même état d'esprit. Ils partagent une vision commune et connaissent le but et les indicateurs de progrès. *Besoin d'aide supplémentaire ? Reportez-vous à la fiche n° 35 : Savoir gérer et établir des indicateurs de performance.* 2) La confiance règne au sein de l'équipe. Chacun sait qu'en cas de difficultés, les membres de l'équipe l'aideront. Les membres savent que leur chef d'équipe les aidera quel que soit le prix à payer. Ils savent qu'il est honnête avec eux et leur rapportera les problèmes directement plutôt que d'en parler dans leur dos. *Besoin d'aide supplémentaire ? Reportez-vous à la fiche n° 29 : Être intègre et digne de confiance.* 3) Ils possèdent collectivement la capacité de faire le travail. Aucun membre ne possède toutes les qualifications, mais ensemble ils peuvent assumer toutes les tâches. *Besoin d'aide supplémentaire ? Reportez-vous à la fiche n° 25 : Savoir recruter et bien s'entourer.* 4) Ils opèrent avec compétence et efficacité. Ils ont un savoir-faire collectif. Ils tiennent des réunions efficaces. Ils savent communiquer efficacement. Ils savent gérer leurs conflits internes. *Besoin d'aide supplémentaire ? Reportez-vous aux fiches n° 52 : Maîtriser la gestion des processus et n° 63 : Systèmes de gestion intégrale de la qualité (ex. TQM/ISO/Six Sigma).*

☐ **5. Vous ne pouvez motiver suffisamment vos collaborateurs pour les amener à former une équipe ?** Suivez les règles de base pour inspirer les autres, telles qu'elles sont définies dans les livres *People Skills,* de Robert Bolton et *Thriving on Chaos* de Tom Peters. Vis-à-vis de vos collaborateurs, soulignez l'importance de leur tâche. Dites merci. Offrez ou demandez-leur de l'aide. Augmentez leur autonomie dans leurs travaux, donnez-leur des tâches variées, surprenez-les avec des missions enrichissantes et pleines de défi, manifestez de l'intérêt pour leur carrière. Montrez que vous apprenez de vos erreurs. Fêtez leurs succès. Instaurez des mesures de progrès visibles et admises, etc. Faites en sorte que tous puissent participer à la mise sur pied de l'équipe afin qu'ils se sentent plus impliqués dans l'obtention des résultats. *Besoin d'aide supplémentaire ? Reportez-vous à la fiche n° 36 Savoir motiver.*

☐ **6. Renforcez la relation.** Bien que quelques-uns puissent se montrer réticents (à commencer peut-être par vous), les fêtes ou toute autre manifestation pour marquer les succès communs renforcent la cohésion du groupe. Laissez les rôles évoluer naturellement au lieu de les imposer par des descriptions de tâches. L'expérience montre que l'on tend naturellement vers huit rôles. *Reportez-vous à la fiche n° 64 : Comprendre les autres* et que les équipes qui ont le plus de succès ne sont pas celles où tous les membres font la même chose. Les équipes performantes se spécialisent, recoupent leurs activités et réclament rarement une participation identique de tous.

☐ **7. Êtes-vous peu habile dans l'art de motiver les gens autrement que par les résultats ?** Identifiez d'abord où sont les vrais facteurs de motivation. Selon les recherches de Rewick et Lawler, les meilleurs facteurs de motivation sont : 1) Le défi ; 2) Le sentiment d'accomplir un travail gratifiant ; 3) Le fait d'apprendre des notions nouvelles ; 4) Le développement personnel ; 5) L'autonomie. Ce qui est surprenant, c'est que : le salaire (12e position), les relations amicales (14e), les louanges (15e) ou les chances de promotion (17e) ne sont pas négligeables mais restent superficiels quand on les compare aux cinq premiers éléments. Offrez-leur des défis et des chances d'apprendre et de progresser, brossez un tableau du contenu et de la portée du projet, garantissez une autonomie et vous aurez ainsi touché les cordes sensibles de la grande majorité.

☐ **8. Avez-vous des difficultés à déléguer les tâches et les responsabilités ?** Un bon responsable d'équipe sait confier des tâches difficiles, avec suffisamment de ressources pour les accomplir et l'autorité nécessaire pour les exécuter. Déléguer accroît la motivation, vous libère du temps pour entreprendre d'autres projets ou faire plus de travail. Déléguer à une équipe peut sembler effrayant au début. La première fois, ils ne le feront pas aussi bien que vous. Mais avec de l'entraînement et de l'assistance, ils apprendront et éventuellement arriveront à le faire aussi bien que vous, voire mieux. *Besoin d'aide supplémentaire ? Reportez-vous à la fiche n° 18 : Savoir déléguer.*

☐ **9. Langage et récompenses.** Employez-le « nous » au lieu du « je ». Dites plus souvent « l'équipe, » « nous, » « ensemble ». Allons... mettons-nous-y ensemble. Nous y arriverons. On est tous dans le même bateau. Pensez équipe et signifiez-le. Faites attention de ne pas parler d'équipe lorsque vous offrez des récompenses individuelles et, autant que possible, récompensez l'équipe entière. Répartissez les bénéfices monétaires entre tous. Définissez les objectifs de l'équipe et les récompenses qui y correspondent.

☐ **10. Créez un climat d'innovation et d'expérimentation.** Ne décrivez pas chaque tâche en détail. La procédure pour leur accomplissement devrait être aussi souple que possible. Des études démontrent que l'on travaille davantage et que l'on est plus efficace lorsqu'on a le sentiment d'avoir une liberté de choix. Encouragez les expériences ponctuelles, sur une durée courte. Sachant que la plupart des innovations et des expériences échouent, faites comprendre, lorsqu'il y aura des erreurs et des échecs, que ce sont aussi des occasions d'apprendre si l'on sait en tirer les leçons.

☐ **11. Engagez un chef d'équipe.** Comme l'animateur vient de l'extérieur, il peut vous aider à résoudre les problèmes avec plus d'objectivité et vous apportera un feed-back vous permettant d'éviter les erreurs qui auraient pour effet de démotiver l'équipe. L'animateur peut appartenir au service des ressources humaines, ou être un expert des équipes de travail.

☐ **12. Amusez-vous.** Des études citées dans *The Wisdom of Team* de Jon R. Katzenbach et Douglas K. Smith montrent que les équipes performantes ont des points en commun, dont celui de bien s'amuser. Le divertissement est un sous-produit de l'engagement de l'équipe pour parvenir à une meilleure performance. Si votre équipe donne vraiment l'impression de s'ennuyer, recherchez-en la cause. Les membres de l'équipe se sentent-ils impliqués face aux objectifs de l'équipe ? Les membres de l'équipe se sentent-ils solidaires ? En réglant l'un de ces problèmes, voire les deux, on crée souvent une meilleure ambiance.

☐ **13. Le leader charismatique.** Influencez le comportement et les performances des autres par votre propre comportement. Vous avez la possibilité de fixer les normes de l'équipe. Beaucoup de gens résistent à modifier leurs comportements en l'absence de compensations ou si les supérieurs hiérarchiques ne donnent pas l'exemple. S'il faut modifier les comportements pour améliorer la performance de l'équipe, vous devez prêcher par l'exemple.

☐ **14. L'équipe est-elle dans une spirale descendante ?** Il existe de nombreuses études sur les raisons des échecs d'une équipe. Votre équipe n'est certainement pas unique. Lisez l'ouvrage *Why Teams Don't Work* pour voir si votre équipe est tombée dans l'un des pièges communs et tentez de mettre en place une stratégie susceptible de la remettre sur la bonne voie.

Getting good players is easy. Getting 'em
to play together is the hard part.
– Casey Stengel

LECTURES CONSEILLÉES

Avery, Christopher M., Meri Aaron Walker and Erin O'Toole. *Teamwork Is an Individual Skill: Getting Your Work Done When Sharing Responsibility.* San Francisco: Berrett-Koehler Publishers, Inc., 2001.

Barner, Robert W. *Team Trouble-Shooter.* Palo Alto, CA: Davies-Black Publishing, 2000.

Deeprose, Donna. *Making Teams Work: How to Form, Measure, and Transition Today's Teams.* New York: AMACOM, 2001.

Fisher, Kimball and Mareen Duncan Fisher. *The Distance Manager: A Hands-On Guide to Managing Off-Site Employees and Virtual Teams.* New York: McGraw-Hill Trade, 2000.

Gundry, Lisa and Laurie LaMantia. *Breakthrough Teams for Breakneck Times: Unlocking the Genius of Creative Collaboration.* Chicago: Dearborn Trade Publishing, 2001.

Hackman, J. Richard. *Leading Teams: Setting the Stage for Great Performances.* Boston: Harvard Business School Press, 2002.

Harvard Business Essentials. *Creating Teams With an Edge*. Boston: Harvard Business School Publishing Corporation, 2004.

Harvard Business School Press. *Harvard Business Review On Teams That Succeed.* Harvard Business School Press, 2004.

Jones, Steven D. and Don J. Schilling. *Measuring Team Performance: A Step-by-Step, Customizable Approach for Managers, Facilitators, and Team Leaders.* San Francisco: Jossey-Bass, Inc., 2000.

Katzenbach, Jon R. and Douglas K. Smith. *The Wisdom of Teams: Creating the High-Performance Organization.* New York: HarperBusiness, 2003.

Kostner, Jaclyn. *BIONIC eTeamwork.* Chicago: Dearborn Trade Publishing, 2001.

Leigh, Andrew and Michael Maynard. *Leading Your Team: How to Involve and Inspire Teams.* Yarmouth, ME: Nicholas Brealey Publishing, 2002.

Lencioni, Patrick M. *The Five Dysfunctions of a Team: A Leadership Fable.* San Francisco: Jossey-Bass, Inc., 2002.

Lipnack, Jessica and Jeffrey Stamps. *Virtual Teams—Reaching Across Space, Time, and Organizations With Technology.* New York: John Wiley & Sons, Inc., 1997.

Parker, Glenn M. *Cross-Functional Teams: Working With Allies, Enemies, and Other Strangers.* San Francisco: Jossey-Bass, Inc., 2002.

Parker, Glenn, Jerry McAdams and David Zielinski. *Rewarding Teams: Lessons From the Trenches.* San Francisco: Jossey-Bass, Inc., 2000.

Raymond, Cara Capretta, Robert W. Eichinger and Michael M. Lombardo. *FYI for Teams.* Minneapolis, MN: Lominger Limited, Inc., 2001.

Robbins, Harvey and Michael Finley. *The New Why Teams Don't Work—What Goes Wrong and How to Make It Right.* San Francisco: Berrett-Koehler Publishers, Inc., 2000.

Schwarz, Roger. *The Skilled Facilitator.* San Francisco: Jossey-Bass, Inc., 2002.

Straus, David. *How to Make Collaboration Work: Powerful Ways to Build Consensus, Solve Problems, and Make Decisions.* San Francisco: Berrett-Koehler Publishers, Inc., 2002.

Team Management Briefings [monthly publication]. P.O. Box 25755, Alexandria, VA 22313. 1-800-722-9221 http://www.briefings.com/tm

Van Ness, George and Keith Van Ness. *Being There Without Going There: Managing Teams Across Time Zones, Locations and Corporate Boundaries.* Boston: Aspatore Books, 2003.

Wellins, Richard, William C. Byham and George R. Dixon. *Inside Teams.* San Francisco: Jossey-Bass, Inc., 1994.

Wysocki, Robert K. *Building Effective Project Teams.* New York: John Wiley & Sons, Inc., 2001.

111 MAL S'ENTOURER

The toughest decisions in organizations are people decisions—hiring, firing, promotion, etc. These are the decisions that receive the least attention and the hardest to "unmake."
– Peter Drucker

UN PROBLÈME

- ☐ Ne possède pas un bon jugement pour choisir ni embaucher les bons collaborateurs ou adjoints (qu'ils proviennent de l'interne ou de l'externe)
- ☐ Utilise des critères et des standards inadéquats
- ☐ Semble sélectionner des candidats qui lui ressemblent trop
- ☐ N'est pas bon juge des qualités personnelles
- ☐ Fait souvent des erreurs lorsqu'il s'agit d'évaluer avec justesse le rôle que chacun peut assurer ou les potentiels de chacun

N'EST PAS UN PROBLÈME

- ☐ Juge bien les gens
- ☐ Sait recruter de façon à diversifier et équilibrer les compétences
- ☐ Donne une description étoffée des gens
- ☐ Utilise un large éventail de critères de recrutement
- ☐ A, sur la durée, un pourcentage de réussite supérieur à la moyenne en matière de sélection de personnel
- ☐ Prend le temps nécessaire pour trouver le bon candidat

QUELQUES CAUSES

- ☐ Impatient
- ☐ Vision étroite
- ☐ A des difficultés dans le domaine de la stratégie
- ☐ Faible aptitude à évaluer les gens
- ☐ Manque de concentration
- ☐ Évite de prendre des mesures négatives

FACTEURS ET GROUPES DU LEADERSHIP ARCHITECT®

Cette compétence se retrouve dans Avoir du mal à s'entendre avec les autres, facteur (VII - S1). Cette compétence se retrouve dans N'inspire pas et ne forge pas les talents, groupe (X) aux numéros : 110, 117. Vous pouvez également consulter d'autres compétences dans le même facteur ou groupe pour trouver des conseils connexes.

LA CARTE

Rien ne peut remplacer une équipe talentueuse travaillant pour un même objectif et accomplissant de grandes choses. À défaut, tout ce que l'on obtient c'est un manque d'efficacité. Pour y arriver, il faut un plan d'embauche à court et long terme et recruter des personnes possédant les compétences et talents variés nécessaires pour faire face aux exigences d'aujourd'hui et de demain. La variété est essentielle car personne ne peut posséder à lui tout seul tous les talents requis.

QUELQUES SOLUTIONS

☐ **1. Vous tentez d'engager les bonnes personnes, mais vous continuez à avoir de mauvaises surprises quand vous les mettez à l'œuvre.** Il vous faut développer un ou plusieurs modèles de compétences dont vous vous servirez pour évaluer les gens. Il existe un certain nombre de modèles disponibles. *Besoin d'aide supplémentaire ? Reportez-vous aux fiches n° 56 : Savoir juger les autres et n° 64 : Comprendre les autres.* Utilisez les Fiches de compétence de *l'ARCHITECTE DE CARRIÈRE®* pour apprendre à penser en termes de compétences.

☐ **2. Vous ne parvenez pas à vous faire une opinion précise à partir des entretiens de recrutement et des vérifications de références.** Les techniques pour réaliser des entretiens efficaces sont bien définies. Consultez un manuel sur les techniques de recrutement. Suivez une formation pour acquérir les aptitudes requises avec, de préférence, utilisation de la vidéo pour contrôler les progrès. Faites également interviewer les candidats par des confrères utilisant des critères d'évaluation reconnus et demandez leur avis.

☐ **3. Vous avez du mal à apprécier les talents et les savoir-faire requis.** Consultez un spécialiste des ressources humaines de l'entreprise. Demandez aux chefs d'équipes similaires à la vôtre de quels savoir-faire ils aiment s'entourer. Voyez aussi des collègues d'autres organisations pour savoir ce qu'ils recherchent comme talents. *Besoin d'aide supplémentaire ? Reportez-vous à la fiche n° 25 : Savoir recruter et bien s'entourer.*

☐ **4. Votre choix de collaborateurs semble opérationnel à court terme mais il s'avère moins efficace à long terme.** Habituellement, ceci signifie que vous utilisez un profil de sélection trop étroit. *Besoin d'aide supplémentaire ? Reportez-vous aux fiches n° 46 : Faire preuve de perspective et n° 58 : Faire preuve de qualités stratégiques.* Il se peut que votre entreprise ne paye que pour des compétences moyennes et que vous ayez du mal à engager les meilleurs. Dans ce cas, essayez de recruter des candidats qui maîtrisent les compétences nécessaires, mais aussi très désireux d'en développer de nouvelles. *Besoin d'aide supplémentaire ? Reportez-vous à la fiche n° 32 : Démontrer une grande capacité à apprendre sur le terrain.* Pour ce faire, ajoutez quelques questions à l'entrevue, du style : « Qu'avez-vous appris ? » et « Comment avez-vous appliqué cela ? »

pour sélectionner des collaborateurs actifs qui pourront développer de nouvelles aptitudes.

☐ **5. Vous avez hérité de l'équipe mais certaines personnes ne sont pas à la hauteur et vous n'osez faire « sauter des têtes ».** Si vous ne vous en séparez pas, cela signifie plus de travail pour vous et le reste de l'équipe. Plus tôt vous affronterez ce problème, mieux se portera l'équipe, y compris les personnes visées. *Besoin d'aide supplémentaire ? Reportez-vous aux fiches n° 13 : Faire face aux problèmes de performance de ses collaborateurs directs et n° 16 : Prendre des décisions au bon moment.*

☐ **6. Vous êtes impatient de remplir les vides de votre équipe et vous avez tendance à engager le premier venu qui vous paraît acceptable.** Cela signifie que vous aurez à faire des compromis et ne rencontrerez probablement jamais la meilleure recrue. Laissez plutôt le temps à plusieurs candidats de se présenter afin d'avoir un choix réellement efficace. *Besoin d'aide supplémentaire ? Reportez-vous à la fiche n° 41 : Être patient.*

☐ **7. Vous avez trop tendance à engager des personnes à votre image.** Vous préférez travailler en compagnie de ceux qui pensent et agissent comme vous. L'équipe risque ainsi de n'avoir d'expertise que dans quelques domaines. Peut-être faites-vous également appel à des amis ou à d'anciens collègues. Mais si vous vous dupliquez en termes de compétences, opinions, antécédents ou orientations, votre équipe manquera de cette diversité propice aux grandes réussites. *Besoin d'aide supplémentaire ? Reportez-vous à la fiche n° 25 : Savoir recruter et bien s'entourer.*

☐ **8. Observez autour de vous les équipes qui vous semblent les plus performantes.** Quelles sont leurs compétences ? Quels sont les critères d'embauche ? Les membres de l'équipe se ressemblent-ils ou sont-ils différents ? Ont-ils les mêmes antécédents ou viennent-ils d'horizons divers ? Comment leurs managers recrutent-ils ? Demandez-leur comment ils opèrent pour combler les vides au sein de leur équipe.

☐ **9. Vous passez trop peu de temps à vous soucier de développer les compétences de l'équipe.** Vous pourriez aussi bien faire le gros du travail vous-même et laisser l'équipe se débrouiller sans vous. C'est une stratégie à très court terme – vous aurez de plus en plus de problèmes si cette situation se prolonge. En règle générale, votre équipe devrait consacrer 20 % de son temps à travailler hors de sa (et probablement votre) « zone de confort ». Élargir la portée du travail à accomplir et augmenter le niveau de difficulté est la principale source de perfectionnement. *Besoin d'aide supplémentaire ? Reportez-vous aux fiches n° 18 : Savoir déléguer, n° 19 : Développer les compétences de ses collaborateurs directs et des autres, n° 50 : Savoir définir les priorités et n° 62 : Savoir gérer son temps.*

☐ **10. Vous choisissez la facilité et vous hésitez à aller à contre-courant en rejetant des candidats issus de l'entreprise.** Il vous est difficile de dire non aux personnes haut placées. Vous pourrez le faire beaucoup plus aisément si vous avez des critères de performance liés au poste et donc plus faciles à défendre. Vous pouvez maintenir votre position en disant : « Ce candidat possède telles compétences, mais non celles-ci ; or il nous faut un candidat qui peut faire aussi cet autre travail ». Une discussion basée sur des critères objectifs évite de critiquer les individus et axe la recherche sur les qualifications requises pour le travail. Face à une tentative de pression, maintenez votre point de vue. Préparez une liste brève de ce que vous recherchez et défendez-la calmement. Sollicitez des commentaires sur les critères, non sur les personnes. *Besoin d'aide supplémentaire ? Reportez-vous aux fiches n° 34 : Faire preuve de « courage directorial » et n° 57 : Faire preuve d'autonomie.*

Hire a young carpenter, but an old physician.
– Chinese proverb

LECTURES CONSEILLÉES

Ashby, Franklin C. and Arthur R. Pell. *Embracing Excellence.* New York: Prentice Hall, 2001.

Calvin, Robert J. *Entrepreneurial Management.* New York: McGraw-Hill, Inc., 2001.

Falcone, Paul. *The Hiring and Firing Question and Answer Book.* New York: AMACOM, 2002.

Fields, Martha R.A. *Indispensable Employees: How to Hire Them, How to Keep Them.* Franklin Lakes, NJ: Career Press, 2001.

Levin, Robert A. and Joseph G. Rosse. *Talent Flow: A Strategic Approach to Keeping Good Employees, Helping Them Grow, and Letting Them Go.* New York: John Wiley & Sons, Inc., 2001.

Michaels, Ed, Helen Handfield-Jones and Beth Axelrod. *The War for Talent.* Boston: Harvard Business School Press, 2001.

Poundstone, William. *How Would You Move Mount Fiji? Microsoft's Cult of the Puzzle—How the World's Smartest Company Selects the Most Creative Thinkers.* Boston: Little, Brown, 2003.

Sears, David. *Successful Talent Strategies: Achieving Superior Business Results Through Market-Focused Staffing.* New York: AMACOM, 2003.

Smart, Bradford D., Ph.D. *Topgrading—How Leading Companies Win: Hiring, Coaching and Keeping the Best People.* New York: Prentice Hall, 1999.

Still, Del J. *High Impact Hiring: How to Interview and Select Outstanding Employees.* Dana Point, CA: Management Development Systems LLC, 2001.

112 SE MONTRER INSENSIBLE AUX AUTRES

Facteur VII - S1 : Avoir du mal à s'entendre avec les autres Groupe V : N'établit pas facilement de relations avec les autres **VII – S1 – V**

It is...axiomatic that we should all think of ourselves as being more sensitive than other people because, when we are insensitive in our dealings with others, we cannot be aware of it at the time: Conscious insensitivity is a self-contradiction.
– W.H. Auden

112

UN PROBLÈME

- ☐ A un comportement intimidant
- ☐ Met les personnes mal à l'aise
- ☐ Ne se soucie pas et ne réfléchit pas à la façon dont il affecte les autres
- ☐ Ne suit pas les conventions dans ses relations interpersonnelles
- ☐ Ne se soucie pas des besoins de chacun
- ☐ A tendance à ne pas poser de questions et à ne pas écouter

N'EST PAS UN PROBLÈME

- ☐ Est d'un abord facile et d'un caractère égal
- ☐ Se montre empathique et bienveillant
- ☐ Ressent la douleur des autres
- ☐ Sait discerner les points sensibles chez les autres
- ☐ Sait écouter
- ☐ Laisse les autres dire tout ce qu'ils ont à dire sans les interrompre
- ☐ Est serviable
- ☐ Demande à ses interlocuteurs ce qu'ils pensent ou ressentent
- ☐ Fait attention à la manière dont il exprime les choses

QUELQUES CAUSES

- ☐ Abuse des autres
- ☐ Excessivement orienté vers l'action
- ☐ Agressif ; orienté vers les résultats
- ☐ Perd tout contrôle sous pression
- ☐ Insouciant
- ☐ N'a aucune idée de l'impact qu'il a
- ☐ Piétine les autres
- ☐ Normes irréalistes
- ☐ Réussit toujours

FACTEURS ET GROUPES DU LEADERSHIP ARCHITECT®

Cette compétence se retrouve dans Avoir du mal à s'entendre avec les autres, facteur (VII - S1). Cette compétence se retrouve dans N'établit pas facilement de relations avec les autres, groupe (V) aux numéros : 101, 106, 108. Vous pouvez également consulter d'autres compétences dans le même facteur ou groupe pour trouver des conseils connexes.

LA CARTE

Il se peut que cette évaluation vous ait choqué puisque rares sont ceux parmi nous qui se considèrent insensibles. Il est probable que vous vous considérez comme un être franc et direct. Orienté vers les résultats et terre-à-terre. Orienté vers les affaires et les marchés. Ayant raison la plupart du temps. Dure envers les tire-au-flanc. Gestionnaire exigeant. Concentré et n'aimant pas perdre de temps. Quelle que soit votre perception, les autres se sentent exclus et ignorés. Ils ne trouvent pas cela agréable de travailler avec ou pour vous. Vous pouvez vous en tirer pour l'instant tant que vos résultats seront impressionnants. Mais vous risquez d'être entouré de requins dès la prochaine chute.

QUELQUES SOLUTIONS

☐ **1. L'insensibilité peut recouvrir des notions très diverses.** Nous avons identifié 29 situations différentes dans lesquelles on pouvait qualifier quelqu'un d'insensible. Avant de réagir à des interprétations et surtout, avant de tenter quoi que ce soit à ce sujet, investissez dans un feed-back à 360° ou demandez à un spécialiste en ressources humaines d'interroger ceux qui vous entourent, pour savoir exactement pourquoi vous êtes considéré comme une personne insensible. Ou encore, parlez-en à un mentor ou à une personne de confiance. Il est peu probable que les autres vous disent ouvertement pourquoi ils vous trouvent insensible et s'ils le font, ce sera ou trop général ou trop spécifique pour vous aider vraiment. De tous les problèmes, c'est le plus complexe à étudier. Il vous faut obtenir un portrait très fouillé de vous-même. *Besoin d'aide supplémentaire ? Reportez-vous à la fiche n° 55 : Bien se connaître.* La bonne nouvelle, c'est que la plupart de ceux qui sont évalués négativement sur cette dimension ne le doivent qu'à un manque de sensibilité sur certains aspects seulement. Il est aussi courant de constater que certains vous jugent insensible, mais d'autres non. Cela rend le problème plus facile à affronter ; peu de gens sont vraiment concernés par les 29 façons d'être insensibles !

☐ **2. Perdre son sang-froid.** Il se peut que vous vous fâchiez ou que vous tyrannisiez les autres lorsque vous êtes dans le feu de l'action. Évitez les réactions immédiates et trop vives. C'est probablement ce qui vous nuit. Vous sautez aux conclusions, repoussez catégoriquement les opinions d'autrui, abusez d'un langage vindicatif et enflammé. Les autres risquent fort de vous percevoir comme fermé ou agressif, alors que vous désirez probablement qu'ils vous trouvent raisonnable. Pire, ils penseront que vous les croyez stupides ou mal informés. Donnez-leur une seconde chance. Si l'on vous croit intolérant, fermé ou prêt à sauter aux conclusions, vos interlocuteurs auront tendance à buter sur les mots dans leur hâte à exprimer leur avis ou couperont court à leur argumentation, convaincus que vous ne les écoutez pas. Posez des questions, incitez-les à exprimer leur désaccord ; reformulez ensuite leur argument et laissez-les surtout sauver la face. *Besoin d'aide supplémentaire ? Reportez-vous à la fiche n° 11 : Avoir la maîtrise de soi.*

☐ **3. Sensibilité à l'auditoire.** Quelle que soit la situation, il y a de multiples façons de transmettre un message et d'obtenir des résultats. Vous pouvez utiliser l'attaque directe, franche et spontanée. Vous pouvez envoyer un suppléant avec votre message. Vous pouvez attendre la prochaine réunion pour réagir. Certaines de ces stratégies sont plus efficaces et acceptables que d'autres. Certaines personnes se mettent dans l'embarras parce qu'elles réagissent de la même façon dans toutes les situations. Elles ne prennent pas le temps d'évaluer la meilleure approche pour obtenir des résultats en fonction du contexte ou de la personne impliquée. Les personnes considérées comme sensibles aux autres agissent à partir de l'extérieur, elles considèrent d'abord l'environnement : l'auditoire, la personne, le groupe, l'organisation, puis interviennent ensuite. Elles choisissent leur style, leur ton, leur rythme et leur tactique selon ce qui convient le mieux à chaque situation. Ceux qui n'ont qu'un style d'approche auront des difficultés, car ils ne sauront pas ajuster leurs actions et leur langage à chaque auditoire. *Besoin d'aide supplémentaire ? Reportez-vous aux fiches n° 15 : Être orienté vers le client, n° 36 : Savoir motiver et n° 45 : Savoir apprendre.*

☐ **4. Ne pas avoir l'esprit ouvert.** Vous paraissez être ou vous êtes peut-être entêté, inflexible et fermé aux points de vue nouveaux ou différents. Vous devez apprendre à neutraliser votre filtre personnel d'évaluation/rejet et essayer d'écouter. Votre première tâche est de comprendre, la seconde de montrer que vous comprenez en reformulant et la troisième de refuser éventuellement, mais en justifiant mieux votre refus que vous ne le faites actuellement. Posez plus de questions : « Comment en êtes-vous arrivé à ce stade ? » « Comment avez-vous procédé pour y arriver ? », « Préférez-vous passer de ceci à cela ou en rester à notre procédure actuelle ? » Si vous êtes en désaccord avec vos interlocuteurs, donnez d'abord vos raisons puis invitez-les à les critiquer. Canalisez votre désaccord vers la nature du problème ou de la stratégie : « Quel problème tentons-nous de régler ? Quelles en sont les causes ? À quelles questions doit-on répondre ? Quels critères objectifs allons-nous adopter pour mesurer nos succès ? ». *Besoin d'aide supplémentaire ? Reportez-vous aux fiches n° 12 : Savoir gérer les conflits et n° 33 : Savoir écouter.*

☐ **5. L'impatience.** Les personnes insensibles ne prennent pas le temps nécessaire pour mettre leurs interlocuteurs à l'aise. La plupart d'entre elles sont axées sur l'action et les résultats et motivées par leurs propres intérêts. Elles ne cultivent pas leurs relations avec d'autres. Un tiers des personnes qui travaillent avec vous s'accommodent bien de ce style direct. « Seulement les faits, Madame. Reprenons... » Les deux autres tiers ont besoin d'un peu de temps pour s'ajuster avant de se mettre au travail. Habituellement, trois minutes suffiront. Commencez la discussion en abordant d'autres sujets que celui de l'entretien. Qu'avez-vous fait pendant le week-end ? Comment vont les enfants ? Quelle université a choisi votre fille ? Avez-vous regardé les jeux olympiques ? Que pensez-vous de cette nouvelle voiture ? Laissez-les parler, le temps de les mettre à l'aise. *Besoin d'aide supplémentaire ? Reportez-vous à la fiche n° 3 : Être d'un abord facile.*

☐ **6. Faire d'abord, comprendre après ?** Peut-être apparaissez-vous comme la personne qui saute aux conclusions et aux solutions avant même que quiconque ait la chance de finir l'énoncé du problème. Prenez le temps de bien cerner la problématique. Laissez les gens parler. N'interrompez pas. Ne terminez pas les phrases pour eux. Posez des questions. Reformulez le problème en utilisant vos propres mots et en vous assurant que vous avez bien compris. Après vous déciderez.

☐ **7. Manque de qualités interpersonnelles ?** Quelle que soit votre réserve, vous devrez commencer le premier. Vos efforts pour paraître plus sensible produiront de médiocres résultats si vous n'indiquez pas aux autres que vous êtes ouvert : en les regardant lorsqu'ils parlent, en manifestant votre intérêt pour ce qu'ils disent, en les laissant finir leurs phrases, en leur confiant des renseignements que vous n'avez pas forcément à partager, en les invitant à vous parler de leurs préoccupations personnelles, en posant des questions et en écoutant. Même si ce n'est pas facile et que vous essuyez quelques refus, vous devez persévérer pour vous améliorer. *Besoin d'aide supplémentaire ? Reportez-vous aux fiches n° 3 : Être d'un abord facile et n° 31 : Être doué pour la communication interpersonnelle.*

☐ **8. Trop intelligent ?** Vous êtes sans doute très intelligent et hautement qualifié dans votre domaine. Vous travaillez peut-être avec des collaborateurs moins bien informés que vous ou ayant un niveau d'études moins élevé. Il se peut que vous occupiez une position qui vous oblige à dicter ce qui doit être fait puisqu'ils ne le savent pas. Dans ce cas, vous devez adopter un rôle d'enseignant – dites-leur ce que vous pensez d'un sujet, ne vous contentez pas de lancer des solutions. Expliquez-leur ce que vous pensez du problème, quelles questions devraient être posées, comment vous proposez de chercher les réponses et les solutions probables que vous envisagez. Plus important, invitez-les à faire des suggestions. Si vous êtes un expert et qu'ils ne le sont pas, aidez-les en expliquant votre logique de raisonnement. Prenez en compte les études sur la créativité en matière de résolution de problèmes qui montrent que les personnes moins informées trouvent souvent les solutions les plus inventives. Une fois plongées dans le problème, elles seront à même de le regarder sous un angle différent et nouveau. Utilisez cette capacité. *Besoin d'aide supplémentaire ? Reportez-vous à la fiche n° 18 : Savoir déléguer.*

☐ **9. Aucune importance ?** Certains managers de type fonceur n'attachent aucune importance à ce qu'on pense d'eux. Pour eux, ce qui est essentiel, c'est de terminer le travail à temps et en respectant le budget. Ils pensent que les bons collaborateurs les soutiendront et que ceux qui sont trop sensibles pour résister à l'épreuve n'en valent, de toute façon, pas la peine. Des études démontrent que la grande majorité des cadres supérieurs qui échouent se retrouvent dans cette situation non pas parce qu'ils ne peuvent faire exécuter le travail, mais parce qu'ils blessent trop de personnes durant son exécution. Pensez aux 10 dernières personnes qui ont quitté votre entreprise. Les a-t-on congédiées ou priées de trouver un autre emploi ? Pour quelles raisons ? Leurs rapports avec les autres étaient très probablement en cause. Peut-être devriez-vous réviser vos priorités.

☐ **10. Gérer le temps.** L'insensibilité s'apparente parfois à de la négligence. Les collaborateurs directs sont souvent les premiers touchés. Vous vous occupez du patron en priorité. Vos clients viennent en second. Questions et problèmes en troisième place. Vos collègues ensuite. Et vos collaborateurs directs en dernier. Lorsqu'il est 16 h 50 le vendredi, vous pensez peut-être que ce n'est plus l'heure de faire preuve de sensibilité. Mais puisque son contraire, – l'insensibilité – risque de produire des problèmes, des échanges improductifs, de démotiver l'équipe, d'obliger à réorganiser les communications et les questions en suspens, ne croyez-vous pas qu'un peu plus de sensibilité vous épargnerait précisément du temps ? Chaque semaine allouez cinq minutes de plus à chacun de vos plus proches collaborateurs directs, simplement pour une conversation à bâtons rompus. Pas de dossiers de travail. Pas d'échéances. Soyez là seulement pour eux.

All cruel people describe themselves as paragons of frankness!
– Tennessee Williams

LECTURES CONSEILLÉES

Autry, James A. *The Art of Caring Leadership.* New York: William Morrow and Company, Inc., 1991.

Bolton, Robert and Dorothy Grover Bolton. *People Styles at Work—Making Bad Relationships Good and Good Relationships Better.* New York: AMACOM, 1996.

Dotlich, David L. and Peter C. Cairo. *Why CEOs Fail.* San Francisco: Jossey-Bass, Inc., 2003.

Gonthier, Giovinella and Kevin Morrissey. *Rude Awakenings: Overcoming the Civility Crisis in the Workplace.* Chicago: Dearborn Trade Publishing, 2002.

Handy, Charles. *The Hungry Spirit.* New York: Doubleday, 1998.

Hornstein, Harvey, Ph.D. *Brutal Bosses.* New York: Riverhead Books, 1996.

Kouzes, James M. and Barry Z. Posner. *Encouraging the Heart: A Leader's Guide to Rewarding and Recognizing Others.* San Francisco: Jossey-Bass, Inc., 2003.

Mayo, Andrew. *The Human Value of the Enterprise: Valuing People as Assets—Monitoring, Measuring, Managing.* Yarmouth, ME: Nicholas Brealey Publishing, 2001.

Peck, M. Scott, M.D. *A World Waiting to Be Born: Civility Rediscovered.* New York: Bantam Books, 1993.

Peck, M. Scott, M.D. *A World Waiting to Be Born: Civility Rediscovered* [sound recording]. New York: Bantam Doubleday Dell Audio Pub., 1993.

113 Avoir des lacunes dans les domaines de compétences-clés

Facteur VIII - S2 : Avoir du mal à obtenir des résultats Groupe Y : Esprit trop étroit **VIII – S2 – Y**

Here was this vast machinery of government and they
didn't know how it ran, where you put in the gas,
where you put in the oil, where you turn the throttle.
– General Maxwell D. Taylor, on the inexperience of
President John F. Kennedy and his staff during
the Bay of Pigs crisis

UN PROBLÈME

- ☐ Maîtrise mal une ou plusieurs des compétences ou des talents qui sont indispensables à l'accomplissement efficace du travail

N'EST PAS UN PROBLÈME

- ☐ Maîtrise la plupart, voire la totalité, des compétences nécessaires pour mener à bien la mission
- ☐ Définit le profil des compétences essentielles
- ☐ Cherche à améliorer et à élargir son portefeuille de compétences
- ☐ Est ouvert aux formations, aux tuteurs, à tout ce qui peut lui permettre de développer ses compétences

QUELQUES CAUSES

- ☐ Ne pense qu'à la retraite
- ☐ Inexpérimenté
- ☐ Manque d'aptitudes techniques et fonctionnelles
- ☐ Vision étroite
- ☐ Nouveau poste ou nouvelle fonction
- ☐ Ne s'intéresse pas à son développement personnel

FACTEURS ET GROUPES DU LEADERSHIP ARCHITECT®

Cette compétence se retrouve dans Avoir du mal à obtenir des résultats, facteur (VIII - S2). Cette compétence se retrouve dans Esprit trop étroit, groupe (Y) aux numéros : 114, 115, 116. Vous pouvez également consulter d'autres compétences dans le même facteur ou groupe pour trouver des conseils connexes.

LA CARTE

Le changement d'emploi, de rôle, de lieu géographique, d'unité de travail et d'organisation nécessite des compétences et atouts nouveaux et différents. Il arrive souvent au cours de notre carrière que nous nous trouvions démunis des atouts requis pour réussir. Certains choisissent d'acquérir de nouveaux atouts alors que d'autres attendent de voir s'ils peuvent s'en tirer sans changer quoique ce soit. En général, nous n'avons pas le temps d'attendre. Ceux qui attendent trop longtemps sont évalués comme des personnes souffrant de lacunes dans des domaines de compétence essentiels.

QUELQUES SOLUTIONS

☐ **1. Vous devez identifier les compétences dont on vous croit dépourvu.** La meilleure façon de procéder est de vous porter volontaire pour un feed-back à 360° de vos compétences. Identifiez les compétences que les autres considèrent comme nécessaires pour réaliser le travail et comparez-les avec vos propres résultats. Vous pouvez aussi simplement le demander à votre supérieur. *Besoin d'aide supplémentaire ? Reportez-vous à la fiche n° 55 : Bien se connaître.*

☐ **2. Quelquefois, vous ne retenez pas les commentaires qui vous sont faits sur vos lacunes parce que vous n'écoutez pas.** Fermez « votre programme » d'évaluation personnel et prêtez attention à ce que l'on vous dit. *Besoin d'aide supplémentaire ? Reportez-vous à la fiche n° 33 : Savoir écouter.*

☐ **3. Quelquefois, vous écoutez les opinions des autres, mais vous choisissez de ne rien faire pour changer les choses.** *Besoin d'aide supplémentaire ? Reportez-vous aux fiches n° 45 : Savoir apprendre et n° 54 : Être capable d'auto-développement.*

☐ **4. Quelquefois, les gens tentent de vous donner du feed-back pour vous aider, mais vous le contestez.** *Besoin d'aide supplémentaire ? Reportez-vous à la fiche n° 108 : Être sur la défensive.*

☐ **5. Quelquefois, vous avez une bonne idée de ce que vous avez besoin de développer, mais vous manquez de temps.** *Besoin d'aide supplémentaire ? Reportez-vous aux fiches n° 50 : Savoir définir les priorités et n° 62 : Savoir gérer son temps.*

☐ **6. Quelquefois, vous connaissez vos insuffisances, mais vous ignorez comment vous y prendre pour les améliorer.** *Besoin d'aide supplémentaire ? Reportez-vous à la fiche n° 54 : Être capable d'auto-développement.*

☐ **7. Regardez ce que vos collègues, occupant un poste ou ayant un travail similaire au vôtre, ont de plus que vous.** Quelles compétences possèdent-ils que vous n'avez pas encore ? Parlez-en à votre mentor et demandez-lui de vous éclairer sur vos lacunes.

☐ **8. Apprenez à apprendre.** *Besoin d'aide supplémentaire ? Reportez-vous aux fiches n° 32 : Démontrer une grande capacité à apprendre sur le terrain et n° 45 : Savoir apprendre.*

☐ **9. Parfois, les compétences qui vous manquent sont de nature fonctionnelle.** *Besoin d'aide supplémentaire ? Reportez-vous à la fiche n° 24 : Posséder des aptitudes techniques et fonctionnelles.*

☐ **10. Parfois, les compétences qui vous manquent sont de nature technique.** *Besoin d'aide supplémentaire ? Reportez-vous à la fiche n° 24 : Posséder des aptitudes techniques et fonctionnelles et n° 61 : Avoir la capacité de se former aux aspects techniques.*

What is life but the angle of vision? A man is measured by the angle at which he looks at objects.
– Ralph Waldo Emerson

LECTURES CONSEILLÉES

Bell, Arthur H., Ph.D. and Dayle M. Smith, Ph.D. *Motivating Yourself for Achievement.* Upper Saddle River, NJ: Prentice Hall, 2002.

Finkelstein, Sydney. *Why Smart Executives Fail: And What You Can Learn From Their Mistakes.* New York: Portfolio, 2003.

Hawkins, David R. *Power vs. Force: The Hidden Determinants of Human Behavior.* Carson, CA: Hay House, 2002.

Holton, Bill and Cher Holton. *The Manager's Short Course. Thirty-Three Tactics to Upgrade Your Career.* New York: John Wiley & Sons, Inc., 1992.

Klein, Gary A. *Intuition at Work: Why Developing Your Gut Instincts Will Make You Better at What You Do.* New York: Doubleday, 2002.

Linsky, Martin and Ronald A. Heifetz. *Leadership on the Line: Staying Alive Through the Dangers of Leading.* Boston: Harvard Business School Press, 2002.

Lombardo, Michael M. and Robert W. Eichinger. *The Leadership Machine.* Minneapolis, MN: Lominger Limited, Inc., 2004.

Stone, Florence M. and Randi T. Sachs. *The High-Value Manager—Developing the Core Competencies Your Organization Needs.* New York: AMACOM, 1995.

Waldroop, James, Ph.D. and Timothy Butler, Ph.D. *Maximum Success: Changing the 12 Behavior Patterns That Keep You From Getting Ahead.* New York: Doubleday, 2000.

114 Avoir des difficultés dans le domaine de la stratégie

Facteur VIII - S2 : Avoir du mal à obtenir des résultats Groupe Y : Esprit trop étroit **VIII – S2 – Y**

The main thing is to keep the main thing the main thing.
– Stephen Covey

UN PROBLÈME

- ☐ Ne peut pas mettre en place des stratégies efficaces
- ☐ Ne sait pas gérer efficacement les tâches qui demandent une réflexion stratégique
- ☐ Se perd dans les détails tactiques
- ☐ Préfère le tactique au stratégique, le simple au compliqué
- ☐ N'est pas visionnaire
- ☐ Manque de perspective globale

N'EST PAS UN PROBLÈME

- ☐ Peut penser et parler stratégie avec les meilleurs
- ☐ Est intrigué et stimulé par la complexité du futur
- ☐ Aime imaginer plusieurs scénarios alternatifs
- ☐ Voit les choses sous un angle très large
- ☐ Conseille les autres sur les questions stratégiques
- ☐ Est capable de jongler avec toutes sortes d'idées
- ☐ Ne craint pas de se livrer à des spéculations farfelues sur l'avenir
- ☐ Peut connecter plusieurs courants d'information sans relation apparente pour constituer une vision convaincante
- ☐ Sait donner du sens aux choses
- ☐ Conçoit des stratégies originales et gagnantes

QUELQUES CAUSES

- ☐ N'aime pas les situations complexes
- ☐ Ne croit pas que l'on puisse connaître l'avenir
- ☐ Inexpérimenté
- ☐ Manque de perspective
- ☐ Expérience professionnelle peu variée
- ☐ Ne prend pas de risques et n'aime pas l'incertitude
- ☐ Nouveau venu
- ☐ Trop occupé par les tâches d'aujourd'hui
- ☐ Esprit trop étroit
- ☐ Est tourné vers les tactiques d'action

FACTEURS ET GROUPES DU LEADERSHIP ARCHITECT®

Cette compétence se retrouve dans Avoir du mal à obtenir des résultats, facteur (VIII - S2). Cette compétence se retrouve dans Esprit trop étroit, groupe (Y) aux numéros : 113, 115, 116. Vous pouvez également consulter d'autres compétences dans le même facteur ou groupe pour trouver des conseils connexes.

LA CARTE

Beaucoup de gens savent gagner des batailles, mais peu savent gagner des guerres. Il y a plus de gens capables de produire des résultats à court terme que de stratèges visionnaires. Les deux ont un rôle important à jouer, mais il n'y a pas assez de stratèges. Votre organisation risque beaucoup plus d'être dominée stratégiquement que tactiquement. La plupart des organisations maîtrisent très bien les besoins d'aujourd'hui. Elles ne savent souvent pas comment maîtriser les compétences de demain. Chaque gestionnaire se doit d'être un stratège. Plus vous gravirez les échelons, plus cela deviendra nécessaire.

QUELQUES SOLUTIONS

☐ **1. Parlez le langage de la stratégie.** Il nous arrive parfois de rencontrer des personnes capables de penser en terme de stratégie, mais cette aptitude n'apparaît pas de façon évidente parce qu'elles ne savent pas ou refusent d'utiliser une terminologie qu'elles considèrent comme un jargon à la mode. La stratégie est un domaine émergent. Il y a toujours eu un certain nombre de gourous en vogue (présentement : Michael Porter, Ram Charan, C.K. Prahalad, Gary Hamel, Fred Weirsema et Vijay Govindarajan), qui ont créé environ 75 nouvelles expressions ou concepts pour décrire la pensée stratégique (disciplines des valeurs, intention stratégique, migration des valeurs, co-évolution, oligarchies de marché, compétences essentielles, horizon stratégique). Si vous n'utilisez pas ces termes, personne ne pourra savoir que vous êtes un fin stratège. On retrouvera bien sûr ces mots sous la plume des gourous, dans la revue *Harvard Business Review.* Il est vrai que la plupart de ces expressions utilisent des grands mots pour décrire ce que nous citions auparavant en termes plus simples. Néanmoins, si vous voulez qu'on vous perçoive comme un stratège, vous devez utiliser la terminologie en cours. Chaque discipline a sa propre terminologie et si l'on veut adhérer à cette discipline, il faut en utiliser les codes.

☐ **2. Vous rejetez toute stratégie ?** Il y a des personnes qui considèrent toute idée de stratégie comme une sottise. Elles n'ont jamais vu un plan quinquennal se réaliser tel que prévu. Elles pensent que le temps passé à créer et à présenter des plans stratégiques est du temps perdu. Elles pensent que c'est un non-sens. que cela ne vaut rien. Il est vrai que les plans se déroulent rarement comme prévu, mais ce ne sont pas pour autant des efforts inutiles. Ces plans définissent des choix de ressources et de moyens. Ils mènent à des décisions concernant les ressources humaines et à différentes prévisions financières. Sans un plan stratégique, certaines actions seraient des coups d'épée dans l'eau. De nombreuses entreprises ont ainsi creusé leur tombe. Elles ont pris une mauvaise direction ou trop de directions différentes. De nos jours, le problème n'est généralement pas directement relié au fait de produire un service ou un produit de qualité.

☐ **3. Êtes-vous d'un tempérament curieux ?** Les responsables sont tellement obnubilés par leurs problèmes actuels qu'ils ne se préoccupent guère des problèmes du lendemain. Ils s'intéressent peu au futur. « Il ne peut y avoir d'avenir si on ne réussit pas aujourd'hui, » pensent certains. Devenir bon stratège et visionnaire demande de la curiosité et de l'imagination. Il faut jouer avec les « Qu'arriverait-il si... ? ». S'il y avait de la vie sur les autres planètes et que l'on réceptionne un premier message ? Qu'est-ce que cela changerait ? Vont-ils avoir besoin de nos produits ? Qu'arrivera-t-il lorsqu'un fort pourcentage de la population dépassera l'âge de 65 ans ? Et si l'on guérit le cancer ? Et les maladies cardiaques ? L'obésité ? Si le gouvernement s'avisait de réglementer sévèrement certains de nos marchés ? Dans la vie, il y a bien des choses sur lesquelles personne n'a de réponse, mais en contrepartie, les bons stratèges – eux – savent très bien poser les questions. Efforcez-vous de développer des pôles d'intérêt hors de votre spécialité. Abonnez-vous à divers magazines, regardez d'autres émissions, rencontrez des personnes différentes, adhérez à une autre organisation. Soulevez quelques « rochers » pour regarder dessous.

☐ **4. Votre vision est-elle restreinte et trop limitée ?** Certains sont très concentrés sur leur travail et le font très bien. Ils se préparent à une carrière simple mais satisfaisante. Puis, quelqu'un leur annonce que leur emploi a changé et qu'ils doivent penser davantage en terme de stratégie. Cela demande une vision plus large. Au-delà de la maîtrise de son domaine professionnel, il faut avoir des connaissances dans d'autres disciplines. Vous devez comprendre le monde des affaires. *Besoin d'aide supplémentaire ? Reportez-vous à la fiche n° 5 : Avoir le sens des affaires.* Vous devez comprendre les marchés. *Besoin d'aide supplémentaire ? Reportez-vous à la fiche n° 15 : Être orienté vers le client.* Vous devez savoir comment le monde fonctionne. *Besoin d'aide supplémentaire ? Reportez-vous à la fiche n° 46 : Faire preuve de perspective.* Vous devez rassembler ces connaissances et réfléchir à ce qu'elles impliquent pour votre entreprise. *Besoin d'aide supplémentaire ? Reportez-vous aux fiches n° 32 : Démontrer une grande capacité à apprendre sur le terrain et n° 51 : Maîtriser la résolution de problèmes.* Vous devez ensuite créer une stratégie. *Besoin d'aide supplémentaire ? Reportez-vous à la fiche n° 58 : Faire preuve de qualités stratégiques.*

☐ **5. Trop occupé ?** La stratégie vient toujours en dernier sur la liste. La priorité est généralement donnée à l'obligation de résoudre les nombreux problèmes quotidiens qui se posent. Gardez-vous du temps pour établir une bonne stratégie ; elle vous le rendra bien en vous permettant de faire des choix clairs pour l'avenir et en réduisant le gaspillage d'efforts, mais elle réclame aussi du temps dans l'immédiat. La délégation en est la clé principale. Distribuez autant de tâches quotidiennes que vous le pouvez. Consultez vos collaborateurs pour savoir comment ils peuvent vous libérer et consacrez ainsi plus de temps à la réflexion. *Besoin d'aide supplémentaire ? Reportez-vous à la fiche n° 18 : Savoir déléguer.* Une autre clé réside dans une meilleure gestion de votre temps. Programmez-vous une heure par semaine et à longueur d'année, pour vous consacrer à des lectures et à des réflexions sur la stratégie. N'attendez pas la dernière semaine avant la remise du plan stratégique. *Besoin d'aide supplémentaire ? Reportez-vous à la fiche n° 62 : Savoir gérer son temps.* Tenez un registre des idées qui vous viennent des autres ou que vous trouvez dans des revues. Prêtez attention à la façon dont ces éléments agissent sur votre organisation ou fonction.

☐ **6. Évitez les risques ?** Faire une planification stratégique est certainement l'exercice le plus aléatoire pour les managers. Cela revient à spéculer sur de l'imprévu à court terme. Cela demande de se projeter dans des lendemains incertains, d'assumer l'inconnu. Les spécialistes de l'esquive n'aiment pas devoir présenter des théories qu'ils ne peuvent étayer de preuves tangibles, car la plupart de ces théories peuvent être mises en cause et contestées. En fait, il n'existe pas de moyens évidents d'imposer une stratégie plutôt qu'une autre, car cela revient à opposer des estimations subjectives. *Besoin d'aide supplémentaire ? Reportez-vous aux fiches n° 2 : Faire face à l'ambiguïté.*

☐ **7. Partisan de la simplicité ?** En apparence, la finalité d'une stratégie paraît simple. Il suffit de présenter une série d'objectifs avec les tactiques et les décisions afférentes. Parvenir à cette finalité est loin d'être aussi simple. Les bons stratèges aiment la complexité, ils exagèrent tout à l'extrême avant de revenir à l'essentiel. Les simplificateurs sont impatients de finaliser, ils sont axés sur les résultats et veulent conclure sans que le processus stratégique ait été suivi. Avant de prendre la décision d'agir, soyez plus tolérant envers les recherches et les débats que suscite la mise en place d'une stratégie.

☐ **8. Comment acquérir le sens de la stratégie ?** Le problème se résout aisément si l'apprenti stratège veut apprendre. Il s'agit d'un domaine assez bien documenté. Lisez les gourous (Michael Porter, Ram Charan, C.K. Prahalad, Gary Hamel, Fred Weirsema et Vijay Govindarajan). Feuilletez régulièrement des périodiques d'information. Si vous résidez en Amérique du Nord lisez les trois à cinq cas de stratégie publiés dans *Business Week* chaque semaine. Suivez une des formations intensives de trois jours sur la stratégie, données par une des autorités en la matière. Obtenez qu'une personne du service « stratégie » de votre entreprise vous aide. Écoutez les émissions spécialisées où des cadres supérieurs discutent de leurs affaires. Portez-vous volontaire pour un projet spécial sur une question stratégique.

☐ **9. Vous n'arrivez pas à penser stratégiquement ?** La stratégie consiste à relier plusieurs variables pour en dégager les scénarios les plus probables. Pensez-y en terme de recherche de points comparables pertinents et pensez à leurs applications possibles au niveau de votre organisation. Il s'agit de projeter différentes variables à la fois pour voir comment elles vont interagir. Ces projections sont courantes pour les études de marché, les échanges internationaux, les mouvements monétaires et les interventions gouvernementales. Elles comportent beaucoup d'incertitudes, il faut poser des hypothèses de risque et comprendre comment les choses interagissent. Combien de causes peuvent expliquer la chute des ventes ? Leur augmentation ? Comment sont reliées la publicité et les ventes ? Si notre argent vaut moins cher en Asie, quel effet cela aura-t-il sur nos produits au Japon ? Si la population mondiale devient plus âgée et a plus d'argent, que deviendront les habitudes d'achat ? Tous n'apprécient pas cette façon de construire des « châteaux en Espagne » et rares sont ceux qui possèdent cette capacité à le faire. *Besoin d'aide supplémentaire ? Reportez-vous aux fiches n° 32 : Démontrer une grande capacité à apprendre sur le terrain, n° 46 : Faire preuve de perspective et n° 51 : Maîtriser la résolution de problèmes.*

☐ **10. Vous ne voulez pas devenir stratège ?** Certains n'ont pas envie de déployer tous les efforts requis pour apprendre à devenir un stratège. Ils aiment simplement leur travail et ne veulent pas, pour autant, devoir assumer des responsabilités dans ce domaine. Alors, engagez un expert en stratégie qui viendra, chaque année, s'asseoir avec vous pour monter un plan stratégique. Anderson Consulting. The Boston Consulting Group. McKinsey. Booz Allen. et beaucoup d'autres. Ou encore, déléguez la stratégie à une ou deux personnes de votre groupe qui présentent des aptitudes en la matière. Demandez l'aide du groupe de stratégie de votre entreprise. Vous n'avez pas à être expert en tout pour être un bon manager. Vous aimez votre petit nid douillet ? Certaines personnes se contentent aisément d'un champ étroit de responsabilités. Elles n'ont nulle envie de devenir des stratèges, elles veulent juste pouvoir faire leur travail tranquillement. Elles veulent exceller dans leur domaine et grimper aussi haut que possible. C'est bien. Il ne faut pas accepter de position qui exige d'avoir le sens de la stratégie.

You can never plan the future by the past.
– Edmund Burke

114

LECTURES CONSEILLÉES

Bandrowski, James F. *Corporate Imagination Plus—Five Steps to Translating Innovative Strategies Into Action*. New York: The Free Press, 2000.

Brown, Steve et al. *Strategic Operations Management*. Boston: Butterworth-Heinemann, 2000.

Charan, Ram and Noel M. Tichy. *Every Business Is a Growth Business: How Your Company Can Prosper Year After Year.* New York: Times Business, 1998.

Collins, James C. *Good to Great: Why Some Companies Make the Leap...And Others Don't.* New York: HarperCollins, 2001.

Courtney, Hugh. *20/20 Foresight: Crafting Strategy in an Uncertain World.* Boston: Harvard Business School Press, 2001.

Cusumano, Michael A. and Constaninos C. Markides. *Strategic Thinking for the Next Economy.* New York: John Wiley & Sons, Inc., 2001.

Drucker, Peter Ferdinand. *Management Challenges for the 21st Century.* New York: HarperBusiness, 2001.

Dudik, Evan Matthew. *Strategic Renaissance: New Thinking and Innovative Tools to Create Great Corporate Strategies Using Insights From History and Science.* New York: AMACOM, 2000.

Fine, Charles H. *Clock Speed—Winning Industry Control in the Age of Temporary Advantage.* Cambridge, MA: Perseus Publishing, 1998.

Freedman, Mike and Benjamin B. Tregoe. *The Art and Discipline of Strategic Leadership.* New York: McGraw-Hill, Inc., 2003.

The Futurist Magazine. http://www.wfs.org

Hamel, Gary. *Leading the Revolution.* Boston: Harvard Business School Press, 2002.

Hamel, Gary and C.K. Prahalad. *Competing for the Future.* Boston: Harvard Business School Press, 1994.

Harvard Business Review. Phone: 800-988-0886 (US and Canada). Fax: 617-496-1029. Mail: Harvard Business Review. Subscriber Services, P.O. Box 52623. Boulder, CO 80322-2623 USA. http://www.hbsp.harvard.edu/products/hbr

Kaplan, Robert S. and David P. Norton. *The Strategy-Focused Organization: How Balanced Scorecard Companies Thrive in the New Business Environment.* Boston: Harvard Business School Press, 2000.

Krames, Jeffrey A. *What the Best CEOs Know: 7 Exceptional Leaders and Their Lessons for Transforming Any Business.* New York: McGraw-Hill, Inc., 2003.

Ohmae, Kenichi. *The Mind of the Strategist.* New York: McGraw-Hill, Inc., 1982.

Pietersen, Willie. *Reinventing Strategy: Using Strategic Learning to Create and Sustain Breakthrough Performance.* New York: John Wiley & Sons, Inc., 2002.

Porter, Michael E. *Competitive Strategy: Techniques for Analyzing Industries and Competitors.* New York: The Free Press, 1998.

Porter, Michael E. *On Competition.* Boston: Harvard Business, 1998.

Prahalad, C.K. and Venkat Ramaswamy. *The Future of Competition: Co-Creating Unique Value With Customers.* Boston: Harvard Business School Press, 2004.

Sadler, Philip. *Strategic Management.* London: Kogan Page, 2003.

Sloan Management Review. Cambridge, MA: Industrial Management Review Association at the Alfred P. Sloan School of Management, Massachusetts Institute of Technology. http://mitsloan.mit.edu/smr

Sull, Donald. *Revival of the Fittest: Why Good Companies Go Bad and How Great Managers Remake Them.* Boston: Harvard Business School Press, 2003.

Swinton, Ernest Dunlop. *The Defense of Duffer's Drift.* Washington, DC: U.S. Marine Corps,1996.

Tapscott, Don and David Ticoll. *The Naked Corporation: How the Age of Transparency Will Revolutionize Business.* New York: The Free Press, 2003.

Welborn, Ralph and Vince Kasten. *The Jericho Principle: How Companies Use Strategic Collaboration to Find New Sources of Value.* New York: John Wiley & Sons, Inc., 2003.

115 ÊTRE TROP DÉPENDANT D'UN SUPÉRIEUR

Facteur VIII - S2 : Avoir du mal à obtenir des résultats Groupe Y : Esprit trop étroit **VIII – S2 – Y**

Success rests with having the courage and endurance and, above all, the will to become the person you are, however peculiar that may be. Then you will be able to say, "I have found my hero and he is me."
– Dr. George Sheehan

UN PROBLÈME

- ☐ Travaille depuis trop longtemps avec le même supérieur/patron/conseiller
- ☐ N'est pas perçu comme étant autonome
- ☐ On se pose des questions sur sa capacité à assumer sans aide de lourdes responsabilités ou à gérer des situations difficiles
- ☐ Peut se retrouver fragilisé si la personne dont il dépend ne lui accorde plus son appui, connaît elle-même des difficultés ou quitte l'entreprise

N'EST PAS UN PROBLÈME

- ☐ S'est fait, en grande partie, par lui-même
- ☐ De nombreuses personnes le soutiennent et le défendent
- ☐ Sa capacité d'autonomie est incontestable
- ☐ Est indépendant et plein de ressources
- ☐ Ne se sert pas de l'influence de dirigeants haut placés pour faire avancer les choses
- ☐ A eu beaucoup de fonctions et de responsabilités diverses ; n'est pas resté attaché longtemps à un seul « patron »
- ☐ Est resté dans l'organisation malgré le départ d'un ou deux spécialistes

QUELQUES CAUSES

- ☐ Dépendant
- ☐ N'obtient pas de résultats par lui-même
- ☐ Est devenu paresseux
- ☐ Expérience de travail limitée
- ☐ Pas assez dur
- ☐ Trop loyal

FACTEURS ET GROUPES DU LEADERSHIP ARCHITECT®

Cette compétence se retrouve dans Avoir du mal à obtenir des résultats, facteur (VIII - S2). Cette compétence se retrouve dans Esprit trop étroit, groupe (Y) aux numéros : 113, 114, 116. Vous pouvez également consulter d'autres compétences dans le même facteur ou groupe pour trouver des conseils connexes.

LA CARTE

Les études sur le succès des gestionnaires indiquent que ceux qui ont le mieux réussi n'avaient pas seulement qu'un seul conseiller ou défenseur tout au long de leur carrière. Ils en avaient plutôt plusieurs. Les femmes sont plus susceptibles d'avoir eu un seul conseiller à cause de leur rôle de pionnière dans leur domaine. Il leur en fallait un pour faire partie du « Club ». Tout ceci a un bon et un mauvais côté. Le fait d'avoir un conseiller est un excellent moyen de s'intégrer à une organisation, d'être au courant de l'information de dernière minute et de bénéficier de divers avantages : promotions, tâches intéressantes, invitations à des manifestations, etc. Mais disposer d'un conseiller trop présent risque également de constituer un handicap sérieux à long terme. Les gens pourraient se demander si vous êtes capable de vous en sortir tout seul ; pouvez-vous réussir sans votre conseiller ? Dans quelle mesure votre succès est-il dû à de simples aubaines ? Que vous arriverait-il si votre défenseur/conseiller partait ou n'était plus bien vu ?

QUELQUES SOLUTIONS

☐ **1. Tomber dans le piège de la dépendance vis-à-vis d'une personne commence de façon assez anodine.** Deux personnes se trouvent mutuellement sympathiques. Elles se respectent et un lien se tisse entre elles. L'une aide l'autre à percer. Cette dernière travaille dur pour remercier son mentor. Le mentor est promu et elle le suit. Vous refusez d'autres occasions pour demeurer avec cette personne positive et encourageante. Celle-ci ne vous propose pas pour d'autres postes car elle apprécie réellement vos capacités. Et puis, c'est si commode de travailler l'un pour l'autre. Chacun s'installe dans une routine et dans une zone de confort. Mais une question fondamentale se pose : quand cette situation doit-elle changer ? Ce peut être quand les autres commencent à se demander si vous êtes capable, seul, d'être performant. Ce peut être aussi quand votre mentor/défenseur refuse des ouvertures pour vous, qu'il vous « conserve » pour son propre confort. Ce peut être enfin quand vous n'apprenez plus rien de neuf et que vous n'avez plus à vous forcer pour satisfaire votre guide. C'est le signe évident qu'il est temps de voler de vos propres ailes. Portez-vous volontaire pour un changement de fonction. Demandez à votre mentor de l'aide pour vous faire affecter à un autre poste. Demandez au service des ressources humaines comment vous pouvez vous porter candidat pour d'autres opportunités.

☐ **2. Difficile de changer de fonction ?** Impliquez-vous dans un groupe-projet dans lequel votre mentor n'est pas impliqué. Si le projet visé est d'envergure, qu'il est pluridisciplinaire et offre de bonnes perspectives, c'est une étape de développement des plus classiques dans la carrière des cadres performants. De tels projets permettent de connaître d'autres fonctions, d'autres expertises et de se familiariser avec d'autres nationalités. Ce faisant, vous sortez de votre propre champ d'expérience et découvrez des liens avec un monde plus vaste – comment fonctionnent le commerce international ou, plus près de vous, comment s'imbriquent les éléments qui constituent votre organisation. Votre performance sera perçue comme étant à la fois la vôtre et celle du projet et sans aucun lien avec votre mentor. *Besoin d'aide supplémentaire ? Reportez-vous à la fiche n° 46 : Faire preuve de perspective.*

☐ **3. Exercez-vous à des activités que vous n'avez jamais pratiquées auparavant.** Élargissez votre expérience. Il y a certainement dans votre service des choses à initier ou à régler, des problèmes à résoudre, etc. Portez-vous volontaire pour trois tâches que vous n'avez jamais accomplies. Par exemple, si vous n'êtes pas familier avec les clients, travaillez dans un magasin ou au service des réclamations. Si vous ne connaissez pas les interventions du service d'ingénierie, allez vous renseigner ; échangez une partie de votre travail avec quelqu'un ; établissez un plan stratégique pour votre secteur. *Besoin d'aide supplémentaire ? Reportez-vous à la fiche n° 54 : Être capable d'auto-développement.*

☐ **4. Découvrez d'autres modèles.** Votre mentor vous a beaucoup appris mais il est temps pour vous d'aller chercher de nouvelles connaissances. Choisissez une personne dans l'organisation qui présente des caractéristiques différentes de celles de votre mentor/défenseur. Observez-la au travail, voyez comment elle accomplit ses fonctions. Cette personne-ressource peut être aussi compétente que votre mentor/défenseur, mais par d'autres aspects. Si vous le pouvez, invitez-la à dîner ou à une rencontre pour discuter de ce qu'elle a appris et de ses succès. Voyez si cette nouvelle personne-ressource est disposée à vous servir temporairement de guide. Tentez d'approcher d'autres mentors potentiels au travail ou à l'extérieur. Dans votre recherche, choisissez ceux qui possèdent une grande diversité de talents.

☐ **5. Travailler de façon plus autonome.** Déterminez le type d'aide que vous apporte votre mentor/défenseur. Comment peut-il vous aider ? Vous aide-t-il à prendre des décisions finales ? Prenez-les par vous-même. Vous aide-t-il à vous procurer des invitations à un événement spécial ? Obtenez-les par vous-même. À vous faire part d'informations intéressantes ? Allez les chercher auprès d'une autre source. À organiser d'importantes présentations ? Impliquez-vous pour les préparer par vous-même. À couvrir vos erreurs ? Réparez-les vous-même. Vous fait-il part de la perception des autres à votre sujet ? Allez rencontrer ces personnes. Pensez à toutes les choses pour lesquelles vous vous fiez à votre mentor/défenseur et commencez à travailler de façon plus indépendante.

☐ **6. Rester soi-même.** À la longue, vous finissez par prendre l'habitude d'agir pour et au nom de votre mentor, lorsqu'il est absent. Vous empruntez son autorité. Vous tombez dans la facilité en prenant l'habitude de dire que « François » préférerait cette façon de faire ou que « François » approuverait ou non telle chose, même si cela vient de vous. Les gens vous font part d'informations parce qu'ils savent qu'elles parviendront à « François ». Ils viennent vous voir avec un projet pour vous demander comment « François » réagirait. Ou ils vous demandent qui est vraiment « François » car ils ont quelques difficultés avec lui. Tous ces comportements découlent naturellement de votre relation privilégiée avec « François » ; à long terme, ils peuvent nuire à votre carrière. Utilisez votre nom et non celui de « François ».

☐ **7. Si vous éprouvez des difficultés à être vous-même à cause de cette longue dépendance, prenez plus de risques.** Défendez des positions qui demandent du courage et qui vous vaudront de l'opposition. Préparez vos ripostes aux questions difficiles, aux attaques et à la contre-argumentation. Ne faites pas appel à votre mentor. Exprimez-vous. Concentrez-vous sur vos forces et utilisez-les. *Besoin d'aide supplémentaire ? Reportez-vous aux fiches n° 34 : Faire preuve de « courage directorial » et n° 57 : Faire preuve d'autonomie.*

☐ **8. Briser les habitudes et la routine.** Avez-vous totalement épousé les façons de travailler de votre mentor ? Abordez-vous chaque situation de la même manière ? Si oui, changez votre approche. Faites quelque chose de complètement différent la prochaine fois. Si vous avez rencontré à son bureau une personne qui vous pose des problèmes, invitez-la à votre bureau la fois suivante. Comparez les situations pour déterminer laquelle est la plus efficace. Découvrez trois façons d'arriver au même résultat. Par exemple, pour faire adopter une décision, vous pouvez, au choix : rencontrer d'abord les gens concernés, ou aller directement vers une personne-clé, ou étudier le problème et le présenter à un groupe, ou demander une session de travail sur ce problème, ou faire appel à un expert de l'extérieur. Soyez prêt à réaliser toutes ces options quand les obstacles surviendront.

☐ **9. Femmes et minorités.** C'est une situation sans issue. Si vous êtes différent, nouveau, inexpérimenté ou membre de quelque minorité que ce soit, vous avez besoin d'un mentor, d'un guide ou d'un défenseur pour passer certaines barrières. C'est la seule façon d'obtenir l'information dont vous avez besoin. C'est la seule voie pour être invité à des rencontres importantes. À moins d'une performance exceptionnelle, ce sera la seule façon d'être considéré pour une promotion. Le « système » consiste à utiliser cette relation avec votre guide suffisamment longtemps pour être à l'aise et « connecté », mais pas assez longtemps pour que l'on se demande si vous auriez pu y arriver seul. Cela signifie généralement qu'il faut savoir vous détacher au moment opportun, c'est-à-dire – avant que vous ne le désiriez, – avant que vous ne soyez trop à l'aise, donc, avant que votre guide ait eu le temps de vous enseigner tout ce que vous avez besoin de savoir, – et avant d'être considéré comme étant trop dépendant de votre mentor/défenseur. Commencez à l'avance à chercher plusieurs modèles, plusieurs défenseurs. Assurez-vous qu'au minimum cinq de ces personnages-clés sachent qui vous êtes et connaissent vos compétences.

☐ **10. Savoir se dire au revoir.** Que faire lorsque votre protecteur trébuche, tombe, échoue ou s'en va ? Souvent cette personne vous demandera de la suivre dans une nouvelle organisation. Pensez-y avec beaucoup de circonspection. On a souvent vu des collaborateurs suivre leur manager d'entreprise en entreprise. Vous serez un étranger. Votre carrière sera intimement liée à celle de la personne que vous accompagnez. Le même insuccès peut survenir dans cette nouvelle organisation et parfois même plus rapidement. Si votre mentor demeure au sein de l'organisation, garantissez-lui votre appui, sans vous mêler de ses problèmes. Ce ne sont pas les vôtres. Ne le défendez pas, car cela rejaillirait sur vous. Une autre situation courante est que vous changiez de poste à l'intérieur de votre organisation. Certains mentors acceptent mal que vous établissiez avec succès votre propre marque sans leur aide. Ils peuvent dire ou penser qu'ils vous ont hissé au sommet grâce à leurs conseils. Que vous n'avez pas besoin de changer d'emploi, de travailler pour quelqu'un d'autre. Rappelez-vous que ces relations exceptionnelles impliquent des avantages réciproques. Vous apportez des choses vous aussi. Vous libérer n'implique pas de rejeter ou de sous-estimer votre guide, c'est aussi l'aboutissement et la réussite de son rôle de mentor. Vous êtes maintenant pleinement prêt à voler de vos propres ailes. Sachez l'apprécier. Et partez vers de nouveaux horizons.

A simple and independent mind does
not toil at the bidding of any prince.
– Henry David Thoreau

115

LECTURES CONSEILLÉES

Barner, Robert. *Lifeboat Strategies: How to Keep Your Career Above Water During Tough Times—Or Any Time.* New York: American Management Association, 1994.

Bell, Chip R. *Managers As Mentors—Building Partnerships for Learning.* San Francisco: Berrett-Koehler Publishers, Inc., 2002.

Bennis, Warren G. and Burt Nanus. *Leaders: Strategies for Taking Charge*. New York: HarperBusiness, 2003.

Chaleff, Ira. *The Courageous Follower: Standing Up to and for Our Leaders*. San Francisco: Berrett-Koehler Publishers, Inc., 2003.

Champy, James and Nitin Nohria. *The Arc of Ambition*. Cambridge, MA: Perseus Publishing, 2000.

Fuller, George T. *The Workplace Survival Guide: Tools, Tips and Techniques for Succeeding on the Job.* Englewood Cliffs, NJ: Prentice Hall, 1996.

Hendricks, William et al. *Coaching, Mentoring, and Managing.* Franklin Lakes, NJ: Career Press, 1996.

Hughes, Marylou. *Keeping Your Job While Your Bosses Are Losing Theirs.* Binghamton, New York: William Neil Publishing, 1998.

Kouzes, James M. and Barry Z. Posner. *The Leadership Challenge*. San Francisco: Jossey-Bass, Inc., 2003.

Linsky, Martin and Ronald A. Heifetz. *Leadership on the Line: Staying Alive Through the Dangers of Leading.* Boston: Harvard Business School Press, 2002.

Stern, Paul G. and Tom Schactman. *Straight to the Top: Beyond Loyalty, Gamesmanship, Mentors, and Other Corporate Myths.* New York: Warner Books, 1990.

Thornton, Paul B. *Be the Leader, Make the Difference.* Irvine, CA: Griffin Trade Paperback, 2002.

116 ÊTRE TROP DÉPENDANT D'UN ATOUT PRÉDOMINANT

CONNOISSEUR, n. A specialist who knows everything about something and nothing about anything else.
– Ambrose Bierce, U.S. journalist, short-story writer

UN PROBLÈME

- ☐ A tendance à trop miser sur un seul atout pour réussir son parcours professionnel
- ☐ Se sert constamment des mêmes point de force, fonction ou expertise technique pour avancer et progresser
- ☐ Possède la conviction qu'il peut parvenir aux plus hauts échelons en se basant uniquement sur cette force

N'EST PAS UN PROBLÈME

- ☐ A une expérience professionnelle riche et variée
- ☐ A eu beaucoup de fonctions et de responsabilités diverses
- ☐ Utilise plusieurs compétences différentes dans l'exécution de son travail
- ☐ A pu expérimenter plusieurs fonctions différentes
- ☐ A travaillé au sein de différents services
- ☐ Cherche en permanence à apprendre
- ☐ S'efforce d'acquérir de nouvelles compétences

QUELQUES CAUSES

- ☐ Ne pense qu'à la retraite
- ☐ Inexpérimenté
- ☐ Paresseux
- ☐ Se complaît dans les exploits du passé
- ☐ Vision étroite
- ☐ Ne s'intéresse pas à élargir ses horizons ni à se développer
- ☐ Trop confortable

FACTEURS ET GROUPES DU LEADERSHIP ARCHITECT®

Cette compétence se retrouve dans Avoir du mal à obtenir des résultats, facteur (VIII - S2). Cette compétence se retrouve dans Esprit trop étroit, groupe (Y) aux numéros : 113, 114, 115. Vous pouvez également consulter d'autres compétences dans le même facteur ou groupe pour trouver des conseils connexes.

LA CARTE

Nous sommes des créatures attachées à notre zone de confort. Nous aimons bâtir des nids. Nous préférons les lieux sûrs et douillets. En général, nous n'aimons pas prendre de risques ni nous aventurer en territoire inconnu. C'est pour ces raisons que nous optons pour ce que nous pensons être un choix de carrière sans risque qui consiste à se contenter d'apprendre et de perfectionner un seul domaine. Au début de notre carrière, une telle démarche nous assure des augmentations de salaires et des promotions de carrière. Nous dépassons des gens qui ne sont pas aussi qualifiés que nous. Nous misons tout sur une compétence, une technologie, un secteur d'activité, une fonction ou un talent (la vente par exemple). Le problème est que cela ne suffit pas. Tout change. Pour être cadre supérieur et réussir sa carrière, il faut élargir et diversifier son éventail de compétences. Avec le temps, si vous réussissez, vous devrez par la force des choses gérer de nouvelles fonctions ou activités ou collaborer étroitement avec elles. Une compétence unique ne suffit pas.

QUELQUES SOLUTIONS

☐ **1. Réfléchissez bien à propos de votre prochain changement de poste.** Cette fois, insistez auprès de votre patron, de votre service ou de votre organisation afin d'obtenir des fonctions différentes. Cela peut être dans une autre région, le même travail mais dans un autre secteur, la même activité mais avec d'autres responsabilités, ou alors un emploi complètement différent. Dans certains cas, si vous êtes demeuré trop longtemps dans le même poste, vous serez peut-être amené à occuper un poste de même niveau que le précédent, mais dans un autre secteur, sans promotion verticale ; vous pourriez même être dans un poste de niveau moins élevé, donc régresser dans un premier temps, afin de pouvoir emprunter de nouvelles voies.

☐ **2. Impliquez-vous dans des projets spéciaux ou avec des groupes d'étude hors de votre secteur d'activité.**

☐ **3. Assistez à des réunions dans des secteurs différents du vôtre.**

☐ **4. Complétez vos lectures sur votre spécialité par une plus large sélection de journaux et de revues.**

☐ **5. Suivez un séminaire ou un atelier traitant d'autres disciplines, uniquement pour votre agrément.**

☐ **6. Éloignez-vous davantage lors de vos vacances.** Sortez des sentiers battus et explorez de nouveaux endroits. Si vous le pouvez, allez passer vos vacances à l'extérieur du pays.

☐ **7. Trouvez une personne aussi spécialisée que vous qui cherche, elle aussi, à élargir ses horizons et instruisez-vous mutuellement dans vos spécialités.** Formez un petit groupe dont chaque participant acceptera de présenter une nouvelle technologie ou un nouveau thème professionnel par mois. Enseigner quelque chose de nouveau est une des meilleures façons d'apprendre.

☐ **8. Observez des personnes de votre discipline occupant des postes à un échelon plus élevé que vous.** Sont-elles aussi spécialisées que vous ? Est-ce que cette spécialisation leur pose les mêmes problèmes qu'à vous ? Lisez Career Mastery de Harry Levinson. *Besoin d'aide supplémentaire ? Reportez-vous aux fiches n° 6 : Avoir de l'ambition et n° 54 : Être capable d'auto-développement.*

☐ **9. Trouvez quelques experts dans le domaine qui vous intéresse.** Interrogez-les ; découvrez ce qu'ils pensent de leur discipline. Parlez-leur d'un problème spécifique de leur activité et demandez-leur comment ils le résolvent. Quels sont les cinq éléments-clés qu'ils recherchent ?

☐ **10. Choisissez trois personnes très largement qualifiées.** Demandez-leur comment elles en sont arrivées à ce niveau de compétence. Quelles expériences de travail ont-elles vécues ? Que lisent-elles ? Quels programmes de télé regardent-elles ? De qui préfèrent-elles apprendre ?

Specialists are people who always repeat the same mistakes.
– Walter Gropius, German architect

LECTURES CONSEILLÉES

Champy, James and Nitin Nohria. *The Arc of Ambition.* Cambridge, MA: Perseus Publishing, 2000.

Drucker, Peter F. *The Effective Executive.* New York: HarperBusiness, 2002.

Klein, Gary A. *Intuition at Work: Why Developing Your Gut Instincts Will Make You Better at What You Do.* New York: Doubleday, 2002.

Kummerow, Jean M. *New Directions in Career Planning and the Workplace: Practical Strategies for Career Management Professionals.* Palo Alto, CA: Davies-Black Publishing, 2000.

Linsky, Martin and Ronald A. Heifetz. *Leadership on the Line: Staying Alive Through the Dangers of Leading.* Boston: Harvard Business School Press, 2002.

Lombardo, Michael M. and Robert W. Eichinger. *The Leadership Machine.* Minneapolis, MN: Lominger Limited, Inc., 2004.

McCall, Morgan W., Michael M. Lombardo and Ann M. Morrison. *The Lessons of Experience*. Lexington, MA: Lexington Books, 1988.

Morrison, Ann M., Randall P. White, Ellen Van Velsor and the Center for Creative Leadership. *Breaking the Glass Ceiling: Can Women Reach the Top of America's Largest Corporations?* Reading, MA: Addison-Wesley Publishing Company, 1992.

Stern, Paul G. and Tom Schactman. *Straight to the Top: Beyond Loyalty, Gamesmanship, Mentors, and Other Corporate Myths.* New York: Warner Books, 1990.

117 AVOIR UN STYLE DE MANAGEMENT TROP DIRECTIF

Facteur VII - S1 : Avoir du mal à s'entendre avec les autres Groupe X : N'inspire pas et ne forge pas les talents **VII – S1 – X**

Nothing is impossible for the man who
doesn't have to do it himself.
– A.H. Weiler

UN PROBLÈME

- ☐ Veut tout contrôler et se mêle de tout
- ☐ Ne responsabilise pas ses collaborateurs
- ☐ Ne sait pas tirer le meilleur parti du talent des autres
- ☐ Ne sait pas développer le potentiel de ses collaborateurs directs
- ☐ A tendance à en faire trop lui-même
- ☐ Ne sait pas déléguer

N'EST PAS UN PROBLÈME

- ☐ Sait déléguer et responsabiliser
- ☐ Laisse ses collaborateurs finir le travail qui leur a été confié
- ☐ Ne contrôle qu'occasionnellement sauf si un problème se pose
- ☐ Délègue suffisamment de pouvoirs à ses collaborateurs pour qu'ils puissent prendre leurs propres décisions
- ☐ Laisse les autres apporter leur contribution sur la façon de réaliser le travail
- ☐ Cherche à en faire moins lui-même et fait davantage confiance aux autres
- ☐ N'intervient généralement qu'en cas de besoin ou s'il est sollicité

QUELQUES CAUSES

- ☐ Considère le personnel inadéquat
- ☐ Excessivement orienté vers l'action
- ☐ Impatient
- ☐ N'aime pas faire confiance aux autres
- ☐ Pense qu'il sait tout au sujet du travail
- ☐ Perfectionniste
- ☐ Contrôle de manière excessive

FACTEURS ET GROUPES DU LEADERSHIP ARCHITECT®

Cette compétence se retrouve dans Avoir du mal à s'entendre avec les autres, facteur (VII - S1). Cette compétence se retrouve dans N'inspire pas et ne forge pas les talents, groupe (X) aux numéros : 110, 111. Vous pouvez également consulter d'autres compétences dans le même facteur ou groupe pour trouver des conseils connexes.

LA CARTE

Nous préférons en général compter sur nous-mêmes pour accomplir un travail important. Il est probablement moins fréquent de se sentir à l'aise lorsqu'il s'agit de déléguer à d'autres ou de les responsabiliser. Administrer à l'excès, adopter un style d'encadrement trop autoritaire, signifie que vous ne pensez pas que les membres de votre équipe soient capables de travailler selon les normes et dans les délais impartis. Vous croyez peut-être que vos collaborateurs n'ont ni la compétence ni la motivation requises. Toutes choses dont vous êtes responsable. Le dilemme, c'est que plus vous passez de temps à diriger et à rediriger, moins vous en avez pour faire votre travail et moins vos employés auront l'occasion de s'améliorer.

QUELQUES SOLUTIONS

☐ **1. Si vous êtes trop autoritaire parce que vous êtes convaincu que vos collaborateurs ne sont pas à la hauteur des tâches que vous leur avez assignées,** consultez les fiches *n° 25 : Savoir recruter et bien s'entourer et n° 56 : Savoir juger les autres,* pour améliorer votre sélection de personnel. Voyez la fiche *n° 13 : Faire face aux problèmes de performance de ses collaborateurs directs,* pour vous guider dans les décisions et les actions difficiles et la fiche *n° 19 : Développer les compétences de ses collaborateurs directs et des autres* pour améliorer le niveau de performance de votre équipe. Tout manager d'une équipe marginale doit surdiriger pour survivre, mais ceci est une très mauvaise stratégie à long terme.

☐ **2. Si vous êtes trop autoritaire parce que :** soit vous manquez de temps pour expliquer le travail à votre personnel, soit vous préférez le faire vous-même, soit encore vous le déléguez pour ensuite le contrôler au maximum, consultez les fiches *n° 18 : Savoir déléguer, n° 27 : Savoir informer et n° 62 : Savoir gérer son temps.* Ceux qui communiquent mal avec les autres finissent toujours par consacrer plus de temps au management des personnes.

117

☐ **3. Laissez votre équipe vous aider.** Envoyez un mémo de temps en temps pour demander aux membres de votre équipe s'il y a des tâches que vous faites ou que vous contrôlez de près et dont ils pourraient vous décharger. Choisissez une ou deux responsabilités par personne et déléguez-leur l'autorité pour opérer par elles-mêmes. Assurez-vous qu'elles ont toute l'information requise et les appuis nécessaires pour travailler correctement. Expliquez vos exigences – à quoi devrait ressembler le résultat, les éléments-clés dont il faut tenir compte –, puis demandez-leur de quelle façon elles comptent procéder.

☐ **4. Si vous êtes impatient et que vous avez tendance à vérifier trop souvent le travail de vos collaborateurs,** établissez avec eux un calendrier comportant des moments ou des étapes précises pour les vérifications. Laissez-les choisir un calendrier qui leur convienne. Souvenez-vous des patrons qui vous motivaient le plus. Ils vous laissaient sans doute beaucoup de champ libre et vous encourageaient à tenter de nouvelles actions. Ils savaient probablement bien vous conseiller et vous félicitaient pour vos réussites. Faites-en autant avec votre équipe. *Besoin d'aide supplémentaire ? Reportez-vous à la fiche n° 41 : Être patient.*

☐ **5. Vous êtes du genre perfectionniste ?** Vous voulez que tout soit conforme à vos plans ? Avez-vous des attentes irréalistes vis-à-vis des autres ? On a fait de vous un leader parce que vous êtes probablement plus apte à faire le travail que la plupart des autres membres de votre équipe. Prenez soin d'établir des buts et des objectifs d'une manière réaliste et motivante. *Besoin d'aide supplémentaire ? Reportez-vous à la fiche n° 35 : Savoir gérer et établir des indicateurs de performance.*

☐ **6. Vous déléguez mais vous conservez pour vous le pouvoir et l'autorité pour accomplir ce travail ?** Cette façon de faire, sans donner l'autorité nécessaire à la prise de décision, est démotivante. Les gens se développent mieux s'ils ont une chance de décider eux-mêmes de leurs succès ou de leurs échecs. *Besoin d'aide supplémentaire ? Reportez-vous à la fiche n° 18 : Savoir déléguer.*

☐ **7. Parmi vos savoir-faire, quels sont ceux que vous pourriez transmettre aux autres ?** Demandez-vous en quoi cela peut être un atout pour vous. Quelles sont les premières notions à enseigner pour donner les clés d'une meilleure compréhension ? Observez soigneusement les réactions de vos collaborateurs pendant que vous les guidez ou que vous les aidez. Qu'est-ce qui « fonctionne » ou, au contraire, n'accroche pas ? N'hésitez pas à communiquer des renseignements qui, même s'ils ne sont pas utiles dans le cadre professionnel, les intéresseront et leur donneront l'impression qu'on leur accorde de l'importance.

☐ **8. Vous sentez-vous coupable en déléguant un travail difficile ?** Vous gardez-vous des tâches parce que vous craignez de donner trop de travail à vos collaborateurs ? Ils auraient dû travailler tard ou venir au bureau le week-end pour terminer ? La plupart des gens aiment être occupés et actifs. Si vous pensez que leur charge est trop lourde, posez-leur d'abord la question. *Besoin d'aide supplémentaire ? Reportez-vous à la fiche n° 36 Savoir motiver.*

☐ **9. Les choses se passent-elles mieux quand vous êtes présent plutôt qu'en voyage, en réunion ou en vacances ?** Elles devraient se dérouler de la même façon. Vous devez avoir informé et délégué de manière à ce que le travail s'accomplisse sans indications supplémentaires de votre part. *Besoin d'aide supplémentaire ? Reportez-vous à la fiche n° 59 : Savoir gérer en utilisant le système.* Il se pourrait aussi que vous soyez un manager du style « un à la fois » et « face à face ». Vous préférez vous concentrer sur une tâche et une personne à la fois. Ce qui signifie qu'il y a absence d'esprit d'équipe, de but commun, de façon de penser commune. Votre absence laisse les membres de votre équipe livrés à eux-mêmes, sans « fil conducteur » à suivre et incapables de s'entraider. *Besoin d'aide supplémentaire ? Reportez-vous à la fiche n° 60 : Savoir constituer des équipes performantes.*

☐ **10. Ne lisez ceci que si vous vous situez au-dessus de la moyenne pour les conseils précédents et les compétences de référence.** Parfois les bons managers ont tendant aussi à en faire trop. Êtes-vous si compétent et si cultivé que vous écrasez les autres et les rendez dépendants ? Êtes-vous devenu arrogant ? Avez-vous renoncé à transmettre vos connaissances et vos savoir-faire à vos collaborateurs ? Si c'est le cas, essayez de jouer un rôle d'enseignant et consultez les fiches *n° 18 : Savoir déléguer et n° 19 : Développer les compétences de ses collaborateurs directs et des autres.*

It is amazing what you can accomplish if
you do not care who gets the credit.
– Harry S. Truman

LECTURES CONSEILLÉES

Albright, Mary and Clay Carr. *101 Biggest Mistakes Managers Make and How to Avoid Them.* Paramus, NJ: Prentice Hall, 1997.

Belker, Loren B. *The First-Time Manager.* New York: AMACOM, 1997.

Bossidy, Lawrence A. *The Job No CEO Should Delegate.* Boston: Harvard Business School Press, 2002.

Bossidy, Larry, Ram Charan and Charles Burck (Contributor). *Execution: The Discipline of Getting Things Done.* New York: Crown Business Publishing, 2002.

Bovet, David and Joseph Martha. *Value Nets.* New York: John Wiley & Sons, Inc., 2000.

Branham, L. *Keeping the People Who Keep You in Business.* New York: AMACOM, 2001.

Harvard Business Review On Managing People. Boston: Harvard Business School Press, 1999.

Johnson, H. Thomas. *Profit Beyond Measure: Extraordinary Results Through Attention To Work and People.* New York: The Free Press, 2000.

Logan, David, Ph.D. and John King. *The Coaching Revolution: How Visionary Managers Are Using Coaching to Empower People and Unlock Their Full Potential.* Avon, MA: Adams Media Corporation, 2001.

118 AVOIR DES PROBLÈMES DE PERFORMANCE

Facteur VIII - S2 : Avoir du mal à obtenir des résultats Groupe Z : N'obtient pas de résultats **VIII – S2 – Z**

Impossible to be present for the first performance.
Will attend the second—if there is one.
– Winston Churchill's reply to George Bernard Shaw's invitation to attend the opening night of Pygmalion

UN PROBLÈME

- ☐ N'est pas constant dans l'atteinte des objectifs fixés
- ☐ Ne produit aucun résultat dans différentes situations

N'EST PAS UN PROBLÈME

- ☐ Obtient des résultats de façon régulière
- ☐ Atteint toujours les objectifs
- ☐ Sait planifier et fixer les priorités
- ☐ Est organisé et termine le travail dans les délais
- ☐ A obtenu des résultats dans les conditions les plus diverses

QUELQUES CAUSES

- ☐ Ne tient pas toujours ses engagements
- ☐ Inexpérimenté
- ☐ Nouvel employé
- ☐ Pas assez audacieux ni innovateur
- ☐ Fait traîner les choses
- ☐ Se dépêche à la dernière minute

FACTEURS ET GROUPES DU LEADERSHIP ARCHITECT®

Cette compétence se retrouve dans Avoir du mal à obtenir des résultats, facteur (VIII - S2). Cette compétence se retrouve dans N'obtient pas de résultats, groupe (Z) au numéro : 102. Vous pouvez également consulter d'autres compétences dans le même facteur ou groupe pour trouver des conseils connexes.

118

LA CARTE

Les problèmes de performance peuvent avoir plusieurs causes. Vous devez définir ce qui entrave votre chemin avant de pouvoir y remédier. Les circonstances particulières, les gens avec qui vous avez traité ou bien vous-même vous empêchent de produire les résultats escomptés à temps. Les gens finissent par penser que vous ne faites pas assez pour arriver à des résultats.

QUELQUES SOLUTIONS

☐ **1. Sens des priorités ?** Vous n'avez pas une vision claire de vos priorités. Il est bien d'obtenir des résultats, encore faut-il que ce soit sur ce qui est important. Les managers efficaces concentrent la moitié de leur temps sur deux ou trois priorités. Sur quels sujets devriez-vous passer la moitié de votre temps ? Pouvez-vous nommer cinq sujets moins critiques ? Si vous ne pouvez répondre à ces questions, vous avez un problème de discernement. Et même si vous savez quelles sont vos priorités, il se peut que votre équipe, elle, ne les connaisse pas. Vous donnez l'impression que tout est urgent et que la dernière échéance était pour avant-hier. Les gens voient leur travail comme 97 tâches à faire immédiatement. Pour composer avec cette situation, demandez-vous ce qui arriverait s'ils ne remplissaient aujourd'hui que quatre ou cinq de leurs obligations. Quel serait leur choix ? Quelles sont les trois activités sur lesquelles ils passent le plus clair de leur temps ? Lesquelles devrait-on choisir pour améliorer les choses ? Déterminez les tâches qui consomment le plus de temps ; trouvez une façon de les éliminer ou de les intégrer dans des processus ou modalités qui prennent moins de temps. *Besoin d'aide supplémentaire ? Reportez-vous à la fiche n° 50 : Savoir définir les priorités.*

☐ **2. Vous temporisez ?** Vous remettez toujours au lendemain ? Est-ce dans l'urgence ou en situation de crise que vous êtes le plus performant ? Attendez-vous la dernière minute pour agir ? Si c'est le cas, vous risquez de ne pas respecter les délais ou de ne pas atteindre les objectifs fixés. Vos résultats ne seront pas constants. Certains de vos travaux seront à peine passables, faute de temps pour les accomplir correctement. Vous vous contenterez d'un « B » quand vous auriez pu avoir un « A » avec un ou deux jours de travail supplémentaires. Commencez donc plus tôt. Accomplissez le premier dixième de la tâche dès qu'elle vous est confiée, afin de pouvoir évaluer le temps nécessaire pour la terminer. Divisez les tâches et activités en tiers ou en quarts et répartissez-les sur la période prévue. Gardez à l'esprit une des lois de Murphy. Il faut 90 % du temps pour réaliser 90 % du projet et 90 % pour terminer les 10 % qui restent. Ménagez-vous toujours plus de temps que ce que vous croyez nécessaire. *Besoin d'aide supplémentaire ? Reportez-vous à la fiche n° 47 : Savoir planifier.*

☐ **3. Comment procéder ?** Certains ne savent pas comment s'y prendre pour être efficace et performant. Il existe pourtant un ensemble de méthodes reconnues pour accomplir un travail de façon rapide et efficace — gestion de la qualité totale (TQM), ISO ou Six Sigma. Si vous avez du mal à planifier des charges de travail pour vous-même et les autres, procurez-vous un livre sur ces sujets. Assistez à un atelier portant sur la planification efficace du travail. *Besoin d'aide supplémentaire ? Reportez-vous aux fiches n° 52 : Maîtriser la gestion des processus et n° 63 : Systèmes de gestion intégrale de la qualité (ex. TQM/ISO/Six Sigma).*

☐ **4. L'organisation.** Vous manquez constamment de ressources ? Pour arriver à des résultats il faut pouvoir obtenir et employer les ressources nécessaires. Le personnel, l'argent, le matériel, le soutien logistique, le temps. Souvent cela implique des éléments sur lesquels vous n'exercez aucun contrôle. Vous devrez quémander et emprunter. Cela suppose de négocier, marchander, échanger, « cajoler » et influencer. Quelles formes de troc ou de marchandage devez-vous envisager ? Qu'avez-vous à échanger ? Comment ferez-vous pour que chacun y voie un avantage ? *Besoin d'aide supplémentaire ? Reportez-vous aux fiches n° 37 : Savoir négocier et n° 38 : Faire preuve d'agilité organisationnelle.*

☐ **5. Comment faire exécuter le travail ?** Savoir manager n'est pas donné à tout le monde. Avez-vous des difficultés pour amener votre équipe à produire avec vous les résultats recherchés ? Vous possédez les ressources matérielles et humaines, mais la performance n'est pas au rendez-vous. Peut-être faites-vous trop de choses par vous-même. Vous ne déléguez pas les charges ou les responsabilités. Vous communiquez mal. Vous ne savez pas motiver. Vous planifiez mal. Vous ne savez pas établir correctement vos priorités et vos objectifs. Si vous êtes un manager en difficulté, il existe des principes reconnus et bien étayés sur les bonnes pratiques en matière de management. Partagez-vous les mérites avec vos collaborateurs ? Leur donnez-vous une idée claire de ce qui est important ? Leur travail contient-il des défis ? Cherchez-vous à les motiver ou vous contentez-vous de leur distribuer le travail à faire ? Lisez deux manuels sur la gestion. Assistez à un cours de formation sur le management. Faites faire un feed-back à 360° sur vos compétences en management. Travaillez vos faiblesses. *Besoin d'aide supplémentaire ? Reportez-vous aux fiches n° 18 : Savoir déléguer, n° 20 : Savoir diriger, n° 36 : Savoir motiver, et n° 60 : Savoir constituer des équipes performantes.*

☐ **6. Trop « neuf » pour ce travail ?** Parfois, vous n'arrivez pas à produire des résultats parce que vous passez d'un emploi à l'autre, sans avoir le temps de vous familiariser avec un secteur en particulier. La solution est de vous référer aux principes généraux qui s'appliquent à toute activité. Comprenez-vous la technique des affaires ? Pouvez-vous déceler les causes et les effets dans les organisations ? Savez-vous ce qui se passe sur le marché ? Ce que pourraient être les tendances de l'avenir ? Si vous n'êtes pas sûr de vous, lisez régulièrement un magazine économique. Feuilletez régulièrement le *Harvard Business Review* et la Sloan Review. Souscrivez au *Wall Street Journal*. Écoutez chaque semaine une ou deux émissions spécialisées dans le domaine des affaires. *Besoin d'aide supplémentaire ? Reportez-vous à la fiche n° 5 : Avoir le sens des affaires.* Vous n'êtes pas à jour dans le domaine technique ? Entraînez-vous à apprendre plus vite et demandez à des techniciens professionnels de vous guider. Engagez un consultant. Déléguez davantage. *Besoin d'aide supplémentaire ? Reportez-vous aux fiches n° 24 : Posséder des aptitudes techniques et fonctionnelles, n° 32 :*

Démontrer une grande capacité à apprendre sur le terrain, n° 61 : Avoir la capacité de se former aux aspects techniques.

☐ **7. Vous manquez d'audace ?** Les risques ne vous tentent pas ? Obtenir des résultats implique aussi de savoir forcer les limites, de savoir prendre de nouvelles initiatives. Cette façon d'agir provoque, bien entendu, des erreurs et des échecs. Traitez-les comme autant d'occasions d'apprendre. Qui ne risque rien, n'a rien. Élevez votre niveau de témérité. Commencez par prendre des risques limités pour pouvoir vous rattraper rapidement, mais faites-en un jeu. Relevez le défi. Essayez de voir comment vous pouvez être créatif et innovateur. *Besoin d'aide supplémentaire ? Reportez-vous aux fiches n° 2 : Faire face à l'ambiguïté, n° 14 : Faire preuve de créativité et n° 28 : Gérer l'innovation.*

☐ **8. Trop installé dans de vieilles habitudes confortables ?** Vous êtes ancré dans vos habitudes. Vous opérez toujours de la même façon. Vous êtes un « rigoriste ». À l'image de votre style de personnalité, vous gravitez autour des mêmes tâches, encore et encore. Vous êtes devenu tiède. Secouez-vous. À l'extérieur du travail, efforcez-vous de changer de rythme. En sortant d'une rencontre avec des amis, allez, par exemple, à la piscine avec vos enfants. Dans vos activités professionnelles, variez vos tâches. Prenez des risques, puis jouez la sécurité. Donnez-vous des obligations qui vous forcent à utiliser toute la palette de vos compétences : devenez le porte-parole de votre organisation pour répondre aux questions difficiles, réconciliez-vous avec un adversaire ou occupez-vous de personnes qui débutent dans leur secteur. Si votre poste comprend déjà ces activités, profitez-en pour vous observer et tentez de nouvelles approches. Changez d'approche. Faites quelque chose de complètement différent la prochaine fois. Trouvez cinq façons différentes de régler un problème. Par exemple, pour faire adopter une décision, vous pouvez, au choix : rencontrer d'abord les gens concernés, ou aller directement vers une personne-clé, ou étudier le problème et le présenter à un groupe, ou demander une session de travail sur ce problème, ou faire appel à un expert de l'extérieur. Soyez prêt à réaliser toutes ces options quand les obstacles surviendront. Si vos tentatives de faire fonctionner à nouveau ce qui marchait dans le passé restent infructueuses, la conclusion est évidente : il est temps de changer. *Besoin d'aide supplémentaire ? Reportez-vous à la fiche n° 45 : Savoir apprendre.*

☐ **9. Vaincre les résistances.** Éprouvez-vous des difficultés quand vous devez sortir de votre secteur ? Vous pénétrez un autre monde où les capacités d'influence, la compréhension et le marchandage servent de monnaie d'échange. Ne vous contentez pas de demander des choses ; trouvez des terrains d'entente pour apporter votre aide et pas seulement en demander. Quels sont les besoins de vos collègues ? Vos résultats sont-ils importants à leurs yeux ? Comment votre activité peut-elle les concerner ? Comment vos actions peuvent-elles les influencer ? Si votre action a des incidences négatives, vous pouvez faire un échange, trouver un moyen de diminuer leur charge de travail (proposer l'aide de votre personnel, par exemple). Allez vers vos collègues avec un esprit d'échange. Pour vous montrer coopératif, expliquez-leur vos idées et invitez-les à en faire autant. Évoquez des alternatives possibles plutôt que de forcer des accords. Soyez patient, laissez-leur le temps de s'adapter à la situation. Mettez l'emphase sur les buts communs, les priorités et les problèmes. Invitez-les à critiquer vos idées. *Besoin d'aide supplémentaire ? Reportez-vous à la fiche n° 42 : Entretenir de bonnes relations avec ses collègues.*

☐ **10. Stress et tension.** Produire des résultats jour après jour, trimestre après trimestre, année après année, engendre du stress. Rien n'est jamais assez bien. La barre est toujours plus haute. Les objectifs plus élevés. Il faut sans cesse apprendre de nouvelles techniques et méthodes. Encore et toujours plus de stress. Un stress fouette l'énergie de certains, de sorte qu'ils travaillent mieux, alors que d'autres sont littéralement paralysés et leur productivité décroît au fur et à mesure que leur stress augmente. La gestion du stress est une science reconnue. Ces phénomènes résident en réalité dans votre tête, non dans le monde extérieur. Certains événements en stresseront certains alors qu'ils en stimuleront d'autres, par exemple le fait de perdre un client majeur. Certains pleurent et d'autres rient du même événement – comme le fait de glisser sur une peau de banane. Le stress vient de votre façon de voir les événements et non des événements eux-mêmes. Gérer plus efficacement votre stress vous oblige à réviser l'interprétation que vous faites de votre activité. Il y a peut-être eu un temps de votre vie où les araignées et les serpents représentaient pour vous des dangers mortels et stressants. En est-il toujours ainsi ? *Besoin d'aide supplémentaire ? Reportez-vous aux fiches n° 11 : Avoir la maîtrise de soi et n° 107 : Manquer de sang-froid.*

Never promise more than you can perform.
– Publius Syrus (42 B.C.)

118

LECTURES CONSEILLÉES

Bossidy, Larry, Ram Charan and Charles Burck (Contributor). *Execution: The Discipline of Getting Things Done.* New York: Crown Business Publishing, 2002.

Carrison, Dan. *Deadline! How Premier Organizations Win the Race Against Time.* New York: AMACOM, 2003.

Collins, James C. *Turning Goals Into Results: The Power of Catalytic Mechanisms.* Boston: Harvard Business School Press, 2002.

Fullan, Michael. *Leading in a Culture of Change.* New York: John Wiley & Sons, Inc., 2001.

Jensen, Bill. *Simplicity: The New Competitive Advantage in a World of More, Better, Faster.* Cambridge, MA: Perseus Publishing, 2001.

Linsky, Martin and Ronald A. Heifetz. *Leadership on the Line: Staying Alive Through the Dangers of Leading.* Boston: Harvard Business School Press, 2002.

Niven, P.R. *Balanced Scorecard Step-by-Step: Maximizing Performance and Maintaining Results.* New York: John Wiley & Sons, Inc., 2002.

Ulrich, David, Jack Zenger and Norman Smallwood. *Results-Based Leadership.* Boston: Harvard Business School Press, 1999.

119 MANQUER DE SENS POLITIQUE

Facteur VII - S1 : Avoir du mal à s'entendre avec les autres Groupe W : Centré sur lui-même **VII – S1 – W**

Every political system is an accumulation of habits, customs, prejudices, and principles that have survived a long process of trial and error and of ceaseless response to changing circumstances.
– Edward C. Banfield

UN PROBLÈME

- ☐ A des difficultés à mener à bien son travail dans un contexte ou un environnement politiquement complexe
- ☐ N'est pas assez sensible aux personnes ni aux politiques organisationnelles
- ☐ A tendance à ne pas se plier aux exigences des procédures établies
- ☐ Dit ou fait ce qu'il ne faut pas
- ☐ Confie parfois des informations et des opinions délicates aux mauvais interlocuteurs

N'EST PAS UN PROBLÈME

- ☐ Se conduit avec adresse et discrétion
- ☐ Jauge bien les individus et les groupes; connaît leurs motivations
- ☐ Modifie son approche s'il rencontre des résistances
- ☐ Sait garder pour lui les confidences
- ☐ Peut naviguer dans la tempête sans être mouillé
- ☐ Utilise des moyens variés pour arriver à ses fins
- ☐ S'adapte aux réalités du contexte politique interne
- ☐ Conseille les autres sur la façon de présenter les choses
- ☐ Sait, en général, ce qu'il faut faire et dire

QUELQUES CAUSES

- ☐ Compétitif avec ses collègues
- ☐ Évalue mal les gens et leurs intérêts
- ☐ Est trop franc pour gagner la faveur des autres
- ☐ Peut divulguer des informations erronées/confidentielles
- ☐ Comprend mal ce qu'est d'avoir le sens politique
- ☐ N'a aucune patience envers les procédures établies
- ☐ A du mal à contrôler ses impulsions
- ☐ Pas très doué pour la communication interpersonnelle
- ☐ Mauvais négociateur
- ☐ Perçu comme un porte-parole bruyant

FACTEURS ET GROUPES DU LEADERSHIP ARCHITECT®

Cette compétence se retrouve dans Avoir du mal à s'entendre avec les autres, facteur (VII - S1). Cette compétence se retrouve dans Centré sur lui-même, groupe (W) aux numéros : 103, 104, 105, 107, 109. Vous pouvez également consulter d'autres compétences dans le même facteur ou groupe pour trouver des conseils connexes.

LA CARTE

Les organisations sont un dédale complexe de clientèles, d'enjeux et de rivalités peuplé d'ego puissants, d'individus chatouilleux et de personnes protégeant leur territoire. Ceux qui sont doués de sens politique acceptent cela comme faisant partie de la condition humaine et s'y adaptent en tenant compte de l'impact de leurs paroles et actions sur les gens. Il ne faut pas confondre cela avec être politicien, une manière polie de désigner de façon voilée quelqu'un qui n'est pas digne de confiance ou qui manque de substance ; avoir le sens politique implique la capacité d'accomplir les tâches nécessaires dans le dédale de l'organisation en faisant le moins de bruit possible et en tirant le maximum de profit de la situation. Les erreurs politiques sont nombreuses et variées. La plus fréquente consiste à beaucoup trop parler. On distingue deux possibilités : vous saviez que vous aviez tort mais n'avez pu vous réprimer, ou bien vous ne le saviez pas et avez été surpris de la réaction déclenchée. Il y a ensuite des actions qui sont politiquement déplacées et inappropriées dans le contexte en question. Pires encore sont les manœuvres, initiatives, tactiques et stratégies considérées comme inacceptables. Vous avez essayé d'accomplir quelque chose au sein de votre organisation mais en vous y prenant de la mauvaise façon. Il y a enfin les conflits, tensions, malentendus et rivalités inutiles dus au fait que vous vous en êtes pris à une personne ou groupe particulier.

QUELQUES SOLUTIONS

☐ **1. Le contrôle de ses impulsions.** Certains s'attirent des ennuis parce qu'ils ne peuvent pas se retenir de dire ce qu'ils pensent. Ils savent pourtant que leurs paroles peuvent avoir des effets négatifs, mais ils sont simplement incapables de contrôler leurs impulsions. Ils disent presque tout ce qui leur passe par la tête. Il se peut que d'autres personnes présentes dans la pièce ou à la réunion pensent de façon identique ; la différence, c'est qu'elles gardent le silence. Si vous proférez n'importe quoi sans en juger auparavant, vos paroles risquent de créer des remous et plusieurs remettront en question votre sens politique. Une bonne règle consiste à laisser les autres s'exprimer d'abord et à vous adapter à leur comportement avant de dire le fond de votre pensée. *Besoin d'aide supplémentaire ? Reportez-vous aux fiches n° 11 : Avoir la maîtrise de soi et n° 41 : Être patient.*

☐ **2. L'humour.** D'aucuns s'attirent des ennuis en voulant faire de l'humour. Les temps ont beaucoup changé : ce qui était drôle il y a dix ans dans certaines organisations est devenu inacceptable aujourd'hui. Les règles à suivre sont simples. Toute plaisanterie qui blesse les autres, les ridiculise ou se moque de leurs difficultés sont à proscrire. Pas d'humour critique ou sarcastique. Pas d'humour vulgaire. Pas de farces ethniques ou sexistes ou portant sur les croyances religieuses ou sur les personnes handicapées. Ou sur les autres nationalités. Que reste-t-il ? Vous pouvez faire des farces inoffensives, rire de vous-même, conter des anecdotes drôles et rire avec les autres. *Besoin d'aide supplémentaire ? Reportez-vous à la fiche n° 26 : Avoir le sens de l'humour.*

☐ **3. Attitudes et croyances.** Beaucoup font une confusion entre « faire de la politique » et « avoir le sens politique ». Si l'on vous reproche de ne pas être adroit, politiquement parlant, vous pouvez l'interpréter comme un reproche sur le fait que vous « faites de la politique ». Cela signifie que vos motivations sont discutables ; comme dire une chose et en penser une autre ou être manipulateur et intriguant. Avoir le sens politique, c'est dire et faire des choses qui sont en harmonie avec les convictions et les usages considérés comme acceptables autour de vous. Il s'agit d'un ensemble de règles de vie auquel la majorité autour de vous se rallie. Avoir le sens politique veut dire que vous transigez avec les autres et que vous parvenez à vos fins sans créer d'agitation, ni susciter de réactions négatives et inutiles chez les autres.

☐ **4. Finesse politique.** Dans toute organisation, il y a de multiples façons pour faire bouger les choses. Vous pouvez lancer une attaque directe. Vous pouvez vous faire un allié. Vous pouvez envoyer un suppléant pour livrer le message. Certaines de ces stratégies sont plus efficaces et acceptables que d'autres. Certaines personnes s'attirent des ennuis en agissant de la même façon dans toutes les situations. Elles ne prennent pas le temps de réfléchir au type d'action le plus efficace pour chaque situation spécifique. Les gens qui ont le sens politique travaillent de l'extérieur vers l'intérieur : l'auditoire, la personne, le groupe, l'organisation. Ils adaptent le ton, le style, le rythme et la stratégie, selon le contexte. Nous avons tous un certain nombre de comportements que nous pouvons utiliser à notre guise. Ce sont les gens de type rigoriste et inflexible qui s'attirent des ennuis politiques, car ils ne savent pas s'ajuster à chaque auditoire. *Besoin d'aide supplémentaire ? Reportez-vous aux fiches n° 15 : Être orienté vers le client et n° 45 : Savoir apprendre.*

☐ **5. L'usage du franc-parler.** Le franc-parler peut être une condition sine qua non à la réunion de 9 h et catastrophique à la réunion de 10 h. Trop de gens s'attirent des ennuis parce qu'ils sont trop directs et blessent les autres, ou trop réservés, donnant l'impression de taire des choses importantes. Beaucoup disent : « Je dis ce que je pense. J'ai toujours cru qu'il fallait dire exactement ce que l'on pense. Tant pis pour les conséquences. S'ils n'aiment pas mon opinion, ils n'avaient qu'à ne pas la demander ». Une telle attitude reflète votre intégrité, mais ne va pas dans le sens de ce qu'on peut appeler la « finesse politique ». Chaque situation doit être examinée sur une échelle qui va du franc-parler à la plus grande réserve. Est-ce que la situation est adaptée ? Le moment est-il bien choisi pour s'exprimer directement ? Devrais-je laisser quelqu'un d'autre ouvrir la discussion ? Le conférencier qui invitait ses auditeurs à s'exprimer franchement y tient-il vraiment ? *Besoin d'aide supplémentaire ? Reportez-vous aux fiches n° 56 : Savoir juger les autres et n° 64 : Comprendre les autres.*

☐ **6. Comprendre les politiques de l'organisation.** Qui sont les piliers et les forces de cette organisation ? Qui contrôle le flux de ressources, d'information et de décisions ? Qui sont les guides et les bons samaritains ? Efforcez-vous de mieux les connaître. Allez déjeuner avec eux. Quels sont les principaux opposants et les obstacles ? Évitez-les, contournez-les ou faites la paix avec eux. Tout labyrinthe a sa sortie. Avoir le sens politique implique de trouver le plus court chemin à travers le labyrinthe organisationnel. *Besoin d'aide supplémentaire ? Reportez-vous à la fiche n° 38 : Faire preuve d'agilité organisationnelle.*

☐ **7. Inconséquence.** Confiez-vous des choses inappropriées dans le but de fortifier une relation, d'obtenir une faveur, de faire l'important ou simplement par manque de réflexion ? Surveillez-vous et posez-vous les questions suivantes : « Pourquoi est-ce que je communique ceci ? Cela aide-t-il à résoudre un problème ? Les autres ont-ils vraiment besoin de le savoir ? Cela fera-t-il mal paraître quelqu'un ? L'origine de la confidence ne sera-t-elle pas évidente ? Est-ce que j'émaille mon discours de noms de gens importants ? Est-ce que je ne remplace pas des faits par des opinions ? Est-ce que ce ne sera pas considéré comme du commérage, de la médisance ou du mépris ? Dans le pire des cas, mon interlocuteur pourrait-il retourner cette information contre moi ? » Une recette empirique : soyez aussi franc et direct que vous le voulez, tant que vos commentaires portent sur un problème spécifique, que vous ne trahissez pas une confidence et que votre interlocuteur est une personne en qui vous avez confiance.

☐ **8. « On-dit ».** Exprimer son opinion personnelle sur quelqu'un, au mauvais endroit et en mauvaise compagnie, peut créer beaucoup de remous. Tout ce qui part finit par revenir. Dans des organisations fermées, les gens découvrent très vite ce que vous avez dit à leur sujet. Si vous avez ce genre de problème, suivez cette règle : ne jamais émettre une opinion négative sur quelqu'un à moins qu'il ne s'agisse d'un processus d'évaluation formelle de l'organisation.

☐ **9. Dans les cas particuliers où il faut traiter avec la haute direction, les sensibilités sont vives, les ego très forts, les pièges nombreux et les tensions parfois très élevées.** Les occasions seront donc nombreuses, soit par des actions ou des prises de position, de faire la preuve d'un mauvais jugement politique. Vous aurez rarement une autre chance de faire une première bonne impression. *Besoin d'aide supplémentaire ? Reportez-vous à la fiche n° 8 : Se sentir à l'aise dans les rapports avec la haute direction.*

☐ **10. Les gens excessifs ne font généralement pas long feu dans les organisations car ils dégagent une impression de rigidité et d'esprit partisan.** Pour éviter cette perception, parlez organisation ou affaires en premier. Soyez plus souple que vous ne l'êtes en vérité afin de mettre les autres à l'aise et les rendre plus enclins à négocier. Les gens qui ont ce problème font tant de déclarations à l'emporte-pièce que leurs interlocuteurs sont pris de court et ne peuvent sauver la face, même s'ils sont d'accord avec plus de 50 % des idées proposées. *Besoin d'aide supplémentaire ? Reportez-vous à la fiche n° 37 : Savoir négocier.*

In politics, victory is never total.
– Donald Freed

LECTURES CONSEILLÉES

Alessandra, Tony, Ph.D. and Michael J. O'Connor, Ph.D. *The Platinum Rule.* New York: Warner Books, 1996.

Ashkenas, Ronald N. (Ed.), Dave Ulrich, Todd Jick, Steve Kerr and Lawrence A. Bossidy. *The Boundaryless Organization: Breaking the Chains of Organization Structure, Revised and Updated.* New York: John Wiley & Sons, Inc., 2002.

Aubuchon, Norbert. *The Anatomy of Persuasion.* New York: AMACOM, 1997.

Dobson, Michael S. and Deborah S. Dobson. *Enlightened Office Politics: Understanding, Coping With and Winning the Game—Without Losing Your Soul.* New York: AMACOM, 2001.

Edel, T.R. *Wake Me When It's Time to Work: Surviving Meetings, Office Games, and the People Who Love Them.* Houston, TX: Cashman Dudley, 1999.

Finkelstein, Sydney. *Why Smart Executives Fail: And What You Can Learn From Their Mistakes.* New York: Portfolio, 2003.

Hawley, Casey Fitts. *100+ Tactics for Office Politics.* New York: Barrons Educational Series, 2001.

Janasz, Suzanne C., Karen O. Dowd and Beth Z. Schneider. *Interpersonal Skills in Organizations.* New York: McGraw-Hill/Irwin, 2001.

Kissinger, Henry. *Diplomacy.* New York: Simon & Schuster, 1994.

Korten, David C. *When Corporations Rule the World.* San Francisco: Berrett-Koehler Publishers, Inc., 2001.

Lareau, William. *Dancing With the Dinosaur: Learning to Live in the Corporate Jungle.* Clinton, NJ: New Win Publishing, 1994.

Linsky, Martin and Ronald A. Heifetz. *Leadership on the Line: Staying Alive Through the Dangers of Leading.* Boston: Harvard Business School Press, 2002.

Machiavelli, Niccolò. *The Prince.* Translated by W.K. Marriott. Introduction by Herbert Butterfield [Abridged ed.]. Ann Arbor, MI: J.W. Edwards [1946] [1958, 1968]; New York: Bantam Books, 1984 (Reissue edition).

Manchester, William. *On Mencken: Essays.* New York: Knopf, 1980.

Parekh, Bhikhu. *Gandhi's Political Philosophy.* Notre Dame, IN: University of Notre Dame Press, 1989.

Reardon, Kathleen Kelley. *The Secret Handshake: Mastering the Politics of the Business Inner Circle.* New York: Currency/Doubleday, 2001.

Roosevelt, Franklin D., Russell D. Buhite and David W. Levy (Eds.). *FDR's Fireside Chats.* Norman, OK: University of Oklahoma Press, 1992.

Silberman, Melvin L. and Freda Hansburg. *Peoplesmart: Developing Your Interpersonal Intelligence.* San Francisco: Berrett-Koehler Publishers, Inc., 2000.

Walton, Mark S. *Generating Buy-In.* New York: AMACOM, 2003.

Domaines internationaux d'intérêt spécifique

Nombre de clients et d'utilisateurs de ce manuel en matière de formation travaillent dans un environnement international. Certains gèrent des ressources humaines et matérielles à l'étranger tout en résidant dans leur propre pays. Certains habitent et travaillent en dehors de leur pays d'origine. D'autres voyagent beaucoup à l'étranger. Plusieurs d'entre eux nous ont demandé s'il existe des compétences particulières liées au commerce international. Après avoir étudié toutes les publications sur le sujet, il semble qu'au niveau international, les entreprises requièrent des compétences fondamentalement identiques à celles des activités commerciales nationales. On se sert des principaux modèles de compétence dans le monde entier. Les compétences ne changent pas. On doit savoir écouter dans le monde entier.

Mais la manière dont on applique, définit ou insiste sur certaines compétences diffère d'une culture à l'autre. Ainsi, la définition d'une intervention orientée vers l'action sera peut-être différente au Japon ou en Inde par rapport aux États-Unis ou en Chine. Selon les publications sur la gestion internationale, nous estimons que les domaines exigeant une attention particulière sont au nombre de sept. Ces sept domaines se fondent à la fois sur la recherche connexe et l'expérience des auteurs. Cette liste évoluera sans doute au fur et à mesure des avancées de la recherche. Les recherches à venir permettront vraisemblablement une prise en compte accrue des dimensions culturelles pour toutes les compétences de Lominger.

Il est intéressant de noter que la recherche internationale reflète les conclusions auxquelles nous avons abouti tant en Amérique du Nord qu'en Europe. Si vous examinez les domaines d'intérêt particuliers des études internationales, vous verrez qu'ils ressemblent beaucoup aux structures de nos compétences, présentées dans l'introduction et la deuxième table des matières (La structure de la bibliothèque de direction de Lominger). Les sept compétences internationales-clés correspondent grosso modo aux facteurs de la structure de la bibliothèque de Lominger et s'y réfèrent. Par conséquent, il s'agit pratiquement des mêmes concepts, envisagés cette fois dans un contexte international. Les huit facteurs de la structure de la bibliothèque de Lominger et leurs équivalents internationaux figurent ci-dessous.

Facteur I : Compétences stratégiques – (connaissance du monde des affaires international)

Facteur II : Compétences d'exploitation – **(ingéniosité interculturelle*)**

Facteur III : Courage – (agilité interculturelle)

Facteur IV : Énergie et détermination – (tolérance aux changements d'affectation)

Facteur V : Compétences de positionnement organisationnel – (à partir d'implantations éloignées)

Facteur VI : Compétences personnelles et interpersonnelles – (sensibilité interculturelle)

Facteur VII : Avoir du mal à s'entendre avec les autres – (humilité)

Facteur VIII : Avoir du mal à obtenir des résultats – **(ingéniosité interculturelle*)**

Énuméré deux fois – une fois positivement et une fois négativement

Nous aimerions remercier tout spécialement John Fulkerson pour sa contribution à cette section. John a passé plus de dix ans à gérer le perfectionnement des cadres chez PepsiCo International. Il est actuellement consultant international.

Les compétences 120-160 ne sont pas définies.
Ces numéros sont réservés pour de futures entrées.

161 CONNAISSANCE DU MONDE DES AFFAIRES INTERNATIONAL

Équivalences tirées du LEADERSHIP ARCHITECT : 2,5,28,32,46,51,58,64

The new electronic interdependence recreates the world in the image of a global village.
– Marshall McLuhan

As a general rule in life, the most successful man in life is the man who has the best information.
– Benjamin Disraeli

COMPÉTENCE NON MAÎTRISÉE

- ☐ Ne comprend pas les questions économiques à l'échelle internationale
- ☐ N'envisage les questions d'ordre commercial qu'à travers le prisme d'une expérience limitée à un seul pays
- ☐ Conçoit sa démarche comme étant la seule envisageable
- ☐ Est prisonnier de ses habitudes
- ☐ Ne dispose que d'une vision étroite
- ☐ N'adhère à aucune nouvelle démarche de résolution de problèmes

COMPÉTENCE MAÎTRISÉE

- ☐ Comprend les questions économiques à l'échelle internationale
- ☐ Sait ce qui « marche » dans de nombreux pays
- ☐ Sait appréhender les différences entre les pays
- ☐ Sait distinguer les attentes différentes de la clientèle d'un pays à l'autre
- ☐ Sait comment les capitaux circulent et s'investissent à l'échelle internationale
- ☐ Sait que le commerce international est soumis à un ensemble de lois et règlements distincts
- ☐ Fait preuve de vivacité intellectuelle
- ☐ Comprend qu'il faut adapter sa démarche en fonction du pays considéré

COMPÉTENCE UTILISÉE À L'EXCÈS

- ☐ Complique les choses inutilement
- ☐ Accorde trop d'importance aux défis et aux occasions favorables
- ☐ Montre de l'impatience envers ceux qui n'en savent pas autant que lui
- ☐ Est incapable d'établir un plan d'action
- ☐ Se perd parmi la multiplicité des options
- ☐ Éprouve de la difficulté à opter pour un plan d'action donné
- ☐ Change trop rapidement de stratégie ou de tactique

Sélectionnez dans la liste ci-dessous une à trois compétences sur laquelle vous devrez travailler pour compenser son utilisation excessive.

COMPENSATEURS : 3,31,33,41,50,51

QUELQUES CAUSES

- ☐ N'est pas d'un tempérament curieux
- ☐ Veut avoir réponse à tout
- ☐ Très ethnocentrique
- ☐ Expériences antérieures fort limitées
- ☐ Mal à l'aise face à l'ambiguïté
- ☐ Éprouve de la difficulté à accepter la façon de faire des autres
- ☐ Fait preuve de rigidité en tenant à respecter à la lettre le plan d'action choisi

LA CARTE

C'est un monde à la fois étrange et familier. D'une certaine façon, le monde des affaires est simple : X possède un produit ou un service dont Y a besoin ou qu'il veut se procurer. Un client l'achète et si beaucoup d'autres font de même, l'opération devient profitable. Ceci dit, les règles, réglementations, lois, coutumes et modus operandi peuvent grandement varier d'un pays à l'autre. Pour obtenir des résultats, il importe de connaître la manière dont les choses fonctionnent selon les pays. C'est pourquoi il faut faire preuve de souplesse dans un commerce international soumis à des règles variables. Un brillant praticien du commerce international en comprend la complexité et sait en démêler l'écheveau pour ses collaborateurs, de sorte que l'implémentation des stratégies, tactiques et plans d'affaires se voit couronnée de succès.

QUELQUES SOLUTIONS

☐ **1. La presse.** Il existe au moins cinq périodiques qui peuvent probablement vous apprendre l'essentiel à savoir sur le monde des affaires et ce, de façon constante. Si vous résidez en Amérique du Nord, ces périodiques sont : *Wall Street Journal, Business Week, Fortune, Barron's* et *Harvard Business Review.* Abonnez-vous et lisez ces publications régulièrement, en apportant une attention plus particulière à la connaissance du monde des affaires et des concepts internationaux. Exercez-vous à distinguer au moins trois évènements internationaux par numéro. Il existe d'autres publications qui sont par nature plus internationales. Lisez des publications internationales comme *The Economist, l'International Herald Tribune,* ou *Commentary,* etc. Lisez également des autobiographies de gens comme Henry Kissinger. Étudiez un pays quelconque. Lisez un livre sur la chute de l'Empire soviétique. Intéressez-vous à des périodiques comme Le Courrier International, qui présentent plusieurs points de vue, afin d'élargir votre vision des événements actuels. Il y a des principes sous-jacents communs dans bien des domaines, vous pouvez apprendre à les repérer, afin d'identifier ceux qui pourraient s'appliquer à votre champ d'activité. Procurez-vous aussi des exemplaires de journaux locaux (avec un peu de chance dans votre langue) et voyez quels sont les sujets qu'ils abordent, ce qui est important pour eux. Lisez et comparez un journal américain avec un journal d'un autre pays et relevez leurs perspectives différentes sur des questions clés.

☐ **2. Étudiez et comprenez les tendances globales.** Lisez le livre de Peter Drucker *Management Challenges for the 21st Century,* celui de John Naisbitt sur les *Méga Tendances, Popcorn Report* de Faith Popcorn ou encore *THE FUTURIST,* le journal de la « World Future Society ». Par exemple, Drucker soulève le problème de l'effondrement du taux de natalité dans le monde développé et ses conséquences. En 2030, on estime que la moitié de la population japonaise sera âgée de 65 ans ou plus. Il en est de même plus ou moins pour le reste du monde développé. L'âge de la retraite va-t-il être repoussé ? Allons-nous traiter les travailleurs comme des bénévoles, au fur et à mesure qu'ils sortent des grandes organisations ? Les dépenses de loisirs vont certainement diminuer, à partir du moment où les gens auront vraisemblablement moins de temps disponible. Les dépenses pour l'éducation et la santé vont augmenter. L'immigration ? De plus en plus les pays en développement feront appel à l'immigration pour maintenir une population active suffisante. La carrière moyenne d'un employé survivra à ses employeurs (la majorité des sociétés ont une durée de vie de 30 ans). Il sera courant d'avoir une deuxième, voire une troisième carrière. Les moyens de production se résument désormais au savoir. La sous-traitance est en hausse de 30 % et le savoir est de plus en plus spécialisé, onéreux et difficile à préserver. Cela est-il le signe avant-coureur d'une montée en puissance de la sous-traitance et des alliances ? Devenez un étudiant des tendances globales.

☐ **3. Tenez-vous au courant des affaires internationales et des événements actuels.** Plusieurs chaînes de télévision locales et étrangères, ainsi que des chaînes câblées, portent sur le monde international des affaires. Elles proposent des débats avec des leaders du monde économique, des experts du secteur industriel, ainsi que des analyses générales sur certaines sociétés. Il peut être opportun de regarder une ou deux de ces émissions chaque semaine jusqu'à ce que vous n'y appreniez plus rien de ce que vous devez spécifiquement savoir. Si vous savez dans quel pays vous allez travailler, ou connaissez ceux que vous visiterez, commencez à regarder des émissions en provenance de ces pays. Abonnez-vous à un service d'informations sur l'Internet qui présente les événements dans des pays, sur des industries ou des sociétés qui vous intéressent.

☐ **4. Adhérez à une organisation internationale.** Le Conference Board a pour objectif la préparation et la diffusion d'informations économiques et professionnelles auprès de ses membres. Il organise des conférences très intéressantes où les hauts dirigeants présentent leurs idées sur les affaires en général et sur leur propre organisation. Recherchez les universités qui ont des programmes internationaux (ex. Thunderbird, INSEAD, IMEDE, The London Business School) et déterminez quelles organisations ou personnes dans ces programmes pourraient vous être utiles.

☐ **5. Lisez des livres sur les affaires internationales.** Allez dans une librairie spécialisée et choisissez quelques livres traitant des principes généraux des affaires internationales, l'un axé sur la finance, un autre sur les aspects culturels et un dernier sur le comportement commercial. Lorsque vous les aurez parcourus, reprenez-en trois autres jusqu'à ce que vous ayez vu ou revu les domaines qui peuvent vous être utiles dans le domaine des affaires internationales. Lisez des ouvrages axés sur les tendances globales émergentes, comme celui de Thomas Friedman, *The Lexus and the Olive Tree.* Recherchez dans la liste des succès de librairie publiée par le *New York Times* ceux qui s'intéressent aux questions internationales. Étudiez les travaux sur les affaires internationales publiés par la Harvard Business School Press. Faites une recherche sur Amazon.com.

☐ **6. Essayez de comprendre les règles du jeu des affaires internationales.** Faites la synthèse du fonctionnement des affaires globales et des principes qui s'y appliquent. Rédigez-en succinctement les règles et les principes, par exemple en répondant à la question : « quelles sont les règles qui régissent le marketing en fonction des pays et des cultures ? » Certains cadres se sont exercés à mettre constamment à jour jusqu'à vingt-cinq de ces principes. Utilisez ces principes pour analyser un type d'affaires que vous connaissez bien. Puis sélectionnez deux exemples de sociétés qui ont mis en œuvre des stratégies globales astucieuses, une dans votre domaine et l'autre dans un secteur différent. Étudiez ce qu'elles ont fait, parlez aux personnes qui savent ce qui s'est passé et voyez ce que vous pouvez en tirer. Choisissez une fonction particulière, comme la couverture des risques de change ou la logistique, et développez une expertise sur son fonctionnement au niveau international, ainsi que ses incidences sur le pays qui vous intéresse.

☐ **7. Essayez d'élargir vos fonctions au niveau international.** Portez-vous volontaire pour intégrer des équipes de résolution de problèmes extérieures à votre pays d'origine. Parlez aux clients à l'extérieur de votre pays ; travaillez la façon de leur vendre un produit, un service. Notez tout ce que vous avez appris sur le fonctionnement du commerce international. Invitez à déjeuner des collaborateurs qui travaillent en dehors de votre pays d'origine. Portez-vous volontaire pour un projet qui traite de problèmes extérieurs à votre pays. Prévoyez de passer des vacances dans une région du monde que vous n'avez jamais visitée. Essayez d'obtenir un poste de professeur invité dans une université où il existe une grande diversité de nationalités et demandez aux étudiants leur opinion sur des questions-clés.

☐ **8. Rapprochez-vous de la clientèle internationale.** Le service à la clientèle est le meilleur sujet pour en apprendre sur votre organisation. Organisez une rencontre avec un de vos homologues du service à la clientèle et demandez-lui de vous expliquer sa fonction. Si cela est possible, écoutez des appels reçus par ce service ou mieux, prenez-en quelques-uns vous-même. Posez tout un tas de questions sur ce qui plait ou non aux clients dans les produits et services de la société. Rendez-vous dans un autre pays avec l'un de vos principaux collaborateurs dans le secteur du marketing. Étudiez la façon dont les concurrents approchent le marché. Le font-ils différemment ou utilisent-ils l'argument prix ? Faites porter tout votre effort sur la compréhension des facteurs culturels dans les choix de produits.

☐ **9. Retournez en classe.** Inscrivez-vous à un groupe de travail ou à un séminaire sur un sujet particulier qui vous intéresse à l'université Thunderbird dans l'Arizona, la London School of Economics, ou l'INSEAD en France. Des personnes du monde entier participent à ces programmes dont les intervenants sont des experts internationaux sur les problèmes de la mondialisation. Centrez votre attention sur les participants en provenance de pays qui vous intéressent en priorité. Passez le plus de temps possible avec eux. Impliquez-vous dans les ateliers et travaux en groupe. Écoutez, posez des questions.

☐ **10. Faites votre propre étude de cas.** Choisissez une société multinationale ou un concurrent qui vous intéresse et lisez tout ce qui vous tombe sous la main, depuis les journaux et revues, aux services d'informations sur les sociétés et le monde des affaires. Rédigez une synthèse des bons et mauvais résultats qu'ils ont obtenus et tentez de déceler leurs faiblesses, leur vulnérabilité. Faites une comparaison avec votre société. Étudiez des domaines spécifiques comme le marketing et construisez une étude de cas à partir de cette discipline. Demandez-vous comment vous vous différencieriez de vos concurrents. Préparez l'étude de cas à partir du point de vue d'un concurrent et tentez de trouver les zones de vulnérabilité de votre société.

To know that you do not know is the best.
To pretend to know when you do not know is a disease.
– Lao-tzu

International relationships are preordained to be
clumsy gestures based on imperfect knowledge.
– Rebecca West

162 INGÉNIOSITÉ INTERCULTURELLE

Équivalences tirées du LEADERSHIP ARCHITECT : 2,20,21,27,32,39,50,52,53,59

It is common sense to take a method and try it. If it fails, admit it frankly and try another. But above all, try something.
– Franklin Roosevelt

But man, because he is endowed with reason by which he is able to perceive relationships, sees the causes of things, understands the reciprocal nature of cause and effect, makes analogies, easily surveys the whole course of his life, and makes the necessary preparations for its conduct.
– Cicero (106-43 B.C.), Roman writer, statesman, and orator

COMPÉTENCE NON MAÎTRISÉE

- ☐ Se cantonne à une seule façon de faire
- ☐ Est trop rigide
- ☐ Ne sait pas s'adapter rapidement
- ☐ Les transitions le perturbent
- ☐ Est peu doué pour la négociation
- ☐ Perd de vue la cible
- ☐ Essaye d'imposer une seule façon de faire les choses
- ☐ Prend du temps pour bâtir des relations
- ☐ Éprouve des difficultés à communiquer avec ceux qui agissent différemment de lui

COMPÉTENCE MAÎTRISÉE

- ☐ Sait obtenir des résultats dans des circonstances variées à l'échelle internationale
- ☐ Sait parvenir au but avec les moyens du bord
- ☐ Sait obtenir des ressources rares auxquelles d'autres n'ont pas accès
- ☐ Est un négociateur chevronné
- ☐ Fonctionne efficacement dans des circonstances aussi ambiguës qu'incertaines
- ☐ Essaie d'apprendre la langue du pays
- ☐ Sait séparer le bon grain de l'ivraie
- ☐ Sait écouter et prendre des décisions en tenant compte de l'avis des cadres indigènes
- ☐ Sait établir de bons rapports rapidement
- ☐ Sait établir de bons rapports avec un large éventail de gens
- ☐ Sait tirer profit des talents indigènes pour obtenir des résultats

COMPÉTENCE UTILISÉE À L'EXCÈS

- ☐ Fait fi des procédures
- ☐ Tente d'imposer des normes compliquées
- ☐ Délègue jusque dans les moindres détails
- ☐ Prend trop de libertés par rapport aux normes
- ☐ Évite la supervision rapprochée de ses collaborateurs
- ☐ Bouillonne d'idées au point de dérouter ses collaborateurs dans le maquis des options possibles
- ☐ Se complait dans le flou statistique
- ☐ Planifie et organise à l'excès

Sélectionnez dans la liste ci-dessous une à trois compétences sur laquelle vous devrez travailler pour compenser son utilisation excessive.

COMPENSATEURS : 3,17,31,33,41,46,48,50,52

QUELQUES CAUSES

- ☐ Témoigne d'un système de valeurs et de croyances fort enraciné comme de façons de faire assez rigides
- ☐ Tolère mal les procédures établies
- ☐ Ne sait pas déléguer
- ☐ N'accorde pas sa confiance aux gens différents
- ☐ Manque de confiance en soi
- ☐ Manque de flexibilité
- ☐ N'écoute pas les autres
- ☐ S'efforce de régenter les réalités locales selon les méthodes du pays d'origine

LA CARTE

Mettre en œuvre un projet dans un nouvel environnement est toujours un défi, Particulièrement à l'étranger. Le téléphone fonctionne mal. Il n'y a pas de courrier le mercredi. Les fournisseurs sont incapables de vous livrer ce dont vous avez besoin. Le soutien logistique de la maison mère est à l'autre bout de la planète et le décalage horaire entre en jeu. Le pays hôte célèbre une fête dont la date ne coïncide pas avec les besoins et exigences du siège central. Les instances réglementaires locales tardent à répondre à vos requêtes. Les ressortissants du pays ne comprennent pas que certaines choses doivent être faites différemment, même si vous leur en avez expliqué les raisons à plusieurs reprises. Dans des conditions aussi difficiles, l'ingéniosité et la ténacité sont essentielles. Il s'agit alors de trouver une solution, quelle qu'elle soit. Une souplesse d'adaptation aux circonstances locales, tout en gardant le cap sur les objectifs, est cruciale pour vos projets. N'oubliez jamais, qu'à de rares exceptions près, il existe plusieurs moyens de faire les choses. Ingéniez-vous à trouver des solutions innovantes et créatives. Un bon critère d'une internationalisation réussie : les nouvelles démarches élaborées à l'étranger sont ensuite intégrées aux pratiques de la société sur le marché intérieur.

QUELQUES SOLUTIONS

☐ **1. Soyez précis dans vos buts et vos objectifs.** Quels sont vos besoins exacts pour y parvenir ? Utilisez le plan d'affaires annuel et le plan stratégique pour prévoir les étapes critiques et en établir toutes les caractéristiques. *Besoin d'aide supplémentaire ? Reportez-vous aux fiches n° 47 : Savoir planifier et n° 58 : Faire preuve de qualités stratégiques.* À partir de ces objectifs, répartir vos tâches entre : « Essentiel », « Important à réaliser », « Intéressant s'il reste du temps » et « Accessoire par rapport au but ». Face à une multitude de tâches, utilisez cette échelle de mesure et intervenez toujours sur le plus haut niveau de priorité. Faites attention de ne pas penser à voix haute. Dans certaines cultures, une simple supposition sera interprétée par les collaborateurs comme une directive à suivre. Donnez aux gens juste ce qu'il faut d'information pour les orienter, ni trop ni trop peu.

☐ **2. Établissez un plan avec soin.** Le plan définit les ressources requises. Que dois-je faire ? Quel est le temps disponible ? Quelles ressources me seront nécessaires ? Qui détient les ressources : le personnel, le financement, les équipements, le matériel, les appuis dont j'ai besoin ? Quelles sont mes capacités financières ? Dois-je payer ou échanger quelque chose pour obtenir les ressources dont j'ai besoin ? Qui gagne si je gagne ? Qui pourrait perdre ? Détaillez le travail de A à Z. On donne une impression de désorganisation si l'on omet d'établir un plan de travail ou une liste des travaux à exécuter, ou encore si l'on en oublie une partie. Demandez à d'autres de réviser l'agencement et d'identifier ce qui manque. Divisez le travail en plusieurs parties que le personnel local pourra réaliser plus facilement. Prenez soin de ne pas leur donner des tâches qui dépassent leurs capacités.

☐ **3. Obtenez des ressources.** Les activités internationales sont souvent à cours de ressources. Pour arriver à des résultats il faut pouvoir obtenir et employer les ressources nécessaires. Le personnel, l'argent, le matériel, le soutien logistique, le temps. Souvent cela implique des éléments sur lesquels vous n'exercez aucun contrôle. Vous pouvez avoir à demander, emprunter, mais cela doit rester dans les limites de l'acceptable. Cela suppose de négocier, marchander, échanger, « cajoler » et influencer. Qu'avez-vous à échanger ? Comment ferez-vous pour que chacun y trouve son avantage ? Qu'avez-vous à échanger ? Que dois-je acheter ? Que puis-je emprunter ? Pourquoi dois-je négocier ? Quels sont les éléments que je ne peux ni acheter ni échanger ? Il faut beaucoup d'ingéniosité pour être efficace dans bien des situations internationales. Très souvent, les outils et l'information dont vous avez besoin pour aller de l'avant ne sont pas aussi rapidement disponibles que dans votre pays d'origine. En général, vous ne disposez pas du soutien du siège social ni de celui de votre bureau, vous êtes tout simplement livré à vous-même. Vous devez vous arranger pour que cela marche. Vous aurez sûrement à apprendre à faire du troc, à négocier. Est-ce que je peux trouver ce dont j'ai besoin ici ? Ai-je besoin de certaines choses qu'ont mes interlocuteurs? Que puis-je faire pour eux qui les amènerait à me concéder quelque chose en retour ? Comment pouvons-nous transformer ce conflit en une victoire pour les deux parties ? Essayez de comprendre ce qui est éthiquement acceptable dans la culture locale. Référez-vous au United States Foreign Corrupt Practices Act (loi américaine sur la corruption dans les relations d'affaires avec l'étranger) pour voir ce que vous pouvez faire ou ne pas faire. Si vous êtes dans une zone grise, demandez conseil à un juriste ou à une personne qui a connu des situations similaires. Les relations sont d'un grand secours. Qui peut vous aider parmi vos connaissances ? Qu'est-ce que vous pourrez lui donner en retour ? Un collègue d'un pays proche serait-il en mesure de vous aider ? Quelqu'un d'une société non concurrente peut-il vous aider ? *Besoin d'aide supplémentaire ? Reportez-vous aux fiches n° 37 : Savoir négocier et n° 39 : Savoir organiser.*

☐ **4. Gérer la complexité.** Il est pratiquement toujours plus difficile d'obtenir des résultats au niveau international. Trouver les démarches qui conviennent pour gérer des tâches complexes implique d'explorer, à la fois et en même temps, des pistes multiples et des voies parallèles. L'élaboration d'un plan directeur vous aidera. La délégation d'une partie du travail vous aidera. *Besoin d'aide supplémentaire ? Reportez-vous aux fiches n° 39 : Savoir organiser et n° 47 : Savoir planifier.* Contactez d'autres expatriés ou des relations locales pour vous donner des conseils et vous aider. Essayez de comprendre comment le gouvernement et les organismes de réglementation peuvent vous aider ou entraver votre action. Essayez d'anticiper ce qui risque d'aller mal et préparez des stratégies de rechange. Mettez en place plusieurs programmes d'action avec les organismes gouvernementaux de réglementation, les douanes et les distributeurs, afin de pouvoir commercialiser votre produit.

☐ **5. Comment faire exécuter le travail ?** Être ingénieux au niveau international, cela veut dire savoir utiliser et faire confiance aux autres. Tout le monde ne sait pas gérer une équipe. Certains sont performants seuls mais ont des difficultés lorsque ces résultats doivent provenir de l'équipe. Cela est d'autant plus vrai quand vous avez affaire à une culture que vous ne comprenez pas toujours. Avez-vous des difficultés à amener votre équipe à produire avec vous les résultats recherchés ? Vous faites trop de choses par vous-même. Vous ne déléguez pas les charges ou les responsabilités. Vous communiquez mal. Vous ne savez pas motiver. Vous planifiez mal. Vous ne savez pas établir correctement vos priorités et vos objectifs. Vous hésitez à déléguer, il existe des principes reconnus et bien établis sur les bonnes pratiques en matière de management. Partagez-vous les mérites avec vos collaborateurs ? Leur donnez-vous une idée claire de ce qui est important ? Leur travail contient-il des défis ? Cherchez-vous à les motiver ou vous contentez-vous de leur distribuer le travail à faire ? Des équipes de personnes avec des antécédents les plus divers produiront les solutions les plus innovantes. Demandez à des personnes qui travaillent dans d'autres domaines d'analyser le problème et de vous en donner une explication satisfaisante. Lorsque vous travaillez en équipe, n'hésitez pas à multiplier les questions. Trouvez des personnes qui ont été confrontées à des problèmes identiques à ceux que vous rencontrez dans le pays et échangez régulièrement pour acquérir le plus possible d'information sur vos préoccupations communes.

☐ **6. Mettez en place une organisation destinée à vous permettre de travailler sans limites géographiques, sans frontières.** Éprouvez-vous des difficultés quand vous devez sortir de votre cadre pour atteindre vos objectifs ? Nous sommes dans un monde où la compréhension des autres, la négociation et l'influence servent de monnaie d'échange. Il ne suffit donc pas simplement de demander pour obtenir, vous devez trouver des intérêts communs où vous pourrez apporter de l'aide. Quels sont les besoins de vos interlocuteurs ? Vos résultats sont-ils importants à leurs yeux ? Comment votre activité peut-elle les concerner ? Si votre action a des incidences négatives, vous pouvez procéder à un échange pour le bien commun, trouver un moyen de diminuer leur charge de travail (proposer l'aide de votre personnel, par exemple). Allez vers vos collègues avec un esprit d'échange. Pour vous montrer coopératif, expliquez-leur vos idées et invitez-les à en faire autant. Évoquez des alternatives possibles plutôt que de forcer des accords. Soyez patient, laissez-leur le temps de s'adapter à la situation. Insistez sur les buts communs, les priorités et les problèmes. Invitez-les à critiquer vos idées. *Besoin d'aide supplémentaire ? Reportez-vous à la fiche n° 42 : Entretenir de bonnes relations avec ses collègues.*

☐ **7. Ne vous attendez pas à réussir au premier essai.** Dans la plupart des missions, l'approche des problèmes n'est pas évidente, et « vous devez être au four et au moulin ». Plusieurs études démontrent que c'est au deuxième ou au troisième essai que l'on commence à comprendre la dynamique sous-jacente des problèmes. Pour mieux apprendre, organisez des boucles de retour immédiat d'information. Plus les retours seront fréquents, plus vous augmenterez vos chances d'apprendre ; si durant trois jours nous accomplissons une action modeste chaque jour, au lieu d'une seule action d'envergure pendant trois jours, nous triplons les possibilités d'apprendre et augmentons d'autant nos chances de trouver la bonne réponse. Soyez plus enclin à expérimenter. Ne recherchez pas la perfection, continuez à avancer à rythme régulier : « le mieux est l'ennemi du bien », surtout sur les marchés émergents.

☐ **8. Communiquez, communiquez et surtout engagez le dialogue.** Il est très ardu d'établir un climat de compréhension mutuelle sur un programme d'action en dehors de sa propre culture. Vous ne communiquerez ni ne dialoguerez jamais assez sur ce qui doit être fait. Dans un environnement international, il est essentiel de vérifier sans cesse que vos collaborateurs locaux ont bien compris ce que vous attendez d'eux. Dans certaines cultures oui ne veut pas dire oui, tout de suite veut dire demain et demain, jamais. Vérifiez votre approche auprès de diverses sources et vérifiez qu'elles se corroborent. Posez beaucoup de questions. Soyez le plus cohérent possible. Si les autres ont l'impression que vous ne l'êtes pas, ils peuvent agir de façon totalement contre-productive. Prêtez constamment attention à ce que disent les autres ou à leur absence de réaction. Encouragez vos collaborateurs à vous faire part de leur point de vue. Soyez patient, si le dialogue ne vient pas naturellement, persévérez.

☐ **9. Apprenez à comprendre le rôle et les limites de l'autorité ou du pouvoir dans une certaine culture.** Soyez à l'écoute des messages ou suggestions de votre personnel local. Dans certaines cultures, offenser le patron est un interdit majeur et votre personnel risque d'être très réticent à vous affronter. Lisez et comprenez les principes moteurs et les rouages de l'autorité dans la culture concernée. Certaines cultures ont un état d'esprit collectif ou se basent sur les relations, aussi le simple fait de donner des ordres ne conduira à aucune action positive, mais provoquera une résistance passive. Dans d'autres cultures, la hiérarchie a tant d'importance que les gens feront pratiquement tout ce que leur suggère le patron. Prêtez attention à votre auditoire. Essayez d'anticiper les réactions à votre style particulier de diriger un programme, afin de pouvoir vous adapter en conséquence. Dans un environnement multiculturel, vos habitudes de travail ne sont pas le gage d'une efficacité. *Vous voulez en savoir plus ? Reportez-vous à la fiche n° 45 : Savoir apprendre.*

☐ **10. Étudiez attentivement vos principes et méthodes de gestion, afin de voir s'ils sont applicables tels quels.** Soyez plus particulièrement vigilant vis-à-vis des pratiques courantes dans votre propre pays. À titre d'exemple, si vous êtes un adepte de la délégation de responsabilités et que vous confiez la mise en œuvre d'un processus important à une équipe non qualifiée, les résultats risquent d'être désastreux. Ne présumez jamais que les principes de direction que vous avez appris sont transposables en l'état et immédiatement applicables dans un autre pays. Recherchez un expert local reconnu qui vous expliquera la réaction du personnel local face à votre façon de diriger et ce qu'il attend en général d'un leader. Entretemps, la formation des affaires au niveau mondial produit une génération de dirigeants aptes à comprendre l'incidence que ces différences dans les principes et la pratique ont sur les résultats. Demandez à certains de vos jeunes collaborateurs ce qu'ils en pensent.

It is better to be high-spirited even though one makes more mistakes, than to be narrow-minded and all too prudent.
– Vincent van Gogh

Well done is better than well said.
– Benjamin Franklin

163 AGILITÉ INTERCULTURELLE

Équivalences tirées du LEADERSHIP ARCHITECT : 12,13,25,34,56,57

An appeaser is one who feeds a crocodile—hoping it will eat him last.
– Winston Churchill

But there is neither East nor West, Border, nor Breed,
nor Birth, When two strong men stand face-to-face,
though they come from the ends of the earth!

– Rudyard Kipling

163

COMPÉTENCE NON MAÎTRISÉE

- ☐ A tendance à reculer devant l'obstacle
- ☐ Ne comprend pas la culture locale
- ☐ Laisse à d'autres le soin de gérer les conflits
- ☐ Ne sait pas prendre les choses en main dans des circonstances difficiles
- ☐ Ne sait pas faire face aux problèmes de performance
- ☐ Ne sait pas s'adapter aux conditions locales
- ☐ Nécessite soutien et approbation avant d'agir
- ☐ Prend de mauvaises décisions à l'embauche
- ☐ Ne congédiera pas quelqu'un par peur d'offenser les sensibilités culturelles autochtones
- ☐ Ne sait pas imposer les règles du monde des affaires lors de conflits culturels

COMPÉTENCE MAÎTRISÉE

- ☐ Sait naviguer entre les écueils de la culture indigène
- ☐ N'hésite pas à fixer des objectifs et à amorcer le processus
- ☐ A le courage de ses convictions
- ☐ Sait faire preuve de flexibilité
- ☐ Ne laisse pas des problèmes s'envenimer
- ☐ Sait consulter les ressources et les gens du pays sur la manière d'obtenir des résultats
- ☐ A la capacité de lancer un plan d'action et d'y apporter des corrections en cours de route
- ☐ Ne craint pas d'innover
- ☐ Se fera, le cas échéant, le champion d'une initiative locale auprès de la maison mère

COMPÉTENCE UTILISÉE À L'EXCÈS

- ☐ Masque sa passivité sous le couvert des différences culturelles
- ☐ Se fie trop aux ressortissants ou aux pratiques du pays d'accueil
- ☐ Agite le spectre des différences culturelles avant d'intenter toute action, aussi mineure soit-elle
- ☐ S'abandonne aux us et coutumes du pays d'accueil et perd toute perspective critique
- ☐ Laisse les problèmes s'envenimer
- ☐ Paraît indécis
- ☐ Se retranche derrière son manque de familiarité avec la culture du pays hôte pour ne pas engager les services d'un ressortissant

Sélectionnez dans la liste ci-dessous une à trois compétences sur laquelle vous devrez travailler pour compenser son utilisation excessive.

COMPENSATEURS : 1,8,9,20,36,39,57

QUELQUES CAUSES

- ☐ Manque de confiance en soi
- ☐ Accorde trop d'importance aux questions d'ordre culturel
- ☐ L'intervention dans des circonstances culturellement ambiguës le rend mal à l'aise
- ☐ A besoin de saisir les nuances d'une culture différente de la sienne avant d'intenter toute action
- ☐ Craint d'offenser les normes culturelles locales
- ☐ Ne comprend pas la culture locale
- ☐ Ne sait pas comment gérer un conflit

LA CARTE

Il existe toujours un élément de doute lorsque l'on travaille au sein d'une culture différente de la sienne. Ajoutons que la prise en compte de différences culturelles sert parfois d'alibi à la paresse et à la passivité. En dernière analyse, les affaires sont partout les affaires, et les produits et services offerts sont, mutatis mutandis, identiques d'un pays à l'autre. Paresse et passivité abondent et il ne faudra pas hésiter à faire preuve d'audace ni de fermeté dans l'action. La croissance présuppose souvent l'adoption de nouvelles pratiques commerciales. Face aux diverses résistances, vous aurez besoin de courage et de conviction pour défendre l'idée selon laquelle le progrès implique de sortir du carcan des habitudes. Tarder à affronter les problèmes de performance ou d'autres questions difficiles ne fait, immanquablement, qu'aggraver la situation. Le praticien du commerce sans frontières sait reconnaître les compétences des autres, quelle que soit leur culture d'origine, et il ne se retranche pas derrière un manque de connaissance du pays pour justifier sa passivité.

QUELQUES SOLUTIONS

☐ **1. Les relations de coopération.** La coopération se situe, en quelque sorte, à l'opposé du conflit. Le développement de relations de coopération implique de respecter à la lettre : la notion d'équité, la compréhension des émotions de l'autre et d'avoir un point de vue centré sur le problème. Pour être performant dans cet exercice, vous devez intensifier votre perception de l'intégrité : n'essayez pas de gagner toutes les batailles pour vous emparer des trophées ; recherchez des buts ou des intérêts communs et donc des victoires pour les deux parties ; sachez parfois céder sur des détails ; évitez de vous retrancher dans des positions inexpugnables ; respectez l'autre partie et ses positions ; minimiser le plus possible les vieux conflits. L'obtention de résultats dans les activités internationales passe par la compréhension au niveau opérationnel, du point de vue des autres et de leurs positions. La coopération commence par la compréhension mutuelle. Tout le reste n'est qu'une mise au point de solutions communes, associées à une certaine flexibilité sur la façon de faire les choses.

☐ **2. Concentrez-vous sur le résultat à atteindre, tout en restant flexible sur les méthodes pour y arriver.** Dans toute mission internationale, il existe une incertitude sur la meilleure façon d'atteindre les objectifs. Dans la plupart des cas, en ne perdant jamais de vue les résultats recherchés, la solution deviendra évidente. À titre d'exemple, la livraison de produit ne nécessite pas obligatoirement des ordinateurs de poche et le réassortiment des stocks sans faute. Les produits peuvent être livrés à pied, à bicyclette, en canoë ou par chariot tout aussi bien que par camion. Une seule chose importe : la livraison du produit. Ne laissez pas le poids de l'expérience inhiber votre créativité et laissez-vous guider vers la solution par les conditions locales. Observez et tirez avantage de ce que les autres cultures peuvent vous apporter.

☐ **3. Provoquer des conflits inutiles.** La façon de vous exprimer, les mots et le moment choisi, aura une incidence positive ou négative. Vous risquez de provoquer des conflits inutiles par une approche qui ne prend pas en compte la sensibilité culturelle. Utilisez-vous un langage dénué de sensibilité quand vous vous adressez à une culture différente ? Haussez-vous la voix régulièrement ? Utilisez-vous des termes et des phrases inutilement agressifs ? Utilisez-vous des termes considérés comme dégradants dans cette culture ? Votre humour est-il déplacé dans le pays ou la culture concernée ? Dans vos échanges, donnez-vous d'emblée : vos conclusions, solutions, fondements, ordres ou réponses ? La logique veut que l'on expose d'abord les raisons avant les solutions ? Si vous donnez vos solutions d'abord, vos interlocuteurs vont négocier les solutions plutôt que les critères. Utilisez des mots neutres qui ne heurtent aucune sensibilité. Évitez les termes à courte vue ou à saveur impérialiste. Parlez sous forme d'hypothèses et de probabilités afin d'offrir la possibilité de laisser une marge de manœuvre et de sauver les apparences. Choisissez des mots associés au problème et non aux personnes. Évitez de blâmer directement ; décrivez les problèmes et leurs répercussions. Ne provoquez pas de conflits involontairement, par suite de l'utilisation de mots ou de gestes mal perçus. Tant que vous n'avez pas acquis une bonne connaissance de la culture, soyez prudent dans votre approche. Ne critiquez pas les méthodes d'autres cultures tant que vous n'êtes pas en mesure d'évaluer les implications de vos réflexions.

☐ **4. Réduire le conflit.** Presque tous les conflits ont des points communs que l'on perd de vue dans le feu de l'action. Lorsque le conflit est constaté et paraît sans issue, suggérez la possibilité d'examiner les points d'accord. Insistez sur les buts communs, les priorités et les problèmes. Essayez de minimiser autant que possible les sujets de contention. Soyez concret. Plus c'est abstrait, plus le conflit est difficile à gérer et risque même de créer des problèmes de crédibilité, du style « on n'a pas confiance en vous ». À ceci vous pouvez répondre : « Dites-moi ce qui vous préoccupe, pourquoi exactement ne nous faites-vous pas confiance, pouvez-vous me donner un exemple ? » En général, après une discussion sans animosité, les problèmes réels font surface et sont plus faciles à régler. Permettez aux autres de sauver la face en leur concédant des éléments secondaires qui ne sont pas au cœur du problème, mais n'essayez pas de gagner absolument chaque fois. Si vous ne vous entendez pas sur une solution, entendez-vous quant à une façon de procéder pour poursuivre malgré tout. Recueillez plus d'information. Obtenez l'arbitrage d'une autorité supérieure. Obtenez l'arbitrage d'un tiers. Efforcez-vous autant que faire se peut d'être perçu comme quelqu'un de raisonnable et incitez chacun à se concentrer sur les objectifs à atteindre. Soyez positif et optimiste.

☐ **5. Négociez, faites des concessions pour atteindre vos objectifs.** Il faut beaucoup d'ingéniosité pour être efficace dans un certain nombre de situations internationales. Très souvent, les outils et l'information dont vous avez besoin pour aller de l'avant ne sont pas aussi rapidement disponibles que dans votre pays d'origine. En général, vous ne disposez pas du soutien du siège social ni de celui de votre bureau, vous êtes tout simplement livré à vous-même. Le plus souvent vous êtes seul. Vous devez vous arranger pour que cela marche. Vous aurez sûrement à apprendre à faire du troc, à négocier. Est-ce que je peux trouver ce dont j'ai besoin ici ? Ai-je besoin de certaines choses qu'ont mes interlocuteurs? Que puis-je faire pour eux qui les amènerait à me concéder quelque chose en retour ? Comment pouvons-nous transformer ce conflit en une victoire pour les deux parties ? Les relations sont d'un grand secours. Qui peut vous aider parmi vos connaissances ? Qu'est-ce que vous pourrez donner en retour ? Un collègue d'un pays proche serait-il en mesure de vous aider ? Quelqu'un d'une société non concurrente peut-il vous aider ? *Besoin d'aide supplémentaire ? Reportez-vous à la fiche n° 37 : Savoir négocier.*

☐ **6. Apprenez à être à l'aise dans l'action.** Diriger et obtenir des résultats dans des situations internationales difficiles est beaucoup plus ardu que de suivre les sentiers battus dans votre propre pays. Il y a de nombreux avantages personnels à diriger, mais cela vous met aussi sous les feux de la rampe. Pensez aux élus politiques face au jugement de leurs électeurs. Ceux qui choisissent de faire preuve d'autonomie doivent posséder une bonne confiance intérieure. Est-ce que vous vous sentez en accord avec vous-même ? Pouvez-vous défendre le bien-fondé de ce que vous faites devant une audience critique et partiale ? Vous devez être à l'aise et convaincu que vous allez dans la bonne direction. Les leaders doivent savoir accepter les foudres de leurs détracteurs. Pouvez-vous supporter la pression ? Bien des gens vous affirmeront qu'il aurait été possible de faire les choses différemment. Même les grands leaders ont parfois tort, mais ils assument leur responsabilité personnelle pour les erreurs commises et continuent leur chemin. Ne laissez pas les critiques vous empêcher d'assumer votre leadership. Blindez-vous pour résister à la pression. Si vous savez que vous avez raison, faire face, seul, en vaut la peine. S'il s'avère que vous avez tort, admettez-le et poursuivez votre chemin. Vous êtes totalement livré à vous-même dans les situations internationales. Les cadres supérieurs et les dirigeants internationaux ont davantage de décisions à prendre, et ils doivent les prendre seuls. Très souvent, les critiques ne connaissent pas la situation locale ou n'ont jamais eu à faire ce que vous faites. Même un mauvais projet ou une action critiquables sont dans bien des cas meilleurs que la passivité. Si vous ratez quelque chose, vous pouvez toujours ajuster le tir et repartir de l'avant. Au moins vous avez appris une chose, cette méthode ne fonctionne pas. Défendre une position difficile demande une confiance en ce que vous affirmez et, en même temps, l'humilité de reconnaître que vous pouvez avoir tort – un des paradoxes de la vie. Pour vous préparer à mener un débat sur une question difficile, interrogez-vous mentalement jusqu'à ce que vous puissiez exprimer en quelques phrases ce qu'est votre position et pourquoi vous la défendez. Suivez une démarche rationnelle. Comment les autres gagnent-ils ? Demandez leur avis sur la question. Analysez le problème, considérez les différentes options possibles, choisissez-en une, développez-la, puis suivez votre ligne de pensée jusqu'à ce qu'il soit prouvé que vous avez tort. Considérez le point de vue opposé. Imaginez une argumentation puissante contre votre position. Préparez des réponses à cette attaque. Attendez-vous à des rebuffades.

☐ **7. Familiarisez-vous avec les risques inhérents au commerce international.** Les dirigeants internationaux qui réussissent sont souvent seuls, ce qui implique de repousser les limites, de tenter sa chance et de prendre des initiatives nouvelles et courageuses. Cette façon d'agir provoque, bien entendu, des erreurs et des échecs. Traitez-les comme autant d'occasions d'apprendre. Qui ne risque rien, n'a rien. Élevez votre niveau de témérité. Commencez par prendre des risques limités pour pouvoir vous rattraper plus facilement. Visez les petites réussites. Lancez des ballons d'essai. Ne vous engagez pas dans un défi majeur pour prouver votre courage. Contentez-vous d'épreuves plus modestes. Débutez par les plus faciles. Passez ensuite aux plus difficiles. Faites un inventaire de chacune d'elles et voyez celles où vous avez réussi et celles où vous n'avez pas été à la hauteur. Fixez-vous pour objectif de faire les choses différemment et mieux les prochaines fois. Relevez le défi. Décuplez votre créativité en utilisant de nouvelles tactiques. *Besoin d'aide supplémentaire ? Reportez-vous aux fiches n° 2 : Faire face à l'ambiguïté, n° 14 : Faire preuve de créativité et n° 28 : Gérer l'innovation.*

☐ **8. Obtenez le conseil des autres.** L'efficacité dans des situations multiculturelles s'obtient en demandant les avis et conseils des autres. Consacrez du temps à développer des relations avec ceux qui sont en position de vous aider. Trouvez les gens qui savent et qui détiennent l'expérience. Trouvez les gens qui ont l'expérience de la culture et du pays. Testez à l'extérieur, suffisamment à l'avance, ce que vous voulez faire ou dire. Demandez à une personne du pays d'écrire ce que vous devez faire et dire pour obtenir les résultats souhaités. Faites-vous conseiller par les dirigeants de sociétés avec qui vous n'êtes pas en concurrence. Appelez votre prédécesseur. *Besoin d'aide supplémentaire ? Reportez-vous à la fiche n° 36 Savoir motiver.*

☐ **9. Étudiez ce que les gens du pays font.** Chaque culture a sa façon unique d'approcher les problèmes difficiles. Dans certaines cultures, la confrontation directe est à éviter à tout prix, par contre dans d'autres elle est non seulement acceptée, mais attendue. Il existe des cultures où un intermédiaire est utilisé pour faire passer les messages difficiles. Il est important de bien connaître et comprendre les méthodes locales, ainsi que la façon de réagir des personnes dans des situations délicates, en fonction de facteurs culturels spécifiques. Observez et apprenez. En règle générale montrez-vous prudent tant que vous n'avez pas une connaissance approfondie des habitudes locales et du contexte culturel particulier.

☐ **10. Faites confiance à votre jugement, agissez et apprenez sur le terrain.** De toutes les façons, une mauvaise performance reste une mauvaise performance, et si les choses ne sont pas faites dans les délais, ne vous laissez pas influencer par la crainte de transgresser des règles culturelles locales, allez de l'avant. Dans le même temps, continuez d'apprendre et recherchez des manières différentes de faire les choses. Dans la plupart des cultures, sauf le cas d'offense majeures, les gens du pays sont plus tolérants vis-à-vis des étrangers qui, de toute façon « ne comprennent pas comment les choses sont faites ici ». Le pire que vous puissiez faire, c'est de laisser les choses se dégrader. Si vous n'êtes pas certain de la façon dont le problème doit être traité, demandez conseil à un expert local. Partez des enseignements acquis lors d'expériences passées et bâtissez là-dessus.

One ought never to turn one's back on a threatened danger and try to run away from it. If you do that, you will double the danger. But if you meet it promptly and without flinching, you will reduce the danger by half.
– Winston Churchill

164 TOLÉRANCE AUX CHANGEMENTS D'AFFECTATION

Équivalences tirées du LEADERSHIP ARCHITECT : 1,2,11,12,43,50,52,53,55,62

The gentle reader will never, never know what a consummate ass he can become, until he goes abroad.
– Mark Twain

COMPÉTENCE NON MAÎTRISÉE

- ☐ Les voyages le fatiguent
- ☐ Ne sait pas gérer les difficultés des voyages internationaux
- ☐ S'adapte lentement lors d'une affectation à l'étranger
- ☐ Perd ses moyens lors des voyages et des changements de conditions de vie constants
- ☐ Est mal organisé
- ☐ Ne sait pas gérer son temps
- ☐ Ne dispose pas du savoir-faire nécessaire pour négocier des conditions de logement et de confort acceptables
- ☐ Réagit lentement en voyage
- ☐ Ne cesse de manquer des correspondances en voyage

164

COMPÉTENCE MAÎTRISÉE

- ☐ S'adapte rapidement à de nouvelles affectations et conditions à l'étranger
- ☐ Est un voyageur averti
- ☐ Sait préserver santé et moral dans des conditions difficiles
- ☐ Sait rapidement atteindre une vitesse de croisière même lorsque les ressources disponibles sont limitées
- ☐ Sait fonctionner dans les circonstances les plus ardues
- ☐ Est bien organisé
- ☐ Sait gérer son temps
- ☐ Un bon négociateur et un voyageur astucieux
- ☐ Semble aimer relever les défis
- ☐ Aime la découverte
- ☐ Sait se relaxer et dormir en avion
- ☐ Sait préserver une attitude positive

COMPÉTENCE UTILISÉE À L'EXCÈS

- ☐ Se fond trop rapidement dans le paysage local
- ☐ Son empressement à se fondre dans le décor semble excessif
- ☐ Attend de ses collaborateurs qu'ils aient son endurance
- ☐ Ne sait pas écouter

suite

- ☐ Ne se résigne pas à la défaite
- ☐ Agit impétueusement sans prendre en compte tous les éléments d'une situation donnée

Sélectionnez dans la liste ci-dessous une à trois compétences sur laquelle vous devrez travailler pour compenser son utilisation excessive.

COMPENSATEURS : 41,48

QUELQUES CAUSES

- ☐ N'a pas les aptitudes physiques nécessaires
- ☐ Ne sait pas gérer son temps
- ☐ Ne se fixe pas de priorités
- ☐ Ne sait pas décompresser dans des situations nouvelles ni inhabituelles
- ☐ Témoigne d'un système de valeurs et de croyances fort enraciné
- ☐ L'incertitude le désarçonne
- ☐ Ne change pas facilement de cap quand les circonstances l'exigent
- ☐ Désorganisé
- ☐ Lent à concevoir de nouvelles méthodes
- ☐ N'est à l'aise que dans la routine

LA CARTE

Les missions à l'étranger sont souvent éprouvantes : vols de longue durée, conditions de vie précaire, changements rapides, différentes règles et normes de conduite, décalage horaire, lenteurs et difficultés du transport, barrière de la langue. L'essentiel est de pouvoir fonctionner efficacement dans des conditions de stress physique et mental intenses. Les handicaps du voyageur intercontinental sont nombreux, contrairement à ses collègues vivant dans le pays qui se lèvent frais et dispos car ils ont dormi dans leur lit. Si les missions internationales sont dans l'ensemble stimulantes, voire exaltantes, elles n'en restent pas moins éprouvantes. Savoir préserver son équilibre et sa lucidité dans de telles circonstances est l'une des clés du succès du commerce à l'échelle internationale. Devoir réagir à chaque circonstance ou événement international finit par être exténuant. C'est la raison pour laquelle apprendre à se relaxer et se détendre, est l'une des principales conditions du bien-être physique et mental et, partant, du succès des affaires.

QUELQUES SOLUTIONS

☐ **1. Sachez à quoi vous attendre.** Renseignez-vous sur les pays que vous devez visiter. Renseignez-vous sur les conditions de vie, les pourboires, les restaurants, les lois, la façon de s'habiller et les normes de conduite. Rencontrez ceux qui sont allés dans ces pays Les affaires se font-elles comme dans votre pays d'origine ? Est-ce plus formel ? Faut-il du temps avant que les choses se fassent, ou est-ce que c'est plus rapide ? Est-il nécessaire de tisser des liens avec beaucoup de gens, ou ce n'est pas indispensable ? Devez-vous parler de votre famille, ou est-ce un sujet à éviter ? Préparez-vous à ce qui vous attend.

☐ **2. Gérez votre sommeil.** Renseignez-vous sur la façon de vous adapter aux changements de fuseaux horaires. Voyez votre docteur pour savoir quels sont les médicaments efficaces en cas de besoin. Il est rare de pouvoir se reposer quand on voyage de par le monde. Quand vous voyagez, adaptez-vous à l'heure locale dès que possible. Ajustez votre rythme interne, en mangeant et dormant aux heures du pays de destination. Quelques règles pratiques pour les voyageurs internationaux : ne restez pas debout quand vous pouvez vous asseoir ; ne vous asseyez pas quand vous pouvez vous mettre en position inclinée ; ne vous mettez pas en position inclinée quand vous pouvez vous allonger ; ne vous allongez pas quand vous pouvez faire un somme. Conservez votre énergie pour ce qui est important.

☐ **3. Bougez-vous.** Les voyages internationaux demandent de la résistance. Les gens qui se maintiennent en bonne forme physique réussissent mieux en général. Essayez de continuer vos exercices habituels même quand vous voyagez. Se concentrer quand on est fatigué n'est pas à la portée de tout le monde. Rendez-vous dans une librairie pour trouver un livre sur la façon de gérer la fatigue des voyages internationaux. Adoptez un programme qui vous convient. Essayez de rester actif physiquement quand vous voyagez. L'exercice après un long vol permet souvent de recharger les accus et de retrouver son niveau d'énergie.

☐ **4. L'alimentation.** L'excellente cuisine de par le monde est un bienfait tout relatif. Nourriture excellente. Cuisines raffinées. Mais différentes de ce à quoi vous êtes habitué. Les horaires des repas sont différents. La durée des repas aussi. Vous êtes tenté de tout essayer. Certes, vous devez répondre aux attentes de vos hôtes, mais pensez aussi à votre bien être. Quand vous allez à un endroit pour la première fois, prenez soin de goûter ce type de cuisine avant de partir. Renseignez-vous à l'avance sur la gastromie et les plats typiques. Dans le contexte mondial actuel, vous trouverez sans problème la cuisine de tous les pays dans une grande ville proche. Apprenez vingt mots étrangers pour dire poulet, poisson, bœuf, légumes et soupes. Essayez de vous cantonner dans vos préférences alimentaires.

☐ **5. En vol.** Le plus souvent vous aurez à faire de longs voyages aériens. Il faut savoir gérer ces vols de longue durée. Quand dormir ? Comment dormir ? Quel type de service ? Quoi manger ? Quand manger ? Devez-vous boire de l'alcool ? Savez-vous comment faire de l'exercice en avion ? De nombreux ouvrages vous indiquent comment voyager sainement. Procurez-vous en deux dans une librairie locale et adaptez votre programme.

☐ **6. Gérez les problèmes.** Les différences posent problème à bien des gens. Chaque pays présente de nouvelles difficultés. Pensez-y à l'avance. Rencontrez ceux qui y sont allés. La sécurité dans les aéroports constitue un point important.

164

Devez-vous confier vos bagages à n'importe qui ? Les chauffeurs de taxi sont-ils fiables ? Quelle devise devriez-vous avoir sur vous ? Est-il meilleur marché de convertir les devises dans votre pays ou préférable d'attendre d'être à destination ? Comment réserver une chambre si vous atterrissez à 8 heures du matin ? Dans la majorité des cas, il est préférable de réserver et de payer une chambre pour la nuit précédente, plutôt que d'attendre dans le hall de l'hôtel pendant plusieurs heures qu'une chambre se libère. Les douanes. Que pouvez-vous amener ? Que devez-vous déclarer ? Existe-t-il des mots clés que vous devez ou ne devez pas utiliser ? Passage des douanes : quels papiers devez-vous présenter ? En résumé, préparez votre voyage dans les moindres détails.

☐ **7. Gérez les imprévus.** Soyez prêt à y faire face. Que faire si vous perdez vos documents de voyage ou votre passeport ? Que faire si vous perdez votre argent ? Que faire en cas de maladie ? Que faire si votre programme de voyage est perturbé ? Comment obtenir une information fiable ? Pensez à tout cela et prévoyez des solutions de rechange. Vous devez savoir comment rejoindre votre ambassade sur place. Que peuvent-ils faire pour vous ? Consultez votre docteur pour savoir comment faire face aux problèmes médicaux potentiels. Vérifiez avec votre banque ou institution financière comment vous procurer de l'argent sur place. Vous devez savoir comment contacter le personnel local en cas d'urgence.

☐ **8. Apprenez à garder votre calme ou à réagir en fonction des circonstances.** Quand on se trouve dans un environnement inhabituel, il est normal de réagir de façon excessive. À mesure que vous allez acquérir une expérience internationale, vous saurez mieux réagir aux différentes situations. Il est important que vous trouviez un rythme de croisière et une perspective à long terme pour affronter les problèmes. Concentrez-vous sur ce qui est réellement important pour réussir dans les affaires, en ignorant les problèmes mineurs. Gardez le sens de l'humour et n'hésitez pas à rire de vous-même.

☐ **9. Apprenez à gérer les communications avec la maison mère et à répondre à ses attentes.** Le fait de ne pas avoir une vision claire de ce que leur siège social attend réellement et de ne pas savoir comment maintenir une communication ouverte et régulière est une grande source de stress pour les gestionnaires internationaux. Inversement, le siège social a souvent des difficultés à comprendre la situation locale et les conditions de travail. Il est souvent essentiel de communiquer à l'excès, pour parer aux incertitudes du siège face à une initiative particulière et la tension qui en découle. Si vous ne savez pas comment votre patron ou l'établissement central réagira à une initiative, communiquez le plus possible.

☐ **10. Apprenez à avoir une attitude neutre sur ce qui est fait différemment.** L'une des forces du dirigeant international accompli, c'est de savoir que les événements et circonstances sont tout simplement différents de ceux de leur pays d'origine, au lieu de faire des comparaisons sous forme de jugements de valeur.

En reconnaissant simplement que la situation est différente, on évite les jugements de valeur et on la perçoit plus objectivement et plus rationnellement. Cette attitude permet de replacer les choses en perspective. Un dirigeant international déclare qu'il faut s'attendre à trois incidents désagréables par voyage ; quand ce nombre est inférieur à trois, c'est vraiment un très bon voyage, par contre s'il le dépasse c'était simplement plus difficile que d'habitude. Acceptez les différences et sachez pourquoi les choses se font de cette façon avant d'essayer de les changer.

If a foreign country doesn't look like a middle-class suburb of Dallas or Detroit, then obviously the natives must be dangerous as well as badly dressed.
– Louis Lapham

165 COMPÉTENCES DE POSITIONNEMENT ORGANISATIONNEL (À PARTIR D'IMPLANTATIONS ÉLOIGNÉES)

Équivalences tirées du LEADERSHIP ARCHITECT : 3,8,31,33,38,39,48,49,59,61,65,67

Societies have always been shaped more by the nature of the media by which men communicate than by the content of the communication.
– Marshall McLuhan

Nothing has really happened until it has been recorded.
– Virginia Woolf

COMPÉTENCE NON MAÎTRISÉE

- ☐ N'informe pas le siège social de décisions clés
- ☐ Part du principe que la haute direction a la science infuse
- ☐ Ignore les requêtes ou les suggestions de la direction
- ☐ Ne communique pas l'information importante de façon opportune
- ☐ Ne demande pas d'aide en situation difficile
- ☐ Ne prend pas le soin d'expliquer les problèmes locaux à la maison mère

COMPÉTENCE MAÎTRISÉE

- ☐ Est doué du sens politique
- ☐ Sait expliquer les décisions de la maison-mère à ses collaborateurs locaux
- ☐ Est capable de traduire les points de vue des collaborateurs locaux et à la maison mère et réciproquement
- ☐ Connaît l'art des replis tactiques
- ☐ Est un communicateur exceptionnel
- ☐ Sait exploiter à son profit les réseaux informels de communication
- ☐ Ne perd jamais l'occasion d'expliquer un point de vue et de convaincre autrui de son bien-fondé

165

COMPÉTENCE UTILISÉE À L'EXCÈS

- ☐ Ne cesse de revenir à la maison mère
- ☐ Gaspille beaucoup de temps à se lamenter des pertes de temps avant de prendre finalement une décision
- ☐ Consacre énormément de temps à des présentations
- ☐ Est perçu comme cherchant à se faire bien voir de ses supérieurs
- ☐ Est perçu comme étant intéressé dans ses rapports avec autrui
- ☐ Ne cesse de s'interroger sur la façon dont la maison mère ou le pays hôte réagiront face à une décision quelconque

Sélectionnez dans la liste ci-dessous une à trois compétences sur laquelle vous devrez travailler pour compenser son utilisation excessive.

COMPENSATEURS : 47,50,53,57,62

QUELQUES CAUSES

- ☐ Accorde trop d'importance à l'approbation de la maison mère
- ☐ Manque de confiance en soi
- ☐ Craint de commettre des erreurs
- ☐ S'encombre de détails
- ☐ Recherche l'unanimité avant d'agir
- ☐ Esquive les confrontations

LA CARTE

Être parachuté loin du siège de la société risque de constituer une aventure en solitaire et un défi. D'une part, il se peut que la haute direction ait une idée préconçue de la façon dont une société devrait être gérée dans le pays hôte, en l'absence d'une expérience directe de sa culture ou du milieu des affaires. Le défi consiste à pouvoir bien communiquer avec ses supérieurs et à les impliquer dans le succès de l'opération autant que faire se peut. Par ailleurs, le commerce international est, par définition, une activité pleine de risques. Il peut arriver que la situation exige une décision immédiate sans possibilité de consulter la haute direction (un incendie se déclare à midi, heure locale, minuit au siège social). Il importe de trouver le juste milieu entre l'obligation de tenir la direction informée d'événements importants et la prise de décisions qui paraîtront bien plus risquées à la haute direction qu'au personnel de la filiale. Les cadres supérieurs à l'étranger qui réussissent en affaires savent maintenir le contact et respecter les opinions d'autrui. D'une certaine manière, le succès du cadre supérieur à l'étranger dépend de sa capacité à déceler et adopter les bonnes idées, quelle qu'en soit la provenance. Ce cadre sait faire appel à la haute direction quand les circonstances l'exigent.

QUELQUES SOLUTIONS

☐ **1. La technologie et la gestion des décalages horaires.** Rester en contact au niveau international n'est pas toujours chose facile compte tenu des décalages horaires. Cela présente des avantages et des inconvénients tant pour le courrier électronique que pour la visioconférence. Les visites éclair entre deux avions avec peu de temps pour les conversations de salon permettent de vraiment se concentrer sur les choses essentielles. La barrière des langues crée aussi des problèmes spécifiques. C'est toujours difficile de communiquer quand on n'est pas très bien réveillé après un long voyage. Il faut de la discipline et une bonne gestion du temps pour prendre position sur des problèmes. La plupart des dirigeants sont plus à l'aise dans les discussions en face-à-face que dans les communications écrites, surtout quand le sujet est compliqué *(voir la fiche n° 67 : Maîtriser la communication écrite).* Devenez un utilisateur astucieux de la technologie disponible. Faites-vous aider par un expert. Pratiquez. Obtenez du feed-back. Adaptez-vous à celui qui reçoit vos communications. Déterminez avec eux ce dont ils ont besoin et quand. Si vous avez des doutes, communiquez à l'excès. La communication avec le siège est toujours un numéro d'équilibriste.

☐ **2. Devenez un communicateur hors pair.** Êtes-vous un communicateur minimaliste ? Vous limitez-vous à transmettre le minimum nécessaire aux gens ? Pourtant les gens sont motivés s'ils sont conscients du contexte. Sur quoi travaillent les autres et pourquoi ? Beaucoup pensent que ces renseignements sont superflus et gaspillent le temps. Ils se trompent. L'impression de faire quelque chose qui en vaut la peine est l'élément de motivation numéro deux au travail ! Elle donne en retour une meilleure productivité. Efforcez-vous d'accroître la part d'information que vous dispensez et qui dépasse le cadre strict du travail immédiat. Concentrez-vous sur l'impact de cette action. Demandez à vos collaborateurs ce qu'ils veulent savoir et, s'il ne s'agit pas d'information confidentielle, répondez-leur. Traitez vos collaborateurs avec le même respect que celui avec lequel vous traitez vos clients.

☐ **3. Ne soyez pas un solitaire.** Vous demeurez discret et renfermé ? Vous travaillez seul ou tentez de le faire ? Vous gardez de l'information par-devers vous ? Vous distribuez des bribes d'information selon votre bon vouloir ? Ne partagez-vous l'information que pour obtenir un avantage ou gagner une faveur ? Les gens autour de vous savent-ils ce que vous faites et pourquoi ? Êtes-vous conscient de détenir des renseignements qui aideraient les autres mais que vous ne prenez pas le temps de communiquer ? Dans beaucoup d'organisations, ce genre d'attitude vous vaudra des ennuis. Les organisations fonctionnent par flux d'information. Travailler de votre côté, dans la paix et la tranquillité, n'est pas un problème dans la mesure où cela ne vous empêche pas de communiquer avec vos supérieurs hiérarchiques, vos collègues ni vos collaborateurs. Ne soyez pas à l'origine de surprises.

☐ **4. Améliorez votre style de communication.** Ne soyez pas sibyllin quand vous communiquez. Certaines personnes ne savent tout simplement pas transmettre l'information. Leurs styles de communication ne sont pas efficaces. Les meilleurs communicateurs, selon des recherches en comportement, sont ceux qui : parlent souvent, mais brièvement (15-30 secondes) ; posent plus de questions que d'autres ; proposent moins de solutions en début de discussion ; soulignent leurs arguments en une ou deux phrases ; résument souvent leur pensée et font des déclarations du genre « Voici où nous en sommes » ; invitent chacun à présenter ses points de vue ; interviennent après que les autres aient eu le temps de parler, à moins qu'ils n'aient à prendre une décision rapide. Comparez ces pratiques aux vôtres. Améliorez celles qui ne vont pas dans le bon sens.

☐ **5. Soyez un informateur cohérent.** Dressez une « check-list » détaillant les types d'information à donner et leurs destinataires ; faites suivre les résumés ou les copies des communications importantes. Classez les données de cette liste : en notant les surprises désagréables que les autres vous rapportent, en demandant à vos collaborateurs ce qu'ils aimeraient savoir pour mieux faire leur travail et en vérifiant auprès de vos supérieurs, collègues et clients si vous leur livrez trop, trop peu ou suffisamment d'information. Il importe de bien savoir quoi dire, à qui le dire et quand le dire pour apprendre à bien informer. Certains dirigeants conservent une liste des sujets importants près du téléphone et communiquent l'information en permanence dès que la possibilité se présente.

☐ **6. Soyez un informateur exhaustif et à « haut débit ».** Évitez l'information sélective. Le principal travers de l'information sélective est de la faire circuler vers le haut et l'extérieur, mais non pas vers le bas ou les côtés. Assurez-vous d'avoir inclus toutes les parties concernées dans vos communications. Évitez de filtrer l'information en réservant certaines choses aux uns et pas aux autres. Pourquoi ? Que gagnez-vous avec un groupe et que vous risquez de perdre avec un autre ? Est-ce personnel ? Que gagnez-vous à partager ? Aux dépens des autres ? Pourquoi évitez-vous certains groupes ? Craignez-vous des débats que vous voulez éviter ?

☐ **7. Apprenez à mieux connaître les hauts dirigeants.** Essayez de les rencontrer et d'échanger avec eux à l'extérieur de l'organisation : lors de réceptions, d'activités sportives, etc. Cherchez à savoir ce qu'ils pensent. Trouvez quel type d'information ils apprécient et dont ils ont besoin. De quelle manière préfèrent-ils recevoir l'information ? Personnalisez votre approche en fonction de chaque interlocuteur. Posez des questions, demandez conseil. Demandez-leur comment ils réagissent face à certaines situations.

☐ **8. Étudiez le fonctionnement de votre organisation.** Les organisations sont parfois complexes, et leurs façons de faire varient. Pour atteindre les objectifs, la voie risque d'être parsemée de détours et de labyrinthes avec bien des culs-de-sac. Pour la plupart d'entre elles, le plus court chemin n'est pas la ligne droite. Il existe une organisation formelle : celle de l'organigramme avec des trajectoires bien droites, et une organisation informelle où toutes les trajectoires s'entrecroisent. Le fait que les organisations emploient des êtres humains rend les choses encore plus complexes. On y trouve, entre autres, des cerbères (ceux qui détiennent l'information), des « expéditeurs » (ceux qui la diffusent), des résistants, des guides, des bons samaritains et des mandarins. *Besoin d'aide supplémentaire ? Reportez-vous à la fiche n° 38 : Faire preuve d'agilité organisationnelle.*

☐ **9. Suivez en permanence les orientations et les actions du siège social.** Le fait de travailler au siège offre bien des occasions de savoir où se déroule l'action et quelle est la dernière stratégie à la mode. Les dirigeants internationaux qui réussissent parviennent à maintenir un flux d'information dans les deux sens et à être au courant des derniers projets et décisions. Restez en contact régulier avec vos alter ego au siège et demandez-leur de vous informer des dernières nouvelles ou des changements d'orientation. Demandez à faire partie de la liste de distribution de l'information-clé et assurez-vous d'être parmi les destinataires des courriers électroniques importants. Quand vous vous rendez au siège ou dans les bureaux régionaux, prévoyez suffisamment de temps pour rencontrer les collègues qui occupent d'autres fonctions.

☐ **10. Gardez un emploi du temps ouvert.** Un des meilleurs moyens pour éviter les ennuis et rester informé, c'est de partager votre emploi du temps avec le maximum de gens. Bien sûr, l'information confidentielle doit le rester, mais la transparence aura pour effet de vous tenir informé très en amont de l'information importante. Un emploi du temps ouvert rassure les autres sur le fait que vous ne gardez pas l'information pour vous. Donnez-leur toujours plus qu'ils n'en veulent, en demandant s'ils en veulent encore plus. Efforcez-vous d'être perçu comme un cadre ouvert, qui n'hésite pas à demander de l'aide, se montrant toujours réceptif aux idées novatrices.

The interest in life does not lie in what people do, nor even in their relations to each other, but largely in the power to communicate with a third party, antagonistic, enigmatic, yet perhaps persuadable, which one may call life in general.
– Virginia Woolf

166 SENSIBILITÉ INTERCULTURELLE

Équivalences tirées du LEADERSHIP ARCHITECT : 3,21,29,31,33,40,41,45,54,55,56,60,64,65

No doubt, to a man of sense, travel offers advantages. A foreign country is a point of comparison, wherefrom to judge his own.
– Ralph Waldo Emerson

The common ground is greater and more enduring than the differences that divide.
– Nelson Mandela

COMPÉTENCE NON MAÎTRISÉE

- ☐ Juge les différences d'un point de vue personnel
- ☐ Les conflits le mettent mal à l'aise
- ☐ Refuse de voir les différences
- ☐ Ne fait pas l'effort de comprendre la source des conflits
- ☐ Décline les invitations à participer aux événements locaux
- ☐ Porte des jugements de valeur (bien contre mal) sur de simples différences
- ☐ Inflexible
- ☐ Manque de souplesse

COMPÉTENCE MAÎTRISÉE

- ☐ Comprend et fait preuve d'empathie avec des êtres de culture différente
- ☐ Ne critique pas les différences culturelles
- ☐ Respecte la différence
- ☐ Agit sans sonner le branle-bas de combat
- ☐ Essaie d'apprendre la langue du pays
- ☐ Participe régulièrement aux rituels et cérémonies locaux
- ☐ Comprend la culture locale dans ses nuances
- ☐ Respecte des ensembles de valeurs différents
- ☐ Sait gérer la diversité et s'y trouve à l'aise

COMPÉTENCE UTILISÉE À L'EXCÈS

- ☐ Ne sait pas trancher un désaccord même lorsque les circonstances l'exigent
- ☐ Tergiverse devant des conflits ou des résistances d'ordre culturel
- ☐ Se fond totalement dans le milieu
- ☐ Accorde une importance démesurée aux mœurs locales au détriment des intérêts de la maison mère
- ☐ Ne prend pas ses responsabilités par peur d'offenser autrui
- ☐ Gaspille du temps en accordant trop d'importance aux implications culturelles d'une action envisagée

Sélectionnez dans la liste ci-dessous une à trois compétences sur laquelle vous devrez travailler pour compenser son utilisation excessive.

COMPENSATEURS : 1,9,12,17,39,40,50,51,53,57,62

QUELQUES CAUSES

- ☐ Témoigne d'un système de valeurs et de croyances fort enraciné
- ☐ Fort enclin à critiquer
- ☐ Expériences antérieures fort limitées
- ☐ Ethnocentrique
- ☐ Timide et réservé
- ☐ Manque de vivacité intellectuelle
- ☐ Peu réceptif aux idées nouvelles

LA CARTE

Il existe toujours plusieurs façons d'exécuter le même projet. Les différences abondent dans le monde, qu'elles soient d'ordre religieux, culturel, historique, philosophique ou politique, ou économique. En dépit de quelques similarités universelles entre les peuples, les pays et les cultures, les différences priment. Il n'est que trop facile de mépriser une différence culturelle. Les habitudes alimentaires varient beaucoup d'une culture à l'autre. Certains pays interdisent que l'on mentionne le produit d'un concurrent dans la publicité. Certains pays comptent des femmes parmi leurs directeurs d'entreprises, d'autres interdisent aux femmes d'exercer un emploi. La consommation d'alcool est permise dans certaines cultures et interdite dans d'autres. Certaines cultures pratiquent un débat public libre et ouvert à tous, tandis que dans d'autres vous risquez la prison si vous critiquez les détenteurs du pouvoir. C'est pourquoi la réussite sur le plan international a pour corollaire une acceptation des différences dans le travail. C'est ce qui fait la différence entre le succès et l'échec. Pour conclure, le cadre supérieur qui réussit à l'étranger est celui qui accepte les différences et travaille selon les paramètres établis par une culture étrangère à la sienne.

QUELQUES SOLUTIONS

☐ **1. Posez les bonnes questions.** Commencez par vous poser les bonnes questions. En voici quelques-unes d'après McCall et Hollenbeck dans *Developing Global Executives :*

- Quels sont les bons et les mauvais côtés de la culture ?
- La communication est-elle ouverte ou fermée, réservée, subtile ?
- Comment traiter les gens avec respect ?
- Que faut-il faire pour gagner leur confiance ?
- Les relations d'affaires sont-elles de type amical ou très formelles ?

- Quelles sont les motivations primordiales de cette culture ?
- Réagissent-ils rapidement ou lentement ?
- Quels sont les modes de pensée prédominants?
- Quelle est l'attitude face à une journée de travail bien remplie ?
- À quoi s'attend-on d'un leader ?
- Comment sont les relations avec les clients ?
- Quelle est l'histoire de cette culture, plus particulièrement vis-à-vis des autres cultures ?
- Quelle est la situation générale de cette culture (économiquement, politiquement et socialement) ?

☐ **2. Faites attention aux différences culturelles.** Elles sont très réelles et risquent souvent d'avoir des conséquences sur nos actions. Sachez reconnaître et accepter que vous n'êtes pas en mesure de percevoir les différences qui existent au niveau des méthodes de gestion par rapport à celles qui vous tenez pour acquises. Comme nous grandissons et apprenons tous dans un contexte culturel particulier, tout cela nous semble dans l'ordre normal des choses. Nous sommes tellement conditionnés que cela nous surprend souvent de constater que les autres ne nous comprennent pas ni ne partagent notre vision des choses. Nous avons tendance à croire que les autres pensent et agissent comme nous. Après avoir posé les bonnes questions (reportez-vous à la solution n° 1 ci-dessus), essayez de comprendre comment les différences soulignées dans les réponses peuvent se traduire dans la pensée et les actes. Imaginez que vous ayez grandi dans une culture différente. Vous auriez des opinions différentes sur des sujets tels que l'égalité des sexes, l'histoire, la religion, les préférences alimentaires, l'âge, la race, l'éthique du travail, les valeurs éducatives, etc. Ne vous contentez pas de connaître ces différences de préférences et d'attitudes, comprenez leur incidence sur la façon de faire les choses. Exposez votre point de vue à plusieurs personnes. Achetez plusieurs journaux ou magazines internationaux et comparez les articles sur un même sujet. Vous y trouverez différentes perspectives, souvent fondées sur l'expérience et la culture du pays où l'article a été écrit. En fait, mettez-vous à la place de quelqu'un d'une autre culture ayant des expériences de vie fondamentalement différentes des vôtres. Voyez comment certaines expériences importantes de votre vie vous ont influencé ou amené à modifier votre comportement. Considérez que le fait d'être élevé comme un musulman, un juif, un chrétien, un catholique, un hindou, un bouddhiste, un athée ou un animiste a des conséquences, souvent inconscientes, sur la façon de voir le monde et sur les croyances. Entretenez-vous avec des collègues du pays en qui vous avez confiance des différentes pratiques dans les affaires ou la gestion. Interrogez-les et écoutez attentivement leurs opinions. Essayez surtout de ne pas porter de jugement sur des points de vue différents des vôtres. Par-dessus tout, écoutez et acceptez les différences avant de prendre une décision importante. Dans chaque situation, renseignez-vous sur les différences culturelles et considérez leur incidence éventuelle et ses raisons.

☐ **3. Vous devez comprendre les stéréotypes culturels en commençant par les vôtres.** Apprenez à reconnaître vos propres stéréotypes. Selon les recherches d'Helen Astin, hommes et femmes ont tendance à évaluer les femmes gestionnaires de manière extrême (très bonnes ou très mauvaises), tandis que leur évaluation des hommes suit une courbe normale. Pensez-vous que les Irlandais sont des buveurs invétérés ? Que les Suisses fabriquent de meilleures montres ? Que les Allemands sont les meilleurs ingénieurs ? Que les Hollandais ne sont pas émotifs ? Que les gens qui mangent du chien sont repoussants ? Que les Mexicains sont fainéants ? La plupart des stéréotypes culturels se révèlent être faux. Même s'il existe des différences superficielles, on trouve des variations équivalentes dans chaque culture. Il existera toujours des individus significativement différents par rapport à la norme culturelle générale de chaque pays. Regardez l'individu avant de sauter aux conclusions en fonction du pays d'origine ou de la culture.

☐ **4. Évitez de catégoriser les gens.** Essayez de considérer les gens davantage comme des individus plutôt que comme des membres d'une culture ou des ressortissants d'un pays. Nous répartissons les gens dans de bonnes et de mauvaises catégories. Les catégories de ceux avec lesquels nous sommes à l'aise et ceux avec qui nous le sommes moins. Une fois la classification faite, nous avons tendance à ne pas entretenir de bons rapports avec ceux qui se retrouvent dans la mauvaise catégorie. La plupart du temps, il existe deux catégories : ceux qui sont comme moi (les gens bien) et ceux qui sont différents (les moins bien). Avec le temps, les gens « comme moi » obtiennent plus d'attention, plus de conseils, plus de tâches stimulantes et logiquement se développent et accomplissent mieux leur travail, confirmant ainsi votre stéréotype. Pour briser ce cycle, essayez de comprendre sans juger. Soyez sincère envers vous-même. Y a-t-il un groupe ou des individus avec lesquels vous êtes mal à l'aise ? Portez-vous un jugement sur les membres de ces groupes sans vraiment savoir si vos a priori sont vérifiés ? Nous le faisons malheureusement la plupart du temps. Efforcez-vous de regarder les gens pour ce qu'ils sont, c'est-à-dire des personnes.

☐ **5. Acceptez le fait que la diversité est une richesse.** La diversité des points de vue, des origines, de l'éducation, des cultures, des expériences, des croyances et des attitudes est importante car elle aide à élaborer des produits supérieurs pour des marchés très différents. Durant la Seconde Guerre mondiale, les militaires ont découvert que les groupes les plus créatifs étaient ceux dont les membres avaient peu de choses en commun et connaissaient peu les problèmes dont ils étaient chargés. Leur démarche aléatoire générait des solutions neuves. Ils n'étaient pas limités par leur passé. Soumettez un problème courant au groupe le plus disparate que vous pouvez constituer (un historien, un étudiant, un théologien, un vendeur, un plombier, etc.) et découvrez les idées qu'ils sont capables de générer. Recherchez des problèmes extérieurs à votre domaine et voyez ce que vous pouvez apporter. Testez vous-même la diversité culturelle ; attaquez-vous à des problèmes avec des équipes diversifiées, rassemblez le plus grand nombre possible de visions différentes et voyez si vous obtenez des solutions plus universelles, plus innovantes. Assemblez des équipes qualifiées, mais choisissez-les aussi diverses et différentes que possible. Passez un maximum de temps avec des personnes différentes dans votre entourage, sollicitez le point de vue de chacun. Comment ces différences amènent-elles à voir les problèmes d'une autre façon?

☐ **6. Augmentez votre expérience de la diversité culturelle.** Vous n'avez pas beaucoup expérimenté le multiculturalisme dans le passé, voulez-vous améliorer les choses ?

- Étape un : Parlez à ceux qui sont différents de vous, sous un aspect ou un autre, dans votre organisation ou votre entourage. Allez déjeuner avec eux. Invitez-les en dehors du travail. Échangez des idées. Hébergez un étudiant étranger venant d'un pays dont votre entreprise envisage de pénétrer le marché.
- Étape deux : Allez aux festivals ou aux manifestations étrangères dans votre localité. Goûtez la nourriture. Admirez les costumes et l'artisanat. Intéressez-vous à l'histoire de ceux qui organisent ces rencontres. Observez les coutumes. Parlez avec eux.
- Étape trois : Allez en vacances dans un pays étranger et intéressez-vous aux coutumes et à la diversité des caractéristiques locales. Le Québec pour goûter à l'ambiance française par exemple.
- Étape quatre : Séjournez dans un pays n'importe où dans le monde où très peu de gens parlent votre langue. Évitez les zones touristiques. Voyez quelle impression cela vous fait.

☐ **7. Étudiez l'anthropologie culturelle.** Spécialisez-vous dans l'étude des cultures. Choisissez quelques livres dans une librairie ou une bibliothèque universitaire proches de chez vous. De quelle façon les cultures diffèrent-elles les unes des autres ? Comment l'expliquer ? Peut-on reconnaître des similarités interculturelles ? Quel est le rôle de la religion ? De la géographie ? De l'histoire ? De l'économie ? Des ressources naturelles ? Lisez l'ouvrage de Will et Ariel Durant, *The Lessons of History* (1968), pour acquérir une connaissance approfondie sur la formation des pays et des cultures.

☐ **8. Suivez une classe interculturelle ou apprenez une langue.** Inscrivez-vous à un groupe de travail ou un séminaire sur un sujet qui vous intéresse à l'université Thunderbird dans l'Arizona, la London School of Economics, ou l'INSEAD en

France. Des personnes du monde entier participent à ces programmes dont les intervenants sont des experts internationaux sur les problèmes de la mondialisation. Centrez votre attention sur les participants en provenance de pays qui vous intéressent en priorité. Passez le plus de temps possible avec eux. Impliquez-vous dans les ateliers et travaux de groupe. Écoutez, posez des questions. Développez des relations qui pourraient vous être utiles le jour où vous vous rendrez dans ces pays. Un des meilleurs moyens de comprendre une culture consiste à étudier sa langue et son histoire. Essayez de comprendre comment on parle la langue et attachez-vous plus particulièrement à étudier l'argot qui revêt souvent des significations cachées.

☐ **9. Faites une évaluation de vos aptitudes à travailler au niveau international.** L'ouvrage de Maxine Dalton (et al.), *Success for the New Global Manager* (chapitre 4), contient une auto-évaluation. Cette évaluation comprend les questions suivantes : Est-ce que j'ai les compétences nécessaires pour diriger dans un pays étranger ? Que dois-je apprendre ? Quel est mon type de personnalité ? Vous pouvez comparer vos résultats à ceux des autres et imaginer un plan de développement pour les affaires internationales. Contactez ITAP International (www.itapintl.com) pour accéder à d'autres outils d'évaluation, afin de comprendre pourquoi votre perception du monde est en conflit avec celle d'autres cultures. Visitez également le site de Tucker International (www.tuckerintl.com) pour recueillir des informations sur la façon d'acquérir des capacités interculturelles.

☐ **10. Mettez en place un cadre destiné à vous permettre de comprendre des cultures différentes de la vôtre.** Vous pourrez trouver un bon exemple de schéma permettant de mieux intégrer les dimensions qui différencient les cultures dans le livre de Fons Trompenaars, *Riding the Waves of Culture.* Ces dimensions sont basées sur des recherches montrant que les cultures varient en fonction de sept dimensions primordiales. Les cultures peuvent être disposées sur chaque dimension et comparées avec d'autres cultures en termes de comportements susceptibles de se manifester ou en fonction de la valeur relative placée sur une compétence en particulier par une culture donnée. Les dimensions accompagnées d'une courte définition sont les suivantes :

- Culture universaliste au lieu de particulariste

  Dans une culture universaliste (Canada, États-Unis) les règles s'appliquent à tout le monde, alors que dans une approche particulariste (Russie, Corée du Sud) les règles sont plus dépendantes des relations et de circonstances spéciales.

- Culture individualiste au lieu de collectiviste

  Dans une culture individualiste (Canada, États-Unis), les individus sont de prime abord responsables de leurs actions, alors que la culture collectiviste (Chine, Japon) donne plus d'importance au groupe qu'à l'individu.

- Culture neutre au lieu d'affective

  Dans une culture neutre (Royaume Uni, Japon), la maîtrise de soi est appréciée et les émotions sont contenues, par contre dans la culture affective (Italie, France) les émotions seront exprimées sans retenue ou presque.

- Culture spécifique au lieu de diffuse

  Dans une culture spécifique (Suède, Suisse) les relations sont basées sur des raisons spécifiques (vous être mon directeur financier) et les problèmes personnels ou les relations interfèrent rarement avec les affaires. Dans le cas de la culture diffuse (Indonésie, Thaïlande) les frontières entre les problèmes personnels et du monde des affaires sont souvent associées et très importantes.

- Culture attributive au lieu de méritocratie

  Dans une culture attributive (Autriche, Nigeria) la position est le plus souvent basée sur la position de la famille et la richesse, tandis que la méritocratie (États-Unis, Australie) valorise le travail et la réussite.

- Culture du contrôle interne au lieu de contrôle externe

  Dans la culture à contrôle interne (Allemagne de l'Ouest avant la réunification ou Corée du Sud aujourd'hui), l'individu est censé être à l'origine de l'action, alors que la culture à contrôle externe (Allemagne de l'Est avant la réunification ou Corée du Nord aujourd'hui) favorise l'influence des individus par des forces externes, laissant peu de place à l'initiative personnelle. N'avons-nous pas de meilleurs exemples ? Les démocraties occidentales d'un côté, la Chine et le Moyen-Orient de l'autre.

- Les cultures du passé, du présent et du futur

  Les cultures qui se focalisent sur le passé sont plus axées sur les traditions et le protocole (Russie) ; alors que les cultures centrées sur le présent sont orientées sur ici et maintenant (Venezuela) ; les cultures focalisées sur le futur ont la vision du lendemain (États-Unis).

When will we learn that human beings are of infinite
value because they have been created in the image of God
and that it is a blasphemy to treat them as if they were less
than this and to do so ultimately recoils on those who do this?
In dehumanizing others, they are themselves dehumanized.
– Desmond Tutu, Nobel Prize acceptance speech

Sweetest Lord, make me appreciative of the dignity of my
high vocation, and its many responsibilities. Never permit me to
disgrace it by giving way to coldness, unkindness, or impatience.
– Mother Teresa

167 HUMILITÉ (PRINCIPALEMENT DANS LES CONTEXTES ASIATIQUE ET NORD-EUROPÉEN)

Équivalences tirées du LEADERSHIP ARCHITECT : 7,11,21,23,104,108,112,119

It is unwise to be too sure of one's own wisdom. It is healthy to be reminded that the strongest might weaken and the wisest might err.
– Mahatma Gandhi

The foundation of humility is truth. The humble man sees himself as he is.
– Henry Fairlie

COMPÉTENCE NON MAÎTRISÉE

- ☐ Tapageur, dominateur et d'un égocentrisme maladif
- ☐ L'esprit de bravade l'anime
- ☐ Rabaisse autrui
- ☐ Attire fâcheusement l'attention sur lui
- ☐ Ne sait pas reconnaître la contribution d'autrui
- ☐ La récompense individuelle compte plus pour lui qu'un bon travail d'équipe
- ☐ Ne sait pas écouter

COMPÉTENCE MAÎTRISÉE

- ☐ Sait obtenir des résultats sans sonner le branle-bas de combat
- ☐ Reconnaît sans détour ses erreurs et ses lacunes
- ☐ Prend soin de mettre autrui à l'aise
- ☐ Fait preuve de franchise
- ☐ Aide autrui à sauver la face dans des circonstances difficiles
- ☐ Sait optimiser les contributions de chacun
- ☐ Encourage l'expression des points de vue de chacun
- ☐ Reste modeste et effacé
- ☐ Respecte les points de vue différents

COMPÉTENCE UTILISÉE À L'EXCÈS

- ☐ Hésite à prendre des décisions
- ☐ Gaspille beaucoup de temps avant de prendre une décision
- ☐ Ne s'occupe pas des problèmes de ses collaborateurs en temps voulu
- ☐ Ne sait pas influencer les gens extérieurs à sa culture
- ☐ Est trop exigeant

Sélectionnez dans la liste ci-dessous une à trois compétences sur laquelle vous devrez travailler pour compenser son utilisation excessive.

COMPENSATEURS : 1,9,12,13,16,50,53,56,57

QUELQUES CAUSES

- ☐ Égocentrique
- ☐ A besoin de dominer
- ☐ A trop d'ambition personnelle
- ☐ Arrogant
- ☐ Ne fait pas attention aux autres
- ☐ N'est pas conscient des effets qu'il a sur autrui

LA CARTE

Le manque d'humilité conduit souvent à l'échec au sein de certaines cultures et pratiquement dans toutes les cultures. L'humilité peut être conçue comme un cas particulier de l'analyse faite par Trompenaar : a) des sociétés individualistes en opposition aux sociétés collectivistes et b) des cultures affectives en opposition aux cultures neutres. Dans certaines cultures (principalement asiatiques ou nord-européennes), l'humilité est considérée comme un trait positif, voire comme l'une des conditions nécessaires à l'exercice d'un leadership efficace. Sauver la face est important dans bien des cultures et le leader doit prendre garde de ne pas stigmatiser quiconque en public. Il est aussi important de savoir admettre ses erreurs et d'en endosser la responsabilité en tant que capitaine du vaisseau. Dans les cultures qui valorisent grandement l'humilité, le leader agit davantage comme s'il était au service de ses collaborateurs, par opposition au leader-vedette, constamment en représentation. Un manque d'humilité peut conduire le leader à ignorer les contributions d'autrui et à adopter des plans d'action qui échoueront pour cause de mauvais calculs politiques. Le manque d'humilité est fréquent chez les cadres supérieurs à l'étranger et peut se définir comme un manque de sensibilité culturelle et une propension à considérer ses opinions personnelles comme la vérité incarnée.

QUELQUES SOLUTIONS

☐ **1. L'arrogance comme source première de problèmes.** L'arrogance constitue un obstacle majeur aux relations efficaces dans de nombreuses cultures. Fréquemment, ceux qui ont une forte personnalité et ont connu jusqu'à présent une progression remarquable ne recherchent pas de feed-back sur eux-mêmes et poursuivent leur parcours, se croyant parfaits… jusqu'à ce que leurs relations se détériorent. Si l'on vous perçoit comme arrogant, le meilleur moyen pour en comprendre les raisons serait de demander un feed-back à 360° dans lequel les répondants seraient anonymes. Il est peu probable que vous obteniez beaucoup d'information directement, puisque vos collègues ne pensent pas que vous les écoutez et qu'il a déjà été pénible pour eux de tenter de vous influencer dans le passé. Les gens arrogants ou qui manquent d'humilité ont tendance à se surestimer. Les évaluations faites par les individus arrogants sont souvent inférieures à ce qu'elles devraient être parce qu'ils ont besoin de faire valoir leur point de vue. Si l'on considère que vous dévalorisez les autres, on vous retournera logiquement la politesse. Les recherches montrent que la performance est souvent associée directement à une très bonne connaissance de soi et que l'évaluation des personnes performantes est davantage en accord avec celle des autres ou légèrement plus basse. Votre objectif doit être de savoir comment les autres vous perçoivent et d'ajuster votre point de vue au leur.

☐ **2. Surveillez votre langage non verbal.** Les gens arrogants parlent et agissent de façon arrogante. Si vous voulez être perçu autrement, faites attention à vos expressions non verbales. L'arrogance se manifeste par des attitudes qu'un observateur neutre perçoit et juge comme des signaux de suffisance. Les froncements de sourcils. Les expressions du visage. Les mouvements du corps (surtout lorsqu'il est détourné). Le fait de pianoter impatiemment avec les doigts ou avec un crayon. Un sourire artificiel. Les lèvres serrées. Le fait de regarder ailleurs. Demandez à un ami sincère de vous dire si vous avez ce type de comportements afin de les éliminer. Le langage non verbal est aussi spécifique à la culture. Toute indication de manque d'humilité dans une situation aura moins ou peu d'impact dans une autre. Le manque d'humilité empêche de voir comment agir avec tact dans un environnement culturel différent.

☐ **3. Parler le premier de façon tonitruante.** Réponses. Solutions. Conclusions. Déclarations. Oukases. Les solutions d'abord, après on discute ? Peut-être apparaissez-vous comme la personne qui saute aux conclusions et aux solutions avant même que quiconque ait la chance de finir l'énoncé du problème. L'humilité est un moyen de donner aux autres une chance équitable de faire valoir leur point de vue, de participer et d'apporter quelque chose. Laissez les autres parler au début. Laissez les gens parler. N'interrompez pas. Ne terminez pas les phrases pour eux. Posez des questions. Reformulez le problème en utilisant vos propres mots et en vous assurant que vous avez bien compris. Après vous déciderez. Lors d'un entretien, faites une pause de quinze secondes avant de dire quoi que ce soit et montrez par deux questions après chaque échange que vous êtes attentif et que vous souhaitez en savoir plus. *Besoin d'aide supplémentaire ? Reportez-vous aux fiches n° 33 : Savoir écouter et n° 41 : Être patient.*

☐ **4. Sachez « lire » votre auditoire.** Savez-vous reconnaître les signes de malaise face à votre manque d'humilité ? Vos interlocuteurs peuvent-ils reculer, se rembrunir, rougir, bégayer, se taire, se renfermer, rester sur le pas de la porte en espérant ne pas être invités à entrer ? Vous devez redoubler d'efforts pour observer les autres, leurs réactions à votre comportement, à votre style. Durant les trois premières minutes d'une rencontre importante, efforcez-vous de mettre votre auditoire à l'aise avant d'entamer les discussions. Posez des questions sans rapport avec l'ordre du jour. Proposez-leur un café. Parlez-leur de votre dernier week-end. Sensibilité à l'auditoire. Quelle que soit la situation, il y a de multiples façons de transmettre un message et d'obtenir des résultats. Vous pouvez utiliser l'attaque directe, franche et spontanée. Vous pouvez envoyer un suppléant avec votre message. Vous pouvez attendre la prochaine réunion pour réagir. Certaines de ces stratégies sont plus efficaces et acceptables que d'autres. Certaines personnes se mettent dans l'embarras parce qu'elles réagissent de la même façon dans toutes les situations. Elles ne prennent pas le temps d'évaluer la meilleure approche pour obtenir des résultats en fonction du contexte, de la personne impliquée et de la culture. Les personnes considérées comme sensibles aux autres agissent à partir de l'extérieur, elles considèrent d'abord l'environnement : l'auditoire, la personne, le groupe, l'organisation et interviennent ensuite. Elles choisissent leur style, leur ton, leur rythme et leur tactique selon ce qui convient le mieux à chaque situation. Ceux qui n'ont qu'un style d'approche auront des difficultés, car ils ne sauront pas ajuster leurs actions et leur langage à chaque auditoire. *Besoin d'aide supplémentaire ? Reportez-vous aux fiches n° 36 : Savoir motiver, n° 45 : Savoir apprendre et n° 15 : Être orienté vers le client.*

☐ **5. Tenez-vous vraiment à ce que la majorité de ceux qui vous fréquentent se sente stupide, inférieure ou dépourvue d'intelligence ?** Généralement personne n'aime cela, mais vous avez tendance à susciter ce genre de réaction chez les autres. Les arrogants cherchent souvent à avoir une image reflétant leur supériorité, leur finesse et leur culture. Mais cette recherche est mal orientée. Si vous désirez ardemment cette confirmation de votre excellence, procédez autrement. Aidez les autres à améliorer leur performance. Produisez des résultats tangibles. Si vos résultats ne sont pas à la hauteur de l'image que vous souhaitez véhiculer, vos paroles et vos comportements arrogants n'y parviendront pas mieux. Ne glorifiez pas votre supériorité aux dépens de ceux qui ne sont pas vos égaux. Observez trois personnes que vous considérez comme excellentes et talentueuses et qui ne font pas preuve de suffisance. Qu'est-ce qu'elles font et ne font pas ? Comparez avec votre comportement.

☐ **6. Être ouvert et réceptif.** Vos efforts ne produiront que des résultats médiocres tant que vous n'aurez pas modifié votre comportement ; tant que vous n'aurez pas démontré votre ouverture d'esprit et l'intérêt que vous portez à ce que les autres ont à dire ; tant que vous n'aurez pas invité les autres à vous parler et que vous les aurez écoutés. Il vous faudra persévérer, endurer des refus et, sans doute, quelques remarques acerbes que les gens ne pourront pas s'empêcher de faire pour rétablir l'équilibre.

☐ **7. Vous montrez-vous peu sensible aux autres ?** L'insensibilité peut recouvrir des notions très diverses. Nous avons identifié 29 situations différentes dans lesquelles on pouvait qualifier quelqu'un d'insensible. Essayez de savoir exactement pourquoi l'on vous considère comme manquant de tact. Parlez-en à un mentor ou à une personne de confiance. Il est peu probable que les autres vous disent ouvertement pourquoi ils vous trouvent insensible et s'ils le font, ce sera ou trop général ou trop spécifique pour vous aider vraiment. De tous les problèmes, c'est le plus complexe à étudier. Il vous faut obtenir un portrait très fouillé de vous-même. *Reportez-vous à la fiche n° 55 : Bien se connaître.* La bonne nouvelle, c'est que la plupart de ceux qui sont évalués négativement sur cette dimension ne le doivent qu'à un manque de sensibilité sur certains aspects seulement. Il est aussi courant de constater que certains vous jugent insensible, tandis que d'autres non. Cela rend le problème plus facile à affronter ; peu de gens sont vraiment concernés par les 29 façons d'être insensibles !

☐ **8. Perdre son sang-froid.** Il se peut que vous vous fâchiez ou que vous tyrannisiez les autres lorsque vous êtes dans le feu de l'action. Évitez les réactions immédiates et trop vives. Vous sautez aux conclusions, repoussez catégoriquement les opinions d'autrui, abusez d'un langage vindicatif et enflammé. Les autres risquent fort de vous percevoir comme fermé ou agressif, alors que vous désirez probablement qu'ils vous trouvent raisonnable. Ou pis encore, ils penseront que vous les croyez stupides ou mal informés, ayant l'impression de perdre la face devant les autres. S'ils pensent que vous êtes intolérant ou fermé, ils vont buter sur les mots dans leur hâte de parler ou vont écourter leur argumentation parce qu'ils supposent que de toute façon, vous n'écoutez pas. Posez des questions, incitez-les à exprimer leur désaccord ; reformulez ensuite leur argument et laissez-les surtout sauver la face. *Besoin d'aide supplémentaire ? Reportez-vous à la fiche n° 11 : Avoir la maîtrise de soi.*

☐ **9. Ne pas avoir l'esprit ouvert.** Vous paraissez entêté, inflexible et fermé aux points de vue nouveaux ou différents. Vous devez apprendre à neutraliser votre filtre personnel d'évaluation/rejet et essayer d'écouter. Votre première tâche est de comprendre, la seconde de montrer que vous comprenez en reformulant et la troisième de refuser éventuellement, mais en justifiant mieux votre refus que vous ne le faites actuellement. Posez plus de questions : « Comment en êtes-vous arrivé à ce stade ? » « Préférez-vous passer de ceci à cela ou en rester à notre procédure actuelle ? » Si vous êtes en désaccord avec vos interlocuteurs, donnez d'abord vos raisons puis invitez-les à les critiquer. Limitez votre désaccord à la nature du problème ou de la stratégie : « Quel problème tentons-nous de régler ? Quelles en sont les causes ? À quelles questions doit-on répondre ? Quels critères objectifs allons-nous adopter pour mesurer nos succès ? ». *Besoin d'aide supplémentaire ? Reportez-vous aux fiches n° 12 : Savoir gérer les conflits et n° 33 : Savoir écouter.*

☐ **10. L'impatience. Le manque d'humilité vient souvent du refus de prendre le temps nécessaire pour mettre vos interlocuteurs à l'aise.** La plupart des personnes sont orientées vers l'action et les résultats et motivées par leurs propres intérêts. Elles ne cultivent pas leurs relations avec d'autres. Un tiers des personnes qui travaillent avec vous s'accommode bien de ce style direct. « Seulement les faits, Madame. Reprenons… » Les deux autres tiers ont besoin d'un peu de temps pour s'ajuster avant de se mettre au travail. Habituellement, trois minutes suffiront. Commencez la discussion en abordant d'autres sujets que celui de l'entretien. Qu'avez-vous fait pendant le week-end ? Comment vont les enfants ? Quelle université a choisi votre fille ? Avez-vous regardé les jeux olympiques ? Que pensez-vous de cette nouvelle voiture ? Laissez-les parler, le temps de les mettre à l'aise. *Besoin d'aide supplémentaire ? Reportez-vous à la fiche n° 3 : Être d'un abord facile.*

☐ **11. Manque de qualités interpersonnelles ?** Être efficace au niveau international requiert de posséder des compétences et des outils d'approche et d'aptitude en communication interpersonnelle. Vos efforts pour paraître plus sensible produiront de médiocres résultats si vous n'indiquez pas aux autres que vous êtes ouvert : en les regardant lorsqu'ils parlent, en manifestant votre intérêt pour ce qu'ils disent, en les laissant finir leurs phrases, en leur confiant des renseignements que vous n'avez pas forcément à partager, en les invitant à vous parler de leurs préoccupations personnelles, en posant des questions et en écoutant. *Besoin d'aide supplémentaire ? Reportez-vous aux fiches n° 3 : Être d'un abord facile et n° 31 : Être doué pour la communication interpersonnelle.*

☐ **12. Trop intelligent ?** Vous êtes sans doute très intelligent et hautement qualifié dans votre domaine. Vous travaillez peut-être avec des collaborateurs moins bien informés que vous ou ayant un niveau d'études moins élevé. Il se peut que vous occupiez une position qui vous oblige à dicter ce qui doit être fait puisqu'ils ne le savent pas ou que vous pensez qu'ils ne savent pas. Dans ce cas, vous devez adopter un rôle d'enseignant – dites-leur ce que vous pensez d'un sujet, ne vous contentez pas de lancer des solutions. Expliquez-leur ce que vous pensez du problème, quelles questions devraient se poser et être réglées, comment vous vous proposez de chercher les réponses et les solutions possibles. Plus important, invitez-les à faire des suggestions. Si vous êtes un expert et qu'ils ne le sont pas, aidez-les en expliquant votre logique de raisonnement. Prenez en compte les études sur la créativité en matière de résolution de problèmes qui montrent que les personnes moins informées trouvent souvent les solutions les plus inventives. Une fois plongées dans le problème, elles seront à même de le regarder sous un angle différent et nouveau. Utilisez cette capacité. *Besoin d'aide supplémentaire ? Reportez-vous à la fiche n° 18 : Savoir déléguer.*

☐ **13. Ne pas prêter attention à ce que les autres pensent.** Certains managers de type fonceur n'attachent aucune importance à ce que l'on pense d'eux. Pour eux, ce qui est essentiel, c'est de terminer le travail à temps et en respectant le budget. Ils pensent que les bons collaborateurs les soutiendront et que ceux qui sont trop sensibles pour résister à l'épreuve n'en valent, de toute façon, pas la peine. Des études démontrent que la grande majorité des cadres supérieurs qui échouent se retrouvent dans cette situation non pas parce qu'ils ne peuvent faire exécuter le travail. Ils échouent parce qu'ils heurtent leurs collaborateurs et ne font pas ce qu'il faut pour se libérer l'esprit. Pensez aux 10 dernières personnes qui ont quitté votre entreprise. Les a-t-on congédiées ou priées de trouver un autre emploi ? Pour quelles raisons ? Leurs rapports avec les autres étaient très probablement en cause, ainsi que l'application de solutions dépassées à des problèmes nouveaux. Les gens arrogants, insensibles, ne savent pas profiter du raisonnement des autres et se laissent dépasser en comptant trop sur eux-mêmes et sur le passé. Si c'est votre cas, vous avez vraiment besoin de réviser vos priorités.

☐ **14. Être sur la défensive.** Une attitude défensive est un obstacle majeur à une connaissance de soi complète et précise. *Reportez-vous à la fiche n° 55 : Bien se connaître.* Les personnes sur la défensive se surestiment aux yeux des autres. Si vous reniez toujours vos responsabilités, vous risquez d'être surpris quand les autres auront finalement l'occasion de vous dire votre fait. L'évaluation que l'on fera de vous sera plus négative qu'elle ne le devrait, car les autres estimeront nécessaire de vous faire paraître moins bien que vous n'êtes, compte tenu de votre attitude. Le meilleur moyen de mieux connaître la perception que les autres ont de vous serait d'obtenir un simple feed-back à 360°, avec des répondants anonymes, ou de consulter un professionnel des ressources humaines pour recueillir des informations vous concernant et vous aider à les interpréter. Il est peu probable que vous récoltiez des commentaires utiles en vous adressant directement à ceux qui connaissent bien votre attitude défensive. Personne n'aime faire de critiques, même si elles sont justifiées et constructives, ou donner du feed-back à une personne sur la défensive. C'est tout simplement trop pénible. Votre réaction défensive. Vous allez devoir apprendre à rester calme en recevant des commentaires négatifs. Il vous faut changer votre façon de penser. En recevant ces commentaires, votre seul objectif doit être de comprendre exactement ce que les autres essaient de vous communiquer. Vous n'avez pas à accepter ou à rejeter la critique. Cela viendra plus tard. Préparez-vous mentalement, et à l'avance, à réagir avec calme lorsque vous recevrez des commentaires très durs. Développez des stratégies pour neutraliser ou retarder vos réactions émotives : vous pouvez utilement ralentir votre rythme, prendre des notes, demander des éclaircissements et des exemples concrets. À la fin, remerciez vos interlocuteurs pour leur intervention car vous savez que ce n'était pas facile pour eux. Recevoir du feed-back. Rappelez-vous que ceux auprès de qui vous sollicitez du feed-back auront des doutes sur votre capacité à accepter leurs critiques. Ils pensent que vous vous croyez parfait, que vous allez réagir violemment à la moindre parole suggérant le contraire, en plus de blâmer celui qui vous retransmet l'information sur les points de faiblesse éventuels. Ils s'attendent à une entrevue pénible. Pour briser ce cycle, vous devez suivre les règles de la bonne écoute. *Reportez-vous à la fiche n° 33 : Savoir écouter.* Au début, vous devrez même aider les autres à surmonter leur peur de votre susceptibilité quand ils vous donneront du feed-back. Bien que cela paraisse injuste, vous devrez supposer que toutes les observations à votre sujet sont exactes, même si vous savez que cela ne correspond pas à la réalité. Plus tard, vous aurez tout le loisir de rectifier les erreurs importantes.

☐ **15. Niveau faible de Quotient Personnel (QP).** En résumé, le manque d'humilité est une forme assez grave d'incapacité à comprendre les autres et à travailler efficacement avec eux. C'est la cause d'échec la plus répandue des leaders, quel que soit le pays ou la zone géographique de leur affectation. En outre, l'échec se manifeste plus rapidement dans les pays où l'agressivité (le manque d'humilité) ne sont pas appréciés. Ram Charan et Geoffrey Colvin ont étudié les échecs de hauts dirigeants et, d'après un article paru dans *Fortune* le 21 juin 1999, ils concluent que la raison principale était le manque de compréhension des autres. Le manque d'humilité et une mauvaise connaissance de soi sont les premiers pas vers l'échec.

It is to measure oneself against Truth, and not the other way around. The first product of self-knowledge is humility.
– Flannery O'Connor

Give him humility, so that he may always remember the simplicity of true greatness, the open mind of true wisdom, and the meekness of true strength. Then, I, his father, will dare to whisper, "I have not lived in vain."
– Douglas MacArthur, "A Father's Prayer"

RÉFÉRENCES

Asante, M.K. and W.B. Gudykunst (Eds.). *Handbook of International and Intercultural Communication*. London: Sage Publications, 1989.

Axtell, R.E. *Do's and Taboos Around the World*. New York: John Wiley & Sons, 1990.

Barham, K. and D. Oates. *The International Manager*. London: The Economist Books, 1991.

Bartlett, C.A. and S.A. Ghoshal. *Managing Across Boarders*. Boston: Harvard Business School Press, 1991.

Black, J.S., H.B. Gregersen, and M.E. Mendenhall. *Global Assignments*. San Francisco: Jossey-Bass, 1992.

Copeland, L. and L. Griggs. *Going International*. New York: Random House, 1985.

Dalton, Maxine, Chris Ernst, Jennifer Deal, and Jean Leslie. *Success for the New Global Manager: How to Work Across Distances, Countries, and Cultures*. Greensboro, NC: Center for Creative Leadership, 2002.

Durant, Will and Ariel Durant. *The Lessons of History*. New York: Simon & Schuster, 1968.

Fulkerson, J.R. Assessment Across Cultures. In P.J. Jeanneret and R. Silzer (Eds.), *Individual Psychological Assessment* (pp. 330–362). San Francisco: Jossey-Bass, 1998.

Fulkerson, J.R. Global Leadership Competencies for the 21st Century. In W.H. Mobley, M.J. Gessner, and V. Arnold (Eds.), *Advances in Global Leadership* (pp. 27–48), Vol. I. Greenwich, CT: JAI Press, 1999.

Fulkerson, J.R. Growing Global Executives. In R. Silzer (Ed.), *The 21st Century Executive* (pp. 300–334). San Francisco: Jossey-Bass, 2002.

Fulkerson, J.R. and R.S. Schuler. Managing Worldwide Diversity at Pepsi-Cola International. In S.E. Jackson and Associated (Eds.), *Diversity in the Workplace* (pp. 248–276). New York, NY: Guilford Press, 1992.

Fulkerson, J.R. and M.F. Tucker. Leveraging Diversity: A Key to Globalizing HR Practices. In Allen I. Kraut and Abraham K. Korman (Eds.), *Evolving Practices in Human Resources Management* (pp. 249–271). San Francisco: Jossey-Bass, 1999.

Hampden-Turner, C. and F. Trompenaars. *The Seven Cultures of Capitalism*. New York: Doubleday, 1993.

Hampden-Turner, C. and F. Trompenaars. *Building Cross-Cultural Competence.* New Haven: Yale University Press, 2000.

Harris, P.R. and R.T. Moran. *Managing Cultural Differences.* Houston: Gulf Publishing, 1987.

Hofstede, G. *Cultures and Organizations.* New York: McGraw Hill, Inc., 1997.

Kets de Vries, M.F.R. *The New Global Leaders.* San Francisco: Jossey-Bass, 1999.

McCall, M.W. and G.P. Hollenbeck. *Developing Global Executives.* Boston: Harvard Business School Press, 2002.

Morrison, T., W.A. Conaway and G.A. Borden. *Kiss, Bow, or Shake Hands.* Holbrook, MA: Bob Adams, Inc., 1994.

Rhinesmith, S.H. *A Manager's Guide to Globalization.* Homewood, IL: ASTD & Business One Irwin, 1993.

Rosen, R. *Global Literacies.* New York: Simon & Schuster, 2000.

Simons, G.F. *Transcultural Leadership.* Houston: Gulf Publishing, 1993.

Trompenaars, F. *Riding the Waves of Culture.* Burr Ridge, IL: Irwin Professional Publishing, 1994.

Trompenaars, F. and C. Hampden-Turner. *21 Leaders for the 21st Century.* New York: McGraw Hill, Inc., 2002.

APPENDICE A

A

MON PLAN DE DÉVELOPPEMENT PERSONNEL

SECTION 1 : MON PORTRAIT AVANT ET APRÈS

SECTION 2 : QUELQUES CAUSES POUR MOI

SECTION 3 : LES LEÇONS À TIRER DE « LA CARTE »

SECTION 4 : MES SOLUTIONS DE DÉVELOPPEMENT ET PLANS D'ACTION

SECTION 5 : LES CITATIONS MARQUANTES

SECTION 6 : MES LECTURES CONSEILLÉES

A

SECTION 1 : MON PORTRAIT AVANT ET APRÈS

Reportez-vous aux définitions de compétence non maîtrisée (de – « C'est moi maintenant ») et aux définitions de compétence maîtrisée (à « Je voudrais arriver à être comme ça »).

Numéro de compétence : ____________ Code facteur/groupe :___________

De : ____

____

____

À : ____

____

____

Numéro de compétence : ____________ Code facteur/groupe :___________

De : ____

____

____

À : ____

____

____

Numéro de compétence : ____________ Code facteur/groupe :___________

De : ____

____

____

À : ____

____

____

Numéro de compétence : ____________ Code facteur/groupe :___________

De : ____

____

____

À : ____

____

____

Numéro de compétence : ____________ Code facteur/groupe :___________

De : ____

____

____

À : ____

____

____

A

SECTION 1 : MON PORTRAIT AVANT ET APRÈS

Reportez-vous aux définitions de compétence non maîtrisée (de – « C'est moi maintenant ») et aux définitions de compétence maîtrisée (à « Je voudrais arriver à être comme ça »).

Numéro de compétence : ____________ Code facteur/groupe :____________

De : ____

____

____

À : ____

____

____

Numéro de compétence : ____________ Code facteur/groupe :____________

De : ____

____

____

À : ____

____

____

Numéro de compétence : ____________ Code facteur/groupe :____________

De : ____

____

____

À : ____

____

____

Numéro de compétence : ____________ Code facteur/groupe :____________

De : ____

____

____

À : ____

____

____

Numéro de compétence : ____________ Code facteur/groupe :____________

De : ____

____

____

À : ____

____

____

A

SECTION 2 : QUELQUES CAUSES POUR MOI

(Pourquoi suis-je ainsi ? Pourquoi est-ce que je le fais de cette manière ?) Consulter « Quelques causes » pour trouver des indices.

Numéro de compétence : ________

Commentaires : ________

Numéro de compétence : ________

Commentaires : ________

Numéro de compétence : ________

Commentaires : ________

Numéro de compétence : ________

Commentaires : ________

Numéro de compétence : ________

Commentaires : ________

SECTION 2 : QUELQUES CAUSES POUR MOI

(Pourquoi suis-je ainsi ? Pourquoi est-ce que je le fais de cette manière ?) Consulter « Quelques causes » pour trouver des indices.

Numéro de compétence : ________

Commentaires : ________

Numéro de compétence : ________

Commentaires : ________

Numéro de compétence : ________

Commentaires : ________

Numéro de compétence : ________

Commentaires : ________

Numéro de compétence : ________

Commentaires : ________

A

SECTION 3 : LES LEÇONS À TIRER DE « LA CARTE »

Numéro de compétence : _______

Numéro de compétence : _______

Numéro de compétence : _______

Numéro de compétence : _______

Numéro de compétence : _______

SECTION 3 : LES LEÇONS À TIRER DE « LA CARTE »

Numéro de compétence : ______

Numéro de compétence : ______

Numéro de compétence : ______

Numéro de compétence : ______

Numéro de compétence : ______

SECTION 4 – MES SOLUTIONS DE DÉVELOPPEMENT ET PLANS D'ACTION

Numéro de compétence : _______

Conseil n° _____ ______________________________________

____

____

____

Plan : ______________________________________

____

____

____

Numéro de compétence : _______

Conseil n° _____ ______________________________________

____

____

____

Plan : ______________________________________

____

____

____

Numéro de compétence : _______

Conseil n° _____ ______________________________________

____

____

____

Plan : ______________________________________

____

____

____

Numéro de compétence : _______

Conseil n° _____ ______________________________________

____

____

____

Plan : ______________________________________

____

____

____

SECTION 4 – MES SOLUTIONS DE DÉVELOPPEMENT ET PLANS D'ACTION suite

Numéro de compétence : _______

Conseil n° _____ ______________________________

____

____

____

Plan : ______________________________

____

____

____

Numéro de compétence : _______

Conseil n° _____ ______________________________

____

____

____

Plan : ______________________________

____

____

____

Numéro de compétence : _______

Conseil n° _____ ______________________________

____

____

____

Plan : ______________________________

____

____

____

Numéro de compétence : _______

Conseil n° _____ ______________________________

____

____

____

Plan : ______________________________

____

____

____

SECTION 4 – MES SOLUTIONS DE DÉVELOPPEMENT ET PLANS D'ACTION suite

A

Numéro de compétence : _______

Conseil n° _____

Plan :

Numéro de compétence : _______

Conseil n° _____

Plan :

Numéro de compétence : _______

Conseil n° _____

Plan :

Numéro de compétence : _______

Conseil n° _____

Plan :

SECTION 4 – MES SOLUTIONS DE DÉVELOPPEMENT ET PLANS D'ACTION suite

Numéro de compétence : _______

Conseil n° _____ ____

____

____

____

Plan : ____

____

____

____

Numéro de compétence : _______

Conseil n° _____ ____

____

____

____

Plan : ____

____

____

____

Numéro de compétence : _______

Conseil n° _____ ____

____

____

____

Plan : ____

____

____

____

Numéro de compétence : _______

Conseil n° _____ ____

____

____

____

Plan : ____

____

____

____

SECTION 4 – MES SOLUTIONS DE DÉVELOPPEMENT ET PLANS D'ACTION suite

A

Numéro de compétence : _______

Conseil n° _____ ____

____

____

____

Plan : ____

____

____

____

Numéro de compétence : _______

Conseil n° _____ ____

____

____

____

Plan : ____

____

____

____

Numéro de compétence : _______

Conseil n° _____ ____

____

____

____

Plan : ____

____

____

____

Numéro de compétence : _______

Conseil n° _____ ____

____

____

____

Plan : ____

____

____

____

SECTION 4 – MES SOLUTIONS DE DÉVELOPPEMENT ET PLANS D'ACTION suite

Numéro de compétence : _______

Conseil n° _____ ____

____

____

____

Plan : ____

____

____

____

Numéro de compétence : _______

Conseil n° _____ ____

____

____

____

Plan : ____

____

____

____

Numéro de compétence : _______

Conseil n° _____ ____

____

____

____

Plan : ____

____

____

____

Numéro de compétence : _______

Conseil n° _____ ____

____

____

____

Plan : ____

____

____

____

A

SECTION 5 : LES CITATIONS MARQUANTES

Numéro de compétence : _______

Citation : ____

____

____

____

Source : ____

Numéro de compétence : _______

Citation : ____

____

____

____

Source : ____

Numéro de compétence : _______

Citation : ____

____

____

____

Source : ____

Numéro de compétence : _______

Citation : ____

____

____

____

Source : ____

Numéro de compétence : _______

Citation : ____

____

____

____

Source : ____

SECTION 5 : LES CITATIONS MARQUANTES

Numéro de compétence : _______

Citation : ____

____

____

____

Source : ____

Numéro de compétence : _______

Citation : ____

____

____

____

Source : ____

Numéro de compétence : _______

Citation : ____

____

____

____

Source : ____

Numéro de compétence : _______

Citation : ____

____

____

____

Source : ____

Numéro de compétence : _______

Citation : ____

____

____

____

Source : ____

SECTION 6 : MES LECTURES CONSEILLÉES

A

Numéro de compétence : _______

Bibliographie : ____

____

____

____

Numéro de compétence : _______

Bibliographie : ____

____

____

____

Numéro de compétence : _______

Bibliographie : ____

____

____

____

Numéro de compétence : _______

Bibliographie : ____

____

____

____

Numéro de compétence : _______

Bibliographie : ____

____

____

____

SECTION 6 : MES LECTURES CONSEILLÉES

A

Numéro de compétence : _______

Bibliographie : ____

____

____

____

Numéro de compétence : _______

Bibliographie : ____

____

____

____

Numéro de compétence : _______

Bibliographie : ____

____

____

____

Numéro de compétence : _______

Bibliographie : ____

____

____

____

Numéro de compétence : _______

Bibliographie : ____

____

____

____